# マルクスの恐慌論

『マルクス経済学レキシコン』を軸に

久留間鮫造 編

大谷禎之介・前畑憲子 編

桜井書店

# はじめに

大谷禎之介

　本書は，久留間鮫造が編んだ『マルクス経済学レキシコン』[1]の恐慌篇[2]に刻まれて遺された久留間のマルクス恐慌論理解を基軸にして現代社会の恐慌および産業循環を理論的に解明しようと努力してきた論者たちによる既発表論稿のアンソロジーである。

　全体を二つの部に分ける。まず，久留間によるマルクス恐慌論の理解がどのようなものかを一望できるように，「**第1部　『マルクス経済学レキシコン』の恐慌篇を編む**」を置き，ここに，『レキシコン』第6巻「恐慌Ⅰ」，第7巻「恐慌Ⅱ」，第8巻「恐慌Ⅲ」，第9巻「恐慌Ⅳ（産業循環）」の各巻の収録項目と各巻に付された「栞」所収の「レキシコン談話室」とを収めた。

　「**第2部　マルクスによる恐慌・産業循環の理論的展開を跡づける**」が本書の本体となる部分である。この部は三つの篇に分けた。

　「**第1篇　資本の流通過程における恐慌の可能性の発展**」では，『資本論』第2部でマルクスが触れた，資本のもとでの「恐慌の発展した可能性」を主として論じた諸論稿を収めたが，これらの論稿のほとんどが，恐慌論の理論的展開にとって『資本論』第2部の「資本の流通過程」，とりわけその「第3篇　社会的総資本の再生産と流通」のもつ意義を，さまざまの角度から論じているものである。

　この篇冒頭の第5章および第6章には，1932年および1933年に発表された久留間の二つの論稿を収めた。以後の諸章に収めた諸論稿よりもはるかに以前の大戦前に書かれたこの2論稿を本書に収録した理由を説明しておこう。

　久留間がマルクスの拡大再生産にかんする論述についての重要な論点を先駆

---

1）久留間鮫造編『マルクス経済学レキシコン』全15巻，大月書店，1968-1985年。本書では，以下，多く『レキシコン』と略称する。

2）恐慌篇は『レキシコン』の次の4巻に収められた。第6巻「恐慌Ⅰ」，1972年，第7巻「恐慌Ⅱ」，1973年，第8巻「恐慌Ⅲ」，1975年，第9巻「恐慌Ⅳ（産業循環）」，1976年。

4

的に指摘したこの両稿は，久留間の『マルクス恐慌論研究』(北隆館，1949年) には収められていたが，のちに同書が『恐慌論研究』(新評論社，1953年) と改題して刊行されるさいに削除された。だから，現在入手可能な『増補改訂 恐慌論研究』(大月書店，1965年) では読むことができない。両稿を収録していた北隆館版の「はしがき」で久留間は，この2篇は「当時の高田保馬博士の「マルクス排撃家」的議論に柄にもなく憤激して書いたものであり，いま読み返してみると物の言い方があまりにもおとな気なくて気持がよくない上に，後篇の方は，かねて近所で養生させていた弟の病気の悪化と死亡とのために尻切れとんぼの形になっているので，最初は採録しないつもりでいたのであるが，内容的に見てやはり入れた方がよいという友人の言葉に従って入れることにしたわけである」[3]，と書いていた。こうした当時の事情のほかに，新評論社版の「新版へのはしがき」で久留間が書いたところによれば，「今日はもはや，そのためにわざわざ50ページちかくもついやすほどの意義はない，──というのは，そこでわたくしが批判の対象とした学説は，それが発表された当時の情勢では多分に批判の必要が感じられたが，現在はおそらく聴従するひとはなく，したがってまた，批判の必要もなくなっていると考えた」[4]ので，以後，削除されたのであった。しかし，久留間のこの後者の判断は甘かった。というのも，戦後に「均衡蓄積率」なるものを称揚した論者の議論のなかには高田氏のマルクス批判とほとんど同じ発想が再生産されているからであり，他方また，最近の論稿のなかに，久留間のこの旧稿を「先駆的な論点を提示していた」と評価するものが散見されるのだからである。それで編者たちは，久留間の「気持がよくない」とされた心情にあえて逆らって，この2論稿をきちんと残しておくことが必要だと判断した。じっさい，両稿は，久留間によるのちの富塚批判が，戦前からのマルクス拡大再生産論についての深い思索を土台にしたものであったことを如実に示すものとなっている。

　それに続く第1篇の第7-16章に収めるのは，世上「久留間・富塚論争」と呼ばれた論争に関わるものであって，久留間自身が執筆した2本のほか，大谷が

---

3) 久留間鮫造『マルクス恐慌論研究』北隆館，1949年，6ページ。

4) 久留間鮫造『恐慌論研究』新評論社，1953年，2-3ページ。

執筆した5本と前畑が執筆した3本の計10本の論稿である。これらが書かれた背景については，その当時に当事者として関わりをもった研究者の方がたは別として，現在の多くの読者には，それぞれの論稿がなんのためになにを議論していたのか，見当もつかない可能性が大きいと思われるので，この「はじめに」の末尾に，「久留間・富塚論争について」と題する補説を置くことにしよう。これによって，これらの章に収める論稿のそれぞれが，どのような事情のもとで，なぜ書かれねばならなかったのか，ということを或る程度まで読者に知っておいていただけるのではないかと考えている。

　なお，第2部第1篇所収の諸論稿では，本書への収録に当たって新たに書き加えた【補説】や脚注は，先行する【補説】や脚注での記述を念頭に置いて書かれており，論稿ごとに独立に読めるように繰り返すことはしていない。ご了承を乞う。

　次の「**第2篇　資本主義的生産の矛盾と恐慌**」には，『資本論』第3部のエンゲルス版でエンゲルスが「第15章　この法則〔利潤率の傾向的低下の法則〕の内的諸矛盾の開展」という表題をつけた草稿部分でマルクスが克明に追っている，資本のもとで発展した恐慌の可能性を現実性に転化させる諸契機を論じた諸論稿を収めた。これらの論稿の一部は「久留間・富塚論争」との直接の関わりをもってはいるが，収録論稿のすべてが，それよりはむしろ，マルクスが草稿でどのように諸契機を追っているか，ということをつかみ出すことを目的にして執筆されたものである。そのさい，MEGA第II部門第4巻第2分冊で公表された第3部第1稿に拠って，エンゲルス版では十分に読み取れなくなっていたマルクスの論述の筋道を探り出すことが独自の課題となっており，その成果にもとづく新たな解釈も提示されている。

　マルクスはこの草稿部分（第3部草稿第3章の後半）では，まだ「産業循環」というタームはまったく使っていないし，資本蓄積の進行が最終的に恐慌をもたらす過程を産業循環の諸局面に即して描くことはしていないが，彼はここで明らかに，資本蓄積の進行のなかで矛盾が累積していってそれらが最終的に恐慌をもたらす，という過程を追跡している。これは，一つの産業循環のなかの，活気の増大から恐慌にいたる諸局面の転変を，資本蓄積が進んでいくなかで利潤率低下の法則が貫徹することによって生み出される資本の運動として把握し

たものにほかならない。こうしてここで，産業循環の理解の土台となるべき，恐慌による矛盾の一時的解消を含む，資本主義的生産の循環的な運動の一般的な形態が把握されたのであった。

　この第2篇には，前畑の3本，宮田の1本，計4本を，第17-20章として収めた。このうち第17章に収めた前畑稿は第18章・第19章に収めた前畑稿のあとに発表されたものであるが，利潤率の傾向的低下法則とエンゲルス版『資本論』第3部第15章との関連を総括的に取り扱っているので，本篇の最初に置いた。

　本書第2部の最後の「第3篇　信用と恐慌」には，『資本論』第3部草稿の第5章（エンゲルス版第5篇）で，とりわけ，エンゲルス版第30-32章に利用された，「monied capital と real capital」についての草稿部分で，マルクスがどのようなことを明らかにしていたのか，ということを論じた諸論稿を収録した。ここでも，MEGA で公表された第3部第1稿に拠って，第3部エンゲルス版では見えなくなっていた，信用制度下の利子生み資本である monied capital についてのマルクスの論述を正確に読み取ることが，研究上の重要なテーマとなっている。

　マルクスはここでは，さきに第3部草稿第3章の後半で明らかにした，資本主義的生産の循環的な運動の一般的な形態をさらに具体化して，活気の増大から恐慌にいたる循環の諸局面を追いながら，それらと利子率の循環的変動との関連を明らかにしようとしている。ここには，monied capital の運動と real capital の運動との関連の探究のかなめをなす諸問題への論究があり，そのなかには現代のさまざまの独自な金融現象を解明するための鍵が隠されているのである。

　この第3篇では，小西の2本，宮田の1本，計3本の論稿を第21-23章に収めた。

### 付記

　本書での引用中の傍点はすべてそれぞれの引用者による強調，引用中の下線は引用文の著者による強調であり，引用中の〔　〕は筆者による挿入である。

　旧稿を本書に収録するさいに，戦前の久留間の旧稿で，かなづかいを新かなづかいにしたり，いまは使われることのない漢字にはルビを付すなどの加筆を行なったことは別として，第1部および第2部第1篇収録の論稿では，筆者ないし編者が旧稿に書き加えた箇所は【　】で括り，まとまった書き加えは【補論】にするなど，旧稿をなるべく原型のまま残すようにした[5]。これにたいして，第2部第2篇および第3篇収録

の諸論稿では，重要な加筆，修正についてはそれぞれの筆者のやり方で注記されているが，その他の小さな訂正箇所をいちいち明記することはしていない。この点，やや不統一の感があるが，お許しいただきたい。なお，漢字表記や送り仮名については，原則として，それぞれの筆者によるものを残すようにした。

引用文の出典での略語は次のとおりである。

MEGA＝Marx-Engels-Gesamtausgabe. たとえば，MEGA II/4.2, S. 5.8-10 という記載はMEGA 第 II 部門第 4 巻第 2 分冊 5 ページ 8-10 行を示す。

1975 年に刊行が始まった第 2 次 MEGA（新 MEGA）は，戦前に刊行が中断された第 1 次 MEGA（旧 MEGA）と区別するために MEGA[②] と表わすことが行なわれているが，本書で言及するのは第 2 次 MEGA だけなので，以下ではたんに MEGA と記す。

MEW＝Marx-Engels-Werke. たとえば，MEW 23, S. 5 は MEW の第 23 巻の 5 ページを示す。MEW 23 は『資本論』第 1 巻，MEW 24 は第 2 巻，MEW 25 は第 3 巻を収めている。大月書店版『マルクス=エンゲルス全集』には MEW のページ番号が欄外につけられているので，MEW の諸巻の該当箇所はこのページ番号によって該当箇所を探すことができる。

なお，これらの原文からの訳文は，それぞれの論稿を書いたときに，あるいは既存の訳書によったり，あるいは新たに原文から訳出したりしたために，同じ原文の訳でも異なっていることがある。これらを統一することはしなかった。

---

5）大谷と久留間および第 2 部第 1 篇所収の前畑の論稿では，発表当時の論稿に手を入れる箇所では【 】で括った注でそのことを記載するか，編者が新たに書き加える箇所は【 】で括って明記するようにした。これらの論稿で「旧稿をなるべく原型のまま残すようにした」のは，論争当事者がのちの自著に，論争当時に発表した論稿に，都合の悪いところを削ったり改変したりするなどの手を加えるようなことをすれば，そのような書を読む後人が，論争の実際の経過をそのあるがままに見ることができなくなるからである。

富塚良三氏は，「久留間・富塚論争」のさいに発表された諸論稿をのちに著書『再生産論研究』（中央大学出版部，2007 年）に収録されたが，そのさい，旧稿に自在に手を加えられた。たとえば，氏が久留間に回答を求めた最初の論稿のサブタイトルは「久留間教授への公開質問状」であったのに，このうちの「公開質問状」がのちに「公開書簡」に書き換えられた。これは際だった一例にすぎず，いたるところに削除や加筆が行なわれている。だからこの書の収録論稿は，発表当時のものを収録したものではなく，この書の序文に記された 2007 年に書かれた独自の作品と見るほかはない。「久留間・富塚論争」のなかで富塚氏が実際に書かれたことを知るためには，氏の後年のこの書に拠ることはできないのである。

## 補説：「久留間・富塚論争」について

### 「久留間・富塚論争」とそこでの争点

　1970年代に，「久留間・富塚論争」と呼ばれた久留間と富塚良三氏との論争があった。この論争で争われたのは，大きく言えば，恐慌について，『資本論』全3巻のなかのどこで，なにが，どのように解明されているか，という問題である。

　最大の争点は二つであって，一つは，『資本論』第2部第3篇のいわゆる再生産論は，マルクスによる恐慌の理論的分析のなかでどのような位置にあり，恐慌分析にとってどのような意味をもっているのか，という問題，もう一つは，いわゆる「内在的矛盾」，すなわち，どんな制限をも突破して生産諸力をどこまでも発展させていこうとする資本の衝動と資本主義的生産様式のもとでの分配関係によって限界づけられた消費の制限とのあいだの矛盾は，『資本論』のどこで論じられているのか，という問題であった。

　論争では，この二つの争点が，次の一つの問いにどう答えるか，というかたちをとった。すなわち，いわゆる「内在的矛盾」が第2部第3篇で論じられているのか，いないのか，という問いである。

### 狭義の「久留間・富塚論争」の経過

　論争初期の経過は，おおよそ，次のようであった。

　富塚良三氏は，1950年代から，『資本論』第2部第3篇の再生産論でマルクスが果たすべくして果たし残した必須の課題は，資本の過剰蓄積を検出するための「基準」を明確にすることだったのだが，氏が「均衡蓄積率」および「均衡蓄積軌道」を析出することによってこの課題は果たされたのであり，第2部第3篇でのマルクスの記述だけからは読み取ることができなかった，「恐慌の必然性」の解明にとって再生産論がもつ意義も，これによって同時に明確になったのだ，と主張されていた。

　1972年4月に『レキシコン』の「恐慌Ⅰ」が刊行されたが，それに付された「栞」所載の「レキシコン談話室」（本書に第1章として収録）で大谷は，久留間の見

解にもとづいて，過剰蓄積検出の基準としての「均衡蓄積率」という富塚氏の考え方を転倒的な観念だと批判し，またそれとの関連で，いわゆる「内在的矛盾」の問題を第2部第3篇で論じていることをマルクス自身が明言している箇所と見なされてきていた，エンゲルス版第2部注32のなかの「次のAbschnitt」という語がどこを指しているのかは，この語それ自体で判断することはできないのであって，むしろ，いわゆる「内在的矛盾」が『資本論』のどの部分で解明されるべきことかについての理論的検討によって判断されるべきであるが，『資本論』で実際に「内在的矛盾」が論じられているのは第3部であるから，「次のAbschnitt」は第3部を指していると考えるべきだ，と主張した。大谷はこの主張を，翌1973年3月に発表した論稿「「内在的矛盾」の問題を「再生産論」に属せしめる見解の一論拠について――『資本論』第2部注32の「覚え書き」の考証的検討――」（本書に第7章として収録）で詳論した。

　以上の，『レキシコン』「恐慌Ⅰ」およびそれに付された「栞」とそれに続いて発表された上記の大谷稿とを読まれた富塚氏は，1974年7月に，「久留間教授への公開質問状」というサブタイトルを付した「恐慌論体系の展開方法について」という論稿（『商学論集』第41巻第7号，1974年7月）を発表され，久留間に回答を迫った。久留間は1975年10月に，論稿「恐慌論体系の展開方法について（1）（これと同じ表題に「――久留間教授への公開質問状――」という副題をつけて発表された富塚良三氏の論文にたいする公開回答状）」（本書に第8章として収録）を発表し，さらに1976年10月に，それに続く「恐慌論体系の展開方法について（2）」（本書に第10章として収録）を発表した。久留間は1982年10月に89歳で死去し，この時点で，久留間と富塚氏との直接のやりとり，いわば狭義の「久留間・富塚論争」は終止符を打った。

## 「恐慌の必然性」という項目を立てることの是非について

　富塚氏は，「公開質問状」のなかで，(1) 再生産論と恐慌論との関連，(2) 均衡蓄積率の概念，(3)「恐慌の必然性」の項目を定立することの是非，という三つの点について久留間の回答を要求していた。久留間の2回の「回答状」は，このうちの最初の「再生産論と恐慌論との関連」についてのものだった。したがってそれは，あとの二つの論点にかかわる富塚の質問にはまだ触れていなか

ったが，最後の三つ目の「「恐慌の必然性」の項目を定立することの是非」については，1975年に刊行された『レキシコン』「恐慌III」に付された「栞」に収められた「レキシコン談話室」(本書に第3章として収録)のなかで久留間が，「恐慌の必然性が論証さるべきだという発想と，どのような条件のもとで恐慌が必然的に起こるかを究明すべきだという発想との違い」という小見出しを付けられた箇所(本書109ページ以下)で，ほぼ2ページにわたって自己の見解を述べることによって，この論点について富塚氏に実質的に答え終えていた。

　ここで久留間が語った富塚批判のポイントは，「(1) 恐慌の抽象的可能性」と「(2) 発展した恐慌の可能性」とを論じたのちに，これらの可能性とは区別して，可能性の現実性への発展を引き起こす「(3) 恐慌の必然性」なるものを論じる，という富塚氏の「恐慌論体系」では，この(3)でなされるべき課題が可能性を現実性に転化させる「究極の根拠」を見いだすところに絞られる——じっさい富塚氏はここでの課題をそこに絞っている——ことで，マルクスが実際に解明している，可能性を現実性に転化させる多様な契機＝条件の一つひとつを順次に明らかにしていく，という——マルクスが第3部で実際にやっている——必須の課題は，そもそも課題として立てられることさえなくなってしまう——じっさい富塚氏はこのような課題があることさえも意識していない——というところにあった。久留間が「談話室」で指摘したように，そのような「恐慌論体系」は，現実の個々の景気現象がどのようにして，なぜ生じたのか，ということを明らかにすることには役に立たない。

　マルクスは，現に彼が目の前に見ていた循環的な恐慌現象を，資本主義的生産様式の本質から生じているものと見て，『資本論』における資本の一般的分析のなかでこの現象の「必然性」を理論的に解明しようとした。『資本論』でマルクスはこの「必然性」の解明を，第1部でまず，単純な商品流通における恐慌の抽象的諸可能性を明らかにすることから始め，次に第2部で，「資本の流通過程」を分析するなかで，それらの可能性が資本のもとでどのような内容規定を受けて恐慌の一層発展した可能性になるかを見たあと，第3部での資本の「総過程の諸姿容」の展開のなかで，それらの発展した諸可能性を現実性に転化させる諸契機＝諸条件を順次に明らかにしていく，という仕方で行なったのであった。恐慌分析のこれらすべての過程が，その全体によって，恐慌の必然

性を明らかにすべきものとなっている，と考える久留間にとっては，そのうち
の一部だけを取り出して，ここではじめて「恐慌の必然性」が明らかにされる
のだ，とする富塚氏の主張は，「必然性」という語の自分勝手な誤用でしかな
かったのである。

### 「均衡蓄積率」という概念について

　富塚氏が久留間に回答を求めた論点のなかで，久留間が富塚氏にたいして直
接に答えないままに終わったのは，二番目の「均衡蓄積率について」という論
点であった。

　富塚氏と似たような発想をもって「均衡蓄積率」を論じた——またいまなお
論じている——論者は多いが，富塚氏のように，マルクスの第2部草稿では，
ほんらいその第3篇で論じられるべきであった「均衡蓄積率」が明示的に論じ
られていないのは，マルクスの再生産論のなかの「書かれるべくして書かれな
かった」理論的欠落だったのであって，自分がその「均衡蓄積率」を析出する
ことによって，その欠落を埋めたのだ，と自負し，かつ公言した論者はいない。
富塚氏にとっては，この「均衡蓄積率」こそが，「資本の過剰蓄積」を検出する
「基準」として，再生産論を恐慌論に「連繋」させるかなめであり，再生産論に，
いわゆる「内在的矛盾」を論じる最初の場としての意味をもたせることになる
決定的な「概念」なのであった。そのような意味で，富塚氏の「均衡蓄積率」概
念の批判的検討は「久留間・富塚論争」の欠くべからざる論点をなすはずのも
のであった。

　この論点については，富塚氏の久留間批判にたいして久留間が直接に答える
ことはできなかったが，久留間の見解を引き継いで，大谷と前畑が富塚批判の
論稿を書き，これにたいして富塚氏が応答するというかたちで，いわば広義の
「久留間・富塚論争」が続けられた。

　大谷は，1975年10月に経済理論学会第23回大会で「資本の流通過程と恐慌」
と題して報告し，またフロアとのあいだで質疑応答を行なったが，このなかで
富塚氏の「均衡蓄積率」概念の理論的な無意味さを指摘し，第2部第3篇第21
章でのマルクスの論述から読み取るべきはむしろ，単純再生産から拡大再生産
への移行のさいの困難の指摘であって，これは一般化すれば，蓄積率の変動に

12

ともなう部門間比率の変化の困難の指摘と見なすことができる，と述べた（本書に第9章として収録）。また前畑は，1979年7月の論稿「『資本論』第2部第3篇の課題と恐慌論との関連についての一考察——富塚良三氏の「均衡蓄積率の概念」の検討——」（本書に第11章として収録）で，富塚氏の「均衡蓄積率」という概念は，「マルクスとはまったく逆の問題設定から導きだされたのであり，現実の事態になんの根拠ももたず，したがってまた，それを「理論的基準」としては「過剰蓄積」を把握することはできない」ことを詳論した。

### „betrachten" という語をどう訳すべきか，についての論争

　その間に，富塚氏と大谷とのあいだで，『資本論』第2部第1稿のなかの一文，それもそのうちのドイツ語の一つの動詞をどのように日本語に訳すべきか，と言う，一見したところきわめて些末に見える問題をめぐってやりとりが交わされた。このやりとりも，富塚氏によれば，「極めて根本的な重要問題と関わる論争」[6]であって，広義での「久留間・富塚論争」の一部をなすものだったらしいから，たわいない「エピソード」として触れずにすますわけにもいかない。

　マルクスは『資本論』第2部第1稿の第3章の末尾近くに „Zu betrachten ch. VII. Buch III." という一文を書いた。1982年に刊行された，この第2部第1稿の邦訳[7]で，その第3章を担当していた大谷は，この文を，「これは，第3部第7章で考察すべきである」と訳した。

　富塚氏は，1990年4月刊行の『資本論体系』第4巻（有斐閣）中の論稿とこの巻に付された「月報」所載の小稿との両方で，この大谷訳を誤訳だとし，「第3部第7章を考慮すべきである」と訳すべきだったのだ，と大谷を激しく非難された。この巻の共編者であった富塚氏は，大谷がこの重大な誤訳をしていることを読者にはっきりと見せつけるかのように，同巻の巻頭に上記の一文のある草稿ページのフォトコピーまで掲げられていた。しかし不思議なことに，同巻の

---

6）富塚良三「再生産論の課題」，『商学論纂』第42巻第5号，2001年3月，63ページ。

7）マルクス著／中峯照悦・大谷禎之介他訳『資本の流通過程——『資本論』第2部第1稿——』，大月書店，1982年。このときには第2部第1稿はまだロシア語訳が刊行されていただけだったので，翻訳はモスクワから提供された草稿のフォトコピーと解読文とによる邦訳だった。第2部第1稿はのちに1988年に刊行されたMEGA第II部門第4巻第1分冊で公刊された。

なかで富塚氏は，大谷訳は誤訳だと断定されただけで，大谷訳がなぜ誤訳なのかについて，その根拠をまったく示されていなかった。

　大谷は，同『体系』の編集者に，有斐閣の出版物への反論の掲載を二度にわたって妨げられて[8]から10年経った2000年に思いがけなく，『体系』第1巻の「月報」にMEGAに関わる一文の寄稿を求められたので，「メガの編集者は禁欲を要求される」というタイトルの小文を書き，そのなかで，大谷訳を「誤訳」だとする富塚氏の断定に反論を書いた[9]。これにたいして富塚氏は，2001年に論稿「再生産論の課題」[10]で自説を展開された。富塚氏はここでようやく，大谷訳をなぜ誤訳と断定されたか，ということを，焦点であるbetrachtenというドイツ語の動詞の意味にも言及して，説明された。富塚氏が大谷の「誤訳」を「極めて根本的な重要問題と関わる」と考えられた理由がこの論稿によってわかってみると，富塚氏は，「これは，第3部第7章で考察すべきである」という大谷訳では，当該の一文が，マルクスは第2部第3篇で「再生産過程の攪乱」について書くつもりでいた，という氏の動かすべからざる思い込みと抵触するので，あれこれと頭を捻った末に，「第3部第7章を考慮すべきである」という迷訳を思いつかれた，ということにすぎなかったのである。

　大谷は2002年に，論稿「「betrachtenすべき」は「再生産過程の攪乱」か「第3部第7章」か──富塚良三氏の拙訳批判に反論する──」（本書に第12章として収録）を書いて，ここでのbetrachtenを「考慮する」と訳すことなどできるわけもないことを，ドイツ語の多くの用例を挙げて丁寧かつ詳細に説明するとともに，大谷の「誤訳」をクローズアップする目的で編著の冒頭にフォトコピーを掲げるなどの富塚氏のたわいなさを指摘して，この「論争」に終止符を打った。

## 注32のなかの一語の書き換えによる意味の逆転

　さて，上記のように，富塚氏の久留間批判にたいしては，富塚氏が示された三つの論点のすべてについて，久留間・大谷・前畑が反論したが，じつは，この論争が進行しつつあったちょうどその時期に，この論争が始まったばかりの

---

8）この事情については，本書第12章の「1　論争の発端と再燃」を見られたい。
9）この反論の内容については，本書第12章の「4　筆者の反論」を見られたい。
10）前出の注6を見よ。

ときにはまだ『資本論』第2部エンゲルス版注32の「覚え書き」というかたちで
しか見ることができていなかったマルクスの記述がマルクスの草稿ではどうな
っているのか，ということが次第にわかるようになる，という刮目すべき新た
な事態が生じつつあった。

まず，新しい知見によれば，論争の一つの焦点となっていたエンゲルス版第
2部注32のなかの「次のAbschnitt」という語でマルクスが指していたのが，エ
ンゲルス版で言えば「第3篇　社会的総資本の流通と再生産」であったことが
明確になった。これは，「次のAbschnitt」という語は「次篇」を意味するとは
かぎらない，ということを前提にして，マルクスがこの語で指示したのは第3
部だったのであろう，としていた久留間・大谷説から，それの前提を完全に取
り去るものであった。久留間が富塚氏にたいする最初の「公開回答状」を書い
たときにはこの事実はまだ知られていなかったが，それの続きである二度目の
「回答状」を書くときにはすでに久留間はこの事実を知っていたので，この論
稿では，「次のAbschnitt」が第2部第3篇を指すものだったという新たな知見
を前提にして——すなわち，以前にはこの語が第3部を指しているのだろうと
していた自己の推定を取り消したうえで——，久留間の新たな推論が行なわれ
ている。

ところが，他方，第2稿のフォトコピーの解読を続けていた大谷は，久留間
がその「公開回答状（2）」に掲げていた第2稿の当該箇所の原文と大谷によるそ
の訳文とのどちらにも含まれていたにもかかわらず，大谷自身も，またこれを
引用した久留間も，この論稿の執筆中にはまだ注目せず，したがってまたこの
論稿のなかで触れることのなかった，エンゲルス版の注32での記述のなかの
一つの語がマルクスの草稿とは違っていることのもつ決定的な重要性に——不
覚にも——久留間の「回答状」が活字になったのちにようやく気づいた。しか
もその語たるや，富塚氏が山田盛太郎氏にならって，エンゲルス版の注32の
なかに「内在的矛盾」を読み取った肝心かなめの一文のなかにあったのである。

ここで，いささかややこしいことに立ち入ることになるのだが，飛ばすわけ
にはいかない大事なところなので，しばらく辛抱してお付き合いいただきたい。

いま述べたように，第2部第2稿が読めるようになって，これから取られた
エンゲルス版第2部注32のなかにある「次のAbschnitt」という語でマルクス

が指していたのはこの部の第3篇だったことが確定した。この語がどこを指しているのかが決定的に重要だと考えられてきていたのは，エンゲルスが注32に収めた「マルクスの覚え書き」では，マルクスがいわゆる「内在的矛盾」に言及していることにだれも疑いをもったことがなく，しかも，マルクス自身が「このことは次のAbschnittではじめて問題となることである」（エンゲルス版）と予告していたので，「次のAbschnitt」が第2部第3篇を指すことが確定すれば，マルクス自身が，いわゆる「内在的矛盾」の問題は「次篇」すなわち第3篇で論じるつもりだ，とここで言明していた，ということになるからであった。もちろん，富塚氏のように第2部第3篇で「内在的矛盾」が論じられるべきだと主張していた人びとは，「次のAbschnitt」が「次篇」の意味であったことが確定したことによって，自説の正しさが確証されたのだ，と考え，「内在的矛盾」の問題は第2部第3篇で論じられる事柄ではないとする久留間・大谷の主張は完全に破綻したのだ，と判断し，いわば歓呼の声を挙げた。

　たしかに，注32の「覚え書き」でマルクスがいわゆる「内在的矛盾」に言及していることに久留間・大谷も疑いをもつことはなかったのだから，両人は，「次のAbschnitt」が第3篇を指すことがわかったのちに，この「覚え書き」の全体が草稿では正確にはどうなっているのか，それは草稿である第2稿のなかのどこにどのような位置を占めているのか，ということを改めて徹底的に調べて見る必要を痛感し，久留間は富塚氏への2回目の「回答状」で，すでにその作業に着手していた。

　しかし，エンゲルスによって「マルクスの覚え書き」とされた箇所が草稿のなかのどこに，どのような位置を占めているか，ということを精査するまでもなく，じつは，「覚え書き」のなかの一つの語を草稿にあるとおりに読むだけで，事態が大逆転することになっていたのである。それは，いったい，どういうことか？

　エンゲルス版注32での「覚え書き」でいわゆる「内在的矛盾」に言及しているとされてきた箇所は，エンゲルス版での次の一節である。

　　「さらなる矛盾。資本主義的生産がそれのすべての力能を発揮する諸時期は，きまって過剰生産の時期であることが明らかとなる。なぜなら，**生産の諸力能**は，価値がそれらによってより多く生産されうるだけでなく，実

現もされうる，というように充用されることはけっしてできないが，商品の販売，商品資本の実現は，だから剰余価値の実現もまた，社会一般の消費欲求によってではなく，その大多数の成員がつねに貧乏でありまたつねに貧乏のままであらざるをえないような社会の消費欲求によって限界を画されているのだからである。〔Fernerer Widerspruch: Die Epochen, worin die kapitalistische Produktion alle ihre Potenzen anstrengt, erweisen sich regelmäßig als Epochen der Überproduktion; weil **die Produktionspotenzen** nie **so weit angewandt werden können, daß dadurch mehr Wert nicht nur produziert, sondern realisiert werden kann;** der Verkauf der Waren, die Realisation des Warenkapitals, also auch des Mehrwerts, ist aber begrenzt, nicht durch die konsumtiven Bedürfnisse der Gesellschaft überhaupt, sondern durch die konsumtiven Bedürfnisse einer Gesellschaft, wovon die große Mehrzahl stets arm ist und stets arm bleiben muß.〕」

（MEW 24, S. 318. 網かけ，訳文でのゴシック，原文での太字は引用者によるもの。）

　言うまでもなく，いわゆる「内在的矛盾」が「矛盾」であるのは，それが相容れない対立する二つの項を含むことによってであるが，この場合の一方の項は，どんな制限をも突破してどこまでも生産諸力を発展させていこうとしないではいない資本主義的生産の衝動であり，他方の項は，資本主義的生産様式のもとでの分配関係によって限界づけられた消費による制限である。上の引用のなかで，従来，矛盾の前者の項を述べていると読まれてきたのは，訳文ではゴシックにした部分，原文ではボールドにした部分，すなわち「生産の諸力能は，価値がそれらによってより多く生産されうるだけでなく，実現もされうる，というように充用されることはけっしてできない」という部分である。他方，この部分に続くマルクスの記述のなかには明らかに，後者の項，すなわち消費による制限に該当する内容が含まれている。このように，エンゲルス版でのこの一節からは，「内在的矛盾」をなす対立する両項が読み取れることから，この一節は「内在的矛盾」に言及しているものと考えられてきたのであった。

　ところが，マルクスの草稿すなわち第2部第2稿の該当箇所では，「なぜなら」以降が次のようになっていたのである。

　「……なぜなら，**生産の諸力能は**，ただ，<u>剰余価値</u>がそれらによって<u>生産</u>

されうるだけでなく**実現もされうるかぎりでしか充用されえない**が，商品資本の実現（商品の販売）は，だから剰余価値の実現もまた，社会の消費欲求によってではなく，その大多数の成員がつねに貧乏でありまたつねに貧乏のままであらざるをえない，などなど，のような社会の消費欲求によって限界を画され，制限されているのだからである。〔… weil d. **Produktionspotenzen nur so weit anzuwenden, als dadurch nicht nur Mehrwerth** producirt, sondern **realisirt** werden kann; d. Realisation（Verkauf d. Waaren）d. Waarenkapitals, also auch d. Mehrwerths aber begrenzt, beschränkt ist nicht durch d. consumtiven Bedürfnisse d. Gesellschaft, sondern durch d. consumtiven Bedürfnisse einer Gesellschaft, wovon d. grosse Mehrzahl stets arm ist u. arm bleiben muß etc.〕」(MEGA II/11, S. 308. 下線はマルクスによる強調。ゴシック，太字，網かけは引用者によるもの。)

エンゲルス版と草稿との決定的な違いは，エンゲルス版で網かけにしたnieという一語が，後者では網かけにしたnurとなっていた，という点である。

「生産の諸力能は，ただ，剰余価値がそれらによって生産されうるだけでなく実現もされうるかぎりでしか充用されえない」という，草稿でのマルクスの記述が意味するのが，剰余価値の実現が生産の諸力能の充用を制限する，ということであるのは一読して明らかである。だからここでは，生産の諸力能は剰余価値の実現が可能なかぎりでしか充用されないのだが，その剰余価値の実現は大衆の貧困をともなう社会の消費欲求によって限界を画されているのだ，ということが述べられているだけである。つまり，ここでは，「生産諸力を，その限界をなすものがあたかも社会の絶対的な消費能力ででもあるかのように発展させようとする，資本主義的生産様式の衝動」(MEGA II/4.2, S. 540)，つまり，価値および剰余価値の実現という制限と対立し，それを突破していこうとしないではいない，というそれの対立項についてはまったく触れられていなかったのであった。だから，そもそも，エンゲルスが注32で「マルクスの覚え書き」としたマルクスの記述は「内在的矛盾」に言及してはいなかったのである。エンゲルスが──意識して書き換えたのか，それとも解読しそこなったのか，ということは，ここではどうでもよいことである──nurをnieと書き換えた結果，網かけした部分に見られるとおり，文意はまさに正反対になってしまい，

その結果，ここでマルクスが「内在的矛盾」に言及した，ということになってしまっていたのである。

　マルクスが第2部第3篇で，社会的総資本の再生産と流通について，生産の諸力能を制約する，価値および剰余価値の実現を論じていることは――久留間・大谷にとっても，レーニン・山田氏・富塚氏にとっても――明らかだったのであり，だからまた，このことは「次篇」すなわち第3篇で「はじめて問題となる」とマルクスが書いたのもまさに当然のことだったのである。

　以上が，さきに「いささかややこしいことに立ち入ることにならざるをえない」と書いた事柄の概要である。

　大谷は，注32のなかのnieをnurと読めばこの語を含む文の意味が逆転することについて詳論する論稿を書くことにしていたので，とりあえず，執筆中だった論稿「「信用と架空資本」の草稿について（上）」のなかに「補論」を設け，そこでこの事実に注意を喚起するとともに，「ここでは剰余価値の実現による生産の制約について述べられているとすれば，それこそまさに，「第3章　流通過程および再生産過程の実体的諸条件」，すなわちのちの第3篇の問題なのだ」と述べておいた[11]。しかし，1983年の大谷のこの指摘は，エンゲルス版ではマルクスの草稿とは意味が逆転していたことについても，この逆転に気づけば注32は「内在的矛盾」の問題が第3篇に属するとする主張の論拠たりえなくなる，という点についても，その後しばらく，ほとんどだれによっても注目されず，また大谷自身もこれについての論稿を書かないまま，年月が流れた[12]。

　2002年5月に，『資本論体系』第9巻「恐慌と産業循環」の執筆者たちを迎えて恐慌について議論をしようではないかということで，シンポジウムが開催された。同巻の編集担当者であり，中心的執筆者であった富塚氏からたっぷり話を聞き，同氏と率直に議論を交わそうという企画であった。しかしながら同氏が出席されないことになったので，発言希望者が提出していた発言の要旨をま

---

11）『経済志林』第51巻第2号，1983年，43-44ページ。大谷禎之介『マルクスの利子生み資本論』第2巻，桜井書店，2016年，48-50ページ。

12）ただし，1985年に新日本出版社から刊行された邦訳『資本論』新書版第6分冊では，エンゲルス版からの当該箇所の訳文に，「第2草稿によると，この個所は「という限りでのみ使用されうる……」と判読することも可能である」という訳者の注が付されていた（同訳書，500ページ）。

とめた「コメント集」が作成され，あらかじめそれにたいして富塚氏が答えられた回答が会場で配布された。発言要旨を提出していた大谷と前畑も，発言要旨に添って発言するとともに，富塚氏による回答文書にもコメントした。のちに，このときの発言に加筆し，富塚氏への再度のコメントを加えた両人の小論が，大谷「再生産論と恐慌論の関連をめぐる若干の問題について——富塚良三氏および報告者へのコメントおよび質問——」(本書に第13章として収録)，および，前畑「「単純再生産から拡大再生産への移行」についてのエンゲルスの書き入れをめぐって——「移行」問題の核心はなにか——」(本書に第14章として収録) である。与えられたわずかな紙数の発言要旨で大谷が書いたのは，上述した，エンゲルス版の注32でのnieが草稿ではnurとなっていることをどう見るか，という論点であり，シンポジウムでもこの論点について述べたので，これによって，注32でのnieが草稿ではnurとなっていたことをどう考えるかという重要な問題があることが，出席していた研究者たちによってはじめて明確に意識されることになった。

## 当該の語は nie か nur か

　大谷が，注32でのnieが草稿ではnurとなっていることを知ったのは，1970年代の半ばにモスクワのマルクス＝レーニン主義研究所から入手した，当該部分を含む1ページだけの解読文によってであった。その後，大原社会問題研究所に第2部第2稿のフォトコピーが所蔵されていることがわかって，大谷はそれによって当該箇所を調べたが，マルクスの筆跡に馴染んでいなかったそのときには，nieではなくnurと書かれているという解読文の判読の是非に判断を下すことなどは論外で，解読文のとおり，また前後の文脈によって，nurなのだろうと考えておくしかなかった。

　大谷は，1980年3月に海外研究に出発する直前に，『資本論』第2部第1稿の第3章の訳文を慌ただしく仕上げて大月書店に入稿したのだったが，訳出に使ったモスクワからの解読文の第3章末尾近くに，はじめnurと読んで，それをnunに訂正した一語があった。前後関係から見てこの語はnieにちがいないと判断し，そのように訂正した上で，訳注にそのことを記載した。解読文を吟味しつつそれを原文として扱ったにちがいない第2部第1稿のロシア語訳もnie

20

と読んでいた。つまり，モスクワでの解読は nur→nun→nie と変わったわけである。モスクワから得ていた草稿の不鮮明なフォトコピーでは，この一語の筆跡だけからこの三つの読み方のうちのどれが正しいのか，判断のしようもなく，筆跡だけからこの三つの語を判別するのがきわめて困難であることが強く印象に残った。

1980年の秋から帰国する1982年の3月までに，大谷は，社会史国際研究所で『資本論』第2部および第3部のさまざまの草稿を，それもオリジナルを含めて調査することができ，マルクスのさまざまの時期の筆跡に接するなかで，次第にそれらをなんとか読むことができるようになっていった。そして帰国後，大原社会問題研究所所蔵のフォトコピーによって第2部第2稿の全体を仔細に調べるなかで，今度は，当該箇所の一語は，文脈からだけでなく，この一語の筆跡そのものによっても，nur と読むほかはないという確信をもつようになった。それで大谷は，当該箇所が nie から nur に訂正されたとき，注32に含まれるマルクスの記述のもつ意味がどのように変わるか，ということを主題とする論稿を書こうと考えたのだったが，それに着手できないまま年月が過ぎ，さきに触れた2002年のシンポジウムに至ったのだった。

ところが，その翌年の2003年に，大谷がリュドミーラ・ヴァーシナとともに編集に当たっていた，問題の第2部第2稿をも収める MEGA 第 II 部門第11巻のテキストで，当該の語を nur とするか nie とするかをいよいよ確定しなければならないという時点で，思いもよらなかったいくつかの出来事が大谷に，この件について詳論して，この巻の刊行以前に決着をつけておくことを迫った[13]。そこで大谷は，当該の語は nie か nur か，ということだけに問題を絞って，2004年に，論稿「「ではけっしてない (nie)」か「でしかない (nur)」か——マルクスの筆跡の解析と使用例の調査とによって——」（本書に第16章として所収）を発表した。

その後，MEGA 第 II 部門第11巻の刊行が近づきつつあったときの編集関係者の或る会合で，ドイツ人ゲルマニスト（当時 MEGA を刊行していた Akademie-Verlag のベテラン編集者 Peter Heil 氏）が当該の語について，「これは nur としか読め

---

13) この事情については，本書の第16章冒頭の「問題の所在」を見られたい。

ない」と断定したことで，この巻のテキストで当該の語をnurと印刷することが最終的に不動のものとなった。

　大谷の同稿では，もっぱら，当該の語がnieかnurか，ということだけを論じたので，この語をnurと読んだときに，エンゲルスが注32に収めたマルクスの記述の意味がどのように変わるのか，という問題には踏み込まなかったし，改めてこの点を主題にした論稿を書くこともしないままになっている。そこで，本書第16章の【補説3】で，この問題についてやや立ち入って論じておくことにする。

# 目　次

はじめに………………………………………………………… 大谷禎之介 3

　補説：「久留間・富塚論争」について …………………………………………… 8
　　「久留間・富塚論争」とそこでの争点 8
　　狭義の「久留間・富塚論争」の経過 8
　　「恐慌の必然性」という項目を立てることの是非について 9
　　「均衡蓄積率」という概念について 11
　　„betrachten" という語をどう訳すべきか，についての論争 12
　　注32のなかの一語の書き換えによる意味の逆転 13
　　当該の語はnieかnurか 19

## 第1部　『マルクス経済学レキシコン』恐慌篇を編む

第1章　『マルクス経済学レキシコン』「恐慌Ⅰ」を編む …………………… 33
　「恐慌Ⅰ」の収録項目 …………………………………………………………… 33
　「恐慌Ⅰ」をめぐって ………………………………………………… 大谷禎之介 34
第2章　『マルクス経済学レキシコン』「恐慌Ⅱ」を編む …………………… 75
　「恐慌Ⅱ」の収録項目 …………………………………………………………… 75
　「恐慌Ⅱ」の編集にあたって ………………………………………… 久留間鮫造 76
第3章　『マルクス経済学レキシコン』「恐慌Ⅲ」を編む ………………… 107
　「恐慌Ⅲ」の収録項目 ………………………………………………………… 107
　「恐慌Ⅲ」の編集にあたって ……………………………………… 久留間鮫造 107
第4章　『マルクス経済学レキシコン』「恐慌Ⅳ（産業循環）」を編む ……… 133
　「恐慌Ⅳ（産業循環）」の収録項目 ………………………………………… 133
　「恐慌Ⅳ（産業循環）」の編集にあたって ………………………… 久留間鮫造 134

24

## 第2部　マルクスによる恐慌・産業循環の理論的展開を跡づける

### 第1篇　資本の流通過程における恐慌の可能性の発展

第5章　高田博士の蓄積理論の一考察 ……………………………… 久留間鮫造 163

第6章　高田博士による蓄積理論の修正 …………………………… 久留間鮫造 177

第7章　「内在的矛盾」の問題を「再生産論」に属せしめる見解の一論拠について
　　　　──『資本論』第2部注32の「覚え書き」の考証的検討 ……… 大谷禎之介 191

　はじめに ………………………………………………………………………… 192
　1　従来の諸見解における「覚え書き」の取り扱い …………………………… 195
　　1.1　問題の箇所　195
　　1.2　山田盛太郎氏　198
　　1.3　レーニン　202
　　1.4　山本二三丸氏，宇高基輔氏，富塚良三氏，二瓶敏氏　205
　2　Abschnitt の語義について ……………………………………………………… 210
　3　マルクスにおける Abschnitt の用例 ………………………………………… 220
　　3.1　『経済学批判要綱』における Abschnitt　220
　　3.2　『剰余価値学説史』における Abschnitt　234
　　3.3　『資本論』第1部における Abschnitt　248
　4　「覚え書き」における「次の Abschnitt」について ………………………… 262
　　4.1　『資本論』第2部とその草稿との関係　262
　　4.2　「覚え書き」の所属草稿とその執筆時期　266
　　4.3　「覚え書き」執筆時における第2部の篇構成　269
　　4.4　第2部の篇別構成からみた「覚え書き」の挿入箇所　278
　　4.5　「次の Abschnitt」はどこを指しているのか　280
　　4.6　エンゲルスによる書き替えの可能性はないか　286
　むすび …………………………………………………………………………… 291
　【補説1：注32に利用された草稿でのマルクスの記述について】 ………………… 293
　【補説2：エンゲルスはどのようにして注32をつくったのか】 ……………………… 301

第8章　恐慌論体系の展開方法について（1） ……………………… 久留間鮫造 305

第9章　資本の流通過程と恐慌 …………………………………… 大谷禎之介 339

第10章　恐慌論体系の展開方法について（2） …………………… 久留間鮫造 357

目次　25

第11章　『資本論』第2部第3篇の課題と恐慌論との関連についての一考察
　　　　——富塚良三氏の「均衡蓄積率の概念」の検討 ················前畑憲子 391

　はじめに ····················································································391

　1　『資本論』第2部第3篇の再生産論が明らかにしているのは，
　　　蓄積額したがってまた蓄積率は任意の値をとりえないという
　　　側面である，という主張について ·····················································394

　2　蓄積率は独立変数，部門間比率はその従属変数であるという
　　　命題はトゥガン説にほかならない，という主張について ·····························404

　3　「均衡蓄積率」とは，「消費と価値増殖との間の正常な比例関係」を
　　　保つような蓄積率であり，それは「過剰蓄積」を規定する
　　　「理論的基準」である，という主張について ·········································411

　おわりに ····················································································418

第12章　「betrachten すべき」は「再生産過程の攪乱」か「第3部第7章」か
　　　　——富塚良三氏の拙訳批判に反論する ·····················大谷禎之介 421

　はじめに ····················································································421

　1　論争の発端と再燃 ········································································422

　2　問題の箇所 ··············································································423

　3　富塚氏の拙訳批判 ········································································423

　4　筆者の反論 ··············································································427

　5　富塚氏の再度の批判 ·····································································433

　6　betrachten という語の意味 ······························································443

　7　マルクスの使用例 ········································································447

　8　betrachten の対象はなにか？ ···························································453

　むすび ······················································································455

第13章　再生産論と恐慌論との関連をめぐる若干の問題について
　　　　——富塚良三氏および報告者へのコメント ···············大谷禎之介 463

第14章　「単純再生産から拡大再生産への移行」についてのエンゲルスの
　　　　書き入れをめぐって——「移行」問題の核心はなにか ········前畑憲子 475

　はじめに ····················································································475

　1　エンゲルスの書き入れをどうみるか ·················································477

　2　富塚氏の《コメントに対する回答》について ········································484

　3　拡大再生産の「第1例」，「第2例」でマルクスが解明しようとした
　　　問題は何か ··············································································488

第15章　いわゆる「拡大再生産出発表式の困難」について
　　　　——『資本論』第2部第8稿における「出発表式」設定の意味‥‥‥前畑憲子 491

　はじめに‥‥‥‥‥‥‥‥‥‥‥‥‥‥‥‥‥‥‥‥‥‥‥‥‥‥‥‥‥491
　1　問題の所在‥‥‥‥‥‥‥‥‥‥‥‥‥‥‥‥‥‥‥‥‥‥‥‥‥‥494
　2　「出発表式」では「困難」は発生しない‥‥‥‥‥‥‥‥‥‥‥‥‥‥498
　3　「単純再生産」の年次関係と「拡大再生産」の年次関係‥‥‥‥‥‥‥502
　4　マルクスが直面した「一つの新しい問題」とその解決‥‥‥‥‥‥‥‥505
　おわりに‥‥‥‥‥‥‥‥‥‥‥‥‥‥‥‥‥‥‥‥‥‥‥‥‥‥‥‥‥509

第16章　「ではけっしてない（nie）」か「でしかない（nur）」か
　　　　——マルクスの筆跡の解析と使用例の調査とによって‥‥‥‥大谷禎之介 511

　1　問題の所在‥‥‥‥‥‥‥‥‥‥‥‥‥‥‥‥‥‥‥‥‥‥‥‥‥‥511
　2　マルクスの筆跡‥‥‥‥‥‥‥‥‥‥‥‥‥‥‥‥‥‥‥‥‥‥‥‥524
　3　マルクスの使用例‥‥‥‥‥‥‥‥‥‥‥‥‥‥‥‥‥‥‥‥‥‥‥534
　むすび‥‥‥‥‥‥‥‥‥‥‥‥‥‥‥‥‥‥‥‥‥‥‥‥‥‥‥‥‥546
　【補説1：MEGA第Ⅱ部門収録諸草稿に見られる使用例について】‥‥‥‥‥547
　【補説2：大谷批判のための大野節夫氏の「試金石」について】‥‥‥‥‥‥551
　【補説3：草稿でnurと書かれている一文の意味について】‥‥‥‥‥‥‥‥559

第2篇　資本主義的生産の矛盾と恐慌

第17章　利潤率の傾向的低下法則と恐慌
　　　　——『資本論』第3部第15章の主題との関連で‥‥‥‥‥‥‥‥‥前畑憲子 573

　はじめに‥‥‥‥‥‥‥‥‥‥‥‥‥‥‥‥‥‥‥‥‥‥‥‥‥‥‥‥‥573
　1　利潤率の傾向的低下法則の三つの内容‥‥‥‥‥‥‥‥‥‥‥‥‥‥574
　2　第15章第1節は利潤率の傾向的低下法則の現象形態を扱う‥‥‥‥‥‥579
　3　利潤率の傾向的低下法則の諸契機の相対立する運動が諸現象をもたらす‥‥‥584
　4　制限突破がもたらす「競争戦」とその帰結を叙述する第15章第3節‥‥‥‥‥589
　5　資本の絶対的過剰生産と資本による「制限」の突破としての恐慌‥‥‥‥596
　6　恐慌から停滞・回復への諸契機‥‥‥‥‥‥‥‥‥‥‥‥‥‥‥‥‥598
　おわりに‥‥‥‥‥‥‥‥‥‥‥‥‥‥‥‥‥‥‥‥‥‥‥‥‥‥‥‥‥600
　【補記：第17・18・19章での加筆および修正について】‥‥‥‥‥‥‥‥‥601

目次　27

# 第18章　「利潤率の傾向的低下法則」と「資本の絶対的過剰生産」

## ——恐慌研究の一論点 …………………………前畑憲子 605

はじめに ……………………………………………………605

1 「資本の過剰生産」についての草稿の記述 ………………607

  1.1　草稿の記述　607
  1.2　資本の絶対的過剰生産を引き寄せる相対的過剰人口の減少　608
  1.3　「絶対的過剰生産」と「相対的」過剰生産　610
  1.4　信用と競争の問題　613

2 搾取率低下による利潤率低下と有機的構成高度化による
  利潤率低下との関係についての誤解 ……………………614

  2.1　二つの問題　614
  2.2　利潤率の傾向的低下法則への無理解　616
  2.3　二つの利潤率低下を混同する見解　617

3 利潤率の傾向的低下と利潤率の急性的な低下 ……………620

  3.1　何が重要か　620
  3.2　加速的蓄積の強制　621
  3.3　超過利潤・生産力増大・薄利多売　622
  3.4　最低資本量の増大　624

4 プレトラと諸資本の競争戦 ………………………………627

  4.1　「新しい自立的諸資本」　627
  4.2　資本主義的生産の制限としての利潤率の低下　628
  4.3　利潤率の低下と過剰生産の促進　630

5 なぜ労賃の上昇だけが問題になったのか…………………633

おわりに ……………………………………………………635

# 第19章　利潤率の傾向的低下法則と恐慌

## ——「現実の資本の過剰生産」をめぐって ………………前畑憲子 637

はじめに ……………………………………………………637

1 「利潤率の低下が諸資本の競争戦を惹き起こすのであって，
  逆ではない」ということの意味 …………………………639

2 「現実の資本の過剰生産」とはどのような事態か……………644

3 「「利潤率の傾向的低下法則」過程」なるものについて ………650

4 搾取率の「上昇」と「低下」の要因を「比量」するという思考について …………652

5 いくつかの「資本過剰」概念の関連と区別とを把握することの重要性 …………655

おわりに ……………………………………………………659

第20章　『資本論』第3部第3篇草稿の課題と意義························宮田惟史 661

問題の所在 ···························································································· 661

1　第3部第3篇草稿の課題と分析視角 ································· 663

　1.1　第3部第3篇草稿の課題と構成──現行版『資本論』との相違から　663
　1.2　第3部第3篇草稿の分析視角　665

2　利潤率の傾向的低下法則 ·························································· 667

3　法則の内的諸矛盾 ·········································································· 669

4　法則の内的諸矛盾の展開と恐慌を現実化する諸契機 ············· 672

　4.1　諸資本間の競争戦　672
　4.2　「資本の過剰生産」と「商品の過剰生産」　675

5　現実資本の蓄積と貨幣資本の蓄積の分析
　　──『資本論』第3部第3篇草稿と第5篇草稿との関連 ··················· 679

　5.1　マルクスの問題設定　679
　5.2　貨幣資本の蓄積と現実資本の蓄積の分析──『資本論』第3部第5篇草稿　680
　5.3　『資本論』第3部第3篇草稿と第5篇草稿との関連　682

　おわりに ···························································································· 684


## 第3篇　信用と恐慌

第21章　「マルクス信用論」における草稿研究の意義················小西一雄 687

はじめに ······························································································ 687

1　第3部第25章以下の主題は信用制度論ではない ·················· 688

2　主題としてのmonied capital論および「貨幣資本と現実資本」 ··· 694

3　「貨幣資本と現実資本」の理解を阻む二つの問題 ··················· 699

　3.1　利潤率の傾向的低下法則についての無理解　699
　3.2　「信用創造論」からは理解できない「貨幣資本と現実資本」　700

　おわりに──現実分析における草稿研究の意義 ························· 703

第22章　マルクス信用論の課題と展開································宮田惟史 707

問題の所在 ··························································································· 707

1　第3部第5篇草稿の課題と分析視角 ····································· 709

2　利子生み資本と架空資本 ·························································· 713

3　貨幣資本の蓄積と現実資本の蓄積··········································· 716

　3.1　草稿Ⅲ)の問題設定　716
　3.2　産業循環の各局面における貨幣資本の蓄積と現実資本の蓄積　719

4　銀行信用の限界──恐慌期の貨幣需要 ···································· 727

おわりに ……………………………………………………………………… 731

## 第23章　『資本論』の恐慌・信用の理論と現代 ……………… 小西一雄　733

　　はじめに ……………………………………………………………………… 733
　　1　『マルクス経済学レキシコン』における恐慌論 ………………………… 735
　　2　「マルクスの利子生み資本論」と草稿研究 ……………………………… 741
　　3　『資本論』と現代 ………………………………………………………… 746
　　おわりに ……………………………………………………………………… 750

## あとがきにかえて ……………………………………………… 前畑憲子　755

## あとがき ……………………………………………………… 大谷禎之介　759

## 「学問的に，だからまた実践的に」
　　──追悼　大谷禎之介先生 ……………… 前畑憲子／小西一雄／宮田惟史　763

　　初出一覧　769

# 第1部

## 『マルクス経済学レキシコン』恐慌篇を編む
―― 久留間鮫造・大谷禎之介

# 第1章 『マルクス経済学レキシコン』「恐慌Ⅰ」を編む

## 「恐慌Ⅰ」の収録項目

Ⅰ. 恐慌の本質規定

Ⅱ. 恐慌論の方法

Ⅲ. 貨幣は直接的な物物交換の諸矛盾を止揚するが，しかし，それはただ，この諸矛盾を一般化することによってである

Ⅳ. 商品流通のもとで現われる恐慌の可能性

Ⅴ. 恐慌（一般的過剰生産）の可能性を否定する諸学説とそれにたいするマルクスの批判

Ⅵ. 資本のもとでの，恐慌の可能性の一層の発展と，恐慌の可能性の現実性への発展（概説）

Ⅶ. 資本の流通過程のもとでの，恐慌の可能性の一層の発展（恐慌の抽象的形態が資本の流通過程において受けとる内容諸規定）

  1. 資本流通においては，G—W の W は個人的欲望の対象ではなくて，生産資本の要素—— A＋Pm ——である

  2. 資本流通においては，W—G は同時に W′—G′ であり，しかも商品量 W′ は，価値増殖された資本の担い手として，その全体が変態 W′—G′ を経なければならない

  3. 生産資本の諸要素の価値変動による資本の再生産の攪乱の可能性

  4. 商品の変態の絡み合いと資本の変態の絡み合い

  5. 資本家としての資本家による供給はその需要を超過する，すなわち彼の需要の最大限は c＋v であるが，彼の供給は c＋v＋m である。剰余価値を貨幣化するための貨幣はどこから来るのだろうか？

  6. 貨幣蓄蔵——したがって購買なき販売，需要なき供給——が，固定資本の回転によって必要となる。社会的総資本の再生産過程における均衡成立の条件

  7. 貨幣蓄蔵——したがって購買なき販売，需要なき供給——が，資本の蓄積によって必要となる

  8. 労働期間が長期にわたる場合——たとえば鉄道建設などの場合——の，販売なき購買および供給なき需要

  9. 単純再生産から拡大再生産へ移行するさいに生じる，社会的生産の二大

部門のあいだの比率の変化の必然性と，この変化のさいに生じる困難
〔このことは，必要な変更を加えれば，蓄積率の変動一般——すなわち上
昇ならびに低下——の場合についても言いうるであろう〕

---

［レキシコン談話室］
# 「恐慌Ⅰ」をめぐって
## ——各項目の意味と内容——

## 先生には内緒にしておけば……

　A（『レキシコン』編集協力者）　やあ，暑いね。元気かい。

　B（Aの友人，経済学に関心をもっている）　まあまあだ。ところで，いよい
よ「恐慌Ⅰ」が出るそうだね。

　A　どうやら，秋口までにはなんとかなりそうだ。また読んでもらえるかね。

　B　もちろんだ。とくに，こんどは「恐慌」だろう。久留間さんと言えば，
『価値形態論と交換過程論』，それに『恐慌論研究』だ。その久留間さんが『恐
慌論研究』以来ひさびさに恐慌についてものされる大著ともなれば，われわれ
の関心もまたひとしおだ。

　A　そうか。それはうれしいな。

　B　それに，「栞」でいつも久留間さんの話をのせてるだろう。

　A　「レキシコン談話室」のことだね。

　B　そうだ。あれがまたいいんだな。ことにぼくのような非専門家は，あれ
がなけりゃあ『レキシコン』なんぞ，歯が立たん。久留間さんが出席した対談
とか座談会とかは，たいてい読んでいるつもりだが，なにしろこんどは，ずば
り，恐慌がテーマだからな。どんな話が出てくるか，楽しみにしてるよ。

　A　そうか，それは残念だったな。

　B　「残念」という言い方はないだろう。

　A　失礼，失礼。いや，じつはね。こんどの「栞」には，久留間先生は登場
しないんだよ。先生，「恐慌Ⅱ」の編集に根をつめすぎてね，ここのところ，
いささか，ばててらっしゃるんだ。いずれ涼しくなれば回復されるだろうが，

読者がそれまで待ってくれないんでね，いま「談話室」をほかのもので埋めようと思って，四苦八苦してるんだ。

　B　そうだったのか。それはほんとに残念だ。

　A　期待に添えなくて申し訳ないな。そのかわり，「恐慌II」では「恐慌」篇全体について先生の話をたっぷり聞くようにするから，かんべんしてくれよ。

　B　まあ，しょうがないだろう。それじゃあ，こんどの「恐慌I」も，次の「恐慌II」が出たときにまとめて買うことにするか。

　A　おいおい，それはないだろう。友だちがいがないぞ。

　B　だって，ぼくのようなしろうとには，表題だけをたよりに勉強しろったって無理なんだよ。これまでの巻だって，「栞」があったからこそ，とにもかくにも読めたんだから。買ったって読めないんじゃ，意味ないもんね。

　A　まあ，そう堅いこと言うなよ。ぼくでわかることだったら，聞いてもらえば話すからさ。

　B　ほう，君が久留間さんの代わりをするっていうのか。

　A　いや，別にそうはいわないけどさ。

　B　よし，これはおもしろい。君が久留間さんの代わりに話をするというのなら，よろこんで買ってやるよ。……それとも，やっぱり君には無理かな。

　A　〔(ひとりごちて) えらいことになったぞ。しかし，なにしろ，『レキシコン』が一冊売れるか売れないかの瀬戸際だからな。先生には内緒にしときゃあ，いいだろう。〕わかった，わかった。代わりをすればいいんだろ，先生の代わりを。

　B　よし，そうと決まれば，善は急げだ。ひとつ腰を据えて，お茶でも飲みながらお話をうかがうとしようじゃないか。

　A　〔お茶はいいが，なんにも材料なしにしゃべらされたら，たいへんだぞ。とにかく，本のあるところに引っぱって行かなくちゃ。〕それじゃあ，どうだい。ぼくの家に久しぶりで寄らないか。「恐慌I」のゲラがあるから，それでも見ながら話をしようよ。

　B　悪くないね。ついでにグッと冷えたのがつけば文句なしだ。

　A　いいとも。いいとも。〔しめしめ，うまくいったぞ。〕

36　第1部　『マルクス経済学レキシコン』恐慌篇を編む

## 「景気循環」の現象のなかに「産業循環」という本質がある

　　B　こんど出るのは「恐慌Ⅰ」だそうだが，「恐慌」というのは，全部で何冊になるのかね。

　　A　いまのところ，3冊の予定だ[1]。もっとも，恐慌論の体系的な展開ははじめの2冊[2]で，さいごの1冊は，産業循環，それに恐慌と産業循環の歴史になると思う[3]。多少の変更はあるかもしれないが。

　　B　いま君は，「産業循環」といったが，それは，ふつう「景気変動」とか「景気循環」とかいうのと同じだと考えてもいいのだろうか。

　　A　それはどうかな。まず，「変動」と「循環」とは区別する必要があるだろう。「景気変動」とか「経済変動」とかいう言葉は，ふつうの観念からいっても，「景気循環」とは違うんじゃあないか。「変動」の方は，変化するっていうことをいってるだけで，この変化が偶然的であろうと必然的であろうと，規則的であろうとなかろうとかまわないが，「循環」となると，少なくともこの「変動」の一つの規則性を表現しているわけだ。それじゃあ「産業循環」と「景気循環」とは同じか，というと，これも問題がある。さっき君が言った『恐慌論研究』がここにあるが，このなかで久留間先生はこう書いているんだ。（以下，とくに断らないかぎり，傍点は引用者。）

　　「産業（あるいは経済）の「循環」は，マルクスにあっては，たんにある特定の事象の定期的反復，あるいはその間の時間的間隔を意味するのではなくて，近代産業がその発展の過程において必然的に経過する諸局面を通しての運動を意味する。……だから，「循環」の場合には〔「周期」の場合とは違って〕どこが始点であり，どこが終点であるかが問題になる。そしてそれは，客観的に規定されうるし，また規定さるべきものと考えられている。そして，その場合，決定的に重要なのは，資本制的生産の発展の過程は同時にその内的制限の突破の過程だという見地である。」（『増補新版 恐慌論研究』，大月書店版，223ページ。）

　　マルクスが「産業循環」というときには，こういうことが考えられているわけだね。あるところに始めをもち，あるところに終わりがある，そういう一連

---

1)【実際には4冊となった。】
2)【実際には3冊となった。】
3)【「恐慌と産業循環の歴史」は収録されなかった。】

の諸局面を通じて運動しないわけにはいかない，しかも，それをたえず新たに始めなければならない，というのだ。「景気循環」ということばも，この「産業循環」と同じ意味に使おうと約束するのなら，それはそれでいっこうにかまわないが，しかし，実際にはどうだろう。少し違うんじゃあないかな。

　B　そうだね。「景気の山」から次の「景気の山」へ，「景気の谷」から次の「景気の谷」へ，というふうに，とにかくサイクルを描く，だから「景気循環」だと……。

　A　どこから始まってもいいわけだ。どこかから始まって，またそこへ戻る，これを繰り返しているというのだ。こんなことは，いわゆる「経済変動」の現実の過程をみればだれでもすぐ気がつくことだよね。

　B　「産業循環」というときには，その，だれでも気がつくこと以上のことをいっている，ということになるか。

　A　そういってもいいだろう。むしろ，「景気循環」の現象のなかに，「産業循環」という本質がある，といってもいいね。

　B　それじゃあ，そうした意味での産業循環というのは，どこが始まりで，どこが終わりになるんだね。

　A　うん。これがなかなか大切な点だね。ただ，ぐるっとまわる，というだけだったら，どこでも任意の点をとればいいのだから。さっきの『恐慌論研究』からの引用は，じつはこの問題，つまり循環の始点と終点とについて久留間先生が書かれた論文の一部なんだ。マルクス経済学者だといわれている多くの人々が，循環は恐慌から始まり恐慌で終わる，と考えているが，これは誤りだ，ということを書かれたんだね。さっきの引用の少しあとでは，こう書いてある。

　　　「それ〔循環〕が恐慌で終わる——恐慌が一つの循環の最後の局面をなす——
　　　ということ……は正しいが，それははたして次の循環の始点——その最初の
　　　局面——をなすであろうか。断然否である。……いろいろの箇所でマルクス
　　　がいっているように——たとえば，……こういっている。「産業の生活は，
　　　中位の活況・繁栄・過剰生産・恐慌および停滞の諸時期の序列に転化する」
　　　——循環Zyklusは「中位の活況」の局面から始まると考えるのが正しい。な
　　　ぜなら，必然的に恐慌にみちびく景気上昇の過程は，同時に，資本がその内

38　第1部　『マルクス経済学レキシコン』恐慌篇を編む

在的な制限を突破する過程として把握さるべきものだからである。」（同前，224ページ。）

　B　なるほどね。中位の活況が最初の局面で，恐慌が最後の局面だというわけだ。

　A　そうだね。


## 循環過程を問題にするまえに恐慌が一般的に解明されていなければならない

　B　だが，そうだとすると，さっき聞いた『レキシコン』の「恐慌」の構成ね，まず恐慌2冊[4]，それから産業循環という……。これはちょっとおかしいことにならないかな。恐慌は循環のなかの一局面，しかもその最終局面なのだから，むしろ，産業循環論の一部に恐慌がくるというのがよさそうに思えるけれど……。

　A　うん。たしかに，大項目「恐慌」の全体的構想をたてるときにいちばん大きな問題だったのが，この，産業循環の問題と恐慌の問題とをどのように区別し，またどのように関連させて取り扱ったらいいか，ということだったんだ。先生もだいぶ考えておられたようだったが，最終的に，まず恐慌，それから産業循環という構成に落ち着いた。それは，さっきの二つの引用にも示されているような，恐慌や循環の本質をどのようにとらえるかということにかかわっていたんだね。

　恐慌の問題というのは，基本的には，資本主義的生産の発展は，恐慌に終わる一定の循環を通って以外にはありえない，ということなんで，そのかぎりではすでに循環の問題を含んでいる。マルクスは資本主義的生産に固有のこの事実をどのような視点から説明してるのかというと，この生産は一方ではそれに内在的な制限をもっているのに，他方ではそれをたえず突破して無限に拡大していこうとする，そういう矛盾した性格をもっている。これをマルクスは資本主義的生産の根本矛盾と呼んでいるのだが，このような資本主義的生産の矛盾した本性から，恐慌や循環の事実を説明しているのだね。資本主義的生産がその内的制限を突破していく，それがある限度にまで達すると，その矛盾が恐慌

─────────────

4）【実際には3冊となった。】

として爆発する，と同時に，それによってその矛盾が一時的に解消される，こうして資本主義的生産の発展は一つの循環を描くことになる，というわけだ。

このように考えると，「産業循環」を主題にするときには，あるいは「産業循環論」ともなると，その各局面を通してどのように生産はその内的な制限を突破していくのか，諸矛盾がどのように堆積してゆき，ついに恐慌において爆発することになるのか，その過程が明らかにされるべきだということになる。だから，この研究は循環の諸局面の具体的な分析をも含むことになるだろう。ぼくらが恐慌や循環の本質を明らかにしようと努力するのは，もともと，現実の具体的な資本主義的生産の発展過程を解明するためなのだから，そういう点からいえば，この「産業循環論」というのは，ぼくらにとって非常に重要な意味をもつものだね。

しかし，この重要な意味がある「産業循環論」での具体的分析のまえに，資本主義的生産には本来どのような制限があるのか，資本主義的生産はなぜこれらの制限を突破せずにはいられないのか，制限を突破させる契機にはどのようなものがあるのか，制限を突破していくとどういうことになるのか，等々，といった問題があるわけだ。これらの問題は，恐慌にいたるまでの循環の各局面を問題にしないでも，抽象的・一般的に考えることができるし，また，考えておかなきゃあならない。そして，こうした問題を明らかにするということが，結局，恐慌を研究する，ということなんだな。だから，循環の局面という点でいえば，恐慌はその最後の局面であるにもかかわらず，循環過程を問題にするまえに，恐慌が一般的に解明されていなければならない，というわけだ。

B　そうすると，恐慌論は同時に産業循環論だ，あるいは産業循環論の基礎的部分だ，といってもよさそうだね。

A　そういってもいいだろう。だが同様に，恐慌論は産業循環論を含む，とか，産業循環論にまで具体化されねばならない，とかいうこともできるんじゃないか。いずれにしても，肝心なのは，こうした理論が全体として，どのように恐慌と循環を解明するのかをはっきりさせることで，それをどう呼ぶかということではないだろう。

40　第1部　『マルクス経済学レキシコン』恐慌篇を編む

## 「恐慌Ⅰ・Ⅱ」は綜合的・体系的編成　「恐慌Ⅲ」（産業循環）は問題別編成

　　B　だが，それにしてもこんどの大項目は「恐慌」なんだろう。そしてその
なかに「産業循環」が含まれる。これは，逆じゃあ，いけなかったのかね。

　　A　それは結局，どちらを主眼にして考えるかによってきまることだろう。
恐慌を循環の一局面として考えるか，循環を恐慌に行きつく過程として考える
か。あとのほうの考え方によれば，循環論も恐慌論の一部──その具体的な考
察の一局面──ということになるだろう。なお，これについてちょっとつけ加
えておきたいのだが，「恐慌Ⅲ」[5]に「産業循環」が入るといっても，この「産
業循環」は，さっきいったような意味での本格的な「産業循環論」じゃあない
んだ。

　　B　なぜ本格的にしなかったんだい。

　　A　しようと思っても，できないんだよ。なにしろ，産業循環の問題は『資
本論』の本来の枠をこえてるんだから。

　　B　ほう，それはどういうことだね。

　　A　マルクスの経済学批判体系のプランのことは知ってるだろう。

　　B　ああ，そのことか。

　　A　マルクスは，プランの最後のところで「世界市場と恐慌」を論じること
にしていたんだね。ところが，彼は自分でこの体系を完成することができなく
て，結局，現在の『資本論』を残すにとどまった。だから，恐慌の問題そのも
のが，『資本論』の範囲・プランでいえば「資本一般」の範囲・を出るかぎりで
は，本格的に論じられないままで終わっているんだよ。いわんや，産業循環の
過程の具体的な分析となると，これが『資本論』の領域を越えることはとうぜ
んだろう。

　　B　そうだとすると，「恐慌Ⅲ」[6]のなかの「産業循環」というのは，いった
いどういう性格のものになるのかね。

　　A　『レキシコン』で「恐慌」篇をまとめるときには，『資本論』と，その第4
部に当たる『剰余価値学説史』とが，中心になるわけだ。恐慌理論の体系的な

───────────
5）【実際には「恐慌Ⅳ」となった。】
6）【実際には「恐慌Ⅳ」となった。】

第1章 『マルクス経済学レキシコン』「恐慌Ⅰ」を編む　41

展開ということになると，『資本論』の体系上の限定，つまり「資本一般」ということを無視するわけにはいかない。だから，「恐慌」のⅠとⅡとは，「資本一般」の範囲における恐慌論の展開だと考えてもらっていいと思う。

　しかし，『資本論』は「資本一般」にあたるといっても，だからといって，「資本一般」をこえることは『資本論』にまったく出てこないというわけではない。このことは君も知っているだろう。現に，恐慌に関連する過剰生産というやつだが，これはそもそも価値からの――もっと具体的には生産価格からの――市場価格の乖離の問題を含むのだから，とうぜん，「資本一般」の範囲をこえるものだ。ところが，これが，『資本論』でも『学説史』でも，かなりの程度まで論じられている。『資本論』は「資本一般」には違いないのだが，体系の枠を厳密に守って書いているわけではないのだね。このことは，とくに，『資本論』第3部や『学説史』，またさらにそれより前の『経済学批判要綱』についていえるだろう。これらは印刷用に仕上げた原稿ではないので，「資本一般」をこえることをずいぶん書いている。なかには，「資本一般の研究に必要なかぎり」という限定をこえるものさえ，含まれているとみていいだろう。だからこそ，また，われわれはこうした部分から，本来『資本論』の枠をこえるような問題についても，いろいろ学ぶことができるわけだ。恐慌についても，産業循環についても，マルクスはまとめて体系的に書くことはしなかったが，しかし，ぼくらが研究を進めていくためのヒントは，いろいろ書き残してくれているのだね。『レキシコン』としては，『資本論』などに述べられていることをできるかぎり利用して，こうした問題を明らかにしていくことが，ひとつの目標になっているんだよ。

　B　すると，「恐慌Ⅰ」と「恐慌Ⅱ」との両方[7]でも，恐慌についてはまだ不完全だということになるね。

　A　たしかに，マルクスが当初考えていたプランからいうと，そういうことになる。しかし，経済学批判の体系は同時に恐慌論の体系としての意味をも持っていて，しかも『資本論』はその最も基本的な部分なのだから，このなかに，恐慌の基本的な問題はすでに含まれ，分析されている，といっていいだろう。

───────────────
7）【実際には「恐慌Ⅰ」-「恐慌Ⅲ」となった。】

ただ，恐慌論として綜合的に論じることはされていない。『レキシコン』で久留間先生が努力されたのは，それらをできるだけ綜合的・体系的に整理して，恐慌の可能性を現実性にまで転化させる諸契機を明らかにするということだね。

B 「産業循環」の方は，どういうことになるかね。

A こちらは，さっきいったような，諸矛盾の累積過程を具体的に，また克明に跡づける，ということよりも，むしろ，循環の各局面の特徴づけとか，循環の始点と終点とか，周期の長さとか，等々，『資本論』その他のなかに書き残されている産業循環に関するもろもろの問題をピックアップする，ということになるだろう。それでも，このなかには，循環過程に関する基本的な問題は一応含まれることにはなるだろうね。

B そうだとすると，「恐慌」のI・II[8]は，これまでの「方法」や「唯物史観」とは違って，はじめから体系的な構成がなされる，他方，「産業循環」は，「方法」や「唯物史観」に似た性格をもつ，といってもいいんだろうか。

A そういってもいいだろう。だからまた，そこにこんどの「恐慌」篇，とくにそのIとII[9]の編集上のむずかしさがあったわけだ。もっとも，体系的という点では，最初の「競争」もそうした性格をかなりもってはいたんだがね。

B なるほどね。それで全体が「恐慌」になっている意味もわかったような気がするよ。

A そうか，そうか。それじゃあ，どうだね。わかったところで話題を変えて，グッと一杯……。

B ちょっとそのまえに，さっき見せるといった「恐慌I」のゲラはどうしたね。

A なんだ，覚えていたのか。じゃあ，これ，貸してあげるよ。持って帰って，あとでゆっくりと読むといいね。

B やあ，ありがとう。……うん，これはなかなかおもしろそうだ。それでは，お言葉に甘えて，のどでも冷やしながら，「恐慌I」の各項目の説明を聞かしてもらうことにするか。

---

8）【実際にはI-IIIとなった。】
9）【実際にはI-IIIとなった。】

第1章　『マルクス経済学レキシコン』「恐慌Ⅰ」を編む　43

　A　〔やれやれ，こうなっては，もうしょうがない。覚悟をきめよう。〕よかろう。それでは，これからぼくが，「恐慌Ⅰ」の全体の項目編成について，久留間先生に代わって話をする。一とおり終わったら質問してもいいが，それまではなるべくだまって聞いていてもらいたい。いいね。

　B　ああ，いいとも。

## 恐慌の本質規定と内的制限の突破の見地

　A　まず，中項目のⅠは「恐慌の本質規定」だ。ここには，恐慌の本質についてのマルクスの叙述のエッセンスが集められているわけだ。

　「恐慌とは何か」という問いにたいしてはいろいろな答え方ができると思うが，いちばん基本的なものは，資本主義的生産のあらゆる矛盾の綜合的な爆発だ，ということだろうね。ここに集められているのは，どれもみなよく知られているものだけれど，恐慌の本質をどうつかまえるかで，恐慌論のあり方がきまってくるわけだから，繰り返しよく読んでみてほしい。

　B　『恐慌論研究』でも，そのことは繰り返して強調されていたようだね。

　A　そう。とくにそれの第Ⅲ章の「マルクス恐慌論摘要」は，ここでまた，読み返してみるといいんじゃないかな。『恐慌論研究』のあそこは，なにしろ『レキシコン』の，それもこんどの「恐慌」篇の原型みたいなものだからね。

　B　ところで，さっき読んでくれた久留間さんの文章ね，あのなかで，循環の始点と終点を考えるときには，資本主義的生産の発展の過程は同時にその内的制限の突破の過程だという見地が決定的に重要だ，ということがあったね。

　A　うん。

　B　あの「内的制限の突破」というのは，恐慌の場合にも本質的な問題ではないのかい。

　A　そうだ。たしかに本質にかかわる問題だ。しかし，資本主義的生産がその内的制限を突破すること自体が恐慌なのではない。むしろ，さっきもあったように，恐慌に先だつ景気上昇の過程こそ，資本主義的生産が自己の内的制限を突破していく過程なのだ。この突破の過程のなかで，この突破の結果として，資本主義生産の諸矛盾が累積され，深まっていくことになる。これがあるところまで進行するとこれらの矛盾が爆発する。これが恐慌なんだな。だから，恐

44　第1部　『マルクス経済学レキシコン』恐慌篇を編む

慌の本質にかかわる決定的に重要な問題であることは間違いないとしても，この内在的制限の突破は，累積された諸矛盾の爆発としての恐慌の前提をなすもので，恐慌の本質規定そのもののなかには入らないわけだ。もちろん，恐慌にいたる諸矛盾の累積，恐慌の諸契機の発展の分析では，中心的な問題になるから，『レキシコン』でもあとで——「恐慌Ⅱ」になるが——本格的に取り上げることになる。

　B　なるほど。

## 恐慌論の方法にかんする二つの問題

　A　そこで次にいくが，項目Ⅱの**「恐慌論の方法」**というのも，こうした本質把握によって決定された，恐慌理論の展開の方法だね。恐慌は資本主義的生産のあらゆる矛盾の綜合的爆発なのだから，恐慌を理論的に展開するための基本的な方法は，とうぜん，資本主義生産の諸矛盾を，その最も抽象的一般的なものから次第に具体的なものへと，順次に展開していくこと，ことばをかえていえば，矛盾の発展過程を追及していくことでなければならない。これをもっと具体的にいうとどうなるか。これが，**「恐慌論の方法」**に引用されている『剰余価値学説史』第2巻からの一節【引用 [8]：『1861-1863年草稿』，MEGA Ⅱ/3.3, S. 1131-1138】に書かれているわけだ。

　B　久留間さんが『レキシコン』を編集するときにも，そこに書かれている方法に従ってるんだろう。

　A　もちろんそうだ。

　B　それじゃあ，詳しいことはあとで読んでみるけど，大切な点だけでも話しておいてくれないか。

　A　大切なことはいろいろあるんだが……。じゃあ，そのなかから，二つのことだけ，いっておこう。

　第1。単純な流通のところですでに恐慌の可能性が現われる。単純な流通の分析には資本の直接的生産過程の分析が続くのだが，この直接的生産過程のところでは——『資本論』では第1部のうちの第2篇以降では——，恐慌に関して，流通過程での抽象的可能性以上の新しいことはなにもつけ加わらない。この点が第1だね。

第1章 『マルクス経済学レキシコン』「恐慌Ⅰ」を編む　45

　B　よくわからんな。それはいったいどういうことだ。

　A　直接的生産過程を分析するときには，この過程の進行を妨げるような外部的要因は捨象しなければならないね。だから，流通過程についていえば，これはもう資本の流通過程になるんだけど，この流通過程が正常に経過するということ，流通のなかではどんな攪乱も起こらないということを前提しなくっちゃならない。こう前提してしまえば，単純な流通で現われた恐慌の可能性は，そういうものがある，というだけで，発展もなにも問題にならないだろう。

　B　でも，その直接的生産過程でなにか新しい可能性なり，恐慌の契機なり，出てこないのかい。

　A　資本の直接的生産過程というのは，剰余価値の生産および取得の過程だね。この過程を分析するのだから，そこではとうぜん，資本というものは自己増殖を規定的動機，究極的目的として運動するものだ，という資本の本性が明らかにされる。これは資本の本性であると同時に限界だよね。そういうものがあるかぎりで運動する，というんだから。ところで，他方，この同じ過程の分析のなかで，剰余価値の生産および取得を限度なしに拡大していこうとする資本の傾向が明らかにされているんだ。さっき，恐慌となって爆発する諸矛盾は資本主義的生産の内的制限の突破によって累積されていく，という話があったね。あの資本主義的生産の内的制限というのが，じつは，自己増殖のために生産力を無限に発展させようとする資本の傾向がその自己増殖のためという資本の本性・限界と衝突して，この限界を制限と感じるということなんだよ。資本はこの制限を突破して突き進む，そこで資本は矛盾におちいり，この矛盾が恐慌となって爆発するというわけだ。だから，資本の限界も資本のそうした傾向も明らかにする直接的生産過程の分析が，恐慌の要素を潜在的に含んでいることはたしかだね。

　B　でも，君はさっき，恐慌について新しいものはつけ加わらない，といったけど。

　A　そうだ。いまぼくは，恐慌の要素が潜在的に含まれている，といっただろう。マルクスは，「即自的に〔an sich〕」といっている。直接的生産過程を論じるかぎりでは，生産力を絶対的に発展させようとする資本の内在的傾向や，自己増殖を目的とするという資本の本性は明らかにされても，それがどのような

かたちで衝突することになるかは，まだ問題にならないね。それからまた——
これはいまいったことと直接関連することなんだが——，直接的生産過程では
剰余価値の生産の法則は明らかにされるけれど，それの実現の条件は問題外に
おかれている。これは剰余価値の実現の条件に限ることじゃあなくて，一般に，
資本の流通過程上の問題はここでは問題外におかれているんだね。あるいはむ
しろ，資本の流通過程の諸条件は，いわば与えられたものとして「前提」され
たわけだ。これはいまさら言うまでもないことで，君もとっくに知っているこ
とじゃないかね。

　ところで，第2の点に移ろう。

　直接的生産過程の分析が終わると，こんどは資本の流通過程の分析にはいる
ことになるが，ここで，ふたたび恐慌の可能性が現われてくる。そこで注意し
てもらいたいことがあるんだ。マルクスはこの引用 [8] のなかで，恐慌の新し
い要素は「それ自体 (an und fürsich) 同時に再生産過程でもある流通過程」でやっ
と現われてくる，と書いているのだが，この部分を誤解して，ここでいう「流
通過程」というのは『資本論』第2部第3篇の再生産論のところだ，と考えない
でほしいのだ。ここでいう「流通過程」というのは，『資本論』第2部の全体が
その分析にあてられている「資本の流通過程」のことなんだね。第1部では資
本関係を捨象して分析した商品流通が，ここで資本の流通過程としてふたたび
分析の対象となるのだが，資本の直接的生産過程を前提し，資本の生産物の流
通が問題になるのにともなって，かつての恐慌の抽象的な諸形態が，ここで一
定の内容諸規定を受け取ることになる。ここではじめて，価値および剰余価値
の実現が問題になってくるわけだ。ただ，ここ，資本の流通過程の分析では，
恐慌の可能性が一層展開されはするが，可能性は可能性にとどまり，まだ，現
実性にまで発展することはできない。その基礎が与えられるだけなんだね。可
能性を現実性に転化せしめる諸契機の分析は，『資本論』でいえば，第3部，し
かもその第15章の，「内的諸矛盾の展開」のところまで待たなければならない。

## 恐慌の可能性を正しく把握するための基礎的観点

　B　IIに見られる，そういう方法によって，次のIII以降が組み立てられてい
るのだね。

**A**　そうだ。IIIからVまでが，恐慌の最も抽象的な可能性の段階の問題，VI以降が，資本のもとでこの可能性が発展していって，現実性に転化するにいたる段階の問題，というふうに，大きく二つの段階に分けて考えることができるだろう。ただ，「恐慌I」には，この後者の段階に属するもののうち，資本のもとでの恐慌の可能性の発展についての概説であるVIと，資本の流通過程のなかでの可能性のいわゆる「一層の」発展を取り扱うVIIとだけが含まれるだけで，可能性の現実性への発展にかんするVIIIは，「恐慌II」にはいることになる。

**B**　それでは，そのVIIまでについて話してもらおうか。

**A**　うん。まず，IIIの「**貨幣は直接的な物物交換の諸矛盾を止揚するが，しかし，それはただ，この諸矛盾を一般化することによってである**」という項目だね。

　商品は，使用価値と価値という対立物の直接的統一だから，それ自体一つの矛盾だ。だがこの矛盾は，商品の現実の交換過程のなかで，はじめて，媒介されなければならない現実的な矛盾として現われてくる。商品の使用価値としての実現と商品の価値としての実現との矛盾，等々としてね。この矛盾を媒介するものが貨幣だが，どのようにしてこの矛盾を媒介するのかというと，商品の交換のなかにある，商品の譲り渡しと譲り受けという二つの契機を，W—GとG—Wという二つの変態に分離することによってだね。これで矛盾がなくなるのかといえば，もちろんそうではない。相合（あいがっ）して一体をなす[10]二つの契機が，外的に対立した二つの過程に独立化し，この両過程を通して，使用価値と価値との統一としての商品の矛盾が展開されることになる。交換過程の諸矛盾は一般化され，普遍化されざるをえない。この独立化は，それが進んでいって，ついには内的な統一が強力的につらぬかざるをえない点に立ちいたる可能性を含んでいる。これは可能性にすぎないのだが，ともかくも，ここには恐慌の抽象的な可能性があるわけだ。

**B**　なんだか，まえに久留間さんの『価値形態論と交換過程論』で読んだこ

---

10)　『レキシコン』ではドイツ語のzusammengehörigという語を「相合（あいがっ）して一体をなす」と訳している。マルクスがこの語をどのように使ったかは，『レキシコン』第10巻所収の「恐慌篇・事項索引」のなかの項目「相合して一体を成すこと（相互一体性）Zusammengehörigkeit」に拾われている諸記述から読み取られたい。】

とがあるような気がするな。

A　ああ，そうだ。あれには恐慌の可能性のことはでてこないが，このⅢの主題を正しく把握するための基礎的観点は，すべてそのなかに含まれているといってもいいだろう。『価値形態論と交換過程論』は，恐慌にはふれていないが，しかし，恐慌論の正しい展開のための不可欠の土台になるものだね。『レキシコン』で，Ⅳでの恐慌の可能性という項目に先だって，それとは一応区別したかたちでこのようなⅢの項目をおいているのも，問題の重要性を考えてのことなんだ。

**恐慌の抽象的な可能性とは，内容のない，恐慌の抽象的な形態だ**

B　次が，そのⅣの「商品流通のもとで現われる恐慌の可能性」だね。

A　そうだね。ここではもちろん，単純な商品流通の分析のなかで明らかにされるかぎりでの恐慌の可能性，つまり恐慌の最も抽象的な可能性をテーマにしているわけだ。マルクスはこれについて，「恐慌の一般的な抽象的な可能性とは――内容のない，十分な内容をもった動因のない，恐慌の最も抽象的な形態以外のなにものでもない」(引用 [23] から) といっているね。この恐慌の抽象的形態には，販売と購買との分離から生じる第1の形態と，支払手段としての貨幣の機能が含む矛盾から生じる第2の形態とがあること，これもこの項目のなかで取り上げられているわけだ。

B　いまの話だと，この項目の表題は，「単純な商品流通のもとで現われる恐慌の可能性」の方がいいような気がするが，「単純な」というのがついていないのには，なにか理由があるのかい。

A　うん。そういったってかまわないんだ。ただね，この可能性は，資本主義的な商品流通にもそのままあてはまることなんだね。資本の流通過程では，この可能性に内容が与えられることになるだけだ。「単純な」というのがあっても，このことを否定することになるわけではないが，しかし表題だけをみてそう誤解するひとがあるといけないので，いっそ，つけないことにしよう，ということになったんだね。

## 部分的な過剰生産は認めても一般的な過剰生産は否定する謬論

B　その次のVはずいぶんページ数があるね。

A　そうだね。この「V　恐慌（一般的過剰生産）の可能性を否定する諸学説とそれにたいするマルクスの批判」は，表題からわかるように，生産部門間の不均衡から生じる部分的な過剰生産は認めても一般的な過剰生産は否定する誤った諸理論について，マルクスが言及し，また批判しているところを集めたものだ。こうした謬論は，根本的には，貨幣を単なる流通手段としてとらえて，商品流通を物物交換に，使用価値どうしの交換に還元する，そしてこれによって恐慌の可能性を否定する，そういう議論を基礎にしているんだよ。だからこのことは，この前のIIIとIVとで取り上げられている問題が正しい恐慌把握にとっていかに大切であるか，を示しているし，またどう考えてはいけないか，というかたちで，IIIとIVとを補足するものでもあるわけだ。そういった意味で，ここにはかなり多くのページが割かれることになったんだね。

ここは，じっくり読んでもらえばわかることだが，いまいった商品生産を生産一般に還元する見地への批判ばかりではなく，さらにまた，資本主義的生産の特殊資本主義的な歴史的性格を捨象して商品生産一般に還元する見地，そしてそれによって資本の流通過程から生じる恐慌の可能性の発展と，その可能性を現実性に転化させる諸契機とを見過ごす謬論，こうしたものへの批判も含んでいるんだよ。たとえば，資本主義的生産では生産者と消費者とはばらばらになっていて，これが恐慌につながっていく重要な一契機であるのに，生産者イコール消費者だ，として，この契機を否定し，ブルジョア的生産の独自性を消し去ってしまう誤りへの批判。あるいは，主要な商品の過剰生産が一般的過剰生産を引き起こすことがありうるが，これは単なる生産部門間の不均衡の問題ではないのであって，肝心なことはこの主要商品の過剰生産そのものを説明することだということ，等々。『レキシコン』では，こういったさまざまの視点からの謬論批判をそれぞれ独立の項目を設けて扱うことをしていないから，このVを読むときには，そういう点にも留意してもらいたいと思うね。

## 項目VIは，項目VIIとVIIIとへの概説になる

B　次は，「VI　資本のもとでの，恐慌の可能性の一層の発展と，恐慌の可

能性の現実性への発展（概説）」だが，これは，すぐ続くⅦへの概説になるんだね。

　　A　いや，それだけではないんだ。「恐慌Ⅱ」に収録される，「Ⅷ　恐慌の可能性を現実性に転化させる諸契機」への概説でもあるんだ。Ⅶでは，恐慌の抽象的形態が資本の流通過程で受けとる内容規定を，各論的につぎつぎと展開するし，Ⅷでは，恐慌の可能性を現実性に転化させる諸契機を体系的に展開する。この両項目にたいして，Ⅵは，恐慌の可能性の発展のこの二つの段階の区別と関連とについての叙述，またこの二つの項目のそれぞれについての概説的な叙述，とみられるものを収録しているわけだ。

## 恐慌の抽象的形態は，資本の流通過程で内容規定を受けとる

　　A　そこで，次に移ろう。「Ⅶ　資本の流通過程のもとでの，恐慌の可能性の一層の発展（恐慌の抽象的形態が資本の流通過程において受けとる内容諸規定）」だ。

　　B　この括弧のなかの表題は，あまり聞きなれないような気がするが……。

　　A　どうもそのようだな。ふつうは，「可能性の一層の発展」といってるらしいね。でも，このⅦの表題としては，ほんとうはこの括弧のなかのものの方が適切かもしれない。

　　B　それはどうしてだね。

　　A　可能性の発展という表題は，かなり抽象的だよね。これに「一層の」と付けてみても，単純な流通のもとでの恐慌の抽象的可能性とは区別できても，それ以降の全体——可能性の発展の全体——を含むかのような表現になっている。ところが，このⅦもそうだし，「一層の発展」といわれるのもそうなんだが，どちらも，「可能性の現実性への転化」にたいして，資本の流通過程における可能性の発展をさしている。

　　B　でも，一方は「発展」で，他方は「転化」なんだろう。

　　A　いや，そう簡単にはいえない。マルクスは，もちろん，「可能性の現実性への転化〔Verwandlung〕」ということはいっているし，「可能性が現実性になる〔werden〕」とか，「可能性の現実化〔Verwirklichung〕」ともいっている。しかし同時に，「可能性の現実性への発展〔Entwicklung〕」ということもいっているんだ

ね。そして，これはこれで内容がはっきりしている。ところが「一層の発展」では，この発展のあり方，内容がさっぱりわからない。「現実性への発展」を含んでいいのかいけないのか，それさえはっきりしない表現だね。じっさいには，マルクスがここでいうのは，恐慌の抽象的な可能性が，資本の流通過程のなかで，もろもろの具体的な内容規定を受けとっていく，現実性に発展しうる基礎を与えられていく，ということなんだね。だから，括弧のなかの表題の方が適切だ，ともいえるのさ。

　B　それじゃあ，どうしてそういう表題にしなかったんだい。

　A　先生のはじめのプランではそうなっていたんだ。だが，編集が進むうちに，これは一般に言われる「可能性の一層の発展」と同じことなんだ，ということを表現するために，これを副題的に並置することになった。そして，もし「恐慌」篇，とくにいまのⅧまでのところが一冊に収まるんだったら，そのままでよかっただろう。ところが，Ⅷつまり「現実性への発展」がそっくり「恐慌Ⅱ」に回ってしまうことになった。そうなると，「恐慌Ⅰ」の目次なり表題なりを見ただけでは，Ⅵの概説とⅦとの関係がはっきりしない，いや，誤解さえ生じる心配がある。そこで，それまでのものに手を加えて「可能性の一層の発展」を前に出し，これの内容はこういうことなんだぞ，という気持で，最初の表題を括弧にいれることにしたんだよ。

　B　それじゃあ，括弧の外の表題は，あいまいなわけだ。

　A　いや，それは違う。「資本の流通過程のもとでの」，という明確な規定を加えているんだから。このⅦでの問題は，すべて「資本の流通過程」の分析のなかで明らかにされるべきものだから，『資本論』でいうと，もちろん第2部にあたるわけで，ここからの引用が大部分をしめている。そして，おおよそ，この第2部の展開のなかに出てくる順序に従って「恐慌の抽象的形態が受けとる内容諸規定」を収録しているんだ。「恐慌論の方法」のところでもいったが，念のためにいうと，この「可能性の一層の発展」は，第2部第3篇だけではなくて，第2部全体についてみる必要があるわけだ。

　ところで，B君，君はもうだいぶくたびれている様子だよ。よく冷えたのをもう1本，出してくるから，話題を変えてリラックスしてもらおうじゃないか。

　B　なんのなんの。今日ははじめからリラックスしているから，ちっとも疲

れちゃいないんだ。それより，まだ，Ⅶの九つの小項目の説明が残っている
じゃないか。

## 内容規定の第1——G—W の内容が具体化される

A 〔やれやれ。〕それでは，以下，簡単にやるぞ。

まず，1は，「**資本流通においては，G—W の W は個人的欲望の対象ではなくて，生産資本の要素——A＋Pm——である**」，という項目だ。すでに，単純な商品流通の分析のなかで，W—G と G—W とへの商品の交換過程の分裂のなかに，恐慌の可能性が存在する，ということが明らかにされている。資本の流通過程の分析では，まず，この W—G と G—W という二つの流通上の事象が，どちらも資本の循環の一段階として研究されることになる。この1では，G—W が貨幣資本の循環の第1段階，貨幣資本の生産資本への転化である，という点だね。G—W をそういうものたらしめるのは，さしあたり，G—W という形態そのものではなくて，G が転化していく W の素材的な内容，つまり A と Pm から成る，ということだ。ここでは，G—W の内容が具体化されることによって，そのかぎりで，販売と購買との矛盾の展開も，だからまた恐慌の抽象的な形態も，一歩進んだ内容規定を受けとることになるわけだ。

## 内容規定の第2——W—G が W′—G′ になる

A 2は，「**資本流通においては，W—G は同時に W′—G′ であり，しかも商品量 W′ は，価値増殖された資本の担い手として，その全体が変態 W′—G′ を経なければならない**」，ということだね。G—W が資本の流通においては貨幣資本の生産資本への転形であるように，W—G は，資本の流通においては，商品資本の貨幣資本への復帰を，W′—G′ を意味する。ただし，前者で G—W を資本循環の一段階にするものは，W の素材的内容であったのにたいして，ここで W—G を資本循環の一段階にするものは，それが W＋w—G＋g であること，つまり剰余価値をはらんだ商品の販売であり，したがって同時に剰余価値の実現でもある，ということだ。資本の運動は自己増殖する価値としての運動だから，生産された商品の一部が売れたというだけではぜんぜん意味がない，剰余価値は実現されなければならないのだ。だから，資本にとって，W′

が全体として G′ に転化しうるか否かは死活問題だね。資本にとっては，剰余価値の生産の序幕である G—W よりも，生産された剰余価値の実現である W′—G′ の方が重要だ，ということにもなる。こうして，ここでは W—G の内容が具体化されたばかりでなく，1と2とを通して，資本の二つの流通段階としての G—W と W—G のちがいも明らかにされることによって，恐慌の抽象的な可能性にそれだけ内容が与えられたんだね。

## 内容規定の第3──生産諸要素の価値変動による攪乱

A　3の「生産資本の諸要素の価値変動による資本の再生産の攪乱の可能性」は，生産資本の循環，つまり，P…W′—G′—W…P の分析のなかで，恐慌の可能性にかんしてでてくる，最も重要な問題だね。この問題が恐慌の可能性にとって持つ意義については，次の一節が参考になるだろう。

　　「資本の流通は，それ自身のなかに攪乱の諸可能性を含んでいる。たとえば貨幣を資本の生産条件に再転化させる場合に問題になるのは，単に貨幣をふたたび（種類の点で）同じ諸使用価値に再転化させるということだけではない。再生産過程の反復にとっては，これらの使用価値をその従来の価値で（もちろんそれよりも低ければもっとよい）ふたたび手に入れることができるということが，本質的なことなのである。……したがって，貨幣の商品への再転化は，商品の貨幣への転化がそうであるのとまったく同様に，いろいろな困難にぶつかり，恐慌の諸可能性を生みだしうるのである。資本の流通ではなく単純な流通を考察しているかぎりでは，こうした困難は生じない。」（引用 [51] から。【『1861-1863年草稿』，MEGA II/3.3, S. 1153.】）

## 内容規定の第4──資本と収入のからみ合いともつれ合い

A　次の4は，「商品の変態のからみ合いと資本の変態のからみ合い」だ。ここは，つづく5以下の各項目にとって総論的な意味を持っているかなり重要なところだから，少し立ち入ることにしよう。

マルクスは，『資本論』第2部第1篇の第3章で，「商品資本の循環」という循環形態の独自性を，貨幣資本の循環および生産資本の循環に対比しつつ論じたあと，「これらの独自性のすべてにおいて，この循環は，たんに個別的な一資

本の個別的循環としての自分自身を超えたところを指し示している」，といい，つづけて次のように書いている。

「この図式〔W′…W′〕がその独自性において把握されるならば，変態 W′—G′ と G—W は一方では資本の変態のなかの機能的に規定された区分であり，他方では一般的な商品流通の諸環であるということで満足していては，もはや十分ではない。一つの個別資本の諸変態の・他のいくつもの個別資本の諸変態との・また総生産物のうちの個人的消費に向けられている部分との・からみ合いを明らかにすることが必要になる。」(引用 [53] から。【『資本論』第2部第5稿，MEGA II/11, S. 639.】)

そして，次の第4章のなかでは，このことに関連して，こう書いている。

「社会的総資本——個々の諸資本はこの総資本の・独立して機能する・成分であるにすぎない——のさまざまの成分が，——資本についても剰余価値についても——どのようにして流通過程で互いに塡補されるのか，ということは，資本流通の諸事象にも他のすべての商品流通にも共通な・商品流通上の・単なる諸変態のからみ合いからは，明らかにならないのであって，別の研究方法を必要とするものなのである。」(引用 [54] から。【『資本論』第2部第5稿，MEGA II/11, S. 655-656.】)

ここでいう「別の研究方法」というのは，もちろん，第2部第3篇「社会的総資本の再生産と流通」での分析，つまり，「さまざまな個別的諸資本の諸変態の実体的な関連，つまり事実上，社会的総資本の再生産過程の部分諸運動としての個別的諸資本の諸循環の関連」(『資本論』第2部，全集訳，124-125ページ【『資本論』第2部第5稿，MEGA II/11, S. 640】) の考察を指しているわけだ。この第3篇の冒頭の節，「研究の対象」のなかでも，次のようにいわれている。

「個別的諸資本の循環は，たがいにからみ合い，たがいに前提し合い，たがいに条件づけ合っており，まさにこのからみ合いにおいて社会的総資本の運動を形成する。単純な商品流通の場合に一商品の総変態が商品世界の諸変態の列の環として現われたように，いまや個別資本の変態が社会的資本の諸変態の列の環として現われるのである。しかし，単純な商品流通はけっして必然的には資本の流通を含んではいないのに——というのはそれは非資本主義的な生産の基礎の上でも行なわれうるのだから——，すでに

第1章 『マルクス経済学レキシコン』「恐慌 I」を編む　55

述べたように，社会的総資本の循環は，個々の資本の循環にははいらない商品流通，すなわち資本を形成しない諸商品の流通をも含んでいるのである。」(引用 [55] から。【『資本論』第2部第2稿，MEGA II/11, S. 342-343.】)

　いまいくつか読んだところでも明らかだと思うんだが，資本流通の二つの段階，W′─G′ と G─W は，それぞれ必ず他の G─W ないし W─G と，要するに他の諸変態とからみ合っている。このからみ合いは，それ自体としては商品流通一般に妥当する「商品の変態のからみ合い」にすぎないんだが，じつは，この「商品の変態のからみ合い」の奥には「資本の変態のからみ合い」が，しかも，資本の変態と資本の変態との関係ばかりでなくて資本の変態と収入の変態との関係をも含む複雑な社会的関連が潜んでいるんだね。賃金は，資本家にとっては前貸しされる可変資本であるのに，労働者にとっては単なる収入だ。剰余価値も，g─w では収入の支出にすぎない。そこで，このような資本の変態と収入の変態とのからみ合いをも含む「社会的総資本の成分としての個別的諸資本の流通過程（その総体においては再生産過程の形態をなす）」(引用 [55] の末尾【『資本論』第2部第2稿，MEGA II/11, S. 343】) を分析して，もろもろの W─G と G─W とのからみ合いと対立の奥にある社会的関連をつかみだすこと，これが第2部第3篇の課題となるわけだ。これらの問題と恐慌の可能性の発展との関連は明らかだと思うが，念のために，2か所ほど読んでおこう。

　　「すべてこれらの必然的な前提は，たがいに条件となり合いながら，しかも一つの非常に複雑な過程によって媒介されるのであって，この過程は，三つの・独立に進行しながらしかもたがいにからみ合っている・流通過程を含んでいる。この過程そのものの複雑さがまたそれだけ多くのきっかけを不正常な進行に与えることになるのである。」(引用 [57] から。【『資本論』第2部第8稿，MEGA II/11, S. 796.】)

　　「別々の資本の再生産過程または流通過程のこのようなからみ合いともつれ合いは，分業によって一方では必然的であり，他方では偶然的である。こうしてすでに恐慌の内容規定は拡大されている。」(引用 [59] から。【『1861-1863年草稿』，MEGA II/3.3, S. 1132.】)

　それから，この項目4と，5以下の各項目との関係だが，この4での問題は，以下の，社会的総資本の流通過程の分析のなかで展開される，恐慌の形態のも

ろもろの内容規定にとって，前提となるべきもの，あるいはさっきもいったように総論的な位置を占めるものだといっていいだろう。

　B　なんだか，すこしむつかしくなってきたな。よくわからないところがでてきたよ。

　A　〔しめしめ，アルコールが効いてきたらしいな。もう少しのがまんだぞ。〕じゃあ，あとでゆっくり質問してもらおうね。


## 内容規定の第5──資本家としての資本家の需給の乖離

　A　次の5は，「資本家としての資本家による供給はその需要を超過する，すなわち彼の需要の最大限はc＋vであるが，彼の供給はc＋v＋mである。剰余価値を貨幣化するための貨幣はどこから来るのだろうか？」という問題についてマルクスが書いているところを収録している。この表題は，じつは，販売と購買との分離の具体化である，資本家としての資本家──消費者＝非資本家としての資本家にたいしての──の供給と需要との分離についての第1の文章と，これに付随して生じうる第2の疑問文のところと，二つに分けて考えてもらった方がいいと思う。

　まず，第1の部分だが，主旨は一読して明らかだろう。資本家が，資本家として市場で買うのは，生産資本の諸要素，つまりAとPmだが，その価値額はc＋vだ。他方，彼が市場で売るのは，c＋v＋mだけの価値をもつW′だね。だから，資本家としての彼についていえば，一方ではc＋vの需要，他方ではc＋v＋mの供給，となって，mだけ供給過剰になる。こういうことだね。それじゃあ市場では全般的な供給過剰が生じるかといえば，もちろんそうではない。資本と収入との交換をも含む社会的総資本の流通過程をとってみれば，第1に，資本家が資本家としてmのうちから蓄積にまわす部分は，追加的なc＋vとして彼の需要の一部を形成するし，第2に，この蓄積部分をこえるmは，単なる収入の支出者としての彼によって，市場で需要されるからだ。だが，それにしても，W─GとG─Wとの分裂，そのからみ合いと対立が，ここでは，資本家による供給と需要，収入支出者としての彼の需要，これらのもののからみ合いと対立として具体化され，かくして恐慌の抽象的形態が一層進んだ内容規定を受けとることは明らかだね。

第1章 『マルクス経済学レキシコン』「恐慌I」を編む　57

そこで，これにつづく，「剰余価値を貨幣化するための貨幣はどこから来るのだろうか？」という問題だ。資本家が，資本家ならびに収入支出者として，彼が新たに獲得したm相当分だけの商品を市場で需要するとしても，そのためには彼の商品資本の形態をとっているmが，ひとまず貨幣の形態をとらなければならない。このmを実現する貨幣はいったいどこから来るのか，という疑問が生じうるわけだ。しかし，この問題は『資本論』でのマルクスの理論的展開を順を追って正確に理解するかぎり，それ自体としては，比較的簡単に答えられるはずのものだね。つまり，この問題はじつは，そもそも商品の総価値を実現するための貨幣はどこから来るのか，という問題に帰着する。そして，この一般的な問題にたいしては，社会的な流通手段としての貨幣はつねに資本家階級が前貸しするのだということ，総商品価値が増大した場合には，流通貨幣量の節約によってまかなわれないかぎりは，蓄蔵貨幣の流通手段への転化，産金地からの追加的な金の供給などによって流通貨幣量が増加するのだということ，をもって答えることができるわけだ。だから，実際には「問題そのものが存在しない」（引用［61］から【『資本論』第2部第2稿，MEGA II/11, S. 323】）んだよ。

　B　ふーん。そんな存在しない問題をどうして『レキシコン』で取り上げるのかね。

　A　うん，それにはね，こういう事情があるんだよ。

　わかってしまうとわりあい簡単な，いまいったような関連は，資本主義的生産そのものから生じる諸現象にとらわれると，見抜かれないか，あるいは見失われてしまうことになる。第1には，資本家をもっぱら資本の人格化としてみると，彼が剰余価値の消費のためにも貨幣を前貸しするのだということが見えなくなる。第2に，資本家階級が貨幣を収入のかたちで流通に投じるのをみると，これはまるでこの階級が総生産物のうちのこの部分にたいする等価を支払うかのように見え，これが剰余価値をわがものとするための貨幣の前貸しにすぎない，ということがわからなくなる。第3に，商業資本家や貨幣資本家，土地所有者や国家，等々の介在によって，貨幣前貸しの源泉がますますわからなくなる。

　これらの外観の奥にある現実的関連をつかみだすためには，社会的総資本の流通過程の正しい認識が不可欠だから，マルクス以前にはこの問題を正しく解

決できた者がいなかったことは当然だったとしても，マルクスがこの問題を『資本論』第2部で基本的に片づけてしまったあとでも，たとえばローザ・ルクセンブルクを出発点とする一連の論争にもみられるように，誤ったかたちでいろいろと論じられているんだね。まあ，そういうことがあったもんだから，久留間先生は，第1の問題に付随して，この問題を取り上げることにされたわけだ。できあがったものを結果的に見ると，どうもこの第2の問題についての部分の方が多くのページをしめることになっているようだがね。

### 内容規定の第6——固定資本の回転による貨幣蓄蔵

A　その次の6と7とは，どちらも貨幣蓄蔵，つまりG—Wによって引きつづき補足されないW—G，したがって販売と購買との分離，これが資本の流通過程によって内容規定を受けとる問題だ。

このうち6は，「**貨幣蓄蔵——したがって購買なき販売，需要なき供給——が，固定資本の回転によって必要となる。社会的総資本の再生産過程における均衡成立の条件**」，というテーマだね。個別的資本についてみると，固定資本の回転は，ある時期までは購買なき販売を繰り返して償却基金を積み立ててゆき，更新期になるとこうして積み立てられた蓄蔵貨幣を一挙に流通に投じる，というかたちで行なわれるのだが，これを社会的総資本の流通過程についてみれば，いつでも一方には償却基金の積立をしている資本があって，こちらは需要なき供給を形成し，他方には更新期に達した固定資本があって，こちらは供給なき需要を形成している，ということになる。そして，この両者が社会全体としてつり合うことが，社会的再生産の円滑な進行の条件となっているわけだ。

### 内容規定の第7——資本の蓄積のための貨幣蓄蔵

A　7の方は，「**貨幣蓄蔵——したがって購買なき販売，需要なき供給——が，資本の蓄積によって必要となる**」，という問題だ。各個別資本は，蓄積基金を形成しつつあるあいだは，需要なき供給を行ない，この基金を投下するときには，供給なき需要を形成することになる。社会的に見ると，一方にはW—Gを行ないながらG—Wを行なわない資本があり，他方にはW—Gを行なわずにG—Wだけをする資本がある。両者の一致が，社会的再生産の円滑な進行

第1章 『マルクス経済学レキシコン』「恐慌 I」を編む　59

の条件だね。

　B　いまの6と7とに関連するようなことが，久留間さんの『恐慌論研究』に
あったような記憶があるな。

　A　ああ，あのなかの第VI章の「資本の蓄積と固定資本の償却基金」のこと
だろう。あれは，猪俣津南雄氏の謬論——それとともにまたローザ・ルクセン
ブルクの議論——に関連して，「固定資本の償却基金が蓄積基金としても役だ
ちうるか」，という問題を中心に書かれたものだったね。猪俣氏の議論は，「蓄
積されるべき剰余価値を実現するための貨幣はどこから来るか」，それは資本
家の手中にある固定資本の償却基金が前貸しされることによるのだ，と，こう
いうんだね。猪俣氏とはちがった角度からだが，ローザもこの問題でマルクス
を批評している。ここで猪俣氏やローザは誤りを犯しているんだが，それにた
いする批判としては，さっき5のところで話したことがそっくりあてはまるだ
ろう。（だから，『恐慌論研究』のここのところは，5にとっても参考になるわ
けだ。）だが，それにしても，ひとつ問題が残るんだね。それが，「固定資本の
償却基金は同時に蓄積基金たりうるか」，ということだったんだ。『レキシコ
ン』の引用［**69**］の本文——これは『剰余価値学説史』第2巻からの引用だが
——では，償却基金が蓄積基金として利用されうるもののように書かれている
ね。この箇所をどう理解すべきか，ということを，久留間先生は問題にした。
そして先生は，この当時はマルクスはそう考えていたんだが，彼はあとでこの
考えを改めた，『資本論』第2部を書いているときにはすでに，償却基金は蓄積
基金には流用できないと考えていた，という結論を出されたんだ。［**69**］の該
当箇所には注をつけてそのことを簡単に指摘してはおいたが，『恐慌論研究』
はこの問題の参考になるね。ただ，恐慌の問題にとって償却基金や蓄積基金が
もつ意義を全面的に明らかにしようとされたものではないから，ここの6や7
の直接的な解説にはならないけれど。

　なお念のためにつけ加えておくが，いま6と7とについていったことは，信
用制度を抜きにしてのことなんだ。信用制度との関連については引用文のなか
にもところどころ言及されているから，注意して読んでもらいたいね。

## 内容規定の第8──長い労働期間のさいの販売なき購買

A　8は，「労働期間が長期にわたる場合──たとえば鉄道建設などの場合──の，販売なき購買および供給なき需要」だが，これも，販売と購買との分離，供給と需要との乖離の問題だね。労働期間が長期にわたること自体は，生産過程の物質的性質によることだから，どんな社会でもありうるんだが，資本主義社会では，このことが長期にわたる貨幣資本の前貸しの必要を生じさせ，恐慌の可能性の一つになってくるわけだ。計画的に生産諸要素を生産諸部門に配分する社会的生産の場合には，長期にわたって生産物を供給せずに生産諸要素を，したがってまた生活手段を吸収する事業でも，重大な支障なしに処理していけるんだが，無政府的生産である資本主義的生産ではそうはいかない。攪乱が生じざるをえないんだね。

なおこの場合，信用制度が演じる大きな役割を考慮する必要がある。これについて，マルクスは次のように書いている。

> 「資本主義的生産の未発展な段階では，長い労働期間を必要とするためにかなり長期間にわたって大きな資本投下を必要とする諸企業は，ことにそれがただ大規模にしか実行できない場合には，けっして資本主義的には経営されない。……労働期間がかなり長い大規模な事業の遂行がはじめて完全に資本主義的生産のものになるのは，資本の集積がすでに非常に大きくなっており，他方では，信用制度の発達が資本家に提供する便利な手段によって，自分の資本のかわりに他人の資本を前貸しし，したがってまたそれを危険にさらすことができるようになっているときである。」(『資本論』第2部，全集訳，285-287ページ。【『資本論』第2部第2稿，MEGA II/11, S. 183-184.】)

こうして，信用制度は私的資本の制限を突破して大規模な生産を拡大していく役割を果たすのだが，もちろんこれは，新たな段階での矛盾の累積を一層推し進めるものでもあるわけだね。

## 内容規定の第9──蓄積率の変動にともなう困難

A　VIIの最後は，「9　単純再生産から拡大再生産へ移行するさいに生じる，社会的生産の二大部門のあいだの比率の変化の必然性と，この変化のさいに生じる困難〔このことは，必要な変更を加えれば，蓄積率の変動一般──すなわ

ち上昇ならびに低下──の場合についても言いうるであろう〕」，という項目だ。

　B　後半が角括弧にはいっているのは，どういうわけかね。これまで使っていた括弧は，たとえば中項目ⅤやⅦの表題では，丸括弧だったろう。

　A　ああ，そのちがいに気がついてくれたんだね。この角括弧のなかは，久留間先生の見解の挿入，あるいはこの項目9全体への注記とでもいうべきものなんだ。ただ，内容的には，この9の項目の重要な意味は，括弧のなかの文章を含めて全体として考えてもらいたいんだね。ちょっと破格なやり方をとったのも，そういう気持をこめてるわけだ。

　B　ほう。その重要な意味というのを聞かせてもらおうか。

　A　マルクスは，『資本論』第2部第3篇の第20章で「単純再生産」の前提のもとに，社会的総資本の再生産過程の基本的諸条件を解明したのち，第21章で「蓄積と拡大再生産」の考察に移っているね。問題は，この章での考察のポイントはどこにあるのか，ということなんだ。このことをはっきりさせるためには，第20章での「単純再生産」の考察が，第21章での「拡大再生産」の考察にとって持っている意味を正確につかまえる必要がある。それは，一方では，拡大再生産の考察の基礎として単純再生産の諸条件を解明しておく，ということなんだが，同時に他方では，単純再生産というのは蓄積率をゼロにした場合の再生産なのだから，単純再生産の考察ではゼロとおかれていた蓄積率をプラスにすれば，それでもう拡大再生産の考察になるわけだ。そうだとすれば，第21章での考察のポイントが，なによりもまず，蓄積率がゼロからプラスの数値に変化するさいに，社会的再生産の諸条件はどういう変化をこうむるか，というところにあるのでなければならないことは明らかだろう。これはいいかえれば，単純再生産から拡大再生産へ移行するさいに生じる，社会的再生産の諸条件の変化，ということだね。ページ数からいえば比較的わずかなものでしかないが，第21章の，そしてとくにその第3節の叙述は，こういう観点から読まれる必要があると思うんだよ。マルクスはこの問題を考察して，単純再生産から拡大再生産に移行していくときには，必ず第Ⅰ部門と第Ⅱ部門とのあいだの比率が変化しなければならない，つまり第Ⅰ部門が相対的に大きくならなければならない，そしてこのような部門間の比率の変化には必ず一定の困難がともなう，ということを明らかにしているんだ。

**B** そうすると，単純再生産から拡大再生産への移行は，蓄積率の増加の特殊的な場合，ということになるのかな。

**A** そうだ。まさにそのとおりだ。だから，ここでのマルクスの分析をもっと一般化して言えば，蓄積率が変動するさいには，部門間の比率の変化の必要が生じ，またそれには必ず一定の諸困難がともなう，ということになる。

**B** 久留間さんの表題では，わざわざ「蓄積率の変動一般——すなわち上昇ならびに低下——」としているんだが，蓄積率が低下する場合も考える必要があるのかい。

**A** そうだ。むしろ，恐慌の可能性との関連でいえば，蓄積率が急激に低下する場合にどうなるか，ということが，重大な問題になると思うね。

**B** 蓄積率の変化にともなって部門間の比率も変わらねばならぬというのは，社会主義社会の場合でもいえることじゃないのかね。

**A** もちろんそうだ。それ自体としては，超歴史的な自然必然性だといっていいだろう。もちろんその場合に蓄積率というのは，資本の蓄積の率ではなくて，生産拡大率のことだがね。だが，これが資本主義の社会と社会主義の社会とでは，まったくちがった仕方でつらぬくことになる。社会的生産の場合には，蓄積率の変化の大きさに応じてそれぞれ異なる，部門間の比率をも含むもろもろの社会的再生産の条件のさまざまの変化を予測したうえで，最も適切と思われる生産拡大率を意識的・計画的に決定できるし，またしなければならないね。ところが，これにたいして，資本主義的生産では，社会的な蓄積の大きさ，したがってまた蓄積率は，個々の資本家が利潤動機に規定されてそのときどきに行なっている蓄積の総量によって決定されるのであって，部門間の比率その他の再生産の条件における変化は，その結果として生じるものにすぎない。蓄積率は，利潤率や利子率の変動，その他さまざまの外部的諸事情によっても変化する，しかも，急激に変化することがありうるね。ただ，蓄積率がなにによってどのように決定されるか，ということは，およそ『資本論』第2部第3篇を超える問題だから，それは問わないとしても，とにかく蓄積率が変動する。するとどうなるか。社会的再生産のなかでもろもろのフリクションを引きおこすことになるだろう。変化と困難。こういうことを明らかにすることによって，恐慌の抽象的形態に内容規定を与えること，可能性の現実性への発展に基礎を与

えること，——ここに第2部第3篇における再生産論が恐慌論にたいしてもつ意味があるんだね。

B　ふーん。そんなもんかねえ。それにしても，いまの話を聞いていると，このごろのいろいろなマルクス経済学の概説書に書いてあるのとは，ずいぶん違うような気がするなあ。

A　そうかもしれない。いや，そうなんだろうが，たとえば，どういう点かね。

B　うーん，そうだなあ……。たとえば，最近でたいくつかの概説書では「均衡蓄積率」というのを書いていたと思うんだ。

A　そうだね。あれはだいぶはやっているみたいだけど，おかしいねえ。有機的構成や剰余価値率のほかに，部門間の比率までまず与えられたものとしておき，そのうえで，均衡を保てる蓄積率はどれだけか，というんだろう。これは方法的にまちがっていると思うよ。蓄積率の方が独立変数で，部門間比率は従属変数，——これが資本主義経済の現実のあり方だろう。現実がそうなら，理論的にもそういうふうに考えていかないと現実の理解には役立たない，とぼくは思うね。

B　それじゃあ，こんどの「恐慌Ⅰ」は，そういう新しい議論にたいする批判の意味をも持つわけだね。

A　そういってもいいだろう。ただね，そういう議論はそんなに目新しいものじゃあないんだよ。しかもね，久留間先生がすでに戦前に，似たような誤りの批判をされているんだ。

B　ほう。それはどこでだね。

A　『恐慌論研究』に収録された二つの論文なんだが，『恐慌論研究』といっても，じつはいちばん古い，北隆館版なんだ。残念ながら，新評論社版以降，削除されてしまったので，いまの大月書店版にははいっていない。だから，いま読もうと思っても，なかなか手にはいらないんだ。

B　それは，なんという表題なの。

A　「高田博士の蓄積理論の一考察」と，「高田博士による蓄積理論の修正」だ。昭和7年と8年に書かれている。削除された理由は「新版へのはしがき」に書いてあるんだが，そこで先生は，

「……今日はもはや，そのためにわざわざ50ページちかくもついやすほ

どの意義はない，——というのは，そこでわたくしが批判の対象とした学説は，それが発表された当時の情勢では多分に批判の必要が感じられたが，現在はおそらく聴従するひとはなく，したがってまた，批判の必要もなくなっていると考えたからである。」（大月書店版，Ⅶページ。）

と書かれている。たしかに，ここで批判されている高田保馬氏の議論をそのままよしとする人はいないだろうが，似たような誤りは繰り返されている。だから，「批判の必要もなくなった」と書かれて，あの2論文を削除されてしまったのは，千慮の一失とでもいうべきだね[11]。

　それから，これは読まれた人もかなりあると思うんだが，1960年1月号の『経済セミナー』で，久留間先生は上杉捨彦氏と対談されたんだね。そしてこの対談の最後の部分で，先生はいまの問題，つまりこの小項目9の問題に触れられているんだ[12]。だから，批判もこんどが初めてというわけではないんだよ。

---

11)【この二つの論文は，本書第2部第1篇に，第5章および第6章として収録する。】
12)【久留間はそこで，「最近の日本での経済学」について「なにか，気づかれたことは？」という問いに，次のように答えていた。
　「どういう人がどういう論文を書いているか知らんから一般的にはなにも言えんけれども，気がついた範囲で言うと，たとえば恐慌論では，今でもやはり綜合的な考え方をする人は少なくて，自分がたまたま着眼した，あるいは手がけてきたある特殊な要因に——我田引水というか——過大な重要性を認めようとする傾向があるのではないかと想像されます。一例をあげると，再生産の表式の操作によって恐慌の必然性を論証しようとする試みがいろいろなされているようですが，そのうちに，たとえば蓄積率が変動するばあいには2部門間の比率が変わってくる，いわゆる不均等の発展が生じることになるのでそこに恐慌の必然性を見いだそうとする人たちがある。だが蓄積率が変わる場合に両部門間の比率が変動しなければならぬということは超歴史的な，いわば自然的な必然性なので，この場合には不均等な発展によってはじめて均衡が保たれるのです。だから不均等な発展から恐慌が起こると言うならば，どんな社会でも恐慌が起こると言わねばならぬことになる。だがぼくもこのことが恐慌に関係がないと言うのではない。このことは同時にまた，もし急激に蓄積率が変わると従来の均衡がたちまち不均衡になることを意味するので，たとえば従来蓄積率が20パーセントでそれに応じた両部門の均衡が成立していたところへ，急に蓄積率が5パーセントに低下したとすれば，第Ⅰ部門はひどく過大になるでしょう。そしてそうなると第Ⅰ部門の多くの事業はつぶれ，ひいては第Ⅱ部門にたいする需要も減少する，等々ということになるでしょう。そしてこういうふうに考えていくと，不均等発展論も生きてくるのではないかと思うが，どうでしょう。そしてこういうふうに考えてくると，当然，それでは蓄積率を決定するものは何かが問題になり，それが価値増殖の可能性だということになれば，その可能性を決定するものは何かが問題になり，利潤率の傾向的低落，競争の激化，一層の低落の問題はもと

第1章　『マルクス経済学レキシコン』「恐慌Ⅰ」を編む　65

ただ，かなり精緻だと見うけられる恐慌論研究の労作に「均衡蓄積率」といった考え方が組み込まれているものだから，影響を受けている人も多いんじゃないかな。そういう意味では，この問題はひとつ掘りさげてみる必要があると思ってるんだ。

　ま，この問題は今日はこれくらいにしようよ。これで「恐慌Ⅰ」は終わりだ。

## 「生産と消費の矛盾」は２部３篇の「再生産論」の問題だろうか

　B　ちょっと待って……。Ⅶはそれで終わりなの。

　A　うん。

　B　再生産論に関係するところも終わったんだね。

　A　そうだよ。まだなんかあるんかい。

　B　うん。ちょっと聞きたいことがあるんだ。

　A　〔やれやれ。〕なんのことだい。

　B　再生産論と恐慌との関連ということについて，概説書なんかでぼくらの頭に残っているのは，生産と消費との矛盾，「内在的矛盾」というらしいが，あの矛盾だね。恐慌論にとって再生産論が重要な意味をもつのは，再生産論が「内在的矛盾」を明らかにしているからだと……。それなのに，こんどの『レキシコン』では，それにあたる項目がなさそうだね。これは，いったい，どう考えたらいいんだろう。

　A　ああ，そのことか。これはたしかに疑問になるだろうな。〔どうしよう……。やっぱり，少しは話しておこうか。〕

　B　生産と消費との矛盾が恐慌にとって重要な問題だということは，確かなんだろう。

　A　それはもちろんそうだ。その点は，たとえば『資本論』第3部では，こんなふうに書かれているんだね。

　　　「……労働者の消費能力は，一方では労賃の諸法則によって制限されており，また一方では，労働者は資本家階級のために利潤をあげるように充用

より，利子率の問題，信用制度の問題など，無限につながってくると思うのです。これはほんの一例ですが……。」（『経済セミナー』1960年1月号，41ページ。）】

されうるかぎりでしか充用されない，ということによって制限されている。すべての現実の恐慌の究極の根拠〔Grund〕は，いつでもつねに，資本主義的生産の衝動に対比しての大衆の窮乏と消費制限なのであって，この衝動は，まるでただ社会の絶対的消費能力だけが生産力の限界をなしているかのように生産力を発展させようとするのである。」(全集訳，618-619ページ。【『資本論』第3部第1稿，MEGA II/4.2, S. 540. 大谷『マルクスの利子生み資本論』第3巻，446ページ。】)

つまり，資本主義的生産は，一方でどんな制限をも突破して生産力を絶対的に発展させようとする衝動・傾向をもっているんだが，他方でこの傾向は，価値増殖を目的とするという資本の本性によって・資本主義的生産諸関係によって・決定されている分配諸関係と，したがって労働者階級の狭く限られた消費能力と，衝突し矛盾する。これが「すべての現実の恐慌の究極の根拠」だというんだね。この同じものをさして，『剰余価値学説史』では，「根本的矛盾〔Grundwiderspruch〕」(第3巻，全集訳，63ページ【1861-1863年草稿』，MEGA II/3.4, S. 1248】)とか，「近代的過剰生産の基礎〔Grundlage〕」(第2巻，全集訳，714ページ【『1861-1863年草稿』，MEGA II/3.3, S. 1149】)・「「供給過剰〔glut〕」の根本的秘密」(第3巻，全集訳，71ページ【1861-1863年草稿』，MEGA II/3.4, S. 1252】)・「「供給過剰〔glut〕」の隠れた基礎〔Basis〕」(同上，155ページ【1861-1863年草稿』，MEGA II/3.4, 1310】)・とか，「恐慌の最も内的で最も隠れた根拠〔Grund〕」(同上，103ページ【『1861-1863年草稿』，MEGA II/3.4, S. 1276】)とか，いわれている。これをみても，いわゆる「内在的矛盾」——山田盛太郎氏以来こう呼ばれているんだが——が，恐慌に関連するものとしてマルクスによっていかに重視されているか，わかるね。

B　それが，『レキシコン』の「恐慌」篇には出てこない……。

A　まあ，待てよ。「恐慌I」には出てこないが，次の「恐慌II」には登場するよ。

B　そいつはおかしいな。「内在的矛盾」の問題が『資本論』第2部第3篇で取り扱われている，というのが常識じゃあないのかい。

A　どうも，そういうことになっているらしいな。だけどね，この常識には，意外な落とし穴があるような気がするんだよ。

B　すると，そうじゃあない，とでもいうのかい。しかし，マルクス自身が

そう明記してるって読んだような記憶があるんだがな。

A　うん。それは、『資本論』第2部第2篇のなかで、「原稿では、ここに将来の詳論のための次のような覚え書きが挿入されている」として、エンゲルスが付けている一つの脚注のことだろう。その覚え書きには、こう書いてあるんだ。

「資本主義的生産様式における矛盾。労働者は商品の買い手として市場にとって重要である。しかし、彼らの商品——労働力——の売り手としては、資本主義社会は、その価格を最低限に制限する傾向がある。——もう一つの矛盾。資本主義的生産がそのすべての潜勢力を発揮する時代は、きまって過剰生産の時代となって現われる。なぜならば、生産の潜勢力は、それによってより多くの価値が単に生産されうるだけではなく実現もされうるほどには、けっして充用されることができないからである。しかし、商品の販売、商品資本の実現、したがってまた剰余価値の実現は社会一般の消費欲望によって限界を画されているのではなく、その大多数の成員がつねに貧乏でありまたつねに貧乏でなければならないような社会の消費欲望によって限界を画されているのである。しかし、これは次の篇ではじめて問題になることである。」[13]（第2巻、全集訳、387ページ。【『資本論』第2部第2稿、MEGA II/11, S. 308.】）

B　なるほど。これは、まったくはっきりしているじゃないか。

A　うん。そう見えるだろうね。『資本論』第2部の第2篇のなかで、「次の篇で」と言うのだから、とうぜん、第2部の第3篇のことだ、とね。だから、もしこの第3篇の内容を知らないでここのところを読んだら、いわゆる「内在的矛盾」は第2部第3篇で問題になるんだな、とごく自然に思うよね。

だけど、この第2部第3篇では、ほんとうに、この覚え書きに書いてあるよ

---

13)　【のちに、マルクスの草稿（第2部第2稿）のなかの、この「覚え書き」に使われたマルクスの記述が読めるようになって、エンゲルス版の「覚え書き」と草稿との相違が判明した。もろもろの相違のなかで、エンゲルス版でnieとなっている語が草稿ではnurであった、という相違は決定的に重大であった。なぜなら、この語がnurであるかぎり、「覚え書き」のなかにいわゆる「内在的矛盾」への言及を見ることができないのであり、だからまた、マルクスが「次のAbschnitt」に「属する」とした事柄のなかにいわゆる「内在的矛盾」は入りようがなかったのだからである。この点については、本書第7章の「補説1」および第16章の「補説3」などで詳説する。】

うなことが問題になっているんだろうか。第3篇を素直に読むかぎり，こうした疑問が出てきていいはずなんだな。

　ところが，多くの論者が，——というより，ほとんどの論者が，「現実の恐慌の究極の根拠」である「生産と消費との矛盾」は第2部第3篇の問題だ，とマルクスが言っている，とまず決めこむ。それから，この「内在的矛盾」と第3篇とをなんとかして結びつけようとして，苦心惨憺している，と思われるんだな。なかには，いとも簡単に結合して見せてくれる「手品師」もいないではないんだが，概して言うと，みんな苦労してるねえ。

　君も知ってると思うんだが，あの第2部第3篇が恐慌論にとってどのような意味をもつかについて，さまざまな議論があった。日本では，まずトゥガン－バラノフスキーに拠る福田徳三氏とローザ・ルクセンブルクに拠る河上肇氏との論争があったんだが，日本独自のものとしては山田盛太郎氏の『再生産過程表式分析 序論』(1931年) が最初だね。これがその後の論争に大きな影響を及ぼしたんだが，この系列の論争の特徴は，山田氏の見解への賛否両論とも，あるいはそれの修正の試みをも含めて，『資本論』第2部第3篇が恐慌論にとって持つ意味を特別に重視することにあったんだ。そしてその場合，いわば中心的な問題になってきたのが，いまいっていた「内在的矛盾」と再生産論との関連だったんだね。

　さっきⅦの9のところで話にでた，蓄積率をめぐる転倒的発想ね，あれも，「内在的矛盾」は再生産論の問題だと決めこんだうえでの苦心惨憺の一変種，いわばそれの最新版じゃあないかと思うんだな。

### 「次の篇」とは，どこをさすのだろうか

　Ｂ　でも，マルクス自身が「第2部第3篇で問題にする」といってるんだから，どうしようもないじゃないか。

　Ａ　そのことなんだがね。はたしてマルクスはそう言っているのか，これがじつは問題なんだよ。

　Ｂ　そうすると，君は，さっきの覚え書というのをにせ物だとでも考えているのかい。

　Ａ　いや，そうじゃあない。あのなかで，「次の篇で」と訳されていたね。こ

この「篇」はドイツ語の原文では Abschnitt だ。『資本論』第2部の構成では，Abschnitt はまさしく「篇」なんだから，こう訳すのも当然だ。

しかし，この言葉の本来の意味は「部分」とか「区切り」とかいうことなんだよ。マルクスだって，もちろんそういう意味でもよく使っているね。たとえば，こんな具合だ。

「このような，一般的な商品流通の過程を，同時に一つの個別資本の独立した循環のなかの機能的に規定された一つの区切り〔Abschnitt〕にするものは，……」（引用 [44] から。【『資本論』第2部第7稿，MEGA II/11, S. 687.】）

これはそのまま，書物のある部分を指すためにも使えるよね。たとえば，エンゲルスは『資本論』第2部への序文のなかで，次のように書いている。

「これらの題目は，ことに，この原稿の主体を成している部分〔Abschnitt〕，すなわち……剰余価値にかんする諸学説のなかで付随的に取り扱われている。この部分〔Abschnitt〕は，経済学の核心である剰余価値学説の詳細な批判的歴史を含んでおり，……」（第2巻，全集訳，6-7ページ【MEGA II/13, S. 6】。なお，岡崎訳，向坂訳では，「篇」となっている。）

この使い方でいけば，「剰余価値にかんする諸学説」（『剰余価値学説史』）が，部であろうと，篇であろうと，章であろうと，どれでもいいわけだ。じっさい，『経済学批判要綱』なんかでは，そういう自在な使い方が眼につくね。日本語でも，「篇別構成」なんて言うときには，全体を部・篇・章・節・項，等々に分けることをさしているので，このなかの一つである「篇」についてだけいうわけじゃないよ。

しかもね，Abschnitt がこういう「篇別構成」のなかの「篇」という意味で使われているとした場合でさえ，問題が残るんだ。『資本論』の最終的な「篇別」は，部─篇─章，Buch─Abschnitt─Kapitel となっているね。しかし，これは現行版でそうなっているということなんで，はじめからこういう分け方だったわけではない。早い話が，第1部の初版（1867年）では，Buch（部）─Kapitel（章）という編成になっていて[14]，これがやっと第2版（1872年）で，部─篇─章の編成になったんだね。初版での「章─節」が第2版では「篇─章」に昇

---

14)【つまり，部（Buch）と章（Kapitel）の中間の篇（Abschnitt）はなかった。】

格したわけだ。だから，初版では Abschnitt（篇）はどこにあたるのか，といえば，Buch（部）ということになるだろうね。現に，『資本論』に最も近接して書かれた『剰余価値学説史』では，たとえば第1巻にあるプラン草案ね，あそこでは「資本の生産過程」を第1篇（Abschnitt），「資本と利潤」を第3篇（Abschnitt）といい（全集訳，526-527ページ【『1861-1863年草稿』，MEGA II/3.5, S. 1861】），第2巻でも，「資本——直接的生産過程——を取り扱う第1篇〔Abschnitt〕」（全集訳，693ページ【『1861-1863年草稿』，MEGA II/3.3, S. 1134】，引用 [8] にある），といっているんだが，どちらも『資本論』では Buch（部）にあたるところなんだね。そして，いま問題になってる覚え書を含む原稿ね，これがエンゲルスによれば「第2稿」と呼ばれるもので，1870年に書かれているというんだ。

　こうしたことを考えると，問題の「次の篇〔Abschnitt〕」というのが，第2部第3篇をさしているのかどうか，疑問の余地なく言い切れるわけではないと思うんだな[15]。少なくとも，第3部（Buch）のことをさしているのではないか，という可能性もかなりあるわけだ。そうだとすると，問題はむしろ，この注に書いてあるようなことが現に第2部第3篇で論じられているのかどうか，——このことによって，「次の篇」というのはどこかが決せられるべきだと思うんだよ。

## 道標を見るのをリーダーまかせにしないこと

　B　ふーん。だけど，それにしても，そういう疑問をもった人がこれまでいなかったというのは，どういうわけだろう。

　A　いや，まったくいなかった，なんていうつもりはない。ただぼくが，それらしいことを書いている人を知らないだけさ。でも，こういうことになって

---

15)【のちに，マルクスの草稿（第2部第2稿）では，マルクス自身がはじめ Abschnitt と書いたものを Kapitel（章）に書き換えていたのを，エンゲルスが彼の版の篇別構成に合わせて Abschnitt としていたことがわかり，エンゲルス版での「次の Abschnitt」が「次篇」すなわちこの版の第3篇を指していたことが確認された。他方，前注に記したように，エンゲルス版での nie という語が草稿では nur であったことがわかり，これによって「覚え書き」には「内在的矛盾」への言及が含まれていなかったことが明らかとなったので，「こうした話の一切が次の章ではじめて問題となることである」（第2部第2稿，MEGA II/11, S. 308. 20-21）とマルクスが書いたさいの「こうした話」には「内在的矛盾」は含まれないことも確定した。これらの点については，本書第7章の「補論1」や第16章の「補論3」などで詳説する。】

いる事情について，うすうす感じるところがないわけではない。

　日本ではじめて，ここのところを問題にしたのも，さっきの山田氏の『再生産過程 表式分析 序論』だったんだが，このなかでは，「次の Abschnitt」とは第2部第3篇のことだ，と，ほとんど断定的に書かれているんだね。古いものだが，ちょっと引っぱりだしてみよう。

　　　「所謂る次篇とは『資本論』第2巻第3篇「社会的総資本の再生産及び流
　　　通」を指称している。これに依ってマルクスが，所謂る「消費」限界の問
　　　題を再生産論に包括せられるものとなして居ることは明らかである。」(改
　　　造社版『経済学全集』第11巻，331-332ページ，改造社戦後版，77ページ。)

　しかも山田氏はこの自説を，レーニンの解釈も自分のと同じなんだ，といって，レーニンの『経済学的ロマン主義の特徴づけによせて』の一節の引用によって強化しようとしているんだ。いささかデリケートなところだから，レーニンの文章を読んでみようね。

　　　「この引用文は，『資本論』第2巻第2篇の草稿に挿入された覚え書であっ
　　　た。この覚え書は，「のちにそれを詳細に展開するために」挿入されたの
　　　であり，また草稿の出版者は，その覚え書を注としたのである。この覚え
　　　書では，前述の言葉のあとで，次のように言われている。「しかし，これ
　　　は次の篇で」，すなわち第3篇で「はじめて問題になることである」と。と
　　　ころが，この第3篇とはなにか？　それは，ほかならぬ，社会的総生産物
　　　の二つの部分にかんするA・スミスの理論の批判（シスモンディにかんす
　　　る上述の批判とともに）と「社会的総資本の再生産と流通」すなわち生産
　　　物の実現の分析とを内容とする，あの篇である。つまり，わが著者は，シ
　　　スモンディを繰り返している自身の見解を確証しようとしてこの覚え書を
　　　引用しているのであるが，その覚え書は，シスモンディを反論している
　　　「篇ではじめて」，すなわち，資本家は剰余価値を実現することができると
　　　いうこと，また外国貿易を実現の分析にもちこむことは不合理だというこ
　　　とが示されている「篇ではじめて」問題になるものなのである。」(『レーニン
　　　全集』第2巻，全集訳，152ページ，傍点―レーニン。)

　どうだろう。たしかにレーニンは，「次の Abschnitt」を「第3篇」だと考えてはいるんだが，いまのところの全体をみれば，ここでレーニンは，〈再生産

論のところではシスモンディ流の過少消費説は否定されているのだ，だからこの注を引いて過少消費説を主張するロマン主義者はお笑いだ〉，ということをいっているのであって，生産と消費との矛盾，したがってまた「消費制限」が再生産論で論じられている，ということを主張しようとしているのではまったくないね。だから，山田氏のさっき読んだ主張の全体を支持するものではないわけなんだが，それにしても，これ以来，「レーニン =」山田説が生まれ，日本ではこれがほとんど「自明の理」として取り扱われてきたんだよ。

　B　それを，君はさっき，「落とし穴」と言ったんだね。

　A　うん。でもこれは，いわば，道標を見るのをリーダーまかせにしていると，リーダーがちょっと見まちがえただけでヴェテランでも思わぬところへ迷いこみ，懸命に抜け道を探し出さなければならない破目に陥ることがある，というふうにでも言った方が適切かもしれないな。

　B　しかし，それにしても，そうやって，いったん変な方に迷いこんでしまうと，読み違いに気づいてももとのところにまで戻るのがたいへんだなあ。

　A　たいへんかどうかは別として，君，ひとつ考えてみるに値する，とは思わないかい。つまり，「内在的矛盾」は再生産論の問題だ，という先入見をひとまず完全に捨てるんだ。そして，一方では，再生産論の内容をじっくり検討して，それが恐慌論にとってどういう意味をもつものなのか，他方では，「内在的矛盾」が「恐慌の究極の根拠」であるというのはどういう意味でなのか，ということをそれぞれ明らかにすることだね。

　B　それにしても，久留間さんはいつごろから，そういう疑問をもたれたのかね。

　A　ぼくらが知っているかぎりでは，比較的最近のことなんだよ。それも，「恐慌Ⅰ」の原稿ができあがったあとのことなんだね。「恐慌Ⅰ」を見ればわかるように，先生はもともと，「内在的矛盾」が再生産論の問題に属するとは考えていなかったんだが，さっきの覚え書についての「レーニン =」山田説のことは忘れておられたんで，ぼくらがあの二つを結びつけようとする論者の多いことを話すたびに，じつに不思議そうな顔をされていたんだよ。それが，こんどの「恐慌Ⅱ」に関連して諸論著を読み返されたりしているうちに，そこのところに気づかれたんだね。でも，これは内緒なんだが，先生，ときどき，むか

し考えられたことを忘れて，新しく考えたことみたいに言いだされることがあるから，これもひょっとすると，そのくちかもしれないとも思ってみてるんだ。

　B　再生産論では「内在的矛盾」は論じられないとすると，この矛盾は『資本論』の第3部の方の問題なんだろうが，第3部では，どんなふうに取り上げられているのかね。それを少し話してもらいたいな。

　A　いやいや，それは「恐慌II」の問題だよ。「恐慌II」の「談話室」で，久留間先生が詳しく話してくださるだろう。いまの問題だけだって，こんなにしゃべるつもりはなかったんだが，君の誘導尋問に引っかかっちゃってね，ついつい……。まあ，それだけでも，いいことにしてくれよ。

## ずいぶんビールをあけたのに……

　A　以上で「恐慌I」は終わりだ。これにつづく「恐慌II」は，さっきもいったけど，「VIII　恐慌の可能性を現実性に転化させる諸契機〔モメント〕」を収録する。『資本論』でいうと，直接には，第3部，とくにその第3篇以降だね。原稿はもうすでに従来の規模の1冊分を超えているんで，なんとか整理・圧縮して1冊にまとめたいと思っているところだ。「恐慌II」は，特有のもろもろの難しさがあってたいへんなんだが，久留間先生はこれに心血を注いでおられるから，刮目して待つべしだね。

　ところで，B君，君はずいぶんビールを空けたのに，いっこうに眠くならないんだね。ぼくの話がおもしろかったのかな。

　B　いや，話の内容より，君がむきになって話をするのがおもしろかったよ。

　A　それじゃあ，ぼくにはやっぱり久留間先生の代わりはつとまらなかったのかねえ。

　B　まあ，そう悲しむな。君の努力とビールのうまさに免じて，「恐慌I」は，出たらすぐ買うことにするから。

　A　そうか，そうか。それはありがたい。じゃあ，こんどこそほんとに話題を変えようね。

（大谷禎之介）

75

# 第2章　『マルクス経済学レキシコン』「恐慌II」を編む

## 「恐慌II」の収録項目

VIII. 恐慌の可能性を現実性に転化させる諸契機

1. 労働の生産力を高めようとするのは，資本の内在的な衝動である

2. 労働の生産力の上昇が進むと，必然的に資本の有機的構成の高度化が進み，それとともにまた，必然的に利潤率の低下が進む

3. 利潤率の低下が進んでも，利潤の絶対量は増大しうる。しうるだけではない。資本主義的生産の基礎上では，しなければならないのだ。だが，この増大を生じさせるには，資本は，構成が高度化して行くよりもさらに急速に増大しなければならない。このことは，同時に，資本の集積と集中とを必然的にもたらす

4. 資本の蓄積過程に含まれている対立しあっている契機は，リカードゥがそれらを取り扱うときのように，静かに並行するものとしてだけ考察してはならない。それらは一つの矛盾を含んでいるのであって，この矛盾は矛盾した諸傾向・諸現象として現われてくる。抗争する諸能因が同時に対抗して作用しあう。抗争する諸能因の衝突は，周期的に恐慌にはけ口を求める

5. 蓄積の進行中に，利潤率の低下が利潤の量によって埋め合わされない点に達すれば，資本の絶対的な過剰生産が生じることになる。利潤率が低下するのは，資本の過剰生産の結果として起こる競争のためではない。反対に，利潤率の低下と資本の過剰生産とが同じ諸事情から生じるので，いまや競争戦が始まるのである。この競争戦には，もちろん，労賃の一時的な上昇と，この上昇から生じる，利潤率のさらにいっそうの一時的な低下とがともなう。では，この闘争はどのように行なわれるのか？　また，どのようにして，資本主義的生産の「健全な」運動に対応する諸関係が回復されるのか？

6. 資本の過剰生産は商品の過剰生産を含む。労働者の搾取の手段としてある一定の高さの利潤率で機能させるには，あまりにも多くの労働手段と生活手段とが周期的に生産される。商品に含まれている価値とこの価値の一部をなす剰余価値とを資本主義的生産によって与えられた分配諸条件と消費諸関係とのもとで実現しうるには，またそれを新たな資本に再

転化しうるには，すなわち，この過程をたえず繰り返してやってくる爆発なしに遂行するには，あまりにも多くの商品が生産される。資本主義的な土台の上での消費の制限された大きさ

7. 資本主義的生産様式における矛盾——商品の買い手としての労働者は，市場にとって重要である。だが，彼らの商品——労働力——の売り手としての労働者については，資本主義社会は，彼らの商品の価格を最低限に制限する傾向をもつ，等々

8. いわゆる過少消費説，すなわち，恐慌を労働者階級の過少消費から直接に説明する理論の批判

9. 資本に特有の，生産の諸制限と，生産を駆りたてて資本のいかなる制限をものりこえさせる資本の衝動とのあいだの，資本の矛盾——この矛盾は，ある一定の点にまで発展するたびに，極度に緊張して周期的に恐慌として爆発する

10. 資本主義的生産過程の弾力性

11. 生産を駆りたてて消費の制限をのりこえさせる商人資本の役割

12. 再生産過程を駆りたててその資本主義的諸制限をのりこえさせる信用制度の役割。恐慌のかたちでの，資本の内的諸制限の最終的貫徹。恐慌時には，信用制度の崩壊が，過剰生産の結果として，また同時に，恐慌を尖鋭化させる要因として，現われる

13. 元来は生産の結果として生じる分配諸関係が固定され，反対に生産を条件づける諸前提として生産のなかにはいる，という資本主義的生産様式の矛盾

14. 資本主義的生産の諸矛盾が恐慌の形態で爆発することをなんらかの仕方で抑える資本主義的生産の発展における諸契機

---

［レキシコン談話室］
# 「恐慌II」の編集にあたって
## ——その特色・内容といくつかの問題——

## マルクス恐慌論の核心を正しく伝えたい

A　いよいよ「恐慌II」が出ることになりました。「恐慌」篇ではこの「II」が

いわば中核の位置を占めるものだと思います。先生の長年のご研究の集大成ということにもなるわけで，先生もずいぶん苦心され，そういうものにふさわしい力作になったと思うのですが，編集上どういう点に苦労されたかということから，話していただこうと思います。

　**久留間**　たしかに苦労はしたのですが，「研究の集大成」というようなものになっているかどうか……。読み返してみると，不満なところが多くて，いまからでも間にあえば手を入れたいところもあるのです。とくに，最後の頃には，君たちの口車にのせられてＥ誌の対談[1]にひっぱりだされ，えらいめにあっていたので，『レキシコン』のほうは，いささか詰めが甘くなった気味もないではない。ぼくに責任がないとは言わないが，これは君たちに大いに責任があると思うね（笑）。

　**A**　申し訳ありませんでした（笑）。それはそれとして，どういう点に苦労されましたか。

　**久留間**　それはなんと言っても，もともと恐慌論として体系的に書かれたものでないマルクスの著書や遺稿から，とにかく一つの体系的なものを仕上げようというのですから，はじめから無理があるのです。どう項目を立ててみても，どこかに難点が出てくる。それでもとにかく，通して読んでもらえばマルクスの恐慌理論のいちばん肝心なところを大きな誤りなしにつかまえることができる，そういうものにしようと思って苦心しました。

　**B**　その点では，「恐慌Ｉ」よりもむずかしかったと言えますね。

　**久留間**　それはそうです。「Ｉ」のほうはその点ではわりあい簡単だった。そんなに迷うこともありませんでした。だが「Ⅱ」のほうは，全体の構成をどのようにするかということだけでも大問題でした。こんどのような構成に落ち着くまでには，ずいぶんいろいろな案を考えました。君たちに配ったものでもいくつかあったでしょう。

　**A**　ええ，はじめから数えれば，五つほどありましたね。

　**C**　表題が全体としてかなり長いものになったのも，そういうことに関係が

---

1）【週刊『エコノミスト』1973年8月21日号～10月2日号に連載された，「社会科学50年の証言」⑧～⑭，「久留間鮫造　第1回～最終回（全7回）」。】

ありますか。

**久留間**　そうですね。いくつかの項目の表題は最初からそうとう長かったが，表題を読んでいっただけで，ある程度のところまではわかる，そういうものにしようというのでいろいろやっているうちに，それがいっそう長くなった，というようなことはあったでしょう。「表題」というには長すぎるきらいもないではないが，できあがってみて，どうですか。

**D**　ぼくは，よかったと思います。むしろ，比較的短いいくつかの表題も，もっと説明的にしたほうがよかったのではないかと思っているくらいです。

**A**　表題のドイツ語をみてくれたドイツ人が，文章はいいけれど，いかんせん長すぎるのではないか，と言ったそうです。しかし，『レキシコン』の場合，ふつうの書物とはちがって，表題が特別な重要性をもっている。ことに「栞」を読めない外国人には，ドイツ語の表題が決定的です。

**E**　こんど西ドイツのアオヴァーマン書店からドイツ語だけのヨーロッパ版が出ることになったわけだが，この版には「栞」がつかないからね。いま君が言ったドイツ人というのは，アオヴァーマンの関係の人ですか。

**A**　いいえ。こんどの「栞」(本号)に載せる書評を書いてくれた，東ドイツのハネス・スカンブラクスさんです。『全集(Werke)』版の『資本論』や『剰余価値学説史』の編集に参加した人ですね。

**B**　彼がドイツ語の表題をみてくれるようになったのは，どういういきさつだったかしら。

**A**　あれはたしか，『レキシコン』の②が出た年だったから，1969年だと思いますが，むこうのどこかで，①の「競争」を読んで『レキシコン』に興味をもたれたのですね。邦訳『全集』をやっている村田陽一さんへのたよりのなかで，出た分を自分のところに送ってほしいということと，独文のほうを見ると不十分なところがあるようだが，もしよかったら続巻の表題の校訂をしてもいい，という申し出をしてくれたのです。そして，①の独文についての訂正表を付けてくれました。それで，③からは，こちらから目次を送ってドイツ語として不自然な言いまわしなどを直してもらうことにしたわけです。目次だけを送って本文を送っていないものですから，ときとして，内容を理解してもらえなくて，採用できない修正を示されたりすることもあるのですが，とてもありがたいと

思っています。こんどの書評も，こういうものを書くから，といって，むこう
から送ってくれたんですよ。

## 「恐慌Ｉ」では，恐慌の可能性の現実化の「基礎」を解明した

　　Ａ　前おきはそれくらいにして，本題に入りましょう。まず最初に「Ｉ」と
「Ⅱ」との違いあたりからうかがいたいと思います。Ｂ君，問題を出してくだ
さい。

　　Ｂ　「Ｉ」の項目のうちで，「恐慌の本質規定」と「恐慌論の方法」とは，恐慌
論全体のいわば総説に当たるものと考えられますし，また**「商品流通のもとで
現われる恐慌の可能性」**も，すべての恐慌に共通な，恐慌の一般的抽象的な形
態を問題にするものですから，これらを別にしますと，「Ｉ」を後に続くもの
から特徴づける項目は，**「資本の流通過程のもとでの，恐慌の可能性の一層の
発展（恐慌の抽象的形態が資本の流通過程において受けとる内容諸規定）」**であ
ると言ってよいかと思います。これにたいして，こんどの「Ⅱ」は，「**恐慌の可
能性を現実性に転化させる諸契機**」と題されています。そこでまず，「恐慌の
抽象的形態が内容諸規定を受けとる」ということと，「可能性が現実性に転化
する」ということとのあいだには，どういう違いがあり，またどういう関連が
あるのか，ということをお聞きしたいのですが。

　　久留間　そのことについては，すでに「Ｉ」のなかの，「**Ⅵ　資本のもとでの，
恐慌の可能性の一層の発展と，恐慌の可能性の現実性への発展（概説）**」という
項目で，いちおうは触れているわけです。そこでも読み取れると思うのですが，
抽象的形態が内容規定を受けとるということと，可能性が現実性に転化すると
いうこととは，いわば，次元の違う問題なのです。

　　恐慌の抽象的な形態，形式的な可能性というのは，商品の変態のなかにある。
あるいは変態そのものですね。販売と購買という，変態の互いに補い合う二つ
の契機が引き離され，したがってまた，それが強力的に統一される，そういう
可能性のことです。そういう可能性・恐慌の形態が内容規定を受けとるという
のはどういうことかと言うと，たとえば，固定資本の償却基金の積立と現実的
更新との・あるいは蓄積基金の積立とその投下との・分離，これらはどちらも，
Ｗ―ＧとＧ―Ｗとの形式的な分離に資本の流通過程で新たに付け加わる内容

規定です。

　C　ちょっと口をはさませてください。「Ⅰ」の「恐慌論の方法」のところでも，また「**資本のもとでの，恐慌の可能性の一層の発展と，恐慌の可能性の現実性への発展（概説）**」のところでも引用されている，『学説史』第2巻のところで，「資本の再生産過程を考察する場合には，前記の諸形態が〔これは恐慌の抽象的形態のことですが〕ここではじめて，一つの内容を・すなわちこれらの形態がそれにもとづいて自己を表明しうる基礎〔Grundlage〕を・獲得することが証明されなければならない」【『1861-1863年草稿』，MEGA II/3.3, S. 1131】，と言われています。また，支払手段としての貨幣の形態から生じる恐慌の可能性についても，「資本の場合には，すでに，この可能性の現実化のためのはるかにより現実的な基礎〔reale Grundlage〕が現われている」【『1861-1863年草稿』，MEGA II/3.3, S. 1132】，と書かれています。この「基礎〔Grundlage〕」というのは，その「内容規定」と同じことと考えてよろしいのでしょうか。

　久留間　いま言われた二つの「基礎」がまったく同じことであるとは思いませんが，とにかく，形態が内容規定を受けとる，そのことによって，「形態が自己を表明する〔sich manifestieren〕」基礎，「可能性の現実化」の基礎が与えられるのだ，と言っていいでしょう。

　C　もうひとつ，「再生産過程のなかで一層発展した，恐慌の基礎〔Anlage〕」【『1861-1863年草稿』，MEGA II/3.3, S. 1134】というのも同じでしょうか。

　久留間　Anlage を「基礎」と訳してしまうのはいいかどうか，むしろ，「素地」とでもいうぐらいの意味でしょうが，やはり，同じようなことだと考えていいでしょう。しかし，どちらにしても，それが「基礎」だということ，「基礎」にすぎないということが重要です。たしかに個別資本にとっては，固定資本の償却の場合にも蓄積基金の場合にも，W─G と G─W とは現実に分裂する。しかし，社会的総資本を考えるならば，それらの総体としての供給と需要とは一致しうる。一致しうるだけではありません。社会的総資本の再生産の正常な進行を考察するかぎりでは，両者の一致がその「条件」として析出されることになるわけです。第2部第3篇のように，社会的再生産がいかに行なわれるかということを解明するときには，それらがどのようにして不一致におちいるかということは問題にならない。問題にすべきではありません。もちろん，

現実の総再生産過程はたえざる攪乱のなかで進行していくのであって，設備投資ひとつとってみても，新しい市場の発見であるとか，新しい生産方法の発明であるとか，戦争の影響であるとか，こうしたもろもろの事情によって，多かれ少なかれ一時期に集中して行なわれます。年々均一に新投資が，したがってまた更新が行なわれるわけではない。そして，こうしたことが，資本主義的生産の循環的運動に重要な意味をもっているのですが，しかし，これらのことは第2部第3篇では問題になりえません。

　　E　　それは，拡大再生産を考える場合でも同じですか。

　　久留間　同じですね。たとえば，拡大再生産の考察のなかでは，単純再生産から拡大再生産にどのようにして移行するかということが重大な問題ですが，「恐慌Ⅰ」でも取り上げたように，恐慌の可能性の内容規定という点では，この移行のさいに，従来の第Ⅰ部門と第Ⅱ部門との比率が変化して第Ⅰ部門がまず拡大されなければならない，そしてこの変化には一定の困難がともなう，このことが重要です。これはもっと一般化して言えば，蓄積率が変動すれば両部門間の比率が変動しなければならない，そこに一定の困難が生じてくる，こういう問題です。蓄積率が一定であれば両部門間の比率もコンスタントです。ところが蓄積率はさまざまの要因によって決定され，変動する。とくにそれが急激に低下したような場合には，大きな問題が生じます。けれども，第2部第3篇ではこうしたことの可能性は――これはやはり，恐慌の抽象的形態が内容規定を与えられるものと言ってよいでしょうが――説かれても，いったい蓄積率が何によって変動するのか，変動せざるをえないのかということは，まったく問題になりません。

　　恐慌の抽象的形態が内容規定を受けとるというのは，だいたいこういったことですが，これにたいして，可能性が現実性に転化するというのはどういうことか。これについてはむしろ，こんどの「Ⅱ」の全体を通じて言える最も大きな特徴は何か，ということから話したほうがいいでしょう。


## 「恐慌Ⅱ」では，恐慌の可能性を現実化させる
## 「生きている矛盾」が中心的な問題になる

　　久留間　「Ⅱ」の特徴をひとことで言えば，ここでは「生きている矛盾〔lebendiger Widerspruch〕」が中心的な問題になってくる，ということです。これは，「活き活きした矛盾」，あるいは「活動的な矛盾」と言ってもいいでしょう。つまり，ただ潜在的に矛盾があるというのではなくて，それがアクティヴに活動する。対立的な要因が実際に相反する運動をする。そしてそれがある程度まで進むと極度の緊張が生じ，矛盾が爆発することになる。この一連の過程が「II」では問題になる。

　「II」に収録した引用のなかでは，[**120**]のなかにこの「生きている矛盾」という言葉が出てきます。ちょっと読んでみましょう。（以下，引用文中の傍点は，とくに断らないかぎり，引用者のもの。）

　　　「資本はその本性上から，労働と価値創造とにたいして制限を措定するのであるが，この制限は，それら〔労働と価値創造〕を無際限に拡大しようとする資本の傾向と矛盾している。そして，資本はそれに特有な制限を措定するとともに，他方では，どんな制限をものりこえていくのだから，それは生きている矛盾なのである。」（『経済学批判要綱』，原324ページ【MEGA II/1, S. 304】。なお，同書，原660ページ【MEGA II/1, S. 654】をも参照。）

　生産力を絶対的に発展させようとする資本の傾向と，資本の本性から生じる生産の資本主義的な制限との矛盾，この矛盾は，一方では制限を措定すると同時に，他方ではこれをたえずのりこえようとする，そういう「生きている矛盾」です。

　恐慌の可能性を現実性に転化させるものは，まさに，このような「生きている矛盾」としての資本主義的生産様式の矛盾なのです。この矛盾の発展がどのようにして恐慌の可能性を現実性に転化させていくのか，この過程を追求することが「恐慌II」の中心的な課題だと言えるでしょう。「I」では，まだ，このような「生きている矛盾」は問題になりようがなかったのです。

## 「恐慌II」の全体は，どのように構成されているか

　B　そういたしますと，「II」の項目9，つまり，「資本に特有の，生産の諸制限と，生産を駆りたてて資本のいかなる制限をものりこえさせる資本の衝動とのあいだの，資本の矛盾——この矛盾は，ある一定の点にまで発展するたびに，極度に緊張して周期的に恐慌として爆発する」，という項目が，この「II」の核

心的な部分だと見てよいのでしょうか。

　**久留間**　たしかに，この表題にまとめたような内容をもつものをここに集めているので，その意味では「核心的」と言ってもいいでしょう。ただ，「生きている矛盾」の問題はぜんぶこの項目のなかに入る，というのではありません。それ以前のところで，「生きている矛盾」を形成する諸契機が順次に展開されています。この9の項目では，それを締めくくることになっているわけです。

　**C**　この9は，ページ数もだんぜん多いですね。

　**久留間**　そうですね。マルクスが恐慌を考えるときにはいつでもこういう視点が彼の念頭にあったように思います。ページ数が多いのは，ぼくもできるだけ注意して集めたということもありますが，なんといってもマルクスが書いているところが多かったからです。

　**A**　先生は，一時，これを「恐慌Ⅱ」の冒頭に置こうか，といわれてましたね。

　**久留間**　ええ。そういう構成も不可能ではないと思います。ただ，そうすると，まず一般的な考え方を示して，それから具体的な，矛盾の展開の問題に入ることになる。それがいいかどうか。いろいろ考えた結果，こんどのような構成にしたのです。

　**E**　9が締めくくりだとすると，ここで「Ⅱ」は基本的には終わるということになるのでしょうか。

　**久留間**　いや，そうではありません。たしかに，この9でそれまでのところを締めくくるのですが，しかし，これにすぐ続く10，11，12の各項目，つまり，再生産過程の弾力性，商人資本，および，信用制度の役割，の三つの項目は，いわばこの9の項目を補足するものです。これらは，資本がその内的制限を突破するさいに，それを促進し，あるいはその限度を拡大する点で，大きな役割をするのですね。いまの9を「Ⅱ」の冒頭にもっていくと，これらの項目とのこのような関連を示すことが難しくなる。そういうこともあって，こんどのようにすることにしました。

　**A**　話が項目編成のことになってきましたので，ここでついでに，「Ⅱ」全体の組み立てと言いますか，構成と言いますか，つまり，「Ⅱ」の小項目全体をまとまりのあるブロックのようなものに分けて考えることはできないか，ということをうかがっておきたいのですが。

84　第 1 部　『マルクス経済学レキシコン』恐慌篇を編む

　久留間　そうですね。「恐慌 II」に収録した項目 VIII は，14 の小項目からなっているのですが，これを大きく分けるとすれば，五つぐらいにまとめることができるでしょう。

　項目 1-3。ここでは，一方で生産力を高めようとする資本の衝動，これが他方では必然的に利潤率の傾向的な低下をもたらすが，資本にとってのこの制限を資本は利潤の量の拡大によって克服しようとして，資本の集積・集中が進む，という問題が取り扱われます。

　項目 4-5。ここでは，1-3 で明らかになるような過程は，おだやかに進行していくものではなくて，「生きている矛盾」を含んでおり，したがって抗争する諸能因の対立的な作用のなかで進んでいくこと，そこで過程は，周期的（periodisch）に恐慌として爆発せざるをえなくなるということが問題になります。

　項目 6-8。ここでは，大きくいえば，過剰生産と消費制限の問題が取り上げられています。

　項目 9-12。ここは，さっきお話ししたことでおわかりでしょう。「生きている矛盾」としての，資本の衝動・傾向と諸制限との矛盾，内的諸制限の突破，その拡大・促進，矛盾の周期的爆発，という問題です。

　項目 13-14。これは，どちらも，12 までの項目のどこにも入らない，いわばはみ出した項目です。どちらも，表題を読んでもらえば，その内容は明らかでしょう。


## マルクスは，「次の部分〔Abschnitt〕」で，どのようなことを書くつもりだったのか

　C　ちょっと，いま簡単におっしゃった，項目 6-8 のところなんですが，この三つの項目のうち，6 がいまおっしゃった「過剰生産と消費制限の問題」を取り扱っていること，また，8 では過少消費説の批判が行なわれていること，これはよくわかるのです。ただ，7 の項目ですね，これをなぜ特別に設けられたのか，この表題——「**資本主義的生産様式における矛盾——商品の買い手としての労働者は，市場にとって重要である。だが，彼らの商品——労働力——の売り手としての労働者については，資本主義社会は，彼らの商品の価格を最低限に制限する傾向をもつ，等々**」——にあるようなことは，6 のなかに「消

費制限」の一つの問題として含められてもよかったようにも思われるのですが……。

　**久留間**　そこに引用しているのは，『要綱』からの1箇所（[**108**]【MEGA II/1, S. 330-333】）と，「恐慌Ⅰ」の「栞」でも触れられていた，例の有名な，『資本論』第2部の注32（[**109**]【MEGA II/11, S. 308】）との2箇所ですね。表題は，後者のほうからとったものです。C君が言うように，これを6のなかに入れることもできないわけではないが，ぼくはやはり，この問題は，「過剰生産と消費制限の問題」のなかの一つのポイントとして注目する必要があると思う。

　それから，この二つの引用のあいだの関連にも注意してもらいたいと思います。第2部の注32のほうは「覚え書き」的に書かれているだけで，あとは，「しかし，このことは次の部分〔Abschnitt〕ではじめて問題になることである」[2]，とされている。それでは，この「次の部分〔Abschnitt〕」で，マルクスはどのようなことを書くつもりだったのか。ぼくは，じつは，これが『要綱』からの引用である[**108**]によく出ていると思うのです。マルクスは，『資本論』の第2部第2篇を書いているときに，以前考えてノートに書きつけたこと——つまり[**108**]をふっと思い出して，注32に収められている「覚え書き」を書いたのではないか，と思ってみたりもします。いずれにしても，[**109**]のところでマルクスが考えていることは，[**108**]を読むことによってかなりよくわかると思いますね。

　そして，両者のこういう関連を念頭においてみると，「次の部分〔Abschnitt〕ではじめて問題になることである」という但し書きのなかの「次の部分〔Abschnitt〕」とはどこを指すのかという問題——これは前回の「栞」で問題にしていますが——，この問題にも重要な示唆を与えるもののように思われる。「次の部分〔Abschnitt〕」とは第2部第3篇だという考え方がありますが，[**108**]のところでは，この問題は「競争」のところで詳しく展開するのだ，と言ってい

---

2）【のちに見ることができるようになった第2部第2稿の当該箇所は，「こうした話の一切が次の章ではじめて問題となることである」（第2部第2稿，MEGA II/11, S. 308.20-21），となっている。ここでマルクスが「こうした話の一切〔diese ganze Geschichte〕」と呼んだのは，エンゲルス版の「覚え書き」だけでなく，その前に書かれている部分をも含んでいる可能性がある。久留間は，本書の第10章に収めた論稿のなかでこの点の検討を始めていた。本書 368-373ページを見られたい。】

す。こういう問題を，マルクスが『資本論』第2部第3篇で取り扱っているとは考えられません。「次の部分〔Abschnitt〕」は第2部第3篇か，それとも第3部か，ということで言えば，——『資本論』第3部はマルクスの『経済学批判』6部作のプランのなかの「諸資本の競争」に当たるものではないけれども，『要綱』の当時「競争」に属するとされていた多くの問題がこの第3部に持ち込まれることになった，という事情をも考えあわせて——やはり，第3部のことだろうと思いますね。ただ，[**108**] に書かれているようなことの全部が第3部に属するかどうか，これは問題です。第3部をはみ出す点もあるでしょう。

**資本にとっては，いかなる限界 (Grenze) も制限 (Schranke) であらざるをえない**

　B　話をちょっと前に戻したいのですが，9の表題では，「資本に特有の，生産の諸制限」というふうに，「制限」とだけ書かれていますが，先生はよく，「限界 (Grenze) と制限 (Schranke)」とおっしゃっていますし，この9のなかでも，この二つのものを区別しているように思われるところが出てきます。マルクスの場合，限界と制限とはいつでもはっきりと区別して使われているのでしょうか。

　久留間　項目9を，そういう観点からよく読んでいただければおわかりになると思うのですが，結論的に言うと，『要綱』では両者をはっきりと区別して使っているところがかなりあって，しかもその違いもわかりやすいと思います。『資本論』や『学説史』では，『要綱』ほどはっきり書いているところはないようですし，多くの場合，「制限」だけが出てくるのですが，それでも『要綱』で示されている区別を念頭において読むと，なるほど，と思われることが多いでしょう。「制限」は「限界」を当然前提するのだから，たんに「制限」という場合，「限界」はそのうちに前提として含蓄されているものとして理解したらよいのではないかと思う。

　B　ヘーゲルでは限界と制限とははっきり区別されているようですが……。

　久留間　そのことなら，このあいだD君が言ってたね。ぼくは，ヘーゲルがその区別をどういうふうに説明していたか，詳しいことはもう忘れてしまった。D君，どうですか。

　D　ぼくはヘーゲルをそう勉強しているわけではないので，そういわれても困るのですが，このあいだ先生としゃべっていた程度のことだったら……。

A　それをぜひしゃべってください。

D　ヘーゲルによると、「有限なもの〔das Endliche〕」は必ずその「限界〔Gren-ze〕」をもっており、「終わり〔Ende〕」をもっている。ヘーゲルは、「或る物は限界によって或る物自身なのであり、限界のなかに自分の質をもつ」と言うのですが、或る物の限界というのはそのものの本性であり、そのものの内在的な規定なのですね。そしてもちろん、限界といい、規定といい、どちらも他の物との関係における限界であり、規定です。つまり、規定・限界は、その或る物自身のなかに、他の物・すなわちその或る物の否定のモメント（契機）・が含まれていることを意味しています。

　ところで、このような、その物自身のなかにある否定の契機が発展するものであるとき、この契機はその物の限界をのりこえていくことになる。このように、その物自身のなかにあって、しかも自身を否定し、その限界をのりこえようとするもの、これをヘーゲルは「ゾレン（Sollen：当為）」と呼び、このゾレンの立場からすると、あるいはこのゾレンとの関係においては、その物の限界は「制限」となる、というのです。そして、この関係はその物の自己矛盾であり、この矛盾のために有限なものはその制限を止揚して、また新しい限界をもった他の有限なものになる。つまり、有限なもの（das Endliche）がその終わり（Ende）を迎えるのであり、滅びるわけです。ヘーゲルは、自身のなかに自己の制限をのりこえていく契機を持つものとして、生命あるもの、感覚を持つもの、要するに有機的なものをその例にあげているのですが、いま言ったようなことは、じつは、事物の運動の原動力である弁証法的な矛盾の説明にほかならないように思います。

B　そういう考え方はマルクスによって受け継がれていると考えていいのでしょうか。

D　マルクスは「制限」との関係で「ゾレン」という概念はまったく使っていませんし、彼がヘーゲルをそのまま受け継いだなどとは言えないでしょうが、限界、制限、矛盾、有限性などの考え方が、基本的にはマルクスによって継承されていることは、どうも確かなような気がしますね。

B　そのことがよくわかるようなところは「恐慌II」のなかにもありますか。

D　さっき先生もおっしゃったように、『要綱』のなかには、マルクスが「限

界」と「制限」とをはっきり使い分けていることがよくわかるところがあります。「II」に入っているものでは，[116]と[117]などがそうでしょう。そのほか，「唯物史観II」に[70]として収められた，『要綱』の原543-545ページもそうですね。ちょっと読んでみましょうか。

「資本は，自己の制限をのりこえようとする無際限・無限度な衝動である。どんな限界でも，資本にとっては制限であり，また制限たらざるをえない。」（『要綱』，原240ページ【MEGA II/1, S. 249】，「恐慌II」，引用[116]。）

「……資本がこのような限界をいずれも制限として措定し，したがってまたそれを観念的にのりこえたからといって，けっして，資本がその制限を現実に克服したということにはならない。そしてこのような制限はいずれも資本の規定に矛盾するから，資本の生産は，たえず克服されるが同様にまたたえず生みだされる諸矛盾のなかで運動する。それだけではない。資本がいちずに指向する普遍性は，資本自身の本性のうちに制限をもっているのであって，この制限は，資本の発展のある一定の段階で資本そのものがこの傾向の最大の制限となることを認識させ，したがってまた資本そのものによる資本の止揚に追いやることになる。」（同上，原313-314ページ【MEGA II/1, S. 322-323】，「恐慌II」，引用[117]。）

『資本論』では，『要綱』ほどはっきりわかるように「限界」と「制限」とを区別して書いているところはないようですが，しかし，ここでも「制限」という概念が『要綱』のときと基本的に同じものであることは，9に収められた『資本論』からの引用を読むとよくわかりますね。たとえば，次の2箇所なんかどうでしょう。

「……そこで，リカードゥのように資本主義的生産様式を絶対的な生産様式と考える経済学者たちも，ここでは，この生産様式が自分自身にたいして制限をつくりだすということを感じるのであり，したがって，この制限を生産のせいにはしないで自然のせいにするのである……。しかし，利潤率の低下にたいする彼らの恐怖のなかで重要なのは，資本主義的生産様式は生産力の発展にかんして富の生産そのものとはなんの関係もない制限を見いだす，という感じである。そして，この特有な制限は，資本主義的生産様式の被制限性とそのたんに歴史的に一時的な性格とを証明する。」（『資

本論』III，原252ページ【MEGA II/4.2, S. 310】，「恐慌II」，引用 [**124**]。)

「資本主義的生産の真の制限は，資本そのものである。資本とその自己増殖とが，生産の出発点と終点として，動機と目的として現われる，ということである。生産はただ資本のための生産にすぎないということ，そして，それとは反対に生産手段が，生産者たちの社会のために生活過程をたえず拡大形成していくためにだけ役だつ手段なのではない，ということである。したがって，生産者大衆の収奪と貧困化とにもとづく資本価値の維持と増殖とがただその内部でのみ運動しうる諸制限，この諸制限は，資本が自分の目的のために充用せざるをえない生産方法，しかも生産の無制限的な増加・自己目的としての生産・労働の社会的生産力の無条件的発展・に向かって突進する生産方法とは，たえず矛盾することになる。手段——社会的生産力の無条件的発展——は，既存資本の増殖という制限された目的とは絶えず衝突することになる。それだから，資本主義的生産様式が，物質的生産力を発展させこれに対応する世界市場をつくりだすための歴史的な手段だとすれば，資本主義的生産様式はまた同時に，それのこのような歴史的任務とこれに対応する社会的生産関係とのあいだの恒常的矛盾なのである。」(同上，原260ページ【MEGA II/4.2, S. 324】，「恐慌II」，引用 [**125**]。)

　B　いま出てきた「歴史的任務」ですね，物質的生産力を発展させこれに対応する世界市場をつくりだすという……，これがヘーゲルの「ゾレン」に当たると考えていいかしら。

　D　マルクスは，次の新しい生産様式の土台となるだけの高度な物質的生産力をつくりあげることを資本主義的生産様式の「歴史的任務〔Aufgabe〕」だと考えます。いまの [**125**] 以外にも，[**127**] で，「社会的労働の生産力の発展は，資本の歴史的任務〔Aufgabe〕であり，歴史的存在理由〔Berechtigung〕である」【MEGA II/4.2, S. 333】，と言っていますし，[**130**] では，「信用制度は生産諸力の物質的発展と世界市場の形成とを促進するのであるが，これらのものを新たな生産形態の物質的基礎として或る程度の高さに達するまでつくりあげるということは，資本主義的生産様式の歴史的任務〔Aufgabe〕なのである」【MEGA II/4.2, S. 505】，と言っています。こんどの巻には収められていませんが，「資本主義的生産様式の歴史的使命〔Beruf〕は，人間労働の生産性の発展を容赦なく幾何級

90 第1部 『マルクス経済学レキシコン』恐慌篇を編む

数的におし進めていくということだ」3)（『資本論』III，原272-273ページ），という
ふうにも言っています。マルクスは，資本主義的生産様式のこのような「歴史
的任務」にとってこの生産様式そのものが制限となる，という点に，この生産
様式の歴史的被制約性，その一時的・過渡的な性格を，したがってまた，この
生産様式の止揚の必然性を見ているわけです。このような「歴史的任務」とい
う見地は，もちろん，資本主義的生産をより高次の見地から，つまりこの生産
そのもののなかにありながらこれを否定するものの見地から見ているので，こ
ういう点から言えば，ヘーゲルの「ゾレン」の見地に通ずるものがあります。

　ただ，もう一つだけ私見をいわせてもらえば，マルクスが恐慌に関連して
「制限」を言うときには，この「制限」がいちどのりこえられるとそのまま社会
主義になっちゃうということではありませんね。さっきの [125] にもあったよ
うに，資本の「歴史的任務」と資本主義的諸制限との矛盾は「恒常的な〔bestän-
dig〕矛盾」としてある。生産力を発展させようとする資本の衝動は諸制限を拡
大し，あるいはのりこえて生産をおし進めるが，結局は制限が貫徹して恐慌が
生じ，ふたたびその枠内に引き戻される，こういうことが周期的に繰り返され
ていくわけです。マルクスはこういう関連で「制限」について語っている。こ
れは言い換えれば，さきほどから先生が言われている「活き活きした矛盾」と
いう見地からいまの矛盾をとらえるということだろうと思うのですが，こうい
う見地はヘーゲルには，少なくとも「ゾレンと制限」について書いているかぎ
りでは，ないようです。ところが，恐慌の問題を考えるときには，この見地こ
そが決定的な意味をもっているというのですから，ヘーゲルがどうだというよ
うなことにあまり気を奪われるのはよくないということになりますね。

## マルクスの「基本的矛盾〔Grundwiderspruch〕」と
## エンゲルスの「基本的矛盾〔Grundwiderspruch〕」

　C　ところで，さっき先生がお話しになった「生きている矛盾」と，いわゆ

---

3)【この引用のなかの記述は，エンゲルスが「草稿のなかの或る書き込みから書き直したも
　の」として角括弧に括って挿入した箇所（MEGA II/15, S. 257-259）の末尾近くに書かれて
　いるものであるが，MEGA編集者がエンゲルスが利用したと推測している，マルクスの
　第3部第1稿の該当箇所（MEGA II/4.2, S. 334.22-336.10）のなかには見あたらない。】

る「資本主義の基本的矛盾」との関係は，どう考えたらいいでしょうか。

**久留間** 「資本主義の基本的矛盾」というのは，例のエンゲルスのですか。

**C** ええ，そうです。「生産の社会的性格と取得の私的・資本主義的性格との矛盾」ですね。恐慌論の多くの著作が，恐慌の必然性をこの矛盾に，あるいはこの矛盾の展開に求める，ということになっていると思うのです。それと，さっきの先生のお話とが，どこまで一致し，どのような点で異なるのか……。

**久留間** その矛盾を「基本的矛盾〔Grundwiderspruch〕」と言ったのは，たしか『反デューリング論』から『空想から科学へ』をつくるときだったですね。

**C** はい。『空想から科学へ』の最後のパラグラフの前に，それまでの叙述の要約が新たに挿入されたのですが，そのなかにあるわけです。「……これが基本的矛盾〔Grundwiderspruch〕であって，そこから，今日の社会がそのなかで運動しているいっさいの矛盾が生まれる，云々」【MEGA I/27, S. 579, 624; MEW 19, S. 227】，と書かれています。ここで「基本的矛盾」と言われている矛盾そのものはすでに『反デューリング論』のなかで展開されていたのですが，それをここではじめて「基本的矛盾〔antagonisme fondamentale, Grundwiderspruch〕」という言葉で言い表わした，というわけです。

**久留間** マルクスも「基本的矛盾〔Grundwiderspruch〕」という言葉を使っていますね。こんどの「II」のなかにも入っています。ちょっと見てみましょうか。

「ここではただ，資本は生産の特殊な制限——これは生産のあらゆる制限をのりこえて前進しようとする資本の一般的な傾向と矛盾する——を含んでいるということを証明すれば十分である。そうすればわれわれは，過剰生産の基礎，発展した資本〔entwickeltes Kapital〕の基本的矛盾〔Grundwiderspruch〕を発見したことになり，また総じて，資本は，経済学者たちが考えるように，生産諸力の発展のための絶対的な形態——そのための絶対的な形態であると同様に，生産諸力の発展と絶対的に一致する富の形態——ではないということを発見したことになる。」(『経済学批判要綱』，原318ページ【MEGA II/1, S. 327】，「恐慌II」，引用 [**118**]。)

「シスモンディは，……一方では，生産力の無拘束な発展，および，同時に諸商品から成っていて現金化されなければならない富の増加，他方では，基礎〔Grundlage〕として，必需品への生産者大衆の制限，という基本的矛

92　第1部　『マルクス経済学レキシコン』恐慌篇を編む

盾〔Grundwiderspruch〕を感じている。」(『学説史』III, 原50ページ【『1861-1863年草稿』, MEGA II/3.4, S. 1248】,「恐慌II」, 引用 [137]。)

　この2箇所ですが, どちらもエンゲルスのいう「基本的矛盾」とは少し違っています。エンゲルスの場合には,「生産の社会的性格」ということで, 資本主義的生産以前の小規模な個人的生産にたいする, 社会的規模で行なわれる生産, 大規模生産が考えられているようですね。

　E　「生産の社会的性格」というのは, 大規模生産だけではなくて, 社会的分業によって生産者たちが結合されていくことをも意味しているのだ, という考え方もありますけれど……。

　久留間　それはどうでしょうかね。少なくとも『空想から科学へ』では, そうではないように思われます。それに, マルクスも同様のことを言っているのですよ。こんどの「恐慌II」にも入っているところです。

　　「……もしわれわれがこの事実から資本主義的生産の基礎の上でこの事実を特徴づけている対立的な性格をぬぐいとれば, この事実は, この集中の進展は, なにを表わしているであろうか? それは次のこと以外のなにものでもない。すなわち, 生産がその個人的性格を失って社会的過程になるということ, しかも形式的に――すなわち, およそ交換が行なわれる場合には, 生産者たち相互間の絶対的依存性と, 彼らの労働を抽象的社会的労働(貨幣)として表示する必要とによって, 生産は社会的である, という意味において――ではなく, 実質的に社会的過程になるということである。これは, 生産手段が共同的生産手段として, したがってまた個々人の所有によってではなく, 生産にたいするその関係によって――すなわち社会的生産手段として――充用され, 同様に労働もまた社会的規模で行なわれる, ということによるのである。」(『学説史』III, 原440-441ページ【『1861-1863年草稿』, MEGA II/3.5, S. 1882】,「恐慌II」, 引用 [95]。)

　これで見ても, いまE君が紹介したような解釈は間違っていることがわかると思う。だから, 生産の社会的性格というのは生産過程が社会的になることだとすると, このことは, 社会的な労働の生産力の発展の不可欠の条件をなすものであって, その意味では,「生産の社会的性格」というのは, 生産力を絶対的に発展させようとする資本の傾向のコロラリーであり, どちらも生産力の側

面を表現していると見ることはできる。

　また他方，「取得の私的・資本主義的性格」というのも，価値増殖を目的とする資本主義的生産諸関係の集中的表現として取得を取り上げているとみれば，これが資本主義的生産の特殊な制限性を表わしているのだと言うこともできるでしょう。

　そのかぎりでは，マルクスのいう「基本的矛盾」とまったく別物だ，とは言えないでしょう。ある意味では，同じ一つの矛盾の別様の表現だと言えないこともない。しかし，エンゲルスのような表現では，「基本的矛盾」は「生きている矛盾」として，したがって周期的に恐慌に直接結びつくかたちでは表明されない。

　マルクスも，エンゲルスが「生産の社会的性格と取得の私的・資本主義的性格との矛盾」と言っているのと内容的に同じことを——エンゲルスのようにそれを「資本主義の基本的矛盾」とは呼んでいないが——「資本主義的生産の主要事実」として述べています。その箇所はこのレキシコンの⑤「唯物史観Ⅱ」の引用 [**67**] と [**68**] とに収録してありますが，[**68**] に引用したところでは次のように言っています。

　　「資本主義的生産の二つの主要事実。

　　〔第1に〕少数者の手における生産手段の集積。これによって，生産手段は個々の労働者の直接的所有としては現われなくなり，社会的生産の力能として現われる。まださしあたりは，労働しない資本家の所有として現われるのではあるが。資本家はブルジョア社会における生産手段の受託者であって，この受託の全果実を享受するのである。

　　第2に，労働そのものの，協業・分業・および自然力にたいする社会的支配の諸成果と労働との結合・による，社会的労働としての組織。

　　どちらの面からみても，資本主義的生産は私的所有と私的労働とを——まだ対立的な諸形態においてではあるが——廃棄する。」(『学説史』Ⅲ，原418ページ【『1861-1863年草稿』，MEGA Ⅱ/3.5, S. 1857】。)

これをみてもわかるように，マルクスはこの「主要事実」を，周期的な恐慌に関連してではなく，資本主義的生産様式の歴史的使命——矛盾をはらみながらより高次な社会的生産のための準備をするという点——に関連して重視して

94 第1部 『マルクス経済学レキシコン』恐慌篇を編む

いるのです。

　少なくとも周期的恐慌への関連からいえば，エンゲルスのいう「基本的矛盾」よりもマルクスのいう「基本的矛盾」のほうがより直接的であり，より適切である，ということができると思う。エンゲルスのような把握の仕方では，資本主義には相反する二つの性格があり，資本主義の発展とともにそれらの性格はいずれもますます顕著になり，矛盾はますます拡大する，ということは明らかになっても，それらの性格はたえず抗争するものとしては，したがって矛盾もまた「活き活きした矛盾」としては，現われないうらみがある。そういうふうにぼくは思っているのです。

### 資本主義的生産の「制限」と生産者大衆の消費「制限」

　C　先生がさっきお読みになった，マルクスの場合の「基本的矛盾」の二つの引用，あれは両方とも同じことなんでしょうか。

　久留間　というと……。

　C　つまり，あとのほうの引用では，「生産力の無拘束な発展」にたいして，「基礎として，必需品への生産者大衆の制限」，と言っています。これはいわゆる「大衆の消費制限」というやつだと思うのです。あの有名な「恐慌の究極の根拠〔Grund〕」にかんする命題——「すべての現実の恐慌の究極の根拠は，どこまでも，資本主義的生産の衝動に対比しての，すなわち，あたかもその限界をなすのはただ社会の絶対的な消費能力だけであるかのように生産諸力を発展させようとする衝動に対比しての，すなわち，あたかもその限界をなすのはただ社会の絶対的な消費能力だけであるかのように生産諸力を発展させようとする衝動に対比しての，大衆の窮乏と消費制限なのである。」——，あの命題でも，「大衆の消費制限」となっています。「恐慌II」に引用されているもののなかでも，同じような趣旨だと思われるところがかなりある。これと，はじめの引用にあった「生産の特殊な制限」，あるいは先生が一般的なかたちでおっしゃった，資本主義的生産に内在的な諸制限ということとは，まったく同じことと考えていいのだろうか，ということなんです。

　久留間　マルクスは，資本主義的生産の「制限」と単数形で，概括的に言っている場合と，「諸制限」と複数形で，区別だてして言っている場合とありま

第2章 『マルクス経済学レキシコン』「恐慌II」を編む　95

すが，一般的なかたちでたんに「制限」と言っている場合には，生産者大衆の
消費制限はその一つの契機をなすものと考えたらよく，「諸制限」と複数形で
言っている場合には，生産者大衆の消費制限はそのうちの一つだと考えたらよ
いのではないかと思います。

　なお，これは改めていうまでもないことですが，まえに読んだ最初の箇所で
マルクスが「資本は生産の特殊な制限……を含んでいる」と言っている場合の
「制限」と，あとの箇所で「必需品への生産者大衆の制限」と言っている場合の
「制限」とは，ついうっかり，同じレベルで考えると，とんでもない混乱をき
たすことになる——現にぼくはかつてそうした場面に接したことがある——の
で，念のためちょっと注意しておきたいと思うのですが，前の場合の「制限」
は，資本には生産の自由な発展を制限する特殊な要因がある，という意味で使
われています。これと違って後の場合の「制限」は，生産者大衆の消費は生活
必需品に限局されている，という意味に使われています。だからこの場合の制
限——生産者大衆の消費の制限——は，この制限そのものが，資本による生産
の自由な発展を制限する一要因として考えられているわけです。このことは，
反面からいえば，もしもこの制限がなかったなら，言い換えれば，もしも生産
が生産者大衆の生活の向上を目的とするものであったなら，過剰生産として現
われる恐慌はありえない，ということになります。ところが資本主義的生産は，
資本家による利潤獲得のための生産であって，生産者大衆の生活の向上を目的
とする生産ではない。だから，生産者大衆の消費が十分に満たされていないの
に，商品としての生産物の過剰として現われる恐慌が生じることになる。だか
ら，生産者大衆の消費制限は，それがなかったなら過剰生産恐慌はけっしてあ
りえないという意味で，恐慌の条件だということができます。しかしそれは，
実際に恐慌が起こる場合に積極的な，アクティヴな働きをする要因，すなわち
恐慌の原因ではない。このことは，生産者の消費制限は資本主義が存続するか
ぎりいつでもあるにもかかわらず，恐慌は周期的に (periodisch) 起こる——マ
ルクスも言っているように，いつでもある恐慌というものはありはしない，恐
慌はいつでも周期的なのだ——ということを考えてみても明らかなはずです。
生産者の消費制限を恐慌の積極的な原因と考え，賃金が安いから恐慌が起こる
のだと考えると，いわゆる「過少消費税」の誤謬に陥ることになる。それが誤

96　第1部　『マルクス経済学レキシコン』恐慌篇を編む

っていることは，恐慌の直前——繁栄の頂点——にはかえって賃金が普通以上に上昇し，労働者階級の消費が普通以上に増大する，という事実を見ただけでも明白なはずです。だから，生産者大衆の消費の制限は過剰生産として現われる恐慌の条件ではあるがアクティヴな働きをする原因ではない。ではその，アクティヴな働きをする原因はなんなのか。マルクスがいつでも，資本に特有な生産の制限と結びつけてあげている，もう一つの契機——まえに読んだ箇所での言い方によると，そうした制限があるにもかかわらずたえずそれをのりこえて前進しようとする資本の一般的な傾向——これが，恐慌の可能性を現実化させる積極的な要因です。この傾向は，直接には，できるだけ多くの利潤を得ようとする資本家の衝動として現われるが，諸資本の競争を通して，結局，生産力をどこまでも発展させようとする資本の傾向として現われることになる。そしてこの傾向が，いろいろの契機を通して本来の諸制限を突破し，それが或る程度まで進行すると，矛盾が極度に緊張して，恐慌として爆発することになる。これがマルクスの恐慌論の基本的な考え方であって，『資本論』第3部第15章の「この法則の内的な諸矛盾の展開」は，生産力をどこまでも発展させようとする資本の傾向が，どのような契機を通して資本に固有な諸制限をのりこえることになるかを明らかにしようとしたものと見ることができる，というふうにぼくは考えているのですがね。

　　C　いま先生が言われたように，マルクスは資本に特有な生産の制限を問題にするとき，たんに「制限」と言っている場合と「諸制限」と複数形で言っている場合とありますが，いずれにせよ，資本主義的生産にはかくかくの特有な制限があるというふうに，いちいちの制限を網羅的に挙示している箇所は見当らないように思います。ただよく出てくるのは，まえに問題になった「生産者大衆の消費の制限」——正確に言えば，生産者大衆の消費の制限による資本主義的生産の制限ということでしょうが——と，それから，時にはそれと並んで出てくる「利潤による制限」です。そこで，これらの二つの「制限」のあいだにはどのような関連があるのか，これが当然問題になると思うのですが，これについてはどうお考えでしょう。

　　久留間　「利潤による制限」という言い方も，前後の関係をよく考えて読めばわかると思うが，あまりにも切り詰めた表現なので，それだけを切り離して

読むと誤解のおそれがないとはいえないので，初学の人の参考のために，マルクス自身がその意味をはっきり書いているところを紹介しておきましょう。それはこういうのです。

「資本主義的生産様式の制限は次のことに現われる。

（1）労働の生産力の発展は利潤率の低下のうちに一つの法則を生みだすのであって，この法則は，生産力自身の発展がある点に達すればその発展に最も敵対的に対抗し，したがってたえず恐慌によって克服されなければならないということ。

（2）不払労働の取得が，そして対象化された労働一般にたいするこの不払労働の割合が，あるいは資本主義的に表現すれば，利潤とこの利潤の充用資本にたいする割合とが，つまり利潤率のある高さが，生産の拡張や制限を決定するのであって，社会的欲望にたいする・社会的に発達した人間の欲望にたいする・生産の割合がそれを決定するのではないということ。それゆえ，資本主義的生産様式にとっては，生産の拡張が他の前提のもとでは逆にまだまだ不十分だと思われるような程度に達しただけで，早くも制限が現われる。この生産様式は，欲望の充足が停止を命じる点でではなくて，利潤の生産と実現とが停止を命じる点で停止するのである。」（『資本論』III，原268-269ページ【『資本論』第3部第1稿，MEGA II/4.2, S. 332】，「恐慌II」，引用［**127**］。）

これをよく読めば，「利潤による制限」の意味がはっきりすると同時に，この「利潤による制限」と「生産者大衆の消費の制限」との関連もはっきりするのではないかと思うのです。

E　先生のおっしゃる，「生きている矛盾」としての，生産力発展の衝動と資本主義的生産の諸制限との矛盾ですね，これを重視する恐慌論というのは，比較的少ないのではないですか。言葉としてはもちろんいろいろ使われてはいるけれど……。先生ご自身の『恐慌論研究』について見ても，新評論社版までは明示的にこの観点に触れられていません。1962年に発表され，のち大月書店版に収録された「戦後の恐慌論における若干の問題点」のなかで，はじめて，それが恐慌と産業循環とをとらえるための基本的な視点であることを明示されています。こんどの「恐慌II」は，そういう意味で非常にユニークであり，問

題提起的である。先生はいつごろからこの観点に注目されるようになったのですか。

　久留間　それが恐慌論にとって非常に重要だということに気づいたのは，戦後『経済学批判要綱』を読んでからですね。それから『資本論』や『学説史』を読み直してみると，それまで重視していた「矛盾の累積と爆発」の観点，「諸契機の独立化と統一の回復」の観点と並んで，この制限・限界という見地がきわめて重要な役割を果たしていることがよくわかる。その後は，注意してこの見地に関係のあるところをカードに取るようにしました。それは，50年代に入ってからのことですね。そのカードを利用して，大島清君が『経済学の諸問題』〔久留間鮫造教授還暦記念論文集，法政大学出版局，1958年〕に，「資本主義的生産の制限と恐慌」という論文を書いてくれたのですが，あれはこんどの「Ⅱ」にも参考になるでしょう。

　Ｃ　いまＥ君は，それを重視する恐慌論は少ないと言ったけれど，大衆の消費制限，あるいは「生産と消費との矛盾」を重視するものはかなり多いのではないかしら。

　Ｅ　それはそうなんだが，いま先生も言われたように，生産力の発展衝動に対立するものを「諸制限」とみて，これを「生きている矛盾」としてとらえるというのは，その対立要因を「消費制限」に限定するのとはずいぶん違うと思うんですよ。

　久留間　ぼくはみんなの書いているものをよく知らないし，むかし読んだものも忘れてしまっているが，いわゆる「生産と消費との矛盾」，つまり，生産力の無制約的な発展傾向と労働者階級の消費制限との矛盾，という観点が重要な観点であることは否定しない。ただ，ぼくはね，この矛盾も，さっき言ったような，生産諸力の発展傾向と，価値増殖という目的からくる諸制限との「活き活きした矛盾」の展開のなかに，きちんと位置づけられる必要があると思うんです。こんどの「恐慌Ⅱ」の8は過少消費説の批判になっていますが，過少消費説も，ごく一般的に言えば，労働者階級の消費制限という，それ自体としては重要な問題を，「生きている矛盾」から切り離して一面化することから生じるものだと思います。

## 全体（Ⅷ）の表題を，なぜ「諸契機〔Momente〕」としたのか

B　いままでのお話で，先生が「生きている矛盾」をとくに重視されている理由はよくわかりました。いまうかがったことに関連すると思うのですが，もう一つお聞きしたいと思います。こんどの「Ⅱ」に収められた中項目のⅧは**「恐慌の可能性を現実性に転化させる諸契機」**，独文の表題を直訳すれば，「それによって恐慌の可能性が現実性に成るところの諸契機」とでもなりましょうか，こういう表題がついています。このⅧではなにがどのように問題になるのかについては，さきほどからのお話でだいたいわかりましたが，ここでうかがいたいのは，この表題のなかにある「諸契機」という言葉です。どうしてこういう言葉をお使いになったのか，これは「諸条件」とか「原因」ではいけなかったのでしょうか。

久留間　「諸契機」と言う代わりに，「諸条件」と言ってもいいでしょう。ただ，そう言わないで「諸契機」と言ったのは，諸条件をばらばらなものとしないで，相互に関連するものとして，そして形態を現実化する点でそれぞれ特殊な役割をするものとして，表現しようと思ったからです。

D　そういたしますと，Ⅷには14の項目があるのですが，この小項目の一つひとつがそれぞれ一つの契機を表わしているのだと考えてはいけないわけですね。むしろ，各項目のなかのさまざまな文章のなかに，もろもろの契機が出てくる……。

久留間　小項目の一つが一つの契機を表わしているところもあります。たとえば，1の，労働生産力を高めようとする資本の内在的衝動はそうですね。このほかにも，10の再生産の弾力性，11の商人資本の役割，12の信用制度の役割などがあります。あとの三つはいずれも，資本主義的制限を突破させる，あるいは限界そのものを拡大する，そういう契機を示しているわけです。けれども，全部の項目が一つひとつ契機を列挙しているというようなものではもちろんありません。「転化させる諸契機」と言っているのは，いま言ったような，かなり包括的な意味あいでなのです。

B　Ⅷの表題が「恐慌の可能性を現実性に転化させる諸契機」となっているのに，独文ページの柱（ヘデン）がⅧ. Ursache der Krise，つまり「恐慌の原因」となっているのは，どういうことですか。

久留間　それぞれの契機が，全体との有機的な関連のなかで位置づけられ，解明されていく，このことを通じて，「なぜ恐慌の可能性の形態が，可能性から現実性になるのか」が明らかになっていくのですから，これらの契機を全体として現実化の働きをするものとして考えれば，「恐慌の原因」と呼ぶことができるでしょう。柱（ヘデン）は，VIIIの表題をなんとかもっと短縮することができないかというので，いろいろ考えたのですが，なかなかうまく縮まらない。そこで，いっそのこと，内容的に考えてそうした言い換えをすることにしたものです。だから，訳ページの柱とは不統一になりましたね。

## なぜ，「恐慌の必然性」という問題の立て方をしないのか

B　恐慌IIの「恐慌の可能性を現実性に転化させる諸契機」という表題の意味については，いまのお話でよくわかりましたが，この表題の付け方に関連してもう一つうかがいたいことがあります。というのは，在来の恐慌論のなかには，このような表題の代わりに「恐慌の必然性」という表題を掲げているものがかなりあります。『レキシコン』ではなぜこの例に従わないで，いわば異例の「恐慌の可能性を現実性に転化させる諸契機」という表題を掲げたのか。これについてお聞きしたいと思うわけです。

久留間　『レキシコン』で「恐慌の必然性」という表題を掲げなかったのは，ひとことで言えば，マルクス自身が「恐慌の必然性」という言葉を——少なくともぼくの知るかぎりでは——どこでも使っていないからです。マルクス自身が使っていない言葉を使うことは，しかも大きく表題に掲げることは，『レキシコン』の本来の主旨からいって，避けるのが当然です。だからそういう表題は掲げなかった。

B　なるほど，『レキシコン』で「恐慌の必然性」という表題を掲げられなかった理由はそれでよくわかりましたが，それでは，「恐慌の必然性」という表題を多くの恐慌論では掲げている，これについてはどうお考えですか。それでもよいと考えられますか，それはよくないと考えられますか。

久留間　その問いにたいしては，ぼくは反対にこう聞きたい。そういう表題を掲げている人たちは，なぜ，マルクス自身が使っていないそういう言葉を，マルクスの恐慌理論の解明を目的とする著書のなかで，しかもその重要な項目

の表題として使っているのか，それからまた，「恐慌の必然性」という場合，その「必然性」というのはどういう意味をもっているのか。これらのことがはっきりしないと，君の質問にノーとかイエスとか簡単に答えるわけにはいかない。

B　マルクスが「恐慌の必然性」ということを言っていないのになぜそういう表題を掲げるか，ということについて説明したものはおそらくないと思います。むしろ，「恐慌の必然性」について論じることは恐慌論にとって当然のことだという，いわば既成観念があるのではないかと思います。それから，「恐慌の必然性」という場合，「必然性」がどのような意味をもつかについても，はっきり書いたものはないように思います。

C　これは恐慌論の著書ではありませんが，『経済評論』の今年〔1973年〕の3月号に載せられた『レキシコン』の書評のなかで，古川哲氏は，たとえば，「この〔レキシコンの〕新構成は，可能性・現実性，必然性といった哲学的範疇のマルクス的使用法の確定に直接かかわってくる」と言ったり，「久留間教授は注意ぶかく，可能性の発展という用語は使用するが，必然性といった言葉を可能性と対応する概念としても，可能性とその発展を排除する概念としても使用していない。しかし「可能性の現実性への転化の諸契機」というかたちで「可能性の一層の発展」と区別された項目をたてることは，可能性の形態が，基礎あるいは根拠に把握されることによって現実性に転化してゆくこと＝必然性の論証とどのようにかかわってくるのかという問題を生むことになる」とか，あるいはまた，「この「まだ，現実性にまで発展することはできない」といった表現で，矛盾の外在化の形態規定と，そこに回帰すべき運動展開の論理との区別と連関を説明してしまうことは，必然性という厳密な範疇体系の説明に不用意な誤解や混乱を誘い込むことにならないであろうか」とかいったことを書かれています。これによってみると，古川氏の場合には，可能性，現実性および必然性という哲学的範疇の一つとして，必然性は，マルクスの恐慌理論の体系においても当然その不可欠な一部をなすべきものだという，ある意味においてVorurteil（先入見）とでもいうべきものがあるように思います。だから，なぜマルクスが「恐慌の必然性」という言葉を使わなかったかというようなことは，おそらくはじめから意識にものぼらなかったのではないか。強いて想像すれば，もしマルクスが恐慌論を体系的に展開したとすれば，恐慌の必然性という項目

を設けたにちがいない，というふうに考えられるのかもしれません。

　恐慌論の体系的展開を意図した著書で，「恐慌の必然性」という項目を設けたうえにその意味をいちおう説明している稀れな例としては，富塚良三氏の『恐慌論研究』があります。「序論　恐慌論の方法と構成」の「第2章　『資本論』体系における恐慌論の基本構成」の第3節は「恐慌の必然性〔恐慌の「可能性」の「現実性」への転化〕」と題し，そのあとでたとえば次のように言っています。「「恐慌の可能性」をしてその「現実性」へと転化せざるをえざらしめる・その内的必然性，資本制的生産の本質そのものに根ざすところの・「資本そのものが資本制的生産にとっての制限となる」という意味での・恐慌の必然性の論証が，資本制的蓄積の基本法則の展開からなされる必要があるように思われる。」（同書，31ページ。）

　ところで，いま引用した箇所のうちの第3節の表題では，「恐慌の必然性」ということはイコール「恐慌の可能性の現実性への転化」ということだ，というふうに解されますが，しかしあとの引用のところで「恐慌の可能性をしてその現実性へと転化せざるをえざらしめる・その内的必然性」と書いてあるところから推測すると，「恐慌の可能性の現実性への転化」とあるのは正確には「転化の必然性」とあるべきではないかと思われますが，なぜそう言わなかったのか，そこのところはぼくにはよくわかりません。

　なお富塚氏の場合には，「恐慌の必然性〔恐慌の「可能性」の「現実性」への転化〕」というこの項目は，「「資本論」の編別構成＝論理構成を基準とする「資本一般」の論理内での恐慌論の基本構成」，すなわち「〔Ⅰ〕恐慌の一般的・抽象的可能性〔恐慌の原基形態〕」，「〔Ⅱ〕発展した恐慌の可能性〔潜在的恐慌の内容規定の拡大〕」につづく最後の，第3の項目をなすのですが，この場合「恐慌の可能性の現実性への転化」を副題にして——それを主題にした方が前の二つの項目とのつながりははっきりすると思われるのに——「恐慌の必然性」を主題にしたのは，おそらく，「《恐慌》を「資本制的生産の内的諸矛盾の爆発」たるその内的必然性においてとらえず，……本来の意味での・「内的矛盾」の発現たる恐慌の，資本制的生産の形態規定性に根ざす必然性を否定する見解」，すなわち「「近代景気理論」的な循環把握」にたいする批判的態度を明らかにする意図からなされたのだろうと想像されます。（同書，17ページ，〔補註1〕を参照。）

**久留間** いま紹介された二つの見解のうち，哲学的範疇としての必然性を問題にする古川氏の議論は，ぼくが興味をもち，したがってまたこの『レキシコン』で取り上げようとするマルクスの恐慌理論の範囲外の問題なので，それについては何も言うつもりはありません。富塚氏の見解については，近経的恐慌論にたいする批判的立場をはっきり打ちだしたいという気持ちはわからぬではないが，そのためになぜ「恐慌の必然性」という表題を掲げねばならないのか，それがよくわからない。それも，恐慌の必然性という言葉がだれにとっても明白であればともかく，そうではないから厄介なことになる。たとえば一部の人は，恐慌の必然性ということを，資本主義が存続するかぎり恐慌は必ず起こる，という意味に解釈する。だから，恐慌の必然性の論証がマルクスの恐慌理論の肝要をなすという信念がこれに結びつくと，1870年代以降それまでのような周期的恐慌が見られなくなると，一方では，マルクスの恐慌理論は間違いだとか，もはや妥当しなくなったとかいう主張が生じると同時に，他方では，ずいぶん無理をして，その後も依然として周期的恐慌が生じていることを立証しようとする試みが生じることになる。

富塚氏の場合のいわゆる必然性はこれとは違って，1825年以来周期的恐慌が現に生じたかぎりでは，それは偶然にではなく，資本の内在的矛盾から必然性をもって生じたのだ，という見解を表明するためのものと思われるのですが，そうだとすれば，たとえば1870年代以降従来のような激烈な周期的恐慌が久しく見られなくなった場合，氏のいわゆる「恐慌の必然性」はどうなるのか。もはや妥当しなくなるというのか，それともなんらかの意味でやはり妥当するというのか。こういう疑問が生じざるをえない。この疑問を予想するもののように，富塚氏は次のように言っている。

　「ところで，1825年以来，10年内外の規則的な週期をもって資本主義経済をとらえてきた恐慌は，1870年代以降の独占段階への移行とともに，特異な形態変化を受けることとなる。独占段階における資本主義の構造変化と運動法則の変容にともなって，恐慌となって現れるべき内的諸矛盾の発現形態が独自の変容をうけるのである。だが，恐慌諸規定の体系化は，先ず，本来的な19世紀型恐慌──1860年代までの古典形態での産業循環の表象のもとに，なされるのでなければならない。それによってまた，独

占段階分析の理論的前提ならびに基準があたえられることとなるのである。」(13ページ。)

こういうふうに富塚氏は言うのですが，これを読んでみても，「恐慌の必然性」が，右〔上〕にいわゆる「変容」以後も妥当するのかどうか，したがってまた，「『資本論』体系における恐慌論の基本構成」の最後の締めくくりの項目になぜ「恐慌の必然性」という題名を付けたのか，どうもぼくにはよくわからない。

B 『レキシコン』のように，「恐慌の可能性を現実性に転化させる諸契機」という問題の立て方をすれば，そういう厄介な問題は生じない，というわけですね。

**久留間** そういうことにもなります。しかしそれだけではなく，恐慌の現実化に参与するいろいろの要因を——そしてそれらがそれぞれどのような仕方でこの現実化に参与するかを——明らかにするならば，たとえば富塚氏が問題にしている恐慌の「形態変化」——氏はそういうものとして，1870年代から久しく続いた慢性的不況のほかになおいろんなものをあげているのですが——そういうものを理解するための基本的な見地とでもいうべきものが与えられることになるようにも思えるわけです。

## 大いに，かつ謙虚に，マルクスから学ぼう

A きょうは，できれば先生に寄ってたかって，「恐慌II」の細かい内容についてまで話を引き出そうなどと考えていたのですが，大きな問題をうかがうだけで予定の紙数をだいぶ越えてしまったように思われます。このへんで終わりにしたいと思いますが，補充的にぜひ聞いておきたい，ということがありましたら……。

E これまでのお話で，「恐慌II」を読み，かつ研究するための手がかりがたくさん得られたように思います。ただ，それでもなお，「I」と「II」とを通して，これでマルクスの恐慌論体系はよくわかった，というすっきりした気持にはなりきれないのです(笑)。あるいは，この「II」を読んだ恐慌論の専門家は，〈体系が十分にできていない〉という批評をするのではないかと……。

**久留間** きみの気持もよくわかります(笑)。なにしろ，はじめにも言った

ように，マルクス自身が断片的に書き残したものから体系らしきものをつくろうというのですから……。

**E**　そこで，先生，先生自身のご理解で，マルクス恐慌論体系の基本構想をひととおり話してはいただけないでしょうか（笑）。

**久留間**　無理なことを言わんでください（笑）。それには，『恐慌論体系』というような一冊の本を書かねばならんでしょう。まあ，ぼくが『恐慌論研究』の続篇を出さないで『レキシコン』みたいな仕事にかかったのも，ぼくとしては，これこそマルクスの恐慌論の体系だ，と言い切れるようなものをつくれなかったからですよ。こうかな，ああかな，というものは考えてはいましたがね。

たとえば，こんどの「II」で非常に利用した『資本論』第3部第15章ですね，あそこに書いてあることはきわめて重要だと思うし，いちいちもっともなことなんです。それでは書かれてあるかぎりのことなら，みなわかるのか，というと，そうではない。ここはこういうことではないか，という推測はするけれど，ここはこうだ，と確信をもって言い切れないところがいくつもあります。

『要綱』にいたってはなおさらですね。恐慌に関連することで『資本論』などでは触れられていないことも書いてある。だからこんどの「II」にもだいぶ採りました。けれども，『要綱』のなかのある一部分だけを取ってきて，鬼の首でも取ったかのように振り回したりしたら，危険ですね。読み違いの危険があるばかりでなく，マルクス自身がまだ整理しきれなかった，不適切な叙述である可能性もないではない。

こんどの「恐慌II」では体系的な編成に苦心しましたし，マルクスの叙述によってまとめるとなると，あの程度のことになるだろうとは思っています。しかし，まだまだはっきりさせていかなければならんことも多いのです。

それから，マルクスが書き残したもののなかには，恐慌の問題を考えるときには重要な問題なのだが，しかしどうも体系的な展開のなかにうまく組み込めない，VIIIまでのところには入れられない，というようなものもかなりあるのです。こういうものもどう処理するか，いろいろ考えたのですが，そのうちからとくに重要だと思われるものは，次の「恐慌III」に収録することにしています。

まあ，そういうわけで，ここで恐慌論の体系について倉卒にお話するよりも，むしろ諸君が，この『レキシコン』を使ってすぐれた解答を出してくれること

に期待しましょう（笑）。

　A　われわれがこれから，大いに，かつ謙虚にマルクスから学ぶ義務を課せられた，ということですね。結論らしいものも出たようですから，きょうはこれぐらいにしましょう。

（記録の整理と構成：久留間健・大谷禎之介）

# 第3章 『マルクス経済学レキシコン』「恐慌III」を編む

## 「恐慌III」の収録項目

IX. 世界市場と恐慌
  1. 使用価値の限度。——特定の使用価値は，ただある一定の量でのみ必要とされる
  2. 資本家は競争によって，たえまなく労働の生産力を高めまた生産の規模を拡大することを，したがって生産物の量をますます増大することを強制されている。そこで，市場拡大の必要が生じる。市場のたえざる拡大，したがってまた世界市場の形成は，工業的生産にとっての生存条件であると同時に，資本主義的生産様式の歴史的任務である。そのさいにおける矛盾
  3. 資本輸出。その動機と作用。その二つの形態
  4. 恐慌の国際的波及
  5. プラン草案における「世界市場と恐慌」
X. 恐慌のさまざまの種類
XI. 誤った恐慌理論

---

［レキシコン談話室］
## 「恐慌III」の編集にあたって
### ——その特色，各項目の意味と内容——

### 「恐慌III」は「恐慌I」および「恐慌II」とどういう点でちがうか

A きょうは，どんなことから話を始めましょうか。

B 前回の「恐慌II」の栞では実質的な話は，そのまえの「恐慌I」にたいする「II」のちがいはなにか，という問題から始まっています。今回もそれにならって，「I」および「II」にたいして「恐慌III」はどのような点でちがい，またどのような関連をもっているのか，という問題から始めるのがよくはないか

と思います。それから，それに続いて，この「恐慌Ⅲ」の内部構成が問題になるはずです。すなわち，この「恐慌Ⅲ」は，恐慌篇全体の連続番号で，「**Ⅸ 世界市場と恐慌**」，「**Ⅹ 恐慌のさまざまの種類**」，「**Ⅺ 誤った恐慌理論**」，の三つの中項目からなっていて，このうち最初のⅨだけが，さらに五つの小項目に分けられています。そこで，これら諸項目のそれぞれの意味と相互間の関連はどうなのか，という問題，これが当然論じられるべきでしょう。

A 話をすすめていくうちにいろいろな話題もでてくることでしょうから，それではまず，「恐慌Ⅲ」は「恐慌Ⅰ」および「恐慌Ⅱ」とどういう点でちがうのかという問題，これについての先生のお考えをうかがうところから始めることにしましょう。

久留間 「恐慌Ⅰ」および「恐慌Ⅱ」では，ごく一般的に言えば，資本主義的な生産様式が全面的に支配している閉鎖的な社会を想定して，資本主義的生産の矛盾の展開を追跡し，さらに，それがどのように運動して恐慌として爆発するか，を明らかにすることを主眼にして編集したつもりです。しかし歴史的にいままでに実際にあった社会は，さきに想定したような純資本主義的な社会ではない。資本主義的な生産関係が確立している領域は――歴史とともに広がっていくとはいえ――地球上の一部にすぎない。非資本主義的な領域が多かれ少なかれ残されている。そのような領域が資本主義的生産の発展にとってどのような意味をもつか，またそのような領域との経済関係はどのようなかたちで打ち立てられるのか。資本主義の発展の現実の過程を考える場合には，右〔上〕のような事柄を考慮のなかに取り入れる必要がある。さらに具体的には，地球上に存在する人口は，資本主義的生産関係のなかに包摂されている人口とそうでない人口とに分かれるだけでなく，いろいろの国家の国民として存在している。資本主義社会にしても，一体として存在しているのではなく，資本主義的な諸国として，そしてそのあいだの対立的ないろいろの関係をはらみながら存在しており，また非資本主義的な，あるいは資本主義の未発達な社会にしてもやはりそうです。そこで，世界的な経済交流において国家が演じる役割というものが当然問題になる。それを抜きにしては経済の現実はわからない。

「恐慌Ⅰ」はもちろん，「恐慌Ⅱ」でも，そういう問題はいちおう捨象して，いまひとつ抽象的な理論の段階で，さきに言ったような，純資本主義的な閉鎖

第3章 『マルクス経済学レキシコン』「恐慌Ⅲ」を編む　109

的な社会を想定して，そこではどのような条件のもとで恐慌が必然的に起こる
か，という問題を解明することを主眼にしたのですが，これにたいしてこんど
の「Ⅲ」では，いま言ったような意味で現実の理解に一歩を進めるのに重要と
思われるいくつかの項目を選んで，それにかんするマルクスおよびエンゲルス
の叙述を編集して研究者の参考に供する──まあ，ざっとそういうつもりでこ
んどの「恐慌Ⅲ」の主要部分，すなわち「**世界市場と恐慌**」の部分を編集した
わけです。もちろん，Ⅱでの引用とⅢでの引用とがそういうふうにはっきり
と分かれているわけではない。なにしろ，マルクスやエンゲルスが書き残して
いるものをそのまま引用して編集するのですから，そういうふうにすることは
不可能なわけです。Ⅱで引用した文章のなかに，本来ならⅢに属するような
問題への関説が混入していることもあるし，またその逆の場合もあります。が，
これはどうにもしょうがなかったわけです。

**恐慌の必然性が論証さるべきだという発想と，どのような条件のもとで**
**恐慌が必然的に起こるかを究明すべきだという発想との違い**[1]

　　A　いまのお話で，「恐慌Ⅲ」の性格についての先生のお考えはよくわかり
ましたので次に移りたいと思いますが……。

　　C　ちょっと待ってください。いまのお話のなかに，本来の問題にかんする
ことではないのですが，ちょっと気にかかることがあるのでこの際お聞きして
おきたいと思うのですが……。

　　A　それではどうぞ。

　　C　いまのお話のなかで，たしか先生は，「恐慌Ⅱでは……純資本主義的な

---

1）【『レキシコン』「恐慌Ⅱ」の栞所収の「レキシコン談話室」（本書の前章に収録）で久留間は，
　『レキシコン』「恐慌Ⅱ」で「恐慌の必然性」という項目を立てなかった理由を説明したが，
　そのなかで，富塚良三氏が「恐慌論の体系」で「恐慌の必然性」という独自の項目を立てら
　れていることへの疑問を述べていた。久留間のこの疑問を読んだ富塚氏は，「久留間教授
　への公開質問状」で，最後の3番目の質問として「「恐慌の必然性」の項を設けることの是
　非について」久留間に回答を迫った。「公開質問状」にたいする二度にわたる久留間の「公
　開回答状」では，まだ，この3番目の質問項目には触れていなかったが，「恐慌Ⅲ」に付さ
　れた「レキシコン談話室」のここでの発言によって，久留間は実質的に富塚氏の第3の質
　問に回答を与えたのであった。】

閉鎖的な社会を想定して，そこではどのような条件のもとで恐慌が必然的に起こるか，という問題を解明することを主眼とした」と言われたと思います。ところで先生はかねてから「恐慌の必然性」という問題の設定の仕方に疑問をもたれ，そのことを書いてもおられるのですが，いま言われたことは，このかねてからのご見解と矛盾するように思われないでもありません。これについてはどうお考えでしょうか。

　久留間　どのような条件のもとで恐慌が必然的に起こるかを究明することと，資本主義が続くかぎり恐慌は必ず起こると主張することとは同じではないでしょう。なお，ここで恐慌というのは，いうまでもなく周期的な恐慌のことであって，資本主義は早かれおそかれ最期を遂げる，その終局を特徴づける恐慌のことではありません。そういう恐慌の到来が必然だというのであれば，ぼくはけっして異議を唱えるつもりはありません。ぼくが，恐慌の必然性を論証すべきだと考える論者に同調しないのは，いま言ったような資本主義の終局を意味する恐慌ではなくて，一定の規則性をもって勃発する周期的な恐慌のことです。資本主義が続くかぎりそのような周期的な恐慌が必ず起こるということを論証しようとするよりも，どのような条件のもとで，なぜ，どのようにして，そのような恐慌が起こるかを究明する方が，科学的なのではないか，とぼくは考えるわけです。そうすれば，そのような条件がととのえば恐慌は必ず起こる，と言うことができるし，また，予期したように恐慌が起こらなければ，なぜ起こらないかを解明することもできる，というわけです。この前の「恐慌II」では，資本主義にはそれに固有な制限があるにもかかわらず，それを突破せずにはおられない衝動があり，それにかられて実際に突破するから恐慌になるのだ，ということが論じられた。だから，もしそのような衝動がおとろえたら，制限の突破も行なわれず，恐慌にもならない，ということも言えるわけです。現にマルクスも，こういうことを言っています。

　　「利潤率・すなわち資本増殖の割合・は，独立して群をなす，すべての新たな資本の若枝にとって，なによりも重要である。そして，利潤量によって利潤率を埋め合せることができるわずかばかりの既成の大資本の手中でしか資本形成が行なわれなくなるとすれば，およそ生産を活気づける火は消えてしまうことであろう。生産は眠りこむであろう。」(『資本論』III, 原

第3章 『マルクス経済学レキシコン』「恐慌III」を編む　111

269ページ【『資本論』第3部第1稿，MEGA II/4.2, 332-333】。「恐慌II」，引用 [**127**]。）

これはもちろん，全面的にそういうふうになってしまう時代がきっと来るというのではなく，資本主義的生産にはそういう方向に進んでいく傾向が内在しているということを言っているので，全面的に生産が眠り込むような状態になってそのまま資本主義が継続すると考えたらおかしいでしょう。ただ，かなり長期にわたって生産が停滞する——いわゆる不況が続く——ようなことはありうるし，また現にあった。いわゆる慢性的恐慌の時期です。なお，この「慢性恐慌」というのはchronische Kriseの訳語ですが，とくにこの場合には，「クリーゼ〔Krise〕」を「恐慌」と訳して「慢性恐慌」というと，何年ものあいだ人々がビックリ仰天して慌てふためいているような印象を与えて奇異に思われるかと思いますが，これは「クリーゼ〔Krise〕」——英語ではcrisisですが——を誤って「恐慌」と訳すことになったためなので，「クリーゼ〔Krise〕」は本来そういう意味のことばではない。「恐慌」はむしろ「パニック〔panic, Panik〕」に当たることばですが，この問題については，いずれあとで，だれかに話してもらえるといいと思います。

　話がちょっと脇道にそれたが，ふたたび本道に帰って，さきの話を続けることにしましょう。

　転じて，恐慌ははたして実際に，現在にいたるまで引き続き周期的に起こってきたかというと，そうではない。とくに，19世紀の最後の四半期からは，いわゆる慢性的なクリーゼの時期にはいって，小さな波動はあっても，以前のような景気の大きな昂進はなく，したがってまた，以前のような激烈な恐慌も見られないような事態が続き，けっきょく世界市場における競争の激化の結果，第一次大戦の勃発を見るにいたった。そういうこともあったのですが，最近にはまた，かなり長いあいだ恐慌らしい恐慌が見られないというような事態も生じた。それはなぜなのか。マルクス経済学者はこれに答える義務があると思うのですが，それではどう言ってそれに答えたらよいか。恐慌の必然性をいくら論じてみても答えにはならないでしょう。ではどう言って答えるか。抽象的一般的には，恐慌の勃発を必然たらしめる諸条件のうちのなにかが欠けたからだ，と言って答えるべきでしょう。もちろんそれでは本当に事態を明らかにしたことにはならないでしょうが，本当に事態を明らかにするためには，まずそうい

う発想から出発すべきだとぼくは思うのです。そういうふうに一応考えることによって，ではそのような条件のうちのなにが欠けているのか，というふうに問題を進めていくことができるからです。これに本格的に答えることは，もちろんこの「談話室」の任務でもなければ，またここでできることでもないのですが，いまちょっと思い浮んだ一つのことを仮にそのまま言ってみれば，この問題を考える場合にぜひとも考慮に入れねばならぬ一つのことは，資本主義的経済にたいする国家の影響力が途方もなく大きくなったことだと思うのです。その影響力はそれではどのような方面に現われているかというと，まず第1に考えられるのは，私的な資本にとっては算盤に合わないからできないような事業に膨大な資金を投入する。道路や港湾の建設だとか，治水灌漑のための超大規模の工事だとかがそれです。アメリカでいわゆるニューディール政策時代に遂行されたテネシー・ヴァレーの開発など，その代表的なものです。これによって，資本主義的生産の利潤率による制限がある程度取り除かれることになる。

　第2に考えられることは，資本の蓄積を使命とする個々の資本家にとっては思いも及ばない莫大な浪費が，国家によって行なわれることです。大きな資本主義国のあいだではたまにしか起こらない大戦は別にしても，軍備のための支出は年々途方もない額に上っています。大砲や戦車の時代から見れば夢のようでしょう。次から次に改良される飛行機はもちろん，核兵器から宇宙衛星まで，止まるところを知らない兵器の開発，そのための驚くべき巨額の支出，この国家による巨額の支出は，過剰生産恐慌の一要因である資本家による消費の制限の働きを，それだけ減らすことになると考うべきでしょう。

　しかし，すべてこうしたことは，租税収入だけでまかなうことは到底不可能です。そこでインフレーションが必至になる。兌換制度のもとでも信用制度の発達にともなって，仮空的な購買力の造出の可能性が生じはするが，兌換の義務があるかぎり，それには限度がある。それを超えると，兌換の請求に応じられないで，発券銀行は倒産の危険にさらされることになる。だから，仮空的な購買力をいくらでもつくりだすためには，この兌換の義務をなくするほかはない。兌換制度の廃止です。これによって，仮空的購買力の造出は無限度に行なわれうることになる。このようにして，インフレ政策の基礎が据えられる。そうすると，どこまでインフレ政策を進めるか，どこまで仮空的購買力の造出に

第3章　『マルクス経済学レキシコン』「恐慌Ⅲ」を編む　113

よって資本主義的生産に本来固有な制限を乗り越えるかは，一応，国政担当者の意志によって決定されることになるわけですが，この決定はけっして自由に選択できるはずのものではないでしょう。インフレ政策は——戦中戦後の国家財政の緊急の必要に応じるための一時的なものは問題外として，それが現在のように常態的なものになったのは——もともと不況の打開の必要から始められたものなので，それによる景気の昂進が恐慌になるのを防ぐためにはますますインフレを進めざるをえなかった。そういうふうにして今日のようなインフレ状勢がつくりだされてきたのです。だから，これをやめれば猛烈な恐慌が起こるか，あるいは大変な不景気がやってくる。それを防ぐためにはますますインフレ政策を進めるほかはない。だがインフレ政策を進めていけばうまくいくかというと，やはりそうはいかない。その結果どんなに困った事態が生じるかは，いまさら説明するまでもなく，今日だれでも——もちろん人によって，どういう点で困ったことだと思うかはちがうでしょうが——感じていることだと思います。だから，インフレ政策は進めても悪いし進めないでも悪い。進退きわまったという状態です。まさに資本主義経済の末期の症状というべきものとぼくは思っているのです。

**「使用価値の限度」と「市場拡張の必要」，そのあいだの関連**

　C　話をどうも横道にそらすことになってしまったようで，すみませんでした。話を本筋に戻して，次の問題に進んでください。

　A　それでは次に，この「恐慌Ⅲ」の内部構成の問題に移りましょう。まず，「Ⅸ　世界市場と恐慌」ですね。これは五つの小項目に分かれています。すなわち，「1　使用価値の限度」，「2　資本家は競争によって，たえまなく労働の生産力を高めまた生産の規模を拡大することを，したがって生産物の量をますます増大することを強制されている。そこで，市場拡大の必要が生じる。市場のたえざる拡大，したがってまた世界市場の形成は，工業的生産にとっての生存条件であると同時に，資本主義的生産様式の歴史的任務である。そのさいにおける矛盾」，「3　資本輸出」，「4　恐慌の国際的波及」，「5　プラン草案における「世界市場と恐慌」」。そこでまず，このうちのはじめの2項目，つまり「使用価値の限度」と，それに密接な関連があると思われる「……市場拡張の必

要……」，またこの両者のあいだの関連，といったことについて，先生のお考えをざっと話していただきたいのですが。

　　**久留間**　資本主義的生産様式が完全に行なわれている閉鎖的な社会を想定するかぎり——そしてそのような想定は，資本主義的生産の基本的な諸法則を純粋に解明するために不可欠なわけですが——ある特定の部門の生産の拡張には，「使用価値の限度」による一定の限界があるものと考えざるをえないわけです。それ以上増産しても使い途がないという限度です。もちろん，この「限度」はリジッドではなく，多かれ少なかれフレキシブルですが，それがどれだけフレキシブルであるかは，生産物の種類によって違うでしょう。概して言えば，フレキシビリティは奢侈品の場合には多いが生活必需品の場合には少ない，と言っていいでしょう。そして，大規模な生産に適し，したがって，資本主義の発達の歴史において主要な地位を占めてきたのは，奢侈品の生産部門ではなくて生活必需品の生産部門であることは明らかな事実です。

　　もちろん，これは生産手段の生産部門は除外しての話です。しかし究極的には，生産手段の生産部門の拡大は生活手段の生産部門の拡大から独立してはありえないはずです。ただ，一定の事情のもとでは，前者が一時的に後者よりも急速に拡大することがありうるばかりではなく，必然的にそうならざるをえないという問題があるわけですが，これはここで簡単に論じうる問題でないので，それについての立ち入った論究は別の機会にゆずることにします。

　　そういうわけで，まえに想定したような事態のもとでは，資本の蓄積，生産拡張の余地は，生活必需品の生産部門では，たとえあっても狭い範囲に限られている，ということになります。

　　ところが歴史の現実を見ると，たとえば古くから主要産業であった綿業にしても，その後たいへんな拡張をしてきた。ではなぜそういうことが可能であったかというと，現実は，まえに理論的に想定したような純資本主義的な社会が最初からあったのではなくて，資本主義的生産様式が支配している領域外に非資本主義的な領域があったからでしょう。さらに，やはりまえには捨象した諸国家の存在を考慮に入れて考えるなら，先進資本主義国，後進資本主義国，非資本主義国というものがあり，そのうちの先進資本主義国の内部にも，資本主義の発達の初期にはまだ非資本主義的な生産の領域が残っていた。が，それは

比較的急速に資本主義化していった。ところが世界全体を見ると，非資本主義的な広大な領域があった。そういう領域を資本主義的な生産関係のなかに引き入れることによって，資本主義は発達してきたわけです。一方では，自国で産しないかあるいは自国で生産するに適しない物資を輸入し，他方では自国の生産物を輸出する。市場の拡張です。その必要がどんなに痛切であったかは，そういう市場を開拓するために先進資本主義国がどんなことをやったかを見ればわかるでしょう。たとえば阿片戦争の戦果としての中国との開港条約の締結のごとき。この開港による市場の拡張に，マンチェスターの工場主たちがどんなに大きな期待をかけたかは，エンゲルスの証言によっても知ることができるでしょう。彼は『資本論』第3部の原421ページ【MEGA II/15, S. 398】で次のように述べています。

> 「1842年の末には，1837年以来ほとんどたえまなくイギリスの産業を圧迫してきた不況が退き始めた。それに続く2年間は，イギリスの工業生産物にたいする外国の需要がいっそう増大した。1845-46年は最高の繁栄期を示した。1843年にはすでにアヘン戦争がイギリスの商業に中国の門戸を開いていた。この新しい市場は，すでに盛況をきわめていた拡張，ことに綿工業の拡張に，新たな口実を与えた。「どうしてわれわれの生産が多すぎると言えようか？　われわれは3億人に着せてやらなければならないのだ」──当時マンチェスターの一工場主は筆者にこう語った。」

この途方もない期待はもちろん夢に終わったが，市場の拡張にたいする資本家の要望のすさまじさを示すものとして，たいへんおもしろいと思うのです。

このように，「市場のたえざる拡大，したがってまた世界市場の形成」は「工業的生産にとっての生存条件」なのですが，それは同時にまた「資本主義的生産様式にとっての歴史的使命」でもある，とマルクスは言い，このような資本の傾向を propagandistisch〔布教的〕な，あるいは zivilisierend〔文明化的〕な資本の傾向と呼んでいます。

## 「そのさいの矛盾」というのは？

C　いまのお話で，「IX　世界市場と恐慌」の最初の二つの小項目の主旨はわかりますが，市場拡張の必要を中心とする二番目の小項目の表題の最後に，

116　第1部　『マルクス経済学レキシコン』恐慌篇を編む

「そのさいにおける矛盾」ということばがあります。これがなんのことか，この表題だけではよくわかりません。「そのさいにおける矛盾」というのは，いったいどういう内容のものなのでしょうか。

　**久留間**　いま言われた表題のことばは，『資本論』第3部の次の箇所によったものなのです。

> 「資本主義的生産様式が，物質的生産力を発展させこれに対応する世界市場をつくりだすための歴史的手段だとすれば，資本主義的生産様式はまた同時に，それのこのような歴史的任務とこれに対応する社会的生産諸関係とのあいだの恒常的矛盾なのである。」(『資本論』III，原260ページ【『資本論』第3部第1稿，MEGA II/4.2，S. 324】，「恐慌III」，引用 [198]。)

　しかしここでマルクスは，この矛盾の具体的なあり方についての立ち入った説明は与えていないので，確かなことは言えないわけですが，いちおうこういうことは考えられると思うのです。

　さきにも言ったように，非資本主義的領域を自分の圏内に引き入れることによって，市場の拡張ができ，生産の拡大が可能になる。しかし，生産の拡大が可能になると同時に必ず大規模な生産が行なわれるようになり，それとともに生産力が高まることになる。そうすると，生産力と生産関係——資本主義的生産に固有な制限——との矛盾は一層増大し，加速度的な市場拡張の必要が生じることになり，それとともに市場拡張の余地は加速度的に縮小していくことになる。こういうことが一方では考えられると思うのです。たとえばマルクスは，『賃労働と資本』のなかで次のようなことを言っています。

> 「最後に，資本家が前述のような運動に強制されて，既存の巨大な生産手段をさらに大規模に利用し，この目的のために信用のあらゆる発条を動かすのにつれ，それに比例して，あの地震も増加する。すなわち商業世界が富の一部，生産物の一部，さらに生産力の一部をさえ，地震の神々に生贄としてささげることによってようやくその身をたもつ，あの地震，——ひとことで言えば，恐慌も，増加するのである。恐慌は，すでに次の理由で，頻度と激しさとを加えていく。すなわち，生産物の量が増大し，したがって市場拡張の欲求が増大するのに比例して，世界市場はますます収縮し，開発すべき市場はいよいよ残り少なくなるという理由である。というのは，

いつでも前回の恐慌によって，これまでは未征服の，あるいは商業が表面的に搾取してきただけの一市場が，世界商業に従属させられてきたからである。」（「恐慌III」，引用 [188]．【MEW 6, S. 422-423.】）

他方では，市場の拡張が進むにつれて，資本主義に固有な生産の無政府性にもとづく不均衡的生産を促進する要因がますます強く作用するようになる。たとえば思惑的な生産拡張，流通段階でのスペキュレーション，など。

「……それだから，市場がたえず拡大されなければならなくなり，その結果，市場の諸関連とそれらを規制する諸条件とはますます，生産者から独立した自然法則の姿をとるようになり，ますます制御できないものになる。」

これは，この『レキシコン』の [197] に収録した『資本論』第3部からの引用の一部【『資本論』第3部第1稿，MEGA II/4.2, S. 313】ですが，これなども，いまの問題を考える場合，参考になるのではないかと思うわけです。


## 以上の問題と資本主義社会における消費の制限による実現の困難という問題との関連は？

A　次の問題に移るまえに，いままでの問題に関連してまだなにか取り上げておいたほうがいいというようなことはありますか。

C　これまで説明されたことは，それなりにはよくわかるのですが，そのほかになお，この問題と密接な関連をもつと思われる重要な問題があります。それは，資本主義的生産に特有な，消費の制限による実現の困難という問題です。これは，「恐慌II」のうちの下位項目6で取り扱われている問題ですが，この問題は，いまここで論じられた問題とどのような関連をもつのか，これがもうひとつはっきりしないのです。どのように考えたらよいのでしょうか。

久留間　「恐慌II」の全体は「恐慌の可能性を現実性に転化させる諸契機」にかんするものであって，いまいわれた下位項目6は，この中項目のなかの小項目の一つです。その表題はこういうのでした。「資本の過剰生産は商品の過剰生産を含む。労働者の搾取の手段としてある一定の高さの利潤率で機能させるには，あまりにも多くの労働手段と生活手段とが周期的に生産される。商品に含まれている価値とこの価値の一部をなす剰余価値とを資本主義的生産によっ

118 第1部 『マルクス経済学レキシコン』恐慌篇を編む

て与えられた分配諸条件と消費諸関係とのもとで実現しうるには，またそれを新たな資本に再転化しうるには，すなわち，この過程をたえず繰り返してやってくる爆発なしに遂行するには，あまりにも多くの商品が生産される。資本主義的な土台の上での消費の制限された大きさ」。これによってもわかるように，資本主義的生産に特有な消費の制限は，この場合には，周期的に勃発する過剰生産恐慌の一つの基本的な条件として，それなしには過剰生産恐慌というものはおよそありえない最も基本的な条件として，考察の対象とされたのです。これと違ってこんどの場合には，この同じ消費の制限は，市場拡張の必要を生ぜしめる基本的な条件として前提されるわけです。もちろんこれは，編集のさいのだいたいの目安であって，まえの場合の引用とこんどの場合の引用とがはっきりそういうふうに区別できるようになっているわけではありませんが，これはまえにも言ったように，やむをえなかったことなのです。そこで念のために，まえの場合とこんどの場合の両方にわたって，資本主義的生産に特有な消費の制限の役割について見てきたことをざっとふりかえってみると，こういうことが思い浮ぶと思うのです。

　まず，資本主義社会における労働者階級の消費の制限というのは，労働者階級の消費が原則として生活必需品の範囲に限局されているということです。ところが生活必需品の場合には，それにたいする需要には限度がある。この限度は，もちろん人口の大きさによって違い，人口が大きければ大きいだけ生活必需品にたいする需要の総量は大きく，したがってまたそれを充たすのに必要な生産の規模は大きくなるわけですが，とにかく，大きければ大きいなりにその限度が与えられているわけです。これはなにも，資本主義社会に特有なことではなく，どのような社会でもそうです。資本主義社会に特有なのは，この生活必需品の限度ではなくて，それが充足されたうえで，何の生産に新たに資本化さるべき剰余価値を投下するかという問題です。生活必需品以外の生活手段をいちおう奢侈品と呼ぶならば，奢侈品の増産に向けるほかはないわけです。それは資本家階級用の生活資料です。ではこれにたいする需要は何できまるかというと，その極限は剰余価値の総量です。しかし資本家は，彼が獲得する剰余価値の全部を個人的消費のために使うことはできない。蓄積しなければならないからです。資本の蓄積は資本の本性にもとづく必然的要請であり，実際には，

競争の強制法則によって課せられる生存条件として現われます。もちろん，資本の蓄積による生産の拡大はまず生産手段の生産部門において行なわれます。生活手段の生産の拡大のためには，なによりもまず，生活手段生産用の生産手段が増加しなければならないからです。少なくとも原則的にはそうです。そして，生産手段，とくに固定資本の規模が巨大であればあるだけ，したがってその建設に長期を要すれば要するだけ，蓄積は消費手段の増産をともなうことなしに進行することになり，そのあいだは景気の上昇が続くでしょう。しかし生産手段の生産は究極的には生活手段の生産から独立してはありえない。生産手段の増産は早かれおそかれ生活手段の増産に結実する。その場合，この増産された生活手段はだれが買うのか。増産のために労働者の雇用が増加し労賃の支払いが増えるかぎりではその方面からの需要が増えるけれども，それだけではもちろん足りるはずがない。だがそれだけではない。そのさい労働力にたいする需要があまりに急激に増えて労賃が異常に高くなると，利潤が減少し，生産拡張の動機——より以上の利潤の獲得の目的——と矛盾することになる。利潤は，労働者の消費制限の上に成り立つものなのだから，その消費が普通以上に増加することは資本にとっては致命的になるわけです。資本の蓄積は労働者の生活を豊かにするためではなく，より多くの利潤を獲得するために行なわれるのだからです。では増産された生活手段のそれ以上の消費はだれが担当するかというと，資本家階級以外にはないわけですが，資本家は彼の収入の大部分を個人的消費にあてることは許されない。個人的に消費するかぎりでは，彼は資本家ではなく，資本家であるかぎり，蓄積のための蓄積，生産のための生産が彼の使命だからです。だから，ある閉鎖的な資本主義社会を考えるかぎり，増産には限度があり，それをこえて増産するかぎり過剰生産が必至になる。と同時に，それゆえにまた，資本主義の圏外に残されている領域への市場の拡張の要望が必至になる。このようにして，世界市場が次第につくられてきたわけです。そしてそれによって生産力は驚くべき発展をとげることになった。だからマルクスは，世界市場の建設を資本主義的生産の歴史的使命だと言ったわけです。だがこの使命の遂行が進むにしたがって，資本主義的生産の矛盾もまた激化することになり，けっきょく，当然それに代わるべき新たな生産様式に席を譲らなければならなくなる。ざっとこういうのが，さきにC君が問題にされた

二つの項目を通じて，資本主義社会に特有な消費の制限に関連して知られることのあらましだと思うのですが，このことは，社会主義社会の場合にはどうなるかを考えてみると一層はっきりするでしょう。社会主義社会の場合には，生産は利潤のためにではなく，社会の全員の生活の向上のために行なわれるわけですから，生活必需品にたいする欲望が十分に充たされたら，それ以上の生活の向上に役立つ物の生産が行なわれるでしょう。そのような物にもまた，その一つひとつには使用価値の限度があるでしょうが，その一つが十分に生産されたら，次々にいろいろのものが生産されることになるでしょう。そして，もしこれ以上いろいろの物をわざわざつくってみても無益だというようなことにでもなれば，労働時間が短縮されることになるでしょう。それによって，いわゆる「自由な時間」がふえ，人々の本当に創造的な活動の余地がつくりだされることになる。資本主義的生産の場合のような生産と消費の矛盾など，およそありえないことになる。ざっとまあ，こういうのがマルクスの考えの大筋ではないかと思うわけです。


## 「資本輸出」について

　A　では，小項目2までの説明がだいたいすんだようですので，そろそろ「3 資本輸出」に移りたいと思います。最初にまず，「世界市場と恐慌」という中項目のなかでの「資本輸出」という小項目の位置づけ，他の小項目との関係，といったことからお話しをうかがいたいのですが。

　久留間　こんどの「恐慌III」のなかの「世界市場と恐慌」の部分は，本来は『資本論』の範囲には属さない，その埒外に残されていたはずの問題を取り扱っているのです。そのために，IやIIと同じようなやり方で編成するわけにはいかなかった。IとIIでは，原則的には，恐慌論の方法にかんするマルクスの基本的な考え方（「恐慌I」の15ページ以下【『1861-1863年草稿』，MEGA II/3.3, S. 1131-1138】を参照）に従って，恐慌の諸契機を，だいたい『資本論』のなかに現われてくる順序に従って中小の項目に編成してきたのですが，「世界市場と恐慌」の場合にはそうすることができなかった。というのは，いまも言ったように，この問題はもともと『資本論』の埒外に属する問題なので，それにかんするいろいろの議論が『資本論』のなかに展開されているにしても，それは他の主題に

関連していわば付随的に論じられているのであって，世界市場と恐慌という問題を主題にして本格的に展開されているのではないからです。だからこの問題にかんする叙述を『資本論』のなかに現われる順序に従って取り上げてみても，それによって世界市場と恐慌にかんするいろいろの問題が，世界市場と恐慌を主題としての一定の序列をもって現われてくるということにはならない。そこでやむなく，まえにもちょっと言ったかと思うけれど，この世界市場と恐慌という問題を考える場合にぜひとも考慮に入れなければならないと思われる若干の項目を選んで，それについてマルクスおよびエンゲルスが書いているものを収録し，読者の参考に供しようという，まあざっとそういうつもりでこの部分を編集したわけです。ですから，この場合の小項目のあいだにはべつに発展的な関連があるわけではない。ただこういうことは言えるでしょう。ここでは市場拡張の必要，資本輸出，恐慌の国際的波及という順序になっているが，この順序を変えたら具合が悪い。たとえば市場拡張の必要の前に資本輸出をもってくるのも変だし，恐慌の国際的波及を一番前にもってきても変でしょう。それから，世界市場と恐慌という問題を考える場合に考慮に入れなければならない事柄はここにかかげた項目につきるわけではもちろんありません。とくに，世界市場における資本の競争の場面で国家が演じる役割，これなどは，とくに現代の現実の経済状勢を理解するには欠くことのできない項目なのですが，この『レキシコン』ではそういう項目をたてることができなかった。というのは，そのための材料が欠けていたからです。かつてマルクスが構想した経済学批判の体系のプランの草案がいろいろあるが，そのいずれにも国家という項目があり，そのあるものでは，対内的な国家の役割と対外的な国家の役割とが区別してかかげられています。だからそういう問題について書いたメモ的なものでもありそうに思えるのですが，少なくともいままでに刊行されている遺稿のなかには見当らない。そういうわけで，自分なりの論文でも書けばともかく，この『レキシコン』ではこの問題について一つの項目をたてることができなかった。そういうこともあったわけです。

　A　いまのお話で，「世界市場と恐慌」の内部構成についての事情がよくわかりましたので，次に，「資本輸出」の項目の内容に話題を移したいと思います。この項目の表題は詳しくは，「**資本輸出。その動機と作用。その二つの形態**」

となっています。それで最初にまず，この資本輸出の場合にとくにそれの「動機」，「作用」および「形態」という見出し語というかなんというか，を掲げられたわけについて話していただいたらと思うのですが。

　久留間　「資本輸出」の場合には，この項目に収録した箇所で資本輸出についてマルクスが論じている問題はだいたい右〔上〕上の三つに分けることができると思うのですが，わざわざ下位項目を設けてそれらを仕分けるまでもない，というのは，全体の分量がそんなに多いわけではなく，それに，それぞれの個所で資本輸出についてどのようなことを問題にしているかは，読んでみればすぐわかると思われたので，全部をいっしょに収録した。それで，念のために，右〔上〕の三つの問題点を表題に掲げたわけです。

　A　それでは，次にまず「資本輸出の動機」の問題に移りたいと思いますが，だれか問題を……。

　D　ここでは資本輸出の動機としてだいたい二つのものがあげられているように思われます。その一つは，「市場をつくりだすため」であること，もう一つは，国内で「生産に投入されるよりも多くの資本が蓄積される」，つまり資本の過剰蓄積があるからであること，この二つがあげられているように一応は思われますが，しかしただそういうふうに単純に考えてすむものかどうか，そこにはいろいろ問題があるように思われるのです。

　たとえば，「市場をつくりだすために」資本を輸出するというが，国外に市場をつくりだす必要があるということは，国内の需要だけでは生産拡張の余地がないということを前提するわけですから，国内で「生産に投入されるよりも多くの資本が蓄積される」ということとまったく別のこととは考えられないと思うのです。

　それからまた，「市場をつくりだすために」資本を輸出するという場合，市場拡張の必要を感じている産業資本家自身が彼の商品を買うための資金を外国に貸し付けるというようなことは，たとえあったにしてもむしろ例外で，原則としては，ロンドンの金融市場で資本が——公債とか社債とか株式とかのかたちで——募集され，その金でイギリスの生産物が買われるのではないかと思うのですが，その場合に，「市場をつくりだすために」資本を輸出するという言い方は，ちょっと異様に感じられます。マルクスは，この市場をつくりだすた

めの資本の輸出を問題にする場合，信用制度の役割——資本の固有の制限を突破させる役割——に関連して問題にしているわけですから，個々の資本家の観点からでなく，全体としての資本主義的生産の観点からものを言っているのだとして解すべきだとは思うのですが，それにしても，その間の関係を立ち入って考えるといろいろ難しい問題が出てくるように思われるのですが……。

**久留間**　いまＤ君が言われたことはまことにもっともで，こんどの『レキシコン』に収録した資本輸出の動機に関する部分を読んでみても資本輸出の動機に関するすべての問題がわかるわけでもなければ，そこに書かれていることが疑問の余地なしに理解できるとも思いません。これは一つには，——これは資本輸出の「動機」ばかりではなく「作用」についても「形態」についても，そればかりではなく次の「恐慌の国際的波及」についても言えることですが——これらの問題についてマルクスはそれらを主題にした系統的な叙述をしているのではなく，他の主題を論ずるさいに論及しているにすぎないのですから，これはどうにもやむをえないことです。それから第2には，すべてこれらの問題について書く場合に，もちろんマルクスは当時の世界市場の実情に即して書いているわけですから，当時の実情を知らないとわからないようなこともいろいろあるわけです。すべてそういうことに答えることは，この「栞」でできることでもなければこの「栞」の任務でもない。自分なりの解説をするよりも，マルクスが書き遺しているものを問題別に編集して研究者の参考に供することがこの『レキシコン』の基本的な方針だからです。

**Ａ**　それでは，そういう立ち入った問題の解説はおくとしまして，資本輸出の「動機」の次にそれの「作用」と「二つの形態」という項目がありますので，「作用」というのはどのようなものを指すのか，「二つの形態」というのはどのようなものを指すのか，というくらいのことだけでも説明していただいたらと思うのです。もっとも，もっと立ち入ってまえの場合のように問題点を指摘してもらっても結構ですが，これは，Ｄ君どうですか。

**Ｄ**　この『レキシコン』の「資本輸出」の部分を読んでみて，それの作用と思われるものを拾い出してみると，だいたい三つのものがあげられると思うのですが，なかでも重要なのは，イギリスがヨーロッパ大陸諸国のような他の工業国に巨額の信用を供与するような場合に，自分の競争相手を育成することにな

り，このようにしてイギリスは，工場主ならびに商人としての機能よりも金貸しとしての機能をいっそう急速に発展させることになった，という事実の指摘です。これは当時の主導的資本主義国であったイギリスについて言われたことですが，今日の先進資本主義諸国についても多かれ少なかれあてはまることで，たいへん参考になることと思います。それからその他の作用としては，資本の輸出の結果，商品の輸出が可能になるということ。これはまえに資本輸出の「動機」のところで問題になった「市場をつくりだすために」資本を輸出するという場合と一致するわけですが，まえにも言ったように，個々の資本の立場から見るかぎり，市場をつくりだすために資本を輸出するというのは不自然で，むしろ資本輸出の「作用」あるいは「結果」として市場がつくりだされるという方が自然のように思われます。それから，資本輸出の「作用」と考えられるいま一つの事柄は，資本輸出が資本を輸出する国の貨幣市場，したがって利子率に，それからまた為替相場に及ぼす影響如何の問題です。これについては，マルクスは，次のテーマである資本輸出の「二つの形態」の区別を論じているところで論じているので，そこのところで紹介した方がよいかと思います。

　そこでさっそく資本輸出の「二つの形態」の問題に移ることにしますが，ここでマルクスが資本輸出の二つの形態と言っているのは，貴金属の形態での資本の輸出とレール等の形態での資本の輸出のことで，この二つの形態についてのマルクスの議論は，イギリスの議会の委員会でのウィルスンとニューマーチとの論争に関連して展開されているのですが，ウィルスンが両者を区別しないのにたいしてマルクスは両者の区別の重要性を説いているわけです。そしてそのさいの問題の中心は，資本がレール等のかたちで輸出される場合はそうではないが貴金属のかたちで輸出される場合には，一定の条件のもとでは資本輸出国であるイギリスの貨幣市場，したがって利子率に，それからまた為替相場に影響するという点にあるのですが，この議論についてもまた，内容的に立ち入って考えると，利子率への影響はともかく，為替相場への影響の問題については十分に理解できない点があるのです。しかし，さきほど先生も言われたように，当時の具体的な事情についての十分な知識なしに議論してみてもなかなかはっきりした結論は出ないように思われますので，マルクスが両者の区別の重要性を論じているという指摘にとどめて先に進んだらと思うのですが……。

ああ，それからいま一つ思いついたことをつけ加えますが，マルクスは[212]に引用した『ニューヨーク・デイリー・トリビューン』の論文のなかで，「世界のあらゆる地域に投下されているイギリスの資本は巨額なもので，さらに増加の一途をたどっており，それにたいして利子，配当および利潤が支払われなければならないが，云々」【「イギリスの貿易」，MEW 12, S. 364; MEGA I/19（未刊）】と書いていますが，この利子，配当および利潤は，それぞれちがった投資の形態を前提しているわけです。すなわち利子は普通の貸付資本の場合，配当は株式資本の場合，利潤は直接事業を経営する場合にあたるわけですが，しかしこの場合マルクスはこのような投資の形態の区別は前提しているだけでそれについて立ち入って書いているわけではありませんから，ここにはただ，念のために右〔上〕のことを注意するだけにとどめます。

## 「恐慌の国際的波及」について

A　それでは次の項目「恐慌の国際的波及」に移りましょう。

C　この項目では，「貿易差額〔Handelsbilanz〕」と「支払差額〔Zahlungsbilanz〕」とのことが問題になりましたね。ここでマルクスは，一般的恐慌の時期にはすべての国がたがいに多すぎる輸出入をしているのであって「支払差額」はどの国にとっても逆だということ，またこのことと関連して，金の流出が次々に各国に起こるという，いわゆる金の「連続発射」の問題を重視しているように思うのですが，そのさいこの問題との関連で「貿易差額」と「支払差額」との相違を論じています。つまり，「支払差額」は一定の時期に支払期限がくる「貿易差額」だ，という点で両者は区別される，ということです。たとえば，イギリスは通例，輸出については長期の信用を与えるが，輸入は現金で支払う，したがってある時期には，貿易差額は順であっても支払差額は逆でありうる，というわけです。ふつう Handelsbilanz は「貿易収支」，Zahlungsbilanz は「国際収支」と訳すことが多いようですが，こう訳したのでは，ここでは問題の意味がはっきりしなくなってしまうので，「貿易差額」，「支払差額」としたわけです。

B　この項目の引用にも，「資本輸出」の項目と同様に，当時の具体的な事情を十分知らないとわかりにくいことが多いのですが，こうした問題に立ち入るとめんどうなことになりますから，このへんで先にすすんだらどうでしょうか。

## 「プラン草案における「世界市場と恐慌」」について

A　それでは次の「プラン草案における「世界市場と恐慌」」ですが，「IX世界市場と恐慌」の最後にこれを置かれた意味は？

久留間　さっきも言ったように，このIXで扱っている問題は，本来『資本論』の範囲を越えています。しかしマルクスは『資本論』でもそこで取り扱っている主題に関連してこういう問題にも触れているし，また『トリビューン』の論説などの時論的論文では，当時の現実の世界市場を分析の対象にしています。こういう記述をもとにして項目IXを編集したわけですが，もとよりマルクス自身は体系的に整理して書いているのではなく，またすべての問題にわたって書いているのでもないので，ここの項目編成もきわめて限られたものにならざるをえなかった。そこで，最後に，「世界市場と恐慌」についてマルクス自身がどのような構想をもっていたのか，それをみることができるいくつかのプラン草案を収録して，読者の参考に供しようと思ったのです。

B　プラン草案には「世界市場と恐慌」の項目はあっても，実際にはマルクスはそれを完成しなかったのですから，そこで彼が書こうとしたことは詳しくはわからないし，この最後のところで固有の恐慌論を体系的にまとめるつもりだったのかどうか……。

久留間　そうですね。この最後の部分で，それまでに恐慌について書いてきたことをあらためてまとめなおすつもりだったとは考えにくい。むしろ，それまでの展開を踏まえたうえで，「世界市場と恐慌」というテーマを主題にして恐慌の爆発が論じられる。つまり，ここではブルジョア経済のすべての矛盾が全体として運動し衝突する，それらが綜合的に爆発する。世界市場恐慌が周期的に繰り返されるなかで，ついには資本主義的生産はその歴史的使命を終えて，資本主義社会の内部で発展してきた物質的基盤に適合した社会にとって代わられる。まあ，こういうようなことを中心に書くつもりだったんでしょうね。もっともこれではあまりにも抽象的で，答えになっているわけではないが……（笑）。

## 「恐慌のさまざまの種類」について

A　それでは「X　恐慌のさまざまの種類」に移りましょう。この項の編集に

あたっては，先生はかなり苦労されて途中でいろいろ変更なさったりしたわけですが，その点についてのお話は……。

久留間　最初は，マルクスが述べているいろいろな種類の恐慌をアルファベット順に並べてみたのですが，そうすると引用の重複箇所が多くなってたいへんになる。あれこれ試みたすえ，けっきょく，特別の整理をしないまま，こうした問題にふれているマルクスの文章を年代順に並べる――手紙だけは別にして最後にまとめる――という現在のかたちに落ち着いたわけですが，そのために，読者の利用という点からするとかなりの不便が生じることになった。そこで，この欠陥を補う意味で，大谷君がこの項目のための索引を作成してくれたのです。従来この『レキシコン』では本文のなかに編集者の側で独自に作成した索引などを入れた例はなかったのですが，こうした事情から，この項目では冒頭に索引がつけてあるわけです。もともとこの項目は，『レキシコン』に入れるかどうか，かなり迷ったのだけれど，編集会議でみなさんがぜひあったほうがいいと勧めるので，結局入れることに決めたのですが，編集会議では訳語の問題も絡んで，かなりいろいろの議論が出ましたね。

A　そうですね。いまおっしゃったように，私たちはこの項目を残すべきだと考えたのですが，その理由は，この項目の引用を通して読んでみると日ごろ注意していなかったことでおもしろいことや，意外に重要だったりすることにいろいろ気がつく，ということなんですね。マルクスがいろいろな恐慌をどんなふうに呼んでいるか，これだけでもなかなか興味のあることですが，そのほかにも，私たちがわりに気軽に使っているような表現がマルクスにあっては，じつはほとんど使われていなかったとか，またちょっとちがった意味で使われていたとか，マルクスとエンゲルスがそれぞれ好んで使ったことばがあったんだということとか，――要するに編集会議にでた話題の多くはこうしたことだったわけです。しかしそれを逐一紹介することはとうていできませんから，ごく代表的なものをいくつか拾ってみることにしたらどうでしょうか。

B　大きい問題と言えば，やはりHandelskriseの意味と訳語のことでしょうね。索引のはじめのほうを見てもらえばすぐわかるように，こんどの「恐慌III」では，「経済恐慌」，「商業恐慌」，というふうに，Handelskriseを二通りに訳しわけています。しかも後者はProduktions- und Handelskriseという場合

だけで，あとは全部「経済恐慌」です。ふつうこのことばは「商業恐慌」と訳されているのですが，じつは多くの場合，ごく一般的に経済上のクリーゼという意味あいで使われているように思われます。マルクスはこのほかに，kommerzielle Krise ということばも使っていて，こちらのほうは明らかに，工業恐慌や農業恐慌に対比しての「商業恐慌」なのですが，Handelskrise はそういう意味での「商業恐慌」ではない。

A　その「クリーゼ〔Krise〕」ということば自体が問題になりましたね。

B　そうでした。恐慌現象を表わすのに，イギリスでははじめのころ，通常，commercial distress とか，commercial difficulties といったことばが使われていたのですが，1840 年代になると，commercial crisis ということばがかなり使われるようになる。crisis は，一般的に言うと「危機」ですが，これはもともと，病気のときの「峠」，転換期を指して，つまり，この病人は今夜が峠で，今夜をなんとかのりきれれば立ち直るかもしれない，というような場合を指していたことばです。それが社会のさまざまな危機的現象についても転用されるようになった。そしてそのさい，それがどんな社会現象に転用されるかに応じて，political crisis とか，commercial crisis とか，形容詞が付けられたのです。

C　そのときの commercial というのは，まずは，工業や農業に対立するものではなくて，経済の危機が一般に流通部面で現象するのでそう呼ばれたのでしょうね。

B　そうでしょう。こんどのこの項目にも，原文が英語のもの，つまりマルクスが英語で書いたものがかなりありますが，そこでの commercial も大方はそういう使いかたをひきついでいます。これをドイツ語にすると Handels- となるわけですね。ただ，英語では，この同じ commercial crisis がドイツ語の kommerzielle Krise つまり「商業恐慌」に当たるものを含むようです。

A　そういう crisis, Krise にたいする「恐慌」という訳語ですが，これもずいぶん問題になりましたね。

D　「恐慌」ということばは，「恐れ慌てる」というその本来の意味からすれば，むしろ panic がそれにあたるわけで，訳語としては必ずしも適切だとは思えない，これはさっき先生が言われたとおりですが，そこで，日本で最初にこの訳語を使ったのはだれだろうか，ということが問題になったわけです。とり

あえず手もとにあるかぎりの本をみんなで調べてみたところ，次のことがわかった。明治16年に大島貞益がジェヴォンズの"Money and the Mechanism of Exchange"を訳していますが，そのなかに「驚慌」という言葉が出てきます（文部省編輯局印行，日奔斯著『貨幣説』，391ページ）。それで，これがなんの訳語か，原書にあたってみたら，これはpanicの訳語でした。また，明治27年には牧山耕平がラブレーの《Éléments d'économie politique》を英訳本から重訳していますが，そこではcrisisを「恐慌」と訳しています（『経済学粋』，経済雑誌社，402ページ以下）。

C　その「恐慌」という訳語だけでなくて，そもそもcrisisを経済学で，恐慌現象を指すものとして最初に使ったのはだれか，これも話題にのぼりました。これについては，平瀬巳之吉氏が，「シスモンディではなかったかと思う。かれの主著『政治経済学新原理』（1819年）にはcriseまたcrise commercialeというタームがしきりにあらわれる」（『経済学四つの未決問題』，未来社，1962年，266ページ），と書かれていますが，おそらくそうなのでしょう。

D　そのほか，industrial crisisは，「産業恐慌」ではなくて「工業恐慌」と訳したこと（その理由はここでは省きましょう），よく使われる「過剰生産恐慌」という表現にあたるマルクスのことばとしては，Krise aus Überproduktion（過剰生産からの恐慌）ないしKrise der Überproduktion（過剰生産の恐慌）があるけれども，Überproduktionskriseというのはないこと，「中間恐慌」というタームはもっぱらエンゲルスのものであること，等々……。

B　なお，ここに収録したマルクス＝エンゲルスの叙述は，全部ではありませんがその多くの部分が，長い期間のさまざまの時期に時論的に書かれたものからなっています。ですから，当然のことながら，当時の現実の発展や，あるいは彼らの研究の進展を反映して彼らの叙述の内容や表現にも変化や違いもみられます。彼らが，実際に経験した諸恐慌について，また来たるべき恐慌について，それぞれの時点でどのように考えていたか，ということを立ち入って系統的に研究される場合には，三宅義夫氏の『マルクス・エンゲルス／イギリス恐慌史論』（上・下，大月書店，1974年）を参照されるといいでしょう。また，第二次大戦後の恐慌・産業循環の変形の問題についての論争のなかで，「中間恐慌」の問題が一つの主要な論点になった時期がありますが，この問題については，

エンゲルスを批判したクチンスキーの論文が誤解にもとづくものであることを指摘した久留間先生の論文（「中間恐慌論をめぐって」，『増補新版 恐慌論研究』，大月書店，234-241ページ）があり，また三宅さんの見解もいまあげた著書のなかに収められています（「J・クチンスキー氏の中間恐慌論の誤りについて」，『イギリス恐慌史論』，下巻，283ページ以下）。

## 「誤った恐慌理論」について

　A　では，最後の項目「誤った恐慌理論」に入ることにします。誤った理論といえば，「恐慌I・II」にもその批判が収められていましたね。つまり，Iでは**「恐慌の可能性を否定する諸学説の批判」**，IIでは**「いわゆる過少消費説の批判」**が……。

　久留間　「恐慌I」に採録したのは，一般的恐慌の可能性そのものを否定する諸学説にたいするマルクスの批判です。とくにリカードゥなどの場合には現実の周期的恐慌を経験しなかったので，それでも矛盾を感ぜずにすんだ。ところが，周期的恐慌が現実のものになると，恐慌の可能性を否定して逃げるわけにはいかなくなる。ともかく，現実に生じた恐慌の原因を問題にせざるをえなくなるわけです。この項目の「誤った恐慌理論」というのは，このように現実の恐慌に直面してそれを説明しようとする，そのさいの誤った諸理論という意味なのです。

　B　そういう意味では，IIでの過少消費説もそうですね。

　久留間　そうですね。誤った恐慌理論の批判としては，あわせて読んでもらったほうがいいでしょう。なお，マルクス以後現在までを考えてみれば，さらにいろいろな誤った理論が装いを新たに登場してきている。ケインズのものなど，その代表的なものだと思いますが，そうした新しい「誤った恐慌理論」の誤りをとらえるさいにも，——ここでのマルクスの批判がそのまま当てはまるというのでないことは当然ですが——基本的には，いろいろ参考になることがあるはずだと思います。

　なお，ひとつおことわりしておきたいのですが，この項目では下線をまったく引きませんでした。この項目の意図からすれば，誤った理論の部分とそれへの批判の部分との両方に線を引くのがいいのでしょうが，そうすると事実上ほ

とんど全部に下線をつけることになってしまうので，いっそのこと，いっさいつけないことにしたわけです。

　それから，収録した1851年2月3日付エンゲルスあてのマルクスの手紙での通貨原理批判には，それに答えたエンゲルスの手紙が指摘しているように，おかしなところがありますが，これを採録したのは，この手紙が，マルクスの通貨学派批判の最初のものでもあり，無視することのできない重要性をもっているからです。こういうようなことも考慮していることをつけくわえておきます。

　A　ここでの引用で批判されている見解にどんなものがあるか，だれか簡単に紹介してくれませんか。

　C　ここにはとくに，1844年の銀行法の背景となった誤った理論，考え方にたいするマルクスの批判が多く収録されているわけですが，もちろんそれだけではありません。内容に立ち入る余裕はないので概括的に言えば，1844年の銀行法に関連する問題としては，1847年や1857年などの恐慌時にこの銀行法が演じた皮肉な役割，つまりパニックをいっそう激化させたという作用の指摘を中心にして，通貨量ないし貨幣流通を政府が人為的に規制することによって恐慌を回避しようとする考え方が具体的な事実の分析を通じて批判され，さらに銀行法の原理となったリカードゥの通貨理論の誤りを明らかにすることによって，恐慌の原因を貨幣流通の部面に求めようとする考え方が根本的に批判されています。

　さらに，議会の『1857-1858年恐慌についての報告書』が，「この国における最近の経済恐慌は……主として過度の投機および信用の濫用によるものであったことを，満足をもって確認」していることについて，マルクスは，問題は「ほとんど規則的に，一般的な自己幻惑の，過度投機と架空信用のこうした時期を再生産する社会的諸事情は，いったいなんであるか？」ということなのだ，と批判し，「ひとたびこれらの諸事情が探しだされたならば，われわれはきわめて平明な二者択一に到達することになろう。すなわち，これらの諸事情は，社会がこれを制御しうるものであるのか，それとも現在の生産制度の本質に根ざすものであるのか。第一の場合には社会は恐慌を回避することができるが，第二の場合には，この制度が存続するかぎり，季節の自然の移り変わりと同じように，これに耐えていかなければならない」(引用[295])と述べています。さ

らにマルクスは，この報告書や『1848年の商業的窮境についての報告書』，またそれ以前の同種の報告書のすべてに共通する「本質的な欠陥」として，新たな恐慌が発生するたびに，それを「はじめて現われてきた孤立した現象」として取り扱い，「たったいま経過してきた一時期だけに特有な，ないし特有であると考えられるできごと，動き，作用因によって説明」しようとしている点をあげています【『イギリスの商業と金融』，MEGA I/16, S. 414-415; MEW 12, S. 570-571】。こうしたところに，マルクスが恐慌研究に立ち向かうさいの基本的な姿勢の一端がよくうかがわれるように思われます。

B　そうですね。恐慌の原因を投機に求める見解にたいしては，ほかのところで「恐慌の究極の原因をたんなる個々人の無思慮に求める考えは許されない。……商工業の規則的な痙攣を投機によって説明すると称する経済学者たちは，発熱をもってあらゆる病気の真の原因だと考える，いまではすたれてしまった自然哲学者たちの一派に類似している」(引用[292])とも言っています【『〔イギリスの経済恐慌〕』，MEGA I/16, S. 107; MEW 12, S. 336】。これはなかなか痛烈な批判です。

D　そのほか，誤った理論にたいする批判としては，商品の過剰生産は否定ないし看過するくせに，資本主義的生産の発展にともなう「可能的追加貨幣資本」の増加に目を奪われて，ただ貨幣資本の過剰生産だけを問題にしようとする見解——たとえばフラートン——にたいする批判，あるいは，恐慌をもっぱら資本の不足や支払手段の不足のせいにする見解にたいする批判，またこれに関連して，金の流出を恐慌の原因とする考え方にたいする批判，恐慌が「流動資本の固定資本への転化」によって引き起こされたのだとする見解——ホジスン——にたいする批判などが含まれています。

A　では，先生もお疲れのようですので，このへんで打ち切ることにしましょう。どうもありがとうございました。

（記録の整理と構成：川鍋正敏・久留間健）

# 第4章 『マルクス経済学レキシコン』
## 「恐慌IV（産業循環）」を編む

### 「恐慌IV（産業循環）」の収録項目

I. 産業の循環的運動にかんする基本的な諸問題
 1. 生産に衝撃を与えてその突然の膨張をひきおこすものはなにか？
 2. 生産の突然の膨張はどのような諸条件のもとで可能となるのか？
 3. 生産の突然の膨張はその突然の収縮の前提である。後者はまた前者を呼び起こす。結果がまた原因となる。そして，それ自身の諸条件をたえず再生産する全過程の浮き沈みは，周期性の形態をとる
II. 産業循環の諸局面の順序——産業循環はどの局面から始まり，どのような諸局面を経て，どの局面で終わるのか？
III. 産業循環のさまざまな局面にかんする記述
IV. 固定資本と産業循環
 1. 固定資本の平均的更新期間と産業循環の継続期間
 2. 産業循環のどの局面が大きな新投資の出発点をつくりだし，どの局面にそれがなしとげられるのか？
 3. 固定資本の早期更新をかなり大きな社会的規模で強要するのは，主として恐慌である
 4. 剰余生産物がさまざまな種類の固定資本のうちのどれにより大きく，どれにより少なくふり向けられるかに応じて，生活手段の再生産にとっての直接の最も近い諸結果はまったくさまざまであろう
V. 資本主義的生産の発展にともなって生じる，産業循環の経過における諸変化

## ［レキシコン談話室］
# 「恐慌IV（産業循環）」の編集にあたって
### ——その特色，各項目の意味と内容——

**「恐慌」篇の事項索引は次巻に……**

A 「産業循環」をサブタイトルにしたこんどの「恐慌IV」で，「恐慌」篇の本文が完結します。本文が，と言いますのは，「恐慌」篇全4巻のための事項索引がこのあとの巻に収められることになったからです。

B 『レキシコン』の第1期刊行も，あと1巻，延びたわけですね。

A そうですね。じつは，「恐慌」篇全体の事項索引は，こんどの「恐慌IV」に入れる予定でした。この索引は単なる補助手段といったものではなく，本文を補完するような性格のものです。たとえば，産業循環の各局面と利子率の変動との関連という問題はかなり重要なテーマだと考えられますが，本文のなかに独立の項目として掲げられてはいません。これは，事項索引によって見てもらうのがいいのではないか，という判断によっているわけです。こういう問題はほかにもいろいろありました。そこで昨夏以来，木村芳資，小松善雄，前畑憲子，の三氏に依頼して，索引作成の基礎作業をやってもらってきました。

ところが，一方では，「恐慌IV」の本文がまた意想外に多くのページをとることがわかり，しかも他方では，事項索引のほうもかなりの大きさになることが必至となってきました。索引の，これまでにできあがった材料だけでも膨大なものです。まえの「唯物史観」篇（2冊）の事項索引と同じ程度のものを作るとしても，こんどは4冊分ですから，あれの倍にはなることになる。チャチなものなら作っても意味がありませんから，思いきって縮小・整理するとしても，かなり大部のものになることは避けられません。けっきょく，書店と相談して，これだけまた別の巻にすることにしたわけです。

C その分冊は第10分冊になるわけですが，それには「恐慌」の事項索引以外のものも入るのでしょう。

A ええ。いま決まっているのは，これまでの第1期全9冊の総目次や総合引用出典索引などですが，そのほかにも紙数の余裕をみて特別の企画を組みた

いと思っています。それがどんなものになるかは，見てのお楽しみ，ということにさせていただきましょう[1]。

## 本来の恐慌論と産業循環論——「恐慌Ⅳ（産業循環）」の性格と構成

A　それでは，「恐慌Ⅳ」が「恐慌」篇のなかでどういう位置を占めるのか，というようなところから，本題にはいりましょうか。

D　こんどの分冊は，「恐慌Ⅳ」，そして括弧して「産業循環」としてあります。引用番号は「恐慌Ⅲ」に続く一連番号になっているのに，なかの項目はあらためて，Ⅰ，Ⅱ，……としていますね。このへんの事情の説明を……。

久留間　引用番号は，「恐慌」篇全体の通し番号ですから，問題はないでしょう。問題は，中項目の番号を前の分冊に続けなかったことでしょうが，これはまえの「恐慌Ⅲ」が「世界市場と恐慌」というテーマを中心にして，いわば本来の恐慌論をいちおう，締めくくっている，そしてこんどの分冊では，それを前提にしたうえで，産業循環についてマルクス＝エンゲルスが書き残したもののうちから重要と思われる問題を拾うことにした，——このような違いですね，それを表わしたかったのです。

B　まえの3冊とこんどの「恐慌Ⅳ」との違いですが，それをどう考えたらいいか，むずかしいところもありますね。ある意味では，恐慌論は産業循環論だとも言えるし，また逆に，産業循環論は当然に恐慌の解明を包括するものだともいえる。

久留間　そうそう。その二つの区別はなかなかむつかしい。はっきり分けて境界線を引くようなことができるかどうか。ただ，マルクスが残したものを整理するときには，理論的にかなり展開されている本来の恐慌論にたいして，産業循環についての記述は時論的なもののなかに多い，という事情は考慮に入れなければならない。自分で書き下ろすというならともかく，『レキシコン』のようなものでは，こんどのようなやり方が穏当なところではないかな。この問

---

1）【1978年1月に刊行された『マルクス経済学レキシコン』第10巻は，競争篇（第1巻），方法篇（第2・3巻），唯物史観篇（第4・5巻），恐慌篇（第6-9巻）の，それぞれの内容目次と事項索引，それに全巻の文献索引，人名索引，引用出典索引を含む大部のものとなったので，上で語られている「特別の企画」は立てられなかった。】

題については，「恐慌Ⅰ」の「栞」で書いていたね。あれを読んでもらうのもいいんじゃないか。

　B　ちょっと乱暴なことを言いますが，産業循環論というのは，「論」と言ってもけっきょく恐慌史に，あるいは産業循環史に帰着してしまう，とは言えませんか。というのは，すでに本来の恐慌論のところで，産業の循環的変動の根本的な法則性が，制限の突破，矛盾の累積，諸矛盾の一時的解消，というかたちで解明されているわけですから，産業循環については，あと，このような法則性がそれぞれの歴史的な循環過程でどのように貫くか，という研究，つまりは恐慌・産業循環の歴史的研究が残るだけだ，ということになりませんか。

　久留間　さあ，それはどうかな。たしかに一つひとつの循環に固有の特徴があったでしょう。昂揚を刺戟した動因がどんなものだったか，どういうふうにして昂揚が始まったか，というような点では，それぞれの循環でずいぶん違うでしょう。そして，それぞれの循環を分析してその特徴，特殊性を明らかにすることは，それはそれとして非常に重要なことです。しかしそれと同時に，いつの循環にも通じる共通の面もある。産業の循環的な運動のそういう一般性を取りだせば，これはやはり理論的なものではないかな。

　B　でも，その共通の面，一般性というのは，すでに恐慌論で解明されているとは言えませんか。資本主義的生産は，それが内在的な制限をもっているのに，そういう制限をも乗り越えて生産力を絶対的に発展させようとする傾向をもっている。そこで諸矛盾が累積していかざるをえない。制限突破がある限度を越すと，ついには諸矛盾が集合的に爆発して恐慌になる，こうして諸矛盾が一時的に解消される。これが繰り返されていくわけで，資本主義的生産の運動というのは，つねに，恐慌をともなう周期的な変動の形態をとるわけです。このことはすでに本来の恐慌論で明らかにされている。

　久留間　そのかぎりではそうです。だからこそ，ある意味では恐慌論は産業循環論でもあると言えるし，また本来の恐慌論が産業循環論の最も基本的な部分をなすものだとも言える。しかし，それぞれの循環に共通な面というのは，そういうことに尽きるのかというと，そうではない。こんどの『レキシコン』では，「恐慌Ⅲ」までが，いまB君が言った問題に当たるけれど，そこでは論じられなかった，各循環に共通の問題が残っているでしょう。ぼくはそれを

「恐慌IV（産業循環）」に収録しようとしたのです。

　恐慌における生産の突発的な収縮には生産の突発的な拡大が先行するわけですが，この突発的な拡大にきっかけを与えるものはなにか，──これはもちろん，いままでの循環の一々について詳しく調べてみればそのあいだにいろいろの違いがあるに相違ないが，概観すれば，その多くに共通ないくつかの要因を見出すことができるはずです。ここに引用した文章のなかで，マルクスはその主要なものをあげています。これは，彼自身が従来の循環を調べて得た重要な成果を伝えているものと考えられるのですが，こういうことは，「恐慌III」までのところでは問題になりませんでした。それからまた，なんらかの原因によって生産の突発的な拡大への衝撃が与えられたにしても，それに即応して生産が急速に拡大しえなかったら，問題にならない。生産の諸条件はその時々に，既存のものとして与えられています。この与えられている諸条件のもとで突発的な生産の拡大を可能にするものはなにか，これが次に問題になる。それからまた，産業循環はどの局面から始まりどのような局面を経てどのような局面で終わると考えるべきかという問題，これらの問題もまた，個々の循環の特質とは別に言われうることでしょう。さらに，資本主義的生産の循環的運動には，固定資本の新投資や更新投資が非常に重要な意味をもっていることは言うまでもないでしょうが，この点も歴史的分析以外に一般的に扱われる必要がある。それからまた，資本主義的生産が発展していくにつれて，循環の経過にも変化が生じてくる。これはたしかに一面では歴史的な変化と言えるけれども，さまざまの偶然的な事情によって生じてくる個々の循環の特殊性とは違いますね。資本主義的生産の発展そのものとの関連においてつかまえられるべき，その意味で一般的な事柄です。こういうようなことを，こんどの「恐慌IV」でやったわけです。

　A　期せずして，こんどの巻の内容を要約していただく格好になりましたね。いまのお話は，中項目のIからVまでのそれぞれの意味を含んでいて，こんどの巻の構成もだいたいわかるように思います。それでは，一歩進んで，各項目の内容についてお話をうかがうことにしましょうか。

## 生産に衝撃を与えてその突然の膨張をひきおこすものはなにか

　C　最初の項目は，「I　産業の循環的運動にかんする基本的諸問題〔fundamentale Probleme〕」となっていて，これがさらに三つに分けられています。1が，「生産に衝撃〔Anstoß[2]〕を与えてその突然の膨張をひきおこすものはなにか？」，2が，「生産の突然の膨張はどのような諸条件のもとで可能となるのか？」，そして3は，「生産の突然の膨張はその突然の収縮の前提である，云々」という長い表題のものです。このIで先生が取り上げようとされたのはどういうことだったのでしょうか。

　久留間　ここでは，恐慌論に続いて産業循環を考えようというときに，まずもって問題になると思われる事柄をまとめてみたのです。恐慌論では，資本制生産が制限を突破していって，ついにその限界内に引き戻される，そういう観点から循環が考察された。恐慌は諸矛盾の一時的解消なのだからまた同じ過程がふたたび繰り返されるはずだ，と抽象的に言えないことはないが，恐慌後の停滞の局面からどのようにして景気が上向いていくのか，とくに，どういう動機，きっかけによって，突発的な生産拡大が始まっていくのか，ということが明らかにされて，はじめて，「生産の突然の膨張はその突然の収縮の前提である。後者はまた前者を呼び起こす。結果がまた原因となる。そして，それ自身の諸条件をたえず再生産する全過程の浮き沈みは，周期性の形態をとる」ということ――これは，いまC君が読むのを省いた，この項目の3の表題ですが――，このことが，つまり産業の循環的運動の現象が，理論的に理解できることになります。産業循環論の体系的な展開のようなものを考えて，その出発点がこの問題だ，などと言うつもりはありませんが，循環をそれとして問題にするときには，まず，生産の突然の拡大を刺戟する衝撃（Anstoß）はなにによって与えられるのか，またなにが生産の突発的な拡大を可能にするか，ということが問題になる。

　E　その場合には，より根本的には，いま言われた生産拡張の衝動のほかに，

---

2）【久留間がIの1のタイトルに使った『資本論』第3部からの原文はエンゲルス版によったものだった。のちに，そこで「衝撃〔Anstoß〕」となっている語がマルクスの草稿の原文ではStoßとなっていたことがわかった（『資本論』第3部第1稿，MEGA II/4.2, S. 542.39）。しかし，意味上の違いはほとんどないと見ていいであろう。】

賃金・原料価格の低位，利子率の低位，等々の諸条件が考えられなければならないのではありませんか。

　　久留間　もちろんそういうことは前提になります。しかし，たとえ賃金や原料価格が低くても，生産拡張の結果もたらされる製品が売れる見込みがなければ，新投資をする資本家なんかいやしない。とすると，製品が売れる見込みがなんらかのかたちであることが，前提になければならない。新市場が開拓されたとか，新しい生産方法が見出されて旧来の生産手段がモラーリッシュに磨損したとか，新しい使用価値が発見されたとか，等々の契機がなければなりません。こういう，新市場の開拓とか新使用価値の発見とか，等々のことは，もちろんたまたまそういうことが起こったということではなくて──現実の産業循環の過程では偶然的な事情が大きく影響しますが──，基本的には，価値増殖欲をもった資本の努力によってなされるものだと考えるべきでしょう。しかしそれにしても，それは循環のいつの時期にでも行なわれるわけではない。景気がよくて製品がどんどん売れるときには，そういうことは行なわれない。こういうことは不況のときに行なわれるわけです。そしてそれが，景気の昂揚を導いていくことになります。産業循環については，──恐慌論を前提したならば──やはりこの衝撃（Anstoß）の問題が重要でしょう。

## 生産の突然の膨張を可能にするものはなにか

　　D　この項目の2は「生産の突然の膨張はどのような**諸条件のもとで可能となるのか？**」となっていて，要するに生産の弾力性の問題だと思いますが，引用は，『資本論』第2部の初稿からほか三つだけで，あとは，「恐慌II」に入っているVIIIの10「**資本主義的生産過程の弾力性**」のところの引用──これは八つほどありますが──を「見よ」としています。これにはなにか訳があるのですか。

　　久留間　内容的に言えば，1で，なにが生産の突然の拡張をひきおこすような衝撃を加えるか，を問題にし，そのうえでこの項目で，その突然の拡張を可能にするものを見る，ということで，その関連はすぐわかるでしょう。そしてそれが生産過程の弾力性であることも君の言うとおりです。ではなぜ第2部初稿からの引用などだけがおかれているのかと言うと，その理由はまったく簡単

なことなので，「恐慌Ⅱ」のときには，まだこの初稿を見ることができなかった。だから，引用したような叙述があることはわからなかった。それが，一昨年ロシア語版著作集の第49巻に発表されたばかりでなくて，邦訳全集の仕事の関係でそのドイツ語の原文を見ることができ，そこではじめて，こういう叙述があることを知ったのです。もし，「恐慌Ⅱ」のときに読んでいたら，とうぜん採録していたでしょう。それどころか，この部分は「弾力性」の問題について最も包括的に述べている重要な記述だとも言えるでしょう。だから，こんどはこれを引用した。と同時に，「恐慌Ⅱ」のあそこの引用も全部，こんどのところに含められるので，「見よ」としたのです。繰り返して引用しなかったのは，もっぱらページ数を増やさないという技術的な理由からです。

　C　「恐慌Ⅱ」とこんどの場合とでは，その意味は違うのですか。

　久留間　その違いと言えば，「恐慌Ⅱ」では，生産が資本の制限を乗り越えて拡張しようとする，そしてそれを商業資本と信用制度とが助長する，これを可能にするものとして生産過程の弾力性が取り上げられていたのにたいして，こんどの場合は，生産規模の突発的な拡張，突然の（plötzlich な）膨張を可能にするものとして取り上げられている，とでも言えるでしょう。けれども，この両者は別ものではない。同じものを別の視点から見ているのだとも言える。だから，この弾力性の問題をどこか1か所に取り入れるとするとどこが適当か，ということになると，むつかしいことになるが，『レキシコン』でそれを「恐慌」篇のⅣではなくてそのⅡのうちに取り入れたのは，この問題がⅡの問題に関係があるうえに，当時未刊だったⅣを参照，というわけにはいかなかったからです。

　A　『資本論』第2部の初稿はなかなかおもしろいですね。現行の第2部にはないようないろいろな問題が取り扱われている。

　久留間　そう，なかなかおもしろい。恐慌に関連することでも，固定資本投資と産業循環との関連などについて示唆的なところがあるし，それからまた，第2部の第1篇と第3篇とが恐慌論にとってもつそれぞれの意味について述べている興味深い箇所もあります。しかし，この話をしだすと，きりがないから……。

　A　やあ，これは失礼しました。話をもとに戻しましょう。

## 膨張・収縮の循環運動をどのように理解すべきか

　C　その1と2に続いて，さっき先生が読まれた3がくるわけですが，これは先生が「産業の循環的運動の現象」とおっしゃったように，かなり現象的なことのように思えるのですが，急激な膨張の結果，突然の収縮が生じる，そしてこれがまた原因となって次の膨張が生じる，等々，という運動は，実際の循環過程を表面的に観察しただけでも考えられうることではないでしょうか。こういうことが産業循環の「基本的な問題」だと言えるのでしょうか。

　久留間　この表題はマルクスが書いているものからとったのですが，たしかに，前後の関連から引き離してこれだけを見ると，いかにも，突然の収縮が突然の膨張を自動的にひきおこすかのような書き方になっている。実際には，突然の収縮は一定の条件のもとではじめて突然の膨張をひきおこすのであり，そしてまた，これらの条件そのものは産業循環の過程のうちでつくりだされるのではあるのだけれども，ここでは，そういう関係から切り離して表題にしてあるから，表題だけを見ると，いまC君が言われたような感じを受けることになると思う。それだけではなく，そこに引用されている箇所も一連の議論の一部で，そのまえの箇所から切り離してみると，十分にその意味はわからないでしょう。ではなぜそのような不完全な引用の仕方をしたかと言うと，全部の引用は「恐慌II」のVIIIの10「資本主義的生産過程の弾力性」のうちにすでに引用されており（引用 [144]），そしてこんどの「恐慌IV」では，このまえの2のところで，それへの参照が指示されているからです。いま問題になっている3は，それ以前に明らかにされたことを全部前提にしたうえで，その結果明らかにされる一つの事象――資本主義的生産が，あたかも天体がひとたび一定の運動に投げ入れられるとたえずその運動を繰り返すのと同じように，膨張・収縮の循環運動を繰り返すことになる，という事象――を述べているのです。なお，以上で問題にしたのは生産の突発的な拡大ですが，循環を論じる場合には，突発的な収縮がもちろん問題になる。これは本来の恐慌論の課題で，この分冊以前に，なかでも「恐慌II」で中心的に論じられたことです。いま問題の3で述べられていることは，これらすべてのものを考慮のうちに取り入れることによってはじめて理論的に基礎づけられたものとなるのです。それを抜きにすると，たんなる現象の記述というふうに見えることになる。

F いまＣ君が言ったことに関連するのですが，近経的な循環論でも，波動を研究して，生産の急激な拡大の原因を自動車産業の勃興とか鉄道建設とかに求めることをすると思います。それと先生のおっしゃる衝撃（Anstoß）とは，どう違うのですか。

久留間 そのかぎりでは別に違いはないでしょう。ただ，なんらかの衝撃によってひきおこされた生産の拡大が全般的に波及していって最後に過剰生産，恐慌となる場合に，それを資本主義的生産の矛盾に即して解釈するかどうかということ，この点にマルクスとの違いがあるのではないか。近経のことをよく知らぬので，このような漠然としたことしかぼくには言えぬのですがね。ただ，現象の表面に近づけば近づくほど，われわれも近経が取り上げる問題と同様の問題を取り扱うようになるのだから，近経が論じている問題だから取り上げるのは不都合だということにはならないでしょう。

A このⅠの「**基本的な諸問題**〔fundamentale Probleme〕」についてはこれぐらいにしたいのですが，最後に私からも，ひとつだけ質問させてください。産業循環にかんするファンダメンタルな問題と言えば，たとえば固定資本の問題なんかも入るんじゃあないか，ここにあげられたものだけをファダメンタルだとされる理由はどういうことですか。

久留間 いやあ，ここに入れたものだけがファンダメルタルで，他にそういうものはないなんて言うつもりはありません。固定資本の問題もおっしゃるようにファンダメンタルな問題だとも言える。しかし固定資本の問題が産業循環にとって重要な意味をもつのは，その投下が現実には年々均一にではなく，ある時期に集中的に行なわれるからです。この集中的な投下がなぜ生じるのかということを考える場合には，いうまでもなく，生産を突発的に拡張するという事態がまず前提されなければなりません。このⅠに収録したような問題は，その意味でよりファンダメンタルである。固定資本にかんする問題はⅣで見られるようにいくつかの側面があるので，別個の項目として立てたのです。こんど収録した諸問題のなかでは，Ⅰの問題がファンダメンタルであることはおわかりいただけるでしょう。

B これまでのお話で，こんどの「恐慌Ⅳ」が恐慌史ないし産業循環史とは違うことがよくわかりました。

**久留間** ただ，こういう，いわば産業循環論は，恐慌史の研究によって裏づけられる必要があるでしょうね。この裏づけがないと，抽象論になってしまう。しかし，そういう個々の産業循環の研究にあたってどういう観点からどういう側面を調べるのかということは，これはまたこれで，恐慌なり産業循環なりについての把握の仕方というか，恐慌論，産業循環論のあり方というか，そういうものに大きくかかっているわけです。

**B** そういう意味では，マルクスやエンゲルスが当時の循環過程を分析しているもの，多くの時論なんかが重要ですね。三宅義夫さんの『マルクス・エンゲルス／イギリス恐慌史論』（全2冊，大月書店，1974年）のような仕事がそれを対象にしているものと考えられます。

**久留間** じつは，『レキシコン』でも，ご存知のように，恐慌の歴史についても採ろうと思って準備をしましたね。かなり大部の原稿も作ってあった。しかし，「恐慌」篇が非常にふくれあがってもうスペースがなくなったことと，三宅君のその本が出て内容的にそれとダブる可能性があったので，これはやめました。三宅君のが出なかったら，作ったかもしれない。

## 産業循環のさまざまな局面にかんする記述について

**A** それでは，第2の項目にいきましょう。これは，「**II　産業循環の諸局面の順序——産業循環はどの局面から始まり，どのような諸局面を経て，どの局面で終わるのか？**」という表題になっていますが，これに続いて「**III　産業循環のさまざまな局面にかんする記述**」というのがあります。そこで，これらの二つの項目のあいだの関連というか，区別というか，そのあたりのことをまずもってうかがっておいたほうがいいと思うんですが。

**久留間** そうですね。どちらも産業循環の諸局面，諸時期についてのものです。そのうちIIのほうには，マルクスとエンゲルスが一循環の諸局面を列挙していて，それらの順序を示しているところ，また，一循環がどこから始まりどこで終わるかについて参考になる叙述をしているところを集めています。ここではまだそうした諸局面がそれぞれどういうものであるかは問題にしていません。

これにたいして次のIIIでは，そういう諸局面のそれぞれに特徴づけを与え

ている叙述，諸局面相互間の関連について述べているところなどが集められています。Ⅲの表題は，和文では「さまざまな局面にかんする記述」となっていて，ただ，書いたところ，という感じですが，独文ではBemerkungenとしてあって，これには，多少ともしるしづけるというような気持ちを込めているのです。諸局面に言及している記述を網羅的に集めたらたいへんなことになってしまうので，ここではとくに各局面を特徴づけるような記述を収録したつもりです。それでも，だんだん付け加わって——みなさんが，あれも入れたほうがいい，これも入れたほうがいいと言うので——，ずいぶん大きくなってしまった。諸局面についてのちょっと変わった言い方もずいぶん拾いました。

　E　その諸局面を言い表わす表現ですが，これがいっぱいあるのにびっくりしました。同じだと思われる局面がいくつもの言葉で呼ばれていることのほかに，たとえば「受救貧困と自由貿易」という『ニューヨーク・デイリー・トリビューン』の論説では，局面の序列を11にも分けてあげています[3]（引用 [**327**]【『受救貧困と自由貿易——迫りくる経済恐慌』，MEW 8, S. 367; MEGA I/11, S. 344】）。

　C　それは原文が英語でしたね。

　E　そうですね。「恐慌Ⅲ」の「**恐慌のさまざまの種類**」でもそうでしたが，こんどのここでも，『トリビューン』からのものをはじめとして，原文が英語というのがかなりありますね。だから諸局面のところは，独文——これは英語からの訳文になりますが——のあとに二重括弧で原語の英語が入れてある。ドイツ語になじみのない読者も，そういうところは参照してもらえるでしょう。それからまた，ドイツ語訳がもとの英語のもつ意味をそっくり再現しているかというと必ずしもそうとはかぎらない。もとの英語を入れたのは，そういう場合に役だつということも考慮してのことです。

　A　話がⅢの方になっているので，Ⅱについてもお聞きすることがあるけれ

---

3）【産業循環の局面のこの列挙は，じつは，オウヴァストン（サミュエル・ジョウンズ・ロイド）が1837年に彼の執筆したパンフレットで列挙した諸局面のあいだに「活況〔activity〕」という局面を挿入しただけのものであった。このことは，マルクスのこの論説を収録したMEGA I/11の注解にも記載されていない。大谷禎之介『マルクスの利子生み資本論』第3巻，254-255ページ，参照。なお，同書のそこではこの論説掲載の『ニューヨーク・デイリー・トリビューン』の発行年である1852年が誤って1863年と記載されている。訂正しておく。】

ども，このまま続けてもらいましょうか。

　久留間　この「諸局面にかんする記述」については，「恐慌III」での「恐慌のさまざまの種類」の場合と同様のことがあります。つまり，局面ごとに引用をまとめるということは，重複が多くなってとてもできない，そこでここに属する引用を全部一緒にして年代順に並べた，そしてはじめのところに索引を付けたのです。G君，この索引についてなにか説明しておくことはないかしら。

　G　そうですね。一つには，循環の局面とは言えないかもしれないけれども，ある局面に集中的に起こってくるという意味で循環局面に密接に結びついているような事柄，そういうものは項目に取り入れているということです。また逆に，恐慌関係の項目は，――それらは循環の局面ではあっても――前の「恐慌の種類」に入っているので，恐慌そのものの特徴づけなり，他の局面との関連なりを述べているところ以外は取りませんでした。それから，「投機」と「思惑」とは循環過程と非常に深い関係があるわけですが，局面そのものではないし，またいたるところに出てくるので，本文中では中太の下線を付けていますが，索引では直接に循環の一時期としているところだけあげるようにしました。この二つと，さっきの「恐慌」，それにもう一つ「繁栄」，これだけは網羅的にページをあげることをしていません。繁栄についても，その特徴づけを与えていると思われるところだけを取りました。独文の索引については，マルクス＝エンゲルスの使った原語と，『全集〔Werke〕』版での訳語との両方から引けるようにしてあること，ただし，Depression（独）と depression（英），Panik（独）と panic（英），のような，見出し語として並ぶようなものについてはいちいち両方をあげることはしなかったこと，これを付け加えておきます。

　A　訳語の統一も問題でしたね。

　G　そうなんです。和文の索引をつくるとなると，それがいっそうはっきり出てきます。索引作成の過程でまだいぶ統一に苦心しました。たとえば，Produktion unter Hochdruck という言葉がありますが，従来の訳語では，「生産の繁忙」とか「高圧のもとでの生産」とか「高圧力のもとでの生産」と訳されています。間違いではありませんが，どうもぴったりしない。これはいわば大車輪でフル稼働して生産するということなので，「全力を尽くしての生産」としてみました。いろいろなところで，こういう工夫をやりました。

D 訳語といえば，Kriseの訳として「恐慌」を使うのは適切ではないということを，前回の「栞」でも話したのですが，こんどもまた，ずいぶんこのことが話題になりましたね。

C 中国語では「恐慌」という言葉は使わないで，「危机（危機）」というわけです。一般的恐慌と一般的危機とはどちらもアルゲマイネ・クリーゼですが，中国語ではどちらも危机を使うのですね。クリーゼの訳語として，たとえば危険な時期という意味で，「危期」というのはどうでしょうかね。

B それだと，発音では「危機」と区別できなくて，別の意味で困ることはありませんか。

F それでは，その発想をまねて，危険な局面という意味で「危局」というのはどうでしょうか。

久留間 「危局」がいいかもしれませんね。

A その「時期」と「局面」とですね。これがこんどの巻の諸項目の表題を付けるときに問題になりました。最終的には全部「局面〔Phase〕」にしたのですが，一時は，それをみな「時期〔Periode〕」にしていたのですね。マルクスはこの両方を使っているのですが，微妙なニュアンスの違いがあるところがあります。


## 循環はどこから始まると考えるべきか

A Ⅲの話はいろいろ出ましたから，そろそろⅡの方に帰りましょう。

B このⅡについては，循環の始点と終点の問題がありますね。これは，久留間先生が『恐慌論研究』の増補新版（大月書店，1965年）で増補された「Ⅹ 戦後の恐慌論におけるいくつかの問題点」のうちの「1 循環と周期——循環は恐慌から始まるか——」で，詳しく論じられているので，それをぜひ参照されるよう，おすすめします。そこでは，従来，循環は恐慌から始まり恐慌で終わる，という考え方がかなり一般的だったのにたいして，先生は，それは，周期と循環との混同に結びついた誤った考え方であって，循環過程を資本がその内在的な制限を突破していく過程としてとらえることを妨げることになる，循環は「中位の活況」から始まると考えるべきだ，と言われているわけです。

E その点に関連するのですが，引用［**335**］の，フランス語版『資本論』へのマルクスの挿入文のなかで，「一循環の終点（fin）でもあればまた新たな一循

環の出発点 (point de départ) でもある一般的恐慌」【MEGA II/7, S. 557】(傍点—引用者，以下同様) という部分は，そのまま読むと誤解を生じますね。久留間先生の見解では，point de départ というのは，恐慌が始まるところでも恐慌が続いているところでもなく，それが終わるところから，その点から次の循環が始まるということですが，この訳文では，恐慌そのものが出発点みたいになる。

C　それはしょうがなかったんです。point de départ は「出発点」とするほかはなかった。内容的に理解してもらうよりしょうがないね。

D　それから，恐慌が終わったところが一循環の出発点だとすると，それが「中位の活況」であるという先生の見解は厳密ではないとは言えませんか。恐慌に停滞を含めて考えてみても，それから中位の活況にいくまでには，一定の回復過程がありそうですが。

久留間　ぼくの見解と言うけれど，ぼくがそう言ったのは勝手に言ったのではなく，マルクスがそう言っているから，そう言ったのです。マルクスが「中位の活況」と言うときには，「弛緩〔Abspannung〕」に続く上向の局面を言っているようです。だから，君の言う回復局面を含んでいるわけです。「中位の活況」というのは，mittlere Lebendigkeit の訳ですが，この Lebendigkeit を「活況」と訳すると，弛緩に続く上向の局面の全体がそれに含まれることになり，したがって「中位の活況」というと，上向の局面の中ほどを意味し，上向の局面の初期は含まないように思われることになる。しかし，Lebendigkeit をそのように解するのが正しいかどうかが問題です。lebendig という言葉は，本来の意味は「生きている」で，それから転じて，「生き生きしている」，「活気に充ちた」というふうな意味にも使われるようになったようです。だから，前の方の意味で言えば，病気の時でも lebendig だということになり，病気がやっとなおって，これからやっと活気がよみがえる，という時期が mittlere Lebendigkeit の時期だということになる。そう解するのが一般的に当然だというのではないが，この場合にはそういう意味で言っているのではないかとぼくは思うわけです。そう解しないと，ほかの箇所でマルクスが言っていることと矛盾することになるからです。

C　停滞の時期には Lebendigkeit は低位であり，繁栄の時期にはそれは高い水準にある。景気が回復し始めて繁栄に向かっていく局面では，それは中位に

ある，ということですね。だとすると「活況」という訳語は誤解を招きますね。いっそのこと，「活気」とでも訳したらどうでしょう。

A　そうですね。まだ訂正が可能ですから「中位の活気」に直しましょう。

## 産業循環の諸局面とさまざまの要因との関連は，事項索引にゆだねた

D　『レキシコン』では，循環の諸局面についての項目はこのIIとIIIだけですが，諸局面を問題にするときには，諸局面の変転のなかでさまざまな経済的要因がからみあい影響しあいながら変化していく，その過程を明らかにすることが重要なのではないでしょうか。IIIに引用されているものを見ても，物価や賃銀，相対的過剰人口，利潤率や利子率，流通手段の量，在庫の大きさ，輸出入や為替相場や金準備，等々が，各局面でどうなるかについて，マルクスはいろんなことを書いています。こういう要因ごとに項目を作るとか，あるいは，各局面ごとに項目を立てて分類するとかいうことはできなかったんでしょうか。

久留間　それは考えられないことはないけれども，そのどちらの仕方でやっても，重複が多くて，分量的にたいへんなことになるでしょう。それに，個々の要因ごとに切り離して循環過程を見るのは，なにかの限定された目的には役に立つとしても，循環局面の特徴を総合的に把握することをできなくさせる恐れがある。マルクスは多くの場合，個々の具体的な循環過程について諸要因のからみあいを示しているので，これをばらばらにしてしまうのはどうだろうか。自分で『産業循環論』のようなものを書くのならともかく，『レキシコン』のように，マルクスがさまざまのところで書いているものから編集しようとする場合には，そういうことも配慮しなければならないと思うんです。

それから，局面ごとに分けるという方法ですが，大まかに回復・繁栄・恐慌・停滞ぐらいに分けることはできても，マルクスのいろいろな記述をそれにふりあてることができるかどうか。よっぽど蛮勇をふるうか，重複が出ることを覚悟しなければなりません。だいたい難しいと思いますよ。

G　それは，IIIにつけた「本項目のための索引」を作るときにも問題になりました。できあがったものでは和文は五十音順，独文はABC順にしてありますが，一時は，循環のはじめから終わりまでをいくつもの局面に分けて，それぞれに属すると思われるものを集めるということもやってみたんです。しかし，

どうしても，どこへ入れたらいいか迷うものが残ってしまう。ごく断片的な記述だけで強引な処理をするのはよくないので，けっきょくそれは断念してこんどのようにしたのですね。

　久留間　むしろ，これを利用して読者のみなさんに独自の研究をしてもらいたいと思うわけです。そのほうが『レキシコン』の本旨にかなっているし，また諸局面の研究には，このⅢはかなり役に立つのじゃないかな。

　Ｂ　しかしそれにしても，現実資本と貨幣資本との関係，したがってまた利子率の変動と産業循環との関連については，重要でもあるし，マルクスもかなりまとまったかたちで書いていますね。

　久留間　それはそうです。だから，君もご存知のように，だいぶまえにいちおうそういう原稿を作ったわけだ。しかしこれは，こんどのⅢのような項目を作ると，それに全部入ってしまう。だから，それについては索引──これはⅢに付いている索引じゃなくて，別巻にする事項索引ですが──，それで調べてもらうことにしたのです。この事項索引で，過剰人口とか，賃銀とか，さっきＤ君が言ったようないろいろな要因と各局面との関連を引くことができるといいと思っているわけです。

　Ｇ　その点は，索引をまとめるときに十分留意いたします。

## 固定資本の耐久期間と産業循環の周期との関連

　Ａ　それでは次に「Ⅳ　固定資本と産業循環」の問題に移りましょう。

　Ｆ　Ⅳの1は「固定資本の平均的更新期間と産業循環の継続期間」という表題で，固定資本の再生産期間，つまりその耐久期間と産業循環ないし恐慌の周期との関連についてのマルクスの叙述を収めていますね。ここに入っているものを読むかぎりでは，マルクスは，いわば経験的事実としてこの関連を確認しているだけで，理論的には説明していないように思われるのですが。

　久留間　さあ，それはどうでしょう。マルクスが経験的事実として確認しているのは，恐慌の周期，つまり産業循環の年数ではないのかな。これは引用[398]では，「10年前後の期間で工業が通過するところの循環」と言われていて，理論的にはこの期間と機械類の平均的再生産期間とが一致するはずだ，と言うのではないですか。

ここには，『経済学批判要綱』からの引用と『資本論』第2部からの引用，それにマルクスがエンゲルスに出した手紙とエンゲルスの返事，マルクスの礼状，この五つをとっていますが，このうち，『要綱』からの引用と三つの手紙は，ほとんど同時期のものです。『要綱』のこの部分は第7ノートの7ページ目にあるのですが，第7ノートの5ページには，「1858年3月」という日付がついています。手紙のほうは，この3月の2日から5日にかけてのものです。どっちが先かは断定できないが，内容的にもまったく一体のものです。

そのことを念頭において，マルクスとエンゲルスの手紙のやり取りをみると，こういうことになっている。マルクスは，循環の周期を10年前後と観察し，これと固定資本の耐用年数とのあいだには関係があるはずだと考えた。ところが，バベジはこの後者を5年だと言っている。そこでマルクスはバベジに疑問をもったわけで，エンゲルスに聞いた。エンゲルスはこれにたいして，個々の資本の採算上の常識から言ってもバベジの推定はまったく成り立たない，実際には10年から13年だろう，と答えた。わが意を得たり，とマルクスは礼状を書いて，君の耐用年数についての説明は，機械類の耐用年数が循環を規定する一つの重要な契機だというぼくの理論と一致している，と答えたのですね。

C　しかし，『要綱』では，「バベジによればイギリスにおける機械装置の平均的再生産は5年である。だから実際の再生産はたぶん10年であろう」と書いていて，いまの先生のお話とちょっと食い違いを感じるのですが。

A　ああ，C君がいま読んだのは訳本でしょう。そこはこんどの訳では，「だから，バベジによればイギリスにおける機械類の平均的再生産は5年なのであるが，実際の再生産は，もしかすると10年かもしれない」，としてあります。バベジがこういう，だから……，というのではなくて，固定資本の再生産期間と諸回転の反復とのあいだには必然的な関連がある，だから，バベジはこう言うけれども……，ということだと思うんですね。

C　その「もしかして」と「たぶん」との違いはなんですか。

A　これはvielleichtの訳ですね。vielleichtはふつう——というよりもほとんどの場合——「たぶん」と訳されていますが，これで誤解が生じることがじつに多いですね。これは，たぶん……だろう，というかなり可能性がある場合の推量にはほとんど使われません。それにはwahrscheinlichなどが当りますね。

vielleichtの方は可能性のあまり多くない，「もしかすると……かもしれない」，「ひょっとすると……かもしれない」という意味に用いられるわけです。だから，先生は『要綱』と手紙の先後を「断定できない」とおっしゃったけれど，私は，たぶん——つまりwahrscheinlichに——，『要綱』で「もしかすると10年かもしれない」と書き，それからエンゲルスに手紙を書いた，という順序だろうと思うのです。第7ノートの同じページの前のほうで固定資本の回転の数字例をやっているところでも，その期間を5年としているのですが，あの書簡の往復のあとだったら，この年数を10年にするのが自然ではないか，と考えるのもそのもうひとつの根拠です。

F 『資本論』第2部からの引用も同一趣旨のものと考えていいですか。

久留間 基本的にはそうでしょう。しかしここでは，マルクスはもう理論的に深い確信をもつと同時に，それが経験的事実と合致することについても確信をもっていたと思います。そこは第2部の第2稿からエンゲルスが現行版に入れた部分ですが，おもしろいのは，初稿です，さっきお話した……。あの初稿にもこの問題にふれているところがあって，それが，『要綱』のさっきのところと似ているんですよ。

D どんなことが書いてあるんですか。

久留間 その初稿のことなら僕よりもG君の方が内容についての精確な記憶があると思うから，G君に話してもらったほうがよいのだが。G君，どうですか。

G それは次のようなことです。——ある資本が固定資本のウェイトが大きい産業部門に投下されていて，その回転期間がたとえば12年以上にわたるとする。そうすると流動資本もその期間繰り返してこの部分に投下されなければなりませんから，この部門に同様にしばりつけられることになる。そうすると，たとえば3か月で引き上げられる（したがって他部門に移動しうる）ような資本よりもより多くの「有為転変〔Schicksalsfälle〕」——これは『要綱』からの引用にある「運命〔fata〕」という表現【MEGA II/1, S. 596】を思い出させますね——にさらされることになる。ここで有為転変というのは，原料価格の変動や，市況・貨幣市場の変動，競争の結果生じる生産物価格の騰落，労働生産力の変化，等々ですが，こういう要因がかわるがわる，あるいはたがいに打ち消しあい，あるいは増幅しあって，この資本を宿命的変転にさらす。こういう観点から，

「固定資本によって条件づけられる工業の回転循環が，いかにして，恐慌の周期性にとっての物質的な基礎をつくりだすのか」ということがさらに展開されうるのだ，と。（マルクスの原稿，80ページ【『資本論』第2部第1稿，MEGA II/4.1, S. 268-271；中峯・大谷他訳『資本の流通過程』，158-160ページ】。）

　　D　なるほど。『要綱』と『資本論』現行版とをつなぐもののような感じがしますね。

　　E　いま紹介されたところでは「物質的な基礎」というのにeinは付いていないのですか。

　　G　そう。ここには付いていません。

　　E　現行版のほうでは，「周期的な恐慌の一つの物質的な基礎」となっているわけですが，この「一つの」というのにはどの程度力点があるのでしょうか。

　　G　それは，明らかに，多くのもののなかの一つ，という意味でしょう。引用［402］では，「もちろん，恐慌の経過は，その再生産期間から見て，なおまったく別な諸契機によって規定されるのだが。僕にとって重要なのは，大工業の直接的物質的諸前提のなかに循環を規定する一つの契機を見いだす，ということだ」【1858年3月5日付，エンゲルス宛のマルクスの手紙，MEGA III/9, S. 92】，と書いていて，この「一つの」にはマルクス自身が下線をつけている。また，引用［398］では，「われわれは，また別のもろもろの規定的根拠をも見いだすであろう。しかしこれはその一つなのである」【『経済学批判要綱』，MEGA II/1, S. 597】，と言い，［400］でも，「機械設備が更新される平均期間は，大工業が確立されて以来産業の運動がとおる多年にわたる循環を説明するうえでの一つの重要な契機なのだ」【1858年3月2日付，エンゲルス宛のマルクスの手紙，MEGA III/9, S. 86】，としています。この後者の「一つの」もマルクスが下線を付けているのです。

　　B　その現行版からの引用には，「恐慌はいつでも大きな新投資の出発点をなしている」という，問題の文章がありますね。

　　A　その問題は次の2のテーマに関係しますから，そっちに入りましょう。


## 大きな新投資はどの局面でなしとげられるのか

　　B　この2は，「産業循環のどの局面が大きな新投資の出発点をなし，どの局面にそれがなしとげられるのか？」，という表題になっています。そして三つ

の引用があり，その最初の引用には，「……恐慌はいつでも大きな新投資の出発点をなしている，云々」【『資本論』第2部第2稿，MEGA II/11, S. 132】，といきなり書いてある。これでは，まるで恐慌時に大きな新投資が始まるみたいな感じですね。そんなことがあるはずもないのですが。

**C**　そこは，いつかの編集会議で話題になって，訳文を変えたところでしょう。「大きな新投資の出発点をつくりだす」，というふうに。

**久留間**　そうだったね。bilden を「なす」と訳すと，ここのところではどうしても，恐慌のときから大きな新投資が始まるみたいな感じになる。問題は，「出発点」と訳した Ausgangspunkt のほうにあるので，これはこういうときには，ある場所から離れて出ていく，という意味にとるべきなんだね。だからこの引用で言えば，恐慌が終わるところが大きな新投資の出発点となる，という意味に解すべきだ。ところが Ausgangspunkt は「出発点」以外には訳しようがないというので，D君の提案で bilden のほうを「つくりだす」とやって，誤解を避けようとしたわけだ。

**C**　その Ausgangspunkt のことは，循環の出発点をどこと見るべきかという問題に関連して，先生が，『恐慌論研究』のなかで書かれていますね。(増補新版，225ページ。)

**B**　しかし，「つくりだす」としてみても，どこで大きな新投資が行なわれるのかはわからない。恐慌終了後だということはわかるけれど。

**久留間**　それはそうだ。だからあと二つの引用を置いている。そのうちの前者である引用 [**404**] では，「恐慌を切り抜けた直後の，貸付資本が大量に遊休している段階」，つまり「生産過程は縮小されており，商品の価格はその最低点にまで下がっており，企業精神は麻痺してしまっている時期」について，「新たな投資のことはまだ問題にならない」と言っています【『資本論』第3部第1稿，MEGA II/4.2, S. 532】。これはいわゆる「停滞」の局面ですね。これを読めば，その前の [**403**] での「出発点」について誤解することもないだろうと思うのです。そしてそのうえで第3の引用，つまり [**405**] で，「過度緊張の状態に先だつ繁栄状態」の時期こそが，「低い利子率，したがってまた貸付可能な資本の相対的な豊富さが産業資本の現実の拡張と一致すると言える唯一の時点」だとし，ここで「あらゆる形態での固定資本の大拡張や，新しい巨大な企業の大量設立

が加わってくる」のだ、と言っています【『資本論』第3部第1稿，MEGA II/4.2, S. 542】。ですから、結局、固定資本投資の動きは、マルクスによるかぎり、停滞局面が終わり、好転が始まってから開始され、事業の活気の増大とともに活発になっていって、繁栄局面で最大規模に達する、と言えるでしょう。もっとも、いま言ったことは、マルクスによればそうだというので、具体的な循環史の研究によって裏づけられる必要があるでしょう。事実がいま言ったのと違うとすれば、それは、マルクスのほうが間違っていたということになるだろう。

　A　そろそろ時間もなくなってきましたので、あと駆け足で終わりまでいきたいのですが、この「固定資本と産業循環」について、先生、なにか付け加えることはありませんか。

　久留間　この2で言われているように、どこかで固定資本の大投資が行なわれるのですが、それは1のところで見た、なんらかの衝撃（Anstoß）によって生産の突然の膨張が起こるということと結びついていることに注意する必要がありますね。これが一つ。それから、3にあげた、「**固定資本の早期更新をかなり大きな社会的規模で強要するのは，主として恐慌である**」という問題、つまり恐慌の結果、競争が激化し、新しい生産方法の採用が促進され、旧資本のいわゆる「無形の〔moralischな〕磨損」をもたらし、期限前更新の必要を社会的規模で生みだす、という問題がありますね。これは、恐慌が「大きな新投資の出発点をつくりだす」、「次の回転循環のための一つの新たな物質的基礎をつくりだす」、ということをマルクスが書いたときに彼が考えていたことを示唆していると思うんです。このことが一つ。この二つのことを考えれば、1で見たような、固定資本の寿命と循環の周期との対応というのも、理論的に言われるべくして言われているのだ、ということがわかると思うのです。

## 「産業循環の経過における諸変化」の項目から，なにを学ぶべきか

　A　それでは、最後の、「**V　資本主義的生産の発展にともなって生じる，産業循環の経過における諸変化**」について。

　E　さっき先生がこの分冊で取り上げている問題の全体を紹介されたときに、この項目の性格について、歴史的な変化を問題にするのだが、個々の循環の特殊性ではなく、資本主義の発展との関連において一般的にとらえられるべき事

柄を取り上げるのだ，と言われました。しかし，われわれから見ると，前世紀の恐慌史についての歴史的経過についての記述ということになりますね。

A　いまのE君の発言に関連して，この項目をお作りになったときに先生が考えておられたことをお話ししていただけませんか。

**久留間**　マルクスとエンゲルスは，いつでも彼らの眼前で進行している産業循環の経過を精確にとらえることに努力を惜しみませんでした。それが，いまわれわれに，時論その他のかたちで残されているのです。ですから，いまのわれわれにとっては前世紀の循環史についての叙述となっているものでも，彼らにとっては現状分析そのものだったわけです。それでは，われわれが彼らのそうした叙述を研究するのは，歴史にたいするたんなる興味からでしょうか。けっしてそうではありませんね。彼らがそうしたように，われわれも現在の資本主義経済の運動を解明しなければならない，そのためのカギを求めて彼らの残したものを研究するのでしょう。

ところが，たしかに現代の資本主義は，彼らの時代の資本主義とは多くの点で違ってきている。これは，発展といえば発展なのだが，資本主義はいまではもう，末期的症状を呈しているような段階に入っています。そこで，彼らの目の前にはなかったこういう新しい状況を分析するのに彼らの現状分析がどうして役に立つのか，という疑問もありえましょう。ぼくは，それにたいして，こう答えられると思うのです。――マルクスもエンゲルスも，自分の理論を現状に押しつけて自分の理論に都合のいい事実だけを拾うようなことはけっしてしないで，つねに事実を尊重し，客観的に把握しようとする。そして，それまで観察してきた経過とは様相を異にする新しい事態を発見すると，それを資本主義的生産の発展に結びつけて，そのなかで理解しようとする。産業循環の経過を見る場合にもまったく同様です。だから，彼らが産業循環の経過に生じたさまざまの変化をどのように資本主義的生産の発展から説明しようとしていたか，ということを知ることによって，われわれはそれをわれわれの現状分析に生かすことができる，少なくとも，現代の循環形態の変化をどのようにとらえ，どのように説明するのか，ということに生かすことができるはずだ。――こういうようなことも頭にあって，この項目で「恐慌」篇を締めくくることにしたわけです。

C 先生のいまのお話を聞いていて，ぼくは先生の『恐慌論研究』に収められている「恐慌研究序論」のことを思いだしていました。ぼくは先生が最初だと思うのですが，第一次大戦が終わったところで，いまや資本主義の矛盾は世界恐慌というかたちではなく世界戦争というかたちで爆発するのだ，と言われた。

久留間 世界戦争が恐慌にとって代わってしまうと言ったのではなくて，場合によっては戦争という形態をとる，と言ったのです。

C あれを書かれた動機はどういうことだったのですか。

久留間 直接の動機は，第一次大戦が終わって国際連盟ができた。そして，みな戦争には懲りたからもうこれで戦争は起こらない，という説が非常に行なわれた。ぼくは，きっとまた戦争は起こる，労働運動はそのつもりで準備をしておかなければならない，と考えて，ああいうことを書いたのです。それはまた，レーニンの『帝国主義論』を読んで確信をもったということでもありました。そうしたらじっさいに第二次大戦が始まった。やっぱりきたか，という思いでした。

B 先生は「恐慌研究序論」のなかでこう書いておられますね。

「大戦はともかくひとまず段落を告げ，その直接の結果としての世界的革命運動の高波はいまやその退潮期にある。現在の任務は，やがて来たるべき新たな危機にたいする準備でなければならぬ。この新たな危機はおそらくは再び世界戦争の形で与えられるであろう。がそれをまたないで「恐慌」の形で来るかも知れない。そのいずれにもせよ，とにかく次に来たるべき一大危機にたいする準備こそ，現時にとっての最大任務でなければならない。しからばこの任務はいかにして最も合理的に，最も有効に遂行されうるか？ それがためには何よりもまず，新たなる危機の到来の必然性とともに，それにいたる道程上の一点としての現時の地位が確認されねばならぬ。そしてこの確認の理論的基礎はただ，資本家的生産のあらゆる矛盾がそれらの互いの有機的な関連において，換言すれば，資本家的生産の弁証法的発展の諸契機として，把握せられ，かくて，それらの矛盾が最後の爆発をとげるにいたるまでの必然的な発展の過程が解明されることによってのみ，与えられうるのである。この理論的基礎の究明こそは……真に

マルクス的な恐慌論の課題でなければならぬ」(『増補新版 恐慌論研究』，41ページ)。

ところで，先生はいま，現在の資本主義的生産をみる場合に，どういう点が最も重要だと考えておられますか。

**久留間**　いままでも言ったことですが，ひとつはインフレーションの問題でしょう。インフレを抑えようとすれば失業が増える，失業を減らそうとすればインフレがひどくなる，という矛盾です。それと，いま話にでた戦争にもかかわることで，国家の問題ですね。

**F**　話を戻して申し訳ないのですが，このⅤのなかからどういう点を「産業循環の経過における諸変化」とみたらいいのかしら。

**久留間**　B君，どうですか。

**B**　時間もないので，思いつくままに申しますと，周期の短縮あるいは延長，金融パニックという頂点の消失，慢性的な不況，等々のような現象が現われてくる。マルクスまたはエンゲルスは，これについて，固定資本建設期間の変化やその寿命の変化，イギリスの工業独占が破られ，競争工業国がいくつも現われてきたこと，世界市場が完成したこと，等々の事情をあげています。そしてエンゲルスは，一方で，未曾有の恐慌が準備されていると言い続けながら，他方で，いわゆる「慢性的恐慌」論や「中間恐慌」論や「袋小路」論などを書いているのですね。

**E**　それらの点は，いずれも，三宅さんの『マルクス・エンゲルス／イギリス恐慌史論』下巻の「第4部」で克明に跡づけられていますから，あわせて参考にしてもらうといいですね。

**A**　まだまだうかがいたいことがたくさんあるのですが，もう時間がなくなりました。最後に，この「恐慌Ⅳ」で――索引巻は主として協力者が処理しますので――先生としては『レキシコン』第1期のお仕事が終わるわけですが，なにかご感想と，こんごのお仕事の計画について，お話しくださいませんか。

**久留間**　なんの因果で，この歳にもなってからこんなに苦しい思いをしなければならないのかと思い思いしながら，ともかく第1期が終わって，ほっとしたところです。ただ，『レキシコン』があって，やりたいと思いながらできなかったことがかなりたまっているので，しばらくはそういうことにかかります。

そうやってしばらく休んで，また体力をとりもどしてから，第2期の計画にとりかかることになるでしょう。いつのことになるかはわかりませんが。

（記録の整理と構成：川鍋正敏・尾形憲・岡田裕之・大木啓次・大谷禎之介）

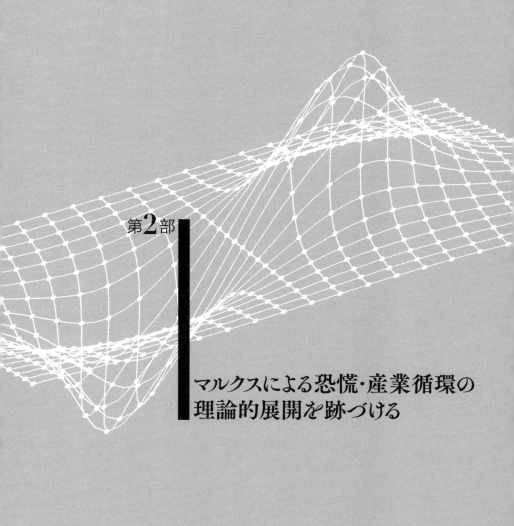

# 第2部

## マルクスによる恐慌・産業循環の理論的展開を跡づける

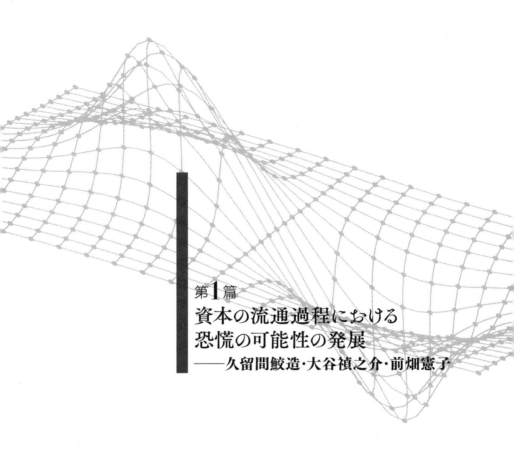

第1篇
資本の流通過程における
恐慌の可能性の発展
——久留間鮫造・大谷禎之介・前畑憲子

# 第5章　高田博士の蓄積理論の一考察

久留間鮫造

　『経済論叢』の2月号[1]には高田保馬博士の「蓄積理論の一考察」が載ってい
る。こゝに「蓄積理論」とは，博士自らの断り書きによれば，「『資本論』第2巻
第3篇「社会的総資本の再生産並びに流通」に於ける資本蓄積の考察を指して
云う」のであり，「一考察」とは，例によってアラサガシの一企図のことである。
それは大体において二つの部分から成り立っている。その一は，このマルクス
の「蓄積理論」に依拠する限り恐慌の必然性は到底説明され得ない，という議
論であり，その二は，このマルクスの「蓄積理論」には「一つの欠陥又は見落
としがある」，という議論である。がこのうち前者は，従来既に種々の方面か
ら種々の形で提議されたところであり，別に新たな見解を含んでいない。故に
それについての討究は他日に譲り，こゝには専ら，前記の論文の固有の内容を
なすところの後者の検討を試みるであろう。

　　読者の便宜のために予め先ず博士の論文のうちから関係の箇所を引用してみ
よう。

　　　「私の見る所によれば，マルクスの資本蓄積に関する理論（『資本論』第2
　　　巻第3篇「社会的総資本の再生産並びに流通」に於ける資本蓄積の考察を
　　　指して云う）には，一の欠陥又は見落としがある。私の知見の範囲だけか
　　　ら云うならば，マルクスに見落としがあるばかりではない。今までのマル
　　　クス学派の亜流，マルクス批評家たちのすべてに見落としがある。而も此
　　　見落とされたる一点こそは，蓄積理論に於ける最も重要なる一点である。
　　　拾い出して見れば，極めて平凡な，誰も考えているはずの内容であるが，
　　　現に見落とされている。而してそれを見落とすときには，蓄積の進行に於
　　　けるまことの困難を明にすることは出来ぬ。

───────────

1）【京都大学経済学会発行『経済論叢』第34巻第2号，1932年2月，330-346ページ。】

「見落とされたる一点と云うのは次のようなものである。マルクスにあっても，又すべてのマルクス亜流（従って日本に於けるすべてのマルクス学者）にあっても，蓄積が順調に進行して行く為の根本条件として，消費財生産部門の消耗不変資本と追加不変資本との和が生産財生産部門の可変資本，資本家消費部分及び追加可変資本の和に等しいということが挙げられている。併しこれだけで，蓄積が円滑に進行することは出来ない。各部門間の生産の釣合，又は比例性ということはただこれだけのことに盡きるものではない。蓄積の円滑なる進行が比例性を前提とするというのは正しい。けれども，比例性の内容は上に述べたものよりも更に多くを含む。而して此後者が今まで看過されて来たものである。……

「今ブハアリンの符号を利用しよう。各部門における不変資本を c，可変資本を v，余剰価値を m，その中の消耗部分を a，蓄積部分を b，その中の不変資本部分を bc，可変資本部分を bv，とする。それぞれの部門に於けるこれらを，$c_1 v_1 m_1 a_1 b_{1c} b_{1v} c_2 v_2$……等とする。そうすると各部門の生産物 $p_1 p_2$ は次の如くにして示される。

$$c_1+v_1+a_1+b_{1c}+b_{1v} = p_1$$
$$c_2+v_2+a_2+b_{2c}+b_{2v} = p_2$$

「……〔然る場合〕$c_2+b_{2c}=v_1+a_1+b_{1v}$ と云うことが蓄積の順調なる進行の条件と見られている。

「そこで問題が生ずる。マルクスは拡張再生産の進行を可能にする基礎的の条件としては，これ以外のことを問題としていない。けれども，それだけで果して，此進行が順調に行われ得るか如何。……

「次に私はマルクスの拡張再生産の表式の要求している根本条件だけで，蓄積の順調なる進行の保証されないこと，従って，忘れられている条件の何であるかと云うことを明にしよう。而してこの点の看過がロオザ【・ルクセンブルク】の見解を失敗に陥らしめたこと，この点の知識のみが蓄積過剰に伴う生産と消費との矛盾を明にし得ることを附け加えようと思う。

「資本の蓄積が順調に進行する為に必要なる根本条件としてマルクスの認めているものをそのまま肯定してゆく。そうすると，蓄積の大さはどれほどであっても，円滑に進行し得るはずである。但しマルクスにあっては，

第一部門即ち生産財部門の蓄積の大きさに応じて第二部門即ち消費財部門の蓄積の大きさが決定されることとなっているから，蓄積の大きさは此制限以外に逸し得ない。マルクス自身の示した例に於ては第一部門の蓄積は其余剰価値の1/2即ち500，第二部門に於てはこれに応じて150となっている。

「ところで同一の根本条件は次の場合にもみたされていることを注意しなければならぬ。例えば第一部門の資本家が余剰価値の3割を消費し7割を蓄積する。此7割即ち1000の余剰価値は仮定によって4対1の割合に於て$B(b)_{1c}$ と $B(b)_{1v}$ とに分たれる。そうすると，第二部門に於ける蓄積部分もこれに応じて定まる。

$$\text{I.} \quad 4000c_1 + 1000v_1 + 1000m_1 = 6000p_1$$

$$\text{II.} \quad 1500c_2 + 750v_2 + 750m_2 = 3000p_2$$

と云う第一年度の生産物はマルクスの示したようにも，(a) 茲に仮定したようにも (b) 又は (c) に振りむけられ得る。

$$\text{(a)} \begin{cases} \text{I.} \ 4000c_1 + 1000v_1 + 500a_1 + 400b_{1c} + 100b_{1v} = 6000 \\ \text{II.} \ 1500c_2 + 750v_2 + 600a_2 + 100b_{2c} + 50b_{2v} = 3000 \end{cases} \Bigg| 1500c_2 + 100b_{2c} = 1000v_1 + 500a_1 + 100b_{1v}$$

$$\text{(b)} \begin{cases} \text{I.} \ 4000c_1 + 1000v_1 + 400a_1 + 480b_{1c} + 120b_{1v} = 6000 \\ \text{II.} \ 1500c_2 + 750v_2 + 720a_2 + 20b_{2c} + 10b_{2v} = 3000 \end{cases} \Bigg| 1500c_2 + 20b_{2c} = 1000v_1 + 400a_1 + 120b_{1v}$$

$$\text{(c)} \begin{cases} \text{I.} \ 4000c_1 + 1000v_1 + 900a_1 + 80b_{1c} + 20b_{1v} = 6000 \\ \text{II.} \ 1500c_2 + 750v_2 + 120a_2 + 420b_{2c} + 210b_{2v} = 3000 \end{cases} \Bigg| 1500c_2 + 420b_{2c} = 1000v_1 + 900a_1 + 20b_{1v}$$

「一般に，此の場合，資本構成の変化がないものとして，生産力の変化がないものとして見られている。そのことを最も高調したのはロオザである。けれども，社会の全産業を通じて資本構成は著しく変化している。

第1年度の資本構成

$$\frac{v_1 + v_2}{c_1 + c_2} = \frac{1000 + 750}{4000 + 1500} = \frac{5}{22} \ 【=0.227】$$

(a) の場合の新構成

$$\frac{1900}{6000} = \frac{19}{60} \ (=0.316)$$

(b) の場合の新構成

$$\frac{1880}{6000} = \frac{47}{150} \, (=0.313)$$

(c) の場合の新構成

$$\frac{1980}{6000} = \frac{33}{100} \, (=0.33)$$

「此資本構成の変化を認めざるところに，重要なる点の看過されたる根拠がある。上に述べたる (a) (b) (c) の三つの場合はともに蓄積の順調なる進行の根本条件 $c_2 + b_{2c} = v_1 + a_1 + b_{1v}$ をみたしている。然るに，新に追加さるる資本の構成を見よ，又は各部門の拡張の割合を見よ。

(a) $\quad \dfrac{400b_{1c} + 100b_{1v}}{100b_{2c} + 50b_{2v}} \qquad$ (b) $\quad \dfrac{480b_{1c} + 120b_{1v}}{20b_{2c} + 10b_{2v}} \qquad$ (c) $\quad \dfrac{80b_{1c} + 20b_{1v}}{420b_{2c} + 210b_{2v}}$

「(a) の場合には第一部門に500，第二部門に150だけ投下される。(b) の場合には第一部門に600，第二部門に30だけ投下される。(c) の場合には第一部門に100，第二部門に630だけ投下される。而して何れの場合に於も，蓄積が順調に進行すると云うのがマルクス的なる理論の結論である。けれども，生産財の生産は必然に消費財の生産と生産技術的に（可変資本の大さの問題から離れて）連絡をもたねばならぬ。生産方法が一定しているならば，此方法に応じて，一定の消費財生産の規模に対応する一定の生産財生産の規模があるであろう。生産方法が変化するならば勿論，此二の規模の割合も変化する。けれどもかかる場合は今，之を考察の外に置くことにする。このことは，第一部門第二部門の間に $c_2 + b_{2c} = v_1 + a_1 + b_{1v}$ と云う関係以外，$b_{1c} \, b_{1v}$ と，$b_{2c} \, b_{2v}$ との間にまた一定の関係のあるべきことを意味している。これを否定するものは，次の事を考えねばならぬ。

　「いま前述の (b) の場合をとって考えてみる。第２年度から第３年度へとマルクス的仮定に従って計算を進めてみる。第２年度に於ては余剰価値のうち300だけが消費される。

第2年度

$$\begin{cases} \text{I.} & 4480c_1+1120v_1+1120m_1=6720 \\ \text{II.} & 1520c_2+\ 760v_2+\ 760m_2=3040 \end{cases} \begin{vmatrix} 4480c_1+1120v_1+300a_1+656b_{1c}+164b_{1v}=6720 \\ 1520c_2+\ 760v_2+664a_2+\ 64b_{2c}+\ 32b_{2v}=3040 \end{vmatrix}$$

第3年度

$$\begin{cases} \text{I.} & 5136c_1+1284v_1+1284m_1=7704 \\ \text{II.} & 1584c_2+\ 792v_2+\ 792m_2=3168 \end{cases}$$

「これを第1年度に比較して見ると，生産物に於て第一部門のそれは6000から7704に増加しているに対し，第二部門のそれは3000から3168に増加しているに過ぎぬ。資本に於て第一部門と第二部門の増加は次表の如くである。

$$\begin{array}{lll} \text{I.} & 4000c_1+1000v_1=5000 & 5136c_1+1284v_1=6420 & \text{増加 } 28.4\% \\ \text{II.} & 1500c_2+\ 750v_2=2250 & 1584c_2+\ 792v_2=2376 & \text{増加 }\ \ 5.4\%【5.6\%】 \end{array}$$

$$\frac{c_2+v_2}{c_1+v_1}=45\% \qquad\qquad \frac{c_2+v_2}{c_1+v_1}=37\%$$

「生産方法が若し同一のものであるとするならば，消費財生産の資本が5％だけ増加している場合，生産財生産の資本だけが28％を増すわけがない。かかる跛行的増加によって生産の均衡が維持されるということは，あり得べからざることである。然るにマルクスの再生産の表式の要求している根本条件はなおこのことを許している。これ私がマルクスの見解に見落としがあると云う所以である。私の主張するところはこうである。生産の方法が一定されている以上は，生産が拡張されたる後に於ても，従いて追加される資本についても，各<sup>おのおの</sup>の資本部分の間には一定の割合がある。これは大体生産技術の状態から要求されることは云うまでもない。今かりに，問題としている部門に於てそれが4対1であるとする。尤も此割合は単に技術の状態だけから決定されるとは云いがたく，余剰価値率や蓄積率によりてまた影響されると思うけれども，今はその点に立入らぬ。此両部門の資本の割合が一定されると，もはや，第一部門の蓄積率が一定とされては，追加資本部分の算出をすることが出来ぬ。第一部門の蓄積率もまた一の未知数として取り扱われねばならぬ。そうすると，蓄積の順調に進行し得べき場合は次の組合せの外にはない。

第1年度

$$\begin{cases} \text{I. } 4000c_1+1000v_1+545a_1+364b_{1c}+91b_{1v} = 6000 \\ \text{II. } 1500c_2+\ 750v_2+546a_2+136b_{2c}+68b_{2v} = 3000 \end{cases}$$

第2年度

$$\begin{cases} \text{I. } 4364c_1+1091v_1+1091m_1 = 6816【6546】 \\ \text{II. } 1636c_2+\ 818v_2+\ 818m_2 = 3272 \end{cases}$$

「此場合，……$a_1\ a_2\ b_{1c}\ b_{2c}\ b_{1v}\ b_{2v}$ 六つの未知数がある。これらは次の六つの方程式を基礎として算出し得られる。

$$\begin{cases} c_2+b_{2c} = v_1+a_1+b_{1v} \quad \text{or} \quad 1500+b_{2c} = 1000+a_1+b_{1v} \\ a_1+b_{1c}+b_{1v} = 1000 \\ a_2+b_{2c}+b_{2v} = 750 \\ \dfrac{b_{2c}}{b_{1c}} = \dfrac{3}{8} \text{（マルクスの仮定に於ては此の方程式の代りに } a_1＝500 \text{ の方程式がある）} \\ \dfrac{b_{1v}}{b_{1c}} = \dfrac{1}{4} \\ \dfrac{b_{2v}}{b_{2c}} = \dfrac{1}{2} \end{cases}$$

「蓄積が若し此割合を外れて行われるときには，必然的に行きづまりが生ずる。たとえばマルクスの仮定に於ては，第一部門の蓄積500，第二部門の蓄積150（高田氏の原文には600となっている。何かの誤りであろう。）であるが，数字の表面では順調にゆくように見えても，第一部門の拡張が第二部門のそれに応ずる為には，資本の追加部分，不変資本に於て400の代りに266，可変資本に於て100の代りに66でなければならぬ。従って，それだけ，生産財の過剰生産が意味されているわけである。若し，両部門を通じて，蓄積が私の仮定したる以上に及ぶときには次の如くになるであろう。今，蓄積を第一部門に於て700，第二部門に於て525とする。蓄積率は両部門を通じて70%である。

　　I. $4000c_1+1000v_1+300a_1+560b_{1c}+140b_{1v} = 6000$
　　II. $1500c_2+\ 750v_2+225a_2+350b_{2c}+175b_{2v} = 3000$

「そうすると，消費財の過剰が410，生産財の不足が410である。けれども，生産財の不足というのも，拡張されない年度に於てさえ410の消費財

過剰があるのであるから，拡張しても十分に生産物の売口があるわけがない。それは売れない生産物を作るための生産財の不足であるから，まことの不足ではない。結局あまたの生産過剰があるということになる」

　以上が，今吾々が問題としようとしている点に関する博士の議論の全部である。所々論旨不明の箇所がないではないが，大意を解するには差支ない。
　即ち第1に博士は，蓄積が順調に進行し得るための基礎的条件としてマルクスが単に$c_2 + b_{2c} = v_1 + a_1 + b_{1v}$の必要を——換言すれば，第二部門の消耗不変資本と追加不変資本との和が第一部門の可変資本，資本家消費部分及び追加可変資本の和に等しくなければならないということを——挙示しているに過ぎないことを指摘される。
　これについては，後に恐慌の問題に関説する際に論及する必要があるであろう。が当面の問題に関する限りにおいては，博士の主張をそのまゝに認めて置いて差支ない。
　次に博士は，もし吾々がマルクスによって挙示された右〔上〕の条件のみを考慮に入れるとすると社会の全産業を通じての資本構成は蓄積の結果種々に変化し得べきことを発見し指摘される。
　これは博士に取っては驚異に値する，全然新たな発見であったらしい。そこで普通の人であったならば，今頃になってはじめてそのような事実に気付いた自分の愚かさを愧じると同時に，この事実が何を意味し得るかを謙虚に考慮することによって，マルクスから更に新たな真理を学び得た筈である。ところが博士は，自らの迂闊を反省するかわりに，自分が今まで気付かなかったことは人もまた気付いていないに相違ないと妄想し，偉大な学者から何事かを学ぼうとするかわりに，マルクスのアラを見つけ出すことに焦慮される。そこで右〔上〕の事実にはじめて気づいた博士は，早速鬼の首でも取った気持でこう公言される。
　　「一般に，此場合，資本構成の変化がないものとして，生産力の変化がないものとして見られている。……けれども，社会の全産業を通じて資本構成は著しく変化している。……此資本構成の変化を認めざるところに，重要なる点の看過されたる根拠がある。」

170　第2部　マルクスによる恐慌・産業循環の理論的展開を跡づける

　「此（社会の全産業を通じての）資本構成の変化を認めざるところに……」というが，一体誰がそれを認めないというのであるか？　なるほど，マルクスは此場合，一般に生産の技術には変化がなく，個々の生産部門の資本構成には変化がないものと仮定しているに相違ない。がそれだからといって，彼が社会の全産業を通じての資本構成にもまた変化がないものと考えている，と想像するならば，それは自らの愚かさをもって人を忖（はか）るものといわねばならぬ。資本の構成は，それが生産の技術に依存するものである限り，おのずから生産物の物的特質に依存せざるを得ず，生産部門毎に個別的に決定されざるを得ない。社会の全産業を通じての資本構成は，かくして個別的に決定されたものの通算の結果として，平均的な大さとして，はじめて与えられるのである。だから，一般に生産の技術に変化がなく，一々の部門の資本構成に変化がない場合においても，互に資本の構成を異にする諸部門間の割合に変化が生ずるならば，社会の全産業を通じての資本構成にはおのずから変化が生ずることになる。これはもとより，少なくも普通の頭の持主に取っては，当然にして且つ自明の事柄でなければならない。然るに博士は，「一般に，此場合，資本構成の変化がないものとして，生産力の変化がないものとして見られている……けれども，社会の全産業を通じて資本構成は著しく変化している」といい，何等か吾々の意想外のことをでも発見したかのようにいわれるのである。こゝに博士が「一般に」といっていられるのが何の意味か私には明瞭でないが，もしも博士の趣旨が，マルクスをはじめ一般の者は，此場合個々の部門の資本構成に変化がないものと見ているのだから，「社会の全産業を通じて資本構成は著しく変化している」事実を見せつけられたらきっと驚くに相違ない，というのであるならば，吾々はむしろ，博士の妄想力の強いのに驚かざるを得ない。博士はいざ知らず一般の者に取っては，それは既に述べた如く，決して意想外の事実ではあり得ないからである。またもし博士の趣旨が，マルクスは此場合，一般に資本の構成に——即ち個々の部門の資本構成にも全産業部門の資本構成にも——変化がないものと見ている，というのであるならば，これまた同様に驚くべき妄想でなければならない。既に述べた如くマルクスはもとより吾々は，博士の如くに個々の部門の資本構成と全産業部門の資本構成とをゴッタにして，「一般に此場合，資本構成の変化がない」などとは毛頭考えていないからである。

が以上の妄想は博士に取っては，まだ「重要なる」妄想ではない。それは単に「重要なる」妄想を展開するための「根拠」に過ぎないのである。即ち博士は続いてこう論ぜられる。

「此資本構成の変化を認めざるところに，重要なる点の看過されたる根拠がある。上に述べたる (a) (b) (c) の三つの場合はともに，蓄積の順調なる進行の根本条件 $c_2+b_{2c}=v_1+a_1+b_{1v}$ をみたしている。然るに，新に追加さるる資本の構成を見よ，又は各部門の拡張の割合を見よ。

$$(a)\quad \frac{400b_{1c}+100b_{1v}}{100b_{2c}+50b_{2v}} \qquad (b)\quad \frac{480b_{1c}+120b_{1v}}{20b_{2c}+10b_{2v}} \qquad (c)\quad \frac{80b_{1c}+20b_{1v}}{420b_{2c}+210b_{2v}}$$

「(a) の場合には第一部門に500，第二部門に150だけ投下される。(b) の場合には第一部門に600，第二部門に30だけ投下される。(c) の場合には第一部門に100，第二部門に630だけ投下される。而して何れの場合に於ても，蓄積が順調に進行すると云うのがマルクス的なる理論の結論である。」

ここでもまた博士は，客観的にはいささかも不思議であり得ない――そうでなかったらはじめて不思議とさるべき――事柄をつかまえて，滑稽にも得意になって不思議がっていられる。如何にも博士の指摘されている如く，第一部門の蓄積額と第二部門の蓄積額との割合はこれらの三つの場合において著しく異っているに相違ない。がこの著しい差異は抑々如何にして生ずるに至ったか？右〔上〕の諸例を自ら設定された博士はこういうことを熟知されている筈である。即ち

（一）(a) (b) (c) の三つの場合においては，第一部門の蓄積率はそれぞれ異なるものとして仮定されている。それは (a) の場合には50％であり，(b) の場合には60％であり，(c) の場合には10％である。

（二）然るに他面においては，かかる蓄積の前提としての両部門の不変資本，可変資本及び剰余価値は――従ってまた両部門の規模の割合は――与えられたものとして，三つの場合を通じて同一のものとして仮定されている。即ちそれは次の如くである。

I. $4000c+1000v+1000m = 6000$

II. $1500c+\ 750v+\ 750m = 3000$

172　第2部　マルクスによる恐慌・産業循環の理論的展開を跡づける

　博士が奇怪視されている両部門の蓄積額の割合の差異は，博士自身が設けられた如上の仮定の下に生じたものであることが銘記されていなければならない。かかる仮定の下においては，第一部門の蓄積額は (a) の場合には500，(b) の場合には600，(c) の場合には100であり，それに対応する第二部門の蓄積額は (a) の場合には150，(b) の場合には30，(c) の場合には630でなければならぬ，この割合が保たれない限り蓄積は決して順調に進行するを得ない——こういうのが「マルクス的なる理論の結論」である。ところが博士はこれに対して次の如くに抗議される。

　　「けれども，生産財の生産は必然に消費財の生産と生産技術的に（可変資本の大さの問題から離れて）連絡をもたねばならぬ。生産方法が一定しているならば，此方法に応じて，一定の消費財生産の規模に対応する一定の生産財生産の規模があるであろう。生産方法が変化するならば勿論，此二の規模の割合も変化する。けれどもかかる場合は今，之を考察の外に置くことにする。このことは，第一部門第二部門の間に $c_2+b_{2c}=v_1+a_1+b_{1v}$ と云う関係以外，$b_{1c}\,b_{1v}$ と，$b_{2c}\,b_{2v}$ との間にまた一定の関係のあるべきことを意味している。」

　ここで中心になっているのは明らかに第2の命題である。ところで，「生産方法が一定しているならば，此方法に応じて，一定の消費財生産の規模に対応する一定の生産財生産の規模があるであろう」という博士の主張は果して正しいであろうか？　これに答えるためには吾々は先ず，この場合「生産方法」なる語によって何が意味されているかを明らかにしてかからねばならぬ。もしも博士の主張の趣旨が，各部門の資本の有機的構成と剰余価値率とが一定でありさえすれば，両部門の規模の割合は常に一定でなければならない，というにあるものとすれば，それは正に驚くべき妄想でなければならない。例えば資本の有機的構成が第一部門において4対1，第二部門において2対1であり，剰余価値率が両部門を通じて100％であると仮定した場合に，これに適応する両部門の規模の割合は一体何だ，と問われたならば，恐らく何人もそれに答えることはできないであろう。次の例を見よう。

第5章　高田博士の蓄積理論の一考察　　173

$$A \begin{cases} \text{I. } 4400c+1100v+1100m = 6600 \\ \text{II. } 1600c+\ 800v+\ 800m = 3200 \end{cases} \frac{\text{I}}{\text{II}} = 2\frac{1}{16}$$

$$B \begin{cases} \text{I. } 4480c+1120v+1120m = 6720 \\ \text{II. } 1520c+\ 760v+\ 760m = 3040 \end{cases} \frac{\text{I}}{\text{II}} = 2\frac{4}{19}$$

$$C \begin{cases} \text{I. } 4080c+1020v+1020m = 6120 \\ \text{II. } 1920c+\ 960v+\ 960m = 3840 \end{cases} \frac{\text{I}}{\text{II}} = 1\frac{19}{32}$$

$$D \begin{cases} \text{I. } 4000c+1000v+1000m = 6000 \\ \text{II. } 1500c+\ 750v+\ 750m = 3000 \end{cases} \frac{\text{I}}{\text{II}} = 2$$

　これらの表式のいずれにおいても，資本の有機的構成と剰余価値率とは完全に前述の仮定に一致している。然るに両部門の規模の割合（仮にそれを生産物価値の割合で現わす）はそれぞれ異なっている。なお吾々は同一の仮定の下に両部門の規模の割合を異にする無限の例を製造し得るであろう。しかもそのうちのいずれかを可としいずれかを不可とすべき理由を決して見出すことはできない。このことは，両部門の規模の割合が一定でなければならないと主張され得るためには，各部門の資本の有機的構成と剰余価値率との一定性が仮定されたのみでは不十分であることを立証する。然らばその上になお何が仮定されていなければならないか？　両部門の c・v・m が与えられている場合に如何なる前提的な事実が遡求され得るかを考えてみよう。

　（一）　本年度における両部門の不変資本の総額は前年度における第一部門の生産物価値の総額に等しくなければならぬ。

　（二）　前年度における第一部門の生産物価値の総額は，仮定に従えば，今年度と同じく4，1，1の割合において c・v・m に分たるべき筈である。

　（三）　前年度における第一部門の蓄積額は，本年度における同部門の資本から前年度におけるそれを控除した額に等しくなければならぬ。

　以上の原則に従って A，B，C，D の前年度における第一部門の諸数値を求めてみると，それは必然次の如くであったことがわかる。

174　第2部　マルクスによる恐慌・産業循環の理論的展開を跡づける

A.　$4000c_1 + 1000v_1 + 1000m_1 [500a_1 + 400b_{1c} + 100b_{1v}] = 6000$

　　蓄積率 $= \dfrac{400b_{1c} + 100b_{1v}}{1000m_1} = \dfrac{1}{2} = 50\%$

B.　$4000c_1 + 1000v_1 + 1000m_1 [400a_1 + 480b_{1c} + 120b_{1v}] = 6000$

　　蓄積率 $= \dfrac{480b_{1c} + 120b_{1v}}{1000m_1} = \dfrac{3}{5} = 60\%$

C.　$4000c_1 + 1000v_1 + 1000m_1 [900a_1 + 80b_{1c} + 20b_{1v}] = 6000$

　　蓄積率 $= \dfrac{80b_{1c} + 20b_{1v}}{1000m_1} = \dfrac{1}{10} = 10\%$

D.　$3666\dfrac{2}{3}c_1 + 916\dfrac{2}{3}v_1 + 916\dfrac{2}{3}m_1 [500a_1 + 333\dfrac{1}{3}b_{1c} + 83\dfrac{1}{3}b_{1v}] = 5500$

　　蓄積率 $= \dfrac{333\dfrac{1}{3}b_{1c} + 83\dfrac{1}{3}b_{1v}}{916\dfrac{2}{3}m_1} = \dfrac{5}{11} = 45\dfrac{5}{11}\%$

　これによって吾々は，両部門の規模の一定の割合が各部門の資本の有機的構成と剰余価値率との一定性の外に，更に第一部門の前年度における一定の蓄積率を前提していることを知ることができる。なお右〔上の〕表中に算出されている第一部門の蓄積率を前の表に掲げられている両部門の規模の割合と対照してみると，前年度における第一部門の蓄積率の大小に連れて本年度における $\dfrac{\mathrm{I}}{\mathrm{II}}$ が増減していることが知られるのであるが，このことは，第一部門の蓄積率が大であればあるだけ，同部門の生産物中のヨリ多くの部分が次年度用の生産手段として同部門内に保留され，従って第二部門の次年度用生産手段として供給され得る部分がそれだけ減少せざるを得ないことから生ずる当然の結果に外ならない。それは背理なことでもなければ不可解なことでもなく，極めて明白な自然的必然である。

　第一部門と異なって第二部門については，吾々は単に，その今年度の資本が前年度の資本プラス剰余価値中の蓄積部分に等しい筈だ，ということを確信し

得るに止り，その中の幾何が旧資本を現わし幾何が新資本を現わすかについては，断定すべき何等の根拠を見出し得ない。たゞ前年度における生産の規模が比較的大であったものとすれば，比較的多額が消費され少額が蓄積された筈であり，反対の場合には反対でなければならないことが推測され得るに止る。このことは，Ⅰ及びⅡの一定性が必ずしも前年度のⅡの一定性を前提しないことを暗示する。これを前掲のＡの場合について確かめてみよう。

前年度

$$\begin{cases} \text{I.} & 4000c+1000v+1000m\,[500a+400b_c+100b_v] = 6000 \\ \text{II.} \begin{cases} 1500c+\ 750v+\ 750m\,[600a+100b_c+\ 50b_v] = 3000 \\ 1400c+\ 700v+\ 700m\,[400a+200b_c+100b_v] = 2800 \end{cases} \end{cases}$$

今年度

$$\begin{cases} \text{I.} & 4400c+1100v+1100m = 6600 \\ \text{II.} & 1600c+\ 800v+\ 800m = 3200 \end{cases}$$

右〔上の〕表中「今年度のⅠ及びⅡ」は所与であり，「前年度のⅠ」は所与の条件に基いて曩に明らかにしたところであり，「前年度のⅡ」はここに新たに仮定したところである。二様の仮定は，前年度における第二部門の規模が——従って前年度における両部門の規模の割合が——一定の範囲内において如何様であったにしても，均しく「今年度におけるⅠ及びⅡ」を結果し得べきことを例示する。（因みにこのことは，第二部門の生産物の一部が「生産的」及び「不生産的」の二様の目的に融通的であり得ることから生ずるのである。）これによって吾々は，今年度における両部門の規模の割合と前年度におけるそれとの間には，何等の必然的な関係が存しないことを確認することができる。即ち今年度における両部門の規模の割合は（各部門の資本の有機的構成と剰余価値率とに変化なきものと仮定する限り）専ら前年度における第一部門の蓄積率によって規定される。それと同様に，前年度における両部門の規模の割合は，専ら前々年度における第一部門の蓄積率によって規定される。もしも今年度における両部門の規模の割合が前年度におけるそれと同一であったとすれば，それは単に，前年度における第一部門の蓄積率が適々前々年度におけるそれと同一であったことを意味し得るに過ぎない。そしてこの場合においては——だがこの特殊の場

合においてのみ——両部門の蓄積額の割合は両部門の旧資本の割合と同一であり得るであろう。否同一でなければならないであろう。がこれに反して，もし前年度における第一部門の蓄積率が前々年度におけるそれよりも増減するならば，今年度における $\dfrac{\mathrm{I}}{\mathrm{II}}$ もまた必然的に，前年度におけるそれから増減せざるを得ない。そしてそれの増加が $\dfrac{b_{1c}+b_{1v}}{b_{2c}+b_{2v}} > \dfrac{c_1+v_1}{c_2+v_2}$ を必要とし，それの減少が $\dfrac{b_{1c}+b_{1v}}{b_{2c}+b_{2v}} < \dfrac{c_1+v_1}{c_2+v_2}$ を必要とすべきことは，もとより理の当然である。博士が曩に奇怪視された (a) (b) (c) の三つの場合における両部門の蓄積額の割合の差異は，即ちこの必要によって生じたものに外ならない。そしてこの必要は，既に注意しておいた如く，博士自身によって設定された二つの仮定に基づいて生じたのである。そこには奇怪視さるべき何物も存しない。もし奇怪視さるべきものがあり得るとすれば，それは自己の仮定に基づく当然の結果を——反対の仮定の下においてのみ期待さるべき結果と一致しないという理由によって——奇怪視するところの，博士自身の考え方でなければならぬ。なお右〔上〕に検討した部分に続いて博士が論述されているところについては，最早やこの上立ち入って論評する必要はないであろう。それは右〔上〕に曝露した妄論と同趣のものであり，同じ妄想の拡張再生産に過ぎないからである。

# 第6章　高田博士による蓄積理論の修正

久留間鮫造

　高田保馬博士によるマルクス排撃の一企図としての「蓄積理論の一考察」[1]に対して，私はかつて「高田博士の蓄積理論の一考察」[2]を試みたが，最近に至って博士は，「かつて論じたるところ未だ委曲を盡さず，茲に之を考え直すと共に，多少の新な試みを附け加える」ことの必要を感ぜられ，なおそれに附随して前論に対する「久留間鮫造氏の批評に論及するつもりで」重ねて「蓄積理論の修正」[3]を公にされた。この私への論及に酬い，併せて訂正増補の部分に対する批評を附け加えるのが本論の目的である。

1) 『経済論叢』第34巻第2号【1932年2月】所載。
2) 『大原社會問題研究所雑誌』第9巻第2号【1932年10月】所載。
3) 『経済論叢』第36巻第2号【1933年2月】所載。

## 博士の前論の要旨

　最初にまず博士の前論——「蓄積理論の一考察」——の要旨を紹介する必要がある。それはこういうのだった。

　**第1**。マルクスの拡張再生産の表式において社会的生産の二大部門（即ち生産財生産部門と消費財生産部門）の間の均衡の根本的条件として，若くは——これは博士にとっては同じことを意味するらしいのであるが——蓄積が順調に進行し得るための条件として，何が認められているかを考えてみるに，そこにはたゞ，消費財生産部門の消耗不変資本と追加不変資本との和が，生産財生産部門の可変資本，資本家消費部分及追加可変資本の和に等しくなければならぬ，という要請が見出され得るに過ぎない。即ち今，生産財生産部門（Ⅰ）の不変資本，可変資本，剰余価値，資本家消費部分，追加不変資本及追加可変資本をそれぞれ $c_1 v_1 m_1 a_1 b_{1c} b_{1v}$ とし，消費財生産部門（Ⅱ）のそれらをそれぞれ

$c_2 v_2 m_2 a_2 b_{2c} b_{2v}$ で表わすとすれば，$c_2 + b_{2c} = v_1 + a_1 + b_{1v}$ でなければならぬ——これがマルクス及その亜流によって認められている唯一の両部門間均衡の根本条件である。

**第2**。だがもしそうだとすると，この条件が充されさえすれば両部門間の均衡は完全に保たれ，蓄積は順調に進行し得ることになるから，恐慌は専ら生産の無計画性から説明される外ないわけになる。ところが生産の無計画性からする恐慌の説明は，決して恐慌の必然性を説明することはできない，このことは，マルクスの拡張再生産の表式に一大欠陥が存することを思わしめる。然らば欠陥は何所に存するか？

**第3**。これを解明するために博士は次のように推論される。

1，今もし，マルクスによって認められた $c_2 + b_{2c} = v_1 + a_1 + b_{1v}$ の条件を両部門の均衡の唯一の条件だと仮定するならば，蓄積の前提としての両部門の不変資本，可変資本及剰余価値がいずれも与えられている場合に，蓄積の進行は種種であり得ることになる。

例えば

  I.  $4000c_1 + 1000v_1 + 1000m_1 = 6000p_1$

  II. $1500c_2 + \phantom{0}750v_2 + \phantom{0}750m_2 = 3000p_2$

が所与の場合，以下の如き種種の蓄積の進行が許容される。

(a) $\left\{ \begin{array}{l} \text{I.}\ 4000c_1 + 1000v_1 + 500a_1 + 400b_{1c} + 100b_{1v} = 6000 \\ \text{II.}\ 1500c_2 + \phantom{0}750v_2 + 600a_2 + 100b_{2c} + \phantom{0}50b_{2v} = 3000 \end{array} \right\} 1500c_2 + 100b_{2c} = 1000v_1 + 500a_1 + 100b_{1v}$

(b) $\left\{ \begin{array}{l} \text{I.}\ 4000c_1 + 1000v_1 + 400a_1 + 480b_{1c} + 120b_{1v} = 6000 \\ \text{II.}\ 1500c_2 + \phantom{0}750v_2 + 720a_2 + \phantom{0}20b_{2c} + \phantom{0}10b_{2v} = 3000 \end{array} \right\} 1500c_2 + \phantom{0}20b_{2c} = 1000v_1 + 400a_1 + 120b_{1v}$

(c) $\left\{ \begin{array}{l} \text{I.}\ 4000c_1 + 1000v_1 + 900a_1 + \phantom{0}80b_{1c} + \phantom{0}20b_{1v} = 6000 \\ \text{II.}\ 1500c_2 + \phantom{0}750v_2 + 120a_2 + 420b_{2c} + 210b_{2v} = 3000 \end{array} \right\} 1500c_2 + 420b_{2c} = 1000v_1 + 900a_1 + \phantom{0}20b_{1v}$

2，「一般に，此場合，資本構成の変化がないものとして，生産力の変化がないものとして見られている。……けれども，社会の全産業を通じて資本構成は著しく変化している。

第1年度の資本構成

$$\frac{v_1+v_2}{c_1+c_2} = \frac{1000+750}{4000+1500} = 0.227$$

(a) の場合の新構成

$$\frac{1900}{6000} = 0.316$$

(b) の場合の新構成

$$\frac{1880}{6000} = 0.313$$

(c) の場合の新構成

$$\frac{1980}{6000} = 0.33$$

「此資本構成の変化を認めざるところに，重要なる点の看過されたる根拠がある。」

3，然らばそれを根拠として如何なる「重要なる点」が看過されたか？ 曰く，「上に述べたる (a) (b) (c) の三つの場合はともに，蓄積の順調なる進行の条件 $c_2+b_{2c}=v_1+a_1+b_{1v}$ をみたしている。然るに新に追加さるる資本の構成を見よ，又は各部門の拡張の割合を見よ。

(a) $\dfrac{400b_{1c}+100b_{1v}}{100b_{2c}+50b_{2v}}$　　(b) $\dfrac{480b_{1c}+120b_{1v}}{20b_{2c}+10b_{2v}}$　　(c) $\dfrac{80b_{1c}+20b_{1v}}{420b_{2c}+210b_{2v}}$

「(a) の場合には第一部門に500，第二部門に150だけ投下される。(b) の場合には第一部門に600，第二部門に30だけ投下される。(c) の場合には第一部門に100，第二部門に630だけ投下される。而して何れの場合に於ても，蓄積が順調に進行するというのがマルクス的なる理論の結論である。けれども，生産財の生産は必然に消費財の生産と生産技術的に（可変資本の大さの問題から離れて）連絡をもたぬばならぬ。生産方法が一定しているならば，此方法に応じて，一定の消費財生産の規模に対応する一定の生産財生産の規模があるであろう。生産方法が変化するならば勿論，此二の規模の割合も変化する。けれ共かかる場合は今，之を考察の外に置くことにする。このことは，第一部門第二部門の間に $c_2+b_{2c}=v_1+a_1+b_{1v}$ と云う関係以外，$b_{1c}\,b_{1v}$ と $b_{2c}\,b_{2v}$ との間に

また一定の関係のあるべきことを意味している。」

　遺憾ながら私は，こゝでもまた長々と博士の所論をそのまゝ引用しなければならぬ。（博士よ，どうかこのことを責めないで下さい。）けだし，批評の当否を明らかにするためには云うまでもなく，批評の対象そのものを，明らかにしておく必要がある。然るに博士の議論のたて方は少なくも私にとっては甚だ理解し難いものであり，私自身の想像を加えることなしには要約的に紹介する途がなく，もしそれを敢てする場合には多くの読者は，あまりにも滑稽な博士の議論を嗤う代わりにかえって私の紹介の正当さを疑うおそれがあるからである。例えば右〔上〕の引用部分中に博士は，「此資本構成の変化を認めざるところに重要なる点の看過されたる根拠がある。」と主張されているが，この主張が果して何を意味し得るかを精察してみよう。先ず第1に，こゝに所謂「根拠」はもとより論拠の謂ではあり得ない。私の解し得る限りにおいてはそれは単に或事実に気付かなかったがために他の事実をもまた看過するに至ったという，連想過程上の契機を意味し得るに過ぎないように思われる。換言すれば，マルクス及其の亜流は，両部門間の均衡の条件として単に $c_2+b_{2c}=v_1+a_1+b_{1v}$ の必要のみを考慮に入れるとすると，社会の全産業を通じての資本構成が蓄積の結果種々に変化することになる，という事実に気付かなかったがために，従ってまた，その場合に生ずべき両部門の蓄積額の割合の変動を看過し，乃至生産方法が一定である限り両部門の規模の割合は不変でなければならぬ，ということを看過し，若しくは同じことであるが，第一部門の蓄積額と第二部門の蓄積額との割合はそれらの部門の旧資本の割合に等しくなければならぬ，ということを看過するに至った——とこういうのが，右〔上〕の一節の有ち得る唯一の意義であるように思われる。が果してそうだとすると，それは単にマルクス等々の心的過程に対する博士の想像に過ぎないわけになる。しかもその想像たるやおよそ吾々の想像を絶したものであり，どう考えてみても客観的な妥当性があるとは思えない。そこで仮に，博士が何故そのような想像をされたかについて更に想像することを許されるならば，恐らく博士自身最近に至ってはじめて右の資本構成の変化の事実に気付き，そしてそれを動機としてはじめて，所謂「重要なる点」に着想さるゝに至ったのではあるまいか。勿論これは右〔上〕にも断って置いた如く私自身の単なる想像であり，間違っているなら何時でも取

消すことに躊躇するものではないが，少なくも今のところではこうでも想像してみる外には，「根拠」を云々されている博士の議論は私にはどうにも解釈の仕様がないのである。

　がそれはともかく，マルクス的条件のみに従うときは社会の全資本の構成が蓄積の結果種々に変化し得る，という事実は事の性質上からは決して，生産方法が一定である限り両部門の規模の割合は不変でなければならぬ，という主張（因みにいう，この主張が博士の所謂「重要なる点」の中心をなすもののように思われる）の根拠たり得べきでない。即ちこの主張は差し当ってはまだ，博士の単なる想い付きであり，ドグマであり得るに止る。それを世に問うためには博士はそれを論証しなければならぬ。然らば博士はそれを如何にして論証されたか？

　4，このことを論証するために（或はむしろ論証するかの如くに）博士は右〔上〕の引用部分に引き続いて，「これを否定するものは次のことを考えねばならぬ」と云い，左〔下〕記のような「算術の演習」をしてみせられる。

第1年度（第一部門の蓄積額＝600と仮定，即蓄積率＝60%）

$$\begin{cases} \text{I.} & 4000c_1 + 1000v_1 + 1000m_1(400a_1 + 480b_{1c} + 120b_{1v}) = 6000 \\ \text{II.} & 1500c_2 + 750v_2 + 750m_2(720a_2 + 20b_{2c} + 10b_{2v}) = 3000 \end{cases}$$

第2年度（第一部門の蓄積額＝820と仮定，即蓄積率＝$73\dfrac{11}{14}$%）

$$\begin{cases} \text{I.} & 4480c_1 + 1120v_1 + 1120m_1(300a_1 + 656b_{1c} + 164b_{1v}) = 6720 \\ \text{II.} & 1520c_2 + 760v_2 + 760m_2(664a_2 + 64b_{2c} + 32b_{2v}) = 3040 \end{cases}$$

第3年度

$$\begin{cases} \text{I.} & 5136c_1 + 1284v_1 + 1284m_1 = 7704 \\ \text{II.} & 1584c_2 + 792v_2 + 792m_2 = 3168 \end{cases}$$

これから更に次の数字が得られる。

|  | 第1年度 | 第3年度 |  |
|---|---|---|---|
| I. | $4000c_1 + 1000v_1 = 5000$ | $5136c_1 + 1284v_1 = 6420$ | 増加　28.4% |
| II. | $1500c_2 + 750v_2 = 2250$ | $1584c_2 + 792v_2 = 2376$ | 増加　5.4%【5.6%】 |

$$\dfrac{c_2 + v_2}{c_1 + v_1} = 45\% \qquad\qquad \dfrac{c_2 + v_2}{c_1 + v_1} = 37\%$$

182　第2部　マルクスによる恐慌・産業循環の理論的展開を跡づける

　そこで博士はこう云われる。「生産方法が若し同一のものであるとするなら
ば，消費財生産の資本が5〔％〕だけ増加している場合，生産財生産の資本だけ
が28％を増すわけがない。(久留間曰く，「わけがない」かどうかが，正に論証
さるべき当面の問題ではなかったのか？) かゝる跛行的増加によって生産の均
衡が維持されると云うことは，あり得べからざることである。(久留間曰く，
「あり得べからざることである」か否かが，正に論証さるべき当面の問題では
なかったのか？) 然るにマルクスの再生産の表式の要求している根本条件はな
おこのことを許している。これ私がマルクスの見解に見落としがあると云う所
以である。(久留間曰く，これでは単に，博士のドグマを認めないときは博士
のドグマに反する結果を生ずるが故に，博士のドグマを認めない見解は博士に
取って不満である，ということが明らかにされたに止る。) 私の主張するとこ
ろはこうである。生産の方法が一定されている以上は，生産が拡張された後に
おいても，従って追加される資本についても，各の資本部分の間には一定の
割合がある。これは大体生産技術の状態から要求されること，云うまでもない。
(久留間曰く，これは前のドグマの単なる繰り返しに過ぎない。) 今かりに，問
題としている部門に於て，それが4対1であるとする。(久留間問うて曰く，
「それが4対1であると」したら何がどうなると云うのか？) 尤も此割合は単に
技術の状態だけから決定されるとは云いがたく，余剰価値率や蓄積率によりて
また影響されると思うけれども，今はその点に立ち入らぬ。」(久留間訝って
曰く，曩の博士の例を見るに，そこでは第一部門の蓄積率が遂年変化するもの
と仮定されている。〔即ち初年度には60％，2年度には73％余。〕そして博士は
こうした仮定の下に行われる蓄積の結果として両部門の資本の割合に変化が生
ずることを奇怪視されたのであった。しかるにこゝでは博士は，「此 (両部門
の資本の) 割合は……蓄積率によりてまた影響されると思うけれども，今はそ
の点に立入らぬ」と云われる。これは一体どう解して然るべきであろうか？)

## 右〔上〕に対する私の批評，博士の反駁及私の再批評

　高田博士の前論「蓄積理論の一考察」の要旨は右〔上〕の如くであるが，それ
に対して私は大体次の如くに批評した。

第6章　高田博士による蓄積理論の修正　183

　**第1**。蓄積が順調に進行してゆくための根本条件としてマルクスが単に
$c_2+b_{2c}＝v_1+a_1+b_{1v}$ の必要を認めているに止る，という博士の主張について
は問題があり得ないではないが，しかし当面の問題に関する限りにおいては
――という意味は，問題が単に両部門間均衡の根本的条件如何の点に局限され
ている限りにおいては――暫くそれを認めておいて差支ない。

　**第2**。マルクスの再生産の表式を承認する限り恐慌の必然性は到底承認され
得ない，という考えは，従来既に種々の方面から種々の形で提唱されたところ
であり，博士の論文の固有の内容をなすものとは認められない。故にこの点に
ついては他の機会に論ずることゝする。

　**第3**。このうちで，

　1について問題はない。

　2については私はこう云って批評した。博士は「此（社会の全産業を通じて
の）資本構成の変化を認めざるところに，云々」と云われるが，一体，誰がそ
れを認めないというのであるか？　なるほどマルクスはこの場合，一般に生産
の技術には変化がなく，個々の生産部門の資本構成には変化がないものと仮定
しているに相違ない。がそれだからといって，彼が社会の全産業を通じての資
本の構成にもまた変化がないものと考えている，と想像するならば，それは自
らの愚さをもって人を朴（はか）るものといわねばならぬ。資本の構成は，それが生産
の技術に依存するものである限り，おのずから生産物の物的特質に依存せざる
を得ず，生産部門毎に個別的に決定されざるを得ない。社会の全産業を通じて
の資本構成は，かくして個別的に決定されたものゝ通算の結果として，平均的
な大きさとして，はじめて与えられるのである。だから一般に生産の技術に変
化がなく，一々の部門の資本構成に変化がない場合においても，互に資本の構
成を異にする諸部門間の割合に変化が生ずるならば，社会の全産業を通じての
資本構成にはおのずから変化が生ずることになる。これは云わば当然自明な事
物であり，背理のことでもなければ常人の意想外とするところでもない。然る
にこれをとらえて，曾（か）つて人の気付かなかったところだとするならば，それは
明らかに事実に反する想像であり，何等かの謬見に基く想像でなければならぬ。
そこで私はこれを評するに妄想の語を以ってしたのである。

　ところが「自らの愚さを以って人を朴るものは，賢明なる久留間氏に次の如

くに答え」られる。「大体，マルクスの基礎条件がみたされるだけは，両部門の規模の割合が如何ようとも動く。生産技術，従って労働の生産力が一定であっては，そういうことはあり得ない。だからそれは当然労働の生産力の変化を意味するのである。然るに，一般には此事が認められず，そこには労働の生産力の変化がないものと考えられている。此見方は許し難い。こういうのが私見の骨子である。以上の主張に依って知らるゝように，私は資本構成の変化が労働の生産力の変化を意味する限りに於て問題としている。……久留間氏は誰がそれを認めないと云うのであるかと反問せられているが，最も適切なる一例は久留間氏自身である。(その証拠，「なるほどマルクスは此場合，一般に生産の技術には変化がなく，個々の部門の資本構成には変化がないものと仮定しているに相違ない。」(久留間氏)。……認めないのは久留間氏……である。私が「一般に此場合生産力の変化がないものとして見られている」と云うのに何の不思議があるか。而して久留間氏は私の問題とするところがどこにあるかすらも理解せられない。私は「マルクスの基本条件をみたしても，全資本の構成は如何ようにも変化する。生産力の変化なくして如何にしてこれが一番可能であるか」を問題とするのである。久留間氏は私見に対して「驚くべき妄想でなければならない」とか，「自らの迂闊を反省するかわりに自分が今まで気付かなかったことに人もまた気付いていないに相違ないと妄想し」とか，「滑稽にも得意になって不思議がっていられる」とかの批評を加えていられるが，問題の所在をすら認め得られない久留間氏の意見に対しては返答に難儀する。卒直にいって手がつけられない。これらの雑言は，私見を理解し得たる上にて試みられては如何。」

　野人の卒直な批評の言葉はいささか博士の感情を刺戟した模様であるが，無暗に興奮して人の「雑言」を云々する前に，博士は須らく心を落ち着けて，自らが曩にどのような議論を立てゝいたかを反省さるべきである。既に引用したところによって明らかな如く博士はそこで明白に (a) (b) (c) の三種の例につき，マルクス的条件に従う場合全部門を通じての資本構成が種々に変化するという事実を指示し，この一目瞭然たる事実が今まで何人によっても認められていないとし，それを認めないところに重要な点の看過された根拠があるとされたのであった。だから私は所謂重要なる点の考察に先立って予め先ず，博士が

「根拠」として指摘されているところのものを検討するの必要を思い，この一目瞭然たる事実を誰が認めていないか，と反問したのである。勿論この場合二つの問題が混同されてはならない。その一は右〔上〕の事実の単なる事実としての認不認の問題であり，その二は右〔上〕の事実の前提として労働生産力の変化の必然性を認めるか否かの問題である。博士が曩に，それを認めざるところに重要なる点の看過されたる根拠があるとされたところのものは——従ってまた私が，それを一体誰が認めていないか，と反問したところのものは——疑いの余地なく前者にかゝわるのである。私の質問は当然であり，且明白であった。曰く，この単なる事実を——「此（社会の全産業を通じての）資本構成の変化を」——換言すれば，$\dfrac{v_1+v_2}{c_1+c_2}$ が初年度においては0.227であり，2年度においては (a) の場合には0.316，(b) の場合には0.313，(c) の場合には0.33になるという事実を——一体誰が認めないというのであるか？

　然るに博士はこの当然にして且明白な反問に対して，久留間は問題の所在をすら解しないと云い，自分は本来，「生産力の変化なくして（如何にして全資本構成の変化が）可能であるか，」を問題にしているのだと云い，そして，この場合労働生産力の変化を認めない最も適切な一例は久留間自身だと云って答えられる。（因みに云う，こゝに博士がこれこそ問題だと指示されているところのものがその実やはり少しも問題であり得ないということは，曩に私の説述したところによって十分明らかであると思う。再び簡単に繰り返して云うならば，この場合における全資本構成の変化は，如何なる使用価値の生産にたずさわる労働の生産力の——若くは生産の技術の，若くは資本の構成の——変化をも前提するものでなく，専ら，互に資本の構成を異にする両部門間の規模の割合に変化が生じたことによって持ち来されたのである。だから例えばかりにいずれの部門においても資本の構成が同一だったと仮定するならば，両部門間の規模の割合がよし如何ように変化しようとも，全資本の構成は常に一様に止ることになる。このことはまた——ついでに附言して置くが——「資本の構成がまことの意味（?!）に於て一定しているならば……ただ一通りの蓄積進行の仕方よりないであろう，」という博士の主張に対する一反証であり得るであろう。がそれはともかくとして）この博士の答は味噌と糞とを一緒にし，上述の第1の

186 第2部 マルクスによる恐慌・産業循環の理論的展開を跡づける

問題を第2のそれとスリ代えることによってなされたことが明らかであり，答者の心事の陋劣さ以外の何物をも証明し得べきでない。既に述べたところによって明白な如く（本来ならば今更述べ立てるまでもなく明らかな筈のことであるが）事は先ず究竟の問題にではなく，それに至る道程上の一問題にかゝわる。博士自身の言葉を借りて云うならば，「重要なる点の看過されたる根拠」に関するのである。然るに博士は，私が事の順序として先ずこの点を問題としたのに対して，久留間は問題の所在を解しないと云われる。およそこれくらいトンチンカンな話があり得るであろうか。博士の所論をあくまで尊重し，推論の過程を一々あとづけようと試み，苟くも「根拠」の語によって指示されているところのものの蔑ろにすべからざるを思うたからこそ，私は，それが如何なる意味において根拠たり得べきかを熟慮再考し，漸くにして唯一可能と思われる解釈に到達し，かくしてはじめて曩の評言を，敢てするに至ったのである。私の評言は，他の何物であり得るにしても「雑言」だけではない。返答に難儀を感ぜられる博士は須らく，その真の原因が何處にあるかを反省さるべきである。ヘタに問題を誤間化して心事の陋劣を疑われ，不当に罪を人の無理解に嫁して識者の指弾を招くよりも，むしろ男らしく，出鱈目に「根拠」を云々した自己の誤りを認めらるべきである。

3，博士の前論から，議論に尤もらしい形を与える以外には全然無意義な，前述の「根拠」と，「これを否定するものは次の事を考えねばならぬ」（この後者については曩に引用の際に私の附言したところを参照されたい）とを取り除くならば，そこに博士の所謂「重要なる点」が——だが最早や何等の根拠なく，何等の論証なき単なるドグマとして——残る。「生産方法が一定しているならば，此方法に応じて，一定の消費財生産の規模に対応する一定の生産財生産の規模があるであろう，」という主張が即ちこれである。

この主張の当否を検討するに当って，私は先ず，この場合「生産方法」の語によって何が意味されているかを明かにしてかゝる必要があるとした。勿論，「生産方法が一定しているならば」という文句によって，この場合，各部門の資本構成と剰余価値率との一定性が仮定されていることには疑いがない。問題は，その上に更に，前年度における第一部門の蓄積率の一定性が仮定されているか否かに存する。今もし後者もまた同時に仮定されているとするならば，こ

の主張は確かに正しいと言われ得るであろう。右〔上〕の三者が同時に一定されている限り，両部門の規模の割合は必然一定でなければならない。がこの場合にそれが一定でなければならないのは，専らマルクス的均衡条件の充足のために然るのであって，この条件以外に，それと並行する別個な均衡条件が存すべきことを意味するのではない。従って博士の右の主張は，上述の意味に解せらるゝ限り正当ではあるが，しかし同時に，マルクスに対する攻撃の根拠ではあり得なくなる。それ故博士の本来の主旨に添い得るためには「生産方法」の一定性は蓄積方法の一定性を排除する必要がある。換言すれば博士の右〔上〕の主張は，各部門の資本構成と剰余価値率とが一定されている限り両部門の規模の割合は常に一定でなければならぬ，という意味に解せられる外はない。がそう解せられる限り，それは一個の明白な謬見となる。例えば，資本の構成が第一部門において4対1，第二部門において2対1であり，剰余価値率が両部門を通じて100％であると仮定した場合に，それに適応する両部門の規模の割合は何だと問うならば，恐らく何人もそれに対して答えることはできないであろう。各部門の資本構成と剰余価値率とが一定している場合，両部門の規模の割合は種々であり得る。否，前年度における第一部門の蓄積率の如何に応じて必然種々たらざるを得ない。けだし，然らざる限りマルクス的条件そのものが妥当するを得ないからである。（そしてマルクス的条件そのものが蓄積進行の一根本条件たることについては，博士もまた毫末の疑いを挟んでいられないのである。）両部門の規模の割合の一定性は，各部門の資本構成と剰余価値率との一定性のみによっては，決して与えられない。それは更に，前年度における第一部門の蓄積率の一定性を前提する。このことを私は，博士の前論中に見出された四種の表式の例について明らかにしようと試みた。

　ところが博士はこれに対して次のように抗議される。

　　「これでは生産技術の事情が全く顧慮されていない。久留間氏は経済における全資本の構造を算術の問題ととりちがえていられる。算術の問題であるならば，かのマルクス的条件の与えられているところでは，蓄積率の如何によって各部門の規模がかくかくのものになると計算し得る。……けれども経済の問題は算術演習の問題ではない。計算せられたような資本の割合がマルクス的基礎条件から要求せらるゝにしても，それが経済の事実に

あらわれ得るか否か，技術の状況が之を許すか否かが問題である。ことは云わば経済の問題である。私は此点を主として取り扱っている。而して久留間氏は一歩もこの中にふみこもうともせられない。否，ふみこむことの必要さえも理解していられない。手がつけられないと云うわけはここにある。」

こゝでもまた博士は只管に私の無理解を歎ぜられているが，むしろ私こそ，博士が自らの所説についてすら全然無理解であるのを歎ぜざるを得ない。曩に，両部門の規模の割合が一定でなければならないと云い，それに基いて

$$\frac{b_{2c}+b_{2v}}{b_{1c}+b_{1v}}=\frac{c_2+v_2}{c_1+v_1}$$

の条件の不可欠なことを主張された際に，博士はそれを如何なる条件として提唱されたか？ 明らかにそれをば，マルクス的条件に並行するものとして，マルクス的条件と同位なものとして——即ち「$c_2+b_{2c}=v_1+a_1+b_{1v}$ と云う関係以外」のものとして——提唱されたのであった。だからこそ博士はまた，マルクス的条件をもって不十分だとし，マルクス的蓄積理論に欠陥があるとされたのであった。然るに今や博士は何と云われるか。博士は恬然として，「計算せられたような資本の割合がマルクス的基礎条件から要求せらるるにしても，それが経済の事実にあらわれ得るか否か，技術の状況が之を許すか否かが問題である」といわれる。果してこれが本当だとすると，博士の問題とされるところのものはマルクス的条件に並行する別個な条件ではなく，マルクス的条件の実現のための——「マルクス的条件から要求せられる」ところのものが「経済の事実にあらわれ得る」ための——すなわち当然マルクス的条件そのもののうちに包摂せらるべき，一個の従属的な条件に過ぎないわけになる。かくてはそれは——よしそれがかかるものとして如何に正当であり，また如何に重要であったにしても——決してマルクス的条件の不十分さを意味するものではあり得ない。否，博士は寧ろそれによってマルクス的条件の十分さを——両部門間の均衡に必要なあらゆる考え得べき条件をただ一個の等式のうちに包摂するその驚くべき偉大さを——嘆称しなければならないわけになる。がそういうことになると，話がまるで前とはちがって来る。私が，博士の所論を解しないのは私ではなくして博士自身だと云った所以はここにある。相手の無理解のために難儀するのは博士ではなくて久留間であり，手がつけられない

のは久留間でなくて博士である。

最後に発送前の少時の余裕を利用して，問題のヨリ以上の検討に必要と思われる諸点を思い浮かぶまゝに書き添えておく。

1，マルクス的条件がみたされる限り両部門の均衡が保たれ得るということは，マルクス的条件がみたされさえすれば蓄積が順調に進行し得るということではない。けだし蓄積の順調なる進行の条件は両部門間の均衡の条件のみには盡きないからである。

2，マルクス的条件がみたされる限り全部門間の均衡が保たれるということは，この条件が現実にみたされうるということでもなければ，この条件の充足の不可能を必然たらしむべき諸契機の存在を排除するものでもない。

3，「消費財にまで成熟する力の生産財」であるべきが故に，生産財の生産は消費財の生産と無関係に拡張さるべき筈がない，という博士の主張は，それ自体としてはあくまで正当である。がそれは決してマルクス的蓄積理論と矛盾するものではない。問題の場合に第一部門の拡張率が第二部門のそれに比してヨリ大であるのは，この場合社会的生産の累進的拡張が前提されるからであり，そして社会的生産の累進的拡張は必然的に，生産財生産部門の累進的拡張によって先行されざるを得ないからである。（加<sup>しかのみならず</sup>之，社会における生産諸力が所与である限り，一方部門の累進的拡張はそれだけ他方部門の拡張の制限を必然たらしめる。）であるから，一度<sup>ひとたび</sup>もしこの累進的拡張の勢を停止してみるならば，従来蓄積され来った第一部門の生産諸力が結局「消費財にまで成熟する」のを如実に看取することができるであろう。

4，右〔上〕に関連して念のために注意して置くが，社会的生産の累進的拡張が前提される限り，第一部門の拡張率が第二部門のそれに比してヨリ大であるのは当然である，ということは，（因みに云う，これは自然的必要に基くものであり，社会形態の如何にかゝわらず妥当とすることである）——このことは決して，資本家社会における生産の累進的拡張そのものに矛盾が存しないということを意味するのではない。ただ，この矛盾の闡明<sup>せんめい</sup>は資本第2巻第3篇におけるマルクスの論究の課題とするところでないことを注意しなければならぬ。

5，両部門間の均衡に関するマルクス的条件を不十分なりとする博士の主張

は，一見マルクスに左翼的修正を加えんとするものの如くであり，奇異の観なきを得ないが如くであるが，これは一つには，只管マルクスのアラを見付け出そうとする熱望に出たのであり，（因みにこのことは，本来手段であるところのものが勢極って自己目的となる，という弁証法的命題を想起せしめる）また一つには，資本家的生産の特殊歴史的な矛盾を――意識的であれ無意識的であれ――超歴史的な，自然的事情に帰せしめようとするものに外ならない。（前の4の項下に私が「因みに」云った所を，また博士がしきりに「技術」を問題とされている事実を勘考せよ。）

191

# 第7章 「内在的矛盾」の問題を
# 「再生産論」に属せしめる見解の一論拠について
## ――『資本論』第2部注32の「覚え書き」の考証的検討――

大谷禎之介

**凡例**

1. 引用文中の傍点，および，〔 〕を付した挿入は，すべて引用者によるものである。
2. 引用文中の下線による強調は，すべて引用文献の著者のものである。
3. 本章ではマルクスの著作（エンゲルス編を含む）を指示するのに次の略号を使っている。

MEW: Karl Marx/Friedrich Engels, Werke, Berlin 1956-1968.

Gr.: Karl Marx, Grundrisse der Kritik der politischen Ökonomie (Rohentwurf). 1857-1858, Berlin 1953.

Kr.: Karl Marx, Zur Kritik der politischen Ökonomie. Erstes Heft. MEW, Bd. 13, Berlin 1961.

K. I, 1. Auflage: Karl Marx, Das Kapital. Kritik der politischen Ökonomie. Bd. I, Hamburg 1867.

K. I, 2. Auflage: Karl Marx, Das Kapital. Kritik der politischen Ökonomie. Bd. I, zweite verbesserte Auflage, Hamburg 1872.

K. I; K. II; K. III: Karl Marx, Das Kapital. Kritik der politischen Ökonomie. Bd. I-III. MEW, Bd. 23-25, Berlin 1962-1964.

Th. I; Th. II; Th. III: Karl Marx, Theorien über den Mehrwert (Vierter Band des „Kapitals"). MEW, Bd. 26, Teil 1-3, Berlin 1965-1968.

Resultate: Karl Marx, Resultate des unmittelbaren Produktionsprozesses (Das Kapital, I. Buch, Der Produktionsprozeß des Kapitals, VI Kapitel). Архив Маркса и Энгельса, т. II (VII), Москва, 1933.

【MEGA: Marx-Engels-Gesamtausgabe.（1975年に刊行開始された第2次MEGA。たとえば，MEGA II/4.1, S. 5.3-4は，MEGA第II部門第4巻第1分冊5ページ3-4行を示す。）】

192　第2部　マルクスによる恐慌・産業循環の理論的展開を跡づける

## はじめに

　「再生産論」[1]は恐慌論にとっていかなる意義を持ちうるか，という問題は，
わが国の再生産論研究および恐慌論研究における一つの中心問題であり，いわ
ゆる「再生産論（再生産表式論）と恐慌論との連繋をめぐる論争」[2]が，いくつ
かの論点にわたって行われてきた。再生産論にかかわる他のほとんどすべての
論争においてもそうであったように，この論争の場合にも，山田盛太郎氏の
『再生産過程 表式 序論』[3]は，強力な影響を及ぼしてきた[4]。山田氏の所説のな
分析

---

1）ここで言う「再生産論」とは，『資本論』第2部第3篇で取り扱われている「社会的総資本の
　再生産と流通」に関する理論のことである。「再生産論」の語をもって資本の再生産に関す
　る理論一般を意味せしめるならば，この語は結局，『資本論』全巻の内容に帰着し，かく
　して経済理論の一定の分野を指すものとしての意義を失うことになるであろう。この点に
　ついては，山本二三丸『再生産論研究』，日本評論新社，1956年，59-60ページ参照。
　　なお，第2部第3篇での理論を指すものとして，しばしば「再生産表式論」，「再生産表
　式分析」，「表式分析論」等の表現が，──山田【盛太郎】氏の『再生産過程 表式 序論』にな
　分析
　らってか──用いられている。けれどもこれらの表現は，第2部第3篇の課題が表式自体
　を論じることにあるのでも表式自体を分析することにあるのでもない，という意味でまっ
　たく不適切であるばかりでなく，さらに，こうした表現を使用する諸論のなかには，第2
　部第3篇の本来の課題を超える諸問題を論じながら，なおかつ第2部第3篇での問題を取
　り扱っているかのような外観をもつ──またじっさいにそう言明している──ものが少な
　くない，という現状からしても，避けるべきだと考える。水谷謙治氏も同じ趣旨のことを
　述べておられる。水谷謙治「再生産論（『資本論』2巻3篇）の成立について（完）」，『立教
　経済学研究』第20巻第3号（1966年12月），145-146ページ参照。
2）この表現は，研究史を取り扱った次の諸論稿のいずれにも見られるものである。井村喜代
　子「恐慌論」（遊部久蔵編『『資本論』研究史』，ミネルヴァ書房，1958年），南克己「恐慌理
　論」（渡辺佐平編『論争・現代の経済理論』，日本評論新社，1962年），川鍋正敏「再生産表
　式論の研究と論争」（遊部久蔵他編『資本論講座』第3巻，青木書店，1964年），鶴田満彦
　「資本蓄積論争」（越村信三郎他編『資本論の展開』，同文舘，1967年）。
3）山田盛太郎「再生産過程 表式 序論」，『資本論体系（中）』（『経済学全集』第11巻）改造社，
　分析
　1931年，所収（以下，「戦前版」と略す）。同『再生産過程 表式 序論』，改造社，1948年（以
　分析
　下，「戦後版」と略す）。
4）たとえば，井村氏は次のように書かれている。「山田盛太郎氏の『再生産過程 表式 序論』は
　分析
　昭和6年に発表されて以来，再生産論研究のほとんど唯一の定本とみなされ，その理論を
　適用した『日本資本主義分析』とともに，戦前，戦後を通じてわが国学界に広汎かつ強力
　な影響をあたえてきた。恐慌論の領域においても，山田氏によるマルクスの恐慌分析の整
　理は研究上の有力な手がかりとされてきたし，戦前以来支配的であった再生産論を中心と

かで，いわゆる「狭隘な消費限界」を――ブハーリンにならって――労働力の価値総額以下への労働力の価格総額の低下にみる見解だけは，さすがに，今日そのままのかたちで主張されることはないようであるが，再生産の「条件」を「決定的条件」と考え，これを恐慌に「連繋」させようとする見解，および「大衆の消費制限」ないしいわゆる「内在的矛盾」を再生産論によって恐慌論に「連繋」させようとする見解は，それらにたいするさまざまな批判[5]にもかかわらず，いまなお，無視しえない影響力を行使しているもののようである。一方では，再生産の「条件」を「決定的条件」ないし「均衡条件」として恐慌に結びつける考え方は，現在さまざまな新しい装いのもとでふたたび登場しつつあるかのように見える。それどころか「最近になると，むしろ再生産論の条件についての山田氏的把握のほうがふたたび有力になってきたといってよい」[6]という見方さえあるのである。他方，再生産論によって「内在的矛盾」と恐慌論とを「連繋」させる論者にいたっては，枚挙にいとまがないとさえ言えるほどである。たとえば，この10年ほどのあいだに【1960年代から1970年代初頭にかけて】刊行されたマルクス経済学の「講座」，「概説」，「入門」などのなかで，こうした考え方に基づいて再生産論ないし恐慌論を解説しているものの数には驚くばかりである[7]。同一執筆者がいくつもの「講座」に繰り返して顔を出しているこ

---

する恐慌理論研究の源泉は，山田氏の『分析序論』にあるといわれている」（井村，前掲論文，84-85ページ）。同様趣旨のことは，南，前掲論文，42-62ページ，川鍋，前掲論文，213-226ページ，鶴田，前掲論文，167-168ページ，にも述べられている。

5）山本二三丸『恐慌論研究』，青木書店，1950年（増補版，1965年）；岡稔「再生産表式の一考察――均衡の前提を中心として」（『経済研究』第3巻第4号，1952年）；山本二三丸『再生産論研究』，日本評論新社，1956年；見田石介『科学論』，青木書店，1958年；岡稔「恐慌理論の問題点」（『講座・恐慌論』III「恐慌の基礎理論」，東洋経済新報社，1958年，所収）；見田石介『資本論の方法』，弘文堂，1963年。なお，最近のものとしては，見田石介「マルクスの方法のヘーゲル主義化――弁証法的方法の問題」（『科学と思想』第2号，1971年）。

　　宇野弘蔵氏も，山田氏の「再生産論と恐慌論との連繋」に関する見解には基本的に反対であることを表明されている。宇野氏の見解は，『恐慌論』，岩波書店，1953年；「恐慌の必然性は如何にして論証さるべきか」（『マルクス経済学原理論の研究』，岩波書店，1959年，所収）；『経済学ゼミナール』(3)「恐慌論・商業利潤論の諸問題」，法政大学出版局，1963年，『資本論研究』III「資本の流通過程」，筑摩書房，1967年。

6）鶴田，前掲論文，170-171ページ。

7）以下，複数の筆者による編著であり，教科書として，あるいは学生を含む一般読者を想定

とを考慮するにしても，マルクス経済学を学ぼうとする人びとに与える影響がかなりのものであることは否定できないであろう。

　筆者は，「マルクス経済学レキシコンの栞」No. 6のなかで，久留間鮫造氏の示唆にもとづき，一つにはいわゆる「均衡蓄積率」なる考え方にたいして，一つには，従来「内在的矛盾」の問題が再生産論に属するとする見解の有力な論拠と見なされてきた，『資本論』第2部第2篇のなかの一つの注の読み方にたいして疑問を提示した[8]。この二つの疑問は，同時に，さきにみた山田氏に発する二つ有力な考え方にたいする疑問でもある。そしてそれらは，論点としてはどちらも限定されたものであるとはいえ，再生産論と恐慌論との関連を正しくとらえるために，現在その解明が必要となっているもののように思われる。本稿は，このような判断に基づき，上記の「栞」では要約的に触れるほかはなかったこの二つの問題のうち，後者の問題を取り上げ，立ち入った検討を試みたものである。

---

して編まれたと見られるもので，たまたま筆者の目にとまったものをあげておく。
　①本間要一郎他共著『マルクス経済学演習』(春秋社，1962年)，第7章「再生産と国民所得」(執筆者金子ハルオ氏)；②宇佐美誠次郎他編『マルクス経済学講座』1 (有斐閣，1963年)，第7章「再生産論」(執筆者二瓶敏氏)；③同，第11章「国民経済・世界経済・恐慌」(執筆者吉村達次氏)；④杉本俊朗編『マルクス経済学研究入門』(有斐閣，1965年)，Ⅵ「再生産 (表式) 論」(執筆者吉原泰助氏)；⑤宇佐美誠次郎他編『マルクス経済学体系』Ⅰ (有斐閣，1966年)，第2編Ⅳ「社会的総資本の再生産と流通」(執筆者二瓶敏氏)；⑥同，「再生産論と恐慌」(執筆者二瓶敏氏)；⑦同，「再生産表式論の意義と限度」(執筆者吉原泰助氏)；⑧古川哲編『経済学要論』(有斐閣，1967年)，第4章「資本主義的流通・再生産」(執筆者古川哲氏)；⑨手島正毅編『経済学の基礎』(有斐閣，1968年)，第Ⅱ部第2章Ⅺ「社会的総資本の再生産」(執筆者二瓶敏氏)；⑩見田石介他監修『マルクス主義経済学講座』下 (新日本出版社，1971年)，第9章「社会的総資本の再生産と流通」(執筆者二瓶敏氏)，⑪島恭彦他編『新マルクス経済学講座』1 (有斐閣，1972年)，第8章「社会的総資本の再生産と流通」(執筆者鍋島力也氏)。
8) 久留間鮫造編『マルクス経済学レキシコン』⑥「恐慌Ⅰ」，大月書店，1972年，「マルクス経済学レキシコンの栞」，19-24ページ。【本書に第1章として収めた。】

第7章 「内在的矛盾」の問題を「再生産論」に属せしめる見解の一論拠について　195

## 1 従来の諸見解における「覚え書き」の取り扱い

### 1.1 問題の箇所

　まず，本稿で問題にする『資本論』第2部の注32の全文を掲げておこう。この注は，「第2篇　資本の回転」，「第16章　可変資本の回転」，「第3節　社会的にみた可変資本の回転」のなかにある。念のために言えば，この注の冒頭の注意書きは第2部の編者であるエンゲルスによるものであり，それ以下の引用符に収められた「覚え書き」がマルクスのものである。

　　「原稿ではここに，将来の詳論のための次の覚え書きが書き込まれている[9)]。——「資本主義的生産様式における矛盾。——商品の買い手としての労働者は，市場にとって重要である。しかし，彼らの商品——労働力——の売り手として〔の労働者について〕は，資本主義社会は，彼らの商品の価格を最低限に制限する傾向をもつ[10)]。——さらに次の矛盾[11)]。——資本主義的生産がその全潜勢力を尽くす時代は，きまって，それが過剰生産の時代であることを示すことになる。なぜならば，生産の潜勢力は，それを充用することによってそれだけ多くの価値が，生産されうるばかりでなく実現もされうる，というようには，けっして充用されえないからである[12)]。

---

9) 「書き込まれている〔eingeschaltet sein〕」は，岡崎訳および長谷部訳では「挿入されている」と訳されている。後述するように，ここでは別紙に書いて「挟み込んである」のではなく，草稿そのものに書かれているものと思われるので，誤解を避けるためにこのように訳した。

10) 原文：Aber als Verkäufer ihrer Ware‐der Arbeitskraft‐hat die kapitalistische Gesellschaft die Tendenz, sie auf das Minimum des Preises zu beschränken. 不完全な文章なので，訳文に補足をした。

11) 原文：Fernerer Widerspruch. 岡崎訳，長谷部訳ともに「もう一つの矛盾」としている。「さらに加えてこういう矛盾がある」，という趣旨であろうと思われる。

12) 原文：... weil die Produktionspotenzen nie so weit〔Institut版では soweit〕angewandt werden können, daß dadurch mehr Wert nicht nur produziert, sondern realisiert werden kann. この文章は，文字どおりに訳すと意味が内容的にはっきりしないものになるように思われる。たとえば，岡崎訳——「なぜならば，生産の潜勢力は，それによってより多くの価値が単に生産されうるだけではなく実現もされうるほどには，けっして充用されることができないからである。」

196　第2部　マルクスによる恐慌・産業循環の理論的展開を跡づける

　　商品の販売，商品資本の，したがってまた剰余価値の実現は，社会一般の
　消費欲望によって限界づけられているのではなくて，その大多数の成員が
　つねに貧乏であり，またつねに貧乏であらざるをえないような社会，この
　ような社会の消費欲望によって限界づけられているのである[13)14)]。しかし
　このことは，次のAbschnittではじめて問題になることである[15)16)]。」(K.

---

13) この文章にはaberという語があるが，これは前の文にたいする〈対立〉ないし〈対照〉を
　　意味するものではなくて，たんなる〈継続〉を表わすにすぎないものと思われるので，訳
　　語としては表わさなかった。

14) 山田盛太郎氏の『再生産過程表式序論』における引用では，「社会一般の消費欲望」(die
　　konsumtiven Bedürfnisse der Gesellschaft überhaupt) のところが，「社会の消費的諸需要
　　一般」とされている（戦前版328ページ，戦後版74ページ）。山田氏は，この文章の後半
　　の「このような社会の消費欲望」を「労働者階級の狭隘な消費「限界」」と読み，これに対
　　立するものとして「社会の消費的諸需要一般」を考えておられるようである。しかし，こ
　　れは誤解であろう。ここで対立させられているのは，資本主義社会における「消費欲望」
　　と抽象的に考えられた人間社会一般における「消費欲望」とである。

15) この一文は問題の文章なので，その原文と諸訳とをかかげておく。
　　原文：Dies gehört jedoch erst in den nächsten Abschnitt.
　　岡崎訳（大月書店版，387ページ）：「しかし，これは次の篇ではじめて問題になること
　　　である。」
　　向坂訳（岩波書店版，372-373ページ）：「しかし，これは，次篇にはいってから論ぜら
　　　れるべきことである。」
　　長谷部訳（河出書房版，237ページ）：「だが，これは次篇になってからの問題である。」
　　英語訳（1957年モスクワ版，p. 316）：However, this pertains to the next part.
　　フランス語釈（Éditions sociales版，p. 294）：Mais ceci trouva sa place dans la section
　　　suivante.
　　同（Pléiade版，Rubel訳，p. 695）：Toutefois, cette question relève de la section suivante.
　　ロシア語訳（全集，стр. 356）：Однако это относится только к следующему отделу.
　　レーニンが『経済学的ロマン主義の特徴づけによせて』のなかで，ダニエリソーン批判
　　に関連してこの文章を引用していることは，あとで本文で触れるが，そこでのレーニンの
　　訳文では，上のロシア語訳のэтоの前にвсеを入れたかたちになっており，直訳すれば
　　「これらはすべて」となるわけである (В. И. Ленин, Полн. собр. соч., 5 изд., т. 2, Москва,
　　1967, стр. 161)。邦訳『レーニン全集』では，マルクスの原文から訳して，次のようになっ
　　ている。「しかし，このことは，つぎの篇ではじめてとりあつかうべきことである。」(『レ
　　ーニン全集』第2巻，大月書店，1954年，152ページ。)
　　　次項でふれる，山田盛太郎氏の『再生産過程表式序論』では，次のようになっている。
　　「然しこの問題は次篇に於いて初めて取扱ふべきである。」（戦前版332ページ，戦後版78
　　ページ。)
　　　山田氏のこの訳文に関連して，山本二三丸氏は次のように言われている。「原文の意味

II, S. 318.【MEGA II/11, S. 308.】）

　この「覚え書き」は，従来，「労働者階級の狭隘な「消費」限界」ないしいわゆる「内在的矛盾」の問題が『資本論』第2部第3篇に属するものであることをマルクス自身が明言している箇所として重視されてきたものである。

　たしかに，この「覚え書き」のなかでは，あらゆる制限を乗り越えて生産力を発展させようとする資本主義的生産の傾向と，価値増殖を目的とする資本の本性によって規定された資本主義的分配諸関係との，したがってまた労働者階級の狭く限られた消費能力との矛盾——山田氏の『再生産過程 表式分析 序論』[17]以

---

　を忠実に表現するためには，「だが，このことは，ただ次篇だけが適当しているのである」というように訳すべきではないかと考えられる。」(『恐慌論研究』，増補版，前出，59ページ。)

16) この文章のなかのAbschnittの意味をどうとるべきかについては本文で検討するので，ここではこの語を含む文章全体の言い回しについて触れておく。この文章について注意が必要なのは，この表現は『経済学批判要綱』以降，留保事項の属すべき箇所を指示するさいにきわめてしばしば用いられる最もありふれた言い回しだ，という事実である。

　『要綱』では，これこれの事項はどこどこに属する，ということを言うのに，in etw. gehörenが最も多く使用されている (Gr., S. 241, 267, 292, 302, 339, 420, 429, 542, 564, 564, 626, 637, 647, 702, 975【MEGA II/1, S. 250, 273, 297, 306, 347, 421, 430, 532, 554, 554, 613, 624, 634, 682; MEGA II/2, S. 260】usw.)。このなかには，上の文章にそっくりのものもある。„Dies gehört aber erst in das Kapitel von der Konkurrenz." (Gr., S. 647.【MEGA II/1, S. 634.】) erstがともに使われている用例はほかにもある (Gr., S. 542, 626【MEGA II/1, S. 532, 613】)。

　『剰余価値学説史』の例：Th. I, S. 81, 202, 379; Th. II, S. 24, 43, 166, 469, 485; Th. III, S. 48, 165, 224, 305, 348【『1861-1863年草稿』。MEGA II/3.2, S. 402, 496, 553; II/3.3, S. 686, 704, 820, 1090, 1107; II/3.4, 1246, 1347, 1447; II/3.5, S. 1799; II/3.6, S. 2176】usw.

　『直接的生産過程の諸結果』の例：Resultate. стр. 132, 140, 146, 216, 232.【MEGA II/4.1, S. 8, 46, 111, 114, 117,】

　『資本論』の例——K. I, S. 565, 571【MEGA II/6, S 505, 510】；K. II, S. 113【『資本論』第2部第5稿，MEGA II/11, S. 651】；K. III, S. 241, 245, 772【『資本論』第3部第1稿，MEGA II/4.2, S. 305, 320, 706】usw.

　このin etw. gehörenは，〈……に属する〉，〈……にはいる〉，〈……で取り扱うべきだ〉，〈……にふさわしい〉，という意味であり，マルクスにとっては英語でいえばbelongに等しい語感のものだったようである。次の例をみられたい。

　„To consider those changes themselves belongs altogether to the chapter treating of wages-labour." (Gr., S. 702.【MEGA II/1, S. 682.】)

　なお，本文中の訳で，大月書店版と同じく，「……ではじめて問題になることである」としたのは，erstという語を訳文に生かしたかったからにすぎない。

17) 山田，前掲書，戦前版327ページ，戦後版73ページ。

来，通常「内在的矛盾」と呼ばれてきた矛盾——について語られている。また，最後の文章ではマルクスは，「このことは，次のAbschnittではじめて問題になることである」，と書いている。そして，このなかの「次のAbschnitt」は，従来「次の篇」と読まれ，訳され，またその「篇」とは，当然，第2部第3篇であると考えられてきたので，結局，マルクスは大衆の消費制限の問題および「内在的矛盾」の問題を第2部第3篇で論じようとしていた，と考えられるほかはなかったわけである。

　エンゲルスが編集した現行『資本論』第2部は，「第1篇〔Erster Abschnitt〕　資本の諸変態とその循環」，「第2篇〔Zweiter Abschnitt〕　資本の回転」，「第3篇〔Dritter Abschnitt〕　社会的総資本の再生産と流通」の三つの篇から成っており，その「第2篇」のなかで「次のAbschnitt」と言うのであるから，これは次の「第3篇」のことだ，と考えるのも，しごくもっともなことのようにみえる。じっさい，山田氏をはじめ多くの論者がそのように考え，理論的な展開のさいの一つの論拠にしてきたのである。

　本節では，以下，「次のAbschnitt」を第2部第3篇であるとしている主要な論者の，この点に関する見解を見ることによって，「次のAbschnitt」のこのような理解が再生産論研究および恐慌論研究において一定の役割を果たしてきたことを確認しておくことにしよう。

## 1.2　山田盛太郎氏

　まず，山田盛太郎氏の『再生産過程 表式分析 序論』を取り上げる。これはかなりよく知られているものではあるが，その後の研究に大きな影響を与えたものなので，少し詳しく見ておくことにしたい。

　山田氏は『再生産過程 表式分析 序論』の基幹的な部分をなすと思われる「第1章　単純再生産，第1表式に表現された一般的運動」を二つの部分にわけ，「〔A〕表式と運動」において「単純再生産の表式に表現された一般的運動」[18]を分析し，次の「〔B〕表式と条件」において，再生産の「条件」と恐慌との「連繋」を検討することによって「条件の意義」[19]を明らかにしようと努められている。

---

18）同前，戦前版342ページ，戦後版88ページ。

第7章 「内在的矛盾」の問題を「再生産論」に属せしめる見解の一論拠について　199

　「〔B〕表式と条件」では，問題を2点に限定して検討される。まず，再生産の「条件」が恐慌の一層発展した可能性をなすという点が述べられ，続く〔2〕では，「条件と狭隘な「消費」限界との連繋」が分析される。問題の「覚え書き」が出てくるのは，この項目のなかでである。

　この〔2〕での主要な問題は，「狭隘な「消費」限界と恐慌との連繋」[20]についての「マルクスの見地と過少消費説との間の決定的分岐点」[21]を明らかにすることである。山田氏によれば，「「労働者たちの消費資料の価値」[22]以下への「労働者の支払われる労働賃銀総額」[23]の低下は，労働者階級の所謂る狭隘な「消費」限界を形成し，この限界は恐慌において一定の役割を演ずることは自明である。狭隘なる「消費」限界と恐慌との連繋は茲で正当に把握されねばならぬ」[24]。しかし，過少消費説のように，「狭隘な「消費」限界から直ちに恐慌を説明し様とするのは又誤謬である」[25]。そこでこの「連繋を一層立ち入って規定」[26]するために，まず，マルクスが「資本家的生産様式に於ける，生産諸力を無制限的に発達せしめんとする一傾向と労働者階級の狭隘な「消費」限界との矛盾を確言している」[27]こと，つまり，「狭隘な「消費」限界」が「資本家的生産様式に内在する矛盾」[28]（「内在的矛盾」[29]）の一極をなすものであることを確認される。山田氏はそのために，マルクスから五つ，ほかにコミンテルンの『綱領』から一つ，合わせて六つの引用を示されているが，そのうち最初の引

---

19）同前，戦前版342ページ，戦後版88ページ。

20）同前，戦前版327ページ，戦後版73ページ。

21）同前，戦前版333ページ，戦後版79ページ。

22）この語句の引用符は，それがブハーリンの『帝国主義と資本蓄積』から取られたものであることを示している。

23）この語句の引用符は，それがブハーリンの『帝国主義と資本蓄積』から取られたものであることを示している。

24）山田，前掲書，戦前版325ページ，戦後版71-72ページ。

25）同前，戦前版327ページ，戦後版73ページ。なお，同書，戦前版325，331ページ，戦後版72，77ページ参照。

26）同前，戦前版327ページ，戦後版73ページ。なお，同書，戦前版325，331ページ，戦後版72，77ページ参照。

27）同前，戦前版327ページ，戦後版73ページ。

28）同前，戦前版327ページ，戦後版73ページ。

29）同前，戦前版327ページ，戦後版73ページ。

用が，問題の「覚え書き」——ただし「次のAbschnitt」という語を含む最後の
「ただし書き」は除いて——である。続いて山田氏は，マルクスにあっては「か
の「消費」限界は明らかに資本家的生産に対する一制限ではあるが，之れを以
って直ちに恐慌を説明するのは誤謬である」[30]と言われ，この，「直ちに」説明
するかしないか，というところに「マルクスの見地と過少消費説とを区別する
点がある」，と重ねて確認される。そして「然らば両者を別つ決定的な分岐点
は何であるか」と問われ，この「連繋」をマルクスがどのようにとらえている
かということを明らかにすることによって，「マルクスの見地と過少消費説の
誤謬」についての最終的な結論を与えようとされるのである。

　ここで，「覚え書き」における「次のAbschnitt」が，重要な役割を果たすべ
きものとして登場することになる。

　　「引用第1〔「覚え書き」のこと〕の末尾に続いて，右の如き但し書きがある。
　　即ち，「然しこの問題は次篇に於いて初めて取扱ふべきである」と。所謂
　　る次篇とは『資本論』第2巻第3篇「社会的総資本の再生産及び流通」を指
　　称してゐる。之れに依ってマルクスが，所謂る「消費」限界の問題を再生
　　産論に包括せられるものとなして居ること明かである。」[31]

　山田氏はこれに続けて，「このことは，レーニンにおいても同様である」と
して，レーニンの著書『経済学的ロマン主義の特徴づけによせて』からの一節
を引用される。山田氏によれば，この引用のなかでレーニンは，「「消費」限界
の問題は，再生産論を解明することなしに解明し難いことを力説しているので
ある」[32]。この点については，さらに，レーニンの『ロシアにおける資本主義
の発展』からの一節が引用されている。

　このように，「狭隘な「消費」限界」の問題が再生産論に「包括」され，再生
産論の解明なしには解明されえないものであることを確認されたうえで，山田
氏は「今一度び先きの単純再生産表式の分析を顧み」[33]られる。ここでは，Ic
+v+m およびIIc+v+m から成る再生産表式のうち「労働者階級の狭隘な

---

30）同前，戦前版331ページ，戦後版77ページ。
31）同前，戦前版331ページ，戦後版78ページ。
32）同前，戦前版332ページ，戦後版78ページ。
33）同前，戦前版333ページ，戦後版78ページ。

「消費」限界と連繋する部分」は，Ⅰv および Ⅱv であることが述べられ，続いて
ただちに次の結論が導かれる。

「この関係において，マルクスの見地と過少消費説との間の決定的分岐点
が明瞭となる。即ち，マルクスの見地に於ける恐慌の問題は，第1及び第
2の両部門 c，v，m なる価値諸構成部分における生産物総計9000として
総括せられている所の，資本家的生産の全機構震憾の問題として把握せら
れている。然るに過少消費説においては，恐慌の問題がvの1500丈けの
問題に押し込められている，と云うこと之れである。」[34]

続いて，「この分界線はレーニンに依って定式化せられたところである」[35]と
して，さきの『経済学的ロマン主義の特徴づけによせて』からの引用に先だつ
一節が引用され，最終的に次のようにまとめられている。

「以上過少消費説から峻別せられた所の，マルクスの見地に於いては，資
本家的生産の全機構震憾が（換言すれば生産の社会的性質と領有の私的性
質との間の矛盾が），社会の総生産物合計9000の価値補塡＝素材補塡の過
程（即ち，直接的生産過程と流通過程との統一＝対立たる所の総流通＝総
再生産の過程）に於ける「一層発展せる恐慌の可能性」を通じて，強力的
に爆発するものとして，恐慌を，把握してゐる。従って結局vの1500丈
けの問題として，恐慌を，把握せんとする過少消費説の誤謬は今や明瞭で
ある。」[36]

見られるように，山田氏にあっては，「マルクスの見地と過少消費説との間
の決定的な分岐点」は，過少消費説にあっては「狭隘な「消費」限界」がただち
に恐慌に「連繋」せしめられ，したがって恐慌はvだけの問題に押し込められ
ているのにたいして，マルクスの場合には，「「消費」限界」の問題は再生産論
に「包括」されるものとされており，この再生産論の分析によれば，恐慌は再
生産表式においてⅠc＋v＋m およびⅡc＋v＋m として「総括」されている「資
本家的生産の全機構震撼の問題」として把握されている，ということである。
そして，『序論』での論述の展開そのものに即して言うかぎり，「「消費」限界の

---

34) 同前，戦前版333ページ，戦後版79ページ。
35) 同前，戦前坂333ページ，戦後版79ページ。
36) 同前，戦前版334ページ，戦後版80ページ。

202　第2部　マルクスによる恐慌・産業循環の理論的展開を跡づける

問題」が「再生産論に包括せられている」ということの山田氏の論拠は，ただ，「覚え書き」でマルクスがそう言っている，ということ，ならびに，レーニンも同じ典拠によって同じ結論を引きだしている，ということに尽きるのである。したがって，『序論』における山田氏の所説のなかでは，「次のAbschnitt」イコール第2部第3篇という解釈が，枢要な地位を占めていることは明らかである。

　それでは，この解釈は何によって支えられているのであろうか，何によって証明されているのであろうか。残念ながら，それは断言されているだけであって，少なくとも『序論』の文面で見るかぎり，山田氏には，なんらかの検討が必要だという意識すらない，と言わざるをえないのである。

　本稿は以上の山田氏の所説を全体として検討しようとするものではない。にもかかわらず上のようにかなり立ち入って紹介したのは，「次のAbschnitt」の解釈という一見ささやかな問題が，山田氏とマルクスとの「両者を別つ決定的分岐点」たりうるかもしれぬほどの重要な位置にあるものであることを明らかにするためだったのである。

## 1.3　レーニン

　ところで上述のように，山田氏は，「覚え書き」の末尾の「但し書き」によって，「マルクスが，所謂る「消費」限界の問題を再生産論に包括せられるものとなして居ること明らか」，とされるさいに，「このことは，レーニンにおいても同様である」，と言われて，レーニンによって自説を補強されようとしている。そこで，次に，レーニンの『経済学的ロマン主義の特徴づけによせて』における当該箇所の論旨を見ておくことにしよう。

　レーニンは，同書第1章の「7. 恐慌」で，ロシアにおけるシスモンディの追随者たるニコライ・──オン（ダニエリソーン）の恐慌理論を，マルクスのそれと対比して，要旨，次のように批判する。──〈過少消費説が生産と労働者階級の消費との矛盾によって恐慌を説明しようとするのにたいして，マルクスは生産の社会的性質と取得の私的性質との矛盾によって恐慌を説明する。しかし，マルクスは前者の矛盾の存在を否定するのではない。その存在を完全に確認したうえで，ただ，それにふさわしい従属的な地位をあてがっているのだ。恐慌

は，従属的な地位にある前者の矛盾によってではなくて，より根本的な後者の矛盾によって説明されるほかはない。ところが，ダニエリソーンは，マルクスが前者の矛盾の存在を確認しているにすぎぬところを引用することで過少消費説を擁護しようとしている。これはまったくおかしいではないか〉[37]。

レーニンは，このおかしな引用の仕方の一例としてダニエリソーンが例の「覚え書き」を引用して自説を擁護しようとしているのを引き，次のように言うのである。

「もちろん，こんなふうに引合いに出すことは，不適切な引用をするという，この著者にとって一般に特徴的な能力を示すだけであり，それ以上のものではない。たとえば，彼の『概要』を知っている読者ならだれでも，「商品の買い手としての労働者は，市場にとって重要である。しかし，彼らの商品——労働力——の売り手として〔の労働者について〕は，資本主義社会は，彼らの商品の価格を最低限に制限する傾向をもつ」という彼の「引用」をもちろん覚えているであろうし，またニコライ・——オン氏が「国内市場の縮小」をも，恐慌をも，ここから結論づけようとしていることを覚えているであろう。しかし，わが著者は，この文章（われわれが説明したとおり，この引用はなにものも証明しないのであるが）を引用しながら，なおかつ，この引用文を取り出したその脚注の末尾のところを抜かしているのだ。」[38]（下線はレーニンの強調。）

これに続いて，山田氏が自分の解釈は「レーニンにおいても同様である」として引用された一文がくる。

「この引用文は，『資本論』第2巻第2篇の草稿に書き込まれた覚え書きであった。この覚え書きは，「将来の詳論のために」書き込まれたのであり，また草稿の出版者〔エンゲルス〕は，その覚え書きを注としたのである。この覚え書きでは，前述の言葉のあとで，次のように言われている。「しかし，これはすべて〔все〕次の篇〔отдел〕で」[39]，すなわち第3篇で「はじめて

---

37）В. И. Ленин, К характеристике экономческого романтизма. Полн. собр. соч., 5 изд., т. 2, стр. 158-160. 邦訳『全集』第2巻，150-152ページ。

38）Там же, стр. 160. 同前，152ページ。

39）この引用符のなかは，レーニンによるロシア語訳によっている。注15を参照。

問題になることである」と。ところがこの第3篇とはなにか？ それは，ほかならぬ，社会的総生産物の二つの部分に関するＡ・スミスの理論の批判（シスモンディに関する上述の批判とともに）と「社会的総資本の再生産と流通」の，すなわち生産物の実現の分析とを内容とする，あの篇なのである。」[40]（下線はレーニンの強調。）

そして最後に，このパラグラフは次のように締めくくられている。

「つまり，わが著者は，シスモンディを繰り返している自分の見解を確認しようとしてこの覚え書きを引用しているのであるが，その覚え書きは，シスモンディを論駁している「篇ではじめて」，すなわち，資本家は剰余価値を実現することができるということ，また外国貿易を実現の分析に持ち込むことは不合理だということが示されている「篇ではじめて」問題になるものなのである。」[41]（下線はレーニンの強調。）

以上のような前後の関連のなかで，山田氏が引用されている部分を読むならば，この部分は次のことを主張するために書かれていることは明らかである。すなわち，マルクスは第2部第3篇で「資本家は剰余価値を実現することができる」ということを示しているのだが，「生産と労働者階級の消費との矛盾」はマルクス自身によって第2部第3篇の問題だとされているのだから，このような「矛盾」をもって実現の困難を，いわんや恐慌を説明することはできないのだ，と。

したがって，さきの山田氏もここでのレーニンも，ともに「覚え書き」を一つの論拠にして過少消費説を批判しているのではあるが，両者の批判の内容はまったく違っている。この両者を，「覚え書き」を小前提とする三段論法の形式で表現すれば，それぞれ次のようになる。

**山田氏の場合**

1. 「狭隘な「消費」限界」は恐慌に「連繋」している。
2. この「限界」の問題は再生産論に属すべきものである。
3. それゆえ，「限界」は再生産論を通じて恐慌に「連繋」されるべきだ。

---

40) Там же, стр. 160-161. 同前，152ページ。
41) Там же, стр. 161. 同前，152ページ。

### レーニンの場合

1. 再生産論はシスモンディを論駁して剰余価値の実現が可能であること を示している。
2. そして，「生産と消費との矛盾」の問題はこの再生産論に属すべきもの である。
3. それゆえ，この「矛盾」によって恐慌を説明することはできない。

　両者の違いは一見して明らかである。それどころか，前者の大前提と後者の 結論とを，前者の結論と後者の大前提とを，それぞれ対比してみれば，その違 いの大きいことは一層はっきりするであろう。だから，山田氏が「このことは， レーニンにおいても同様である」としてレーニンのこの箇所を引用されたとき に，「同様」であったのは，じつはただ両者の小前提，すなわち「覚え書き」の 解釈だけだったのである。

　だが，それにしても，「次の Abschnitt」を第2部第3篇であるとしているこ の解釈の内容ばかりでなく，この解釈が断言されているだけでなんらの論証も 行われていない，という点も，「レーニンにおいても，同様」であった。した がって，もしこの解釈が誤っているとしたならば，レーニンのさきの推論もあ らためて検討されなければならないであろう。

## 1.4　山本二三丸氏，宇高基輔氏，富塚良三氏，二瓶敏氏

　[山本二三丸氏]　戦後，山田氏の『再生産過程 表式分析 序論』の再刊を機に簇出 したもろもろの「均衡論的」再生産論ならびに「再生産論を基調とする恐慌理 論」を克明に批判することによって，戦後の再生産論研究および恐慌論研究に 一つの画期をもたらしたのは，山本二三丸氏の『恐慌論研究』であった。山本 氏はとりわけ，わが国での研究に大きな影響を与えた山田氏の『再生産過程 表式分析 序論』を取り上げ，このなかで恐慌に関説している部分を徹底的に検討さ れた。そのさい，山本氏は山田氏とレーニンとの違いを明らかにし，山田氏を 批判されているが，「覚え書き」を論拠とする二つの議論の違いを正確に描き 出されている。

　　「レーニンが……〔「覚え書き」の〕「但し書」をことさらにとり上げたのは，
　　ほかならぬ生産と消費との矛盾によって，すなわち，山田氏のいわゆる

206 第2部 マルクスによる恐慌・産業循環の理論的展開を跡づける

「内在的矛盾」によって恐慌を説明している浪漫主義者たちが，同じこの「内在的矛盾」を説明している『資本論』第2巻第2篇の脚注……をもって自説の論拠たらしめようとしているのにたいして，その論理的自家撞着をつかんがためであった。したがってこの「但し書」は，そのものとして問題にされているのではなく，『資本論』の著者の恐慌理論がまさしく過少消費説と正反対のものであることを端的に示すために役立たせられただけなのである。……レーニンによれば，「内在的矛盾」による恐慌の説明，したがって大衆の消費制限と恐慌との連繫を再生産論——第2巻第3篇——の中に求めるのは「馬鹿げたことだ」ということが，この第2巻第3篇によって明らかに示されているのである。……レーニンの説明と山田氏の主張との間には，こえがたい溝があるように考えられる。」[42]

山本氏はこのレーニンの立場に一致して山田氏を批判されている。山本氏のレーニン理解は基本的に正しいと言うべきであろう。ただ，しかし，山本氏も，山田氏とレーニンとに共通であった「覚え書き」の解釈をともにされ，次のように述べられている。

「「引用の1」〔「覚え書き」のこと〕は，いうまでもなく，資本主義に固有の，生産と消費との矛盾を指摘したものであり，この「次篇」とは，第2巻第3篇「社会的総資本の再生産および流通」にほかならぬ。つまり，生産と消費との間の「内在的矛盾」は，第2巻第3篇の再生産論において最も適当な研究対象となるということである。」[43]

ここにも，「次のAbschnitt」が第2部第3篇であることの論証は見られない。山本氏にあっても，この解釈はレーニンに依拠されたものであったと考えざるをえないのである。

　[宇高基輔氏]　山本氏の『恐慌論研究』をいちはやくとりあげられ，その批判を試みられたのは宇高基輔氏である。宇高氏は論文「再生産論と恐慌論との連繫について」[44]において，「山本氏の所説のうちで最も多く問題点を含んでい

---

42) 山本二三丸『恐慌論研究』，増補版，前出，64ページ。
43) 同前，58-59ページ。
44) 宇高基輔「再生産論と恐慌論との連繫について——山本二三丸著『恐慌論研究』によせて」，『社会科学研究』第3巻第1号，1951年2月，所載。のち，横山正彦編『マルクス経済学論

第7章 「内在的矛盾」の問題を「再生産論」に属せしめる見解の一論拠について 207

ると考えられるのは，山田氏の「マルクスの見地と過少消費説の誤謬」の批判
にあてられた第4節「過少消費説の誤謬」と題する部分である」[45]，とされ，山
本氏の見解，すなわち，「山田氏によるレーニンからの引用の内容は，「内在的
矛盾」から「恐慌」をひき出そうとするような試みは第2巻第3篇によって反駁
されている，という確認である」[46]という見解に批判を集中される。

　宇高氏によれば，「内在的矛盾」は「再生産論の結論」[47]なのであり，山本氏
の誤りはマルクス＝山田氏の「内在的矛盾」とシスモンディ流の過少消費説に
おける「生産と消費との矛盾」とを「完全に同一視」[48]するところから生じてい
る。宇高氏は，山田氏とレーニンとの一致を強調して，いわば山田氏の立場か
ら山本氏に反批判を加えられたのであるが，さらにそれにとどまらず，山田氏
においては必ずしも明確ではなかったいくつかの論点をいっそう明確なかたち
で述べられることとなった。そのなかでも目につくのは，山田氏においては明
言されていなかった次の点である。

　　「再生産論が恐慌理論に提示するところのものは，「恐慌の窮極の根拠」
　としてのかの「内在的矛盾」の解明のみにとどまらない。それはさらにい
　わゆる「恐慌の一そう発展せる可能性」を提示する。……恐慌が資本制生
　産の「全機構震憾」であるかぎり，それはまさに，かの「内在的矛盾」を
　「根拠」とし，かつ総再生産過程にあらわれるその「一そう発展せる可能
　性」を通じてのみ，現出するものであり，その「根拠」，「一そう発展せる
　可能性」を解明するところの再生産論が，恐慌の基礎理論を構成するもの
　であることは明らかである。」[49]

　このなかには，山田氏が明言されていなかったにもかかわらず，その所説に
傾向として含まれていたと見られる再生産論把握が明確なかたちで引きだされ
ている。曰く，再生産論は，恐慌の根拠＝内在的矛盾，および，恐慌の一層発
展せる可能性を解明する，恐慌の基礎理論である，と。

---

　　集』，河出書房新社，1960年，に所収，以下，この『論集』による。
45）同前，201ページ。
46）山本『恐慌論研究』，増補版，前出，73ページ。
47）宇高，前掲論文，203，206，207，210ページ。
48）同前，203ページ。
49）同前，210-211ページ。

208 第2部 マルクスによる恐慌・産業循環の理論的展開を跡づける

このような宇高氏の所説にとって，かの「覚え書き」が，山田氏の場合と同様の役割を果たすべきものとされることは当然であろう。宇高氏は言われる。

> 「さきのレーニンの引用文（「第1の引用」）中の，マルクスの「覚書」の最後の「但し書」の論旨は，まさに生産と大衆の消費制限との問題は，第2巻第3篇においてはじめて取扱わるべきである。いいかえれば，再生産論においてはじめて，かの「内在的矛盾」が，したがってまた「大衆の消費制限」の真の意味が，せん明される，という意味にほかならない。レーニンはまさしくマルクスのこの「覚書」に則って，マルクスの表式分析を発展させ，資本制拡大再生産の法則を展開したことは，周知のところであろう。」[50]

ここには，宇高氏にとっての「覚え書き」の重要な意義が示されていると同時に，また，宇高氏の場合にも「次のAbschnitt」が第2部第3篇を指すことがまったく疑問の余地のないものとして考えられていること，これが示されているであろう。

[**富塚良三氏**]　富塚良三氏は，論文「再生産表式論の意義と限界〔II〕」[51]において，「再生産表式論に固有の方法的限定を明確にしながら，しかもそれが恐慌論に対してもちうべき積極的意義を充分に生かすことが肝要であり，またそのために再生産表式論を一層精密化し発展させることが必要なのである」[52]という見地に立たれ，「従来の論争の成果と到達点とを，前望的な意図のもとに批判的に確認し，この問題に結着をつけておく」[53]ことを企図して，「山田盛太郎氏・山本二三丸氏・宇高基輔氏などの諸氏の見解の対比検討を通じて，再生産表式論の意義と限界とを確定すべく試み」[54]られている。このなかで富塚氏は，山田，山本，宇高，三氏の見解を要約的に紹介されたのちに，次のように書かれている。

---

50)　同前，207ページ。

51)　富塚良三「再生産表式輪の意義と限界〔II〕——戦後の「再生産論＝恐慌論・論争」によせて」，『世界経済評論』1959年7月号所載。のち，『恐慌論研究』，未来社，1962年，に所収。以下，『恐慌論研究』による。

52)　同前，290-291ページ。

53)　同前，291ページ。

54)　同前，292ページ。

第7章 「内在的矛盾」の問題を「再生産論」に属せしめる見解の一論拠について　209

「以上にみた三様の見解はいずれも，前述の『資本論』第2巻第2篇脚注32の叙述に付されたマルクスの「但し書」と，それについてのレーニンの『経済学的ロマン主義の特徴づけについて』第1章第7節でのナロードニキ的過少消費説批判にさいしての関説とに，依拠するものであった。「恐慌の究極の根拠」に関するマルクスの命題と，第2巻第3篇での表式分析による「再生産の諸条件」の析出・把握とは，方法的に如何なる関係にあるものとして理解さるべきであろうか。」[55]

ここでは，富塚氏が，三氏とも「但し書」とそれについてのレーニンの関説とに「依拠」している，と見ておられること，そしてそれについては何らの疑問も提起されることなく，むしろ，この「但し書」を前提にして氏自身の問題を設定されていることが読み取られるのである。

　[二瓶敏氏]　さきに──「はじめに」で──，「内在的矛盾」をもって再生産論と恐慌論とを「連繋」させる立場から書かれた概説書が非常に多い，ということを述べ，注7でそのうちから目にとまったものを例示したのであるが，ここでそれらのうちから，それらに最も多く執筆されている二瓶敏氏の所説を見ておくことにしよう。

「マルクスが，『資本論』第2巻第3篇の有名な注32で，「商品購買者としての労働者は市場にとって重要である。だが彼らの商品の──労働力の──販売者としては，資本制社会はこれを最低価格に制限する傾向がある。」という矛盾を「次篇になってからの問題である。」と指摘した[56]ように，生産過程の分析を通じて明らかにされた資本と労働との対立は，流通過程（「市場」）においてはじめて生産と消費との内的統一と外的対立の関係として現れるのであり，従ってこの矛盾は，第2巻第3篇再生産表式分析を通じて明らかにされた社会的総生産物の価値・素材補塡の連関のなかで，はじめて措定されるものとされなければならない。」[57]

---

55) 同前，299ページ。
56) 【二瓶氏は，覚え書きで言う「次篇になってからの問題」は，「商品購買者としての労働者は市場にとって重要である。だが彼らの商品の──労働力の──販売者としては，資本制社会はこれを最低価格に制限する傾向がある」という矛盾だ，とされているが，この矛盾は，いわゆる「内在的矛盾」とは──無関係ではないにせよ──はっきりと区別されるべきものである。二瓶氏はここで，この二つの矛盾を一括して扱われているのである。】

210　第2部　マルクスによる恐慌・産業循環の理論的展開を跡づける

*

　以上，山田，レーニン，山本，宇高，富塚，二瓶，の諸氏の所説における「覚え書き」の取り扱いを通観したのであるが，これを通じて，われわれは次のことを確認することができる。——すなわち，第1に，これらの論者のすべてが，「覚え書き」における「次の Abschnitt」を「次の篇」と読み，この「篇」は現行『資本論』第2部の篇別構成における三つの篇のうちの一つを指すものと考え，したがって「次の篇」とは「覚え書き」のある第2篇の次の第2部第3篇のことだ，としていること，そこから第2に，どの論者も「労働者階級の消費制限」ないし「内在的矛盾」の問題は第2部第3篇に属すべきものだと考え，このことを当然の前提として再生産論および恐慌論の諸問題を考察していること，この2点である。

　だが，はたして「次の Abschnitt」とは「次の篇」のことであるのか，かりに「次の篇」と訳した場合でも，それがはたして現行第2部の第3篇を指すものであるのか，——このことは，じつはきわめて疑わしいのである。なぜ「疑わしい」のか，これが本稿の行論における中心テーマである。問題としては小さなものであるが，上述のように，従来の諸論における重要な論拠と見られる点に触れているので，できるかぎり慎重に検討を進めていきたいと考える。論述は，まず Abschnitt という語そのものの意味の確認から始め，次にマルクスにおけるこの語の用例を見たうえで，最後に「次の Abschnitt」がどこを指しているのかを考える，という順序になる。

## 2　Abschnittの語義について

　「覚え書き」における「次の Abschnitt」がどこを指しているか，ということを突きとめるためには，まずこの場合の Abschnitt がどういう意味で使われているのか，ということを明らかにしなければならない。Abschnitt という語は

---

57) 二瓶敏「再生産表式論と「内在的矛盾」の展開（上）」，『経済志林』第31巻第4号（1963年10月），150-151ページ。

第7章 「内在的矛盾」の問題を「再生産論」に属せしめる見解の一論拠について　211

多義語であり，しかも意味の分岐が単純でないので，この場合のAbschnittが
どのような語義に属するのか，慎重な検討が必要なのである。「篇」というの
は，それらのうちのただ一つの場合にすぎない。後述するように，マルクスに
あっても，この語は多くの意味で，またさまざまな陰影を帯びて使われている
のである。そこで，まず，いささか迂遠なようではあるが，Abschnittという
語の語義の広がりを，またその分岐を通観しておくことにする。

　Abschnittは，語源的には，「切り取る，切り離す」という語義を基本とする
動詞abschneidenに由来する名詞であって，その最も包括的な意味は，①ab-
schneidenすること，②abschneidenされたもの，とまとめることができるで
あろう。前者の意味では稀用であり，意味の多角的な展開はほとんど後者に限
られる。この語義展開の広がりと多様性とを知るために，辞典類[58]に挙げられ

---

58）本稿の作成にさいして何らかの意味で参考になったドイツ語関係の辞典類は次のとおりで
　ある。
　Der Große Brockhaus, 12 Bde., 16. Aufl., Wiesbaden 1952-1963.
　Der Sprach-Brockhaus, 7. Aufl., Wiesbaden 1964.
　Duden, Bedeutungswörterbuch (Der Große Duden, Bd. 10), Mannheim 1970.
　Duden, Etymologie. Herkunftswörterbuch der deutschen Sprache (Der Große Duden,
　　Bd. 7), Berlin 1963.
　Duden, Fremdwörterbuch (Der Große Duden, Bd. 5), Mannheim 1960.
　Duden, Vergleichendes Synonymwörterbuch. Sinnverwandte Wörter und Wendungen
　　(Der Große Duden, Bd. 8), Mannheim 1964.
　Flügel-Schmidt-Tanger: Wörterbuch der Englischen und Deutschen Sprache für Hand-
　　und Schulgebrauch in 2 Bänden. Teil II: Deutsch-Englisch, Berlin 1895.
　Grimm, J. u. W.: Deutsches Wörterbuch, 33 Bde., Leipzig 1854-1971.
　Heyne, M.: Deutsches Wörterbuch, 3 Bände., 2. Aufl., Leipzig 1905-1906.
　Liebknecht, W.: Volksfremdwörterbuch, 20. Aufl., Stuttgart 1929.
　Muret-Sanders: Enzyklopädisches englisch-deutsches und deutsch-englisches Wörter-
　　buch. Große Ausgabe. Teil II: Deutsch-Englisch, 2 Bde., Berlin 1899.
　Muret-Sanders: Enzyklopädisches englisch-deutsches und deutsch-englisches Wörter-
　　buch. Hand- und Schulausgabe. Teil II: Deutsch-Englisch, 16, Aufl., Berlin 1908.
　Pinloche, A.: Etymologisches Wörterbuch der Deutschen Sprache, Troisième édition,
　　Paris 1930.
　Sagara, M.: Großes Deutsch-Japanisches Wörterbuch, Tokio 1958.
　Sanders, D.: Wörterbuch der deutschen Sprache, 3 Bde., Leipzig 1876.
　Sanders-Wülfing: Handwörterbuch der deutschen Sprache, 8. Aufl., Leipzig 1911.
　Sanseidos Neues Wörterbuch. Deutsch-Japanisch, Vermehrte und verbesserte Aufl. mit

212 第2部 マルクスによる恐慌・産業循環の理論的展開を跡づける

ているさまざまな語義を，それらの展開の脈絡をたどりうるようなかたちで整理しておこう。

## Abschnitt の意味の広がり

I．（abschneiden すること）切断。

II．（abschneiden されたもの）

　1．（abschneiden されたことによってできるもの）

　　a）（何かから abschneiden されてできるもの）切片，切取片，断片。

　　b）（何かによって abschneiden されてできるもの）切り込み，切れ目，みぞ，切り口，断面；［詩］句切り（中間休止）；［築城］堀；［軍事］塹壕；［建築］はりの先端の切断面，突出し小壁；［数学］大円。

　2．（abschneiden されるようにできており，またそうされるもの）

　　a）（綴じた書式から切り離されるもの）さまざまな有価証券。

　　b）（切り離されたあとに残るもの）有価証券類の控え。

　3．（何らかの全体から abschneiden されるもの）

　　a）（一般的に）一部，部分，区分，区切り。

　　b）（空間について）（線について）［数学］線分，円弧，区間；［交通］区間；（面について）［数学］弓形，扇形；地区，地域，区域，区画；［軍事］扇形地，戦区，作戦区；［経済］（貨幣・メダルの）刻銘；（立体について）［数学］欠球。

　　c）（時間について）時期，間隔，期間；（歴史・生涯の）一時期，局面，一齣；［演劇］場，シーン。

---

Nachtrag, Tokio 1963.

Sato, T.: Neuer Deutsch-Japanischer Wortschatz, Tokio 1961.

Schinzinger-Yamamoto-Nambara: Wörterbuch der deutschen und japanischen Sprache. Deutsch-Japanisch, Tokio 1972.

Schlemminger, J.: Fachwörterbuck des Buchwesens, 2. Aufl., Darmstadt 1954.

Wahrig, G.: Das große deutsche Wörterbuch, Gütersloh 1966.

Wehrle-Eggers: Deutscher Wortschatz. Ein Wegweiser zum treffenden Ausdruck, 13. Aufl., Stuttgart 1967.

Wörterbuch der deutschen Gegenwartssprache, Berlin 1961-1977.

第7章 「内在的矛盾」の問題を「再生産論」に属せしめる見解の一論拠について　213

d)（他の部分との関連において）（順序のある一系列のなかの部分）段階，
　　段落，節(ふし)；（程度の異なる諸部分のなかの一部）層，区分。

e)（書物について）……後述

　見られるように，「切片；断面；部分；区分」であるようなものはすべて
Abschnittと呼びうるし，また逆に，Abschnittという語そのものがシネクド
ックによって，「切片，断面，部分，区分」と考えられるもろもろのものを意
味することになっている。マルクスにあっても，もちろんAbschnittがこれら
さまざまの意味で——書物のAbschnittとは違った意味においても——使われ
ているわけである[59]。

　それでは，このようなAbschnittという語が書物ないし著作物について用い
られると，それは何を意味することになるであろうか。あるいは，一つの書物

---

[59] ここでは，「覚え書き」のある『資本論』第2部，および『経済学批判』から，その例を挙げ
　ておこう。
　　「このような，一般的な商品流通の過程を，同時に一つの個別資本の独立した循環のな
　かの機能的に規定された一つの区切り〔Abschnitt〕にするものは，まず第1に，この過
　程の形態ではなくて，その素材的内容であり，貨幣と入れ替わる諸商品の独自な使用価
　値である。」(K. II, S. 32.【『資本論』第2部第7稿，MEGA II/11, S. 687.】)
　　「この図式〔W′…W′〕がその独自性において把握されるならば，変態 W′—G′ と G—W
　は一方では資本の変態のなかの機能的に規定された区切り〔Abschnitt〕であり，他方で
　は一般的な商品流通の諸環である，ということで満足していてはもはや十分ではない。」
　(K. II, S. 102.【『資本論』第2部第5稿，MEGA II/11, S. 639.】)
　　「個別資本家が任意の生産部門で投じた総資本価値がその運動の循環を描き終われば，
　それはふたたびその最初の形態に帰っていて，いまやまた同じ過程を繰り返すことがで
　きる。この価値が資本価値として永久化され増殖されるためには，それはこの過程を繰
　り返さなければならない。一つひとつの循環は，資本の生涯のなかでは，ただ，たえず
　繰り返される一節〔Abschnitt〕を，つまり一周期〔Periode〕をなすにすぎない。」(K. II,
　S. 156.【『資本論』第2部第4稿，MEGA II/4.3, S. 355.】)
　　「流通の第1の過程である販売の結果として，第2の過程の出発点である貨幣が生じる。
　第1の形態における商品に代わって，その金等価物が現われた。この第2の形態におけ
　る商品はそれ自身の持続的存在を持っているのだから，この結果はさしあたり一つの休
　止点をなすことができる。……商品が金の蛹になっているのは，その生涯の独立した一
　時期〔ein Abschnitt〕であって，商品は長かれ短かれそこにとどまることができるので
　ある。」(Kr., S. 73.【MEGA II/2, S. 161.】同様の記述【「生涯の一時期〔ein Lebensab-
　schnitt〕」】は，K. I, S. 127【MEGA II/6, S. 137.】にも見られる。)

214　第2部　マルクスによる恐慌・産業循環の理論的展開を跡づける

ないし著作物のAbschnittとは，何を意味するのであろうか。それは，「章」の一段上位の区分としての「篇」という意味にすぎないのであろうか。

　まず確認しておかなければならないのは，上述のようにAbschnittという語は「部分」という一般的な意味で用いられうるのであり，これは書物についても例外ではない，ということである。すなわち，書物や著作物の任意の「部分」をAbschnittと呼びうるのであって，この場合にはAbschnittはTeilと同義である。しかし，書物のAbschnittという場合には，ふつう，何らかの観点から分割された「部分」，「区分」を指すことが多い。言うまでもなく，これは書物や著作物の項目編成における項目であり，「篇」とはこのような項目のうちの一つにほかならない。

　書物の項目編成に使用される項目には，どの国でも慣習的にだいたい決まった系列がある。たとえば，現代の日本語では，部―篇―章―節―項がそれである[60]。英語では，それはbook―chapter―sectionであって，書物の大きさによってこれらの項目のうちの一部だけが使われたり，あるいはさらに別の項目（part, paragraph, article etc.）が加えられたりすることはあっても，この3項目が基本であり，しかもその上下の序列もほとんど変わらない。日本語では「章」がそうであると言ってよいであろうが，英語ではこの3項目のなかでもとりわけchapterが重要である。一つの段階だけで区分するときには，通常chapterを使い，bookやsectionは使わない。bookは，普通，その下にchapterなどの区分がある場合に用いられ，sectionは，普通，数段階の区分があるときの最下位の区分（数字を付けた）に用いられる[61]。区分が，項目名を持たな

---

60）もちろん，「篇」や「節」は，それが書物について用いられる場合でも，必ずしもこのような項目組織のなかの一つとして用いられるとは限らない。一篇の書物，篇別構成，篇章（＝書物），全篇，等々のごとく。また「節」は，たとえば「一節」のように，項目分けとは無関係に一区切り，部分，箇所の意味でも使われる。しかし，日本語では，章が篇に分けられたり，節が章に分けられたりすることはない。上下関係はほとんど慣習的に固まっている。

61）OEDから，この3語が書物ないし著作物の区分に用いられる場合の語義の説明を，その主な部分に限って挙げておこう。
　　*book*: A main division of the subject-matter of a prose treatise, or of a poem; now usually in prose only when further subdivided into chapters, or portions otherwise distinguished.

い数詞と字母で行れることも多いが，その場合でも chapter 以上の段階の区分
では，Book 1—Chapter 1 のように明示されることが多い。明示されないとき
でも，一冊の書物の第1区分は chapter と読まれるのである。要するに，内容
からみた[62]書物の項目編成が，chapter を中心とする項目組織によって行れて
いる，と言ってよいであろう[63]。

　それでは，ドイツ語の場合にも，同様のことが言えるのであろうか。

　英語の book—chapter—section に当たるドイツ語の系列は，Buch—Kapitel
—Abschnitt である。フランス語では，livre—chapitre—section がこれに当た
る。語そのものの本来の意味から言えば，この3系列の上中下それぞれの段階
の項目名は，互いにほとんど一致している。book—Buch—livre と chapter—
Kapitel—chapitre とについては言うまでもないであろう。section—Abschnitt
—section についても同様である。英語の section はフランス語の section から出

---

　*chapter*: A main division or section of a book (whether the latter is an entire literary
work, or one of the divisions or parts of a large work).

　*section*: A subdivision of a written or printed work, a statute, or the like ... Although in
some few books section has been adopted as the designation of a division superior to the
'chapter' (cf. G. Abschnitt) the common practice from the 17th c. onward has been to
apply the word to the lowest order of numbered divisions.

62) これにたいして，書物の外形からみた区分が，volume（英・仏），Band，巻，などである。
Lieferung, Heft, 分冊，などはもっぱら外形について用いられる。part, partie は内容につ
いても用いられるが，もともとは外形からみた「部」である。『資本論』についていえば，
マルクスは 1866 年 10 月ごろまでは，第1部（Buch I）と第2部（Buch II）とで第1巻
（Erster Band），第3部（Buch III）と第4部（Buch IV）とで第2巻（Zweiter Band），とす
るつもりであった。その後，第1部だけが第1巻として出版されたが，それでもマルクス
は死ぬまで，第2部と第3部とで第2巻（第4部が第3巻）とする計画を持ち続けた。エン
ゲルスの手によって刊行された現行第2部および第3部では部と巻とが一致しているので
あるが，このような事情を考慮すれば，『資本論』の（内容的な）区分については，やはり，
第2巻第3篇のように言うのではなくて，第2部第3篇のように言うべきであろう。

63) 日本語の場合にも，「章」が中心となる項目名であることは確かであろう。一つの段階だ
けで区分するときには，通常「章」が用いられる。『女性に関する12章』【1953年に書かれ
てベストセラーになった伊藤整のエッセイの書名】のごとく。部・篇・節などは，章区分
にたいして相対的に用いられる。たとえば，『資本論』現行版では Buch は篇一章の上位区
分として「部」と訳されるのにたいして，アダム・スミス『諸国民の富』やジェイムズ・ス
テューアト『経済学原理』や J・S・ミル『経済学原理』などでは，book が章（chapter）の
上位区分として「篇」と訳されている。

たのであり，この後者は，to cut の意味のラテン語 secare から派生した名詞 sectio に由来するものであって，abschneiden から派生した Abschnitt とよく似た語義を持つものなのである[64]。もともと，このような項目分けが聖書のそれとして伝播したことからすれば，並行関係は当然のことだとも言えるであろう。

だが，それにもかかわらず，英語の section と他の二つとの，すなわちフランス語の section およびドイツ語の Abschnitt とのあいだに，また，後者の二つのあいだにも，かなりの違いがあるのである。第1に，英語の section は chapter よりも下位の区分として，したがって書物の主要な division への subdivision の項目として定着してしまい，chapter の上位の区分，すなわち日本語の「篇」に当たる区分として使われることはほとんどなくなっている[65]。第2に，英語の section もフランス語の section も——この後者は「篇」の意味で使われうる[66]が——，chapter ないし chapitre にいわば従属する区分となっており，編成の中心はあくまでも chapter ないし chapitre である。

これにたいして，ドイツ語の Abschnitt は，項目編成の特定区分に定着しきれないで，この語の原意を色濃く残している点に注目する必要がある。

たとえば，Duden の „Bedeutungswörterbuch" では，Abschnitt の語義の第1を „Teil, Teilstück, Teilbereich" とし，その例として，„erster Abschnitt des Textes" というのを挙げている。この場合の Abschnitt が「部分」という意味を残していることは明らかであろう。

また，Sanders の „Wörterbuch der deutschen Sprache" では，„Die Ab-

---

64）Abschnitt と section との語義展開の類似性については，さきに示した Abschnitt のそれと，次のような，"The New Webster's Dictionary of the English Language" (1969) における section の語義とを比較されたい。

　　*section*: the act of cutting; separation by cutting; a part cut or separated from the rest; a division; a portion; a distinct part or portion of a book or writing; the subdivision of a chapter, hence, the character §, often used to denote such a division; a paragraph ...

　　ただし，Abschnitt が「区分」よりも「部分」に近い意味で用いられたときには，これにあたるのは section ではなくて part のほうであろう。

65）前出の注61に示した，OED の section の語義を見られたい。

66）たとえば，マルクス自身が校閲した『資本論』第1部のフランス語版では，livre—section—chapitre の編成がとられている。エンゲルス編の英語版のほうは，book—part—chapter である。

第7章 「内在的矛盾」の問題を「再生産論」に属せしめる見解の一論拠について　217

schnitte [z. B. Kapitel & c.] eines Buchs" という例文が挙げられており，
Sanders-Wülfing の „Handwörterbuch der deutschen Sprache" では „Etwas
zerfällt in mehrere Abschnitte, z. B. ein Buch (＝Kapitel)" となっている。前者
では，Abschnitt は，要するに Kapitel 等々の区分項目そのものであり，後者で
は，書物の区分として Kapitel と同じ，と言っているわけである。

　„Wörterbuch der deutschen Gegenwartssprache" では，Abschnitt は „Kapi-
tel, Paragraph" である。ここでは語義として Kapitel を挙げ，さらに Paragraph
(節，項) を加えている。同様に，Muret-Sanders の „Enzyklopädisches englisch-
deutsches und deutsch-englisches Wörterbuch. Hand- und Schulausgabe" でも，
„(abgegrenzter Teil) section, part, portion; eines Buches: chapter, paragraph,
division" としており，これによれば，「章」でも，「節」でも「部分」でも，みな
Abschnitt になることになる。これが同じ Muret-Sanders の „Große Ausgabe"
になると，„(abgegrenzter Teil eines Ganzen) ... eines Buches: section, part,
portion; als Unterabteilung: chapter: paragraph (§)" となり，「部」でも「篇」で
も，さらにその下位区分としての「章」でも，Abschnitt になってしまう。

　さらに，Wahrig の „deutsche Wörterbuch" では，„Teil eines Kapitels, Ab-
satz" となり，ここでは，Kapitel の下位区分，すなわち「節」，あるいはパラグ
ラフ，を指すことになっている。

　„Der Sprach-Brockhaus" では，„(Buch) Stelle; Kapitel; Unterkapitel" とされ
ていて，ここでは，第1に「場所」ないし「箇所」という意味を挙げていること，
第2に，Kapitel と，その一段下位のものであることを明示している Unter-
kapitel とを並べていることが目につく。

　最後に，Flügel-Schmidt-Tanger の „Wörterbuch der Englischen und Deut-
schen Sprache für Hand- und Schulgebrauch" では，以上のすべての語義を包括
するかのように，„portion, part, section, paragraph, chapter (of a book)" として
いる。

　以上のところから明らかなように，Abschnitt という語は，書物ないしその
項目編成について使用されるときにもきわめて多義的なのである。上記のどの
辞書が正しいのか，などと言ってみても無意味であり，このように多義的に使
われるところに Abschnitt という語の実態がある。

そうだとすると，さきの Buch—Kapitel—Abschnitt という系列はどういうことになるのであろうか。とくに，Abschnitt と Kapitel との関係は？

これについては，Abschnitt が古くからあるドイツ語であり，古くから書物にも使われうるものだったのにたいして，Kapitel が「章」という意味で使われるようになるのは――この外来語（語源：ラテン語 capitulum）は，語そのものとしてはすでに中高ドイツ語の時代から（「聖職者会議」の意味で）使われている――，16世紀初めのことである（Duden, Etymologie），という点を考える必要があろう。chapter や chapitre と並ぶ Kapitel が書物の項目に登場すれば，これが項目区分の基本になっていくであろうことは容易に想像がつく。こうして，Abschnitt の一つである Kapitel を中心とする系列，Buch—Kapitel—Abschnitt が生まれたのであるが，ドイツ語ではそのあとも Abschnitt がもとの広汎な，より一般的な語義を保ち続けた。だから，辞書でも Kapitel の語釈では，Abschnitt を使っての説明が非常に多いのである。

たとえば，„Teil od. Abschnitt des Buchs"（Grimm: Deutsches Wörterbuch），„ein Abschnitt in einem Buch"（Sanders），„Buchabschnitt"（Der Sprach-Brockhaus），„die an der Spitze eines Schriftabschnitts befindliche kurze Übersicht des Hauptinhalts dieses Abschnitts, dann der Abschnitt selbst"（Der Große Brockhaus），„(durch Zahl od. Übersicht gekennzeichneter) Abschnitt eines Schriftwerkes"（Wahrig），„größerer Abschnitt eines Buches o. ä."（Duden, Bedeutungswörterbuch），„größerer Abschnitt eines Buches, meist mit besonderer Überschrift"（Wörterbuch der deutschen Gegenwartssprache），のごとくである。見られるように，ここにも Abschnitt の多義性が反映している。Kapitel は，もろもろの Abschnitt のなかの一つの Abschnitt とされているかと思うと，他方では Abschnitt そのものだ，と言われていたりする。後者は Kapitel が「部分」，「節」などの意味にも使われる，ということを意味しているのではなくて，ただ，Abschnitt が「書物の章分け」ぐらいの意味で使用されているだけなのである。

さて，以上で Abschnitt が書物について用いられるときにどのような意味をもちうるか，ということが明らかになったと思われるので，それを次の四つの用法にまとめておくことにしよう[67]。

第7章 「内在的矛盾」の問題を「再生産論」に属せしめる見解の一論拠について　219

a)　書物ないし著作物を内容的に大づかみに区分するとき，区分されたそれ
ぞれを Abschnitt と呼びうる。したがって，これは英語の chapter や日本
語の「章」と同じ意味で使われうる。とりわけ，一つの段階だけで区分さ
れる場合には，この Abschnitt は Kapitel とまったく同義であって，邦訳
のさいには「章」とすべきであろう。また数段階にわたる篇別の場合には，
その最上位の区分を Abschnittと呼ぶことができる。さらに，一つの著作
が大部のものであってそれがいくつかの部分に分けられたとき，この諸部
分を Abschnitt と呼びうることは上記のとおりであるが，この諸部分がそ
れぞれ一つの全体として一冊の書物として意識されれば，それらのさらに
下位の区分がAbschnitt と呼ばれうるであろう。

b)　Kapitel と Abschnitt とが併用されるときに，Abschnitt が Kapitel の一
段上位の区分を示すことがある。これは，日本語の「篇」に当たる（フラ
ンス語の section にも同じ用法がある）。なお，Kapitel より上級の区分の
項目名には，Buch, Abschnitt のほかに，Teil—Unterteil, Abteilung, Haupt-
kapitel などがある。

c)　同じく両者が併用されるときに，Abschnittが Kapitel の一段低位の区分
を示すことがある。Kapitel よりも下級の区分では，数字と字母が用いら
れることが多いから，本文のなかでそれらのうちのどれかを指示するとき
に，Abschnitt という語が現われてくる。これは，英語およびフランス語
の section，日本語の「節」に当たる。なお，Kapitel の下位の区分として
は，このほかに Unterkapitel, Paragraph (§)[68]があり，また Unterab-
schnitt[69]が使われることもある。

---

67)　なお，以上の検討のなかで編纂時期の異なる辞典類をいっしょにして使っていることにつ
　　いて疑問があるかもしれないが，時期順に組み替えてみてもそこには変遷の関係は見られ
　　ず結果はまったく変わらない，ということを念のために付記しておく。

68)　マルクスにおけるその使用例は，たとえば，『資本論』第3部の「主要草稿」のなかの，現
　　行版 K. III, S. 843 に当たるところ【MEGA II/4.2, S. 857.10】で，「第1部第3章（労働過程と
　　価値増殖過程などに関する節〔§〕で）」，と言っているのを見よ。

69)　その使用例としては，たとえば，『資本論』第2部第17章第1節のなかで，「この点につい
　　ては本節〔Unterabschnitt〕の終わりで立ち返る (K. II, S. 339)，と言っているのを見られ
　　たい。【この箇所は，マルクスが「この点についてはすぐにさらに述べる。〔Ueber diesen
　　Punkt gleich mehr.〕」（『資本論』第2部第2稿，MEGA II/11, S. 328.35）と書いていたのを，

220 第2部 マルクスによる恐慌・産業循環の理論的展開を跡づける

d) 項目編成のためのBuch—Abschnitt—Kapitel—Unterkapitel, 等々のような系列のうちのある特定の段階の区分を指すのではなくて, とにかくなんらかの区分をさしてAbschnittと呼ぶことができる。さらに, こうした区分からまったく離れて, たんに「部分, 場所, 箇所, ところ」の意味でさえ用いられうるのであって, この場合には, それがどれかの区分と一致することもあれば, 一致しないこともある。

こうしてわれわれは, Abschnittに関して次の結論に到達する。すなわち, それぞれの使用頻度は別として, Abschnittは書物のおよそ考えられうるありとあらゆる「区分」ないし「部分」を指しうるのであり, したがってこの語が出てきたときに, その意味を正確にとらえるためには, 一見して自明である場合——表題に付されたErster Abschnittのごとき——を除いて, 一般的にはその一つひとつについて読み取りの努力をする必要がある, ということである。マルクスの「覚え書き」におけるAbschnittについてもそれは言えるのであって, この著者のAbschnittという語の使用傾向や前後の文脈から, どの用法に当たるのかが決せられなければならない。

## 3　マルクスにおけるAbschnittの用例

### 3.1　『経済学批判要綱』におけるAbschnitt

そこで次に, マルクスによるAbschnittの使用例を見ることにしよう。この場合, 問題はマルクスの経済学上の著作の項目編成にかかわっているので, マルクスの「経済学批判」体系のプランとその変遷とにある程度触れないわけにはいかない。したがってまた, 『資本論』に至るまでのマルクスの著作ないし草稿を, 時期を追って見ていくことになる。具体的には, 第1に, のちに『経済学批判要綱』として刊行された草稿群および著書『経済学批判　第1冊』であって, 時期的には1857年から1859年にかけてのものである。第2に, 1861年から1863年にかけて書かれた23冊のノートであるが, このうちでわれわれが

---

エンゲルスがこのように書きかえたものであった。】また, マルクスによる『資本論』第1部のアメリカ版のための「編集指図書」には, 【2箇所,】「この章Capitelは二つの小節Unterabschnittに分けること」【MEGA II/8, S. 22 und 26】, という表現がある。

第7章 「内在的矛盾」の問題を「再生産論」に属せしめる見解の一論拠について　221

見ることができるのは『剰余価値学説史』として刊行された部分だけである[70]。これに続くのは，『資本論』第1部および第3部の草稿であるが，第3部草稿はエンゲルス編の現行版で見るほかはない[71]ので，第3に取り上げるのは『資本論』第1部である。

　まず，『経済学批判要綱』に見られるいくつかの体系プランにおける Abschnitt を調べてみよう[72]。

　マルクスは1857年8月-9月に『序説』を書いたが，その「3）経済学の方法」の末尾に，経済学批判の「篇別〔Einteilung〕」について，はじめて5項目から成る執筆プランを記した[73]。このプランでは，全体を大きく五つの区分に，数字を使って分けているだけであり，これをどういう項目名で呼ぶかは示されていない。

　マルクスは，このプランに基づいて，1857年10月から「経済学批判」の執筆に本格的に取りかかった。これがいわゆる「7冊のノート」であって，『経済学批判要綱』の名で出版された草稿の主要部分をなすものである[74]。マルクスは，

---

70) 【23冊のノートは，のちに，『1861-1863年草稿』という書名を与えられ，MEGA第II部門第3巻（全6分冊）に収められた。】

71) 【マルクスの第3部第1稿は，のちに，MEGA第II部門第4巻第2分冊に収められて公刊された。】

72) 本稿ではいわゆる「プラン問題」をそのものとして取り上げるわけではない。Abschnitt の用法を明らかにするのに必要なかぎりでマルクスのプランにかかわるのみである。

73) 「1）一般的抽象的諸規定，したがってそれらは多かれ少なかれすべての社会諸形態に通じる……。2）ブルジョア社会の内的編制をなし，また基本的諸階級が存立する基礎となっている諸範疇。資本，賃労働，土地所有。それら相互の関係。都市と農村。三大社会階級。これら諸階級間の交換。流通。信用制度（私的）。3）国家の形態でのブルジョア社会の総括。それ自体との関係での考察。「不生産的」諸階級。租税。国債。公信用。人口。植民地。移住。4）生産の国際的関係。国際的分業。国際的交換。輸出入。為替相場。5）世界市場と恐慌。」(Gr., S. 28-29. 【MEGA II/1, S. 43.】)

74) Karl Marx, Grundrisse der Kritik der politischen Ökonomie, (Rohentwurf) 1857-1858. Dietz Verlag, Berlin 1953. このGrundrisseとしてまとめられた草稿は，1968年にロシア語版『マルクス＝エンゲルス著作集』（第2版）第46巻（全2部）に，「K・マルクス，1857-1859年の経済学手稿（『資本論』の最初のヴァリアント）〔К. Маркс, Экономические рукописи 1857-1859 годов（первоначальный вариант «Капитала»)〕」という表題で収められた。【1976年に刊行された MEGA II/1 および1981年に刊行された MEGA II/1.2 は，„Karl Marx: Ökonomische Manuskripte 1857/1859" というタイトルのもとに，「バスティアとケアリ」および『経済学批判要綱』を収録した。2006年にはこの二つを合本にした第

222　第2部　マルクスによる恐慌・産業循環の理論的展開を跡づける

ノート第1冊を書き終え，ノート第2冊に進んだところで，ふたたび執筆プランを書いた。このプランは，最初のプランと基本的に同じ5項目から成るものであるが，こんどは各項目がAbschnittとされている。すなわち，次のとおりである。

　「交換価値，貨幣，価格が考察されるこの第1の区分〔dieser erste Abschnitt〕では，諸商品はつねに，現存するものとして現われる。……生産の内的編成〔Gliederung〕が第2の区分〔der zweite Abschnitt〕をなし，国家における総括が第3の区分〔der dritte〕をなし，国際的関係が第4の区分〔der vierte〕をなし，世界市場が締めくくり〔der Abschluß〕をなす。……」(Gr., S. 138-139.【MEGA II/1, S. 151.】)

　マルクスはここで，はじめの四つの区分をAbschnittと呼んでいるが，このことは，彼が著書のなかでこの5項目にAbschnittという項目名を使おうとしていたことを意味するものではないように思われる。ここでは，「経済学批判」の全体を大きく五つに分け，その諸部分をAbschnittという語で表わしているにすぎないのであろう。そのことは，最後の「世界市場」がder fünfteではなく，der letzteでさえもなくて，たんにAbschlußとされていることからもうかがえるのであるが，さらに後述の，ノートのその他の部分で用いられているAbschnittを見れば，いっそう明らかとなるであろう。

　このあと，同じノート第2冊 (1857年11月執筆) の18ページで，さきのプランの第2部分「生産の内的編成」をさらに具体化したプランを書いた[75]。このプ

───────

2刷が出た。】ここでは，「7冊のノート」に，「経済学批判 (1857-1858年草案)〔Критика политической экономии (черновой набросок «капитала 1857-1858 годов»)〕という表題が付されている。この表題がマルクス自身の指示によるものであることについては，同書第I部の「注解28」(К. Маркс и Ф. Энгелс, Сочнения 2. изд., т. 46, ч. I, Москва, 1968, стр. 515-516) を参照。この「注解28」は，山本義彦氏の紹介「ロシア語版『経済学批判要綱』について (1)」(『経済学雑誌』第67巻第2号) のなかに訳出されている (2ページ)。佐藤金三郎氏も「『資本論』第3部原稿について (3)」(『思想』1972年10月号) でこの点に触れられている (116-118ページ)。

75)「I. 1) 資本の一般的概念。── 2) 資本の特殊性。すなわち，流動資本，固定資本。(生活手段としての，原料としての，労働用具としての資本。) 3) 貨幣としての資本。II. 1) 資本の量。蓄積。── 2) それ自身で測られた資本。利潤。利子。資本の価値，すなわち，利子と利潤としてそれ自身から区別された資本。3) 諸資本の流通。α) 資本と資本との

ランでは，この第2部分のうち「資本」に当たる部分だけが，I―1）―α）というように，数字と字母による項目区分で分けられており，このあと，「土地所有」と「賃労働」が続くことになっている。それから「世界市場と恐慌」に至るまでのプランが書かれているが，これがさきのプランのうち，3. 国家，4. 国際的関係，5. 世界市場，の内容に当たるものであることは確かだとは言えても，諸項目が並べられているだけで，それをどのように項目分けするかは示されていない。

　同じノートの4ページあとで，マルクスはふたたびプランを書き直している[76]。今度は「資本」の部分を，I―1）―a），という項目区分であらためて書き直したほか，このあと「土地所有」，「土地所有から賃労働への移行」，について立ち入って書いた。「国家」以降については触れられていない。

　以上の四つのプランを通して見ると，この数か月のあいだに，資本・土地所有・賃労働・国家・外国貿易・世界市場，という6部作の構想がほぼ固まりかけており，このうちの資本についてはさらに細かい区分によって執筆の方向を

---

　交換。資本と収入との交換。資本と諸価格。β）諸資本の競争。γ）諸資本の集積。III. 信用としての資本。IV. 株式資本としての資本。V. 貨幣市場としての資本。VI. 富の源泉としての資本。資本家。資本の次には土地所有を取り扱うべきであろう。その次には賃労働。この三つがすべて前提されてのち，いまやその内的総体性において規定された流通としての，諸価格の運動。他方では，生産がその三つの基本的諸形態と流通の諸前提とのかたちで措定されたものとしての三つの階級。次には，国家。（国家とブルジョア社会。――租税，または，不生産的階級の存在。――国債。――人口。――外側に向かっての国家，すなわち，植民地。外国貿易。為替相場。国際的鋳貨としての貨幣。――最後に，世界市場。ブルジョア社会が国家を越えて広がっていくこと。恐慌。交換価値に立脚する生産様式と社会形態の解体。個人的労働を社会的労働として，またその反対に，現実的に措定すること。）」(Gr., S. 175.【MEGA II/1, S. 187.】)

76)「資本。I. 一般性―― 1）a）貨幣からの資本の生成。b）資本と（他人の労働によって媒介される）労働。c）労働にたいする関係に従って分解された資本の諸要素（生産物。原料。労働用具）。2）資本の特殊化。すなわち，a）流動資本，固定資本。資本の流通。3）資本の個別性，すなわち，資本と利潤。資本と利子。利子と利潤として，それ自身からは区別された，価値としての資本。II. 特殊性―― 1）諸資本の蓄積。2）諸資本の競争。3）諸資本の集積（資本の量的な区別，同時に質的な区別としての，資本の大きさと作用との尺度としての）。――III. 個別性―― 1）信用としての資本。2）株式資本としての資本。3）貨幣市場としての資本。……土地所有……土地所有から賃労働への移行……」(Gr., S. 186-187.【MEGA II/1, S. 199-200.】)

224　第2部　マルクスによる恐慌・産業循環の理論的展開を跡づける

定めようという努力がなされていることがわかる。けれども，六つの部に分け
て著述する構想はまだ確立されてはおらず，それぞれの段階の項目名も明記さ
れていない。

　7冊のノートそのものに見られるプランは以上の四つに尽きるのであるが，
ノート第6冊を書いていたと思われる1858年2月22日，マルクスはラサールに
6部作のプランを持っていることを知らせた。

　　　「全体は6部〔Buch〕に篇別されている〔eingeteilt sein〕。1. 資本について
　　　（若干の前章〔Vorchapter〕を含む）。2. 土地所有について。3. 賃労働につ
　　　いて。4. 国家について。5. 国際貿易。6. 世界市場。」(MEW, Bd. 29, S. 551.
　　　【MEGA III/9, S. 73.】)

　これに続いて，「経済学と社会主義との批判と歴史」と「経済的諸範疇，諸関
係の発展の簡単な歴史的スケッチ」とには，それぞれ別の「著作〔Arbeit〕」を考
えていることを書いている。したがって，『経済学批判』という著作について
は，上の6部作にすることを告げているわけである。ここでは，全体を六つに
分けることばかりでなく，この区分をBuchと呼ぶことも確定されていると見
てよいであろう。この項目名は，以後かなりの期間，維持されることになる。

　この手紙では，いちばん大きな区分である六つの部への区分についてだけ書
かれているが，この区分だけが決まっていたというのではないであろう。むし
ろこの手紙は，篇別構成の全体がかなりの程度にまで練り上げられ，また決定
されていたことを意味するであろう。マルクスは，20日ほどあとの3月11日
に同じラサールにプランのなかの一部分を伝え[77]，さらに20日ほどあとの4月
2日にはエンゲルスに宛てて，のちの著書『経済学批判　第1冊』(1859年1月）の
範囲とこのときのプランの構想全体とに基本的に一致している詳しいプランを
書き送った[78]。このように，1858年の第1四半期に確立され，その最初の部分
が『経済学批判　第1冊』に結実したプランを，その典拠を注記した一覧表の
かたちでまとめておく（226-227ページをみられたい）。

　この表について，とりあえず，次の諸点を注意しておきたい。

---

77) MEW, Bd. 29, S. 554.【MEGA III/9, S. 99.】
78) MEW, Bd. 29, S. 312-318.【MEGA III/9, S. 122-125.】

第7章 「内在的矛盾」の問題を「再生産論」に属せしめる見解の一論拠について　225

　第1。本稿では，マルクスの「経済学批判」の体系構想の内容そのものとその理論的意義とを問題にするのではなく，それに基づいてマルクス自身が著書をつくりあげるさいの項目編成が問題なのである。そのかぎりでプランに関わるにすぎない。この表の表題を「『経済学批判』著述プラン」としたのも，「経済学批判」体系のあるべき構想ではなくて，現にマルクスが著書にまでまとめようとしていたプランであることを示したかったからである。のちに見るように，こうした意味でのプラン，「著述プラン」としては，マルクスのプランは大きく変わることになる。つまりこのころの「『経済学批判』著述プラン」のなかの初めのほうの項目だけが，「『資本論』著述プラン」として独立化されることになるのであるが，このことは，体系構想そのものが変化したことを意味するものではない[79]。ただ，われわれの当面の問題にとっては，体系構想の一貫性，その意味での不変性よりも，それを著書に具体化するさいの篇別構成の変化，変遷のほうが重要である，ということなのである。

　第2。第1と関連することであるが，この表の一つのポイントは，各段階の区分にどのような項目名を当てているか，ということである。そこで区分の各

---

79)　むしろ筆者は，体系構想という観点から見るかぎり，「経済学批判」の体系は全6部とし，第1部は全4篇とするのが適当だ，というマルクスの考え方が放棄された証拠はないと考えている。ただ，現実の出版計画となりえたのが──『経済学批判　第1冊』は別として──『資本論』だけであったという外的な事情から，『資本論』は自余の項目に属すべき諸論点を先取りして「独立の著作」としての性格を強めなければならなかった，という点が，『資本論』の「経済学批判」体系上の位置を論じるさいにきわめて重要な意味を持っている，と考えるのである。『資本論』は，一方では，6部作プランの「第1部　資本，第1篇　資本一般，第3章　資本（資本一般）」が，前章（第1章および第2章）を合わせて──したがって結局は「第1篇　資本一般」が──「独立の著作」となったものである。それは，他方では，現実の著述計画からは外されたもろもろの「特殊研究」にたいする「資本の一般的分析」(K. III, S. 245) ないし「資本主義的生産の一般的研究」(K. III, S. 152) である。この，必ずしも観点が同じではない二つの側面を統一的にとらえて，『資本論』の外に残された諸研究の内容を明らかにすること，ここにいわゆるプラン問題の難しさと同時にその中心的な意義があると言うべきであろう。【大谷は，のちに，『資本論』は6部作プランの「資本一般」が「独立の著作」となったものではなく，6部作プランは放棄され，「資本の一般的分析」ないし「資本の一般的研究」という基本的性格をもつ「独立の著作」を仕上げる，という新たな『資本論』プランがそれに取って代わった，と考えるようになった。この点については，大谷禎之介『マルクスの利子生み資本論』第1巻，桜井書店，2016年，の「補章1」を参照されたい。】

1858 年-1862 年の『経

| 1 次区分<br>部 (Buch)[1] | 2 次区分<br>篇 (Abschnitt)[2]<br>篇 (Abteilung)[3] | 3 次区分<br>章 (Kapitel)[4] |
|---|---|---|
| 第 1 部　資本 ──<br>第 2 部　土地所有<br>第 3 部　賃労働<br>第 4 部　国家<br>第 5 部　外国貿易<br>第 6 部　世界市場 | ⌈第 1 篇　資本一般 ──<br>\|第 2 篇　競争<br>\|第 3 篇　信用<br>⌊第 4 篇　株式資本 | ⌈前章 (Vorchapter)[5]<br>\|第 1 章　商品 (価値)[6]<br>→第 2 章　貨幣または単純<br>\|　　　　流通 (貨幣)[7]<br>\|主章 (Hauptkapitel)[8]<br>⌊第 3 章　資本 (資本一般)[9] |

1) 次のものを参照。
・1858 年 2 月 22 日，ラサール宛 の 手紙。【MEGA III/9, S. 73.】
・1858 年 3 月 11 日，ラサール宛 の 手紙。【MEGA III/9, S. 99.】
・1858 年 4 月 2 日，エンゲルス宛の手紙。【MEGA III/9, S. 122-125.】
・『経済学批判』序言，目次 (1859 年 1 月)。【MEGA II/2, S. 99, 104.】
・1859 年 2 月 1 日，ヴァイデマイアー宛の手紙。【MEGA III/9, S. 294-295.】

2) 次のものを参照。
・1858 年 4 月 2 日，エンゲルス宛の手紙。【MEGA III/9, S. 122-125.】
・『経済学批判』目次 (1859 年 1 月)。【MEGA II/2, S. 99, 104.】

3) 次のものを参照。
・1858 年 11 月 12 日，ラサール宛 の 手紙。【MEGA III/9, S. 239.】
・1858 年 11 月 29 日，エンゲルス宛の手紙。【MEGA III/9, S. 248-249.】
・『経済学批判』序言 (1859 年 1 月)。【MEGA II/2, S. 99.】
・1859 年 2 月 1 日，ヴァイデマイアー宛の手紙。【MEGA III/9, S. 294-295.】
・「1859 年 の プ ラ ン 草案」 (1859 年 2 月-3 月) (Gr., S. 975.【MEGA II/2, S. 256-263.】)。
・1859 年 3 月 28 日，ラサール宛 の 手紙。【MEGA III/9, S. 369.】
・[1859 年 10 月 3 日,] ラサール宛の手紙。【MEGA III/10, S. 31.】
・1860 年 1 月 30 日，ラサール宛の手紙。【MEGA III/10, S. 179.】

9) 1858 年 3 月 11 日，ラサール宛の手紙【MEGA III/9, S. 99】，および，1858 年 6 月の「7 冊のノートへの索引」【MEGA II/2, S. 7】では，「資本一般」となっている。

4) 次のものを参照。
・1858 年 2 月 22 日，ラサール宛 の 手紙。【MEGA III/9, S. 73.】
・1858 年 3 月 11 日，ラサール宛 の 手紙。【MEGA III/9, S. 99.】
・『経済学批判原初稿』(1858 年 8 月-11 月)。【MEGA II/2, S. 19-94.】
・1858 年 11 月 29 日，エンゲルス宛の手紙。【MEGA III/9, S. 248-249.】
・1859 年 [1 月 14 日]，エンゲルス宛の手紙。【MEGA III/9, S. 275.】
・『経済学批判』序言，目次 (1859 年 1 月)。【MEGA II/2, S. 99.】
・1859 年 2 月 1 日，ヴァイデマイアー宛の手紙。【MEGA III/9, S. 294-295.】
・1859 年 3 月 28 日，ラサール宛 の 手紙。【MEGA III/9, S. 369.】

5) 1858 年 2 月 22 日，ラサール宛の手紙。【MEGA III/9, S. 369.】

6) 1858 年 6 月の「7 冊のノートへの索引」では，まだ「価値」としていた【MEGA II/2, S. 3】。1858 年 11 月 29 日，エンゲルス宛の手紙で，「商品」としている【MEGA III/9, S. 248】。

7) 1858 年 11 月 29 日，エンゲルス宛の手紙で，初めて「貨幣または単純な流通」と言っている【MEGA III/9, S. 249】。

8) 1859 年 3 月 28 日，ラサール宛の手紙。【MEGA III/9, S. 369.】

## 済学批判』著述プラン

| 4 次区分[10] | 5 次区分[11] | 6 次区分[14] |
|---|---|---|
| ⌈ I 資本の生産過程<br>‖ II 資本の流通過程<br>⌊III 両過程の統一，または資本と利潤・利子 | 1) 貨幣の資本への転化[12]<br>2) 絶対的剰余価値<br>3) 相対的剰余価値<br>4) 本源的蓄積<br>5) 賃労働と資本[13] | ⌈α) 移行<br>β) 資本と労働能力との交換<br>γ) 労働過程<br>δ) 価値増殖過程<br>⌊α) 多人数の協業<br>β) 分業<br>γ) 機械 |

10) 1858年3月11日，ラサール宛の手紙では，上記の内容を記している【MEGA III/9, S. 99】。しかし，数字はない。1858年6月の「7冊のノートへの索引」では，1) 資本の生産過程, 2) 資本の流通過程【MEGA II/2, S. 7】。1858年8月-11月の『批判原初稿』では，A.資本の生産過程【MEGA II/2, S. 85】。1859年2月-3月の「1859年のプラン草案」では，I.資本の生産過程，II.資本の流通過程，III.資本と利潤【MEGA II/2, S. 256, 260, 262】。

なお，「7冊のノート」中のノート第7冊では，このIIIの部分について，「第3 Abschnitt 果実をもたらすものとしての資本。利子。利潤。(生産費，等)」(Gr., S. 631【MEGA II/1, S. 619】)と書いている。

11) 「1859年のプラン草案」(1859年2月-3月)【MEGA II/2, S. 256-260】参照。

12) 「7冊のノートへの索引」(1859年6月前半)では，「資本の生産過程」の前に「6) 貨幣の資本への移行」があるほか，それのあとにも「貨幣の資本への移行」があり，これの1) に当たる部分は「資本と労働能力との交換」となっていた【MEGA II/2, S. 7】。

13) このなかには，「単純な商品流通における取得法則の現象。この法則の転変」が含まれる【MEGA II/2, S. 260】。「7冊のノートへの索引」では，これの5) に当たる部分は「e) 取得の法則の転変」となっていた【MEGA II/1, S. 7】。

14) 「1859年のプラン草案」(1859年2月-3月)参照【MEGA II/2, S. 256-259】。

段階を，いちばん大きい区分から，1次区分，2次区分，等々と呼ぶことにした。

第3。この表では，項目名の確定していない4次区分，5次区分，6次区分まで挙げているが，これは一つには，すぐあとでみる『要綱』時点でのさまざまな項目への言及を，それらがプランのどこに位置するかということとの関連で見ていくためであり，一つには，のちの「『資本論』著述プラン」での区分と対比するためである。なお，表のうち4次区分までは，さきに述べたように，1858年の第1四半期に確立したものであるが，5次区分，6次区分は，この表では1859年2月-3月——すなわち『経済学批判　第1冊』の出版直後——に書かれたいわゆる「1859年のプラン草案」【MEGA II/2, S. 256-263】によったものである。この段階の区分を示すものとしては，1858年6月前半の「7冊のノートへの索引」【MEGA II/2, S. 3-14】があるが，「1859年のプラン草案」とは部分的に異なっている。後者は，『経済学批判　第1冊』に続くものとして書かれているものである。

第4。見られるように，ここではBuch—Abschnitt—Kapitelという項目編成が，一応，確立されている。このなかでのAbschnittの用法が，前節でみた四つの用法のうちのb）に当たることは言うまでもない。けれども注目する必要があるのは，この2次区分にはもう一つAbteilungという呼称が，しかも表に注記したところからもわかるように，『経済学批判　第1冊』を出版する以前も以後も，むしろこちらのほうがより多く使われているということである。『経済学批判　第1冊』では，目次と本文 (Kr., S. 15 u. S. 160【MEGA II/2, S. 104 u. S. 245】)とではAbschnittと言いながら，序言ではAbteilungとしている (Kr., S. 7【MEGA II/2, S. 99】)。

\*

さて，『経済学批判要綱』にまとめられた諸草稿は，おおよそ，さきに触れた『序説』のなかのプランから「1859年のプラン草案」に至るまでの時期に書かれたものである。とくにその中心部分である「7冊のノート」について言えば，その後半の執筆中に，さきの「『経済学批判』著述プラン」が確立された，ということになる（さきのエンゲルスへのマルクスの手紙は4月2日付，そし

て「7冊のノート」の擱筆は5月中）。そこで，プランとのこのような時期的関連を念頭において，「7冊のノート」そのものでのAbschnittの用例を見ることにしよう。ここではAbschnittはさまざまの文脈において使われているが，全体を10のグループに分け，さらにそのそれぞれに，KapitelないしRubrikの用例を付け加えておこう（以下の引用ページはすべて『経済学批判要綱』(Gr.)のものである）。

① 「第1のAbschnitt「生産一般について」」(S. 226【MEGA II/1, S. 237】)；「生産一般を取り扱うべき第1のKapitel」(S. 206【MEGA II/1, S. 218-219】)，「生産に関するKapitel」(S. 227【MEGA II/1, S. 237】)，「生産一般に関する第1のKapitel」(S. 267【MEGA II/1, S. 273】)。

② 「交換価値に関するAbschnitt」(S. 108【MEGA II/1, S. 124】)，「第2のAbschnitt，交換価値一般について」(S. 226【MEGA II/1, S. 237】)；「交換価値そのものを取り扱うChapter」(S. 118【MEGA II/1, S. 132】)，「交換価値に関するKapitel」(S. 206【MEGA II/1, S. 218-219】)。

③ 「特別の諸Abschnittで補うべきこと―― 1) 鋳貨としての貨幣。このことは鋳貨制度についてごく概括的に。2) 金銀の購入先を歴史的に。金銀の発見その他。金銀の生産の歴史。3) 貴金属の，したがってまた金属貨幣の価値の変動の原因。この変動が産業およびさまざまの階級に及ぼす影響。4) とりわけ，価格の騰落との関係での通貨の量。……5) 流通について――流通の速度，必要量，作用，発展の遅速その他。6) 貨幣の解体的作用。」(S. 147【MEGA II/1, S. 159-160】)；「貨幣のKapitel〔das Kapitel Geld〕」(S. 181【MEGA II/1, S. 194】)，「貨幣のKapitel〔Geldkapitel〕」(S. 699【MEGA II/1, S. 679】)，「貨幣の価格にたいする関係についてのKapitel」(S. 96【MEGA II/1, S. 112】)，「流通に関するKapitel」(S. 227【MEGA II/1, S. 237】)。

④ 「資本に関するAbschnitt」(S. 546【MEGA II/1, S. 554】)；「資本に関するこの第1のKapitel」(S. 448【MEGA II/1, S. 485】)。

⑤ 「利潤・利子のAbschnitt」(S. 488【MEGA II/1, S. 485】)，「いまやわれわれは，第3 Abschnittに到達する。果実をもたらすものとしての資本。利子。利潤。（生産費，等）」(S. 631【MEGA II/1, S. 619】)，「貨幣が資本の流通の契機として，一部はその流通手段として，一部は資本の実現された価値として，

それ自体資本として措定されているという，貨幣の新しい諸規定に基づいて，利子その他について論じるときには，独自のAbschnittが作られるべきだ。」(S. 477【MEGA II/1, S. 475】)，「資本が貨幣，土地，家屋などとして貸し出されるときには，資本は資本として商品になる，言い換えれば，流通で措定される商品は，資本としての資本である。この点は次のAbschnittでさらに追及されるべきである。」(S. 612【MEGA II/1, S. 600】)，「彼〔固定資本の生産者〕によって創造された剰余価値は，価値そのものとともに，少しずつ，また次第しだいに還流することができるだけである。この点は次のAbschnittで考察されるべきである。」(S. 626【MEGA II/1, S. 612】)；「蓄積および利潤に関するKapitel」(S. 292【MEGA II/1, S. 294】)；「利潤のRubrik」(S. 289【MEGA II/1, S. 294】)。

⑥「蓄積についてのAbschnitt」(S. 673, 711【MEGA II/1, S. 656, 691】)，「それはまた，諸資本の蓄積の法則として述べることもできる。……このことは，次のAbschnittで論じる。」(S. 637【MEGA II/1, S. 624】)；「蓄積および利潤に関するKapitel」(S. 292【MEGA II/1, S. 297】)；「蓄積のRubrik」(S. 289【MEGA II/1, S. 294】)。

⑦「競争についてのAbschnitt」(S. 339【MEGA II/1, S. 347】)，「実在的な資本としての，多くの資本のあいだの相互的作用としての資本が考察されるAbschnitt」(S. 542【MEGA II/1, S. 532】)，「この同じ法則が，多くの資本相互の関連すなわち競争で，どのように違って表現されるかということは，同様に他のAbschnittに属する。」(S. 637【MEGA II/1, S. 624】)；「競争についてのKapitel」(S. 647【MEGA II/1, S. 634】)。

⑧「土地所有についてのAbschnitt」(S. 396【MEGA II/1, S. 400】)。

⑨「労賃のAbschnitt」(S. 199【MEGA II/1, S. 210】)，「労賃についてのAbschnitt」(S. 420【MEGA II/1, S. 421】)；「労賃についてのKapitel」(S. 241【MEGA II/1, S. 250】)，「賃労働についてのKapitel」(S. 302【MEGA II/1, S. 306】)，「賃労働を取り扱うchapter」(S. 702【MEGA II/1, S. 682】)。

⑩「資本の成立についてのAbschnitt」(S. 564【MEGA II/1, S. 554】)，「交通＝通信手段に特別の1 Abschnittを捧げることが必要であろう。」(S. 422【MEGA II/1, S. 423】)。

以上の用例を見てすぐわかることは，第1に，ここでのAbschnittやKapitelには，さきに述べた「7冊のノート」の初めの方のプランでの項目名とも，また確立された「『経済学批判』著述プラン」とも，なんらの統一的な照応も見られない，ということである。第2に，「7冊のノート」のそれぞれの表紙には，「貨幣についての章」，「資本としての貨幣についての章」，「資本についての章」，という書き込みがあって，この「章〔Kapitel〕」という名称は「『経済学批判』著述プラン」での3次区分の項目名と一致しているのであるが，にもかかわらずノートのなかでは，同じ区分を指して，あるときはAbschnittと呼び，次にはKapitelと呼んだかと思うと，またAbschnittに返る，といった使い方をしていることである。最後に，なんらかの問題について項目をつくってそこで論じようというときには，この項目をAbschnittとしている，ということである。

これらのことから，われわれは『要綱』におけるAbschnittの用法を次のように考えることができる。

第1。1次区分，2次区分，3次区分のいずれについても，Kapitelと Abschnittとをほとんど互換的に使っている点で，前節でみた4用法で言えば，a)の用法に当たる用例が非常に多い。

第2。Kapitelの一つ上位の区分を Abschnittと呼ぶ用法は，「『経済学批判』著述プラン」を基準にして言えば，あるいは，「貨幣についての章」，「資本についての章」にたいするものとして言えば，「競争についてのAbschnitt」がそれに当たる，と言いうるかもしれない。しかしこの場合でも⑦に見られるように，「競争についてのKapitel」というのがあるのであって，上の第1のケースと区別することは困難である。

第3。同じ基準から見てKapitelの一つ下位の区分に当たるのは，「資本についての章」についていえば，その三つの区分——「資本の生産過程」，「資本の流通過程」および「資本と利潤」——である。⑤に挙げたように，「利潤・利子のAbschnitt」というような表現のほかに，「7冊のノート」で「資本についての章」の第3の区分に入るところでマルクスは次のように書いている。「いまやわれわれは，第3 Abschnittに到達する。果実をもたらすものとしての資本。利子。利潤。（生産費，等）」[80] (Gr., S. 631【MEGA II/1, S. 619】。下線による強調はマルクス）。これはたしかに，事実上ではKapitelの一つ下の区分（4次区分）のことで

ある。『経済学批判要綱』の編集者も，その新版たるロシア語版『マルクス＝エンゲルス著作集』（第2版）第46巻の編集者も，おそらくはこれに基づいて，「[第1 Abschnitt] 資本の生産過程」・「[第2 Abschnitt] 資本の流通過程」という補足を行っている[81]。そしてこれが，日本では従来「第1篇　生産過程」，等々と訳されてきている[82]。けれども，一方では「蓄積および利潤に関するKapitel」というような表現があり，他方では，他の区分（1次，2次，3次，等の区分）でもAbschnittを使っているのだから，この区分（4次区分）についてだけAbschnittが確定された項目名であったかのような取り扱いをするのは適当ではないように思われる。いわんや，あえて当てはめれば「節」になるはずのこの区分について，「篇」と訳すのは，適切でないばかりか，無用の誤解を招くもののように思われる。上の「第3 Abschnitt」が他の部分よりも表題的に使われていることは確かだとはいえ，やはりa) の用法に属するものとして「第3区分」ないし「第3の区分」とすべきであろう。

　第4。前節でのd) の用法に当たるもの，すなわち，なんらかの任意の諸部分をAbschnittと呼んでいる場合がある。これについては，若干の補足をしておこう。

---

80) 『要綱』ではこの部分は4行にわたって組まれており，マルクス自身によって表題として書かれたもののように見える。けれども，大月書店の厚意で見ることのできた手稿（フォトコピー）では，この文章は前の文章に続けて書かれており，また，改行されてもいない。たしかに，傍点で示した強調——手稿では下線——は存在するし，ここから「第3 Abschnitt」が始まることは確かであるが，しかし，この部分が表題として書かれたものであるかどうかは疑問である。【このページの手稿フォトコピーがMEGA II/1.1, S. 617に掲載されている。マルクスは，Wir kommen jetzt, zumと書き，1行ほどの空白を置いて，Dritten Abschnitt. Das Capital als Frucht bringend. Zins. Profit. (Productionskosten etc) という1行を書いた。このときには，この1行が表題であることがはっきりと読み取れるようになっていた。ところがそのあとにマルクスは，この行の上にあった空きに，この前の部分の末尾に挿入する一文（MEGAでは，先行する部分の最後のパラグラフとされている）を無理やりに書き込んだ。そのために表題として書かれた行がそのようなものではないように見えていたのだった。だから，「この部分は表題として書かれたものである」と見るべきであろう。】

81) Gr., S. 1096 u. 1098. Маркс и Энгельс, Соч., 2. изд., т. 46, ч. I, стр. 185, 377, 556 и 557.

82) 大月書店版邦訳，II, 171ページ-IV, 853ページの各ページの柱，および，各分冊の目次。佐藤金三郎氏も，部分的にこれに従われている（佐藤金三郎『『資本論』と宇野経済学』，新評論，1968年，20-21ページ）。

第7章 「内在的矛盾」の問題を「再生産論」に属せしめる見解の一論拠について　233

　まず,「7冊のノート」から2箇所。

　「なによりも,個々の章篇〔die einzelnen Abschnitte〕を展開するさいに,使
用価値はどの程度まで……経済学とその形態規定とのなかに入り込むのか,
ということが示されるであろうし,また示されなければならない。」(Gr., S.
179.【MEGA II/1, S. 190】)

　「第1のAbschnitt,「生産一般について」のなかに,また,第2のAb-
schnittの第1のAbschnitt,「交換価値一般について」のなかに,どのよう
な諸規定が取り入れられるべきかは,展開全体の結果のところで,またそ
の結果として,はじめて明らかにされうる。」(Gr., S. 226.【MEGA II/1, S. 237.】)

　この後者における「第2のAbschnittの第1のAbschnitt」のところを,大月
書店版の訳者は,「第2篇の第1篇」と訳されたうえで,これが誤植ととられて
は困ると考えられたのか——たしかに日本語の「篇」の語感からいえばこれで
はおかしいことになる——,脚注で「原文のまま」と注意されている。じつは,
これはマルクスの誤記などではなくて,「第2の区分のうちの第1の区分」とい
うことなのである。

　次に,同じ時期の手紙から2箇所。

　1858年3月11日付ラサール宛の手紙のなかで,マルクスは,「さまざまの章
篇〔die verschiednen Abschnitte〕の長さはまったくまちまちだ」(MEW, Bd. 29, S. 554
【MEGA III/9, S. 96】),と言っている。これは——大月書店版の諸訳がやっている
ように——「篇」ではないであろう。また,すでに触れた1858年4月2日付の
エンゲルス宛の手紙では,「第1部　資本」を「四つの篇〔Abschnitt〕」に区分す
ることを書いているのだが,この手紙のなかでさえ,Abschnittの,これとは
違った用法が見られる。「b) 交換手段としての貨幣,または単純な流通」の項
目の説明のなかで,「ここではこの部分〔Abschnitt〕のこれ以上の展開には立ち
入らないことにする」と言っている (MEW, Bd. 29, S. 316【MEGA III/9, S. 124】) ので
あるが,b) が「第2章　貨幣」の一段下位の区分であることを考慮すれば,こ
のAbschnittを——大月書店版の諸訳がやっているように——「篇」としては
おかしいことになるのは明らかである。ここはむしろ,Kapitelの一段下位の
区分として——岩波文庫版『経済学批判』の付録のなかでの訳文のように——
「節」と訳したほうが誤解が生じないはずである。

234 第2部 マルクスによる恐慌・産業循環の理論的展開を跡づける

　最後に，著書『経済学批判　第1冊』の或る箇所の邦訳のなかに，Abschnitt
の多義的な用法に留意しなかったために生じたと思われる奇妙な混乱が見られ
るので，それについて触れておくことにする。

　『経済学批判　第1冊』の第2章（つまり3次区分）の「2. 流通手段」（4次区
分）の「a）商品の変態」（5次区分）のなかに，次のような文章がある。

　　「他方では，流通過程は商品世界の諸変態の運動であり，だからまたこの
　　運動も流通過程の総運動のなかに反映せざるをえない。流通過程がこの運
　　動をどのように反映するかは，次項〔der folgende Abschnitt〕で考察しよう。」
　　（Kr., S. 75.【MEGA II/2, S. 164.】）

　この der folgende Abschnitt の訳語が，既訳では次の三つに分かれるので
ある。

　　「次篇」──国民文庫版新訳（＝全集第13巻，杉本俊朗訳）
　　「次章」──世界古典文庫版（宇高基輔訳），国民文庫版旧訳（高木幸二郎
　　　訳）
　　「次節」あるいは「次の節」──彰考書院版（猪俣津南雄訳），青木文庫版
　　　（宮川実訳），新潮社選集版（向坂逸郎訳），岩波文庫版（武田隆夫・遠藤
　　　湘吉・大内力・加藤俊彦訳）

　この Abschnitt が次の「b）貨幣の流通」（すなわち5次区分）を指すことは，
内容から見て明らかであろう（Kr., S. 80-81【MEGA II/2, S. 168】）。したがって，「次
篇」（＝2次区分，これでは「第2篇　諸資本の競争」のことになってしまう）も，
「次章」（＝3次区分，これでは「第3章　資本」のことになってしまう）も，誤
りであることは言うまでもないとしても，さらに「次節」というのも──訳者
諸氏は内容的には b）のことを考えておられるのであろうが──，十分に適切
であるとは言い難いのである。もし「節」というのを「章」の一段下位の区分と
考えるならば──「節」には「部分」の意味もあるとしても，この文脈ではこの
ように取るのが普通であろう──，ここでの「次節」とは「3. 貨幣」（＝4次区
分）のことになってしまうからである。

## 3.2　『剰余価値学説史』における Abschnitt

　マルクスの経済学の仕事のなかでの Abschnitt の使用例を次にわれわれが見

第7章 「内在的矛盾」の問題を「再生産論」に属せしめる見解の一論拠について　235

ることができるのは，いわゆる「23冊のノート」(1861年8月-1863年7月)のうち，『剰余価値学説史』として出版されている部分である。この『学説史』における Abschnitt の用例を見る前に，前項で見た「『経済学批判』著述プラン」と「23冊のノート」との関係，「23冊のノート」と『学説史』との関係，学説史部分の終わり近くのころにマルクスが持っていた「『資本論』著述プラン」，などを見ておくことにしよう。

　1860年から1861年にかけて，フォークト事件や大陸旅行等のために約1年半中断された『経済学批判』の仕事を，マルクスは1861年8月から再開した。このときから1863年7月にかけて書かれた「23冊のノート」の表題は，「経済学批判。第3章　資本一般」であった[83]【MEGA II/3.1, S. 3】。つまりこれは，少なくともこのシリーズにかかったときには，さきの「『経済学批判』著述プラン」に従って，『経済学批判　第1冊』——これには前章たる第1章と第2章だけが含まれていた——の続きとなるはずのものだったのである。ここで「第3章　資本一般」というのは，言うまでもなく，「第1部　資本，第1篇　資本一般，第3章　資本（資本一般）」のことである。そこで当然，マルクスはこの「第3章」の「第1節」である「資本の生産過程」から彼のノートを書き始めた【MEGA II/3.1, S. 5】。

　「『経済学批判』著述プラン」における「資本の生産過程」の諸項目に一致する初めの3項目，すなわち，1. 貨幣の資本への転化，2. 絶対的剰余価値，3. 相対的剰余価値，の三つの項目を書いたのち，マルクスは，5. 剰余価値に関する諸学説，に入った【MEGA II/3.2, S. 333】。「『経済学批判』著述プラン」によれば，4は「本源的蓄積」，5は「賃労働と資本」であったが，2および3を書いていくなかで，新しく「絶対的剰余価値と相対的剰余価値とが両者の結合において考察される」[84]項目を4として挿入し，さらに，もともと置くつもりであった「諸学説」を，『経済学批判　第1冊』でやっていたように A，B，C という文字を使うことによってほかの理論的な諸部分（1，2，3，4）から特別に区別するのではなくて，他の理論的な諸部分と通しになる5という数字をかぶせて組み

---

83）佐藤金三郎「『資本論』の成立過程をめぐって」，『世界経済評論』1970年12月号，69ページ参照。

84）Vgl. Th. I, S. 456, Anmerkung 2.

236 第2部 マルクスによる恐慌・産業循環の理論的展開を跡づける

込む，ということにしたのである。このうち4は，このときには書かずに飛ば
し，直接に「5. 剰余価値に関する諸学説」に入ったのであった。したがって，
この「諸学説」も，もともと「『経済学批判』著述プラン」に予定されていたも
のであって，「著述プラン」中の表題の数え方が変えられただけにすぎなかっ
た[85]。ところが，この「諸学説」を執筆していくうちに，一方では「I. 資本の
生産過程」の枠を越えた経済学上のさまざまな重要問題が取り上げられ解決さ
れると同時に，他方では「著述プラン」に大きな変更が生じることとなったの
である。

　まず，「剰余価値に関する諸学説」を検討し批判するためには，古典派経済
学の剰余価値論をその利潤論・利子論・地代論などのかたちのまま取り上げ，
剰余価値とその転化諸形態との混同から生じている混乱や矛盾を根本的に衝く
ことが不可欠であった。そしてそのためには，それまでの研究では不十分であ
った諸問題を，「I. 資本の生産過程」の枠を越えて解明しなければならなかっ
た。剰余価値のとる具体的な諸形態はまたあとで，というわけにはいかなかっ
たのである。そこでこの部分は，全体としては「著述プラン」の「I. 資本の生
産過程」の一部分の執筆でありながら，そこに含まれた内容から見れば，のち
の『資本論』全3部にまたがるもろもろのテーマを取り扱うものとなっていっ
た。そのなかでもとくに注目されるのは，① A・スミスのいわゆる「v+m ド
グマ」の根本的批判とそれに関連してのケネーの経済表の研究，② はじめは偶
然的な事情も加わって始められたロートベルトゥスの地代論の研究と引き続く
リカードウ地代論の研究とのなかで成し遂げられた，リカードウ地代論の克服
とマルクス自身の生産価格論・地代論の完成，③ リカードウの蓄積論の批判
に関連して行われた恐慌論の展開，④「収入とその源泉」および「俗流経済学」
に関する研究，およびそれに関連して行われた利子生み資本についての研究，

---

85)「『剰余価値に関する諸学説』は『資本の生産過程』という部分のむすびになるはずのもの
　　だった」(Th. I, S. VI)，という，ソ連の ML 研究所の誤解については，佐藤金三郎「『経済
　　学批判』体系と『資本論』」(経済学史学会編『『資本論』の成立』岩波書店，1967年，所収)，
　　参照。【上の本文での記述では，「3. 相対的剰余価値」を書き終えたのち，「4 は書かずに
　　飛ばし」て「諸学説」に取り掛かったように読めるかもしれないが，正確には，マルクス
　　は「3. 相対的剰余価値」の最後の区分である「γ 機械。自然諸力と科学との応用」を途中
　　で中断して「諸学説」に移ったのであった。】

第7章 「内在的矛盾」の問題を「再生産論」に属せしめる見解の一論拠について　237

などである。

　これらの諸論点の解明は，マルクスを，「諸学説」から一時離れて，のちの『資本論』第3部の諸テーマに取り組むことに導いたのであって，ノート第15-18冊の4冊のノートには，商業資本に関する研究，「III. 資本と利潤」という表題のもとでののちの『資本論』第3部第1-3篇の諸テーマの研究，また，「資本主義的生産における貨幣の還流運動」という付説，などが書かれている[86]。

　このようにして，「剰余価値に関する諸学説」の時期に，マルクスの「著述プラン」のうちの「第3章　資本」に属すべき諸問題——そのなかでも主として「資本の生産過程」と「資本と利潤」との——が次々と書きとめられていき，その草稿の量は膨大なものとなっていった。質的にも量的にも充実しきった仕事を進めるなかで，マルクスは，全6部からなる著書『経済学批判』の全部を比較的短い期間に出そうという当初の計画，したがってそれを支えていた，それができるという見通しに，重大な変更を加えざるをえなかったようである。マルクスは，1862年12月28日にクーゲルマンに宛てて次のように書いたのである。

　　「第2の部分〔der zweite Teil〕は，いまやっとできあがったところです。つまり，印刷のための清書と最後の仕上げをするところまできています。……これは第1冊〔Heft I〕の続きですが，独立に『資本論〔Das Kapital〕』という題で刊行され，「経済学批判」というのは，ただ副題として付くだけです。それは，じっさいはただ，第1篇の第3章〔das dritte Kapitel der ersten Abteilung〕をなすはずだった〔sollte〕もの，すなわち「資本一般」を含んでいるだけです。したがって，諸資本の競争や信用制度はそれには含まれていません。イギリス人が「経済学原理〔the principles of political economy〕」と呼ぶものが，この巻〔Band〕のなかに含まれています。それは（第1の部分〔der erste Teil〕と合わせて）核心〔Quintessenz〕であり，これに続くもの〔das Folgende〕の展開は（あるいは，社会のさまざまな経済的構造にたいするさまざまな国家形態の関係は別かもしれませんが），提供されたものを基礎

---

86) ノート第15-18冊の内容については，K. II, S. 8【MEGA II/13, S. 6】，および Th. III, S. 604, Anmerkung 118, を参照。

にすれば他の人びとでも容易に成し遂げることができるでしょう。……ド
イツ語版が出さえすれば，フランス語の翻訳がパリで手がけられる十分な
見込みがあります。私には自分でフランス語にする時間はぜんぜんありま
せん。ことに，私はこれの続き，すなわち資本の叙述のむすびである競争
および信用をドイツ語で書くか，または最初の2作〔die zwei ersten Arbeiten〕
をイギリスの読者のために一冊にまとめるか，どちらかをしようと思って
いるので，なおさらのことです。」(MEW. Bd. 30. S. 639-640.【MEGA III/12. S.
296-297.】)

　見られるように，ここでは第1に，「『経済学批判』著述プラン」のうちの「第
3章　資本」──ここでもマルクスは「資本一般」と言っているが──を『資本
──経済学批判──』として，先行の『経済学批判　第1冊』からも，後続の諸
部分からも，独立させて刊行するということ[87]，第2に，後続の諸テーマは，
国家の部分は別かもしれないが，それ以外は余人に委ねうる，というかたちで，
マルクス自身は書かないかもしれないことを示唆していること，第3に，にも
かかわらず，それだけではまだ「第1部　資本」は未完結であって，「競争と信
用」──「株式資本」は「信用」のなかに含まれていたのかどうかは不明──が
それの「むすび」とならねばならないこと，第4に，しかしこれさえも，『資本
論』終了後マルクス自身でただちに手をつけるかどうかは考慮中であること，
などが書かれている。マルクスは，自分の著書として「経済学批判」体系の全
体を出版するという計画を放棄しようとしているのである。じっさい，マルク
スの著作は，最終的には『資本論』──これは上の手紙での計画とは「前章」に
当たる諸部分を含んでいる点で異なるが──として刊行され，またそれだけに
終わったのである。そういう意味では，上のクーゲルマンあての手紙は，「『経

---

87) もっとも，マルクスはすでに1858年3月11日付ラサール宛の手紙で，「第1冊」(これは
「第1篇　資本一般」を含む)は，「全展開のための基礎」を含む「一つの相対的な全体」で
あり，「独立の一冊本〔eine selbständige Brochure〕をなす」，と言っていた。しかしこの
当時には，同じ手紙で「前半の3章〔資本・土地所有・賃労働〕では，ここには本来の経済
学的基礎展開が含まれるので，いたるところで詳論が避けられない」，と言っていること
からも明らかなように，後続の諸篇，諸部を出版していくことについてはなんの疑いもな
かったのであり，「独立の一冊本」というのも，「資本一般」を一冊にする，という点に力
点があったのであろうと思われる。

済学批判』著述プラン」の「『資本論』著述プラン」への変更の告知であると言えよう。

この「告知」のすぐあと，マルクスはノート第18冊のなかに『資本論』のための三つのプランを書き記した[88]。これらのプランは，新版『剰余価値学説史』ではその第1分冊の末尾に「補録」の一つとして，「『資本論』第1部および第3部のプラン草案」という表題で収められている[89]。さきの，1862年12月28日付のクーゲルマン宛の手紙では，「第2の部分は，いまやっとできあがったところです。つまり，印刷のための清書と最後の仕上げをするところまできています」，と伝えていたのであり，マルクスとしては，「最後の仕上げ」のためのプランとして起草したものであろう。

そのうちの第1のものは，『資本論』第3部第2篇に当たる部分のプランであり，その冒頭には次のように書かれている。

「『資本と利潤』についての第3の部分〔der 3$^{te}$ Teil〕のうち，一般的利潤率の形成が取り扱われる第2章〔das zweite Kapitel〕では，次の諸点を考察すべきである。」(Th. I, S. 390.【MEGA II/3.5, S. 1816.】)

第2のプランは，『資本論』第3部の全体の区分を示すもので，冒頭に次のように書いてある。

「第3の区分〔der dritte Abschnitt〕「資本と利潤」は，次のように分けるこ

---

88) ノート第18冊の執筆時期について，カウツキーは，前後のノートの日付から1862年12月と推定していた (Theorien über den Mehrwert, herausgegeben von Karl Kautsky, Bd. 3, Stuttgart 1910, S. VIII-IX) が，『要綱』の「序文」ならびに『学説史』の「序文」および「注解」では，三つのプランの執筆時期を1863年1月としている (Gr., S. X, Fußnote 15, Th. I, S. XXI u. Th. I, S. 474, Anmerkung 146)。後者の根拠は明らかでないが，佐藤金三郎氏の紹介によるとヴィゴツキーは『カール・マルクスの経済学的遺産における「剰余価値学説史」の地位』という著書 (В. С. Выгодский, Место «Теорий прибавочной стоимоси» в экономическом наследии Карла Маркса, Москва, 1963. 筆者は未見) で，ノート第18冊にはマルクスによる「1862年1月」という日付があり，これは「あきらかにマルクスの「書き間違い」であり，本当は「1863年1月」であった，と断定」している，とのことである【MEGA II/3 (『1861-1863年草稿』) の編集者も，事実上，「1962年1月という日付が「書き間違い」と判断している。】。佐藤「『経済学批判』体系と『資本論』」，前出，297ページ，注17，参照。

89)【MEGAではこの三つのプランは草稿のなかの，それぞれが書かれているところに置かれている。MEGA II/3.5, S. 1816-1817, 1861 und 1861-1862.】

と。」(Th. I, S. 390.【MEGA II/3.5, S. 1861.】)

　第3は,『資本論』第1部に当たる部分のプランであり, 初めに次のように書いてある。

　　「第1の区分〔der erste Abschnitt〕「資本の生産過程」は, 次のように分けること。」(Th. I, S. 389.【MEGA II/3.5, S. 1861-1862.】)

　このうち, 第1のプランのなかには,「総資本については, 第1章〔ch. I〕で展開したことが当てはまる」という文章があり, この「第1章」は,「資本と利潤」の第1の部分「剰余価値の利潤への転化」を指すことが明らかである。

　そこで, 以上の手がかりから, これらのプランにみられる Abschnitt や Kapitel の位置を見れば, 次のようになる。①「資本の生産過程」および「資本と利潤」という区分 (「『経済学批判』著述プラン」では4次区分) には, 第1のプランでは Teil, 第2および第3のプランでは Abschnitt が使われている[90]。② それらの内部の区分 (旧5次区分) には Kapitel が使われている。

　『資本論』を独立に刊行することにした直後のこれらのプランを,「1863年1月の『資本論』著述プラン」として, 一覧表にまとめておこう (次ページを見られたい。なお, 第1のプランの内容はここでは省略する)。

　この新しいプランを従来の「『経済学批判』著述プラン」と対比して見ると, 次の諸点で異なっていることがわかる。

　第1。少なくとも, 独立の著作の「著述プラン」としては, 大きな変更が生じることになった。新プランは, 旧プランのうちの「第1部—第1篇—第3章資本」を独立の著作にすることを前提にしたプランなのである。しかし,「経済学批判」体系全体の構想が捨てられたのではなくて, この構想のうちの一部分が一つの著書に独立化されたものだ, というその基本的な性格は忘れられてはならない。

　第2。「第3章　資本」の独立化によって, 旧プランの4次区分——「資本の

---

90) 新版『剰余価値学説史』の編集者も, Abschnitt を『資本論』の1次区分の確定した項目名とは見ていないようである。三つのプランに付された編集者の次の表題を見られたい (順序は執筆順にしてある)。
　　Plan zum zweiten Kapitel des III. Teils des „Kapitals“
　　Plan zum III. Teil oder III. Abschnitt des „Kapitals“
　　Plan zum I. Teil oder I. Abschnitt des „Kapitals“

第7章 「内在的矛盾」の問題を「再生産論」に属せしめる見解の一論拠について　241

## 1863年1月の『資本論』著述プラン

| 1次区分 | 2次区分 | 3次区分 |
|---|---|---|
| 部（Teil）<br>篇（Abschnitt） | 章（Kapitel） | |
| I. 資本の生産過程 | 1. 序説。商品。貨幣。<br>2. 貨幣の資本への転化。<br>3. 絶対的剰余価値。<br>4. 相対的剰余価値。<br>5. 絶対的剰余価値と相対的剰余価値との結合。賃労働と剰余価値とのあいだの諸関係（比率）。資本のもとへの労働の形式的包摂と実質的包摂。資本の生産性。生産的労働と不生産的労働。<br>6. 剰余価値の資本への再転化。本源的蓄積。ウェイクフィールドの植民理論。<br>7. 生産過程の結果[1]。<br>8. 剰余価値に関する諸学説。<br>9. 生産的労働および不生産的労働に関する諸学説。 | a) 労働過程と価値増殖過程。<br>b) 不変資本と可変資本。<br>c) 絶対的剰余価値。<br>d) 標準労働日をめぐる闘争。<br>e) 同時的労働日（同時に働かされる労働者の数）。剰余価値の額と率。<br><br>a) 単純協業。<br>b) 分業。<br>c) 機械，等。 |
| II. 資本の流通過程 | | |
| III. 資本と利潤 | 1. 剰余価値の利潤への転化。剰余価値の率と区別しての利潤率。<br>2. 利潤の平均利潤への転化。一般的利潤率の形成。価値の生産価格への転化[2]。<br>3. 利潤および生産価格に関するA・スミスおよびリカードウの学説。<br>4. 地代（価値と生産価格との相違の例証）。<br>5. いわゆるリカードウの地代法則の歴史。<br>6. 利潤率低下の法則。A・スミス，リカードウ，ケアリ。<br>7. 利潤に関する諸学説[3]。<br>8. 産業利潤と利子とへの利潤の分裂。商業資本。貨幣資本。<br>9. 収入とその諸源泉。このなかには，生産過程と分配過程との関係に関する問題も取り入れること。<br>10. 資本主義的生産の総過程における貨幣の還流運動。<br>11. 俗流経済学。<br>12. むすび。資本と賃労働。 | 表への注<br>1) この次の行に，「(6か7かで〔sub 6 oder sub 7〕取得法則の現象における転変を述べうる。)」と書いてある【MEGA II/3.5, S. 1862】。<br>2) この項目の細目は，第1のプラン（Th. I, S. 390-391【MEGA II/3.5, S. 1816-1817】）を見よ。<br>3) このあとに，「シスモンディとマルサスとを『剰余価値に関する諸学説』のなかに取り入れるべきかどうかの問題」，と書いてある【MEGA II/3.5, S. 1861】。 |

生産過程」等々——が1次区分となり，旧プランの5次区分——「貨幣の資本への転化」等々——が2次区分となった。Abschnitt, Kapitel等々の項目名は，著書『資本論』について当然新たに考えられなければならなくなるが，新プランではとりあえず1次区分がTeilないしAbschnitt，2次区分がKapitelとそれぞれ呼ばれている。旧プランでは，「第3章　資本」にたいする「前章」（したがって旧プランの3次区分）であった「第1章　商品」および「第2章　貨幣」が，新プランでは「I. 資本の生産過程」の冒頭に組み込まれて2次区分となったが，この区分は「章」と呼ばれているために，これら前章も，「章」の一つとなっている[91]（1863年1月のプランでは，「1. 序説。商品。貨幣」のように，1章にまとめられてはいるが）[92]。

　第3。旧プランと新プランとを，その個々の項目について比べてみれば，部分的な変更が生じているのは当然であろう。「I. 生産過程」について言うなら，旧プランの「4) 本源的蓄積」と「5) 賃労働と資本」とが，「5. 絶対的剰余価値と相対的剰余価値との結合。……」，「6. 剰余価値の資本への転化。本源的蓄積。……」，「7. 生産過程の結果」，の3項目に変更されている。この変更は，しかし，佐藤金三郎氏が言われるように，「その主要点は，旧「プラン草案」では「4) 本源的蓄積」の項目のもとに包摂されていた「両者の結合」と「剰余価値の資本への再転化」が，新プランでは新たに独立の項目として設定されたということに帰着するのであって，したがって旧プランの根本的な変更とみるべきほどのものでは決してなく，むしろ新プランは旧プランのいっそうの発展であり，精密化にすぎない，というべきであろう」[93]。また，「資本の生産過

---

91) 1862年12月28日付クーゲルマン宛の手紙では，前章（Vorchapter）である「商品」および「貨幣」について，『経済学批判　第1冊』で済んでいるとしていた【MEGA III/12, S. 296】のにたいして，新プランでは——少なくともノートのなかのプランでは——「1. 序説。商品。貨幣」として，『資本論』のなかに組み入れている【MEGA II/3.5, S. 1861】のであるが，この点については，この時期以降1865年12月末ごろまで，マルクスが絶えずこのどちらの取り扱いをとるか「動揺」していたことが，佐藤金三郎氏によって明らかにされている。佐藤「『資本論』第3部原稿について (2)」前出，115-127ページ，参照。【なお，のちに，マルクスが「動揺」していたわけではなかったとする考証も行われている。】

92) 【旧稿では，「以上の変化をはっきりさせるために，簡単な概念図をつくっておこう」として，ここに，「『経済学批判』著述プランから『資本論』著述プランへ」という図を置いていたが，図にするまでもないことだったので，本書では省く。】

程」の末尾に「8.」および「9.」の「諸学説」がくることになっているが，これもプランの本質的な変更ではない。旧プランにおいても，『経済学批判　第1冊』に見られるように，理論的な諸部分のあいだに学説史を挿入することが予定されていたのである。ただ，「剰余価値に関する諸学説」の部分を書き始めたときには，これは「4. 絶対的剰余価値と相対的剰余価値との結合」に続く「5.」として，したがって「本源的蓄積」および「賃労働と資本」に先立つものとして考えられていたのが，いまでは「資本の生産過程」全体の末尾に付けられることになった，という点は，のちにはついに『資本論』全体の末尾に「学説史」が移されることになるという変更につながるものとして，注目すべきことであろう。

　第4。これにたいして「III. 資本と利潤」については事情が少し異なっている。「III. 資本と利潤」のプランとしては，このプランの前には，「1859年のプラン草案」のなかの——そのときまでにすでに書かれていたノートの諸部分への指示であったという点でも「著述プラン」としては不完全な——プラン[94]があるだけであり，整理された項目を持つ「著述プラン」としてはこの新しいプランが最初のものである。しかし，旧プラン当時の「資本と利潤」の構想は，「7冊のノート」のなかでの記述からおおよそのところはつかめるのであって，そうした旧プランのころの「資本と利潤」の構想と新プランとのあいだの違いを見るならば，最も重要なものは，2，3，4，5の各項目である。すなわち，「利潤の平均利潤への転化。一般的利潤率の形成。価値の生産価格への転化」と「地代（価値と生産価格との相違の例証）」，および両者に関する「諸学説」が，「資本と利潤」のなかに導入されたことである[95]。この導入は，「I. 資本の生産過

---

93) 佐藤『『経済学批判』体系と『資本論』』，前出，309ページ。
94) ノートのページの指示を省いて項目だけを拾えば，次のとおり。
　　「利潤率と剰余価値。／資本と利潤。／同じ労働量を充用するために，生産力の増大を伴った資本の増大。／危険。利子。生産費。／資本のあらゆる部分の均等な利潤。／賃金と利潤。生産諸形態，したがってまた分配諸形態，その他。／利子と利潤。」(Gr., S. 978.【MEGA II/2, S. 262.】)
95) この導入の時期に触れておこう。1862年6月18日にマルクスはエンゲルスに宛てて次のように書いている。——「ところで，ぼくはいま，めちゃくちゃに働いている。そして奇妙なことに，ぼくの頭は，まわりのひどい惨めさのなかにあって，この数年来になくよく回っている。ぼくはこの巻をもっと大きくする。というのは，ドイツの犬どもは本の価値

244 第2部 マルクスによる恐慌・産業循環の理論的展開を跡づける

程」における変更とは異なり，かなり重大な内容的変更を伴うものであった。
それは，「資本一般」の理論的性格における変化をもたらすものだったのである。「『経済学批判』著述プラン」における「第1篇 資本一般」，またしたがってその「第3章 資本」——これはしばしば「資本一般」とも呼ばれている——は，諸資本の差異などはすべて捨象した，競争や信用に対立する「資本一般」だったのであり，平均利潤，生産価格，それをもたらす諸資本の競争は，「競争」の篇に属するものとされていたのであるが，いまや，「利潤の平均利潤への転化，一般的利潤率の形成，価値の生産価格への転化」，を解明するのに必要なかぎりで，諸資本の——有機的構成および回転時間における，したがってまた利潤率における——相違と，それらの資本の競争とが，「資本一般」のなかに取り入れられることになった[96]。すなわち，久留間鮫造氏が言われるように，「当初は，「資本一般」では諸資本間の関係を捨象した，一体としてみた資本——賃労働（および土地所有）に対立するものとしての資本——を考察すべきものとされていたのが，いまや，「英国人がthe principles of political economyと呼ぶところのものがそのうちには含まれる」，という考え方にかわって

を体積で計るからだ。ついでに言うと，ぼくはいまやついに，地代のやつにも決着をつけた（だがこの部分では，それを暗示だけでもしようとは思っていない）。」(MEW, Bd. 30, S. 248【MEGA III/12, S. 136】，下線—マルクス。) このなかで「ぼくはこの巻をもっと大きくする」と言っているのは，エンゲルスに冗談で言うような「体積」の水増しのことではなくて，理論的に「大きくする」必要が生まれたものと考えるべきであろう。それでは，それはなにか。この手紙の1か月半ほどあとの8月2日には，マルクスはエンゲルスに，地代論を「例証」として取り入れることにしたことを告げている【MEGA III/12, S. 178】。「例証」とするからには，その母体となるべき「価値と生産価格との相違」がすでに存在しなければならない。6月18日の手紙では，まだ地代については「暗示だけでもしようとは思っていない」のであるから，「大きくする」というのは例証としての地代論の導入そのものではなくて，その前提となる生産価格論の導入のことであると考えられる。「5. 剰余価値に関する諸学説」に入ってから，一般的利潤率と生産価格を論じはじめるのが「g) ロートベルトゥス」からであり，次の「h) リカードウ」では真正面からこの問題を取り上げているところからみて，このころ「この巻」に生産価格論を導入することにしたのだ，と見るのが自然である。しかも，さきの三つのプランのまっさきに「一般的利潤率の形成が取り扱われる第2章」のプランがきていることは，この問題へのマルクスの注目を示すものであろう。要するに，6月18日に「大きくする」と言っているのは，こうした生産価格論の導入とそれに伴う「III. 資本と利潤」の改訂とによるものと考えられるのである。

96) この点については，久留間鮫造『増補新版 恐慌論研究』，大月書店，1965年，「増補新版へのはしがき」を参照。

第 7 章 「内在的矛盾」の問題を「再生産論」に属せしめる見解の一論拠について　245

きたのである」[97]。

＊

　それでは，「『経済学批判』著述プラン」から「『資本論』著述プラン」への以上のような変更を生みだすこととなった『剰余価値に関する諸学説』そのもののなかでは，篇別のための項目編成はどのようなものとされていたのであろうか。ともあれ，なんらかの区分を指している Abschnitt の若干の使用例を見ることにしよう。

① 「I. 資本の生産過程」に当たるもの──「この Abschnitt」(Th. II, S. 166【MEGA II/3.3, S. 820】)，「資本──直接的生産過程──に関する第 1 の Abschnitt」(Th. II, S. 513【MEGA II/3.3, S. 1134】)。

② 「II. 資本の流通過程」に当たるもの──「流通に関する Kapitel」(Th. I, S. 13【MEGA II/3.2, S. 338】)，「資本の再生産過程または流通過程についての Abschnitt」(Th. I, S. 81【MEGA II/3.2, S. 402】)。

③ 「III. 資本と利潤」に当たるもの──「第 3 Kapitel」(Th. I, S. 6【MEGA II/3.2, S. 333】)，「利潤に関する Abschnitt」(Th. I, S. 60【MEGA II/3.2, S. 381】)，「利潤に関する第 3 Kapitel〔ch. III〕」(Th. I, S. 77【MEGA II/3.2, S. 394】)，「第 3 Abschnitt」(Th. I, S. 236【MEGA II/3.2, S. 585】)，「利潤に関する第 3 Kapitel〔ch. III〕」(Th. II, S. 43【MEGA II/3.3, S. 704】)，「第 3 Abschnitt」(Th. II, S. 166【MEGA II/3.3, S. 820】)，「「資本と利潤」の Kapitel」(Th. II, S. 514【MEGA II/3.3, S. 1134】)，「第 3 Kapitel」(Th. III, S. 224【MEGA II/3.2, S. 496】)。

④ 旧プランの「篇」(第 2 次区分) に当たるもの──「この一般的な Abschnitt」(すなわち「資本一般」のこと，Th. III, S. 454【MEGA II/3.4, S. 1460】)，「競争に関する chapter」(Th. II, S. 228【MEGA II/3.3, S. 874】)，「競争の Abschnitt」(Th. II, S. 485【MEGA II/3.3, S. 1107】)，「諸資本の競争に関する Kapitel」(Th. III, S. 305【MEGA II/3.4, S. 1447】)，「信用に関する Abschnitt」(Th. III, S. 454【MEGA II/3.4, S. 1460】)。

⑤ その他──「労賃に関する Kapitel」(Th. I, S. 379【MEGA II/3.6, S. 2176】)，「「資

---

97) 同前，VI ページ。

本と賃労働との関係の弁護論的叙述」に関する Abschnitt」(Th. III, S. 54 【MEGA II/3.4, S. 1251】)，「もっと前の「剰余価値の資本への転化」に関する Abschnitt」(Th. III, S. 187【MEGA II/3.4, S. 1367】)，「収入とその諸源泉に関する Abschnitt」(Th. III, S. 236【MEGA II/3.4, S. 1372】)，「俗流経済学者たちに関する chapter」(Th. III, S. 312【MEGA II/3.5, S. 1776】)，「俗流経済学者たちに関する Abschnitt」(Th. III, S. 512【MEGA II/3.4, S. 1522】)。

　見られるように，ここには確定した項目名としての Abschnitt の用例はほとんど存在しない。さきの「『経済学批判』著述プラン」における項目名に一致する部分はあっても，それに従っているとは言えないし，また，新しい「『資本論』著述プラン」に見られる項目名と一致するところはあっても，これに従っているとは言えない。たとえば，「III. 資本と利潤」は，旧プランでは Kapitel の一段下位の区分であり，新プランでは——そこに見られた Kapitel の用法に従うならば——Kapitel の一段上位の区分であるが，上の③に見られるように，Abschnitt と Kapitel とをほとんど交互に使っているありさまである。これらの Abschnitt をすべて「篇」とか「節」とかに取らねばならないとしたならば，読み手の頭のなかは大混乱をきたすことになるであろう。あるところでは「篇」，あるところでは「章」，あるところでは「節」，またあるところでは「区分」，「項」などと読み分けることが絶対に必要なのである[98]。

---

98) Abschnitt のこのような読み分けが適切でないと，翻訳では読者を困惑させるもととなるのだが，その例を『剰余価値学説史』の「序文」と「注解」の訳文について見ることができる。

　まず「序文」について言えば，次の Abschnitt はいずれも「区分」という一般的な意味であると考えられるのであるが，全集版邦訳では，すべて「篇」と訳されている。——「『剰余価値に関する諸学説』をマルクスは最初はただ「資本の生産過程という Abschnitt への歴史的補論として考えていただけだった」」(Th. I, S. VI)；「マルクスがこの仕事を始めたときには，『資本論』の三つの理論的な部分のうち……第2および第3の部分としては，ただ個々の Abschnitt〔einzelne Abschnitte〕が一応の素描のかたちで……あっただけだった」(S. VII)；「1863年にはまだマルクスは歴史的・批判的資料を「資本一般」に関する彼の研究の理論的な諸 Abschnitt に配分しようと思っていた」(同上)；「最初のプランでは独立の諸 Abschnitt をなすはずだった諸論題（たとえば「諸資本の競争」，「信用」，「土地所有」）も，次第にこの編成のなかに含められるようになった」(S. VIII)。

　第1分冊の注解10には，「マルクスは彼の労作のまだ書かれていない1章としての「俗流経済学者たちに関する節」に言及し……」(Th. I, S, 457, 全集版邦訳，注解2ページ) とあ

第7章 「内在的矛盾」の問題を「再生産論」に属せしめる見解の一論拠について　247

だが，それにしても，Abschnitt と Kapitel との，部分的には無差別と言って
もいいような，こうした混用は，どういう理由から生じたものであろうか。こ
れはもう推測の域に入ることになるのであるが，一つには，諸学説がちょうど
旧プランから新プランへの過渡期，つまり，『資本論』の独立刊行を決めるま
での過渡期のものだった，という事情が挙げられるであろう。さきの1862年
12月28日のクーゲルマン宛の手紙でも，まだ，『資本論』のあとすぐに「競争」
と「信用」とを書き続けるかどうか，迷っていたのである。著書としては当面
『資本論』だけ，と決めてしまうのと，そうでないのとでは，篇別構成にも違
いが生じえよう[99]。だが，それにも増して考えられるのは，手稿——すなわち，
印刷用原稿（＝清書稿）ないしそれに近いもの，ではないもの——を書くとき
には，マルクスは篇別の項目名にはほとんど気を配らず，その場で思いついた
項目名を，あるいは，とっさに思いつかぬときには Abschnitt を書いておく，
ということをしていたのではなかったか，ということである。さきにみた『経
済学批判要綱』の場合にも，まったく同じことが言えるように思われる。この
ような Abschnitt の自由な用法は，しかしながら，けっしてマルクスの強引な
言葉遣いを意味するものではない。これを支えているのは，すでにみた Ab-
schnitt という語そのものの本来の性質なのである。

　そこで最後に，Abschnitt が「部分」ないし「箇所」という最も広い意味で用
いられている例を，『剰余価値学説史』とこれよりあとの時期のいくつかの手
紙とから拾っておくことにしよう。

　まず，『学説史』の例。

　　　「だが，この部分はすべて諸資本の競争に属する。〔Doch dieser ganze

---

　　るのだが，その「言及」しているという第3分冊の本文では，「俗流経済学者に関する篇」
　　（Th. III, S. 512，邦訳671ページ）と訳している。また，第1分冊の注解65では，「……本
　　来は，この篇のもっとあとでリカードウの剰余価値論について述べるべきところに属する
　　……」（Th. I, S. 464，邦訳，注解14ページ）としているマルクスの同じ文章が，第3分冊の
　　注解53では，「……この節のもっとあとで……」（Th. III, S. 597，邦訳，注解8ページ），
　　と訳されているのである。もう一つの例。本文で，用例⑤の末尾にあげた「この
　　Abschnitt」は，Th. I, S. XXII では「この節」，Th. I, S. 464，注解65では「この篇」，Th. III,
　　S. 597，注解53では「この節」となっている。
99）マルクスのこの種の動揺の一例は，前出の注91で触れた，『資本論』と前章との関係につ
　　いてのマルクスの動揺にも見受けられるのである。

248 第2部 マルクスによる恐慌・産業循環の理論的展開を跡づける

Abschnitt gehört in die Konkurrenz der Kapitalien.〕」(Th. II, S. 469.【MEGA II/3.3, S. 1090.】なお，この文章を含む一パラグラフは，「大衆の消費制限」と恐慌との関連について触れる重要な内容を持っている。)

次に，手紙からの例。

「ぼくの本のなかの機械に関する部分〔der Abschnitt in meinem Buch über Maschinerie〕」(原文の構造に注目されたい。1863年1月24日，エンゲルス宛の手紙，MEW, Bd. 30, S. 315【MEGA III/12, S. 319】)，「機械に関する部分〔Abschnitt〕」(1863年1月28日，エンゲルス宛の手紙，MEW, Bd. 30, S. 320【MEGA III/12, S. 324】)，「「労働日」，「協業・分業・機械」に関する部分〔Abschnitt〕，最後に「本源的蓄積」に関する部分〔Abschnitt〕」(1867年11月30日，クーゲルマン宛の手紙，MEW, Bd. 31, S. 575)，「ぼくの本の「労働日」に関する部分〔mein Abschnitt über den „Arbeitstag"〕」(1867年12月7日，エンゲルス宛の手紙，MEW, Bd. 31, S. 405)，「「本源的蓄積」に関する部分〔Abschnitt〕」(1868年1月8日，エンゲルス宛の手紙，MEW, Bd. 32, S. 11)[100]。

### 3.3 『資本論』第1部における Abschnitt

『剰余価値学説史』は，さきの三つのプランを含むノート第18冊で，その主要本文が終わった。マルクスはノート第19冊で，引き続いて「資本の生産過程」の残りの部分に取りかかった。それはまず，ノート第5冊で中断されていた「相対的剰余価値」のうちの「γ 機械。自然諸力と科学の応用」の部分であり，ノート第19冊の全部と第20冊の一部をこれに使った（この部分はロシア語で発表されている[101]）。続く第20-23冊のノートには，研究所版『学説史』第1分

---

100) 佐藤金三郎氏が第3部の「主要草稿」と現行版とにおける第1部への「参照箇所」として挙げられているもののうち，次の二つは明らかに，ここに挙げた系列のものに属すると思われる。すなわち，主要草稿407ページ【MEGA II/4.2, S. 669】，および，571ページ【MEGA II/4.2, S. 896】の「本源的蓄積に関する Abschnitt」という一句であって，エンゲルスはこの二つをどちらもそのまま修正せずに現行版に収め，ただそれに「(第1部第24章)」というのを付け加えているだけである（現行版，K. III, S. 630および886）。これは，佐藤氏が訳されているように「篇」なのではなくて，ただ「部分」ないし「区分」の意味だったからこそ，そのような取り扱いができたのである。佐藤「『資本論』第3部原稿について (2)」，前出，111ページ参照。

101) К. Маркс, Машины. Применение приработных сил и науки. (Из рукописи

第7章 「内在的矛盾」の問題を「再生産論」に属せしめる見解の一論拠について  249

冊の「補録」のなかに収められている「17世紀と18世紀の経済学者や哲学者についての補足的なスケッチや論評」[102]を除くと，主として「資本の生産過程」の以後の部分[103]，それに「資本の流通過程」のいくつかのテーマ[104]，などが含まれている。こうして膨大な23冊のノートは1863年7月に終了した[105]。

　翌8月から，マルクスは『資本論』の原稿を第1部から書きあらため，仕上げ始めた。第1部を終えてから[106]第2部に入り[107]，これもひととおり書き終え

---

1861-1863 гг.) «К критике политической экономии». «Вопросы истории естество-знания и техники» вып. 25, 1968, стр. 5-78. 佐藤「『資本論』の成立過程をめぐって」，前出，70-71ページ参照。【のちに刊行されたMEGA II/3.6では，S. 1895-2117.】

102)「第1分冊には，13の補録が収載された。それは主として〔最後の三つをのぞいて〕，17世紀と18世紀の経済学者や哲学者についての補足的なスケッチや論評であって，1861-1863年の最後の諸冊〔全集訳では「最終冊」と誤訳〕に含まれているものである。」(Th. I, S. XXI.)

103)「1861年8月から1863年6月までに書かれた23冊からなる……草稿……は，……第1-5冊，それからまた……第19-23冊では，『資本論』第1部で研究された諸テーマ，貨幣の資本への転化から最後までを取り扱っている……。」(K. II, S. 8.【MEGA II/13, S. 6.】)

104) エンゲルスは『資本論』第2部の序文で，次のように書いている。「第2部で取り扱われた諸テーマも，あとで第3部で取り扱われた非常に多くのテーマも，まだ特別に取りまとめられてはいない。これらのテーマは，ことに，この草稿の主体をなしている部分〔Ab-schnitt〕，すなわち……第6-15冊の剰余価値に関する諸学説のなかで付随的に取り扱われている。」(K. II, S. 8.【MEGA II/13, S. 6.】) この記述によると，第2部に関係があるところは，第6-15冊のなかにしかないかのようである。佐藤金三郎氏の「判断」もそのようである（佐藤『『経済学批判』体系と『資本論』』，前出，307ページ）。しかし，MEW版『学説史』の序文には，「第21冊から第23冊までのなかでは『資本論』のいくつかのテーマが取り扱われ，そのなかには第2巻の諸テーマが含まれている」(Th. I, S. V)，と明記されている。また，上記「K・マルクス　機械。自然諸力と科学の応用」に付されたマルクス＝レーニン主義研究所の序文でも，「ノート第16冊と第17冊，ノート第21冊と第22冊との大部分，また同様に，ノート第15冊・第18冊・第23冊のかなりの部分が，『資本論』の第2巻と第3巻との諸問題のための材料を含んでいる」(К. Маркс, Машины. и т. д., стр. 3)，と記されている。

105)【この23冊のノートは，『1861-1863年草稿』„Zur Kritik der Politischen Ökonomie (Manuskript 1861-1863)"というタイトルをつけて，MEGAに収録された（MEGA II/3）。MEGAのこの巻は大部なので6分冊に分けられ，1976年から1982年にかけて刊行された。邦訳は，『資本論草稿集』④-⑨，大月書店，1978-94年。MEGAの「付属資料（Apparat）の部」では，この草稿の執筆過程が詳細に記述されており，エンゲルスによるものを含むそれ以前の執筆時期推定が訂正されたり，綿密にされたりしている。しかしまたその後，ここで述べられた執筆時期や諸箇所の執筆の順序についての推定のいつくかについて疑問が出されている。】

て[108]，1865年1月から同年12月末日までに[109]第3部の草稿を書いた[110]。つまり，マルクスは「1863年夏から1865年12月末までの約2年半のあいだに，全6章から成る第1部の原稿，全3章から成る第2部の「第1稿」，および，全7章から成る第3部の「主要草稿」を，つまり『資本論』の「理論的部分」全3部の草稿を書き上げたのである」[111]。この「全3部の草稿」のうち，われわれが草稿のままの状態で——また原文で——知ることができるのは，第1部の最後の章として書かれた「直接的生産過程の諸結果」だけである。第2部の「第1稿」[112]は，エンゲルスが現行第2部を編集するさいに【エンゲルスの目から見て内容的に】「利用できなかった」(K. II, S. 11【MEGA II/13, S. 7】)ものであり，第3部の「主要草稿」は

---

106）佐藤「『資本論』第3部原稿について (2)」，前出，127ページ参照。

107）水谷謙治氏も指摘されていることだが，佐藤氏は，第1部を完了した時期を「8月」と記しておられるけれども，その根拠が明らかでない。佐藤『『資本論』と宇野経済学』，前出，44ページ。水谷，前掲論文，124ページ参照。

108）この第2部用の草稿については，次節で取り上げる。

109）И. Г. Казьмина, Работа Энгельса над подгатовкои к изданию третьего тома «капитала» Маркса. Из истории марксизма, Москва, 1961, стр. 381. 佐藤「『資本論』第3部原稿について (2)」，前出，104-109ページ。

110）【「第1部を終えてから第2部にはいり，これもひととおり書き終えて，1865年1月から同年12月末日までに第3部の草稿を書いた」，とする執筆時期と執筆順序とについての以上の推定は，その後の考証的研究によれば，「第1部を終えてから第3部にはいり，第3部の執筆を中断して第2部第1稿を書き上げたのち，第3部の執筆に戻り，第3部を書き上げた」と訂正されなければならない。大谷はのちに社会史国際研究所で『資本論』諸草稿の調査を行い，それを踏まえて，マルクスの『資本論』第2部の諸草稿，とりわけその第1稿と第3部第1稿の執筆時期と執筆の順序，両者の執筆の関連などについての見解を公表し，それらは MEGA 第II部門諸巻の編集に取り入れられた。詳細は大谷禎之介『資本論草稿にマルクスの苦闘を読む』，桜井書店，2018年，第6章，および，大谷禎之介『マルクスの利子生み資本論』第1巻，桜井書店，2016年，補章2，同第2巻，補章4，を参照された い。旧稿での以下の記述の細部をそれらに従って一つひとつ訂正することはしないでおく。】

111）佐藤『『資本論』と宇野経済学』，前出，128ページ。

112）エンゲルスは「第1稿」の執筆時期を「おそらく1865年ないし1867年のもの」と推定している (K. II, S. 8-11【MEGA II/13, S. 7】)。ここでは佐藤金三郎氏の推定にならって，それを1863-1864年とした。この点については，佐藤，同前，46ページ，水谷，前掲論文，123-124ページおよび151ページ，佐藤「『資本論』第3部原稿について (2)」，前出，113ページ，を参照されたい。【第2部の第1稿は，1988年に刊行された MEGA 第II部門第4巻第1分冊に収められ，公刊された。そこでは，この草稿の執筆時期は，その後の考証的研究（前出の注110を見られたい）を踏まえて，「1865年前半」とされている。】

第3部のための唯一の草稿として現行第3部にまとめられてはいるものの，エンゲルスの手によって全体の統一のために必要な加工がなされている[113]。そこで，「直接的生産過程の諸結果」におけるAbschnittの使用例であるが，このなかには，Abschnittが書物について言われているものはないようである[114]。したがって，われわれは1863年8月-1865年12月の「全3部の草稿」からマルクスによるAbschnittの使用例を見ることを断念しなければならない。

　これに続くのは1867年に刊行された『資本論』第1部のための印刷用原稿の作成と清書との仕事であって，これは1866年1月1日に始められ，1867年4月2日に終了した。言うまでもなく，われわれはこの仕事の成果を第1部の初版本に見ることができる。そこで本項では，第1部の初版を中心にAbschnittの用例を見ることにするが，その前に，初版刊行の時点までのマルクスのプランの推移に触れておかねばならない。さきにみた「1863年1月の『資本論』著述プラン」から，どのような変更があったであろうか。

　第1。なによりもまず，『資本論』全体の1次区分が，3項目構成から4項目構成に変化したことである。さきに見たように，1862年1月に「23冊のノート」中の第6冊に「剰余価値に関する諸学説」を書き始めたときには，これは「5.」として理論的な諸部分のあいだに挿入されるはずのものであった。それが，1863年1月のプランでは，「I. 資本の生産過程」の末尾に学説史的項目が置かれることに変更されていた。その後「諸学説」を終わりまで書いていくなかで，

---

113) この「主要草稿」については，佐藤氏がそのフォトコピーについて調査された結果に基づく研究を発表されつつあり，また，リュベールの『資本論第2巻資料』（後出，注131参照）によって草稿の状態についての有益な情報がもたらされてはいるが，しかし，Abschnittの用例を見るというわれわれの目的には，残念ながら利用できない。【大谷禎之介『マルクスの利子生み資本論』第1巻の補章2および同第2巻の補章5はこの「主要草稿」についての大谷およびMEGA編集者による考証的見解を紹介している。】

114) 【次の1箇所がある。「このAbschnittの叙述の進行中に，われわれはこの決定的に重要な点に立ち返って，さらに詳しく述べることにする。」(MEGA II/4.1, S. 58.) ここで「この決定的に重要な点」と言われているのは，労働過程一般を価値増殖過程と見なすような「相違が捨象されることによって同一性が証明される」という顚倒的な思考が必然的に産み出される，ということであり，この点は「諸結果」ののちの「資本の神秘化等々」(MEGA II/4.1, S. 119-125) のところで「さらに詳しく」述べられている。したがって，「このAbschnitt」は，「第6章　直接的生産過程の諸結果」を指すものと考えられ，ここではAbschnittは「区分」を意味するものである。】

252　第2部　マルクスによる恐慌・産業循環の理論的展開を跡づける

三つの部にそれぞれ「諸学説」を付けるよりも，理論的な三つの部とは区別して「諸学説」をまとめるほうがいい，という結論に至ったのであろう。こうして，『資本論』の4区分構成が決定した。この区分がBuch（部）と呼ばれることも確定した。このことは，マルクスが著書としては『資本論』を完全な独立著作にしようと腹を固めたことを意味する。かつて著書『経済学批判』が全6部（6 Bücher）からなる計画だったものが，いまや著書『資本論』が全4部（4 Bücher）となる計画に切り替わったのである。この変更の時期は，「直接的生産過程の諸結果」執筆以前である。なぜなら，この「諸結果」ではすでに，「重農主義（第4部〔Buch IV〕を見よ）」[115]，と書いているのだから[116]。「諸結果」の執筆時期は，1863年8月以降，そして1864年——それもこの年に書かれた第2部の「第1稿」よりも以前——と推定されている[117]。したがって，遅くともこのころまでには，全4部の構想が確立したのである。

　第2。第1部について見ると，1863年8月-1864年12月の「全3部の草稿」では，その章別構成は次のようになっていたと推測されている[118]。

　　第1章　貨幣の資本への転化
　　第2章　絶対的剰余価値の生産
　　第3章　相対的剰余価値の生産
　　第4章　絶対的剰余価値および相対的剰余価値の生産
　　第5章　資本の蓄積過程
　　第6章　直接的生産過程の諸結果

　「諸結果」の参照指示箇所から明らかなように，「諸結果」の時点ですでに，Buch—Kapitel（部—章）の構成は確定している。1次区分はBuchであり，主要区分である2次区分はKapitelである[119]。さきに触れたように「諸結果」には

---

115) Resultate, стр. 150.【MEGA II/4.1, S. 118.】
116) 三宅義夫「『資本論』の体系と著述プラン（承前）」，『立教経済学研究』第9巻第1号（1955年5月），83ページ。水谷，前掲論文，124-126ページ。佐藤，「『資本論』第3部原稿について（2）」，前出，127ページ。
117) 水谷，同前，118-122ページ。佐藤，同前，117-128ページ。【MEGA II/4.1は，「1863年夏-1864年夏」としている。】
118) 佐藤，同前，118ページ。
119) BuchないしKapitelに言及しているところは，次の各ページにみられる。Resultate, стр.

第7章 「内在的矛盾」の問題を「再生産論」に属せしめる見解の一論拠について　253

Abschnitt の使用例がない[120]のであるが，これは，「諸結果」では Buch—Kapitel 構成に基づく項目名によく従っている，ということを意味するものでもあろう。

　ところで上記の第1部の項目は，1863年1月のプランと比較すれば，どこが異なっているであろうか。少なくとも項目名だけの比較から見るかぎり——かつての学説史的項目たる8と9とがないのは問題外として——変化したところは一つもない，と言ってよいであろう[121]。各項目の内容について見れば，いたるところが充実，拡充されているのであろうが，プランという点からみれば，基本的に変化していない，と言ってよいであろう。「諸結果」は第1部の最後の章となるはずだったのである。

　ところが，「諸結果」で第1部を締めくくるというプランは，初版のための印刷用原稿を執筆する前に変更され，「資本の蓄積過程」で第1部は終わることになった。内容的には「諸結果」のなかの多くのテーマを他の章（とくに「蓄積過程」）のなかに含ませているとはいえ，これは，1863年1月プランからの明らかな変更であった。『資本論』第1部初版は，1863年1月プランにおける「1.」がそうであったように，第1章を「商品と貨幣」とし，以下，「貨幣の資本への転化」から「資本の蓄積過程」に至る全6章から成ることになった。

　第3。第2部について言えば，ここでは，現行の三つの篇に当たる三つの章から成るプランが確立されている。この点は，次の4で述べるので，ただ結論的に，ここでも Buch—Kapitel 構想が確立している，ということだけを書き記しておこう。

　第4。第3部について言うと，ここではかなり重要なプランの変更が見られる。1864【-1865】年の第3部の「主要草稿」は第3部の唯一の草稿であるから，現行版と基本的に一致しているのは当然であろう。佐藤金三郎氏の調査[122]によると，マルクスによる七つの章の表題は，現行版の七つの篇の表題と基本的

---

　4, 18, 34, 94, 96, 98, 140, 146, 150, 216, 226, 228.【MEGA II/4.1, S. 24, 46, 50, 51, 71, 114, 118.】

120)【前出の注114を見よ。】

121)「資本の蓄積過程」の章は，かつてのプランの「6. 剰余価値の資本への再転化。本源的蓄積。ウェイクフィールドの植民理論」に当たる。

122) 佐藤「『資本論』第3部原稿について」，前出，122-138ページ。

254　第2部　マルクスによる恐慌・産業循環の理論的展開を跡づける

に一致している[123]。それでは，1863年1月プランからどういう点で変化したのであろうか。

　個々的に言えば，一つには，1863年1月プランでは「価値と生産価格との相違の例証」にすぎなかった「地代」が，「第6章」として一つの確固とした地位を占めるに至ったこと，一つには，『剰余価値学説史』への「エピソード」として書かれた「収入とその諸源泉」のなかで資本物神の完成形態としての利子生み資本が論じられていたのであるが，これが第5章の「利子と企業利得（産業利潤または商業利潤）への利潤の分裂。利子生み資本」のなかで論じられることとなったこと[124]，そして最後に，「資本主義的生産の総過程における貨幣の還流運動」が消え去ったこと，これらの諸点が目を引くところである。

　このうち最後の点は，第2部第3章（現行第3篇）構想の成立によって，問題がそちらに移されたものと推測されるのであるが，この「貨幣の還流運動」という「かなり大きな「エピソード」」（Th. III, S. 604, Anmerkung 118）の内容がまだわからない現時点では，それ以上のことは言うことができない[125]。

　そこで，その前の2点であるが，これはどちらも，すでに述べた，1863年1月プランにおける生産価格論の第3部導入による「資本一般」の内容変化の延長線上の問題である。すなわち，「『経済学批判』著述プラン」当時における「資本一般」の内容——諸資本のすべての差異を捨象して，「一国民の総資本を，たとえば総賃労働（あるいは土地所有）と区別して考察」（Gr., S. 735【MEGA II/1, S. 715】）し，完成された資本としての利子生み資本で締めくくる，という——は，1863年1月プランではすでに変化して，「この新たな構想にもとづく『資本論』について，「それは実際には……「資本一般」を包含するにすぎ」ないの

---

123）【拙著『マルクスの利子生み資本論』第1巻「補章2」を参照されたい。】
124）三宅義夫『マルクス信用論体系』，日本評論社，1970年，12-16ページ，292-295ページ参照。
125）この点については，三宅，同前，22-23ページ，294-295ページ参照。【「23冊のノート」が『1861-1863年草稿』として MEGA II/3 に収められたので，「資本主義的再生産における貨幣の還流運動」もそれで読めるようになった。MEGA II/3.5, S. 1701-1746, 1750-1860. なお，ここで「第2部第3章（現行第3篇）構想の成立によって，問題がそちらに移されたものと推測される」としたのは事実に即さない誤りであった。というのも，第2部第1稿ですでに第2部第3章「流通と再生産」が書かれていたのだからである。】

だと言い，「英国人が「経済学の諸原理」と呼ぶところのものが」そのうちには含まれているのだと言っていたのであるが，現行の『資本論』では，それを性格づけるものとしての「資本一般」の語はもはや見受けられなくなり，そこでの考察の限界は，……たとえば，「かかる一般的研究では総じてつねに現実的関係はその概念に一致するということが前提される，または，同じことであるが，現実的関係はそれ自身の一般的類型を表現するかぎりでのみ叙述される」(K. III, S. 152【MEGA II/4.2, S. 215】) と言い，あるいは，「競争の現実的運動はわれわれの計画の範囲外にあるのであって，われわれはただ，資本制的生産様式の内的構造を，いわばその理想的平均において叙述すればよい」(K. III, S. 839【MEGA II/4.2, S. 853】) というふうにいいあらわされることになったのである」[126]。

　以上のような諸変更にもかかわらず，以上3部の内部の区分をKapitelとする，という点では，1863年1月プランと第1部初版刊行時の構想とは一致している。この項目名に関するかぎり，異なったのは，Buchの呼称が確立したことである。そこで，このような『資本論』の篇別構成の正式な名称によるかぎり，Abschnittは，かろうじて——数字だけで区分されている——Kapitelよりも一つ下位の区分，すなわち3次区分について——したがって，日本語で言えば「節」として——用いられる場合（すなわち前節でみたc）の用法）以外にはありえないであろう。もちろん，Abschnittがそうした名称と必ず一致しなければならないということはないのであるが。

　そこで次に，以上のことを念頭において，『資本論』第1部初版でのAbschnittの用例を見ることにしよう。

＊

　『資本論』第1部初版では，その「序文」のはじめの部分にAbschnittという語が4箇所出てくる。この部分をまず見ることにしよう。

　マルクスは「序文」の冒頭で，前著『経済学批判　第1冊』と『資本論』との関係を述べている。そのなかで，次のように言っている。

---

126) 久留間，前掲書，VIページ。【『経済学批判』著述プランでの「資本一般」とは区別されるべき『資本論』のこの性格づけについては，拙著『マルクスの利子生み資本論』第1巻「補章1」を参照されたい。】

256 第2部 マルクスによる恐慌・産業循環の理論的展開を跡づける

「あの前著の内容は，この巻の第1章〔Kapitel〕に要約されている。……価
値理論および貨幣理論の歴史に関する諸節〔Abschnitte〕は，今度はもちろ
んなくなっている。」（下線による強調は初版でのもの，以下同様。K. I, 1. Auflage, S.
VII【MEGA II/5, S. 11】; K. I, S. 11【MEGA II/6, S. 65】.）

　ここで「第1章」と言っているのが現行版（第2版以降）では「第1篇　商品と
貨幣」に当たること，また，「価値理論および貨幣理論の歴史に関する諸節」と
は，『経済学批判　第1冊』の第1章のなかにある「A. 商品の分析についての
史的考察」，第2章のなかにある「B. 貨幣の度量単位に関する諸理論」および
「C. 流通手段と貨幣に関する諸理論」，の3箇所を指していることは言うまで
もないであろう。Abschnitte を「諸節」としたのは，『批判』での A, B, C とい
う区分が，「章」の一段下位の区分となっており，こう訳しても誤解が生じる
余地がないからである。同様の意味での Abschnitt が，続くパラグラフのなか
に出てくる。

「なにごともはじめが困難だということは，どの科学の場合にも言えるこ
とである。それゆえ，第1章〔Kapitel〕，ことに商品の分析を含む節〔Ab-
schnitt〕の理解は，最大の困難となるであろう。さらにもっと立ち入って，
価値実体と価値量との分析について言えば，わたしはこの分析をできるだ
け平易なものにした。」（K. I, 1. Auflage, S. VII-VIII【MEGA II/5, S. 11】; K. I, S. 11
【MEGA II/6, S. 65】.）

　ここで「商品の分析を含む節」と言っているのは，それに続けてマルクスが
「価値実体と価値量との分析」について語っているところからも明らかなよう
に，初版の「第1章　商品と貨幣」（現行版第1篇）の下位区分である「1）商品」
（現行版第1章）を指している。したがって，この Abschnitt は初版での項目編
成の「節」に当たるのであり，「節」と訳すことができるわけである。

　上の引用に続けて，価値形態の部分が特別に難しい理由が述べられ，「弁証
法的な思考に必ずしも慣れていない読者」に，「付録」の「価値形態」を読むこ
とが勧められている。初版の行数で11行あるこの部分は，第2版以降「付録」
が取り除かれ，また本文にも手が加えられたので，再録されている「初版序
文」のなかでは削られているが，その初めの部分は次のようになっている。

「価値形態の分析はそうはいかなかった。それは，弁証法がそれまでの叙

第7章 「内在的矛盾」の問題を「再生産論」に属せしめる見解の一論拠について　257

述のなかでよりもはるかに鋭くなっているがゆえに，難解である。……」
(K. I, 1. Auflage, S. VIII.【MEGA II/5, S. 11-12.】)

　この11行のあとに，現行版でも見ることのできる，「貨幣形態をその完成し
た姿とする価値形態は非常に無内容で簡単である」以下の部分が独立のパラグ
ラフとして続き，そしてそれに，行を替えて，次の文章がくることになる。

　　「それゆえ，価値形態に関する部分〔Abschnitt〕を別とすれば，本書を難解
　だと言って非難することはできないであろう。……」(K. I, 1. Auflage, S. IX.
　【MEGA II/5, S. 12】; K. I, S. 12【MEGA II/5, S. 66】.)

　ここで「価値形態に関するAbschnitt」と言われているところは，その前の
二つのAbschnittとは少し事情が違っている。初版では，現行版で「3. 価値形
態または交換価値」という「節」に当たるところは，「1) 商品」——初版ではこ
れが「節」——のなかの一部分，しかも前後になんらの区切りも持たない一部
分でしかないのである。これを「節」と訳すとすれば——長谷部訳，向坂訳は
そうなっている——，現行版に当てはめて読むと具合がよいかもしれないが，
それは少なくとも初版序文の訳としては適切ではないであろう。

　最後に，上記の引用のなかで，「……平易なものにした」というところにマ
ルクスは注を付けていて，このなかにもAbschnittという語が出てくる。

　　「このような平易化がますます必要だと思われたのは，シュルツェ－デー
　リッチに反対したF・ラサールの著書のなかの，彼がこれらのテーマにつ
　いての私の展開の「精神的核心」を与えると称している部分〔Abschnitt〕で
　さえも，もろもろの重大な誤解を含んでいるからである。」(K. I, 1. Auflage, S.
　VIII【MEGA II/5, S. 11】; K. I, S. 11【MEGA II/6, S. 65】.)

　この長い修飾句がついたAbschnittが，ラサールの著書[127]における項目編成
の一段階としての「篇」とか「節」とかを指すものではなくて，たんなる「部
分」の意味であることは明らかであろう。このあとの二つのAbschnittは，「一
節」とするのは誤りではないが，「節」とするならば，誤訳だと言わざるをえな
いのである。

---

127) Ferdinand Lassalle, Herr Bastiat-Schulze von Delitzsch, der ökonomische Julian, oder:
　　Capital und Arbeit, Berlin 1864.

258　第2部　マルクスによる恐慌・産業循環の理論的展開を跡づける

　さて，以下，初版の本文からは，若干例を挙げるにとどめよう。まず，
Kapitelの一つ下位の区分——節——を指しているもの。

　①「第3章第3節〔Kapitel III, 3. Abschnitt〕では，われわれは剰余価値率をただ
　　絶対的剰余価値の生産の立場だけから分析した。」(K. I, 1. Auflage, S. 505.
　　【MEGA II/5, S. 420.】)

　ここで言う「第3節」とは，第3章の「(3) 剰余価値率」のことである。この部
分は，第2版で新しい項目編成にあわせて「第3篇第3章〔Abschnitt III, Kap. 3.〕」
(K. II, Auflage, S. 539【MEGA II/6, S. 485】) と修正されたが，第3版以降この文章を含
むパラグラフの全部が削除された。

　②「第1部の注への補遺」(K. I, 1. Auflage, S. 757-763【MEGA II/5, S. 620-625】) のう
　　ちの最後のIX) は，次のように指示されている。「第6章の第1のAb-
　　schnittへの末注〔Schlußnote zum ersten Abschnitt des VI. Kapitels〕。」(K. I, 1. Auf-
　　lage, S. 762.【MEGA II/5, S. 625.】)

　この「末注」は，第2版以降削除されており，初版にだけ見られるものであ
る。このなかでの「第6章の第1のAbschnitt」とはどこを指すのであろうか。
初版第6章の構成を見てみよう。

　　第6章　資本の蓄積過程
　　　1)　資本主義的蓄積
　　　　a)　単純再生産
　　　　b)　剰余価値の資本への転化
　　　　c)　資本主義的蓄積の一般的法則
　　　2)　いわゆる本源的蓄積
　　　3)　近代植民理論

　AbschnittをKapitelの一つ下の区分とするならば，「第1のAbschnitt」とは
「1) 資本主義的蓄積」という「節」——147ページもあるが——のことである。
そしてこの「末注」がじっさい，この1) の，したがって実質的にはそのc) の
末注であることは，形式的にも——その前の「補遺」がこのc) のなかの注137
にたいするものであることから——，内容的にも——この注では資本主義的蓄
積の敵対的性格についての弁護論の暴露が行われていることから——明らかで
ある。

ところが，以上の二つにたいして，次の二つの Abschnitt は，第6章の1）
──すなわち第1節──のさらに下位の区分を指している。

③「本章の最初の区分〔der erste Abschnitt dieses Kapitels〕では，われわれは全
剰余価値または剰余生産物をただ資本家の個人的消費元本としてのみ，こ
の区分〔dieser Abschnitt〕ではこれまではただ蓄積元本としてのみ，考察し
た。」(K. I, 1. Auflage, S. 575.【MEGA II/5, S. 476.】)

この引用は，さきに見た第6章の1）の b）のなかにあるのであり，「本章の
最初の Abschnitt」とは「a）単純再生産」のことである。「この Abschnitt」も，
同様に「b）剰余価値の資本への転化」を指している。（第2版以降，「前章〔vo-
riges Kapitel〕」および「本章〔dieses Kapitel〕」となっている (K. I, S. 617【MEGA II/6, S.
542】)。）これは，Kapitel の一つ下位の区分としての「節」ではないのであり，
たとえばこれを「本章の第1節」などと訳したならば，これが「a）」を指すと
いうことが判らなくなってしまうのである。

④「この部分が進むうちに〔im Verlauf dieses Abschnitts〕明らかになったように，
資本はけっして固定した大きさではなく，社会的富のうちの弾力性のある
一部分であり，剰余価値が収入と余剰資本〔Surpluskapital〕とにどう分かれ
るかに従ってたえず変動する一部分である。」(K. I, 1. Auflage, S. 596.【MEGA
II/5, S. 491.】)

上の「この部分」は，第2版で「この研究」に変えられた (K. I, S. 636【MEGA
II/6, S. 558】) が，これがさきの第6章 1）b）に当たることは明らかである。すな
わち，Kapitel の二段下位の区分なのである。

以上の4例にたいして，次の2例は「部分」の意味で使われているものである。

⑤「読者は，「労働日」や「機械」に関する部分〔Abschnitte〕で，イギリスの
労働者階級がこの10年間に有産階級のために「うっとりさせるような，富
や力の増加」を生産したさいの諸条件を知った。」(K. I, 1. Auflage, S. 640-641.
【MEGA II/5, S. 526-527.】)

この部分は，第2版ではまったく変化がなく，第3版以降でも，文章に手が
加えられ「労働日」と「機械」とについていた引用符が削除されたが，Ab-
schnitte はそのまま残された。これはつまり，この Abschnitt が篇別の項目名
とは無関係のものであることを示しているのである。こういう Abschnitt は，

「部分」とか「箇所」とか「ところ」とか訳すべきであろう（岡崎訳および向坂訳
—「諸篇」，長谷部訳—「諸章」）。

　　⑥「この部分〔Abschnitt〕のむすびとして，われわれはもう少しのあいだ，ア
　　　イルランドに行ってみなければならない。」(K. I. 1. Auflage, S. 688【MEGA II/5,
　　　S. 565】; K. I. 2. Auflage, S. 730【MEGA II/5, S. 634】; K. I. S. 726.)

　ここは，「この節」としてもなんとか通用するところである。現行版では，
第7篇第23章5の最後の項 f) の冒頭に当たり，初版では，第6章 1) の最後の
項 c) の終わりの部分に当たる。初版では現行版の f) に当たる段階の区分はな
い。「節」とすれば，初版では「1) 資本主義的蓄積」という節の「むすびとし
て」，ということになり，現行版では，「5. 資本主義的蓄積の一般的法則の例
証」という節の「むすびとして」，ということになるであろう。しかしこれは，
内容的には後者を指すものと考えるべきであろう。つまり，初版で言えば第6
章の 1) の c) のさらにその——なんらの区分をもなしていない——部分を指す
ものだったのである。これが「部分」の意味だったからこそ，初版から現行版
までこの文章にはまったく変化がなかったのである。

　『資本論』第1部初版における Abschnitt の以上の用例では，Abschnitt は，
第1に『資本論』の当時の篇別構成の名称に一致して，Kapitel の一つ下の区分
を指すものとして使われており，第2に，さらにそれよりも一つ下位の区分を
指す場合にも使われており，第3に，たんに「部分」ないし「箇所」の意味でも
用いられている，ということになる。したがってここには，「篇」という意味
での——当時の篇別には「篇」という段階はもともとなかったのだから当然で
はあるが——用例がないばかりでなく，また，Buch ないし Kapitel の区分をさ
して Abschnitt と言っているところも見あたらない。すなわち，前節でみた四
つの用法で言えば，a) と b) の用法はなく，c) と d) の用法だけがある，とい
うことになるであろう。

　ここからわれわれは，二つの結論を導きだすことができる。第1に，マルク
スは印刷用原稿ないし清書原稿では，篇別構成の呼称に十分に気を配っている，
ということであって，これは初版そのものについても，第2版での修正につい
ても（また「直接的生産過程の諸結果」もここに加えうるであろう）読み取られ
ることである。第2に，にもかかわらず，Abschnitt が多義的に用いられうる

ことはすでに見たとおりであって，「篇」とか「節」とかだけの意味だと考えることはできないのである。

　本項では最後に，『資本論』第１部の第２版で，現行版にみられる Buch—Abschnitt—Kapitel の項目組織が成立したのちにも，Abschnitt がこの項目組織における位置（＝２次区分）とは別個の意味で用いられていることを，この第２版への「後記」から示しておくことにする。

　　「第１章〔商品〕の最後の節〔Abschnitt〕である「商品の物神的性格，云々」は，大半書き改めた。第３章〔貨幣または商品流通〕の１〔価値尺度〕は入念に修正してある。というのは，初版のこの部分〔Abschnitt〕は，『経済学批判……』ですでに与えられた説明の参照を求めて，粗略に取り扱われていたからである。第７章〔剰余価値率〕，とくに第２節〔Teil 2. 生産物の比例配分的諸部分での生産物価値の表示〕は，かなり書き直してある。」(K. I, 2. Auflage, S. 813【MEGA II/6, S. 700】; K. I, S. 18.)

　第２版の目次では Abschnitt は「篇」であるが，この後記ではそれは「節」であり，「部分」である。しかも，この引用部分の前にある，„Kapitel I, 1“，„Kapitel I, 3 (die Wertform)“ という表現，この引用のなかにある，„Kapitel III, 1 (Maß der Werte)“，„Kapitel VII, besonders Teil 2“ という表現と比べてみれば，Abschnitt が「節」よりも「区分」，「部分」のニュアンスをもっていることも明らかであろう。

＊

　以上で，マルクスにおける Abschnitt の用例の検討を終える。総括的な結論は次のとおりである。

　第１。マルクスにおける Abschnitt は，彼の著述プランの推移と一定の関係を持っている。したがって，ある Abschnitt の意味を明らかにするためには，そのときの著述プランの項目編成を知らねばならない。

　第２。マルクスの草稿の原稿としての完成度が低ければ低いほど，そのなかでの Abschnitt の意味とプランにおけるそれの意味とのずれはそれだけ大きい。したがって，どの程度の完成度の草稿に書かれているのか，ということを慎重に評価する必要がある。

262　第2部　マルクスによる恐慌・産業循環の理論的展開を跡づける

　第3。原稿としての完成度がどんなに高くても，マルクスはこの語を，この語がもともと持っている多様な意味において使用しているので，その正確な意味は前後の文脈のなかでのみ明らかにされうるものである。

## 4　「覚え書き」における「次のAbschnitt」について

### 4.1　『資本論』第2部とその草稿との関係

　本節では，ふたたび『資本論』第2部第2篇のなかの注32の「覚え書き」に立ち戻り，この「覚え書き」で言う「次のAbschnitt」をどのように読んだらいいのか，これはどこを指しているものなのか，という問題を検討しよう。

　この場合，なによりもまず注意しなければならないのは，現行『資本論』第2部がエンゲルスによって編集されたものであって，マルクスの草稿そのものではないのだ，ということである。第2部用のマルクスの草稿がどのようなものであったかについて，この草稿を現行第2部にまで仕上げねばならなかった編者エンゲルスは，第2部の序文の冒頭で次のように記している。

　　「『資本論』の第2部を印刷のできるかたちに仕上げるということ，しかも一方では脈絡のある，できるかぎりまとまった著作でありながら，同時に他方では，それが編者の著作ではなく，どこまでも著者の著作であるようにすることは，けっして容易な仕事ではなかった。現存のたいていは断片的な草稿の数が多いということは，この課題を困難なものにした。せいぜいただ一つ（第4稿）だけが，書かれていたところまでは，印刷できるように完全に整理されていた。しかし，それも大部分は，のちの時期に書かれた修正によって古すぎるものにされていた。材料の主要部分が，大部分は事実上は仕上げられていたとはいえ，文章としては仕上げられていなかった。……それは，思想がそのつど著者の頭のなかで展開されたままのかたちで書きおろされたものである。……章の終わるところでは，次の章に移ることを急ぐあまり，しばしばただわずかばかりのきれぎれの文章が，そこに未完のまま残された展開の境界石になっているだけである。」(K. II, S. 7.【MEGA II/13, S. 5.】)

このような草稿から，エンゲルスはどのようにして現行の第2部をつくりあ

げたのであろうか。エンゲルス自身は次のように書いている。

「私は，草稿をできるだけ原文のとおりに再現し，文体についてはマルク
ス自身も改めたであろうと思われる点だけを改め，説明のための書き入れ
やつなぎの文句は，どうしても必要で，しかも意味のうえからまったく疑
問の余地がない場合に限って挿入するということだけで満足した。その解
釈にほんのわずかでも疑問の残った文章は，むしろまったく原文どおりに
印刷されてある。私が行った書き替えや書き入れは，印刷して全体で10
ページにもなっていないし，しかもただ形式的な性質のものばかりであ
る。」(K. II, S. 7.【MEGA II/13, S. 5-6.】)

エンゲルスは続いて，「マルクスが第2部のために残した自筆の材料」がどの
ようなものから成っており，それをどのように利用したか，ということを述べ
たのち，次のように記している。

「以上が第2部の材料であって，マルクスが死ぬ少し前に娘のエリナに語
ったところによれば，それを私が「有意義なものにする」はずのものだっ
た。私はこの委託をその最も狭い限界のなかで引き受けた。なんとかして
できたかぎりでは，私は自分の仕事をいくつもの改訂草稿のうちからただ
選び出すことだけに局限した。そして，いつでも，現存する草稿のうちの
最後のものを以前のものと比較しながら基礎とするようにした。」(K. II, S.
12.【MEGA II/13, S. 8.】)

このようなエンゲルスの言葉を読むと，エンゲルスの編集作業は，マルクス
の指示による，あるいは形式的なものにすぎない変更を施すことに限られてお
り，しかもその変更箇所はエンゲルスが注記している——じっさいエンゲルス
は，序文のあとに総括的に，また本文のなかでも個々的に，使用草稿を明記し
ている——のだから，現行版を見ればマルクスの草稿の状態はほぼ正確につか
めるのだ，と考えたくなるのではなかろうか。

ところが，マルクスの遺稿のなかの第2部用の草稿に言及している最近の諸
研究によると，エンゲルスの作業は，実質的にも重大な意味をもつものであっ
たと判断せざるをえないもののようである。第2部に関する遺稿は，現在のと
ころ，一般にはアムステルダムの社会史国際研究所でそのフォトコピーを閲覧
する以外に見る方法がない[128]ので，2次資料に頼るほかはないのであるが，そ

れらの研究によって，かなりの程度にまで，現行第2部と第2部用草稿との関係がわかるようになってきた。そしてそれらの研究では，さきのようなエンゲルスの断り書きからはまったく想像もできないほどの改訂が施されている，ということが明らかにされつつあるのである[129]。そのなかでもとくに，モスクワのML研究所にある門外不出の遺稿を利用して書かれたЮ・Т・ハリトーノフの論文「マルクス主義経済学理論の仕上げの歴史から」[130]と，同様にアムステルダムの社会史国際研究所に保存されている遺稿を数年間にわたって研究したうえで編纂された，М・リュベールの『資本論第2巻資料』[131]とは，ともにそれまで知られていなかった第2部用の草稿の状態と現行版との関係をかなり具体的に紹介して，エンゲルスの果たした役割が大きかったことを示している。

たとえばハリトーノフは，さきのエンゲルスの言，「私が行った書き替えや書き入れは，印刷して全体で10ページにもなっていないし，しかもただ形式的な性質のものばかりである」，という箇所に言及して，「実際には，まったくそのとおりだとは言いかねる」，と言う[132]。そしてその例として現行版の第3篇第20章第2節「社会的生産の二つの部門」の冒頭の部分を挙げ，これをマル

---

128) 【2012年に第4巻第3分冊が刊行されて，MEGA第II部門が完結し，伝存している『資本論』第2部草稿のすべてが読めるようになった。】

129) 【大谷禎之介は，のちに社会史国際研究所でまず『資本論』第2部の第8稿を調査して，エンゲルス版との違いが量的のみならず質的にも驚くほど著しいことを知り，とりあえず，エンゲルスが彼の版の第21章に利用した箇所を紹介した。2018年刊行の著書『資本論草稿にマルクスの苦闘を読む』(桜井書店)の第5章では，この第8稿の全文と関連資料とを紹介している。エンゲルスはこの第8稿のほとんどすべてを彼の版に利用したが，この書によって第8稿と現行版での利用箇所とを比較されれば，エンゲルスの手入れが，彼が序文で書いているところからはおよそ想像できないほどの大幅なものであったことを確認されるであろう。】

130) Ю. Т. Харитонов, Из истории разработки марксисткой экономической теории «Вопросы истрии», 1956, No. 2. 本論文については，『経済評論』1957年4月号に副島種典氏の紹介がある。

131) Matériaux pour le deuxieme volume du capital (Livre II: Le processus de circulation du capital (1869–1879) – Traduction par Maximilien Rubel. Livre III: Le processus d'ensemble du capital (1864–1875) – Traduction par Michel Jacob, Maximilien Rubel et Suzanne Voute). Oeuvres de Karl Marx, Économie II. Édition établie et annotèe par Maximilien Rubel, Paris 1968. 以下，Matériaux と略記する。

132) Ю. Т. Харитонов, a.a.O., стр. 48.

第7章 「内在的矛盾」の問題を「再生産論」に属せしめる見解の一論拠について　265

クスの草稿と対比したうえで，「このように，印刷して分量1/3ページという
わずかなテキストのうちに，それぞれ違う性格の10個の編集上の改訂が確認
されるのだ」[133]と言い，さらに次のように述べている。

　　「第2巻の多くの箇所で，われわれはマルクスの思想を，エンゲルスが叙
　　述し精確にしたかたちで読むのである。マルクスの草稿のテキストとエン
　　ゲルスによるテキストとを，第2巻のうちの二つの篇〔отдел〕について比
　　較しただけでも，エンゲルスが非常に大量の訂正を行ったことがわかる。
　　その数は，ほとんど印刷された各ページごとに，数十にのぼっている。さ
　　らにエンゲルスによって挿入され彼のイニシアルが付されている大量の書
　　き込みを考慮するならば，『資本論』第2巻の現行のテキストは当然2人の
　　──すなわちマルクスとエンゲルスの──ものなのだ，とはっきり主張す
　　ることができるのである。」[134]

　しかも，われわれの当面の問題にとってもきわめて重大な意味をもつ情報を，
ハリトーノフは提供している。それは，現行第2部の篇別構成には，マルクス
の草稿ないしマルクスのプランに存在しない区分と表題が数多く見られる，と
いうことである。ハリトーノフの調査結果はのちに引用するけれども，彼が述
べていることは，リュベールが『資本論第2巻資料』のなかで個々的に示して
いる草稿と現行版との相違の事実とおおむね一致している。また，佐藤金三郎
氏が第3部について調査して明らかにされつつある[135]，第3部編集のさいのエ
ンゲルスの作業ぶりからみても，このことは十分に理解されうることである。

　こうしたことから直ちに，第2部の現行版の価値について軽々しくなんらか
のおしゃべりをすることは厳に慎むべきだと考えるが，しかしこのことは，わ
れわれの問題について言うかぎり，現行第2部について「次のAbschnitt」を考
えるだけではなくて，マルクスの草稿そのものについてそれを考えてみる必要
を示唆しているように思われる。すなわち，マルクスが「次のAbschnitt」と
書いたときに，『資本論』の篇別構成はどのようなものであったのか，またそ

---

133）Там же, стр. 50.

134）Там же, стр. 50.

135）佐藤「『資本論』第3部原稿について」，『思想』1971年4月号，6月号，1972年10月号。
　　【佐藤氏のこの論稿はここで中断されたままに終わった。】

れを書きつけた草稿はどの程度の完成度のものであったのか，また，これが書かれているところの前後は草稿ではどうなっているのか，といった諸点が検討される必要があると思われるのである。そこで，以下次のような問題を順次検討していくことによって，結論に近づくことにしよう。

①「覚え書き」はどういう草稿のなかに書きこまれているのか。

② その草稿はいつ書かれたのか。

③ その時期には『資本論』（ないし『経済学批判』）の篇別の構想はどのようなものであったのか。

④ そうした構想で言えばどの部分に属すべきものとして書かれていた草稿部分に「覚え書き」が書き込まれたのか。

⑤「次のAbschnitt」は，「覚え書き」以降のどの篇別区分を指すものと考えられるか。

⑥「次のAbschnitt」という言葉そのものが，編集作業のさいにエンゲルスによって書き替えられているものとは考えられないか。

### 4.2 「覚え書き」の所属草稿とその執筆時期

まず，あの「覚え書き」がマルクスの草稿のなかのどこに書かれていたのか，ということを確認しておかなければならない。エンゲルスが現行第2部に記しているところでは，「覚え書き」を含む注32がそのなかにある第16章は，第1部初版に続く時期に書かれた第2部用の草稿のうちの「第2稿」からのものである。だが，はたしてこのエンゲルスの指示に間違いがないと言えるであろうか。

たしかにエンゲルスは，一般的に言えば，第2部の編集にあたって草稿の出所を明記するよう努めており，注の部分についても，たとえば注12（K. II, S. 136【MEGA II/13, S. 123-124】），注16（K. II, S. 142【MEGA II/13, S. 130】），注40（K. II, S. 373【MEGA II/13, S. 346-347】）などに見られるように，本文とは異なる草稿から取ったものである場合にそのことを明記している。

しかし，この作業が完全に行われたとは言い難いのであって，たとえば注50（K. II, S. 437【MEGA II/13, S. 407】）では，本文が「第8稿」からのものであるのにたいして，この注だけは「第2稿」【MEGA II/11, S. 391】から取られている[136]にもかかわらず【そしてエンゲルスはこのことを編集用の草稿では注意書きしていたにもかかわ

第7章 「内在的矛盾」の問題を「再生産論」に属せしめる見解の一論拠について　267

らず〕，このことは現行版では注記されていないのである。したがって，注32
についても，これが「第2稿」以外の草稿からのものではないか，と一応疑っ
てみる理由はあるのである。

　この点については，リュベールの『資本論第2巻資料』がかなり頼りになる
材料を提供してくれる。リュベールのこの『第2巻資料』は，使用草稿をその
ページについてまで注記しているので，この「覚え書き」の場合にも，それが
「第2稿」の118ページにあることがわかる[137]。さらに，現行版でこの注がつ
いている本文の位置とリュベール版でのそれとが一致していて，しかも，リュ
ベール版の注記によるこの注の前後の草稿のページ数が連続していることは，
「覚え書き」が現行第2部にみられるような位置で「第2稿」のなかにあること
を推測させるものである。

　エンゲルスは，注32の冒頭で「原稿ではここに，将来の詳論のための次の覚
え書きが書き込まれている〔eingeschaltet sein〕」，として，「覚え書き」を挙げて
いるのであるが，リュベール版の注でのこのようなページの指示から見て，こ
のeingeschaltetとは，どこかほかのところから切り取って持ってこられたと
か，ほかの紙に書いて挟み込まれた，というようなことではなく，「第2稿」の
118ページにさしかかったときに，本文のテーマとはちょっと離れた問題につ
いて，まさしく「覚え書き」的に書き込まれたものなのだ，と考えてよいよう
に思われる。マルクスが，もっとさきに進んでから論じるべきなんらかの問題
を思いつくと，それをその場で書きつけたうえで，大きな角括弧で括っておく，
ということをしていたのはよく知られていることであり，しかもそのさい，こ

---

136）Cf. Matériaux, p. 1733, note 1 à p. 815. このことは，佐藤氏が紹介されている社会史国際
　　研究所の新目録中，第2稿についての記載のなかに，「ディーツ版，442ページへの注」が
　　含まれていることからも確認できる（佐藤金三郎「アムステルダム・社会史国際研究所所
　　蔵『資本論』関係資料について」，『経済学雑誌』第36巻第2号（1970年8月），9ページ）。
　　また，第2部冒頭の，「資本の循環過程の三つの段階」について述べているところは，エン
　　ゲルスの注記では「第2稿から」となっているが，リュベールによるとこれは「誤り」で，
　　正しくは第7稿だと言う。Cf. ibid., p. 1686, note 1 à p. 510.【MEGA II/11に収録された第2
　　部諸草稿によれば，「第7稿および第5稿から」とすべきところであった。】
137）Ibid., p. 1715, note 2 à p. 695.【『資本論』第2部第2稿は，2008年に刊行されたMEGA第II
　　部門第11巻に収められ，公刊された。それによれば，注32が，エンゲルスによって第2
　　稿118ページの本文のなかから取り出されて，注とされたものだったことがわかる。】

268 第2部 マルクスによる恐慌・産業循環の理論的展開を跡づける

の問題はどこそこに属する,という留保的文言を付するのもごく普通のことで
あった[138]。この「覚え書き」についてのみ,本文を書いた時期とは違う時期に
あとから書き込まれたものである,と見る根拠はないように思われる[139]。

　要するに,「覚え書き」は,「第2稿」執筆中にマルクスが「心覚え」のために
書きとめておいたものであろうと考えられる。それでは,この「第2稿」はい
つごろ書かれたものであろうか。

　エンゲルスの第2部への序文によれば,「第2稿」は「1870年のもの〔datiert
von 1870〕」(K. II, S. 11【MEGA II/13, S. 7】) とされている。さきのハリトーノフもリ
ュベールも,このエンゲルスの記述に従ってであろうか,ともに1870年のも
のとしている[140]。

　このほかに「第2稿」の執筆時期を記したものとしては,アムステルダムの
社会史国際研究所の『マルクス・エンゲルス遺稿目録』がある。同研究所に所
蔵されている遺稿についてのこの目録には,故ブルーメンベルクが作成した古
い目録と,1965年に同研究所の作業団が作成した新しい目録とがあり,わが
国では前者が川鍋正敏氏によって,後者が佐藤金三郎氏によって,それぞれ紹
介されている[141]。それによると,『旧目録』では,「第2稿」と「第3稿」とを一
緒にしたものと思われる資料A42の表紙に,エンゲルスの手で「1870年に擱筆
〔vollendet〕」と書いてあり[142],後者では,「第2稿」(資料A63) について——目録
の編者によって——「およそ1868年ないし1870年」とされているとのことであ
る[143]。この後者のうちの1868年という年の推定の根拠は明らかではないが,
いずれにせよ,1870年には書き終えられていること,早くても起筆は1868年
以降であるらしいこと,などが推測できるのである[144]。

---

138) 前出の注16を参照。
139) 【本章末尾の「【補説1】」を参照されたい。】
140) Ю. Т. Харитонов, a.a.O., стр. 45, Matériaux, p. 1719, note 1 à p. 727.
141) 川鍋正敏「国際社会史研究所所蔵マルクス・エンゲルスの草稿および読書ノート目録」,
　　『立教経済学研究』第20巻第3号 (1966年12月),および,佐藤「アムステルダム・社会史
　　国際研究所所蔵『資本論』関係資料について」,前出。
142) 川鍋,前掲紹介,8ページ。
143) 佐藤,前掲紹介,9ページ。
144) 【2008年に刊行されたMEGA第II部門第11巻では,「早くても1868年春に起筆,1870年
　　半ばに擱筆」とされている。】

## 4.3 「覚え書き」執筆時における第2部の篇別構成

そこで次に，マルクスが第2稿を書きつつあったときに，マルクスは『資本論』第2部の篇別構成をどのようなものにしようと考えていたのか，ということを見ることにしよう。けだし，「次のAbschnitt」が「次篇」の意味であれ，「次章」の意味であれ，あるいはその他のどんなまとまりを指すにせよ，それはいずれも，「覚え書き」を書いたときのマルクスの構想におけるそれでなければならないからである。

ところで，ここでとくに第2部の篇別構成だけを問題にし，第3部のそれを取り上げないのはなぜか，という疑問が生じるかもしれない。なぜなら，第3部も「覚え書き」よりもあとに来るべきものだからである。たしかに，「覚え書き」における「次のAbschnitt」が，「次篇」の意味で，あるいは「次の区分」ないし「次の部分」の意味で，第3部をさす可能性はある。いな，後述するように，その可能性は大きいのである。しかし，この場合には，「次のAbschnitt」が第3部の全体を指すと考えるほかはない。第3部内部の特定の章や節を指すなどということはありえないことであろう。したがって，第3部内部の篇別構成がどのようなものであったかということは，「次のAbschnitt」の考察においては無視してさしつかえないのである。もっとも，第3部ではどのような問題がどのように解明されているのか，ということは，「内在的矛盾」がどこで問題にされるべきかという理論的な内容の検討にとっては重要な意味をもつものなのではあるが。ただその場合でさえ，第2部とは違って第3部は1870年にはすでに，現行第3部となったマルクスの草稿はすべて書き終えられていたのであり，マルクスが「覚え書き」を書いたときに考えられていた第3部とは現行の第3部と——内容の点では——ほぼ同じものであったと考えるほかはないのである。ちなみに言えば，現行第3部のためにエンゲルスが用いた「主要草稿」は1865年のものであり，篇別は——そのための項目名は変えられたが——すでに現行第3部と基本的に一致していたことが，佐藤金三郎氏によって明らかにされている[145]。また，マルクスは1868年4月30日付エンゲルス宛の手紙のなかで，現行第3部と同じ篇別構想を述べていることも想起されるべきであ

---

145) 佐藤「『資本論』第3部原稿について (1)」および「同 (2)」，前出，参照。

ろう。

それでは，「第2稿」執筆のころ，第2部の篇別構成についてのマルクスの構想はどのようなものであったか。

この場合，われわれの主題に関連してなによりもまず問題になるのは，第2部について，現行版にみられる Buch—Abschnitt—Kapitel の構成がすでに成立していたのかどうか，という点である。とりわけ，全体を三つの Abschnitt（「篇」という意味での）に区分するという構想がすでにあったのかどうか，という問題である。

第2部の構想の変遷の大筋を言えば，はじめ，現行版の「第1篇　資本の諸変態とその循環」および「第2篇　資本の回転」という二つの篇に相当する内容のものがあった。次に，「第3篇　社会的総資本の再生産と流通」で取り扱われている問題がはっきりと把握されて第2部に導入されることになる。ここで，これら三つの部分はそれぞれ「第1章」，「第2章」，「第3章」と呼ばれ，第2部の3章区分からなる構想が成立する。そしてこれがのちに，それぞれ「篇」に昇格して現行版の構想ができてくる。――大要，こういうことである。そこで問題は，「第2稿」が，3章区分以前，3章区分，3篇区分，のいずれの時期に属するものであるか，ということになる。

まず，3章区分の成立の時期を確かめておこう。のちに『経済学批判要綱』と呼ばれるようになった「7冊のノート」のなかで，マルクスはすでに，「資本の循環」と「資本の回転」との問題は――それをどのように篇別構成するかについては不確定であったにせよ――内容的にかなり詳しく研究しており，これを「II　資本の流通過程」にまとめるつもりであった[146]。それにたいして，「社会的総資本の再生産」の問題は，『要綱』当時にはまだ問題そのものが明確につかまれていなかったし，当時の「資本一般」の範囲には，異種の諸資本の流通の絡みあいの問題は入りようがなかった[147]。この問題は，『剰余価値学説

---

146)「1859年のプラン草案」のなかの「II. 資本の流通過程」の部分 (Gr., S. 975-977【MEGA II/2, S. 260-262】) を見よ。なお，この点については，水谷謙治『『経済学批判要綱』における資本の流通過程――流動資本と固定資本の諸規定の検討を中心として (上)』，『立教経済学研究』第23巻第2号 (1969年7月)，「同 (下)」，同誌第23巻第4号 (1970年1月)，を参照。

147) 水谷謙治『『経済学批判要綱』における再生産論に関する諸論述の検討」，『立教経済学研

史』でのA・スミスの「v＋mのドグマ」の根本的な批判とそれに続くケネーの『経済表』の研究のなかで問題として意識されたばかりでなく，その最も基本的な点が解明されることになった。そしてこれらの研究に基づいて，マルクス自身の『経済表』が1863年の5月-7月のころ描かれることになる。しかし，このときにはまだ，「社会的総資本の再生産」の問題を「資本の流通過程」のなかの一つの柱としてとりあげる構想は存在しなかった。このことは，マルクスが自分の『経済表』をエンゲルスに書き送った1863年7月6日付の手紙のなかで，「ぼくの表は，ぼくの本の最後の諸章のうちの1章のなかで総括として現われる」(MEW, Bd. 30, S. 362【MEGA III/12, S. 399】)，と言っていることからわかるのである。マルクスはまもなく，『学説史』を含む23冊のノートを書き終えて，1863年8月から『資本論』の仕上げに入ったが，このなかで，篇別の構想も練り上げ，第2部に社会的総再生産過程の問題を持ち込むことを決めた。こうして，第2部を3章で構成するプランが成立したのであるが，それが遅くとも1864年に第2部用の草稿——第1稿——に着手するよりも以前であったことは，そのころまでにはすでに書きあげられていたと見られる「直接的生産過程の諸結果」のなかで2箇所にわたって「第2部第3章」と言い[148]，しかもそのうちの1箇所では明確に「再生産過程に関する第2部第3章〔Ch. III. Buch II über den Re-produktionsprozeß〕」[149]と言っていることから明らかである[150]。

　したがって，社会史国際研究所の『新目録』で「およそ1868年ないし1870年」のものとし，エンゲルスが「1870年のもの」としている「第2稿」よりも，はるかにまえに3章構成が生まれていたことになるが，このことをさらに，第2部の草稿そのものとの関連で見ておくことにしよう。

　この点については，さきに言及したハリトーノフの調査結果が重要である。行論にかかわりのあるところを含めて，少し長いが，関係する2パラグラフを全文引用しておこう。

　　「大きな興味を引くのは，第2巻のプランと内部構成とについてのエンゲ

---

　　究』第24巻第2号（1970年8月），参照。
148)　Resultate, стр. 140 и 226.【MEGA II/4.1, S. 50 u. 114.】
149)　Там же, стр. 140.【MEGA II/4.1, S. 114.】
150)　水谷「再生産論（『資本論』2巻3篇）の成立について（完）」，前出，114-124ページ参照。

272　第2部　マルクスによる恐慌・産業循環の理論的展開を跡づける

ルスの仕事であって，これはわが国の文献ではこれまでのところまだ解明
されていないものである。マルクスには二つの第2巻プランがあった。す
なわち，1865年ないし1867年の草稿[151]のなかにあるプランと1870年の草
稿[152]のなかにあるプランである。この二つのプランは，次の点で共通し
ている。第1に，全巻が三つの章〔глава〕(「篇〔отдел〕」ではなく)に分けら
れている[153]。第2に，これらの章への区分の基本的な構想が似ている(I.
資本の流通，II. 資本の回転，III. 流通と再生産)。第3に，各章のなかの，
とくに第1章と第2章とのなかの個々の節〔подпункт〕が似ている。同時に，
1870年の草稿のプランは，二つの点で1865-1867年のプランとは大きく異
なっている。すなわち，それは後者よりもはるかに細部にわたって仕上げ
られており，またそれはすでに，後者とは各章と個々の節との表題が異な
っているのである。

　エンゲルスは，マルクスの指示(第2稿にある注意書き[154])に従って，

---

151)「第1稿」のこと。「おそらく1865年ないし1867年のものである第1稿」(K. II, S. 8-11
　【MEGA II/13, S. 7】)。この執筆時期については，前出の注112を見よ。【草稿の前に置か
　れていてその表紙と考えられていた全紙に書かれたプランを指していたのではないかと思
　われるが，のちに，この全紙は第4稿に付けられたものであったことが判明した。ハリト
　ーノフは第1稿そのものの篇別構成のことを考えていたのかもしれない。】
152)「第2稿」のこと。「第2稿は，第2部の草稿のうちである程度まで仕上げられている唯一
　のもので，1870年のものである。すぐ言及する最後の改訂のための覚え書き【第5稿にあ
　る】では，「第2稿を基礎にしなければならない」と明言している。」(K. II, S. 11.)【第2稿の
　前に置かれた表紙に書かれているプランを指してこのように書いたのかもしれないが，こ
　のプランは，第2稿執筆後に書かれたものである。ハリトーノフは第2稿そのものの篇別
　構成を考えていたのかもしれない。】)
153) 第2稿のプラン【あるいは第2稿そのものの篇別構成】が3章区分になっていることは，
　リュペールも第1篇(リュベール版では「資本の循環運動」という表題を持つ)への最初の
　注解のなかで述べているところである。──「この篇〔section〕の(エンゲルス版におけ
　る)6章への区分【すなわち第2稿そのものの篇別】は，第2部の初めの部分のどのヴァリ
　アントのなかでも考えられていない。われわれは，第4稿のなかで，またマルクスの指示
　によると「基礎にしなければならない」第2稿のなかで指示されている三つの部分〔par-
　tie〕への区分を採用した。この第2稿のタイトルページには，「第1章〔chapitre〕」(のちの
　「第1篇〔section〕」)のために，次の三つの下位区分〔sous-division〕を含む一つの「概要
　〔sommaire〕」【第2稿執筆後に書かれた，第2稿の表紙にある第2部のプラン】が見いださ
　れ，……第1と第3の下位区分はさらにいくつかの節〔paragraph〕を伴っている。」
　(Matériaux, p. 1685, note à p. 509.)

第2巻のプランの基礎として1870年の草稿にあるプランを採用した。だが，テキストの仕事を進めるうちに，エンゲルスは第2巻の内部の構成に多数の変更を加えることになった。全巻は彼によって，三つの章にではなく三つの大きな篇に分けられた。このような区分にした理由は，おそらく，一つにはテキストの規模が大きくなったことにあり，また一つには，マルクスがのちの草稿——第5稿と第7稿——で「第1篇〔первый отдел〕」への指示をもって書き始めていることにもあるのであろう。各篇の内部での章への区分は，とくに第2篇および第3篇ではそうであるが，実際には，一般にエンゲルスによるものである。そのさい，エンゲルスは，マルクスのテキストをその内容から見て区分する方法をとり，マルクスの大きな区分〔пункт〕を個々の章に分け，あるいはまた，テキストのもろもろの部分を独立した諸章にした。結局，エンゲルスは全巻を，マルクスが考えていたように11の区分に編成するのではなくて，21[155]の章に区分したのである。エンゲルスはまた，個々の章を——とくに第1篇と第3篇では——さらに節〔параграф〕および小節〔подпункт〕に分けた。こうして，1870年のマルクスの草稿では11個の主要区分〔основой пункт〕が17個の下位項目〔подпункт〕を含んでいたのに，エンゲルスの最終テキストでは，21[156]の

---

154) これは，エンゲルスによれば「第5稿」のなかにあるはずである（前出の注152を参照）【エンゲルスは彼の版への序文で，「すぐあとで述べる最後の改訂のための覚え書き」と言ったのちに「1877年3月末に第2部の新しい書き上げの基礎として……四つの草稿〔第1稿-第4稿〕から指示や覚え書きがつくられた」と書いた。この「指示や覚え書き」は，1877年3月末から4月中旬にかけて書いたものと推定されている（大谷はこの時期はもっと早かったのではないかと考えている）もので，MEGA II/11 に「以前の叙述（第1-4稿）のうちの利用すべきテキスト諸箇所」というタイトルを付けて収録された。ハリトーノフが「第2稿にある注意書き」と呼んでいるのは，おそらく，この草稿のことだったのであろう。注意が必要であるのは，そのなかに「第2稿を基礎にしなければならない」と書かれているのは，まだ第3篇の最後の草稿となった第8稿を書く前のことだっただけではなく，その内容はほとんど第1篇だけにかかわるものだったということである。つまり，「第2稿を基礎にしなければならない」というマルクスの注意書きは，第1篇については重要な意味を持つけれども，第2篇については触れるところは少なく，第3篇にいたってはなんの意味ももたないものなのである。】
155) ハリトーノフの原文では「27」となっているが，誤記ないし誤植であろう。
156) ハリトーノフの原文では「27」となっているが，誤記ないし誤植であろう。

274　第2部　マルクスによる恐慌・産業循環の理論的展開を跡づける

章が66の節および小節に分かれているのである。多くの場合，エンゲル
スは，マルクスの草稿のなかにある篇・章・節の表題の案文を変更し
た。」[157]

　見られるように，ハリトーノフは現行第2部とマルクスの草稿との関係につ
いて，とくにその篇別と表題とについて注目すべき判断をくだしている。両者
のあいだの違いは，まだ発見されていないマルクスのなんらかの指示があった
ということでも証明されないかぎり，ひとまずハリトーノフの言うとおりエン
ゲルスに起因するものと見ておくほかはないであろう[158]。

　このハリトーノフの調査結果から，われわれは次の二つのことを知ることが
できる。

　第1に，「第1稿」においても「第2稿」においても，第2部を三つの大きな区
分——現行第2部の三つの篇に当たる——に分ける構想が確立しており，それ
らを「章」と呼ぶ予定であった，ということである。

　第2に，現行第2部のBuch—Abschnitt—Kapitelの区分はエンゲルスによる
ものであって，少なくとも「第2稿」——「第4稿」はエンゲルスによれば「第2
稿」以前のものである（K. II, S. 11）——までのマルクスの構想にはなかった，と
いうことである。

　ところで，エンゲルスが現行版で，Buch—Abschnitt—Kapitelを採用した
理由について，ハリトーノフは，規模が大きくなったということのほかに，
「第5稿」と「第7稿」とに «первый отдел»——おそらく „Erster Abschnitt" であ
ろう[159]——と書いた指示があったことを挙げている。このAbschnittが，はた

---

157) Ю. Т. Харитонов, a.a.O., стр. 47.

158) 第2部の編集のさいのエンゲルスの役割についてハリトーノフが述べていることは，そ
　　れでも，リュベールが言うのに比べればはるかに控え目なものである。たとえばリュベー
　　ルは，次のようにさえ言っているのである。「エンゲルス版の長所がどうであろうと——
　　彼が彼の友人〔マルクス〕のほとんど読めない筆跡を判読したその能力には敬服せざるを
　　えないが——，われわれは，エンゲルスがマルクスの声価を慮るあまり，第2部を，内容
　　的には完成した著作であってただ形式の点でだけ改訂を必要とするものであるかのように
　　見せる，という重大な誤りを犯していることを認めなければならない。」(Matériaux, p.
　　501-502.)

159)【『資本論』第2部の第5稿（その直前の断稿（MEGA II/11, S. 550-555）を含めて1877年4
　　月以降に執筆）から，マルクスは第2部の三つの区分のうちの最初の区分をAbschnittと

して3篇区分のうちの「第1篇」を指すものであるのか，それともたんに「第1の部分」の意味であるのかは，ハリトーノフの論文からはわからないのであるが，この点についての判断を許すのではないかと思われる記載が，社会史国際研究所の『遺稿目録』のなかに見られるのである。

　川鍋正敏氏が紹介されている前述の『旧目録』によると，「第2稿」を含む主として第2部関係の遺稿には，整理番号 A42-A53 の12の文書がある。この目録には，それらの表紙に書かれている表題のほか，ページ数，判型などが記されているので，当面の問題に関係のある部分だけを拾ってみると，次のとおりである[160]。

A42「第2部　資本の流通過程」，第1-3章〔Kap. 1-3〕。（エンゲルスのメモ：「1870年擱筆。」【「第2稿」。MEGA II/11, S. 3-522.】

A43「第2部第1章，および，第2章の最初の諸部分〔Erstes Kapitel und die ersten Abschnitte des zweiten Kapitels〕」（第4稿）【MEGA II/4.3, S. 285-363.】

A45「第5稿。第1篇〔Erster Abschnitt〕資本の循環過程」……エンゲルスのメモ：「第5稿（1875年あるいはそれ以後）」【MEGA II/11, S. 550-660.】

A47「第2部第1章」（第6稿1）【「第6稿」。MEGA II/11, S. 665-678.】

A48「第2部第1篇第1章〔Zweites Buch. Erster Abschnitt. Erstes Kapitel.〕資本の諸変態とその循環」　マルクス：1878年7月2日。エンゲルスのメモ：第7稿。【MEGA II/11, S. 684-697.】

A49「第2部第1篇第1章　資本の諸変態とその循環」マルクス：1877年10月26日。エンゲルスのメモ：第6稿への追加（a）【MEGA II/11, S. 663-664.】

　エンゲルスは第2部への序文のなかで，第2部用の草稿を，1870年までに書かれた第1-4稿と，1877-1878年の時期の第5-8稿との二つのグループに分けているが，ここに挙げた六つのもののうち，はじめの二つ，A42 と A43 は前者に属し，残りは後者に属するものである。このことを念頭に置いてそれぞれの表題を見ると，両者のあいだにははっきりとした違いがあることが目につく。

---

呼んでいる。】
160）川鍋，前掲紹介，8-9ページ。

276 第2部 マルクスによる恐慌・産業循環の理論的展開を跡づける

　まず，A42（第2稿）における「第1-3章」が現行版の「第1-3篇」に当たること，また A43（第4稿）での「第1章，および，第2章の最初の諸部分」が現行版の「第1篇，および，第2篇の最初の諸章」に当たることは明らかであろう。ことに後者は，エンゲルスが第2部の序文のなかでこの「第4稿」のことを「第2部の第1篇と第2篇の最初の諸章[161]との印刷できるまでに仕上げた草稿〔eine druckfertige Bearbeitung des ersten, und der ersten Kapitel des zweiten Abschnitts von Buch II〕」（K. II, S. 11【MEGA II/13, S. 7】）と呼んでいるのと一致している。

　これにたいして，A45（第5稿），A48（第7稿），A49（第6稿への追加）の三つでは，明らかに Buch―Abschnitt―Kapitel の構成が用いられている。A47（第6稿1）の「第2部第1章」というのは，どちらとも言えないものである。これらの記載はまさに，ハリトーノフが「第5稿」および「第7稿」（第6稿はない）に，„Erster Abschnitt" という指示があった，と言っているのに見合っている。

　目録自体について言えば，ここに書かれているもののうち，どれがマルクスのものであり，どれがエンゲルスのものであり，どれが目録作成者のものであるかは，全部がわかるわけではない。しかし，『旧目録』は，記載様式を作成者がかなり統一したと見られる『新目録』とは異なり，それぞれの資料に即して内容を記しているのであり，作成者が現行版のどこに当たるのかを調査して記入したというものではないと思われる。少なくともそれぞれの草稿そのもののなかにそれぞれの記載の根拠があるものと考えてよいであろう。そうだとすれば，第2部の3篇構成は，マルクス自身によって1877年までに決定されたものだったということになる。エンゲルスはこれに従ったのである。

　ところで，第1部については，1867年に刊行された初版では Buch―Kapitel 構成であったものが，1872年の7月から分冊で刊行され始めた第2版では，Buch―Abschnitt―Kapitel という項目編成に変えられた。第1部の項目編成のこの変更は，第2部（および第3部）の項目編成とはどのような関係にあったのであろうか。もし，第1部についてのこの変更が第2部および第3部について

---

161)「最初の諸章」を，岡崎訳では「第1章」，向坂訳・長谷部訳では「初章」としている。どちらも明らかな誤訳である。

第7章 「内在的矛盾」の問題を「再生産論」に属せしめる見解の一論拠について 277

の変更を伴っていたとすれば，それは1872年7月以前でなければならないから，1870年までの第2部「第2稿」との関係が問題になりうるのである。

　この点については，マルクスが第1部改訂の仕事に本格的に着手したのが1871年末であるという情況証拠のほかに，その関係を明示する直接的な証拠がある。

　第1部の第7篇は，初版から第3版にいたる各版および各国語版ごとにかなりの改訂が加えられているが，第22章のなかに，第2部第3篇の理論的な位置づけにも示唆するところのある変更が見うけられる。ここでは，われわれの問題にかかわりをもつ部分にかぎって，二つの箇所での変更に注目しよう。

　現行版「第22章　剰余価値の資本への転化」（初版では，第6章第1節b））の「第2節　拡大された規模での再生産に関する経済学上の謬見」（初版ではこの細区分なし）の末尾のところで，第1に，現行版本文で，「この現実の関連の分析は，第2部の第3篇で〔im dritten Abschnitt des Zweiten Buches〕行うつもりである」(K. I, S. 617)，としているところである。ここで言う「第2部の第3篇」が現行版のそれを指すことは言うまでもない。この部分は，初版では，「第2部の第3章で〔im dritten Kapitel des zweiten Buchs〕」となっていた (K. I, 1. Auflage, S. 575【MEGA II/5, S. 475】)。第2に，同じページにある注の最後で，「これについてのもっと詳しいことは，第2部の第3篇と第3部の第7篇で〔im 3. Abschn. des Zweiten und im 7. Abschn. des Dritten Buchs〕論じられることになろう」(K. I, S. 617)，としているところである。ここで言う「第3部の第7篇」は，現行版第3部のそれを指している。初版では，この部分は「第3部の第7章で〔im 7. Kap. des dritten Buchs〕」となっていた (K. I, 1. Auflage, S. 575【MEGA II/5, S. 475】) (初版では「第2部第3章」という句がないことは注目に値するが，ここではこの点に立ち入らない)。

　初版と現行版との対比ということにかぎって言えば，このようなKapitelからAbschnittへの変更は当然であるが，問題は，この変更がどの時点でなされたのか，という点である。これはじつは，エンゲルスの手によってドイツ語第3版で初めて行われたのであり，マルクスの手による第2版では，上の2箇所とも初版とまったく同じままだったのである[162]。このことは，第1部の第2版を刊行した1872年でさえも，第2部および第3部については——第1部とは異な

って——いまだにBuch—Kapitelという項目編成が予定されていたことを明示している。

　以上の考察で明らかなように，「第2稿」の時期には，すでに3章区分が確立していたが，それを3篇区分に変更する構想はまったくなかったのであり，AbschnittをKapitelの上位区分としての「篇」の意味にとるかぎり，「次のAbschnitt」は第2部の内部には存在しなかったのである[163]。

## 4.4　第2部の篇別構成からみた「覚え書き」の挿入箇所

　問題の「覚え書き」は，現行版では第2部第2篇第16章第3節のなかにある。したがって，「次の部」は第3部，「次の篇」は第3篇，「次の章」は第17章，「次の節」は第17章第1節に当たる。けれども，前述のハリトーノフの調査からわかるように，第2部内部の現行版での篇別はマルクスのプランないし草稿での

---

162) この部分は，フランス語訳にさいしてマルクスが手を入れたところであり，エンゲルスによる第3版での変更は，マルクスの指示によってなされたものである。フランス語版では，本文で触れた2箇所のうち前者について，脚注で「この解決は，本書の第2部に見出されるであろう」，としているにすぎない。なお，1877年3月7日付エンゲルス宛の手紙で，この部分についても触れている（MEW, Bd. 34, S. 40）。また，第2部への指示で，初版および第2版では「章」であったものが第3版で「篇」に変更された例としては，現行版の第22章第5節の注67（初版および第2版では注68）がある。——「この点についての詳細は，第2部第2章で。」（K. I, 1. Auflage, S. 598; K. I, 2. Auflage, S. 636.）

163) 【『資本論』第2部第2稿は，2008年に刊行されたMEGA II/11（「カール・マルクス：『資本論』第2部のための諸草稿，1868-1881年」）に収録された。これによって第2稿執筆時の第2部篇別構成も草稿そのものによって確定できるようになった。第2稿は，「第1章　資本の循環過程」，「第2章　資本の回転」，「第3章　流通過程および再生産過程の実体的諸条件」の三つの章から成っており，このうちの第2章には，「1）回転時間と回転数」，「2）資本の回転に相違をもたらす諸事情」，「3）回転の相違が価値増殖に及ぼす影響」の三つの小見出しがあり，最後の小見出し「3）」以下が，「a）回転時間が前貸資本の大きさに及ぼす作用，等。〔流動資本の回転とそれの反作用。〕」と「b）可変資本の回転。剰余価値の年率」との二つに分けられている。注32に使われた草稿部分はMEGAの組みで59ページもある後者の「b）」のなかほどにある（草稿118ページ）。エンゲルスはこの「b）」から第2篇の「第16章　可変資本の回転」と「第17章　剰余価値の流通」の二つの章をつくった。ここでもエンゲルスは巨細にわたる多くの手入れを行っていることがわかるが，当面の注32の最後の一文のなかのAbschnittについて言えば，この語は草稿テキストでは「章〔Capitel〕」となっており，付属資料の該当箇所では当巻の編集者が，マルクス自身が，はじめAbschnittと書いたのちに，これを消してCapitelに変更したことを明らかにしている。本章末の「【補説1】」を参照されたい。】

第7章 「内在的矛盾」の問題を「再生産論」に属せしめる見解の一論拠について 279

区分とは大いに異なっている。したがってわれわれは，マルクスの草稿そのものについて言えば，「覚え書き」は当時のプランのどの区分に入るべき草稿部分のなかにあるのか，ということを確かめなければならない。「次の章」にせよ「次の節」にせよ，この位置から見てのものであるはずだからである。前述のように，リュベールによれば，「覚え書き」は「第2稿」の118ページにある[164]。そして，この118ページは，109ページに始まり129ページに終わる「可変資本の回転。剰余価値の年率」という表題をもつ草稿部分のなかにある。エンゲルスはこのうち109-119ページから「第16章　可変資本の回転」をつくり，119-129ページから「第17章　剰余価値の流通」をつくった。このエンゲルスの加工は，「第2稿」にあるマルクスの「第2章」のプランに従って行れたものである。リュベールは，第2部第2篇の最初の注解[165]で「第2稿だけがこの篇の完全なプランを提供している」と言い，このプランを紹介している。それは次のとおりである。

Ⅰ. 回転の一般的定義。回転時間と回転数

Ⅱ. 資本の回転の相違をもたらす諸事情

 a) 固定資本と流動資本

 b) 労働期間の継続における相違

 c) 生産期間と労働期間とのあいだの相違

 d) 生産過程のある種の特殊性から生じる回転の循環

 e) 流通期間における相違

Ⅲ. 流動（可変および不変）資本一般の回転の法則

Ⅳ. 可変資本の回転と剰余価値の年率

Ⅴ. 蓄積。剰余価値の貨幣への実現を考慮した貨幣流通に関する研究

　エンゲルスは，さきの109-129ページがこのプランのⅣだけではなくてⅤをも含むと判断し，ここから二つの章をつくったのである。彼はさらに――リュベールによれば[166]草稿のこの部分には内部的な境界はまったくないとのことであるから，おそらく内容的に判断して――第16章を三つの節に，第17章

---

164) Matériaux, p. 1715, note 2 à p. 695.

165) Ibid., p. 1698, note 1 à p. 585.

166) Ibid., p. 1716. note 2 à p. 698.

を二つの節に細分し，表題を付けた。

　「第2稿」のなかでの「覚え書き」のこのような位置から見ると，「次の区分」はどこに当たるであろうか。まず，「次の部」が第3部に当たることは，いまさら言うまでもないことである。また，「次の章」が第2部第3章（現行第3篇）であることも明らかであろう。問題は「次の節」である。109-129ページのエンゲルスによる2分割がマルクス自身の執筆中の意中を正しく反映しているとすれば，「覚え書き」はプランの上では「IV. 可変資本の回転と剰余価値の年率」のなかにあることになる。そしてこのプランの上での「次の節」と言えば，「V. 蓄積。etc.」ということになるであろう。ただ，マルクス自身は「V. 蓄積。etc.」の区分を草稿では示していないので，純形式的に言えば，マルクスは「V.」を置くことをやめた可能性，また「覚え書き」が「V.」に属すべき部分にある可能性も考えられないではない。この二つの場合には，「次の節」は第3章（現行版第3篇）の最初の節を指すことになるであろう。しかし，現行版での第16章および第17章の内容から見て，この二つの可能性はほとんどないと言ってよいであろう。したがって，「覚え書き」から見た「次の節」とは，現行版で言えば第17章に当たることになろう。それでは，節より下位の区分はどうであろうか。現行版で言えば，第17章はさらに二分されているのであるが，マルクスの草稿でもプランでもこの区分は存在しない。したがって，この区分を指して「次のAbschnitt」と言った可能性は，形式的にも存在しないとみてよいであろう。

　さて，以上のところからわれわれは次のように言うことができる。すなわち，「覚え書き」から見て「次の区分」とは，それが「次の部」であれば現行第3部であり，それが「次の章」であれば現行第2部第3篇であり，それが「次の節」であれば現行第2部第2篇第17章である，と。

### 4.5　「次のAbschnitt」はどこを指しているのか

　そこで，これまで見てきたさまざまの事情を踏まえて，「覚え書き」における「次のAbschnitt」がどこを指すものであったのか，ということを考えてみよう。Abschnittという語が書物について用いられるときにはほぼ四つの用法があり，マルクスの場合にも文脈に応じてこのいずれの用法でも使われている

第7章 「内在的矛盾」の問題を「再生産論」に属せしめる見解の一論拠について　281

ことは，すでに見たとおりである。それでは，「次のAbschnitt」におけるそれ
はどの用法に当たり，したがってまた，マルクスの経済学上の労作のいかなる
部分を指していたのであろうか。

　まず，当時のマルクスのプランでの項目名に一致した意味でAbschnittとい
う語が使われた，と仮定してみよう。当時のプランでの項目名がBuch―
Kapitelであり，Kapitelの一つ上位の区分としてのAbschnittという項目が存
在しないことはすでに見た。しかし，Kapitelの一つ下位の区分としては，
Abschnittが用いられうるのであって，その例は，『資本論』第1部初版の「序
文」，第2版「後記」，初版本文などについて見られた。とくに，「第2稿」の直
前の「第4稿」の表紙に書いてある「第2章の最初の諸Abschnitt」でのAb-
schnittが当時の「節」に当たるものであったことは，「次のAbschnitt」が「次
節」である可能性をも示すものであろう。この「次節」は，当時のプランでは，
「Ⅴ．蓄積。剰余価値の貨幣への実現を考慮した貨幣流通に関する研究」であり，
現行版の第2部では，「第17章　剰余価値の流通」がそれに当たる部分である。
それでは，「次のAbschnitt」とはこの部分を指していたのだ，と考えることが
できるであろうか。そう考えることができないのは，まったく明らかであると
思われる。

　「第17章　剰余価値の流通」では，資本の回転の相違が資本の蓄積に及ぼす
影響，という問題と，それに関連して，剰余価値を実現する貨幣はどこからく
るか，という問題とが取り扱われているのであって，この章でいわゆる「内在
的矛盾」の問題が取り上げられているとは考えようがない。資本の回転の相違
が蓄積に及ぼす影響を問題にするときには，回転以外の蓄積に影響を及ぼす諸
要因は捨象するのが当然であり，ここでは現に剰余価値率も一定とされている
のである。また，剰余価値を実現する貨幣の問題では，労働者の貨幣支出が資
本家を第1の出発点とする第2の流通にほかならないことが強調されており，
あるいはまた，労賃と剰余価値とへの価値生産物の分割の変動がこの問題には
まったく影響しないことが明らかにされている。こうした部分で労働者の消費
制限や資本主義的生産様式の矛盾が問題になっているとは，とうてい考えられ
ないのである。プランの項目での表現がこのような現行版第17章の内容と著
しく離れたものであるとも思われないから，「次のAbschnitt」が「次節」であ

る可能性は，その「次節」の内容によって否定されている，と言ってよいであろう。

Abschnitt が Kapitel の 2 段階下位の区分を指す場合は，用例にはあったけれども，前項でみたように「次の Abschnitt」の場合には問題にならないから，プランの項目名と一致した用法はこれ以上考えられない。

そこで次に，プランでの確定した項目名とは一致しないかたちで Abschnitt が使用されている，と考えてみよう。すでに述べたように，じっさい完成度が低い草稿であればあるほど，マルクスはそれだけ自由にこの語を使っているのであり，また「覚え書き」の所属する草稿群の完成度がかなり低いこともすでに見たところであって，「覚え書き」での Abschnitt もかなり自由に使われているものであろうと推測することができる。それでは，「次の Abschnitt」はどういう意味であろうか。

Abschnitt が最も抽象的な意味で用いられるときには，それは「部分」を，しかもどのような区分にもかかわりのない部分，したがってなんらの区切りも表題も存在しない部分を指すこともできる。たとえば，第 1 部の初版序文には「価値形態に関する Abschnitt」というのがあった。けれども，「次の Abschnitt」における Abschnitt がこうした意味で用いられるとしたら，それはただ，「覚え書き」に続くごく小さな部分を指すほかはないであろう。なぜなら，ここから離れたなんらかの部分——前後の区切りも表題もなくただ意味上一つのかたまりをなしている部分——を「次の」と呼ぶことは考えられないから。そして，この「覚え書き」に続く第 17 章が内容的に「次の Abschnitt」ではありえないことはすでに述べたとおりであるから，ここでの Abschnitt はそうした無区分の部分を指すとは考えられないのである。

したがって，Abschnitt が抽象的な意味で用いられているとしても，それはなんらかの区切りをもつ部分，表題をももつ「区分」の意味でなければならない。すなわち，「次の Abschnitt」は「次の区分」であるほかはない。それでは，「次の区分」とはどこであるか。まったく形式的にいえば，『資本論』の枠を越えて，かつての「経済学批判」体系のプランから見てこれに続く項目——旧第 2 部「土地所有」ないし旧第 2 篇「諸資本の競争」——もそれに当たるであろうが，「第 2 稿」を書いていた当時のマルクスが『資本論』の枠をはみでた部分に

第 7 章 「内在的矛盾」の問題を「再生産論」に属せしめる見解の一論拠について　283

ついて「次の区分」と言うとはまったく考えられない。したがってそれは,『資本論』の内部について言われているものと考えるほかはない。そして,『資本論』のプランでいえば,「覚え書き」から見た「次の区分」とは,第3部＝現行版第3部,第2部第3章＝現行版第3篇,第2部第2章Ⅴ＝現行版第2篇第17章,のうちのいずれかであり,しかも最後のものは内容的に成立しがたいということもすでにみたところである。

　こうして,「次のAbschnitt」は,「次の区分」の意味で,具体的には第3部ないしは第2部第3篇を指すものである,というところまで絞ることができた。それではいったい,「次のAbschnitt」はこのうちのどちらであろうか。Abschnittの用法とマルクスの用例とだけによって言うかぎりは,われわれは次のように言うことができるだけである。Buch—Kapitel構想が安定したものとして長期にわたって続いてきたこの時点では,Kapitelに当たる区分をAbschnittと呼んだと考えるよりも,Kapitelの一つ上位の区分という意味でも,『資本論』全体の区分という意味でもそれに当たるBuchの区分をAbschnittと呼んだと考えるほうが,より自然であるように思われる,そしてこれに先行する,同様に完成度の低い『学説史』では,Abschnittは多くBuchを指していたのだ,と。しかし,このことから「次のAbschnitt」が第3部を指しているとは断言できない。これがKapitelの区分を指す可能性も十分にあると言わねばならない。そして,このようにどちらとも取れる以上,そのうちのどちらかを決定できるものは,もはやAbschnittという言葉ではなくて,むしろこの言葉からはまったく離れて行われねばならない理論的な内容の検討に基づく証明だけであろう。すなわち,「覚え書き」の内容——いわゆる「内在的矛盾」の問題——が『資本論』のどこで問題として提起され解明されているのか,ということの理論的な検討によって決せられるべきである。したがって,あの「覚え書き」,そしてとくにその末尾のいわゆる「ただし書き」を,「内在的矛盾」が第2部第3篇で論じられているのだとする判断の論拠にするとすれば,それはまったくの逆立ちであり,まったく誤っている,と言わざるをえないのである[167]。

───────────

167)　筆者は,『マルクス経済学レキシコン』⑥の「栞」でこの問題に言及したとき,「……そういう疑問を持った人がこれまでいなかったというのは,どういうわけだろう。……いや,まったくいなかった,なんて言うつもりはない。ただぼくが,それらしいことを書いてい

284 第2部 マルクスによる恐慌・産業循環の理論的展開を跡づける

る人を知らないだけさ」(「栞」23ページ【本書第1章の70ページ】), と書いたのであるが, その後, 次の二つのことを知ることができた。

一つは, 三宅義夫氏がすでに「次のAbschnitt」は内容的に第2部第3篇ではありえないという見解をもっておられ, この見解を広田純氏に伝えられたことがあった, ということである。のちに, 三宅氏から, 日本評論社版の『資本論』の当該箇所に書き込まれた古いメモを拝見することができた。

もう一つは, ローマン・ロスドルスキーの著書『マルクスの『資本論』の成立史によせて』(Roman Rosdolsky, Zur Entstehungsgeschichte des Marxschen >Kapital<. Der Rohentwurf des >Kapital< 1857-58, Frankfurt am Main 1968) のなかの「第30章 マルクスの再生産表式をめぐる論争」(Ebenda, S. 524-596) を読んだところ, このなかに「次のAbschnitt」は第3部に当たるとする見解が明示的に書かれているのを発見した, ということである。このロスドルスキーの所説は紹介しておく必要があるであろう。

ロスドルスキーは, 上記の章のなかの「III. レーニンの実現理論」という節で, レーニンの「実現理論」を検討している。そこでのロスドルスキーの基本的な見地は, この節の最後のパラグラフ——そしてこのなかに,「次のAbschnitt」について触れた脚注がつく箇所がある——によく出ているので, これを紹介しよう。

「もっとも, あるいはもっと重要であるかもしれないと思われるのは, 問題の方法論的側面である。〔18〕90年代における若きレーニンが実現問題についての諸論文を書いたときには, 彼はまだ, マルクスの『学説史』も『要綱』も知らなかった。だから彼は当時, マルクスの経済学の著作が持つ方法論的にきわめて複雑な構成を十分には理解することができなかった。今日われわれが知っているように, この著作の初めの2巻〔『資本論』第1部および第2部〕はマルクスの構成プランに従ってただ「資本一般」の分析だけに当てられたものであり, したがってまた, マルクスがこの2巻で到達した諸結果は——それがいかに特別の重要性を持つものであろうと!——それに続く「その現実性における資本」の研究によって具体化され補足されるべきものであったのである。以前のマルクス主義者たちは, レーニンをも含めて, 当然のことながらこのことに気づかなかった。レーニンが彼の初期の諸著作のなかで, 『資本論』第2巻第3篇での分析の理論的な有効性をいくぶん誇張し, この分析のなかにマルクスの実現理論の「最後の言葉」を見ようとしたのは, けっして不思議なことではない。それゆえにまた, 彼がこの分析の諸成果を, 外見上これらの成果と矛盾していてトゥガンやナロードニキたちが好んで引合いに出していた第3巻の多くの箇所と, 字句による形式的なやり方で〔in einer verbalen und scholastischen Weise〕一致させようと努めた*ことも, 異とするに足りないのである(トゥガンはそれらの引用によって, 第2巻の「真正の」マルクスを第3巻の「誤れる」マルクスと対立させることにより, それだけ厚かましく, 第2巻の再生産表式を調和的な意味に解することができたのであり, ナロードニキたちはそれらの引用によって, マルクスを——その表式にもかかわらず——シスモンディ流の過少消費説的恐慌論に帰せしめたのであった)。しかしながら実際には, 第3巻での論述は第2巻での分析とけっして「矛盾」してはいなかった(この点ではたしかにレーニンは正しかった)。けれども, 第3巻での論述は第2巻での分析のもっと先の段階を表わしていたのである。すなわちこの段階では, もはや「正常な」経過における資本主義経済の均衡条件が問題なのではなくて, この均衡の必然的な攪乱の原因をはっきりと示すことが, それゆえ, 恐慌と資本

第7章 「内在的矛盾」の問題を「再生産論」に属せしめる見解の一論拠について　285

主義に内在的な崩壊傾向との分析が問題なのである。このことから，次の結論が出てくる。すなわち，再生産表式と第2巻の分析とは，けっしてそれだけで独立したものとしてではなくて，マルクスの恐慌論および崩壊論との関連のなかでのみ，実現問題の「完全な解明」を示すことができるのだ，ということである。そしてまさにこの根本的な認識の欠落にこそ，レーニンの実現理論の最大の欠陥があるように思われるのである。」(Ebenda, S. 567-569.)

そして，アステリスクを付したところに脚注をつけ，まず次のように言っている。

「一つの補足的な証明として，ダニエリソーンにたいするレーニンの論難からの1箇所が役に立ちうる。つまり，ダニエリソーンは自分の見解を補強しようとして，エンゲルスが──「将来の詳論のための覚え書き」として──『資本論』第2巻第16章のなかに挿入した，周知のマルクスの言葉を引用していた。そこでレーニンは，この点について次のように書いている。」(Ebenda, S. 568.)

これに続いて，本章1.3で見た，レーニンの『経済学的ロマン主義の特徴づけによせて』からの引用（Ленин, Полн. собр. соч. т. 2, стр. 160-161）を掲げ，それについて次のように書いている。

「もしレーニンが，「次のAbschnitt」へのマルクスの指示は第2巻第3篇を指すのではなくて，初めの構成プランのなかで考えられていた「競争についての篇〔Abschnitt von der Konkurrenz〕」を指し，この後者はほかならぬのちの『資本論』第3巻に当たるのだ，ということを知っていたとしたならば，〔ダニエリソーンにたいするレーニンの〕この論評の全体が役に立ちえぬものとなっていたはずである。」(Rosdolsky, a.a.O., S. 568.)

以上のロスドルスキーの所説のうち，第2部第3篇と第3部との関連についての見解，したがってまた，レーニンについての論評は，ここで取り上げることはできない。ただ，「覚え書き」についての彼の見解について簡単に触れておく。

第1。ロスドルスキーは，第16章に「覚え書き」を挿入したのはエンゲルスであるかのように言っているが，既述のように，これはマルクスによって「書き込まれた」ものである。

第2。ロスドルスキーが，ここでもし，「次のAbschnitt」を旧『経済学批判』著述プランにおける2次区分の項目名としてのAbschnittと，つまり「第2篇　競争」と関係づけようとしているのであれば，それははなはだしい〈時代錯誤〉と言うほかはない。1868-1870年の時点で「諸資本の競争」を「次篇」と呼ぶとはまったく考えられない。

第3。『資本論』は，その全巻が旧「経済学批判」体系プランの「資本一般」（2次区分と見ようと3次区分と見ようと実質的には同じことになる）に当たるものであって，ロスドルスキーの，第1部および第2部＝「資本一般」，第3部＝「その現実性における資本」＝「競争についての篇」，という見方はまったくの誤りである。この点については，佐藤金三郎氏の適切な批判がある（佐藤「『資本論』第3部原稿について（3）」，前出，109-116ページ）。

第4。以上の問題点にもかかわらず，「次のAbschnitt」を「次篇」と読んで，それが第2部第3篇に当たるとする通説に異論を唱え，それが第3部に当たるとしている点では，ロスドルスキーの見解はなかなか興味深いものである。

すでに本文でも述べたように，「資本の一般的分析」という性格をもつ独立著作となった『資本論』には，旧プランの「資本一般」以外の諸項目から，必要な諸問題が取り入れられている。ロスドルスキーが，一方では，「覚え書き」の内容は旧プランの「競争についての篇」に属すると見，他方では，「次のAbschnitt」とは『資本論』第3部である，と見てい

## 4.6 エンゲルスによる書き替えの可能性はないか

　ところで，これまで筆者は，マルクスの「覚え書き」にもともと「次の Abschnitt」と書いてあったと想定して筆を進めてきた。けれども，草稿の「覚え書き」そのものにはそのように書かれていなかったという可能性もないわけではない。それはもちろん，エンゲルスが編集上の必要から手を加えた，という場合である。エンゲルスがマルクスの草稿から現行『資本論』をつくりあげるときに，マルクスのさまざまな参照箇所の指示に書かれている項目名を新しい篇別による項目名に変更したことは当然であろう。とくに，第3部の「主要草稿」と現行版第3部との参照箇所の対照を行っている，佐藤金三郎氏の調査結果[168]では，エンゲルスがどこでも断りなしに自由に必要な変更を加えていることがよくわかるのであり，第2部の編集作業でも同じやり方がとられていると考えられるのである。そこで，「覚え書き」のなかのAbschnittというのも，そうしたエンゲルスの作業の結果の一つではなかったのか，という疑問が生じ

---

るとすれば，そのかぎりでは，これには一定の根拠があるものと考えられるのである。本章の課題を越えるこの点については詳論は避けるが，二つの点だけを指摘しておこう。——第1に，『経済学批判要綱』でマルクスは，資本主義的生産の制限としての「労働者の需要」の問題について，これは「資本一般」を越える「諸資本の競争」で論じられることだという趣旨の記述を残している（Gr., S. 322【MEGA II/1, S. 333】）。——第2に，『剰余価値学説史』のなかにも，次のような論述があるのである。
　「……〔リカードウが見落としていることは〕資本主義的生産は，けっして勝手気ままな規模で生産するのではなく，それが発展すればするほど，ますます，直接的な需要にはなんの関係もないような，そして世界市場の不断の拡大によって左右されるような規模で生産することを強制されるのだ，ということである。……彼は，商品は貨幣に転化されなければならない，ということを見落としている。労働者の需要では十分ではない……。資本家相互間の需要でも同様に十分ではない。過剰生産は利潤の永続的な低下を引き起こさないが，しかしそれは，永久的に周期的である。……過剰生産は，まさに，人民大衆が必需品の平均的な量よりも多くをけっして消費しえないということ，したがって彼らの消費が労働の生産性に一致して増大しないということから，生じるのである。だが，この部分〔Abschnitt〕はすべて諸資本の競争に属する。」（Th. II, S. 469.【MEGA II/3.3, S. 1090.】）
　これらの，「諸資本の競争」に属すべきものとされていた問題が，第2部第3篇に繰り入れられているとはとうてい考えられないけれども，それらが第3部第15章での叙述に一定のつながりをもっていることは明らかであろう。この〈つながり〉の内容は，別途，考察されるべきものである。

168）佐藤「『資本論』第3部原稿について（2）」，前出，110-113ページ。

第7章 「内在的矛盾」の問題を「再生産論」に属せしめる見解の一論拠について　287

うる。この点について考えてみよう。

　かりに、エンゲルスが手を加えた結果、「次のAbschnitt」になったものとした場合、マルクスの草稿ではどうなっていると考えられるであろうか。それは、ただ一つ、「次のKapitel」となっているケースだけであろう。「第2…」、「第3…」と書いてあるのを「次の…」と訂正したとは考えられず、また「次のBuch」となっているのをAbschnittと書き直すことは考えられないからである。もし、KapitelがAbschnittと変更されたのであれば、この「次のKapitel」をエンゲルスは第3章と考え、それを新しい篇別構成に合わせて書き直した、ということになるであろう。そしてこの場合には、「次のKapitel」でマルクスが考えていたのも第3章であったと見てほぼ間違いないであろう（「第2稿」の時期に、「次のBuch」を「次のKapitel」と書く可能性はきわめて少ないと思われる）。そうであれば、マルクス自身がいわゆる「内在的矛盾」の問題は第2部第3篇に属すると明言している、という通説は、まったくそのとおりであったということになる[169]。

　けれども筆者は、「次のAbschnitt」はマルクスの草稿でもこのとおりAbschnittになっているはずだ、と考えている。その根拠は次のとおりである[170]。

---

169)【前出の注163に記したように、MEGA II/11で見ることができるようになった第2稿では、問題のAbschnittという語は、マルクスがはじめAbschnittと書いたが、そのあと——この語を書いた直後であったかどうかはわからないのだが——この語を消してKapitelに変更していたのであった。この変更は、「区分」をも意味しうるAbschnittという語を、ここでは「区分」の意味ではなくて、次の「章」すなわち第3章を意味するものと間違いなく読まれるようにするために、マルクス自身が行ったものだったと考えられる。エンゲルスもそのように考えて、3章構成であった草稿での「章〔Kapital〕」という語を、彼の版での3篇構成に合わせて「篇〔Abschnitt〕」としたのであった。だから、もし現行版で注32とされている記述が「内在的矛盾」の問題への言及を含むものであるとするならば、上の本文に書かれているように、「マルクス自身がいわゆる「内在的矛盾」の問題は第2部第3篇に属すると明言している、という通説は、まったくそのとおりであったということになる」。しかし、第2稿そのものを読むことができるようになって、さらにまた、エンゲルスが注32に利用したマルクスの草稿部分では、ここでの記述が「内在的矛盾」に言及しているとされてきた一文のなかのnieという語がnurと書かれていたこと、したがってnieはエンゲルスの解読の誤りであったことがわかり、マルクスの草稿によるかぎり当該の一文は「内在的矛盾」に触れていないことも明らかとなった。草稿でのこの一文の意味については、本章末尾に付けた【補説1】、および、本書第16章の末尾に付す「補説3：草稿でnurと書かれている一文の意味について」で立ち入って述べる。】

288　第2部　マルクスによる恐慌・産業循環の理論的展開を跡づける

　第1。エンゲルスの第2部理解からすれば，彼が「覚え書き」の内容を一見して第3章（現行版第3篇）に属するものと考えた，とは思われない[171]。そして，そう考えていなかったとすれば，もしマルクスの草稿で「次の章〔das nächste Kapitel〕」となっていたのなら，ただ「次の篇〔der nächste Abschnitt〕」とするのではなくて，「第3篇〔der dritte Abschnitt〕」と修正したであろうと考える。なぜなら，エンゲルスには「次のAbschnitt」では必ずしも第3篇のことにならないことがわかっていたであろうから。つまり筆者は，「次のAbschnitt」となっていることが，エンゲルスの無修正を示していると考える[172]。

　第2。それでは，エンゲルスは『資本論』第2部をどのように見ていたのであろうか。これについては，次の三つの手紙がきわめて示唆的である。

　　1883年9月18日付，カウツキー宛の手紙。——「第2部は，俗流社会主義者たちをいたく失望させることでしょう。それはほとんどもっぱら，資本家階級そのものの内部で行われている事柄についての厳密に科学的で非常に精密な研究を含んでいるだけで，そこから標語や演説文句を製造できるというようなものはまったく含まれていません。」（MEW, Bd. 36, S. 61.）

　　1884年2月5日付，ラヴロフ宛の手紙。——「第2部は純粋に科学的で，もっぱらブルジョア対ブルジョアの諸問題〔Probleme von Bourgeois zu Bourgeois〕を取り扱っているだけです。だが第3部は，ドイツの例外法のもとでこれを公表する可能性さえも疑わせるようなもろもろの章句を含むことになるでしょう。」（MEW, Bd. 36, S. 99. 下線での強調はエンゲルス。）

　　1885年6月3日付，ゾルゲ宛の手紙。——「第2巻〔第2部〕は大きな失望を引き起こすだろう。というのは，それはまったく純粋に科学的であって

---

170）【前注に述べたように，問題のAbschnittが，マルクスのKapitelをエンゲルスが彼の版の篇別構成に合わせてAbschnittに変更したものであって，マルクスがこの語で「次章」すなわち第3章を指していたことが明らかになったのだから，本文での以下の議論はもう意味を失っている。けれども，第2稿の草稿そのものを読むことができなかった条件のもとでは，筆者が行った以下の推論も，結論を得るための手続きとして当時の筆者にとっては必要なものであった。そのようなものとして読まれたい。】

171）【筆者のこの判断は，エンゲルスへの評価が甘過ぎていた，というほかはない。】

172）【前注を付けた，エンゲルスにたいする甘すぎた判断にもとづくこの推測ももちろん完全に的を外していた。】

扇動的なものはあまり含まれていないからだ。これに反して，第3巻〔第3部〕はふたたび雷鳴のように作用するだろう。というのは，そこでは資本主義的生産の全体がはじめて関連のなかで取り扱われ，公認のブルジョア経済学の全体が覆えされるのだから。」(MEW, Bd. 36, S. 324.)

『資本論』第2部は1885年6月に出版された。上の第3の手紙はその月のものであり，そこで，第2部は「まったく純粋に科学的であって，扇動的なものはあまり含まれていない」，と言っているのであるが，その判断が前の二つの手紙における第2部の見方とまったく一致していることは明らかであろう。すなわち，エンゲルスは，第2部では「資本家階級そのものの内部で行れている事柄」，言い換えれば「ブルジョア対ブルジョアの諸問題」が取り扱われている，と考えているのである。

これにたいして「覚え書き」の内容は，まさしく，資本家階級と労働者階級との階級的対抗関係に結びついた資本主義的生産様式の制限性の問題なのであって，これが「資本家階級そのものの内部で行れている事柄」，「ブルジョア対ブルジョアの諸問題」をはみ出すものであることはあまりにも明らかである。またそれらが，「標語や演説文句」や「雷鳴」につながりうるものであることも確かであろう。

したがって，エンゲルスが「覚え書き」に書かれている問題を第2部第3篇に「属するもの」とすんなり受けとめた，などということはとうてい考えられないのである[173]。そのように見なかったからこそ，はじめにわざわざ「原稿ではここに，将来の詳論のための次の覚え書きが書き込まれている」という注意書きを付け，引用符で囲んで，注に収めたのである[174]。そのさい，エンゲルスにとっては「次のAbschnitt」が第2部第3篇でないことは自明であったにちがいない。

逆に言えば，エンゲルスがもし「覚え書き」のなかに「次のKapitel」という文字を発見し，しかもこれがマルクスの意図では第2部第3篇のことだと考えたとすれば，第2部の全体についてさきの手紙に見られるような評価はけっし

---

173)【これは明らかに，エンゲルスにたいする筆者の過剰評価であった。】
174)【この点については，【補説2】を参照されたい。】

てしなかったであろう。また，現行第2部の第3篇での叙述のなかに「覚え書き」での問題が論じられている，ないしは論じられる予定であった，と判断したならば，あのような手紙を書くことはなかったであろう[175]。

　以上の理由から，筆者はマルクスの草稿でも「次のAbschnitt」と書かれている，と推定しているのである。

　だが，もしそうだとすると，こんどは逆に，エンゲルスはなぜこの「次のAbschnitt」をはっきりとわかるように「次のBuch」とか「第3部」とかに変更しなかったのか，という疑問が生じるかもしれない。あるいはむしろ，エンゲルスは，「次のAbschnitt」は内容的には「次のKapitel」のことだ，だからそれをそのままAbschnittにしておけば，ちょうど新しい篇別での第3篇を指すことになって都合がいい，と考えたのではなかったか。

　これにたいしては，もはや次のように簡単に答えることができるであろう。第1に，エンゲルスにとって，Abschnittという語の多義性は自明のことであって，読者が「次のAbschnitt」とあるのを見てただちに第3篇と考える，などということは考えられもしなかったであろう。第2に，エンゲルスには，第2部第3篇を読んだ読者が，ここでいわゆる「内在的矛盾」が論じられていると考える，などということも予想外のことであったであろう。

　第3に，エンゲルスは，はじめに注意書きを付け前後に引用符を付けて注に収めることによって，この「覚え書き」が第2部の本来の問題ではないことを示しえた，と考えていたのである[176]。

　すでに見たように，マルクスは『資本論』第1部の改訂作業で，篇別構成の変化に伴う修正を細心に行っているにもかかわらず，なお，「部分」，「区分」の意味のAbschnittはそのまま残していた。またエンゲルスが第3部の「主要草稿」を現行版第3部に仕上げるさいに同様のAbschnittを残している例も，すでに注100で指摘したところである。「次のAbschnitt」をそのままに残して

---

175)【エンゲルスは，彼が注32とした記述のなかの一文でマルクスの原文でのnurをnieと誤解読した結果，この一文が「内在的矛盾」の問題に触れるものとなってしまっていたにもかかわらず，この問題を含む注32での記述が第3篇に属するものだとするマルクスの言明とのあいだに生じていた齟齬に気づかなかったことに，エンゲルスの第3篇理解の限界を，したがってまた第2部理解の限界が示されていると言うべきであろう。】

176)【上の4.6でのここまでの推論はすべて無くもがなのものであった。】

第7章 「内在的矛盾」の問題を「再生産論」に属せしめる見解の一論拠について　291

おいたことは異例なことではない。また，エンゲルスがAbschnittを「部分」や「区分」の意味でしばしば使っていることについては，もうその例を挙げるまでもないであろう。

　以上のところからわれわれは，エンゲルスが草稿でのKapitelをAbschnittに変更したとは，まず考えられない，と結論することができるのである。マルクス自身が「第2稿」のなかに「次のAbschnitt」と書いたのであり，エンゲルスはこれをそのまま，注32のなかに保存したのである[177]。

## むすび

　周知のように，マルクスは『資本論』第3部第30章のなかで，「恐慌の究極の根拠」について次のように書いている。

　　「……労働者たちの消費能力は，一つには労賃の諸法則によって制限されており，一つには，彼らは資本家階級のために利潤をもたらすように充用されうるかぎりでしか充用されない，ということによって制限されている。すべての現実の恐慌の究極の根拠は，どこまでも，資本主義的生産の衝動に対比しての，すなわち，あたかもその限界をなすのはただ社会の絶対的

---

[177] リュベールは，エンゲルスと同じく「覚え書き」を——エンゲルスと同じ箇所に——脚注として収録しているが，エンゲルスとは違って，はじめに注意書きを付して前後を引用符でくくるということはしていない。リュベールは，この脚注につけられた注解のなかで，次のように言っている。
　　「エンゲルスは，この注が「将来の詳論のために」挿入されたものである，と注意書きをしている。にもかかわらず，この詳論は存在していない，正しく言えば，この注が予告している第3篇〔la section III〕には存在していない。いな，もっと正確に言うならば，マルクスはこの第3篇では，この注のなかで示された諸点を繰り返しているにすぎないのである。おそらくマルクスは，1861-1863年の草稿で素描された恐慌論を土台にして，この主題を深めるつもりだったのであろう。……」（Matériaux, p. 1715, note 2 à p. 695.）
　　リュベールが「第3篇」と見ているのは，草稿でKapitelになっているためではないであろう。彼が「次のAbschnitt」を「次篇」と読み，そこからこれは「第3篇」のことだ，と考えるとは思われないから，おそらく彼は，Abschnittを「区分」と読み，「次の区分」を第3篇だと考えたのであろう。この判断が何に基づくものかは明らかではないが，誤りであろう。【ここで，「リュベールが「第3篇」と見ているのは，草稿でKapitelになっているためではないであろう」としたのは誤っていた。というのも，彼がアムステルダムで草稿を調べたさいに，そこにKapitelと書かれているのを見ていたはずだからである。】

な消費能力だけであるかのように生産諸力を発展させようとする衝動に対比しての，大衆の窮乏と消費制限なのである。」(K. III, S. 501.【MEGA II/4.2, S. 540.】)

ここでいう「根拠」(Grund) が「原因」(Ursache) とは異なるものであることは十分注意されなければならないが，それにしても，いわゆる「内在的矛盾」あるいは「大衆の窮乏と消費制限」が「恐慌の究極の根拠」とされていることは見られるとおりである。そしてここで述べられている「内在的矛盾」が，さきの第2部第2篇中の「覚え書き」のなかで述べられていた「資本主義的生産様式における矛盾」と基本的に同じものであることも，否定すべからざるところである[178]。そこで，もし「覚え書き」における「矛盾」が第2部第3篇の再生産論の問題であるとするならば，必然的に，再生産論は「すべての現実の恐慌の究極の根拠」を解明するはずのものだ，という考え方が生まれることになる。

ところが，第2部はその全体が，「ほとんどもっぱら，資本家階級そのものの内部で行れている事柄についての厳密に科学的で非常に精密な研究を含んでいるだけ」(エンゲルス) であり，「純粋に科学的で，もっぱらブルジョア対ブルジョアの諸問題を取り扱っているだけ」(同) なのである。第3篇の再生産論がこのような第2部の一つの中心をなしていることは言うまでもない。そこで，このような性格をもっているはずの再生産論と「内在的矛盾」との関連，また再生産論と「恐慌の究極の根拠」との関連をどのように統一的に理解したらよいのか，という点をめぐって，さまざまな努力がなされ，さまざまな解釈が生じることになる。

「いま〔再生産論の〕研究史の主流のうちに最大の争点を求めれば，それは，なんといっても，いわゆる「内在的矛盾」をめぐる問題であったと目される。マルクスが「あらゆる現実的恐慌の窮極の根拠」として措定した「生産の無制限的発展への傾向」と「労働者階級の狭隘な消費限界」との矛盾を基本的内容とする「生産と消費とのあいだの矛盾」（＝「内在的矛盾」）と

---

178)【エンゲルス版での nie をマルクス草稿の nur に訂正すれば，注32での当該の文が，第3部第30章での上記の箇所で述べられている「内在的矛盾」を示唆したものでないことは明らかである。上で述べられていることは，nur を nie と読んだかぎりで言いえたことであった。】

第7章 「内在的矛盾」の問題を「再生産論」に属せしめる見解の一論拠について 293

表式論との連繋の問題，これである。……〔ロシアおよびヨーロッパにおける〕代表的な諸論争の争点は——これを表式論の次元にひきうつしてみると——いずれも先の論点に煮つめることができる。わが国でも，戦後の再生産＝恐慌論争の一大焦点は，同様にこの点におかれていたといってよい。」[179]

　筆者は，このような「研究史」が，また「研究史」にたいするこのような見方が，すべて「覚え書き」における「次のAbschnitt」を第2部第3篇と思い込んだことから生じたものだ，などと主張するつもりは毛頭ないし，それぞれの論者が第2部第3篇の理論的内容に即して「内在的矛盾」を論証しようと努められていることを大いに認めるものである。けれども，富塚良三氏が，山田盛太郎，山本二三丸，宇高基輔，三氏の見解を「いずれも，マルクスの「但し書」と，それについてのレーニンの関説とに，依拠するものであった」[180]と判断されているところからもうかがえるように，再生産論と「内在的矛盾」を結びつける論者，またさらに再生産論によって「内在的矛盾」と恐慌論とを結びつけようとする論者は，程度の違いこそあれ，「覚え書き」における「次のAbschnitt」を意識してこられたように思われるのである。そしてもし，この意識のなかに，「次のAbschnitt」＝「次の篇」＝「第2部第3篇」，と先入見的に考える傾向がいささかなりとも存在するならば，それは完全に払拭されなければならない，と考えるのである。これが本章の結論である。

## 【補説1：注32に利用された草稿でのマルクスの記述について】

　以上に見られるように，本章に収めた旧稿では，まず，もともとAbschnittという語そのものが，書物の篇別構成について用いられる場合にも「篇」以外の構成部分を指すことがあることを明らかにし，次に，マルクスもまた，なんらかの「区分」という広い意味で「篇」以外のさまざまの構成部分を指すのにこの語を使ったことを確かめたうえで，そこから，エンゲルス版第2巻の注32に

---

179）吉原「再生産（表式）論」，前出（注7），120-121ページ。
180）富塚『恐慌論研究』，299ページ。本稿1.4を参照。

おける「次のAbschnitt」も，この語そのものからこれが「次篇」すなわち第2部第3篇を指すものと判断することはできない，と結論した。

そうだとすれば，エンゲルス版での注32の記述で言及されていると考えられてきていて，久留間も大谷もまたそのように考えてきていたいわゆる「内在的矛盾」が「次篇」すなわち第2部第3篇で論じられているか否かは，「このことは次のAbschnittではじめて問題になることである」という記述そのものに拠って決められることではなく，その逆に，「次のAbschnitt」が「次篇」すなわち第2部第3篇を指すものか，それとも久留間が主張したように「次の部」すなわち第3部を指すものか，ということは，「内在的矛盾」の問題は第2部第3篇で論じられるべき事柄なのか，それとも，現にそうなっているように第3部で論じられるべき事柄なのか，ということの「理論的な内容の検討にもとづく証明」によって決せられるべきだということになる。

旧稿での以上のところまでの主張は，注32が書かれているはずの第2部第2稿そのものに当たることができなかった状況のもとでのものであり，そうした状況のもとでは，それなりに一定の意味をもつ推論であった。そのことをよく示していたのは，拙稿に対する富塚氏の次の反応であった。

　「大谷禎之介氏が「『内在的矛盾』の問題を『再生産論』に属せしめる見解の一論拠について……」と題する論文のなかで，Abschnittという言葉をあれこれ詳細に検討したあとで云わばその結論として，その論文の結びに近い箇所……で述べておりますように，「次のAbschnitt」がどこをさすかは，Abschnittという言葉自体の意味の詮索によってではなく，もっぱら「理論的な内容の検討にもとづく証明」のみによって決せられるべき問題であると考えます。」（富塚良三「恐慌論体系の展開方法について——久留間教授への公開質問状——」，『商学論集』第41巻第7号，251-252ページ）。

つまり，旧稿での大谷の主張を読まれた富塚氏も，「次のAbschnitt」がどこを指すのかはこの語自体では確定できないことをはっきりと認められたのであり，そうである以上，富塚氏はこのとき，かりにエンゲルス版の注32に「内在的矛盾」についてのマルクスの言及が含まれているのだとしても，この注の最後の一文での記述によって，マルクスが「内在的矛盾」の問題を第3篇で論じるつもりでいたのだと主張することはできない，ということを承認されたので

第7章 「内在的矛盾」の問題を「再生産論」に属せしめる見解の一論拠について 295

ある。これはすなわち，レーニンおよび山田盛太郎氏が，注32に「次のAb-schnitt」と書かれていることに拠って，「生産と消費との矛盾」ないし「内在的矛盾」が第3篇の再生産論で論じられているはずだ，と断定して出発していたのは誤りだった，と認められたことにほかならない。

　じっさい，旧稿の発表後，富塚氏のみならず，注32での「次のAbschnitt」を「次篇」と読むことによってマルクスが第2部第3篇で「内在的矛盾」を論じることにしていたと断定したうえでなされる議論はまったく見られなくなった。

　ところが，その後，エンゲルス版の注32に利用されたマルクスの第2部第2稿の当該箇所の原文に接することができるようになって，エンゲルス版と草稿とのあいだにもろもろの違いがあることがわかった。

　本書の続く後章での論述のなかに，これらの違いが，そしてまたこれらの違いの示す意味が次第に明らかになっていった過程が示されているので，ここでそれらについて予め詳述することは控えるが，ここで，上記の本章での論述のうち，草稿での記述が判明することによって明らかに無意味となった部分があることについて，予めその概要に触れておくべきであろう。

　エンゲルス版の注32とマルクス草稿とのもろもろの違いのなかで，本章での論述との関連でなによりもまず取り上げなければならないのは，注32で，「しかしこのことは，次のAbschnittではじめて問題になることである。〔Dies gehört jedoch erst in den nächsten Abschnitt.〕」（MEW 24, S. 318; MEGA II/13, S. 293.）となっている文が，マルクスの草稿では，いったん，「しかしここでの話の一切が次のAbschnittではじめて問題になることである。〔Diese ganze Geschichte gehört erst in d. nächsten Abschnitt.〕」と書かれたのちに，このうちのd[en] nächsten Abschnittがマルクス自身によってd[as] nächste Kapitelに変更されていた，ということである（MEGA II/11, S. 308 und 1135.13）。これは明らかに，変更前には「次の区分」と読まれることになっていた——というのは，第2稿には篇別構成に「篇」という意味でのAbschnittは存在しなかったのだから——「次のAbschnitt」が第2部第2稿の篇別構成における「次の区分」であった第3章を指すものであることを，はっきりと読み取れるようにするための変更であった。この変更がそのためのものであったことを読み取ったエンゲルスは，彼の版の——のちにマルクス自身が「章」を「篇」に格上げすることにしたことに拠った

296　第2部　マルクスによる恐慌・産業循環の理論的展開を跡づける

――篇別に合わせて，草稿での「次章〔Kapitel〕」を「次篇〔Abschnitt〕」に書き換えたのであった。

こうして，注32における「次のAbschnitt」が「次篇」すなわち第2部第3篇を指していたことが確定した。これによって，「次のAbschnitt」についての久留間・大谷の推論，すなわち「次のAbschnitt」が「次篇」を意味するのか，それとも「次の部」を意味するのかは，この語そのものによっては判断できず，「内在的矛盾」が第2部第3篇で論じられるべき問題であるかどうかの理論的判断によって決せられるべきだ，という推論が成り立ちようもなかったことも確定した。この点に関するかぎり，レーニンや山田盛太郎氏が「次のAbschnitt」を「次篇」すなわち第3篇と読んでいたのは，結果的に――というのは両人は草稿に拠っていたのではなかったのだから――事実と合致していたのである。これによって同時に，旧稿（本章）の最後の項目「4.6　エンゲルスによる書き替えの可能性はないか」でのあれこれの推論が無駄な議論であったことも確定した[181]。

それでは，これらのことの確定によって，注32でマルクス自身が，第2部第3篇で「内在的矛盾」を論じると予告していた，としてきた，レーニン・山田以来の解釈が正しかったことになったか。

そうはならなかった。というのも，エンゲルス版注32に利用された草稿でのマルクスの記述のなかには，そのほかにも，エンゲルス版では見えなくなっていたいくつかの事実が明らかとなったからである。そのなかでも注目すべきは次の2点であった。

一つは，エンゲルスが「このこと〔dies〕」と書き換えた，草稿でのマルクスの「ここでの話の一切〔diese ganze Geschichte〕」という指示が，草稿でのこの指示以前の記述のどの部分を指していたのか，という問題が新たに浮上したことである。

エンゲルス版で見るかぎり，エンゲルス版での「このこと」とは，エンゲルスが「原稿ではここに，将来の詳論のための次の覚え書きが書き込まれてい

---

181)　本書はマルクスの恐慌論をめぐる論争で公表された諸論稿のアンソロジーの意味をもつものなので，そのような無駄な議論も論争の一齣として記録しておくべきと考えて，削ることなくそのまま収録した。

る」(MEGA II/13, S. 293; MEW 24, S. 318) と断って注32に収めた「覚え書き」のなか
の記述を指すものと読むほかはない。だれもがそのように読んでいたのである。

　ところが，草稿（第2稿）では，エンゲルスによって「覚え書き」とされた箇
所の前には，「将来の詳論のための覚え書き」としてその直前までの記述から
区別できるような手がかりはまったくない。この部分の行頭は改行されておら
ず，それ以前の記述と一続きに書かれている。だから，マルクスの「ここでの
話の一切」という指示がエンゲルス版で「覚え書き」とされた箇所を指すもの
としたのは，エンゲルスが自分の判断で行ったものであって，マルクスの記述
がそうなっていたわけではなかったのである[182]。それでは，このようなエン
ゲルスの判断，すなわち，長い一パラグラフのこの最後の部分でのマルクスの
記述の内容と，このパラグラフのそれ以前の記述の内容から見て，「ここでの
話の一切」という指示がこの最後の部分だけを指しているというエンゲルスの
判断は適切なものだったのか。

　エンゲルス版ではこの箇所は，第2部「第2篇　資本の回転」の「第16章　可
変資本の回転」の最後の節「III　社会的に見た可変資本の回転」のなかにある。
マルクスの第2稿ではこの「III」は，「第2章　資本の回転」(MEGA II/11, S. 87ff.)
の「3) 回転の相違が資本の価値増殖に及ぼす影響，等々」(MEGA II/11, S. 217ff.)
の「b) 可変資本の回転。剰余価値の年率」(MEGA II/11, S. 282ff.) のなかにあり，
見出しをもつ，前後からはっきりと区切られた項目とはなっていない。しかし，
記述の内容から見れば，エンゲルスがこの部分を「III」として，それに「社会
的に見た可変資本の回転」という見出しを付けたのは不適切な処理だとは言え
ないであろう。エンゲルスはこの「III」では，マルクスの草稿をほぼそのまま
使っている。草稿の全部で12個のパラグラフは，第5パラグラフの末尾の部分
を切り離して注32にしたことを除いて，エンゲルス版でもそのまま再現され
ている。個々の文への手入れはあちこちにあるが，個々の文の文意を根本的に
変えるような変更はごくわずか——そのうちの一つが「ここでの話の一切」を
「このこと」に変えたことである——である。

---

182) エンゲルスがどのように作業を行ったか，ということについては，このあとの「補説2」
　　を見られたい。

298　第2部　マルクスによる恐慌・産業循環の理論的展開を跡づける

　だが，エンゲルスによる第2部および第3部の編集作業では，個々の文への手入れとは別に，草稿でのマルクスの論述の筋道を読み取りにくくし，時として読み誤らせることになっている，見逃すことのできない手入れがある。それは，エンゲルスが，草稿でマルクスが頻用した大きな角括弧を，この角括弧がどのような理由で付けられているのかということを，そのときどきにその前後の論述内容との関連で個々に検討することもなく，そのほとんど全部をあっさりと簡単に削ってしまったことである[183]。もちろん，取ってしまっても文脈になんの影響も及ぼさないマルクスの角括弧もいたるところにある。けれども，マルクスの角括弧には，それを削ってしまうと論述の流れや筋道が読み取れなくなってしまうものがあちこちにある。エンゲルスが，注32をつくって，そこに，それより前の論述から切り離した「覚え書き」なるものを収めたさいにも，彼がマルクスの角括弧に十分な注意を払わなかったことは確かなのである。

　末尾に注32が付けられた，エンゲルス版の「III」の第5パラグラフに使われた草稿部分は，MEGA版の行数で数えれば62行（MEGA II/11, S. 304.21-308.21）に及ぶ長いものであるが，マルクスの草稿では，このパラグラフの終わりの部分23行（S. 307.37-308.21）が角括弧で括られている。エンゲルスは，この角括弧で括られた23行のうちの後半13行（S. 308.9-308.21）だけを，「将来の詳論のための覚え書き」としてその前の部分から切り離して，注32に独立させたのである。

　ここで，マルクスが角括弧で括った論述のうちの，注32に利用された箇所に先行する部分を見ておこう。

　　「ここでは次のことに注目すべきである。鉄道のような大規模な企業は

---

183）MEGAの第II部門に収められた諸草稿のうちで，6部作から成る「経済学批判」という大作をどのようなものに仕上げるのかということを絶えず考えながら書かれた『経済学批判要綱』では，いたるところで，そこで論じている問題には属さない問題についても，思いつくとその場でその内容をそこに書きつけている。そしてそれを書いたあとに，典型的には，「これは競争で論じるべきことである」とか，「これは次章で論じるべきことである」という意味で，Dies gehört in das nächste Kapitel. 等々，と書いた。そしてこのような「離れ猿」ないし「但し書き」を角括弧で括っておいたのである。このような場合，「これ」が指すのは開き角括弧以降に書かれている記述である。この角括弧を削ってしまえば，「これ」がどの範囲を指すのか，わからなくなってしまう可能性がある。『経済学批判要綱』を読まれたことのある読者であれば，文意を読み取るのにこうした角括弧が重要な役割を果たしていることがよくおわかりであろう。

第7章 「内在的矛盾」の問題を「再生産論」に属せしめる見解の一論拠について　299

——あるいは，それらの企業がひとたび常設の経営部門になり，だからま
たそれらに必要な移動する労働者大衆が形成されたのちであれば，それら
が平均規模よりも大きい規模で営まれることは——労働市場から一定分量
の〔労働〕力を引き上げるのであるが，これは，強壮な若者が使用されてい
る，農業等々のような特定の部門から出てくるしかない。賃金を低く維持
するような圧迫を加えていた潜在的な労働者軍または手空きの予備軍の一
部分が吸収される。労働市場のうちのこれまでは容易に雇用できた諸部分
でさえもその影響を受ける。これによって労賃の上昇が生じる。（労賃は，
のちにはまた，必要生活手段の価格の上昇が生じることによって，他の諸
部門でも上昇する。）この上昇の最低限は，可変資本量の増加に，いま総
労働者階級が受け取っている総労賃の増加に等しい。」(MEGA II/11, S. 307.
37-308.9)

　この記述に，エンゲルスが注32に収めた部分が続き，その末尾に，草稿で
は「ここでの話の一切が次のKapitelではじめて問題になることである」，と書
かれているのである。さきに述べたこのような場合のマルクスの角括弧と彼の
Dies gehört dem nächsten Kapitel.などの文章の普通の使い方とから見れば，
マルクスは，開き角括弧以降に書いてきた記述の全体を指して「ここでの話の
一切」と言ったと考えるのがごく自然である。エンゲルスが「ここでの話の一
切」を「このこと」に変えたのは，彼にも，「覚え書き」部分だけを指すのに
「ここでの話の一切」という表現は大げさすぎるもののように感じられたから
であろう。なお，同じパラグラフの，この角括弧に囲まれた部分の前にはさら
に三つの，角括弧で括られた記述がある。いずれも，先行の記述に関連するこ
とをさらに書きつけておく，というものであるが，もしかすると，こうした記
述も「ここでの話の一切」に含まれると見ることができるかもしれない。いず
れにせよ，問題の箇所でマルクスが「次のKapitelではじめて問題になること」
だとしたエンゲルス版での「このこと」（草稿での「ここでの話の一切」）とは，
少なくとも上に引用した記述を含むものであって，「内在的矛盾」に言及して
いるとされてきた注32での記述だけを指すものではないことが，マルクスの
草稿を見ることによって明らかとなったのである。

　久留間は，草稿を見ることができるようになって明らかになったこの事実に

注目して，富塚氏への「公開回答状 (2)」のなかでこの点に触れている（本書 368-372ページ）。そこで久留間は，第2部第1稿にも，上に引用した記述と「生産に長期を要する固定資本の創設の場合に生じる事態を問題にしている点では同じ」記述があり，その末尾には，「ここで述べたことのいっさいが，<u>再生産過程</u>についての<u>第3章</u>で問題となることである〔Die ganze Bemerkung gehört in ch. III vom <u>Reproductionsprozeß.</u>〕」（MEGA II/11, S. 291）と書かれていることに注目している。「ここでの話の一切が次のAbschnittではじめて問題になることである」のなかの「ここでの話の一切」に，上に引用した記述が含まれることを示唆するものと見ることもできるであろう。

　ただし，以上の，マルクスの「この話の一切」がエンゲルスによって「このこと」に変えられた件は，マルクスに拠る「覚え書き」なるものを注32として独立させたエンゲルスの処理に疑問を投げかけるものではあっても，これによってそれまでの，「覚え書き」で「内在的矛盾」は第3篇の問題だとマルクスが述べていたのかどうかという論争点の解明になにか新しい材料が付け加えられたわけではなかった。というのも，「この話の一切」には「覚え書き」よりもさらに前の部分までが含まれることになったとしても，それは，「覚え書き」のなかにあって，これまで「内在的矛盾」に言及していると見なされてきた記述が「この話の一切」に含まれていることを否定するものではないからである。

　これにたいして，草稿そのものについて新たに得られたもう一つの情報は，決定的に重大な意味をもつものであった。それは，注32に収められたマルクスの記述のなかで彼が「内在的矛盾」に言及したと考えられてきた一文のなかにあるnieという語が，モスクワで作成された草稿解読文ではnurと読まれていた，というものである。この部分を含む第2部第2稿はMEGA第II部門第11巻に収められることになっていたので，のちに，そのテキストにこの語をどのように記載するのかが問題になったが，この巻の編集者によって最終的にnurと判読され，MEGAのテキストではそのように記載された。

　草稿でこの語がnurとなっていることは，大谷が論稿「「信用と架空資本」の草稿について（上）」（『経済志林』第51巻第2号，1983年，43-45ページ，『マルクスの利子生み資本論』第2巻，桜井書店，2016年，48-50ページ）で，草稿のフォトコピーを使用して，はじめて指摘した。

その後，1985年1月に刊行された新日本出版社版の『資本論』第6分冊では，「第2草稿によると，この個所は「という限りでのみ使用されうる……」と判読することも可能である」(500ページ) という訳者注が付けられ，また新日本出版社から1997年12月に刊行された上製版『資本論』第2巻では，「覚え書きのドイツ語文中のnieは，草稿ではnurであり，「決して使用されえない」は「という限りでのみ使用されうる」と判読できる可能性がある」(504ページ) という訳者注が付けられていた。

大谷は，2002年5月に開催された「恐慌論シンポジウム」で述べたコメントのなかで，nieかnurかの問題をあらためて提起した (「再生産論と恐慌論との関連をめぐる若干の問題について」，所収：『マルクス・エンゲルス・マルクス主義研究』，第40号，26-28ページ，本書に第13章として所収) のち，第2部第2稿での当該の語はnurと書かれていることを，第2稿に含まれているnie, nun およびnurのコピーを比較・検討することによって確かめた (「「ではけっしてない (nie)」か「でしかない (nur)」か」，『経済志林』第71巻第4号，2004年3月，本書に第16章として所収)。

当該の語がnieと書かれているのか，それともnurと書かれているのか，という問題が決定的に重要な意味をもっているのは，それによってこの語を含む一文の意味がまったく逆になるからである。エンゲルス版でのnieのままであれば，この一文では，いわゆる「内在的矛盾」の一方の側面である「生産諸力を，その限界をなすものがあたかも社会の絶対的な消費能力ででもあるかのように発展させようとする，資本主義的生産様式の衝動」(第3部第1稿，MEGA II/4.2. S. 540) が示唆されていると読みうるのであるが，草稿でのようにnurであれば，この一文はそのような「資本主義的生産様式の衝動」についてはまったく言及していないことになるのだからである。

ここでは，以上のことを指摘するにとどめて，さらに詳しくは，本書の第13章と第16章およびこの章への【補説3】とをお読みいただくことにしよう。

## 【補説2：エンゲルスはどのようにして注32をつくったのか】

上述したように，エンゲルス版の注32は，マルクスの草稿で本文の一部となっていた記述をエンゲルスが，その前後とはやや独立した「覚え書き」と見

302 第2部 マルクスによる恐慌・産業循環の理論的展開を跡づける

なして脚注にしたものだったが，第2部の彼の版を準備する過程で彼がまず作成した「編集用原稿」を見ると，エンゲルスがこの注を作成した過程が如実にわかる（304ページのファクシミリを見られたい）。当該の箇所はエンゲルス編集用草稿の389ページ（MEGA II/12, S. 280.32-43）にあって，MEGAの付属資料での記載（MEGA II/12, S. 698 (in Variantenverzeichnis)，920 (in Provenienzverzeichnis) u. 1095-1096 (in Verzeichnis der Textabweichungen)）で，エンゲルスがどういう経過でこの箇所を注にしたのかを読み取ることができるのである。

　エンゲルスはこの箇所も，まずマルクスの草稿を読みながら，彼の第2部用のテキストを口述し，それをアイゼンガルテンに書き取らせた。のちに注32で「覚え書き」とされた記述は，本文のなかにある，前後を大きな角括弧で括った一つのパラグラフとされていた。エンゲルスはのちに——といっても，直後だったか，それとも少し日時を置いてであったかは判断できないが——，冒頭部分の右欄外に，「原稿ではここに，将来の詳論のための次の覚え書きが書き込まれている。„Widersprüche in〔すなわち「覚え書き」の冒頭の2語〕」，と加筆し，さらに，全体の末尾に書かれていた大きな角括弧を消して，綴じ括弧「"」に変えた（上の加筆部分でWidersprücheの前に開き括弧「„」を書いたので，先頭の大きな角括弧を「„」に変えることはしなかった）。そのうえで，この部分全体の右欄外に波線を引き，その右に，「(注！)」，「(注に)」，「(注に！)」と三度にわたって注意書きを書いた。こうして，現行のエンゲルス版に見られる脚注32の原稿ができあがった（正確には，この原稿を使ってエンゲルスは最終の印刷用原稿を仕上げた）のであった。

　この経過で注目すべき点が二つある。一つは，エンゲルスはこの箇所を当初，角括弧で括ったパラグラフとして本文中に置いていた，ということである。このことが示しているのは，エンゲルスは，テキストを最初に口述したときすでに，この部分をなんらかの意味，なんらかの程度で，前後とは区別できるまとまった部分と見なした，ということを示している。だから，「しかし，このことは次篇ではじめて問題となることである」という末尾の一文における「このこと」がこの角括弧で括られた部分つまり「覚え書き」を指すことは，この処理のさいにエンゲルスによって確定させられていたのである。「補説1」で見たように，マルクスの第2稿の当該箇所では，末尾に大きな閉じ角括弧があるの

はエンゲルスの口述筆記稿と同じであるが，これに対応する開き角括弧は，エンゲルスのように彼の言う「覚え書き」の冒頭（MEGA II/11, S. 308.9）にはなく，それよりもはるか前のところ（MEGA II/11, S. 307.30）にある。だから，エンゲルスは自分の判断で，マルクスが大きな角括弧で括っていた部分から，終わりの部分だけを取り出して，その部分を角括弧で括ったのであった。この部分の末尾に書かれているマルクスの一文，「けれども，こうした話の一切は次章ではじめて問題となることである」（MEGA II/11, S. 20-21）という文での「こうした話の一切」という語でマルクスが考えていた箇所は，前述のように，エンゲルスによって「覚え書き」とされた部分だけでなく，草稿でマルクスが角括弧で括った大きな部分の全体を指していた可能性が大きいのである。

　そしてもう一つ，さらに重要なことであるが，アイゼンガルテンが書き取ったエンゲルスのこの箇所の口述は，第1に，書き損じを抹消した一語があること，第2に，「商品の買い手としての労働者は，市場にとって重要である。しかし，彼らの商品——労働力——の売り手として〔の労働者について〕は，資本主義社会は，彼らの商品の価格を最低限に制限する傾向をもつ」という部分の「買い手」と「売り手」とを下線で強調していること——この強調は刊行されたエンゲルス版には取り入れられていない——，第3に，「……社会一般〔überhaupt〕……」のうちのüberhauptという語がエンゲルスの手によって行の上に挿入されていること，この三つを除いて，現行のエンゲルス版の記述と完全に同じだということである。これによってわかるのは，マルクスの草稿での記述と現行のエンゲルス版での記述との相違のすべては，エンゲルスがアイゼンガルテンに筆記させた彼の口述のさいに生じたものだった，ということである。エンゲルス版でnieとなっている問題の語は，アイゼンガルテンの手によって読み誤りようもなくnieと書かれている。だから，少なくともエンゲルスの編集用原稿によるかぎり，エンゲルスが，この語をどう読むべきかに迷った形跡はないのであり，また，「覚え書き」の記述には，最初の口述を推敲した気配はまったくない，ということである。脚注をつくってそのなかにこの部分を入れるという加工を除いて，記述内容のいっさいが——ただし，上に触れた2箇所の下線は，のちの手入れのさいに引かれた可能性があるが——彼の口述のさいに確定していたのであった。

304 第２部　マルクスによる恐慌・産業循環の理論的展開を跡づける

## エンゲルスの編集用原稿389-390ページ（MEGA II/12, S. 279-280）

# 第8章　恐慌論体系の展開方法について（1）

（これと同じ表題に「――久留間教授への公開質問状――」という
副題をつけて発表された富塚良三氏の論文にたいする公開回答状）

久留間鮫造

　富塚さん，あなたが福島大学経済学会の『商学論集』の第41巻第7号【1974年
7月】に発表された「恐慌論体系の展開方法について――久留間教授への公開質
問状――」の抜刷は，たしか昨年【1974年】の9月10日前後に郵便で送られてき
たと思いますが，当時私信でお断りしたように，ぼくは当時からずっと『マル
クス経済学レキシコン』の編集の仕事に追われていて，なるべく早くと思いな
がら返事が遅れてしまいました。最近やっと同書の第1期計画の最後の巻【第9
巻「恐慌IV（産業循環）」】の仕上げの目鼻がついたので，これを書くことにします。
　あなたの論文の本体は次の三つの項目からなっています。（1）再生産論と恐
慌論との関係について。（2）均衡蓄積率の概念について。（3）《恐慌の必然性》
の項を設けることの是非について。
　以下この順序に従って質問に答えることにします。

## 1　再生産論と恐慌論との関係について

　あなたは先ず，次のような形で質問の第一矢を放たれています。

　　　例えば，『レキシコン』第6分冊，「恐慌I」の第VI章の引用 [**42**] におけ
　　る『剰余価値学説史』第2巻第17章……における周知の叙述で，生産過程
　　のなかに「即自的に」含まれていた恐慌の要素は生産過程そのもののなか
　　では現われることなく，「それ自体同時に再生産過程であるところの流通
　　過程においてはじめて現われうる」と記されているその流通過程とは『資
　　本論』第2巻第3篇の再生産論のそれではなく，『資本論』第2巻の全体が
　　その分析にあてられている「資本の流通過程」一般だということを強調さ

れていますが（栞 No. 6, 8ページおよび11ページ），そういう解釈は却って無理ではないでしょうか（240-241ページ）。

ここにはっきり表明されているように，あなたの質問の第一矢は，『レキシコン』の第6巻（「恐慌」の部の第1冊）に挿入した「栞」の記事に向けられています。あなたはそのうちの2個所を指摘しておられるが，基本的なのは11ページの方です。これは，『レキシコン』の「恐慌」の部の項目VIIの内容について説明している個所ですが，この項目VIIは，「資本の流通過程のもとでの，恐慌の可能性の一層の発展（恐慌の抽象的形態が資本の流通過程において受けとる内容諸規定）」と題し，九つの下位項目からなっていて，それぞれの項目のもとに，マルクスの著書のうちから——多くは『資本論』の第2部からですが——それに該当すると思われる個所を抜粋して編成したものです。そしてそのうちには，『資本論』第2部の第3篇からの引用もたくさんあるが，それ以前の篇からの引用もあり，項目によっては，それ以前の篇からの引用のみからなっているものもあります。問題の栞の個所は，こうした事情を念頭におきながら，項目VIIの表題の意味やこの項目の内容について説明している個所の一部で，そこには次のように書いてあります。

　　　このVIIでの問題は，すべて「資本の流通過程」の分析のなかで明らかにされるべきものだから，『資本論』でいうと，もちろん第2部にあたるわけで，ここからの引用が大部分をしめている。そして，おおよそ，この第2部の展開のなかに出てくる順序に従って「恐慌の抽象的形態が受けとる内容諸規定」を収録しているんだ。「恐慌論の方法」のところでもいったが，念のためにいうと，この「可能性の一層の発展」は，第2部第3篇だけではなくて，第2部全体について見る必要があるわけだ。【本書51ページ。】

あなたが指摘されているいま一つの栞の個所は，『レキシコン』の「恐慌」の部の項目II「恐慌論の方法」の内容について説明している個所で，おそらく次の記事を問題としておられるのだろうと思います。

　　　直接的生産過程の分析が終わると，こんどは資本の流通過程の分析にはいることになるが，ここで，ふたたび恐慌の可能性が現われてくる。そこで注意してもらいたいことがあるんだ。マルクスはこの引用 [8] のなかで，恐慌の新しい要素は「それ自体〔an und fürsich〕同時に再生産過程でもある

流通過程」でやっと現われてくる，と書いているのだが，この部分を誤解して，ここでいう「流通過程」というのは『資本論』第2部第3篇の再生産論のところだ，と考えないでほしいのだ。ここでいう「流通過程」というのは，『資本論』第2部の全体がその分析にあてられている「資本の流通過程」のことなんだね。……【本書46ページ。】

　あなたの関心を特に強くひいたのは，おそらく栞のこの個所の方だと思われますが，そしてこの個所ではいかにも独断的な形で，根拠を示すことなしに，「それ自体同時に再生産過程であるところの流通過程」というマルクスの言葉についての誤解にたいする警告がなされています。しかし，これはやむをえなかったことと理解していただきたい。栞のこの個所は，前にもいったように，「恐慌」の部の項目II「恐慌論の方法」の解説をしている個所ですが，この項目IIの本文のなかに，方法に関してきわめて重要な意味をもつものとして「それ自体同時に再生産過程であるところの流通過程」という言葉が現われてくる。そしてこの言葉については多分に誤解のおそれがある。だから，そのことだけはあらかじめ注意しておく必要がある。だが，ここではまだ，予想される誤解を誤解だとする根拠を示すことはできない。それは項目VIIのところではじめて明らかになるからです。そこで，理由の説明はあとですることにして，ここではとりあえず誤解への警告だけをしておこう，というつもりで，栞のこの部分は書かれたものと思われます。（こういうと，一般の読者は奇異に思われるかもしれないので，あなたには今更いうまでもないことを書き加えさせてもらいますが，この巻の栞を作製する時期にぼくは少々健康を害していて直接それに携わることができなかった。そのために，この巻の場合には異例的に，栞の記事は全部大谷禎之介氏に書いてもらったのです。）

　だがそれはともかくとして，あなたは栞の11ページの所をも指摘しておられるから，そこの所は読まれたことと思いますが，そこには，前にも引用したように，「恐慌」の部の項目VIIの編集の仕方を説明して「……おおよそ，この〔資本論〕第2部の展開のなかに出てくる順序に従って「恐慌の抽象的形態が受けとる内容規定」を収録しているんだ」といい，それをうけて，「「恐慌論の方法」のところでもいったが，念のためにいうと，この「可能性の一層の発展」は，第2部第3篇だけではなくて，第2部全体についてみる必要があるわけだ」

308 第2部 マルクスによる恐慌・産業循環の理論的展開を跡づける

と書いてあります【本書51ページ】。

　だから，もしあなたが本当に事柄を明らかにする気があるなら，あなたは当然，この項目VIIの本文を検討すべきはずです。そして，もしそうされたなら，そこには『資本論』第2部の第3篇以前の個所からも多くの引用がなされており，そこに立てられている九つの下位項目のなかには，第3篇からは全然引用されていないものもあることを発見されたでしょう。その場合，あなたには三つの道の選択の余地が残されていたはずです。その一つは，この項目VIIのなかの，第3篇以前の個所からの引用だけしか収録していない下位項目は「恐慌の抽象的な形態が資本の流通過程において受けとる内容規定」ではないということを論証することです。第2は，もしこの論証ができない場合になおかつ「それ自体同時に再生産過程であるところの流通過程」という場合の「流通過程」は第3篇の再生産論でのそれだというあなたの確信を固持しようとされるなら，マルクスは自己矛盾しているという結論に到達するはずです。なぜなら，あなたの解釈によれば，マルクスは一方では，恐慌の可能性の一層の発展は『資本論』第2部の第3篇で考察される流通過程ではじめて現われうるとしながら，上述の場合には第3篇以前でしかそれを論じていないことになるからです。ですから，本来ならあなたは質問の矢をマルクスに向けるべきであるが，マルクスはとっくの昔に墓に入ってしまっているから，質問のしようがない。したがってあなたは，マルクスの矛盾を批難するほかないことになるでしょう。だがもしそうするほどの勇気がないなら，あなたは，「それ自体同時に再生産過程であるところ流通過程」というマルクスの言葉についてのあなたの従来の解釈の当否を再検討するほかないことになる。当然そうなるはずのようにぼくには思われるのですが，どうでしょうか？

　ところがあなたは，そういう反省は全然しないで，いきなり栞のなかの片言隻句を抜き出してきて，「そういう解釈は却って無理ではないでしょうか？」といって，ぼくの返答を求められる。本来ならあなたが再検討して解明すべきことをぼくの責任に転化されるわけで，まことに迷惑な話です。

　なお，あなたは，さきに引用した部分に続いて次のようにいって，自説を強化しようとしておられます。

　　「価値および剰余価値の実現の問題」が本格的に問題になるのは「資本の

総＝流通過程または総＝再生産過程（Der Gesamt-Zirkulationsprozeß oder der Gesamt-Reproduktionsprozeß des Kapitals）」においてであって，「それ自体同時に再生産過程であるところの流通過程」とは，後に『資本論』第2巻第3篇「社会総資本の再生産と流通」において分析対象とされる，まさにこの意味での「総＝流通・再生産過程」でなければなりません。それをたんに「流通過程」一般だとするのは妥当でないようにおもわれますがいかがでしょうか？ でないとすれば，何故に，マルクスは単に「資本の流通過程」とせずに，ことさら「それ自体同時に再生産過程であるところの流通過程」だとか，「資本の総＝流通過程または総＝再生産過程」といったような表現をとっているのでしょうか？（241ページ。）

ここであなたは，新たに「資本の総＝流通過程または総＝再生産過程」という言葉を援用してきて自説を強化しようとされていますが，さらに，もっとあとの所では『剰余価値学説史』から，「資本の総＝流通過程または総＝再生産過程は，資本の生産部面と流通部面との統一であり，両方の過程を自己の諸部面として通過するところの一過程である。この過程のなかに，恐慌の一層発展した可能性または抽象的形態がある。」という個所までの長い引用をしたあとで，次のようにもいっておられます。（このうちには前にいわれたことの繰り返しにすぎないものもあるが，文脈を損なわないために省略しないで引用します。）

商品・貨幣流通のうちに含まれる諸矛盾——恐慌の諸可能性の資本の基礎上での単なる再現〔——？〕とは区別されるものとしての「潜在的恐慌の一層の発展」，すなわち，資本としての資本に固有な——資本の商品および貨幣としての単なる定在のなかに含まれていないものとしての——資本の形態諸規定から出てくるかぎりでの・「潜在的恐慌の一層の発展」，これを追跡することが当面の問題であるとされ，剰余価値の生産としての資本の生産過程のうちに「即自的（an sich）に」含まれていた「恐慌の要素」はその生産過程そのもののなかでは現われることなく，「それ自体同時に再生産過程であるところの流通過程」——「再生産された価値および剰余価値の実現」がそこで問題となるところの——においてはじめて現われうると述べられております。この「流通過程」を「資本の流通過程」一般であり，『資本論』第2巻第3篇の「社会的総資本の再生産と流通」における総資本

の「総＝流通・再生産過程」ではないとする栞の叙述は，果して妥当であるといえるでしょうか？「資本の生産部面と流通部面の統一」であり「両方の過程を自己の諸部面として通過するところの一過程」たる「資本の総＝流通過程または総＝再生産過程」のなかに「恐慌の一層発展した可能性または抽象的形態」が在ると述べられている最後のパラグラフを普通に読めば，さきの「流通過程」がまさにこの意味での総資本の「総＝流通・再生産過程」にほかならないことがおのずから納得できるのではないでしょうか？（244-245ページ。）

右〔上〕に掲げた二つの引用のうち前の個所では，あなたは，

> 何故にマルクスは単に「資本の流通過程」とせずに，ことさら「それ自体同時に再生産過程であるところの流通過程」だとか，「資本の総＝流通過程または総＝再生産過程」といったような表現をとっているのでしょうか？

といってぼくの返事を要求されており，また後の個所ではさらに，

> 「資本の生産部面と流通部面との統一」であり「両方の過程を自己の諸部面として通過するところの一過程」たる「資本の総＝流通過程または総＝再生産過程」のなかに「恐慌の一層発展した可能性または抽象的形態」が在ると述べられている最後のパラグラフを普通に読めば，さきの「流通過程」がまさにこの意味での総資本の「総＝流通・再生産過程」にほかならないことがおのずから納得できるのではないでしょうか？

といってぼくの納得を求めておられますが，ぼくがなるほどと納得できるのは，「それ自体同時に再生産過程であるところの流通過程」とか，「資本の総＝流通過程または総＝再生産過程」とか，「資本の生産部面と流通部面との統一」とかいえば，『資本論』第2部の第3篇で論じられている「社会総資本の再生産と流通」のことだとあなたが思い込んでおられるということ，しかも，そう解するのは，改めて説明するまでもなく，誰でも当然そう解すべき自明のことのように思い込んでおられるということだけです。前に，「あなたには三つの道の選択の余地が残されていたはずです」といったときに最後の道として指摘したように，本来ならあなた自身が，マルクスのこれらの言葉についてのあなたの解釈の当否を再検討すべきはずだと思うのですが，どうもそういうことを期待す

第8章　恐慌論体系の展開方法について (1)　311

るのは無理なようにも思われます。ただの論争のためなら，何の根拠も示さないあなたの主張には同調できない，といってすましてもよいのですが，聞くところによれば富塚説には多くの追随者があるとのことですから，そういっただけですましておくと，まちがった解釈——正直いってぼくにはそう思われる——が普及することになる。これまた，もともとぼくの責任ではないけれど，そういうことになるのは，できれば防ぎたい。というようなわけで，大変厄介で迷惑な話ですが，これらのマルクスの言葉の本来の意味についてのぼくの理解を述べることにします。

　しかしその前にひとつ，右〔上〕に引用した貴論の個所のうちに不審に思われる言葉があるので，一言しておきます。それは「総資本の「総＝流通・再生産過程」」という言葉です。（ここに「総資本の」とあるのは「社会的総資本の」と書くつもりでたまたま「社会的」の3字を書き落とされたものと解して次のことを書きます。）「総資本の「総＝流通・再生産過程」」という以上，一方では，「総資本」にも「総」でない，すなわち部分的な「流通・再生産過程」があることを認めると同時に，他方では「総資本」でない，すなわち個別的な資本にも「総＝流通・再生産過程」があることを認めていられるもののように思われますが，もしそうだとすると，いままでに見てきたあなたの議論と矛盾することになります。こう考えるのはぼくの浅慮のせいで，あなたはもっと深遠なことを考えてあのようないい方をされたのかとも思いますが，どうなのでしょう？

　ちょっと道草を食ったが，それはこれくらいにして，もとの問題に帰ることにしましょう。

　この問題を根本的に解明するためには，ひどく遠回りのように思われるかもしれないが，『資本論』の第2部「資本の流通過程」の第1篇が「資本の諸変態とその循環」と題されている，すなわち，「資本の流通過程」が最初に先ず「資本の諸変態とその循環」としてとらえられている，それはなぜなのか？——先ずそのわけをはっきりさせることから始める必要があると思うのです。第2部の冒頭のところでは，そのわけについては何の説明も与えられていないが，第1部の第7篇「資本の蓄積過程」の冒頭に次のように書かれているのが見出だされます。

　　ある貨幣額の生産手段と労働力とへの転化は，資本として機能するべき

価値量が通る第1の運動である。この運動は，市場すなわち流通部面で行われる。運動の第2の段階，生産過程は，生産手段が商品に転化されたときに終わり，この商品の価値はその諸成分の価値を越えている。すなわち，最初に前貸しされた資本に剰余価値を加えたものを含んでいる。それからまたこれらの商品はふたたび流通部面に投げ込まれなければならない。それを売ること，その価値を貨幣に実現すること，その貨幣をあらためて資本に転化させること，そしてそれが絶えず繰り返されることが必要である。このように絶えず同じ継起的諸段階を通る循環は，資本の流通を形成する。

(『資本論』第1巻，ヴェルケ版，589ページ。【MEGA II/8, S. 532.】)

　これによってわれわれは，『資本論』の第2部で「資本の流通過程」が，なぜ先ずもって「資本の諸変態とその循環」としてとらえられているかを知ることができると同時に，「資本の諸変態とその循環」としてとらえてみた場合に「資本の流通」がどのような点で「単純な商品の流通」と基本的にちがうかを知りうるはずです。それはこういうことです。

　(1)「資本の流通を形成する」循環は三つの変態を経過する周回運動だということ。そして，そのうちの二つは市場すなわち流通部面で行われるが，いまひとつは生産過程で行われるということ，すなわち資本の循環は本来の流通過程——流通の部面で行われる売買の過程——のほかに生産過程を含み，あなたが援用されている『剰余価値学説史』での表現によれば，「生産部面と流面部面との統一であり，両方の過程を自己の諸部面として通過するところの一過程である」ということ。そしてこのことは，『資本論』第2部の篇別でいえば，「社会的総資本の再生産と流通」を考察する第3篇ではじめて問題になることではなく，まず第1篇で問題にさるべきことであるということ。(そして現にそうされていることは，第1篇を「普通に」読めば容易にわかることです。)

　(2) さきに見た，資本の循環の三つの段階の内容をなす三つの変態のうち，流通部面で行われる二つの変態は，それ自体として孤立的にみれば単純な商品の変態と同様であるが，資本の循環のなかの特殊的な段階として見れば両者のあいだに決定的なちがいがあるということ。すなわち，ここで考察されているのは貨幣資本の循環の形式ですが，その第1の段階として現われるG—Wは，単なるG—Wとしては単純な商品流通の場合のG—Wとちがいがないが，貨

幣資本の循環の第1段階として見れば，この場合の W は単なる W ではなくて，生産の諸要素すなわち W(A＋Pm) であるということ。すなわち，資本の場合の G―W は，単純な商品流通の場合のように商品を売って手に入れた貨幣で自分の生活のためのいろいろの物資を買う段階ではなくて，これから始める生産過程を準備する段階なのだということ。それからまた，この循環形態の最後の段階をなす W′―G′ は，与えられた大きさの価値の商品形態から貨幣形態への単なる形態変換をあらわすものとして見るかぎりでは W―G と同じ内容に帰着するが，資本の循環の一環として見れば，W′ は生産過程で新たに産出された剰余価値を含む商品であり，したがって，その販売には，単純な商品の販売の場合には見られない，新たな条件がつけ加わってくるということ。これらはいずれも，恐慌の抽象的形態が資本の流通過程で内容規定を受けとる場になるわけですが，これについてはあとで述べることにします。

（3）前にも指摘したように，右〔上〕に引用した個所でマルクスが持ち出しているのは貨幣資本の循環形式ですが，この場合すでに，この循環は貨幣形態で投下された資本が，三つの変態を経過してふたたびもとの貨幣形態に復帰する，貨幣資本の再生産の過程であることが知られます。（但し，この貨幣資本の循環の場合には，貨幣形態で復帰した資本は再投資されない可能性もあるから，厳密には，「可能的再生産の過程」というべきでしょう。）

以上で見て来たのは，『資本論』第1部の第7篇「資本の蓄積過程」の冒頭，その序説的な部分からの引用ですが，そこでは，資本の循環は生産過程（これはこの個所の前にすでに，分析済み）のほかに流通部面に属する二つの段階を経過しなければならないことは指摘されているけれども，流通部面に属するこれらの二つの段階についてはそれ以上の説明は与えられていません。立ち入った考察は第2部でなされるものとして，ここでは文字通りに前提（voraussetzen）されているわけです。そこで，マルクスは第2部の冒頭で次のようにいっています。

　　資本の循環は三つの段階を通って進み，これらの段階は，第1巻の叙述によれば，次のような順序をなしている。
　　第1段階。資本家は商品市場や労働市場に買い手として現われる。彼の貨幣は商品に転換される。すなわち流通行為 G―W を通過する。

314 第2部 マルクスによる恐慌・産業循環の理論的展開を跡づける

　　第2段階。買われた商品の資本家による生産的消費。彼は資本家的商品
生産者として行動する。彼の資本は生産過程を通過する。その結果は，そ
れ自身の生産要素の価値よりも大きい価値をもつ商品である。

　　第3段階。資本家は売り手として市場に帰ってくる。彼の商品は貨幣に
転換される。すなわち流通行為 W—G を通過する。

　　そこで，貨幣資本の循環を表わす定式は次のようになる。G—W…
P…W′—G′。ここで点線は流通過程が中断されていることを示し，W′ と
G′ は，剰余価値によって増大した W と G とを表わしている。

　　第1段階と第3段階は，第1部では，ただ第2段階すなわち資本の生産過
程を理解するに必要なかぎりで論究されただけだった。だから，資本が自
分の通るいろいろな段階で身につけるところの，そして繰り返される循環
のなかで身につけたり脱ぎ捨てたりするところの，いろいろな形態は，顧
慮されていなかった。これからは，これらの諸形態がまず第1の研究対象
になる。(『資本論』第2巻，31-32ページ。【『資本論』第2部第7稿，MEGA II/11, S.
684-687.】)

　これに続いて「貨幣資本の循環」にかんする詳細な考察が行われ，それに続
いて「生産資本の循環」，「商品資本の循環」，「循環過程の三つの図式」が詳論
されていることは，改めていうまでもありませんが，さきに見た第1部の個所
に暗示されていた三つの事柄が，ここに改めて確認され，事柄によっては，そ
れに関連して恐慌の可能性の一層の発展が論じられているのを見ることができ
ます。これを，さきにあげた (1) (2) (3) の順序にしたがって見ていくことに
します。

　(1) 資本の循環過程は本来の流通過程のほかに生産過程を含み，それらの
過程の統一であること。このことは，たとえば次の個所に文字通りに確認され
ています。

　　こういうわけで，資本の循環過程は，流通と生産との統一であり，この
両方を包括している。(同上，64ページ。【『資本論』第2部第5稿，MEGA II/11, S.
594.】)

　　三つの図式は，Ck を総流通過程とすれば，次のように表わすことがで
きる。

（Ⅰ）　G—W…P…W′—G′

（Ⅱ）　P…Ck…P

（Ⅲ）　Ck…P（W′）

　三つの形態を総括してみれば，過程のすべての前提は過程の結果として，過程自身によって生産された前提として，現われる。それぞれの契機が出発点，帰着点として現われる。総過程は生産過程と流通過程との統一として表わされる。生産過程は流通過程の媒介者になり，また逆に後者が前者の媒介者になる。（同上，104ページ。『資本論』第2部第5稿，MEGA II/11, S. 640.】）

　それゆえ，連続的に行われる産業資本の循環は，ただ単に流通過程と生産過程との統一であるだけではなく，その三つの循環全部の統一である。

（同上，107ページ。『資本論』第2部第5稿，MEGA II/11, S. 643.】）

　（2）さきにはこの項目で二つのことを指摘しました。その一つは，貨幣資本の循環の場合，その第1の段階として現われるG—Wは，形態的には単純な商品流通の場合のG—Wと異ならないが，資本の循環の場合のG—Wは，生産の諸要素（A＋Pm）への貨幣の転形であり，生産過程を準備するものである点で本質的なちがいがあるということでした。ところがこのことが，資本の循環を考察する場合に，生産諸要素への再転化の過程で重要な問題をはらんでいることが明らかになります。何よりも先ず，循環の期間中に生産資本の諸要素の価値が騰貴すると，同じ規模の生産を再開始することができなくなるということです。（生産資本の諸要素の価値が低下する場合には同一規模の生産を続けるために必要な資本の価値量は前よりも少なくてすみ，したがって，いわゆる資本の遊離が生じる，という問題があるが，これはここでは問題外にします。）この問題は貨幣資本の循環の場合には現われません。なぜなら，この場合の出発点をなすGは，はじめて投下された資本であるかもしれないからです。問題は生産資本の循環の場合に如実に現われます。そこでは，与えられた大きさの資本価値が，一定量の使用価値として存在する生産資本の形態から出発して前と同じだけの生産資本の形態に復帰することが問題になるからです。循環期間中に生産諸要素の価値が騰貴すると，出発点と同じだけの生産諸要素が買えなくなり，追加的な貨幣を新たに投下しないでは同じ規模の生産を続けることができないことになります。

同じ問題は商品資本の循環 $W'-G' {<}{{G-W {<} {A \atop Pm} \cdots P \cdots W'} \atop g}$ の場合にも現われます。この場合には，出発点は W' で P ではないけれども，貨幣資本の循環の場合とはちがって，出発点の W' は前の循環過程での $W {<} {A \atop Pm} \cdots P \cdots W'$ の結果をあらわすのですから，商品資本の循環の第2段階として現われる $G-W {<} {A \atop Pm}$ の W（生産諸要素）は必然的に先行の循環過程のなかの $W {<} {A \atop Pm}$ の再生産を意味するからです。だからマルクスは，過程の正常な進行の障害となりうるこの問題を，『資本論』第2部第1篇の第2章「生産資本の循環」で先ず論じた (77-80ページ【『資本論』第2部第5稿，MEGA II/11, S. 599-611】) あとに，第4章「循環過程の三つの図式」で再論しています (同上，109-113ページ【『資本論』第2部第5稿，MEGA II/11, S. 642-650】)。ところでこの問題は，「資本の流通過程のもとでの恐慌の可能性の一層の発展」あるいは「恐慌の抽象的形態が資本の流通過程で受けとる内容諸規定」を考える場合，当然，考慮にとりいれられねばならない問題だと考えられます。だからぼくは，『レキシコン』の「恐慌」の部の右〔上〕の表題を掲げた項目VIIのなかに「生産資本の諸要素の価値変動による資本の再生産の攪乱の可能性」という小項目 (3) を設け，そのうちに右〔上〕に指摘した『資本論』第2部第1篇からの引用を収録したのでした。ついでにつけ加えますが，この項目には第3篇からの引用は収録されていません。この項目に該当する個所がなかったからです。そして，これはもちろん，この問題が第3篇で解明さるべき固有の問題の範囲に属しなかったからだと解すべきでしょう。

　ところで，『レキシコン』の「恐慌」の部の項目VIIの下位項目 (3) のなかには『剰余価値学説史』の第2巻からの引用も収録されていますが，そのうちの一つ──516-517ページからの引用──は，マルクスの手稿のページづけでは716から取られた次のパラグラフから始まっています。それはこういうのです。

　　恐慌は，1，〔貨幣が〕生産資本へ再転化される場合に，2，生産資本の諸要素の価値変動によって，とくに原料のそれによって，起こりうる。この原料の価値変動は，たとえば棉花の収穫量が減少した場合に生じる。これによってその価値が増大するのである。ここではまだ，われわれにとって問題になるのは，価格ではなくて，価値である。【『1861-1863年草稿』，MEGA

II/3.3, S. 1139-1140.】

　これは，マルクスの手稿のページづけからいうと，あなたが，

　　　いま問題にしております『剰余価値学説史』第2巻第17章のマルクスの叙
　　述は，再生産論と恐慌論との関連の問題を中心として恐慌論体系の展開方
　　法を考えるうえで極めて重要な意味をもつものですし，《恐慌の必然性》
　　の項を定立することの是非を論ずるうえにも参考になる叙述かと考えます
　　ので，一般の読者の便宜からも，ここでやや長文の引用をさせていただき
　　ます。

といって引用された個所にすぐ続くパラグラフですが，ここにははっきりと，
「恐慌は……生産資本の諸要素の価値変動によって……起こりうる」と書かれ
ています。そしてヴェルケ版ではこれに続けて，手稿770aから移された，印
刷ページで約1ページ半の叙述【MEGA II/3.3, S. 1134-1139】がのせられていますが，
そこでは，この恐慌の可能性のさらに立ち入った研究が行われているのです。
ところがあなたは，ここが恐慌論にとって重要なのだとして，『剰余価値学説
史』からせっかく長い引用をしながら，それに続く右〔上〕の部分は除外してお
られます。まことに不思議に思われるのですが，よく考えてみると，資本の流
通過程のもとでの恐慌の可能性の一層の発展を問題にする場合に，あなたは一
つの偏見をもって問題の処理にあたられている——そのために，あなたの偏見
に合致しないものは無視することになる——さきに問題にした個所をあなたが
閑却されたのもそのためではないか，というふうにぼくには思われるのです。

　ところで，いまぼくがあなたの偏見といったのは，恐慌の可能性の資本の流
通過程における一層の発展は，資本がその循環過程において通過する二つの流
通段階（流通部面に属する二つの段階）——W′—G′の段階と G—W(A＋Pm)
の段階——のうち，価値および剰余価値の実現が行われる W′—G′の段階にお
いてのみ問題になるのだ，という Vorurteil〔先入見〕です。これは，あなたに特
有なものなのか，それとも，だれかから受けつがれたものなのかは知りません
が，そもそものの根源は，ここが大事なのだといって，あなたが『剰余価値
学説史』から引用されている部分のうちの，下記の読みちがいにあるのではな
いかと思われます。かなり長いが，あなたのぼくに対する反対の主要な根拠に
関することですから，当該の個所を全部引用します。引用文は，「原文の文意

をさらに正確に伝えるものとなるよう適宜変更」されたあなたの改訳どおりに
かかげますが，原文の本意を一層正しく知るのに肝要と思われる個所にはドイ
ツ語の原文を挿入しました。

しかし，いま問題であるのは【Es handelt sich aber nun〔darum〕】潜在的恐慌
の一層の発展——現実の恐慌は，資本主義的生産の現実の運動，競争と信
用からのみ説明することができる——を追跡することである。といっても，
それは，恐慌が，資本の形態諸規定——資本としての資本に固有な・資本
の商品および貨幣としての単なる定在のなかには含まれていないものとし
ての・形態諸規定——から出てくる【hervorgeht】かぎりにおいてである。

ここでは，資本の単なる生産過程（直接的な）は，それ自体としては，
なにも新しいものをつけ加えることはできない。そもそもこの過程が存在
するように，その諸条件が前提されているのである。だから，資本——直
接的生産過程——を取り扱う第1篇【現行の『資本論』では「篇」が「部」になって
いる—久留間付注】では，恐慌の新しい要素は少しもつけ加わらない。恐慌
の要素は，即自的（an sich）にはそのなかに含まれている。なぜなら生産過
程は剰余価値の取得であり，したがってまた剰余価値の生産だからである。
だが，生産過程そのもののなかでは，これが現われることはありえない。
なぜなら，生産過程においては，再生産された価値の実現も剰余価値の実
現も，問題にならないからである。

〔問題の〕その事象は【die Sache】，それ自体（an und für sich）同時に再生産
過程であるところの，流通過程においてはじめて現われ【hervortreten】う
る。【MEGA II/3.3, S. 1133-1134.】

右〔上〕に引用した個所は，マルクスの恐慌論の展開の仕方を知るのにきわ
めて肝要な個所だとぼくも思いますが，この場合決定的なのは，最後のパラグ
ラフにある die Sache を何を指すものと考えるかです。あなたの訳文では，
「〔問題の〕その事象は」となっていますが，このように訳されたのを見ると，
すぐその前の所に「再生産された価値の実現も剰余価値の実現も，問題になら
ないからである」とあるから，die Sache は疑問の余地なく，価値および剰余
価値の実現の問題を指すものとして解されることになります。なお念のために，
大月版の『全集』の訳を見ると，ここの所は，「その事柄は，それ自体同時に再

生産過程であるところの流通過程においてはじめて現われうる」となっており，「その事柄」が何を指すかは，「〔問題の〕その事象」というほど明確にではないが，やはり一般の読者はすぐ前に書いてある事柄を指すものと解することと思われます。なお，『レキシコン』ではどう訳出されているかを調べてみると，「それは，それ自体同時に再生産過程であるところの流通過程においてはじめて現われうる」となっていて，前のものとあまりちがいはありません。では，どう訳したらいいかというと，なかなか難しいが，もともと問題は，die Sacheが何を指していると解するかによってきまるはずのものですから，先ずそれについてのぼくの考えを述べることにしますが，とりあえず端的に結論をいうと，このdie Sacheは，その直前にメンションされている価値および剰余価値の実現の問題だけを指しているのではなくて，もちろんそれをも含むが，もっと一般的に，この一連の議論の冒頭に，これがここでの問題なのだとして設定されている問題——「しかし，いま問題であるのは【Es handelt sich aber nun〔darum〕】，潜在的恐慌の一層の発展……を追跡することである。といっても，それは，恐慌が，資本の形態諸規定——資本としての資本に固有な・資本の商品および貨幣としての単なる定在のなかには含まれていないものとしての・形態諸規定——から出てくる【hervorgeht】かぎりにおいてである」といって，それに続く論述の冒頭にマルクスが設定している基本的な問題——この問題を指示しているのだ，とぼくは考えるのです。言葉の関連からいうと，あとに出てくるdie Sacheは，前の所のEs handelt sich aber nun darumに照応し，あとに出てくるhervortretenは前に出てくるhervorgehtに照応するものと考えるわけです。

　ところで，そういうふうに解する場合に，問題のdie Sacheを，誤解の余地がないように訳出するにはどうしたらよいか，ということになると，なかなか難しいのですが，かりにあなたの訳し方のひそみにならって，言葉をおぎなって訳出するとすれば，「〔さきに，これがここでの問題なのだといって設定した〕事柄は」とするか，それを短縮して，「〔さきに問題にした〕事柄は」とでもするほかないかもしれません。

　ここでちょっと，万一の誤解を避けるためにあらかじめ断っておきますが，ぼくがdie Sacheをさきに述べたように解すべきだというのは，この言葉その

ものの本来の字義からみてそう解するのが正しいといおうとしているのではありません。言葉そのものの意味にかんするかぎりでは，ぼくがいいたいのは，この語は必ずしも，あなたが解されているように，その直前に書いてあることを指すものとして解しなければならない理由はない，もっと前に書いてあることを指すこともできるはずだということ，ただそれだけのことです。だが，先ずもってこのことを確認しておかないと，本来の問題に進むことができない。本来の問題というのは，あなたのように，この die Sache をその直前に書かれている価値および剰余価値の実現を指すものと考えると，その前後にマルクスが展開している一連の議論の脈絡がまるでわからなくなる，ぼくのように解することによってはじめてそれが明瞭になる，ということです。

　以下そのわけを説明しますが，このさい先ず第1に注意したいことは，「die Sache は，それ自体同時に再生産過程であるところの流通過程においてはじめて現われうる」という文章は，その前の「生産過程においては，再生産された価値の実現も剰余価値の実現も問題にならないからである」という文章にすぐ続けて書かれているのではなく，わざわざ行を改めて書かれており，しかもこの一文が独立したパラグラフになっていることです。これについてのぼくの考えはこうです。マルクスはここでは，彼がさきに設定した問題──「資本としての資本に固有な」「資本の形態諸規定から出てくるかぎりでの」「潜在的恐慌の一層の発展」──を「追跡する」場合に，この発展がどの場面に現われるかについての基本的な認識を，あらかじめ述べているのだと考えるわけです。

　ところでマルクスは，ここまで議論を進めてきたあとで，しばらく横道に入ります。

　すなわち，次のパラグラフでは，ここで問題にしている，「それ自体同時に再生産過程であるところの流通過程で現われる」かぎりでの「潜在的恐慌の一層の発展」は，まだ現実性にはほど遠く，「「資本と利潤」の章における補完を必要とする」といって，あらかじめこの段階での研究の限局性についての注意を与えたりしているのです。

　これに次のパラグラフが続きます。

　　資本の総‐流通過程または総‐再生産過程は，資本の生産部面と流通部面との統一であり，両方の過程を自分の諸部面として通過するところの一

過程である。この過程のなかに，恐慌のより以上に発展した可能性または抽象的な形態があるのだ。だから，恐慌を否定し去る経済学者たちは，この二つの部面の統一だけを固執するのである。仮にこの二つの部面が一つのものであることなしに分離されているだけだとすれば，両方の統一の暴力的な回復，すなわち恐慌は，まったくありえないであろう。また仮にこの二つの部面が分離されていることなしに一つのものであるだけだとすれば，暴力的な分離，これもまた恐慌であるが，これもありえないであろう。恐慌は，独立化した諸契機のあいだの統一の暴力的な回復であり，また，本質的には一つのものである諸契機の暴力的な独立化である。（以上は手稿の716ページから。【MEGA II/3.3, 1134.】）

　現行のヴェルケ版では，このあとに，手稿の770aページからとられた，印刷ページで約1ページ半の部分が挿入されています。この部分は直接ここに置かれているかぎりでは，四つの項目からなっていますが，第1項の，資本においても再現する「恐慌の一般的可能性」あるいは「恐慌の形式的な可能性」から始まって，恐慌にかんしていままでに考察してきた主要な事柄の，いわば摘要のようなもので，第4項の，「恐慌の一般的諸条件は，価値変動とはちがうものとしての価格変動……から独立したものであるかぎりでは，資本主義的生産の一般的諸条件から展開されなければならない」，で終わっています。これもまた，本来の問題の展開に一歩を進めたものではなく，次にそれを展開するための準備をしたものと考えるべきでしょう。

　ヴェルケ版では，このあとに再び手稿のもとの順序に帰って，手稿の716ページから取られた次のパラグラフがのせられていますが，ここで再び話の本筋に帰ってくるわけです。

　　　恐慌は，1，生産資本への再転化のさいに，2，生産資本の諸要素の価値変動によって，特に，原料のそれによって，起こりうる。この原料の価値変動は，たとえば棉花の収穫量が減少した場合に生じる。これによってその価値が上昇する。ここでは，まだ，われわれにとって問題なのは，価格ではなくて価値である。（516ページ。【MEGA II/3.3, S. 1139-1140.】）

　ヴェルケ版ではこれに続いて，516ページから517ページにわたって，手稿の770aページから取られた記述がのせられていますが，ここでは，右〔上〕に

322 第2部 マルクスによる恐慌・産業循環の理論的展開を跡づける

引用した個所での，「生産資本への再転化のさいに……起こりうる」恐慌の可能性についての一般的な叙述をうけて，冒頭に先ず，「第1の契機，貨幣の資本への再転化」といい，それに続いて，このさいに生産資本の諸要素，特に原料の価値変動に起因する恐慌の可能性のさらに立ち入った考察が行われています【MEGA II/3.3, S. 1134-1139】。

このあとには，ふたたび手稿の別の個所（ノートXIVの861aページ）からとられたもの【MEGA II/3.3, S. 1139-1140】が置かれていますが，その最初の部分【MEGA II/3.3, S. 1139.15-22】は，「この861aページの左上の部分が引き裂かれている」ために完全な復元ができず，残存部分からの編集者の推定が注【MEW 26II, S. 517】のなかに書かれています。それによると，

……しかし，マルクスはここで「可変資本の価値の変革から」生じる恐慌について論じている，という推測をすることは可能である。たとえば凶作によって引き起こされる「必要生活手段の騰貴」は，「可変資本によって動かされる」労働者のための費用の増大という結果に導く。「同時に，この騰貴は，他のすべての商品」すなわち労働者の「消費には」はいって行くか「ないすべての商品にたいする需要をも減少させる」という結果に導く。そのために，「これらの商品をその価値どおりに売ること」は不可能になり，「これらの商品の再生産の最初の段階」すなわち商品の貨幣への転化，が攪乱される。その結果，生活手段の騰貴が「他の」生産「部門における恐慌」を引き起こすことになる。

このページの失われた部分の最後の2行には，このように熟考された全体を要約した次のような考え，すなわち，「これらの原料が原料として不変〔資本〕のなかに入って行くにせよ，生活手段として」労働者の消費にはいって行くにせよ，恐慌が原料騰貴の結果として発生しうるという考えが含まれている。（517ページ。）

これを見ると，貨幣の生産資本の諸要素への再転化（$G—W < \genfrac{}{}{0pt}{}{A}{Pm}$）のさいに生産資本の諸要素の価値の騰貴によって生じる恐慌の可能性のうち，この前に見た個所では生産資本の諸要素のうちの生産手段（Pm）の価値の騰貴によって生じる恐慌の可能性が論じられたのにたいして，ここでは，必要生活手段の，

したがって労働力（A）の価値騰貴によって生じる恐慌の可能性が論じられていることが知られます。そして右〔上〕の引用の最後のパラグラフでは，これらの二つの恐慌の可能性が，いずれも貨幣の生産資本の諸要素への再転化のさいに生産資本の諸要素の価値騰貴によって生じるのだという，共通点が述べられているものと解されます。

　このすぐあとには，いまひとつの恐慌として，「固定資本の過剰生産」によるものが挙げられています。

　　　または，それ〔恐慌〕は，固定資本の過剰によるものであり，したがってまた，流動資本の相対的な過少生産によるものである。

　　　固定資本は，流動資本と同様，商品から成っているのだから，固定資本の過剰生産を認める同じ経済学者たちが商品の過剰生産を否定するということほどばかげたことはない。（517-518ページ。【MEGA II/3.3, S. 1139.】）

　そしてこのあとには，

　　　5，再生産の最初の段階の攪乱，つまり商品の貨幣への転化の攪乱すなわち販売の攪乱から起こる恐慌。最初の種類の恐慌〔原料の騰貴の結果として起こる恐慌〕の場合には，恐慌は生産資本の諸要素の還流の攪乱から起こるのである。【MEGA II/3.3, S. 1139.】

というパラグラフが続き，これで原稿のノートXIVの861aページからの移籍部分は終わり，そのあと再び手稿のもとの順序に帰って（ノートXIIIの716ページ），ここからはじめて，右〔上〕にいわゆる「商品の貨幣への転化の攪乱すなわち販売の攪乱から起こる恐慌」についての立ち入った考察が始められているのです。

　これによってみると，マルクスはこの場合，恐慌の種類として三つのものを考えていたことが知られます。すなわち，(1) 生産資本の諸要素，特に原料の価値の騰貴によって起こる恐慌，(2) 固定資本の過剰生産による恐慌，(3) 販売の攪乱から起こる恐慌，がそれです。

　ところで，これらの3種の恐慌についてのここでの叙述は，マルクスが，この一連の議論の展開の最初に自ら設定した課題──「資本としての資本に固有な形態諸規定から出てくるかぎりでの」「潜在的恐慌の一層の発展」を，「それ自体同時に再生産過程であるところの流通過程」で追跡すること──この追跡

324　第2部　マルクスによる恐慌・産業循環の理論的展開を跡づける

を彼が実際に進めていった結果明らかになったことを，ここに述べているのだと解するのが，何らの偏見なしに読む者にとっては自然であると思うのです。そう解することによってはじめて，前後の関係がはっきりすることになります。ところが，さきに問題にしたようなあなたの解釈によると，なぜマルクスがここに，「第1の種類の恐慌」として，生産資本への再転化のさいに生産資本の諸要素の価値の騰貴によって起こる恐慌について論じているのか，また，なぜその次に，簡単ながら，固定資本の過剰生産による恐慌について述べているのか，まるでわけがわからぬことになります。なぜなら，これらの恐慌は，価値および剰余価値の実現の困難から起こる恐慌――マルクスが右〔上〕の個所で第3番目にあげている，「販売の攪乱から起こる恐慌」――とは別種のものとされており，したがって，あなたの解釈によれば，「それ自体同時に再生産過程であるところの流通過程で現われる」恐慌の範疇に入らないことになるからです。

　なお，右〔上〕のうち第1種の恐慌と呼ばれている，生産資本の諸要素，特に原料の価値騰貴によって起こる恐慌については，『資本論』において，第2部の第1篇でかなり立ち入った考察がなされていますが，これによってみても，マルクスが恐慌のこの契機を重視していることが知られるはずです[1]。だから『レキシコン』では，前にもいったように，「恐慌」の部のⅦのうちに，「3. 生産資本の諸要素の価値変動による再生産の攪乱の可能性」と題する下位項目を設けて，『資本論』および『剰余価値学説史』から，この問題を論じている個所を収録したのですが，ここには第3篇からの引用は全然ありません。第3篇ではこの問題は論じられていないからです。前にもいったように，あなたが目のかたきにしておられる，『レキシコン』の第6巻の栞の記事はこうした事実に注

---

1) マルクスがこの問題を重視して『学説史』でも『資本論』でも特別に論じているのは，おそらく，トゥックの『物価史』で明らかにされた，農業の作柄が景気の変動に及ぼす大きな影響，あるいは歴史的に有名な「棉花恐慌」――そうでなくても，年々の棉花の作柄が紡績業者にとってどんなに大きな関心事であるかは，特にエンゲルスを通じて身近に知っていたことと思われる――といったような，現実の事実を念頭に置いてのことと思われます。マルクスは，どのようにして整然とした体系をつくるかを最大の関心事として事実を看却する体系論者とちがって，常に事実を重視し，それを理論的にどのように取り扱うかに苦心した――そこに彼の偉大さがあるのではないでしょうか。これは原料の価値ではない価格の騰貴ですが，最近の石油価格の暴騰が世界経済に及ぼした影響など，いまマルクスが生きていたら，おそらく非常な興味をもって研究したことと思われます。

意を促したものにほかならないのです。

ですから，次のようなあなたの主張も全くの的外れということになります。

　　そうした解釈〔問題の栞の記事に見られるような解釈〕は，「発展した恐慌の可能性」が『資本論』第2巻第3篇の再生産表式分析によって解明されるとする山田盛太郎氏『再生産過程序論』以来の見解を否定するために敢て強調されているかとおもわれますが，『資本論』第2巻第3篇が第2巻の流通過程分析を総資本の再生産過程把握の観点から総括する位置にあることを認識すれば，そうした見解自体は誤ってはいないように思います。そうした見解を妥当とすることは，『資本論』第2巻の第3篇以外の個所でも恐慌に関連する叙述がいくつかみられ，恐慌の諸契機たりうべき問題の所在が指摘されていることをなんら否定することにはなりません。ただそれらの諸契機が「発展した恐慌の可能性」（「資本としての資本に固有な資本の形態諸規定ら出てくるかぎりでの・潜在的恐慌の一層の発展」）を規定する諸契機として把握されうるのは，個々の資本の流通過程における運動がそれ自体として問題とされる『資本論』の第1，2篇においてではなく，それらの個別的諸資本の運動の絡み合いが，また資本流通と所得流通との交錯・連繋が総括把握され，かくして，価値および剰余価値の実現の問題がそこではじめて本格的な問題となるところの第3篇の論理段階においてであることを明確に理解することが肝要ではないでしょうか。（241-242ページ。）

先ず，これは実にくだらないことですが，このように印刷されて公表されたのを見ると，そのままほっておくのもどうかと思われるので，「山田氏……以来の見解を否定するために敢て強調されているかとおもわれますが」というあなたの推測について一言しますが，ぼくは『レキシコン』のこの部分を編集するさい『資本論』の第2部を何らの偏見なしに読んでいって，「資本の流通過程のもとでの恐慌の可能性の一層の発展」あるいは「恐慌の抽象的形態が資本の流通過程において受けとる内容諸規定」について書かれていると思われる個所を抜粋し，それらをなるべく適当な小項目に分けて編集すること——ただこのことだけを念願としたのであって，山田盛太郎氏以来の見解であれ，その他たれの見解であれ，およそそのようなものを念頭においてどうこうしよう，とい

うようなケチな考えは毛頭なかったし，またそうしようにも，マルクス自身の書いたものを唯一の素材にしている『レキシコン』のこの部分（他の部分ではエンゲルスからもかなり引用されていますが）では，もともと，しようにもしようがなかったわけです。もしその結果が，あなたのいわれるように，山田盛太郎氏以来の見解と相容れぬことになったとすれば，それはたまたま，いまいったようにして編集した結果がそういうことになったのに過ぎません。あなたの推測は，ぼくには，被害妄想としか思えないのです。

　くだらぬことはこれくらいにして，話の本筋に帰りましょう。ここであなたは，

　〔1〕「『資本論』第2巻第3篇が第2巻の流通過程分析を総資本の再生産過程把握の観点から総括する地位にあることを認識すれば」，「発展した恐慌の可能性」は「第3篇の再生産表式分析によって解明される」とする見解は誤っていないことがわかるはずだというふうにいわれるが，さきに問題にした「生産資本への再転化のさいに，生産資本の諸要素の価値変動によって起こりうる恐慌」についての考察──『資本論』では第2部の第1篇でなされているもの──は，はたして第3篇のうちに「総括」されているでしょうか？　総括はもとより，論じられてもいないようにぼくには思えるのです。それからまた，あなたは，

　〔2〕「『資本論』第2巻の第3篇以外の個所でも恐慌に関連する叙述がいくつかみられ，恐慌の諸契機たりうべき問題の所在が指摘されていること」はもちろん認めるが，「それらの諸契機が「発展した恐慌の可能性」（「資本としての資本に固有な資本の形態諸規定から出てくるかぎりでの・潜在的恐慌の一層の発展」）を規定する諸契機として把握されうるのは，……価値および剰余価値の実現の問題がそこではじめて本格的に問題となるところの第3篇の論理段階においてであることを明確に理解することが肝要ではないでしょうか」といわれるが，「生産資本への再転化のさいに，生産資本の諸要素の価値変動によって起こりうる恐慌」，この恐慌の可能性は，明らかに，「発展した恐慌の可能性」であり，「資本としての資本に固有な資本の形態諸規定から出てくるかぎりでの・潜在的恐慌の一層の発展」であるとぼくは思うのですが，どうでしょう？もちろんこれは，価値および剰余価値の実現の問題とはちがう問題です。だが，このことは，「資本としての資本に固有な資本の形態諸規定から出てくるかぎりでの・潜在的恐慌の一層の発展」は，「価値および剰余価値の実現」の過程

——W′—G′ の過程——のうちにのみ見いだされるのではなく，「生産資本への再転化」の過程——P…P すなわち生産資本の循環の過程のうちにも見いだされるのだということ，したがってまた，潜在的恐慌の一層の発展を W′—G′ の過程にのみ見いだそうとするのは一つの偏見であるということを，証明するものにほかならない——というふうにぼくは考えるのですが，どうでしょう？

それからまた，あなたは247-248ページで，次のようにいってぼくの反省を促しておられます。

　　　このように申し上げれば或は先生は，『剰余価値学説史』の前掲の論述の少し手前の個所で，商品流通における販売と購買との対応は「一方の資本の商品形態への転化は他方の資本の貨幣形態から商品形態への再転化に対応しなければならず，……一方の資本の生産過程からの離脱は他方の資本の生産過程への復帰に対応しなければならない」という形態において資本の運動のもとに再現されることが述べられてのち，「諸多の諸資本の再生産過程または諸流通過程のこうした絡み合いと縺れ合いは，一方では分業によって必然的であり，他方では偶然的である。こうしてすでに恐慌の内容規定は拡大されている。」というマルクスの文言を引き合いにだしてこられるかもしれません。しかし，この叙述は，「この形態〔商品流通という形態変換運動〕に含まれている恐慌の一般的可能性——購買と販売との分離——は，資本が商品でもあるかぎり，そして商品以外のものでないかぎり，資本の運動のなかにも含まれている。」ということを云おうとしているにすぎません。そういうものとは区別されるものとしての「資本としての資本に固有な，——資本の商品および貨幣としての単なる定在のうちには含まれていないものとしての——資本の形態諸規定から出てくるかぎりでの」・「潜在的恐慌の一層の発展」がいま問題なのだとして，さきの論述が展開されていることは，前掲の引用の前段の部分を注意して読めば，おのずから明らかではないでしょうか。(247-248ページ。)

ここであなたが引き合いに出しておられる『剰余価値学説史』の個所についてのあなたの解釈そのものにも疑問の余地がありますが，それは置いて問わないとして，いったいあなたは何のために，わざわざ仮想の久留間説を構築して反論するようなことをされるのか，全くわけがわかりません。『レキシコン』

の「恐慌」の部の第1冊の目次を見ただけでもわかるように，そこには「Ⅶ　資本の流通過程のもとでの恐慌の可能性の一層の発展（恐慌の抽象的形態が資本の流通過程において受けとる内容諸規定）」という項目が設けられており，そのもとに左〔下〕記の九つの小項目が収められています。

　　1　資本流通においては，G—W の W は個人的欲望の対象ではなくて，生産資本の諸要素——A＋Pm——である。

　　2　資本流通においては，W—G は同時に W′—G′ であり，しかも商品量 W′ は，価値増殖された資本の担い手として，その全体が変態 W′—G′ を経なければならない。

　　3　生産資本の諸要素の価値変動による資本の再生産の攪乱の可能性。

　　4　商品の変態の絡み合いと資本の変態の絡み合い。

　　5　資本家としての資本家による供給はその需要を超過する，すなわち彼の需要の最大限は c＋v であるが，彼の供給は c＋v＋m である。剰余価値を貨幣化するための貨幣はどこから来るのだろうか？

　　6　貨幣蓄蔵——したがって購買なき販売，需要なき供給——が，固定資本の回転によって必要となる。社会的総資本の再生産過程における均衡成立の条件。

　　7　貨幣蓄蔵——したがって購買なき販売，需要なき供給——が，資本の蓄積によって必要となる。

　　8　労働期間が長期にわたる場合——たとえば鉄道建設などの場合——の，販売なき購買および供給なき需要。

　　9　単純再生産から拡大再生産へ移行するさいに生じる，社会的生産の2大部門のあいだの比率の変化の必然性と，この変化のさいに生じる困難〔このことは，必要な変更を加えれば，蓄積率の変動一般——すなわち上昇ならびに低下——の場合についても言いうるであろう。〕

　これらはいずれも，「資本としての資本に固有な，——資本の商品および貨幣としての単なる定在のうちには含まれていないものとしての——資本の形態諸規定から出てくるかぎりでの」・「潜在的恐慌の一層の発展」を追跡する場合に当然考慮に入れらるべき事項として，ぼくが掲げたものです。なぜあなたは，現にぼくが掲げているこれらの項目を問題にしないで，わざわざ仮想の久留間

第8章　恐慌論体系の展開方法について（1）　329

説を構築して反論するような，ドン・キホーテでもやりそうなことをされるのか，どう考えてみてもわけがわかりません。したがって，ここでのあなたの反論にたいしては答えないですましますが，それはそういう事情によることとして諒解していただくことにして，ここらで話の本筋に帰ることにします。

　（3）「資本の流通を形成する」「資本の諸変態の循環」は，同時に，資本が循環の出発点でもっていた形態に回帰する過程であり，その意味において再生産の過程であるということ。

　このことは，「生産資本の循環」の定式においては，「生産資本の周期的に繰り返される機能」，すなわち本来の意味の再生産を表わすものとして，特殊の意味をもって現われます。

　　生産資本の循環は，P…W′―G′―W…P という一般的定式をもっている。この循環の意味するものは，生産資本の周期的に繰り返される機能，つまり再生産であり，言い換えれば，価値増殖に関連する再生産過程としての生産資本の再生産過程である。剰余価値の生産であるだけではなく，その周期的な再生産である。生産的形態にある産業資本の機能ではあるが，一度だけのものではなく周期的に繰り返される機能であり，したがってその再開始は出発点そのものによって与えられている。（『資本論』第2巻，69ページ。【『資本論』第2部第5稿，MEGA II/11, S. 598.】）

　これとはもちろんちがった意味においてですが，資本の循環の三つの形態はいずれも，資本が出発点でもっていた形態に回帰する過程として，再生産の過程として把握されます。そして資本の現実の運動は，三つの循環を同時並行的に行っているのですから，それらの統一であるわけです。

　　これらの循環のそれぞれが，いろいろな個別産業資本のとる特殊的な運動形態と見られるかぎりでは，この相違もやはりただ個別的な相違として存在するだけである。しかし，現実には，どの個別産業資本も三つの循環のすべてを同時に行っているのである。この三つの循環，資本の三つの姿の再生産形態は，連続的に相並んで行われる。たとえば，いま商品として機能している資本価値の一部分は貨幣形態に転化するが，それと同時に他の一部分は生産過程から出てきて新たな商品資本として流通に入る。このようにして W′…W′ という円形が絶えまなく描かれる。他の二つの形態も

同様である。どの形態，どの段階にある資本の再生産も，これらの形態の変態や次々になされる三つの段階の通過と同じに，連続的である。だから，ここでは総循環はその三つの形態の現実の統一なのである。(『資本論』第2巻，105ページ。【『資本論』第2部第5稿および第2稿，MEGA II/11, S. 641 und 49.】)

あるいはまた，

I G…G′，II P…P，III W′―W′ という三つの形態は，形態II (P…P) では過程の繰り返しすなわち再生産過程が現実的なものとして表わされているが，形態Iではそれがただ可能性として表わされているだけだということによって区別される。……(同上，155ページ。【『資本論』第2部第4稿，MEGA II/4.3, S. 354.】)

これによって見ても，あなたが「「それ自体同時に再生産過程であるところの流通過程」とは，後に『資本論』第2巻第3篇「社会的総資本の再生産と流通」において分析対象とされる，まさにこの意味での「総＝流通・再生産過程」でなければなりません。それをたんに「流通過程」一般だとするのは妥当でないようにおもわれますがいかがでしょうか？ でないとすれば，何故に，マルクスは単に「資本の流通過程」とせずに，ことさら「それ自体同時に再生産過程であるところの流通過程」だとか，「資本の総＝流通過程または総＝再生産過程」といったような表現をとっているのでしょうか？」といわれるのは早計であることがおわかりになるはずだと思うのですが，念のために，右〔上〕の最後の所でぼくへの質問の形で述べられている点についてのぼくの考えを述べることにしましょう。

先ず，何故に，マルクスは単に「資本の流通過程」とせずに，ことさら「それ自体同時に再生産過程であるところの流通過程」といっているのかという点について。これにたいするぼくの答えはこうです。

たんに「資本の流通過程」というときは，資本の生産過程から区別された，もっぱら流通部面で行われる資本の運動，すなわち単なる G―W および W′―G′ を指すものとして解される恐れがあります。そのように解した流通過程では，「資本としての資本に固有な……資本の形態諸規定から出てくるかぎりでの」「潜在的恐慌の一層の発展」は現われない。それは資本の流通過程を資本の諸変態の循環として，したがってまた資本の諸形態の再生産過程として把握し

た場合にはじめて現われるのです。前にもいったように，G—W の W は，資本の場合には W（A＋Pm）という特定の商品です。しかし資本の循環への関連から離れて，それ自体として孤立的に見れば，たんに，ある特殊の使用価値をもつ商品への貨幣の転形すなわち G—W に帰着します。資本の循環として見た場合にはじめて，ある与えられた大きさの資本価値が，一定量の使用価値（A＋Pm）として存在する生産資本の形態から出発して前と同じだけの生産資本の形態に復帰することが問題になり，したがって，その期間中に生産資本の諸要素の価値に変動が起こると，この復帰が阻害されるという問題が生じることになるわけです。W′—G′ の場合にも，この変態をそれ自体として孤立的に見るのではなく，資本の循環の一環として循環の全体に即して見た場合にはじめて潜在的恐慌の一層の発展がそこに現われうることは，右〔上〕の場合と同様です。マルクスが「それ自体同時に再生産過程であるところの流通過程においてはじめて現われうる」といったのは，まさにこの意味においてであると解さなければなりません。あなたのように解すると，前に繰り返しいったように，マルクスは自己矛盾することになります。

　第2に，「資本の総＝流通過程または総＝再生産過程は，資本の生産部面と流通部面との統一であり，両方の過程を自己の諸部面として通過するところの一過程である。この過程のなかに，恐慌の一層発展した可能性または抽象的形態がある」というのはどういうことか，という問題について。

　この問題については，「資本の総＝流通過程または総＝再生産過程」という言葉そのものが現行の『資本論』には見当らないという事情があるほかに，前の場合とちがって，その意味内容を前後の関係から確実に推定することも不可能です。この文句は，前に問題にした「Die Sache は，それ自体同時に再生産過程であるところの流通過程ではじめて現われうる」というパラグラフの次の次のパラグラフに出てくるのですが，その中間のパラグラフでは，この段階での考察と現行『資本論』の第3部に当たる「資本と利潤」での考察との関連が述べられていて，次の文章で終わっています。「だから，再生産過程と，この再生産過程のなかでさらに発展した恐慌の基礎とは，この項目そのもののもとではただ不完全にしか説明されないのであって，「資本と利潤」の章での補足を必要とする。」【『1861-1863年草稿』，MEGA II/3.3, S. 1134.】

332　第2部　マルクスによる恐慌・産業循環の理論的展開を跡づける

　いま問題になっている，「資本の総＝流通過程または総＝再生産過程」とい
う文句ではじまる叙述は，右〔上〕に続くパラグラフに見出されるのです。そ
して，マルクスの草稿の本来の順序からいうと，このパラグラフの次には，
「恐慌は，1.〔貨幣が〕生産資本の諸要素に再転化される場合に，2. 生産資本の
諸要素の価値変動によって……起こりうる，云々」というパラグラフが続くこ
とになっています。これは，前にもいったように，「Die Sache はそれ自体同時
に再生産過程であるところの流通過程ではじめて現われうる」という叙述を受
けて，その第1の契機を挙示したものと思われるのですが，その中間に，何の
つもりでマルクスが，「総＝流通過程または総＝再生産過程，云々」という，
いま問題になっている叙述を挿入したのか，ぼくにはわかりかねるのです。あ
なたはこれを，前出の「それ自体同時に再生産過程であるところの流通過程」
と同様に，『資本論』の第2部第3篇で考察されている過程のことにちがいない
と，断乎として主張されていますが，そして「それ自体同時に再生産過程であ
るところの流通過程」がそうでないことはすでに論じたとおりですが，この場
合にもまた，あなたのように考えると，それに続く論述とどのように関連する
のか，わからなくなります。しかし，それでは何をそれは意味しているか，と
いうことになると，あなたのように，それはこうにちがいないと断言するほど
の勇気は，ぼくにはありません。

　ところで，ぼくは今春たまたま『資本論』第2部の初稿を見る機会に恵まれ，
それをパラパラめくっていたら，Betrachtung des gesamten Zirkulationspro-
zesses ＝ Reproduktionsprozesses という言葉が用いられている例に遭遇しまし
た。それは第3章（現行版では第3篇）の初めの方の個所で，次の文章のなかに
出てきます。

　　　Bei der bisherigen Betrachtung des gesamten Zirkulationsprozsesses ＝
　　　Reproduktionsprozess〔es〕des Kapitals, haben wir die Momente oder
　　　Phasen, die er durchläuft, nur formell betrachtet. Wir haben jetzt dagegen
　　　die realen Bedingungen zu untersuchen, unter denen dieser Prozeß vor-
　　　gehn kann.【MEGA II/4.1, S. 302.】

これから，一応，次のことが判明します。

第1に，資本の総・流通過程＝再生産過程は，『資本論』の現行版でいえば，

第2部の第3篇ではじめて考察されているのでなく，その以前の部分ですでに考察されているということ。

第2に，しかし第3篇以前の個所では，この過程が通過する諸契機あるいは諸局面が単に形式的に考察されたにすぎないということ。

第3に，第3篇ではこれに反して，この過程が進行しうるための現実的な諸条件が研究されているのだということ。

さきの引用個所を読んでみると，右〔上〕の三つのことだけは疑問の余地なくわかるはずです。と同時に，あなたのように，「「資本の総＝流通過程または総＝再生産過程」のなかに「恐慌の一層発展した可能性」が在ると『剰余価値学説史』第2巻第17章の前掲の叙述で述べられている場合のその「資本の総＝流通過程または総＝再生産過程」とは，……後に『資本論』第2巻第3篇で分析対象とされる「社会的総資本の再生産と流通」の過程にほかならない」（246ページ）と言い切るのは早計であることがわかるはずです。

しかし，右〔上〕に引用した個所を見ただけでは，「資本の総・流通過程＝再生産過程」という表現が，単に資本の流通過程すなわち再生産過程という場合にたいして，どのような特殊的な規定を表わしているのかは——それが社会的総資本の場合にかぎることでないことは明らかですが——はっきりしません。もしそれが，資本の流通過程または再生産過程を，局部的にではなく，一連の過程として総体的に見ることを意味するものと解すれば，資本の三つの循環形態の一つひとつについてもいわれうることになります。その場合には，循環の三つの段階をバラバラに見ないで，一連の過程として総体的に見るという意味になるわけです。だが，ただそれだけのことだとすると，『学説史』のなかのあの個所で，わざわざこのような言葉を使ってあのようなことをいっているのは何のためか，が問題になりますが，これについては次のように考えることもできるかもしれません。その前にマルクスは，「いま問題であるのは，潜在的恐慌のより進んだ発展……を追跡することである」といい，それをうけ，「その事柄は，それ自体同時に再生産過程であるところの流通過程においてはじめて現われうる」といったあとで，ちょっと横道に入って，資本の流通過程あるいは再生産過程の考察と次の「資本と利潤」の部との関係について述べたので，本来の問題に帰って，「それ自体同時に再生産過程であるところの流通過程に

おいて現われる」恐慌についての具体的な考察をはじめる前に，念のために，前にいったことを再びここで繰り返していっていることになります。そしてその場合には，さきにいわゆる「それ自体同時に再生産過程であるところの流通過程」と，あとにいわゆる「資本の総＝流通過程あるいは総＝再生産過程」とは，同じ意味内容をもたされていることになります。

第2部の初稿のなかに同様の言葉が出てくる所がいま1か所あります。そのほかにもあるかもしれませんが，まだ全部を丹念に読む暇がないので，いまのところぼくにはわかりません。ぼくが気づいたのは第2章「資本の回転」のなかの次の個所です。

> Mit der Betrachtung des Umschlags des Kapitals ergiebt sich, was schon an sich in der Betrachtung der verschiednen Umlaufszeit, Produktionszeit und überhaupt des gesamten Zirkulations-und Reproduktionsprozesses enthalten war, eine neue Bestimmung des Mehrwerts.【MEGA II/4.1, S. 244.】

これを見ると，この場合には，「総・流通＝および再生産過程」は『資本論』第2部第1篇で考察されている，と考えられているように思えます。

なお，「表式論」をやる人の参考のために付言すると，この初稿では「表式」は全然使われていません。

この問題についてはこれくらいで勘弁してもらうことにして，次に，貴論が掲載されている雑誌の246-247ページの注の記事に移ります。そこであなたは次のように論じておられます。

> ……『レキシコン』では「「資本と利潤」の章」の個所に，「マルクスがこう言っているのは，彼の研究のうち，その後膨張して『資本論』第3巻になった部分のことである」というWerkeの編集者註にならった脚註が付されていますが，「「資本と利潤」の章」は（信用論，地代論等をすべて含む）現行の『資本論』第3巻の全体というよりはむしろ，1861年8月-63年4月執筆の23冊のノートのうち，『剰余価値学説史』（ノートVI-XV）に続く，「第3章。資本と利潤」という表題が付されたノートXVIからノートXVIIのはじめにかけて展開された論述内容，現行『資本論』第3巻第1篇-第3篇，とりわけ第3篇がそれに当るのではないかと思われます。私は，『資本論』第1巻第7篇，第2巻第3篇，第3巻第3篇のそれぞれの分析視角の

差異と対応のもとに，マルクスの再生産と蓄積の理論（マルクス的動学体系）が構成されていると考えますが，そういう観点からみると，「「資本と利潤」の章におけるその補完を必要とする」という文章がよく理解できるようにおもいます。このマルクスの再生産と蓄積の理論の体系（再生産論・蓄積論体系）は『資本論』全体系の根幹部分をなすと同時に，その恐慌論体系を支える基礎的な骨格となっていると私は考えます。

　周知のように，現行ヴェルケ版の『剰余価値学説史』のなかには，編者の「注解」によると，ノートXVIIIのなかに見出された『資本論』の第1部および第3部のプランが収められていますが，なぜあなたはこのプランを無視して，「ノートXVIからノートXVIIのはじめにかけて展開された論述内容，現行『資本論』第3巻第1篇-第3篇」なるものを持ち出してこられるのか，ぼくにはまるでわけがわかりません。「ノートXVIからノートXVIIのはじめにかけて展開された論述内容」が「現行『資本論』第3巻第1篇-第3篇」の範囲にとどまっているにしても，それは決して，「資本と利潤の章」がこれだけで完了したとしているのではなく，この章を書きかけて途中までしか書かなかったものと解すべきではないでしょうか。マルクスがこの手稿で現行『資本論』の第3部の第3篇に当たるところまでしか書いていないということと，『学説史』のなかで「「資本と利潤」の章での補完を必要とする」といっている場合の「資本と利潤の章」の範囲とのあいだに何で関係がありうるのか，ぼくには一向にわからないのです。ノートXVIIIのなかに書き残された現行『資本論』第3部にあたる篇のプランには，「第3篇「資本と利潤」は次のように分けること」として12の項目が挙げられていますが，それによると，「6. 利潤率低下の法則。A・スミス，リカードウ，ケアリ」，「7. 利潤に関する諸学説……」の次に，「8. 産業利潤と利子への利潤の分裂。商業資本。貨幣資本」，「9. 収入とその諸源泉。生産過程と分配過程との関係に関する問題をここで取りあげること」，「10. 資本主義的生産の総過程における貨幣の還流運動」という項目が置かれていることがわかります【『1861-1863年草稿』，MEGA II/3.5, S. 1861】。あなたは，ノートXVI-XVIIを書く時分には，まだマルクスの頭の中にはこのような構想はなかった，とお考えなのでしょうか。もしそうでなければ，当然あなたは，「ノートXVIからノートXVIIのはじめにかけて展開された論述内容」の代わりに，右〔上〕

のプランの内容を重視されるはずのように思えるので，どう考えたらよいのか
まったく途方に暮れるのですが，仕方がないから，わからぬのはぼくの蒙碌の
せいだとして，プランのなかの右〔上〕の三つの項目（それらはいずれも現行
『資本論』第3部の第3篇よりも後の部分に属する問題）が恐慌論にとってどの
ような意味をもつか，したがってまた，『学説史』のなかで「「資本と利潤」の
章での補完を必要とする」といった場合にマルクスが，これらを念頭に置かな
かったと考えるべきかどうかについて考えてみることにします。

　前掲のプランの項目のうち，「8. 産業利潤と利子への利潤の分裂。商業資本。
貨幣資本」については，この当時「商業資本」や「貨幣資本」についてどの程度
のことを書くつもりであったか，確認の仕方がないので，これは問題外にしま
すが，「9. 収入とその諸源泉。生産過程と分配過程との関係に関する問題をこ
こで取りあげること」については，その内容をある程度推測することができま
す。そしてこの項目の後半に書かれている「生産過程と分配過程との関係に関
する問題」のうちには，恐慌に関係する問題も含まれているものと考えて，お
そらく間違いなかろうかと思います。ぼくは『レキシコン』の第7巻（「恐慌」
の部の2冊目）に収めた項目VIII「恐慌の可能性を現実性に転化させる諸契機」
の下位項目に「13　元来は生産の結果として生じる分配諸関係が固定され，反
対に生産を条件づける諸前提として生産のなかにはいる，という資本主義的生
産様式の矛盾」と題するものを設け，そのなかに，『剰余価値学説史』からの四
つの引用を収録したのですが，これらの個所で論じたようなことをも，マルク
スは当時，さきに指摘したプランの個所で論じるつもりだったのではなかろう
か，と想像されるのです。

　次に問題になるのは，「10. 資本主義的生産の総過程における貨幣の還流運
動」ですが，このような項目は現行の『資本論』のなかには見られません。そ
の内容は何らかの形で，現行『資本論』第2部の，主として第3篇で利用された
ものと思われますが，これが恐慌論に関係があることは，おそらくあなたも否
定されないでしょう。

　これくらいのことは，もちろんあなたは先刻ご存知のことと思うのですが，
にもかかわらず，『学説史』の問題の個所でマルクスが，「「資本と利潤」の章で
の補完を必要とする」といっている場合の「「資本と利潤」の章は……現行『資

本論』第3巻第1篇-第3篇，とりわけ第3篇がそれにあたるのでないかと」なぜあなたが「思われる」のか，不思議でたまらないのです。続いてあなたは，「私は，『資本論』第1巻第7篇，第2巻第3篇，第3巻第3篇のそれぞれの分析視角の差異と対応のもとに，云々」といって，一種の三位一体説のようなあなたの信念を披瀝されており，ぼくはそれを読んだとき，どうやらこれが，あなたが右〔上〕のように考えられる根拠らしいと思ったのですが，その時ぼくは，あなたの自信の強さに感心させられると同時に，ふと，昔のギリシャの寓話にある「プロクルステスのベッド」の話を思い出したのです。正確には覚えていませんが，プロクルステスは人を捕えてきては彼のベッドの上に寝かし，このベッドの規格に合わない者は，それからはみ出せば足を切り，足りなければたたき伸ばしたのか引っ張り伸ばしたのか忘れましたが，とにかく強引に彼のベッドの規格に合わした，というのです。実はこれは，何とかしてあなたの真意を確かめたいと思いなやんで疲れ切った頭にふと思い浮んだ話なのですが，あなたの真意がわからないで思いなやんだのはあなたの強引さのせいではなく，ぼくの蒙昧のせいであれば幸甚で，そうであることをひとえに祈っています。

　すでに規定の紙幅を越えたことでもあり，ぼくも大分くたびれたから，今回はこれくらいでやめます。そのうち本復したら，本誌の編集責任者にお願いして，続きをのせてもらいたいと思っています。妄言多謝。

# 第9章　資本の流通過程と恐慌

大谷禎之介

## 問題の限定

この報告で取り上げようとした問題については，「報告要旨」に次のように書いておいた。

*

『資本論』第2部でマルクスが行おうとした「資本の流通過程」の分析は，恐慌の理論的解明にとっていかなる意義をもつのであろうか？

恐慌論の方法についてマルクス自身がまとまったかたちで述べているほとんど唯一の箇所である，『剰余価値学説史』のなかの一節（MEW 26Ⅱ, S. 513-514 【MEGA Ⅱ/3.3, S. 1133-1134】）には，この問題に示唆を与える，次の叙述が含まれている。

「商品流通において発展し，貨幣流通においてさらに発展する諸矛盾——同時に恐慌の諸可能性——は，おのずから資本において再生産される。というのは，実際には，資本の基礎のうえでのみ，発展した商品流通と貨幣流通は行われるのだからである。

しかし問題は，潜在的恐慌のより進んだ発展——現実の〔real〕恐慌は，資本主義的生産の現実の〔real〕運動である競争および信用からのみ説明することができる——を追跡することである。と言っても，それは，恐慌が，資本の形態諸規定から出てくるかぎりにおいてであり，そして，この形態諸規定が，資本としての資本に特有なものであって，資本の商品および貨幣としてのたんなる定在のなかに含まれていないものであるかぎりにおいてである。

340　第2部　マルクスによる恐慌・産業循環の理論的展開を跡づける

　　ここでは，資本のたんなる生産過程（直接的な）は，それ自体としては，新しいものをなにひとつ付け加えることはできない。そもそもこの過程が存在するように，その諸条件が想定されているのである。だから，資本――直接的生産過程――を取り扱う第1の区分（Abschnitt）では，恐慌の新しい要素は少しも付け加わらない。即自的には，恐慌の要素がそれのなかに含まれている。なぜなら，生産過程とは，剰余価値の取得であり，だからまた剰余価値の生産だからである。しかし，生産過程そのもののなかでは，これ〔恐慌の要素〕が現われることはありえない。なぜならば，生産過程では，再生産された価値の実現が問題にならないだけでなく，剰余価値の実現も問題にならないからである。

　　このこと〔恐慌の要素〕[1]がはじめて現われることができるのは，それ自体同時に再生産過程である流通過程においてである。

　　ここでさらに，次のことを述べておかなければならない。すなわち，われわれは，完成した資本――資本と利潤――を説明するよりも前に，流通過程または再生産過程を説明しておかなければならない。というのは，われわれは，資本が生産するのはどのようにしてか，ということだけでなく，資本が生産されるのはどのようにしてか，ということをも説明しておかなければならないのだからである。しかし，現実の〔wirklich〕運動は現存の資本から出発する――ここで「現実の」運動と言うのは，それ自身から始まりそれ自身を前提とする，発展した資本主義的生産を基礎として行われる運動ということである。だから，再生産過程と，この再生産過程のなかでさらに発展した恐慌のもろもろの素地（Anlage）とは，〔「流通過程または再生産過程」という〕この項目（Rubrik）そのもののもとでは，ただ，不完全にしか説明されないのであって，「資本と利潤」の章でそれらについて補足することを必要とする。

　　資本の総流通過程または資本の総再生産過程は，資本の生産部面と資本

---

1）【なお，ここで大谷は，「このこと〔die Sache〕」を「恐慌の要素」と読んでいるが，久留間は，富塚氏への「公開回答状（1）」で，富塚氏がこの die Sache を「〔問題の〕その事象」と訳されているのを批判されて，上記引用の2番目のパラグラフで「問題は」と言って設定された事柄を指すものと解すべきだ，とされている（本書317-320ページ）。】

第9章　資本の流通過程と恐慌　341

の流通部面との統一であって，この過程は，この両方の過程を自己の部面として通過する。この過程のなかに，恐慌のさらに発展した可能性または抽象的形態が存在する。だから，恐慌を否定し去る経済学者たちは，この二つの部面の統一だけを固執しているのである。かりにこの二つの部面が一つのものであることなしに分離されているだけだとすれば，両方の統一の強力的な回復，すなわち恐慌は，まったくありえないであろう。また，かりにこの二つの部面が分離されていることなしに一つのものであるだけだとすれば，強力的な分離，これもまた恐慌であるが，これもありえないであろう。恐慌とは，自立化したもののあいだでの統一の強力的な回復であり，また，本質的には一つのものである諸契機の強力的な自立化である。」

　ここで言う，「それ自体同時に再生産過程である流通過程」，「流通過程または再生産過程」，「資本の総流通過程または資本の総生産過程」というのは，いずれも，『資本論』第2部の研究対象である「資本の流通過程」の全体を指すものであって，そのうちの一部である「社会的総資本の再生産と流通」のみを指すものではないように思われる。ここに引用した部分の前の部分で述べられているように，恐慌の抽象的形態は「資本の流通過程」において一連の「内容諸規定」を受けとるのであり，恐慌の可能性は一層発展するのである。現に『資本論』第2部の全体にわたってこの「内容諸規定」と考えられる諸要素が見られるのであって，「資本の流通過程」が恐慌論にとって持つべき意義は，これらの「内容規定」を明らかにする点に求められるべきであろう。

　久留間鮫造編『マルクス経済学レキシコン』第6巻「恐慌Ｉ」は，こうした観点から，「VII　資本の流通過程のもとでの，恐慌の可能性の一層の発展（恐慌の抽象的形態が資本の流通過程において受けとる内容諸規定）」という項目を設け，そのもとに9個の下位項目を立てて，マルクスの叙述を収録している。この『レキシコン』は，そのうえで，つづく第7巻「恐慌II」において，「恐慌の可能性を現実性に転化させる諸契機」——これはもはや「資本の流通過程」で問題にできることではなく，『資本論』で言えば第3部にはいってはじめて問題にすることができる——を取り扱う，という構成をとっている。このような構成とその内容とは，編者自身はこれによって従来の諸見解にたいして異を唱

える意図をもっていないにもかかわらず，結果的には，従来の多くの見解における「一層発展した恐慌の可能性」の理解，それと「資本の流通過程」との関連についての見方，したがってまた，『資本論』第2部が恐慌論にとってもつべき意義の把握，などに対して，かなり大きな疑問を投げかけたものであったと言いうるであろう。

　このような〔従来の〕諸見解をいわば代表して，『レキシコン』およびそれに付された「栞」にみられる編者の見解にたいして率直な批判を加えられたのが，富塚良三氏のいわゆる「公開質問状」(「恐慌論体系の展開方法について——久留間教授への公開質問状——」，『商学論集』第41巻第7号，のちにサブタイトル中の「公開質問状」を「公開書簡」に変えて，『増補 再生産論研究』未来社，1975年，に収められた) である。これによって，従来の有力な一見解と『レキシコン』編者の見解との違いが一層浮き彫りにされることになったように思われる。

　この「公開質問状」にたいする久留間教授の「公開回答状」の (1) は目下印刷中 (『経済志林』第43巻第3号【本書第8章】) であるが，ここでは，その内容をも紹介しつつ，表記の問題について，従来の有力見解のもついくつかの問題点を検討したい。

＊

　当日の報告では，富塚氏の「公開質問状」の諸論点のなかから，(1)『剰余価値学説史』中の一節における「それ自体同時に再生産過程である流通過程」および「資本の総流通過程または資本の総再生産過程」が，ともに『資本論』では第2部第3篇に当たるとする見解を検討し，(2) いわゆる「均衡蓄積率」をめぐる富塚氏の議論を検討しようとした。このうち，久留間教授の前記「公開回答状」の一部分の紹介でもあった前者は，この「回答状」がすでに活字になっており，また紙数の制限もあるので，ここでは省くことにした。後者の方も，時間配分の失敗から本題に深く立ち入ることができず，羊頭狗肉の感が強いが，以下，内容的な追加はしないで当日の報告の筋道を追うにとどめる。

第9章　資本の流通過程と恐慌　343

〈報告〉

## 富塚良三氏の『レキシコン』批判

　いわゆる「均衡蓄積率」の概念について，いくつかのことを述べたいと思います。

　富塚さんは『レキシコン』とその「栞」との考え方を大要次のように解されたうえで，それに批判を加えられています。(1) 蓄積率は「再生産の条件」によっては，まったく制約されず，その意味で任意の値を取りえ，それに応じて部門間比率が──部門間均衡を維持するように──変化するから問題はない，せいぜい部門間資本移動による部門間比率の変化が「フリクションと諸困難」を伴うにすぎない。(2) この点が第2部第3篇の再生産論の主題であって，再生産論にたいしてもつ意味もまたそのことを明らかにすることにある。

　富塚さんはこのような考え方にたいして，次のように批判されています。(1) この考え方は，部門間資本移動に伴う困難にのみ発展した恐慌の可能性の内容を見ようとする見解に帰着する。(2)「栞」は，蓄積率が急激に低下した場合に大きな問題が生じる，というが，その論理からすれば，この場合にも資本移動によって処理されうるはずではないか。(3) こういう考え方に立てば，過剰蓄積を検出する理論的基準がなくなってしまい，そもそも過剰蓄積自体がありえないことになる。(4) 同様に，第Ⅰ部門の独立的発展ということも規定しえないものとなる。(5) したがって，「生産と消費の矛盾」が全生産物の実現を制約するという論旨のマルクスの恐慌にかんする基本命題も否定されることになる。(6) かくして，全般的過剰生産が周期的に発生すべきその必然性の解明は断念せざるをえなくなる。(7) このような考え方は，結局，トゥガン説と同工異曲のものであり，ある意味ではトゥガン以上のトゥガン説である。(8) それはまた，ある意味では徹底した均衡論的思考である。

　富塚さんのこのような『レキシコン』理解とご批判とについては，あらかじめいくつかのことを申し上げておかなければなりません。第1に，『レキシコン』の編者は，第2部第3篇の恐慌論にとっての意義を，『レキシコン』「恐慌Ⅰ」の項目Ⅶの下位項目9の内容にしか見ていない，と言われている点です。

344 第2部 マルクスによる恐慌・産業循環の理論的展開を跡づける

この下位項目9というのは、「単純再生産から拡大再生産へ移行するさいに生じる、社会的生産の二大部門のあいだの比率の変化の必然性と、この変化のさいに生じる困難〔このことは、必要な変更を加えれば、蓄積率の変動一般——すなわち上昇ならびに低下——の場合についても言いうるであろう〕」という項目です。たしかにこの項目は第2部第3篇の恐慌論にとってもつ独自の意義を明らかにしています。しかし、『レキシコン』の目次や本文を見れば、(1) この9以前の大部分の下位項目にも第3篇からの引用が多数含まれていること、(2) その場合、当該の主題についての基本的な考察は第3篇以前のところですでに与えられており、第3篇ではそれのたんなる援用ないし適用がなされているにすぎないケース（たとえば、下位項目5）と、それ以前に個別資本について考察されたことが、第3篇で社会的総資本の再生産および流通の見地から新たな、より具体的・現実的な内容規定を受けとるケース（たとえば、下位項目9と7）とがあることがわかるはずです。『レキシコン』は第3篇の恐慌論にとっての意味を9にしか認めていないというのは、まったくの誤解であることが明らかでしょう。

　第2に、富塚さんによれば、『レキシコン』編者はいまの9の問題を第2部第3篇の主題だとしている、とのことですが、富塚さんが引用されている「栞」の部分のもっと前の方を見ていただくだけでも明らかなように、そんなことは言うはずもありません。この点については、これ以上立ち入るまでもないでしょう。

　第3に、これが最も重要な点ですが、富塚さんによる『レキシコン』理解では、蓄積率は再生産の条件によってはまったく制約されず、任意の値をとりうる、部門間比率が変化するから問題はない、せいぜいフリクションと困難を伴うにすぎない、とされている点です。これはじつは、『レキシコン』と「栞」との考え方とはまったく違う見地なのです。9の表題では、「比率の変化の必然性」となっています。「栞」でもそうですが、基本的な問題は、単純再生産から拡大再生産に移行するときには二つの部門の比率が必ず変化しなければならない、ということです。できるかできないかではない。ねばならないのです。そしてこの変化は必ずフリクションや困難を伴う。この困難がどのような形態をとるか、恐慌という形態をとるか、ほかのかたちをとるかは、もちろん第2部

第3篇の問題ではなく，ここで取り上げることはできません。しかしとにかく，社会的再生産の進行中には必ずこういう問題が出てくる，ということがその骨子です。第2部第3篇のところで資本主義的生産が均衡的に発展しうるかどうかを議論しようとする，これをトゥガンはやったわけです。彼は表式の数字をいろいろに動かして，それは消費に制約されずにどこまでも発展できる，という結論を出し，第2部と第3部とは矛盾している，と申しました。富塚さんは，『レキシコン』がトゥガンと同様にできるできないを問題にして，できると言っている，と誤解されたうえで，これを批判しようとされている。しかし『レキシコン』は，そうした変化が生じなければならない。そしてそれは必ず困難を伴う，と言っているのです。そしてそれが，恐慌の発展した可能性の一つの内容をなすのです。ですから，富塚さんのもろもろのご批判のなかで，「……を伴うにしても，せいぜい……しさえすればよい」という仮想にたいする批判の部分は，それだけでもう問題外としていいのではないかと思います。

## いわゆる拡大再生産の条件

さて，いま申しました，変化の必然性とそのさいの困難ということ，これは富塚さんにはなにか非常に奇矯なことのように感じられているのではないか，と思われるのですが，はたしてそんなに突飛なことなのだろうか，この点について，残された時間を使って申し上げてみたいと思います。

第2部第3篇の非常に多くの解説は――全部が全部そうだというのではありませんが――，拡大再生産のところで，まず，「拡大再生産の条件の析出」というのをやります。

それは，一つは$I(v+mk+mv)=II(c+mc)$すなわち，第I部門の可変資本と剰余価値の資本家消費分と追加可変資本，この合計が第II部門の不変資本と追加不変資本との合計と合致しなければならない，ということです。これは表現を変えますと，第I部門の$v+m$が第II部門の$c$よりも大きくなければならない，すなわち，$I(v+m)>IIc$ということです。この二つの式に集中的に表現されているような総生産物の諸要素間の転換 (Umsatz) の条件，これがいわゆる拡大再生産の条件です。

マルクスがこのような部門間転換条件を明示的に述べておりますのは，第3

篇第21章第3節「蓄積の表式的叙述」の「2 第2例」のところです。ここでマルクスは，次のように書いています。「蓄積を前提すれば，$I(v+m)$ は IIc よりも大きいのであって，単純再生産の場合のように IIc に等しいのではない，ということは言うまでもない」(MEW 24, S. 510【『資本論』第2部第8稿，MEGA II/11, S. 817; 大谷禎之介『資本論草稿にマルクスの苦闘を読む』桜井書店，2018年，254ページ】)。すなわち，$I(v+m)>IIc$ です。

　このあと「第2例」の中ほどのところで，「増大する資本基礎の上での生産では，$I(v+m)$ は IIc・プラス・剰余生産物のうち資本としてふたたび合体される部分・プラス・IIでの生産拡張のために必要な追加不変資本部分，に等しくなければならない」(MEW 24, S. 512【MEGA II/11, S. 819; 大谷『苦闘を読む』，258ページ】)と書いています。これは，$I(v+m)=IIc+Imc+IImc$ という，いわゆる「余剰生産手段」──マルクスの表現を使えば「超過分 (Überschuß)」──を明示する式と考えられます。

　さて，まえの箇所で注目されるのは，マルクスが，$I(v+m)>IIc$ は「言うまでもない」，と言っている点です。この文章はdaß 以下の主語について，versteht sich von selbst と言っている，つまり「自明である」と言うのです。なぜ「自明だ」と言うのだろうか。これについて私は次のように考えます。じつは，いわゆる拡大再生産の条件というのは，マルクスが第21章でいろいろ苦心したあげくやっとつかまえました，というようなものではない，少なくともマルクスにとってはそうではなかった，と思うのです。それは，いわゆる拡大再生産の条件がどのようにして導出されるのか，を考えれば明らかです。すでに単純再生産の分析によって析出された，社会的総生産物の諸成分のいわゆる三大転換法則＝三つの流れ，これに，第1部第7篇ですでに解明されている次のこと，すなわち，剰余価値は資本家用消費ファンドのほかに蓄積ファンドを含み，この蓄積ファンドは追加不変資本と追加可変資本とに分かれねばならないということ，これを付け加えますと，ほとんど自動的に拡大再生産の条件は演繹されてくる，と言えると思います。単純再生産では，$I(v+m)$ と IIc とが相互的に補填され，Ic と $II(v+m)$ とは，それぞれ内部補填される。これが三つの転換ですが，この場合の部門間転換条件は，$I(v+m)=IIc$ です。これに，Im と IIm とがそれぞれ $mk+mc+mv$ に分かれ，mc は生産手段の，mv は労

働力の，したがって消費手段の形態をとらねばならぬ，ということを付け加えるならば，ほとんどただちに，いわゆる拡大再生産の条件は出てまいります。このような事情があるからこそ，マルクスは，「主要な困難は，蓄積の考察ではなくて，単純再生産の考察で現われる」(MEW 24, S. 369【MEGA II/11, S. 710; 大谷『苦闘を読む』，96ページ】) と言っているわけです。第21章が短いのは，これが未完成であるためばかりではなく，マルクスが心血を注いで明確にしようとした主要な「困難」がじつは単純再生産の分析にあったことを物語っているのだと思うのです。

それから，拡大再生産の条件の一部をなす「超過分」，これはいわゆる「余剰生産手段」ですが，これがしばしば「拡大再生産の物質的前提」であると言われています。しかしこれは，少なくとも第21章でのマルクスの記述と同じではない。

もし，この余剰生産手段が前もってすでに存在していなければ拡大再生産は不可能だ，という意味で，それが拡大再生産の物質的前提をなすというのであれば，拡大再生産はつねに先行する拡大再生産を前提し，蓄積はつねに先行する蓄積を前提することになる。単純再生産は余剰生産手段ゼロの状態の再生産ですから，これから拡大再生産への移行などは，およそ問題にならなくなってしまいます（だからこそ，多くの概説書では，単純再生産から拡大再生産への移行という問題が，すっぽり抜けてしまっているのです）。

それでは，マルクスの場合には，「拡大再生産の物質的前提」とはなんであったのか，ということになりますが，ここで私たちは，いわゆる拡大再生産の条件の析出とは異なる，マルクスが第21章で明らかにしようとした大きな問題にぶつからざるをえないわけです。それが，さきほど申しました，単純再生産から拡大再生産への移行のさいに部門間比率が必然的に変化せざるをえない，という問題なのです。

### 部門間比率変化の必然性とそのさいの困難

しかも，この問題は，第21章のなかのごく一部分にちょっと書かれている，といったものではありません。現行版の第21章[2]を見ますと，はじめにまえおきがあり，以下4節から成っています。そのうちの「第1節　部門Iでの蓄

積」と「第2節　部門Ⅱでの蓄積」とで取り上げられていることは，大きく言う
と二つになります。その一つは，可能的貨幣資本の形成の問題，したがって，
蓄積ファンドにおける一方的購買と他方の一方的販売との合致の問題ですが，
もう一つの問題，これはやはり，単純再生産から拡大再生産へ移行する，これ
がどのようにして行われるのか，という問題であるように思われます。それは
さらに，次の「第3節　蓄積の表式的叙述」にはいっても続けられており，「1
第1例」のまえのところまで，いまの二つの問題が主要な問題となっています。
マルクスは「1 第1例」と「2 第2例」とで表式にいろいろ苦心をしてから「3
蓄積が行われる場合のⅡcの転換」にはいりますが，ここでもまた，単純再生
産から拡大再生産への移行の問題にその大半が費やされていると思うのです。
このように見てまいりますと，第21章の一つの中心的な課題が単純再生産か
ら拡大再生産への移行の問題の解明にあることは明らかだろうと思います。そ
してこのなかで，マルクスは「拡大再生産の物質的前提」（MEW 24, S. 501〔MEGA
Ⅱ/11, S. 806; 大谷『苦闘を読む』，231ページ〕）ということを言っているのです。

　マルクスは，単純再生産の表式よりもW′の額が小さい表式aをつくりまし
て，その理由を，「拡大再生産は生産物の絶対量とは少しも関係がないという
こと，この再生産は，与えられた商品量については，ただ，与えられた生産物
のいろいろな要素の組合せ（Arrangement）の相違またはそれらの機能規定の相
違を前提するだけであり，したがって，価値量から見ればさしあたりは単純再
生産にすぎない，ということを明らかにするためである」と言い，つづけてこ
う言うんですね。「単純再生産の与えられた諸要素の量ではなくその質的な規
定が変化するのであって，この変化が，そのあとにくる拡大された規模での再
生産の物質的前提なのである」（MEW 24, S. 501.〔MEGA Ⅱ/11, S. 806; 大谷『苦闘を読
む』，231ページ。〕傍点―大谷）。つまり，諸要素の組合せの変化，これが拡大再生
産の物質的前提だと言うのです。これがなぜ前提なのかと言いますと，単純再
生産ではいわゆる余剰生産手段がない，拡大再生産が行われるためには，まず
それがつくりだされなければならない，とすれば，それは結局，社会的総生産

---

2）〔マルクスの第2部第8稿のうちの，エンゲルス版第21章に利用された部分については，
　　大谷『苦闘を読む』の205-272ページにMEGAからの邦訳がある。参照されたい。〕

物の比率の変化——そしてこれは基本的には両部門間の比率の変化ということになりますが——，この変化によるほかはないわけです（もちろんこれは，再生産過程の弾力性などを捨象してのことですが，総じてこの点については，さっきの引用のところにつけられている【MEW 24の】注58『資本論』第2部第8稿，MEGA II/11, S. 807.9-13; 大谷『苦闘を読む』，231ページ本文末行-232ページ4行】がきわめて重要であり，示唆的です。ほとんど注目されることがないようですが）。それがあってはじめて，単純再生産から拡大再生産に移行することができる。マルクスはいまの引用の前後のところでも，同じことを別の表現で書いています。

　要するに，マルクスが拡大再生産のところで論じている独自な問題，すなわち，ほかのところでは論じておらず，ここでのみ論じている問題が，この「移行」の問題であったということ，言い換えれば，蓄積率がゼロの再生産からそれが或るプラスの数値である再生産に進行していく，それがどのようにして行われるのか，ということであった，と考えられるのです。

## 蓄積率が変動する場合の問題

　このことは，一般化して言いますと，結局，蓄積率が変化する場合にどういうことが生じるか，という問題になってまいります。

　そもそも，現実の再生産過程で，蓄積率が一定の値をとりつづけるというようなことはありえません。蓄積率は，第Ⅰ部門でも第Ⅱ部門でも，さまざまの要因によってたえず変化していく。これはなにも資本主義的生産にかぎったことではなく，社会主義的生産でも，蓄積率を高めたり低めたりすることがとうぜん出てきます。そして，資本主義的生産では蓄積率が何によってどのように決定されるのかはともかく，蓄積率はたえず変動しており，そのさいには必ず，単純再生産から拡大再生産への移行のさいと同様の問題が出てくるわけです。

　単純再生産から拡大再生産に移行するときには，I(v+m)＝IIc から I(v+m)＝IIc＋Imc＋IImc となるように，諸要素の配置が変化しなければなりません。そして，生産手段の形態にあるのは IW′ でその大きさが与えられているとすれば，II では蓄積するどころではなく，IIc が Imc の大きさだけ縮小しなければなりません。これにたいして，拡大再生産進行中の蓄積率変化の場合には，なにがしかの量の余剰生産手段がすでに存在しているので，この余剰生産

350 第2部 マルクスによる恐慌・産業循環の理論的展開を跡づける

手段の両部門への配分という問題が生じることになります。この場合には，両部門とも蓄積をする。その両部門の蓄積率が相関的に問題になるわけです。しかし，この場合にも，もし第Ⅰ部門の蓄積が余剰生産手段のすべてを呑み込んでもまだ足りないほど，蓄積率の上昇が急激な場合には，余剰生産手段の配分どころか，第Ⅱ部門が縮小しなければならないという，さきの「移行」の場合とまったく同様の問題が生じることになります。

　また，単純再生産から拡大再生産への移行の場合に，I(v＋m) が第Ⅱ部門用生産手段の形態をとっていたのが，このうちから Imc に転化される部分は第Ⅰ部門用生産手段の形態に変わらなければならない，という問題があります。単純再生産の分析においては，マルクスは，第Ⅰ部門用生産手段の形態にある Ic にたいして I(v＋m) が第Ⅱ部門用生産手段の形態になければならないということを，それほど強調してはいませんが，拡大再生産への移行のところでは，この要因が非常に重要な問題になってきます。そして，蓄積率の変動一般の場合にも，同様の問題が生じることは言うまでもないでしょう。

## おわりに

　今日はたいへん不手際で，論点に十分に立ち入れないまま，もう時間がなくなってしまいましたが，これまで申し上げましたような，マルクスが第21章でやっている，またやろうとしたことと，均衡蓄積率という考え方とはまったく違うものであると感じざるをえません。余剰生産手段の存在を前提し，諸要素の転態が過不足なく行われる，そのような均衡を維持しうる蓄積率を「析出する」ことと，マルクスによる「再生産の条件の析出」とは，ほとんど同じことだ，と富塚さんは言われるのですが，私は，この二つのことは非常に違うことだ，と考えざるをえないのです。この点についてはほとんど入口のところにとどまってしまったわけですが，関連するもっと大きな問題として，いわゆる均衡蓄積軌道という考え方をどうみるか，ということがあります。ご質問でもあれば触れたいと思います。

　最後にやはり，第2部第3篇の限度と申しますか，そこではなにを明らかにできるのか，しなければならないのか，についての限度をよく考えてみる必要があるのではないか，このことを以上申し上げたようなことのなかで強く感じ

第9章　資本の流通過程と恐慌　351

ている，ということを付け加えて，終わらせていただきます。

## 〈質疑応答〉

　会場では，高木彰（岡山大学），鶴田満彦（中央大学）両氏から質問があり，終了後，米田康彦（福島大学），毛利明子（桜美林大学）両氏から質問票をいただいた。このうち，高木氏の質問の第1点と毛利氏の質問は，私の報告の，省略した前半部分についてのものなので，ここでも省かせていただくことにした（以下，質問は質問票による）。

　**高木彰**（岡山大学）　拡大再生産の「物質的条件」を部門構成の変化として把握することについて。単純再生産の拡大再生産への移行の契機としてマルクスが措定しているものは，(1)第Ⅰ部門蓄積率の先行的決定，(2)「生産諸要素の組合せ」の変化，すなわち，生産力水準の上昇ではないのか。$X = C + V + M$，$C/X = x$ とすれば，部門構成比率は

$$\frac{x_{1(t)}}{x_{2(t)}} = \frac{x_2(1 + g_{1(t-1)})}{1 - x_1(1 + g_{1(t-1)})}$$

によって規定される。$g_{1(t-1)} = 0$ であれば，t 期には単純再生産であり，それは

$$\frac{X_{1(t)}}{X_{2(t)}} = \frac{x_2}{1 - x_1}$$

となり，したがって，部門構成は生産力水準によって規定されるのである。問題は，部門構成の変化それ自体がいかなる契機によって惹起されるのかということである。

　**答**　(1)「第Ⅰ部門蓄積率の先行的決定」ということであるが，単純再生産から拡大再生産への移行の場合には「超過分」がまったく存在しないので，まず第Ⅱ部門の犠牲において第Ⅰ部門が蓄積するほかはなく，そのかぎりで第Ⅰ部門の蓄積率しか問題にならないのである。このことは，一般に社会的生産全体の成長率を高めるためには第Ⅰ部門の先行的拡張が必要だ，ということの典型的な例だとも言える。ただしこれは，資本主義的生産にかぎったことではない。

　(2)「移行」の場合の総生産物の諸要素間の組合せの変化，イコール生産力水準の上昇，とは言えない。「移行」の場合も，有機的構成と剰余価値率とが不

352　第2部　マルクスによる恐慌・産業循環の理論的展開を跡づける

変でも，第Ⅰ部門の蓄積率によって，諸要素の組合せは，したがってまた部門間比率は，さまざまである。部門間転換条件の充足を前提した場合，両部門の蓄積率がゼロである単純再生産の場合には，部門間比率は，両部門の資本の有機的構成と剰余価値率によって決まる。しかし，蓄積が行われる場合には，新たな規定要因として，両部門——「移行」の場合には第Ⅰ部門——の蓄積率，両部門の追加資本の有機的構成，が加わってくる。蓄積率変動——「移行」をも含めて——の場合，現実の再生産過程でどのような要因によって諸要素の組合せの変化がなしとげられていくのか，ということはここでの問題ではないであろう。ここでの問題の中心は，やはり，蓄積率の変化に伴って，ともかくもなんらかの仕方で，両部門間での資本および生産物の比率が，要するに部門間比率が変化していかざるをえない，ということである。とすれば，この問題については，ひとまず有機的構成や剰余価値率の変化，したがってまた生産力水準の変化は捨象して考えるべきであろう。たしかにマルクスは，「移行」のさいに有機的構成を変えたりしている。しかしそれは，「移行」に伴って必然的に生産力水準が変化するといったことを示唆するためではなかったであろうと考える。

　(3) なお，会場での質問では高木氏が均衡蓄積軌道に言及されたので，補足的に次のことを述べておいた。①いわゆる「生産力不変なら部門構成も不変」ということをリジッドに考えれば，均衡蓄積軌道は，生産力が不変であれば或る出発点での (均衡) 蓄積率が引き続き維持されるという軌道になる。この出発点はゼロから100％までありうる。とすれば，いったいどこを出発点とすればよいのか，ということが問題になる。②年々結果として与えられる社会的総生産物の諸要素の組合せを前提すれば，過不足なく補塡が行われるという意味での「均衡」を保って再生産が進行することを許す，そういう蓄積率 (これは一定の幅をもったものと考えてもよい) を考えてみることはできる。そしてこれを「均衡蓄積率」と呼んでもいい。しかし，年々の諸要素の配列は前年度の現実の蓄積率よって規定されているのだから，この「均衡蓄積率」は現実の蓄積率を規定するものではなく，逆に，年々の現実の蓄積率によって規定されて次々と変化していくものとならざるをえない。この場合の均衡蓄積率の軌道は，現実の蓄積率の軌跡の後を追いかけていくものとなるであろう。③資本主義的

生産がかりに「均衡蓄積軌道」をつっ走ったとしても，「均衡蓄積率」が人口増加率よりも高かったならば，生産は必ず制限にぶつかるであろう。その場合でも，「均衡蓄積率」は「消費と価値増殖との正しい比例関係」を保つ蓄積率だと言いうるのであろうか。

**米田康彦**（福島大学）　報告者は，均衡蓄積軌道について疑問といわれたが，富塚氏の，均衡蓄積軌道からの乖離→過剰蓄積，とする見解への批判なのか，均衡蓄積軌道そのものへの疑問なのか，どちらだろうか？　後者の場合，井村氏の所論についての見解も聞きたい。

**答**　報告でも質疑応答でもそこまで触れることができなかったのであるが，結論的に言えば，資本主義的生産にとって「内的メカニズム」でも「内的傾向」でもないような「軌道」——たとえば，部門間比率を同一に保つような「軌道」，同一蓄積率を維持するような「軌道」，再生産の条件をつねに充たし，要素配列のいかなる変更をも必要としないような「軌道」，等々——を設定すること，いわんやそのようなものを「理論的基準」として「過剰蓄積」を「検出」すること，このようなことが資本主義的生産の理論的分析にとってどんな意味をもちうるのか，理解しがたいと言わざるをえない。

**鶴田満彦**（中央大学）　均衡蓄積率概念に関連して，報告者は余剰生産手段の存在が拡大再生産の前提条件であるという命題に疑問を投げられた。その理由は，私の理解したかぎりでは，二つある。第1は，その条件は第1巻第7篇の蓄積論を前提すれば自明なことであって，そこから演繹されてくるということであり，第2は，第2巻第3篇第21章で重要なのは，余剰生産手段の有無ではなく，単純再生産から拡大再生産への移行のさいの部門構成の変化だということである。しかし，(1) 第1巻第7篇の蓄積論は，実現の問題を捨象し，個別資本にとっての外部の市場を前提して論ぜられているのであって，そこから社会的総資本の内部転態の問題（拡大再生産の条件）が演繹されてくるというのはいささか乱暴な議論ではないか。(2) 部門構成の変化が重要だとしても，余剰生産手段ゼロの構成から余剰生産手段を含むような構成への変化がその内容なのだから，余剰生産手段の存在が条件であるといっても同じことなのではないか。(3) 第1の理由と第2の理由との関連について。第1巻第7篇の蓄積論から拡大再生産の条件が自明だとすると，拡大再生産への移行のさいの部門構成

の変化も自明だということになり，あえてその変化の「必然性」（「ねばならない」という意味での）を問題にする必要はなくなるのではないか。

**答** （1）第1部第7篇だけからただちに「拡大再生産の条件」が出てくる，と言っているのではない。第1部第7篇で明らかにされている次のこと，すなわち，剰余価値は資本家の消費ファンドと蓄積ファンドとに分かれ，蓄積ファンドは追加可変資本のみならず追加不変資本をも含む，ということを，第2部第3篇第20章の単純再生産の分析で得られた3転換法則に入れればほとんどただちに出てくることだ，と言うのである。個別資本であろうと，一生産部門の総資本であろうと，それが蓄積を行うためには，その生産物のmをmkとmaとに分けねばならず，maはさらにmcとmvとに分けねばならない。再生産表式で書けば，

$$
\begin{array}{ll}
\text{I} & c+v+mk+\overbrace{mc+mv}^{ma} \\
\text{II} & c+v+mk+\overbrace{mc+mv}^{ma}
\end{array}
$$

となる。このことを，単純再生産のところで解明された三つの転換，すなわち，

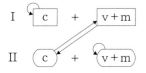

に結びつければ，mcは生産手段の，mvは消費手段の形態をとらねばならないのであるから，ただちに，

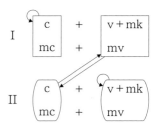

という3大転換とその条件 I($v+mk+mv$) = II($c+mc$) が出てくることになる，と言うのである。

（2）従来，多くの場合，まず拡大再生産の条件を説明して，余剰生産手段を

導出する。そしてこの余剰生産手段を含んでいる表式を置き，そこでこれを過不足なく吸収しうる蓄積額（均衡蓄積額）から均衡蓄積額を導きだす，という順序で拡大再生産が展開されている。しかし，マルクスが拡大再生産のところで苦心してやっているのは，まず，鶴田氏の言われる「余剰生産手段ゼロの構成から余剰生産手段を含むような構成への変化」なのであって，このような諸要素の「質的規定の変化」をマルクスは「拡大再生産の物質的前提」と言っているのである。私はけっして，余剰生産手段の存在の重要性を否定しないし，いわゆる「拡大再生産の条件」そのものをどうでもいいことと考えているわけでもない。ただ，拡大再生産の物質的前提は余剰生産手段がすでに与えられていることだ，と言っただけでは，上の「質的規定の変化」の必要という重要な問題，したがってまた，蓄積率が変化した場合に生じる問題がスリップしてしまうのではないかと思うのである。

　（3）いわゆる「拡大再生産の条件」は，単純再生産の前提のもとで解明された，総生産物の諸要素の転換の条件＝法則に蓄積を付け加えればすぐに導出されるが，これにたいして，単純再生産から拡大再生産への移行のさいの部門間比率の変化の必然性という条件＝法則は，それほど簡単な問題ではない。というのは，いわゆる「拡大再生産の条件」が，単純再生産のもとで析出された諸要素の転換の法則と，諸要素の転換の法則であるという点ではまったく同じであるのにたいして，「移行」のさいの部門間比率の変化の必然性は，同じく再生産の条件＝法則ではあっても，上の転換法則を前提としたうえで，諸要素の転換が行われる前に諸要素の配列そのものが変わらねばならぬ，という，いわばより高次の法則だからである。だからこそ，現に多くの概説書ではこの問題がまったく無視されることにもなっているのだと思われる。諸要素の配列そのものが変わらねばならぬというこの法則の貫徹は必然的にフリクションや攪乱を伴うのであり，このことがまた，恐慌の発展した可能性をなすのである。

　（4）鶴田氏の質問に関連して，会場で私は次の2点にもふれておいた。①単純再生産から拡大再生産への移行のさいの問題とは，一般化して言えば，蓄積率が変化するさいの問題，ということになるが，ある意味ではこれは，与えられた諸要素の配置が許容する〔高木氏への答の（3）で述べたような〕「均衡蓄積率」と現実の蓄積率とが異なった場合の問題，というふうにも表現することができよ

356 第2部 マルクスによる恐慌・産業循環の理論的展開を跡づける

う。②蓄積率変動による部門間比率の変化の必然性とこの変化のさいに生じる困難，という発展した恐慌の可能性が，そのようなものとして重大な意義をもつのは，蓄積率が急激に低下する場合である。富塚氏は，その場合にも『レキシコン』の論理——「……を伴うにしても，……しさえすればよい」という——によれば，資本移動によって調整されることになって問題はないことになる，と批判されている。しかし，「……しさえすればよい」といった理解そのものが誤っていることは別としても，富塚氏は次のこと，すなわち，この場合にはまず第Ⅰ部門の縮小が必然になり——従来の規模での生産の過剰——，その結果第Ⅰ部門からの需要が減少するので第Ⅱ部門でも生産過剰が生じることになり，かくして全面的な過剰生産が生じることになること，そしてこれは，資本の移動によって片づく問題ではないということ，このことを『レキシコン』の編者が知らないとでも言うのであろうか。産業循環の過程について見れば，蓄積率が上昇していくときには，一般に再生産過程の弾力性によって「困難」は比較的容易に調整されていく。ところが，外観上の繁栄が崩れて蓄積率が急激に低下するような場合には，——より高い利潤を求めての資本の移動が問題外であるほかに——再生産過程の弾力性による調整は不可能である。だからこそ，重大な結果が生じることになるのである。

# 第10章　恐慌論体系の展開方法について（2）

（これと同じ表題に「──久留間教授への公開質問状──」という
副題をつけて発表された富塚良三氏の論文に対する公開回答状）

久留間鮫造

　あなたのぼくへの「公開質問状」に対する第1回の回答に続いてなるべく早く第2回分を書くつもりでいたのですが，ここらでひと休みする予定であった『マルクス経済学レキシコン』の続巻の編集の仕事を，いろいろの事情からすぐ続けてやることになり，その仕事に追われてつい延び延びになってきました。ぼくとしては，残り少ない余命をできるだけ『レキシコン』の編集のために使いたいのですが，わざわざ「公開質問状」と銘打って公表されたあなたの質問の全部に答えないと，答えられないから答えないのだろうと世間では思い，ひいては，富塚説がやはり正しいのだと考えることにもなる，現に一部の人はそう思っている，だから迷惑でも続きを書かないと結果的に世人を誤らすことになる，といってぼくの尻をしきりにたたく友人がいるので，やむなくここに続きを書くことにします。

　あなたがぼくへの「公開質問状」の第1の部分で問題にされている点のうちで，まだ答えていない問題があるので，先ずそれから片づけることから始めます。

　その第1は，貴論が掲載された『商学論集』（第41巻第7号）の249-251ページに書かれている問題です。そこであなたは，『レキシコン』の第7巻につけた栞のなかからぼくの次の発言を引用して問題にしておられます。

　　……たしかに個別資本にとっては，固定資本の償却の場合にも蓄積基金の場合にも，W─GとG─Wとは現実に分裂する。しかし，社会的総資本を考えるならば，それらの総体としての供給と需要とは一致しうる。一致しうるだけではありません。社会的総資本の再生産の正常な進行を考察するかぎりでは，両者の一致がその「条件」として析出されることになる

わけです。第2部第3篇のように，社会的再生産がいかに行われるかということを解明するときには，それらがどのようにして不一致に陥るかということは問題にならない。問題にすべきではありません。(『レキシコン』第7巻の栞3ページ。【本書80ページ。】)

これに対して，あなたは先ず，

　　　この文章は一見わかりやすいように見えますが，その表現が余りに簡略にすぎるため，よく読みよく考えてみると正確には何を云わんとしているのかその意味をとらえ難いところがありますが，

といい，ぼくがそこでいっていることについて，これはこういう意味なのだろうか，それともこれはこういう意味なのだろうかと，ぼくの真意を忖度したうえで，それらのそれぞれについて，いかにももっともらしい議論を2ページにわたって展開しておられます。これを読んだ人は恐らくあなたの議論の懇切さとあなたの思考力の優秀さとに感心することだろうと思います。あなたの思考力の優秀さはかねてからぼくも尊重していることなので，多くの人がそう思うことは同慶の至りなのですが，ただ，この場合ぼくとして不思議に思われてならないことは，あなたが引用されている個所にすぐ続けてぼくがいっていることをなぜあなたが引用されなかったか，なぜあなたが，この後続の部分を抜きにして前の部分だけを紹介し，それについていろいろの議論を展開されているかです。あなたが引用されている個所にすぐ続けて，ぼくはこういっています。

　　　もちろん，現実の総再生産過程はたえざる攪乱のなかで進行していくのであって，設備投資ひとつとってみても，新しい市場の発見であるとか，新しい生産方法の発明であるとか，戦争の影響であるとか，こうしたもろもろの事情によって，多かれ少なかれ一時期に集中して行われます。年々均一に新投資が，したがってまた更新が行われるわけではない。そして，こうしたことが，資本主義的生産の循環的運動に重要な意味をもっているのですが，しかし，これらのことは第2部第3篇では問題になりえません。【本書80-81ページ。】

これを見れば，そのすぐ前の個所でぼくがどのようなことをいおうとしていたかは，あれこれと想像してみるまでもなく容易にわかるはずだと思われるのですが，いったいあなたはこの部分を読まれなかったのでしょうか？　まさか

読まれなかったとは思われないが，読んでいながらそれを除いてその前の部分だけを引用し，いかにもぼくが意味不明なことをいっているかのような風に卑見を紹介し，それについてかれこれいうのは，いったいどういうつもりなのでしょうか？　なるほど，あなたが引用されている個所で，「それらがどのようにして不一致に陥るかということは問題にならない」，とぼくがいっているのは，的確でなく，いろいろの解釈の余地を残す表現であるかもしれません。「どのようにして」という代わりに，「どうして」あるいは「なぜ」という方がよかったかもしれません。しかしそれにしても，この言葉でぼくが何をいおうとしているか，したがってまた，何が第2部第3篇の範囲外の問題だといおうとしているかは，そのすぐあとでぼくがいっていることを参照すれば容易にわかるはずのことです。聞くところによると，あなたはしきりにぼくとの「論争」を喧伝しておられるとのことですが，「論争」も，いままではっきりしていなかった重要な事柄がそれによってはっきりさせられるような論争であればまことに結構ですが，ただ何とかして相手にけちをつけようというような，そしてそのためには相手のいっていることを勝手に部分的にちょんぎって紹介して論難するような論争ということになると，双方にとってエネルギーの無駄使いになります。少なくともぼくとしては，そういう「論争」の相手をさせられることはまことに迷惑です。エネルギーの空費であるばかりでなく，それに答えるためにはやむなく右〔上〕に書いたようなことを書かねばならず，そのようなことを書くことは実に憂鬱です。だから前回の回答のさいには，折角あなたが苦労して書かれたらしい論点ですが，それに対する答えは書きかけて途中でやめたのでした。ところが，さきにいったような事情から，いやいやながらこのようなことを書かねばならぬような羽目になって，まことに残念です。繰り返していいますが，このような「論争」の相手をさせられることはまことに迷惑です。

　なお，ことのついでにつけ加えますが，ぼくが右〔上〕の個所で「こうしたことは資本主義的生産の循環的運動に重要な意味をもっているのですが，しかし，これらのことは第2部第3篇では問題になりえません」といっている問題は，『レキシコン』では，「産業循環」を主題にする第9巻で取り扱っています。そこでは五つの大項目が立てられていますが，その1は「産業の循環的運動に関する基本的な諸問題」と題し，三つの下位項目からなっています。その1は

「生産に衝撃を与えてその突然の膨張をひきおこすものは何か？」，その2は，「生産の突然の膨張はどのような諸条件のもとで可能となるのか？」と題されています。（3は当面の問題に直接関係がないから省きます。IIとIIIとVも同じ理由から省きます。）それからIVは「固定資本と産業循環」と題し，四つの下位項目からなっていますが，その内訳はここでは省略します。以上が，『レキシコン』の第9巻のなかの直接当面の問題に関係がある部分で，そのあいだに関係があることは，立ち入って説明するまでもなく，表題を見ていただいただけでわかることと思いますが，念のため，IとIVとの関係について栞のなかでぼくがいっていることを紹介しておきましょう。これは栞の6ページでA君の質問に対して答えている個所です。

　　A　このIの「**基本的な諸問題**〔fundamentale Probleme〕」についてはこれぐらいにしたいのですが，最後に私からも，一つだけ質問させてください。産業循環にかんするファンダメンタルな問題と言えば，たとえば固定資本の問題なんかも入るんじゃあないか，ここにあげられたものだけをファンダメンタルだとされる理由はどういうことですか。

　　久留間　いやあ，ここに入れたものだけがファンダメンタルで，他にそういうものはないなんて言うつもりはありません。固定資本の問題もおっしゃるようにファンダメンタルな問題だとも言える。しかし固定資本の問題が産業循環にとって重要な意味をもつのは，その投下が現実には年々均一にではなく，ある時期に集中的に行なわれるからです。この集中的な投下がなぜ生じるのかということを考える場合には，いうまでもなく，生産を突発的に拡張するという事態がまず前提されなければなりません。このIに収録したような問題は，その意味でよりファンダメンタルである。固定資本にかんする問題はIVで見られるようにいくつかの側面があるので，別個の項目として立てたのです。こんど収録した諸問題のなかでは，Iの問題がファンダメンタルであることはおわかりいただけるでしょう。（『レキシコン』第9巻の栞，6ページ。【本書142ページ。】）

　これについであなたが取り上げられている問題は，右〔上〕のものとはちがって実質的に重要な意味のある問題——『資本論』の第2巻に，それを編集したエンゲルスが注32として挿入した個所の理解に関する問題です。これは今

まで多くの人によって問題にされてきた周知の個所ですが，一般読者の便宜のために改めて引用しておきましょう。

　　原稿では，ここに，将来の詳論のための次の覚え書が挿入されている。――「資本主義的生産様式における矛盾。――商品の買い手としての労働者は，市場にとって重要である。しかし，彼らの商品――労働力――の売り手としては，資本主義社会は，これを価格の最低限に制限する傾向をもつ。――さらに次の矛盾。――資本主義的生産がその全潜勢力を尽くす時代は，きまって，過剰生産の時代であることが示される。なぜならば，生産の潜勢力は，それによってより多くの価値が生産されうるだけでなく実現もされうる，というようには決して充用されえないからである。というのは，商品の販売，商品資本の，したがってまた剰余価値の，実現は，社会一般の消費欲望によってではなく，その大多数の成員がつねに貧乏でありまたつねに貧乏であらざるをえないような社会の消費欲望によって限界づけられているからである。しかし，これは，次篇にはいってはじめて問題にすべきことである。」(前出富塚論文，253ページに掲載の訳文による。)【『資本論』第2部第2稿，MEGA II/11, S. 308.】

　この注32の内容はいったいどのように理解さるべきものなのか？　エンゲルスはこの注の冒頭に，「ここに，将来の詳論のための次の覚え書が挿入されている」としてマルクスから引用しており，そしてマルクスは，ここに引用されている個所の最後に，「しかし，これは，次篇にはいってはじめて問題にすべきことである」と書いています。ここに「次篇」とあるのは，もちろん，次の第3篇を指すものと解するのが常識的です。しかし，第3篇のどこを見ても，そのようなことが「詳論」されている個所は見当らない。「詳論」はおろか，格別それについて論じていると思われる個所も見当らない。そこで，『資本論』の第2巻が出版されてから今に至るまで，さまざまな論議が行われてきたわけで，あなたも今回の論文で，この問題について，251ページから257ページにかけていろいろと論じられているわけですが，ここでのあなたの論述はけっして強引ではなく，そこにはありありと慎重熟慮のあとが見受けられます。しかしそれゆえにまた，その結論も，注32をどう理解すべきかの問題に対する決定的な解答にはなっていません。この問題に関するあなたの議論は延々8ペー

362　第2部　マルクスによる恐慌・産業循環の理論的展開を跡づける

ジに及んでいますが，右〔上〕に述べたことを知るにはその前段の最後の部分
を見れば十分です。そこであなたはこう書いておられます。

　　　〔この注32では，〕「商品資本の・したがってまた剰余価値の・実現」が
　　労働者階級の消費制限によって——（正確にいえば）窮極的には——限界
　　づけられているということが述べられているにすぎないようにおもわれま
　　す。そうしたことが，第2巻第3篇では論じえない，論じてはならない，
　　と断定するのには，率直に云って，疑問を感じないわけにはいきません。
　　むしろ，そうしたことは，資本流通と所得流通との交錯・連繋が明らかに
　　されるべき第2巻第3篇の再生産論を経過しなければ論じえない問題では
　　ないでしょうか。脚註の最後の言葉はそういう意味で書き添えられている
　　のではないかと考えます。なお，第2巻第3篇はいわゆる「第8稿」で，
　　『資本論』の最後に書かれた未完の部分であることを考慮すれば，そこで
　　当初に予定されていた論述が展開されていないからといって，本来そこで
　　論じられるべき問題ではなかった，論じてはならない問題だ，とはいえな
　　いのではないでしょうか。そういうわけで，「次のAbschnitt」が第2巻第
　　3篇ではなくて第3巻であるという断定は，やはりどう考えても説得的で
　　はないと思います。せいぜい，そうも考えうるという意味で検討の余地が
　　ある，という程度にとどめるべきではないでしょうか。（前掲論文，254ペー
　　ジ。）

　これを見ると，どうやらあなたは，ぼくの考え方について根本的な誤解をさ
れているように思われます。ぼくはけっして，『資本論』の第2部第3篇ではか
くかくのことが論じらるべきだとか，かくかくのことは論じらるべきでないと
か，およそそういったような予めの判断に立ってかれこれいっているわけでは
ありません。前にも述べたように，2部3篇のどこを見ても，注32に提示され
ているような問題がここで論じられていると思われるような個所は見当らない。
だとすると，注に〔ある〕いわゆる「次のAbschnitt」は現行版の第3部を指すも
のとでも解するほかないことになる。そしてそれは必ずしもありえないことで
はない。というのは，ある時期までマルクスは，現行版のBuchに当たるもの
をAbschnittとしていたという事実があり，さらにまた，このAbschnittとい
う言葉そのものは，もともと全体のうちのある「部分」を意味し，現にマルク

スもいろいろの個所で大小いろいろの部分をこの語で表示している事例もあるからです。（一般の読者のために書き添えますが，これらの事柄については，東洋大学の「経済経営研究所研究報告」，1973年，No. 6に掲載の，大谷禎之介氏の「「内在的矛盾」の問題を「再生産論」に属せしめる見解の一論拠について――『資本論』第2部注32の「覚え書き」の考証的検討――」【本書第7章】に詳論されています。）

　ところがあなたは，ぼくとは反対に，注32に「次のAbschnitt」とあるのは第2部第3篇のことにちがいないという予めの判断から出発して，第3篇のどこかにそれらしい個所を見つけようとして努力される。そして，それはここだといいうるような個所がないことがわかると，右の引用にもあるように，最後には，「なお，第2巻第3篇はいわゆる「第8稿」で，『資本論』の最後に書かれた未完の部分であることを考慮すれば，そこで当初に予定されていた論述が展開されていないからといって，本来そこで論じられるべき問題でなかった，論じてはならない問題だ，とはいえないのではないでしょうか」，というような議論まで展開して2部3篇説を固持しようとされる。なぜそのようにまでして2部3篇のうちに，実際にはそこに書いてないことまで読み込もうとされるのか，ぼくにはさっぱりわからない。そのようなことをするまでもなく，現にそこに書かれていることのうちに，従来何ぴとによっても解かれなかった，そしてそのために社会総資本の再生産の理解が不可能にされてきた基本的な諸問題が決定的に解かれているのを見ることができます。2部3篇を重視するのは結構ですが，現にそこに論じられていないことまでそこに読みこもうとするのはどうでしょうか。へたをすると「ひいきのひきだおし」になるかもしれません。もしそういうことになると，マルクスにとってはありがた迷惑になることでしょう。

　しかしそれはともかく，あなたがこの問題のために大変な苦労をされたことはわかるのですが，最近ぼくは，もしかすると，あなたの折角の苦労も無駄なことだったかもしれないと思うようになったのです。というのは，最近入手した新しい資料によって，問題の注32そのものが再検討を要するものであることがわかったからです。新しい資料というのは，『資本論』の第2部用にマルクスが書いた第2稿【MEGA II/11, S. 1-522】です。注32がつけられている個所は，

364　第2部　マルクスによる恐慌・産業循環の理論的展開を跡づける

ご存知のように，エンゲルスがこの第2稿から編成した個所ですが，もとのマルクスの手稿をみると，エンゲルスが編集した現行の『資本論』とは重要な点で大きなちがいがあります。決定的なのは，それだけを本文から切り離して注にするようなことを，マルクスはしていないことです。いまぼくが利用しているのは，ソ連のML研究所の好意で送られてきた，第2稿の解読原稿のなかの1枚（現行版で注32がつけられている部分）で，文章の途中から始まっているうらみがあり，さらに，この解読原稿はまだ再検討の手続を経ていない最初のものなので，ところどころ意味不明の個所もあるのですが，とりあえずそのまま紹介することにします。（これはあとから思い出したことですが，ぼくがまだ大原社研の所長をしていた頃に，ですから十数年以前のことですが，アムステルダムの「社会史国際研究所」から，大原社研所蔵の或る資料のマイクロフィルムを送ってほしいという依頼があり，それにたいして，その代わりに『資本論』の第2部のためにマルクスが書き遺した手稿のマイクロフィルムを送ってもらえないだろうかという返事を出したところ，さっそくそれが送られて来たのですが，そのことをぼくはすっかり忘れていたのです。そのためにわざわざML研究所に頼んでこのような資料を送ってもらうようなことをしたのですが，そのあとでふと昔のことを思い出して，念のために調べてもらったところ，やはり『資本論』の第2部のためのマルクスの手稿，それも第2稿のマイクロフィルムが現存していることがわかりました。しかし周知のように判じ物のようなマルクスの筆蹟ですから，それを解読することは容易でありません。いま大谷禎之介氏がその解読に努力されていて，ある程度それが出来て，近いうちにその成果の一部を発表されるとのことですから，もっと詳しいことはそれに御期待下さい。）

Durchschnittsstufenleiter - entziehn dem Arbeitsmarkt ein bestimmtes Quantum Kräfte, das nur aus gewissen Zweigen, wie Agrikultur etc herkommen kann, wo starke Burschen angewandt. Ein Teil der latenten Arbeiter　offen [Surplus] Reservearmee absorbiert, deren Druck den Lohn niedriger hält. Selbst [Teile der] | gut | bisher beschäftigte Teile des Arbeitsmarkts affiziert. Hence Steigen der Arbeitslöhne[1]. (der später wieder, in andren Zweigen steigt, wegen des bewirkten Steigens im Preis der not-

第10章 恐慌論体系の展開方法について (2)　365

wendigen Lebensmittel.) Das Minimum des Steigens = der grössern Masse variablen Kapitals, dem grössern Gesamtlohn, den jetzt die gesamte Arbeiterklasse erhält. Widerspruch in der kapitalistischen Produktionsweise. Arbeiter als Käufer von Ware wichtig für den Markt. Als Verkäufer seiner Ware – der Arbeitskraft – Tendenz ihn auf Minimum zu beschränken. Fernerer Widerspruch: Die Epochen, worin die kapitalistische Produktion alle ihre Potenzen anstrengt, up to the mark produziert, turn out as periods of overproduction: weil die Produktionspotenzen nur[2] soweit anzuwenden, als dadurch nicht nur Mehrwert produziert, sondern realisiert werden kann; die Realisation (Verkauf der Waren) des Warenkapitals, also auch des Mehrwerts aber begrenzt, beschränkt ist nicht durch die konsumtiven Bedürfnisse der Gesellschaft, sondern durch die konsumtiven[3] Bedürfnisse einer Gesellschaft, wovon die grosse Mehrzahl stets arm ist und arm bleiben muss etc. Diese ganze Geschichte jedoch gehört erst in das nächste [Abschnitt □] Kapitel.[4]

So weit die grössre oder kürzre Länge der Umschlagsperiode von der [wirklichen] Arbeitsperiode im wirklichen[5] Sinn abhängt, id est die Periode, nötig um das Produkt für den Markt fertig zu machen, beruht sie auf die[6] jedesmals gegebnen materiellen Produktionsbedingungen der verschiednen Kapitalan-

右〔上〕の邦訳（大谷禎之介氏の暫定訳による）。

---

1 )【MEGA II/11 によれば，草稿ではこの der Arbeitslöhne は d. Arbeitslohns となっている。】

2 )【この nur という語はエンゲルス版では nie となっていた。この語が nie であるか nur であるかで，この語を含む一文の意味はまったく逆転する（後出の注 7 参照）。この論稿を書いているとき，久留間も，この部分の訳文を提供した大谷も，この事実の重大さにまだ気づいていなかった。久留間の本稿が発表されたのちに遅ればせながらことの重大さに気づいた大谷は，ようやく自稿でこのことに言及することになった。】

3 )【MEGA II/11 によれば，草稿ではこの konsumtiven には下線が引かれていない。】

4 )【MEGA II/11 によれば，草稿ではこのこのあとに「」」，すなわち閉じるブラケット（大きな角括弧）が書かれている。】

5 )【MEGA II/11 によれば，草稿ではこの wirklichen は eigentlichen となっている。】

6 )【この die は MEGA II/11 では den と読まれている。】

366　第2部　マルクスによる恐慌・産業循環の理論的展開を跡づける

……平均的規模……，強壮な若者が使用されている農業等々のような特定の諸部門からしか生まれてこない或る量の〔労働〕力を労働市場から引きあげる。賃金を低くするような圧迫を加えていた，職をもたない予備軍……〔空白〕潜在的な労働者の一部分が吸収される。労働市場の，これまで雇用事情のよかった諸部分でさえも影響を受ける。かくして労賃の上昇が生じる。（これによって引き起こされる，必要生活手段の価格の騰貴のために，のちにはまた，他の諸部門でも労賃は上昇する。）この上昇の最小限は，いま総労働者階級が受けとる，可変資本のより大きな量，より大きな総賃金に等しい。資本主義的生産様式における矛盾。商品の買い手としての労働者は，市場にとって重要である。しかし，彼の商品——労働力——の売り手としては，彼を最小限に制限する傾向。さらに次の矛盾。——資本主義的生産がその全潜勢力を尽くして限界点に達するまで生産する時期は，過剰生産の時期であることがわかる。なぜなら，生産の潜勢力は，ただ，それによって剰余価値が生産されうるばかりでなく実現もされうる，というかぎりでのみ，充用されうる[7]のだからである。しかし，商品資本の・だからまた剰余価値の・実現（商品の販売）は，社会の消費欲望によってではなく，その大多数の成員がつねに貧乏でありまたつねに貧乏であらざるをえないような社会，このような社会の消費欲望によって，限界づけられ，制限されているのである。けれども，こうしたことどもの全部が，次の章ではじめて問題になることである。

〔以下は，訳文としては現行版と同じことになるので省略します。〕

　先ず，これを読む場合に疑問になるかと思われる若干の点について一言します。4行目に空白の個所があるのは，右〔上〕に紹介した解読原稿そのもので空白になっているのをそのまま再現したものです。おそらく，この個所のマルクスの筆跡が解読不能なので空白にしたものと思われます[8]。角括弧で囲んであ

---

7)【「生産の潜勢力は，ただ，それによって剰余価値が生産されうるばかりでなく実現もされうる，というかぎりでのみ，充用されうる」という草稿でのこの一文が，エンゲルス版では，「生産の潜勢力は，それによってより多くの価値が生産されうるだけでなく実現もされうる，というようには決して充用されえない」となっていた。両者の意味は明らかに正反対である。前出の注2を見られたい。】

8)【解読文では見られるようによくわからない箇所を含んでいたこの一文は，のちにMEGA

る個所【[Surplus]，[Teile der]，[Abschnitt] および [wirklichen]】は，マルクスが一度書いてあとから消した部分です。5行目に｜gut｜bisher とあるのは，マルクスの手稿でそうなっているのではなく，解読者がタイプで打ちちがえてあとから訂正したもののようです[9]。前段のパラグラフの最後の個所の Abschnitt の前につけられている角括弧はタイプされたものではなく，あとからペンで書き加えられたものですが，それに対応する角括弧はなく，その代わりに，見られるような長方形の記号がタイプされています[10]。何のためにこのようなことをしたのか不可解ですが，ここのところは，マルクスが最初に Abschnitt と書き，あとからそれを消して Kapitel と書きかえたものであることは確かなようです。ただこの場合不審に思われるのは，解読原稿ではそれの冠詞がはじめから das になっていることです。das と書き出したものとすれば，当然はじめから，Abschnitt ではなくて Kapitel と書くはずのように思われるのですが，これは，もとのマルクスの手稿では略して，d. と書いてあったのを解読者が d〔as〕とおぎなってタイプしたものと思われます[11]。

---

II/11 に収められた第2稿のテキストでは次のようになっている。Ein Theil der latenten Arbeiterarmee od. offnen Reservearmee absorbirt, deren Druck den Lohn niedriger hält. (MEGA II/11, S. 308.) 後掲の邦訳では，「賃金を低くするような圧迫を加えていた，職をもたない予備軍……〔空白〕潜在的な労働者の一部分が吸収される」という一文が，「賃金を低くするような圧迫を加えていた潜在的な労働者軍または職をもたない予備軍の一部分が吸収される」となる。】

9 )【gut bisher というこの部分は，MEGA II/11 によれば草稿では bisher gut となっており，解読文で上下に付けられていた線は，この両語を逆にせよ，という指示だったことがわかる。】

10)【この「▯」という長方形は，解読文のコピーが不鮮明だったために，タイプライターで打たれた「〕」という閉じ括弧を見誤ったものだった。】

11)【モスクワで解読文を作成するさいには，マルクスが der, die, das などの定冠詞を d. と記載している場合，すべて解読者の判断で der, die, das などに書き戻していた。そのために誤った書き戻しが行われる場合があった。ここでの久留間が疑問とした箇所でも，マルクスはただ d. と書いていたので，den を das に変える必要はなかったのである（それに続く nächst という形容詞は，マルクスによって nächsten から――最後の n を削除して――nächste に変更されている）。つまり，ここでの久留間の推測は当たっていたわけである。MEGA でも長いあいだ編集者によるこうした書き戻しが行われてきていたが，国際マルクス＝エンゲルス財団が発足するさいに開かれた編集基準作成のための国際会議で，参加していた大谷の提案が受け入れられ，編集者が書き戻しのために付け加えた語尾（たとえば der と書き戻した場合には er の部分）には点線の下線をつけて，編集者によるもの

368　第2部　マルクスによる恐慌・産業循環の理論的展開を跡づける

　これによって先ず第1に明らかになったことは，現行版の注32に「次の篇Abschnitt」とあるのは現行版の第2巻第3篇のことにちがいないということです（第2稿では，現行版での「篇Abschnitt」が「章Kapitel」になっているのだから）。これによって，注32にいわゆる「次の篇」がどこを指すかの問題はなくなったわけです。

　しかしそれと同時に明らかになったことは，現行版でエンゲルスが，「ここに，将来の詳論のために次の覚え書が挿入されている」といって，それだけを切り離して注32のなかに紹介している個所は，マルクス自身の手稿ではそういうふうにはなっていないで，本文のなかにすぐ続けて書かれていることです。したがってまた，Dies gehört erst in den nächsten Abschnitt.のDiesも，エンゲルスが切り離して注32に入れている個所に述べられている事柄だけを指すのではなく，そのずっと前から論じてきた問題の全体を指しているものとして解せられることになります[12]。なお，現行版でのこのDiesは，マルクスの手稿ではDiese ganze Geschichteと書かれていますが，これを見ても，右〔上〕のように解することが恣意的ではなく，むしろ自然であることがわかると思いますが，念のために，この個所に該当する第1稿の個所を調べて見ると，そこには，現行版の注32に書かれているようなことは書かれていませんが，やはり

―――――――――――――

　　であることを明示することになり，以後刊行された第Ⅱ部門諸巻所収の草稿ではすべてそのように処理されている。】

12)【久留間がこのときに見ることができていた解読文の1ページでは，「けれども，こうしたことどもの全部が，次の章ではじめて問題になることである。」で改行されており，この箇所がここまで続いてきたパラグラフの末尾であることがわかるだけだった。だが，MEGA Ⅱ/11によれば，草稿ではこのパラグラフは，MEGA Ⅱ/11の304ページ21行から308ページ21行までの83行にわたる長大なものであることがわかる（ただし，305ページは，この箇所を含む草稿ページの写真であり，306ページはその裏の白紙ページである）。さらに，このとき久留間が利用できた解読文では欠けていたこのパラグラフの末尾の閉じブラケット（前出の注4を見よ）に対応する開きブラケットは，MEGA Ⅱ/11の307ページ37行にあるのであって，このパラグラフの最後にあるこのブラケット（大きな角括弧）に囲まれた部分は，MEGA Ⅱ/11で，307ページ37行から308ページ21行の26行にわたる大きなものであることがわかる。久留間がここで「そのずっと前から論じてきた問題の全体」と呼んだ部分は，草稿では，この部分を含むパラグラフの全体と解することもできないこともないが，さらに限定して，大きなブラケットに囲まれた26行の部分だったと考えることもできるであろう。この点については，本書第7章の末尾の【補説2】を参照されたい。】

第10章 恐慌論体系の展開方法について (2) 369

最後に，Die ganze Bemerkung gehört in ch. III vom Reproduktionsprozeß. と
付記されています。もっとも，第1稿のこの所の叙述は第2稿とはかなりちが
っているので問題が起こるかもしれませんから，少し前のところから引用して
おきましょう。(この部分は，ロシア語版『マルクス＝エンゲルス著作集』第
49巻，1974年，では，397-398ページに当たります。)

Ausser dem Einfluß des Verhältnisses von circulirendem und fixem
Capital kommt in Betracht der längre Aufenthalt in dem Productions-
proceß; der aus doppelten Gründen herrühren kann:

Entweder: Verschiedne Länge des Arbeitsprocesses obgleich continuir-
lich, dauert länger, um das Product fertig zu machen. Mehr Zeit ist erhei-
scht, um ein Haus zu bauen, als x lbs Garn zu spinnen. Manche Produc-
tionen von fixem Capital, z. B. Eisenbahnen, (auch Vieh etc) mögen sich
über ein Jahr und mehr erstrecken. Kein Theil des Products kann in die
Circulation eingehn, oder als Gebrauchswerth dienen. Das ganze vorge-
schossene Capital realisirt sich in einem Product, dessen Arbeitsproceß
über das Maaß der Umschlagszeit, der Jahreszeit sich hier verlängert.
[Diese so engagirte Arbeit liefert also kein Product das während des
Jahres circulationsfähig ist, oder in die Masse der Producte eingeht, die die
jährliche Revenu bilden, oder als Productionselement in einen neuen Pro-
ductionsproceß eingehn kann. Der so während des Jahres angewandte
Theil der nationalen Arbeit, ersetzt also nicht während des Jahres die
consummirten Lebensmittel der Arbeiter, oder die used up raw materials,
machinery u. s. w. Es stellt sich während des Jahres in keinem nutzbaren
Gebrauchswerth dar, auch in der Circulationsfähigen Form des Werths.
Dieß spielt eine Hauptrolle bei der sogenannten Conversion of circulating
into fixed Capital. Die so angewandte Arbeit mag noch so productiv sein
ihrer Bestimmung nach; diese bildet kein Element des Consumtions- oder
Reproductionsprocesses während des Jahres. Sie befähigt die Nation weder
während des folgenden Jahres zu leben, noch die aufgenutzten Produc-
tionsmittel zu ersetzen. Sie bildet auch kein Product, das im Verlauf des

370 第2部 マルクスによる恐慌・産業循環の理論的展開を跡づける

Jahres oder nach Ende des Jahres ins Ausland geschickt und dort für Lebens oder Productionsmittel ausgetauscht werden kann. Nähme sie also einen unproportionellen Theil der jährlichen Gesammtarbeit ein, so existirte am Ende des Jahres ein unverhältnißmässig grosser Theil der labor spent in einer Form momentan nutzlos, so weit der Gebrauchswerth, und unrealisirbar, so weit der Tauschwerth in Betracht kommt; während der Theil des Gesammtproducts, woraus Capital ersetzt, nur accumulirt, der Consumtionsfonds erneuert werden muß, zu klein wäre. Mit Ausnahme einiger Luxusartikel, ist es immer fixes Capital, dessen Production die Jahresfrist so überschreitet. (mit Vieh auch der Fall) Ein zweiter Umstand kommt bei diesem fixen Capital hinzu. Besteht es in Baulichkeiten, Docks, Brücken, Eisenbahnen, Kanälen, und selbst improvements fixed in the soil (such as drainings oder clearings, Bewässerungsanstalten u. s. w.), so eigne Art, worin sie Revenu abwerfen. (Dieß gehört jedoch nicht hierher. Die ganze Bemerkung gehört in ch. III vom Reproductionsproceß.)〕

Oder: Unterbrechung der Arbeit während des Productionsprocesses, aber bedingt durch denselben.【MEGA II/4.1, S. 290-291.】

右〔上〕の邦訳（大谷禎之介氏の暫定訳による。）

　流動資本と固定資本との割合の影響のほかに問題となるのは，生産過程における比較的長期の滞留であって，これは二つの原因から生じうるものである。

　そのうちの一つは，労働過程の長さはさまざまであり生産物を完成するのにそれが——連続的に行われるにしても——比較的長期にわたる場合がある，ということである。一軒の家屋を建てるのには，x 重量ポンドの棉花を紡ぐのに必要であるよりも多くの時間が必要である。固定資本・たとえば鉄道（また家畜等々）・の生産の多くは，1年以上にわたるであろう。〔この場合には1年以上たたなければ，〕生産物のいかなる部分も，流通に入ることができず，使用価値として役立つことができない。この場合には，前貸される資本の全体が一つの生産物に実現されるのであって，この生産物の労働過程が1年という回転期間の尺度以上に長引くのである。〔したがっ

て，このように充用される労働は，その年間に流通しうるどんな生産物も，あるいは，その年間の収入を形成する生産物量に入るどんな生産物も，あるいは，生産要素としてなんらかの新しい生産過程に入りうるどんな生産物も供給しない。したがって，年間の国民的労働のうちでこのように充用される部分は，その年間には，労働者たちによって消費される生活手段，あるいは，消尽される原料，機械，等々を補填しない。それは，この年間には，どのような有用な使用価値においても，また価値の流通可能な形態においても表示されることがない。いわゆる，流動資本の固定資本への転化のさいには，このことが主役を演じることになる。このように充用される労働がその予定の目的から見ればどんなに生産的であっても，それは，その年間の消費過程または再生産過程のいかなる要素をも形成しない。それは，翌年中の国民の生活を可能にすることもなければ，また，消耗された生産手段の補填を可能にすることもない。それはまた，この年のうちに・あるいはこの年の終わりに・外国に送られ，そこで生活手段または生産手段と交換されうるようないかなる生産物をも形成しない。したがって，もしそれが，年間総労働のうちの不均衡な一部分を占めるならば，年末には，支出された労働の不釣合に大きな部分が，使用価値が問題たるかぎりでは目下のところ役立ちえないような・交換価値が問題たるかぎりでは目下のところ実現不可能であるような・形態で存在することになり，これにたいして，総生産物のうち，資本を補填し資本をたえず蓄積しなけれならぬ部分，消費ファンドを更新しなければならぬ部分は，小さすぎることになる。若干の奢侈品を除けば，その生産がこのように1年を超えるものは，つねに固定資本である。（家畜もこれに入る。）この固定資本の場合には，第2の事情がつけ加わる。〔すなわち，〕資本が建築物・ドック・橋梁・鉄道・運河・のかたちをとっている場合，さらには土壌に固定されたもろもろの改善（干拓あるいは開墾，灌漑施設，等々のような）のかたちをとっている場合でさえも，これらのものに特有の，収入をもたらす方式〔が問題になるのである〕。（けれどもこのことはここでの問題ではない。ここで述べたことのすべてが，再生産過程についての第3章に属するのである。）〕

〔生産過程における比較的長期の滞留を生ぜしめる二つの原因のうちの〕もう一つは，

生産過程のあいだに生じる，ただし生産過程によって条件づけられた，労働の中断である。[13]

これを見ると，第2稿（現行版はこれによる）とはかなりちがった点がありますが，しかし，どちらも，生産に長期を要する固定資本の創設の場合に生じる事態を問題にしている点では同じです。それから，第2稿では，現行版で注32に入れられているようなことが付記されているが，第1稿にはそのような記事はまったくなく，その代わりに，Ein zweiter Umstand 云々という記事が見出されます。それから，全体の最後に次の章（現行版では第3篇）への指示が与えられていることは両者に共通です。

ところで，この両者の比較から一般的にどのようなことが問題になり，またどのようなことが結論できるかは別にして，少なくとも，両者に共通な第3章（篇）への指示が，現行版の注32に書かれていることを指しているのではないことは，明らかになるのではないかと思うのです。

なお，ついでに書き添えますが，現行版の注32に書かれているようなことは第1稿にはなく，第2稿で新たに書き加えられたことが知られるのですが，これはいったい，全体との関連でどのような意味をもっているのか，これが問題になるかと思いますが，これについてはぼくは，ここに書かれていることはその前に書かれていることと別個のことではなく，その前の部分で行われた考察に関連して当然問題になるはずのことを，一応ここに書き記したものと解すべきではないかと考えています。現行版のように，この部分を前の部分から切り離して，注32のような形で独立化させると，前の部分との関連が不明確になるばかりでなく，これは次篇に属するという最後の言葉も，注に入れた部分に書かれていることだけを指すもののように思われることになり，そのために，今までいろんな名論卓説が生まれることにもなったのですが，以上に述べたいろいろのことを考慮すると，折角の名論卓説も誤った前提から出発した無用の論議だったのではないかと思われてくるのです[14]。

---

13) 【『資本論』第2部第1稿は，1982年に，モスクワで作成された解読文と草稿フォトコピーとによる邦訳が刊行された。中峯照悦・大谷禎之介他訳『資本の流通過程』，大月書店。ここに引用された箇所は同訳書の184-185ページにある。】

14) 【第2部第2稿の全体が読めるようになってから，このパラグラフでの久留間の推論が的外

第10章　恐慌論体系の展開方法について（2）　373

　もちろん，「これは次章（篇）に属する」と書かれている点については，この
ほかになおいろいろ残された問題があると思いますが，それに立ち入ることは
ここでは略させてもらって，ここらで次の問題に移ることにします。

　次に問題になるのは，あなたが前掲の雑誌の257ページから261ページにか
けて展開されている論議です。前の問題の場合には，問題のそもそもの出発点
が，注32をどう理解するかにあったので，その問題についての答えを書けば
枝葉の議論には立ち入らないですんだうえに，出発点になった問題について答
えることに客観的な意義があったので，空しい思いをしないですんだのですが，
今度の場合はまるでそういうことがないので気が重いのですが，何かの因果と
あきらめて筆をとることにします。
　あなたは先ず，次のように書かれています。
　　　さて最後に，再生産論と恐慌論との関連について御質問申し上げたい点
　　は，次の点であります。すなわち，単純再生産から拡大再生産への移行に
　　ともなう2部門間の比率の変化の問題を極めて重要視され，それを云わば
　　一般化して，蓄積率の変動にともなって部門間比率が変化し，その変化に
　　は「一定の諸困難」がともなうという命題をたてられ，それが第2巻第3篇
　　の主題であり，再生産論の恐慌論にたいしてもつ意味もまたそのことを明
　　らかにするにある，と主張されている点であります。
　ここであなたは，あたかもぼくが，「蓄積率の変動にともなって部門間比率
が変化し，その変化には「一定の諸困難」がともなうという命題をたて」て，
「それが第2巻第3篇の主題」である，と「主張」しているかのように書かれて
いますが，ぼくはいまだかつて，そのようなものが「第2巻第3篇の主題」だな
どという途方もないことを考えたことはなく，だからまた，そのようなことを
「主張」した記憶もありません。いまさらいうまでもなく，第2部第3篇の「主
題」は，この篇の表題にはっきり示されているように，社会的総資本の再生産
と流通の過程を明らかにすることであり，そしてそのさい何よりも先ず解明さ

――――――――――――――――
　　れでなかったことが明らかとなった。この点については，本書第7章の【補説2】を参照さ
　　れたい。】

れなければならなかった最も基本的な問題は，スミス以来これまで何ぴとによっても明らかにされえなかった，そしてそのために社会的総資本の再生産の理解が不可能とされてきた問題——不変資本の再生産がどのようにして行われるか——を明らかにすることであった。これが，第3篇の「主題」についてのぼくのもとからの理解です。

　なるほどぼくは，現に第3篇のうちに展開されているマルクスの研究の成果を恐慌，とくに産業循環の理解に役立てようとするとき，蓄積率の変動の場合について書かれていることが——これまで案外見過ごされてきたこの部分が——もっと重視されて然るべきだと考え，そのために，『レキシコン』の第6巻（「恐慌I」）の最後に，「単純再生産から拡大再生産へ移行するさいに生じる，社会的生産の2大部門のあいだの比率の変化の必然性と，この変化のさいに生じる困難〔このことは，必要な変更を加えれば，蓄積率の変動一般——すなわち上昇ならびに低下——の場合についても言いうるであろう〕」という項目を設け，そのなかに『資本論』の第2部第3篇からの五つの引用を収録しています。しかしこれによって，ぼくがこの問題を「第2巻第3篇の主題」だと「主張」しているものと想像されたのだとすれば，ぼくはただ，あなたの想像力の異常なことに驚嘆するほかありません。

　このような前提から出発して，あなたは，258ページから261ページにかけて，いろいろの議論を展開しておられます。できればそれを整理要約して紹介したうえで卑見を述べるとよいのですが，そうすると，貴意を正しく伝えていないという謗りを受ける危険があるので，非常に長い引用で貴重な紙面をつぶすことは心苦しいけれど，あらかじめ，貴論のこの部分をそのまま引用することにします。ただその場合，なるべく重ねて引用する無駄を省くために，それに答える必要があると思われることが書いてある個所の末尾に番号〔【1】-【6】〕を付けて，その番号の順にあとで卑見を述べることにします。

　　蓄積率の変動にともなって部門間の比率が変化する。その部門間比率の変化には「フリクション」と「困難」がともなう。こうして，「恐慌の抽象的形態に内容規定が与えられる」と論じられております。だが，そういう論述は結局のところ，もっぱら部門間資本移動にともなう困難にのみ「発展した恐慌の可能性」の内容をみようとする見解に帰着するのではないで

しょうか？【1】 そういう論述の基調になっているのは，蓄積率が「独立変数」であって部門間比率はその「従属変数」だとする考え方（『レキシコン』No. 6の栞19ページ）であります。だが，蓄積率は任意の――といっても利潤率や利子率などの諸要因によって規定されるわけですが，「再生産の諸条件」によって制約されていないという意味では任意の――値をとりえ，その値に応じて部門間比率が変化すればよい【2】 （その変化にはフリクションや困難がともなうにせよ）といった議論は，果して全面的に正しいといえるでしょうか？ もしそういう議論が全面的に正しいとすれば，「過剰蓄積（Überakkumulation）」なる概念――これもまた，マルクスの恐慌論体系において，重要な位置を占めるべき概念であるかとおもいますが――は，「再生産の諸条件」にかかわる「実現」の問題側面からは，規定しえないものとなってしまいます。蓄積率がどんなに高くなっても，それに応じて部門間比率が変化すればよいという命題を無条件的に成立するものとして認めるとすれば，「過剰な蓄積」ということ自体がありえないわけです【3】。逆にまた蓄積率が「急激に低下したような場合」には「大きな問題」が生ずるといっても，その論理からすれば，これもまた部門間比率の逆方向への変化（第Ⅰ部門から第Ⅱ部門への資本移動）によって処理されうるはずではないでしょうか？【4】 だから，そういう論理を一般的且つ無条件的に成立するものとして認めてしまうと，先ず「蓄積率の急激な低下」をもたらすべき「過剰蓄積」をそういうものとして把握しえなくなりますし，またその「蓄積率の急激な低下」によって全面的過剰生産が顕在化する次第も明らかにしえないものとなってしまいます【5】。だから，その命題自体が検討を要するのではないかとおもいます。しかしその反面，資本主義経済の現実過程において，蓄積率が絶えず変動しその変動に応じて部門間比率が変化するという現象がみられることもまた事実であります。したがってそのかぎりでは，その命題は資本主義経済の現象過程の一側面を反映するものといってよいかとおもいます。そのことは私も敢て否定はいたしません。しかし，その命題が一般的に且つ無条件的に妥当し，それが「実現の一般法則」をなすものと考え，そういうことを明らかにするのが『資本論』第2巻第3篇の主題であるとするのは，やはり問題ではないかとおも

います。と申しますのは，それは，表現方法は若干異なりますが，事実上，トゥガン・バラノフスキィが主張していることと内容的には殆んど全く同一事に帰着するからであります。すなわち，トゥガンは，『英国における恐慌の理論と歴史』の第1篇第1章「資本主義経済における恐慌の根本原因」において，単純再生産の場合と拡大再生産の場合の表式展開を――両者の社会的生産物の総価値額が等しく，また資本構成や剰余価値率などの諸条件も同じといった前提の下に――おこない，両者の「唯一の相違点は，社会的生産の配分が異なること」だけであるとしたのち，次のような論述を展開しております。

「社会的資本の単純再生産と，規模拡大によるその再生産との比較から，次のきわめて重要な結論を引出すことができる。それは，資本主義経済においては，商品の需要が社会的消費の総規模とは，ある意味で無関係であるという結論，すなわち，『常識』の見地からすれば，いかに不条理に見えようとも，社会的消費の総規模が縮小しながら，それと同時に，商品に対する社会的総需要が増大することがあり得るという結論である。社会的資本の蓄積は消費手段に対する社会的需要の減退をもたらすが，それと同時に，商品に対する社会的総需要の増大をもたらす。」(Michael von Tugan-Baranowsky, *Studien zur Theorie und Geschichte der Handelskrisen in England,* Jena 1901, S. 25. 救仁郷繁訳『英国恐慌史論』33ページ。)

なお，ここで，社会的総需要の増大が述べられているのは，拡大再生産表式の第2年度の社会的総商品は単純再生産表式におけるそれに比べて「かなり大幅に増加したが，消費手段の生産は減退している。しかも供給と需要の均衡はこれによって少しも乱されていない。」とする論述と関連しております。トゥガンが社会的需要構造の変化という側面から論述を展開しているのに対して，久留間先生の場合は蓄積率が「ゼロからプラスの値になる」という視点から論述を展開しており，その点表現方法において若干の相違はありますが，内容的にはほぼ同一事に帰着するかとおもいます。けだし，社会的需要構造の変化は蓄積率の値の変動にともなって生ずるものにほかなりませんから。単純再生産から拡大再生産への移行の論理を一般化するという点でも，また，蓄積率の変動――それにともなう社会

的需要構造の変化にともなって、「社会的生産の配分 (die Einteilung der ge-sellschaftlichen Produktion)」すなわち「部門間比率」の変更がなされればよい ——それは「まったく容易でない」こと (*Ibid*, S. 22),「困難」をともなうことであるにせよ——としている点においても、両者は全く共通しております。蓄積率が「独立変数」で部門間比率はその「従属変数」だとする説を立てられるにさいして、どの程度トゥガン説を意識されたかを先日のお手紙でお聞きしましたのは、こうした事情によります*。もちろん、実質上トゥガン説と同巧異曲のものであるからといって、それだけの理由で先生の御主張が全面的に誤っているなどというつもりはありません。トゥガン説もまた資本主義経済の現実の一側面を強調的に明らかにしようとしたものとして、評価される必要はあると考えます。だが、その命題を、それのみが「資本主義経済の現実のあり方」だとして一面的に固持するならば、それはやはり誤まりではないかとおもいます。『資本論』第2巻第3篇の再生産論が明らかにしているのは、そういう命題とはまさに逆の側面、——すなわち、「再生産の条件」を充たすためには蓄積額は、したがってまた蓄積率は任意の値をとりえないという側面ではないかと考えます。この点は、「均衡蓄積率」の概念を定立することの是非に関する議論と密接に関連しますので、次項でその問題をとりあげながら私見を述べさせていただきます。

　　* 　いただいた御返事によりますと、トゥガン説は全く念頭におかれていなかったよしですが、しかしすでにトゥガン・バラノフスキィが御説と酷似した議論を展開しているという事実がある以上、先生の御見解がどの点でトゥガンと等しくどの点でトゥガンと異なっているかを（私だけでなく一般読者のためにも）御説明いただきたく思います【6】。

(前掲論文, 258-261ページ。)

## 【1】について

『レキシコン』の第6巻の目次【本書33-34ページ】を一見しただけでも、このような疑問が生じる余地はありえないはずだと思うのですが、あなたはこの論文を書かれるさいに、そこで批判の対象にされている『レキシコン』のこの巻の目次を一見する労さえ惜しまれたのでしょうか？　その目次を見れば、項目

378　第2部　マルクスによる恐慌・産業循環の理論的展開を跡づける

Ⅶが、「資本の流通過程のもとでの、恐慌の可能性の一層の発展（恐慌の抽象的形態が資本の流通過程において受けとる内容諸規定）」と題されていて、そのなかに九つの下位項目が設けられていること、そして、いまあなたが問題にされている蓄積率の変動の場合についての考察は、最後の第9の小項目に収められていること、したがって、「恐慌の可能性の一層の発展」については、その他になお八つの項目が設けられていることがわかるはずです。まさかあなたは、「そういう論述は結局のところ、もっぱら資本移動にともなう困難にのみ「発展した恐慌の可能性」の内容を見ようとする見解に帰着するのではないでしょうか？」といわれるとき、前の八つの項目の内容が「結局」第9の項目の内容に「帰着する」といわれているものとは考えられないから（なぜなら、九つの項目の表題を見ただけでも、そのようなことはありえないことが明らかだから）、なんであなたがこのような疑問を提出されるのか、ぼくにはどう考えてみてもわけがわからない。ここでもまた、あなたの非凡な空想力の前に、ただ唖然として黙するほかなさそうです。

## 【2】について

「部門間比率が変化すればよい」、いい換えれば、部門間比率が変化しさえすれば万事OKだ、などとはいっていない。蓄積率が変化する場合には部門間比率が変化しなければならない、といっているのです。

## 【3】について

【1】および【2】で見てきたあなたの誤解（このような、普通人の頭には思いもよらないような途方もない解釈を「誤解」というべきかどうかは別にして）の結果（というよりもむしろ効果というべきか）が、ここに覿面に現われています。「蓄積率がどんなに高くなっても、それに応じて部門間比率が変化すればよい」というような途方もないことをぼくがいっているものと仮定すれば、なるほど、「「過剰な蓄積」ということ自体がありえないわけ」になるでしょう。しかしこの仮定は、もともとぼくには縁もゆかりもなく、あなたが勝手にぼくの見解だとしててっちあげた仮空のものです。なぜそうであるかは、【1】および【2】について書いたところで明らかにしているつもりです。

第10章　恐慌論体系の展開方法について (2)　379

　以上によって，ぼくのように考えると「過剰蓄積ということ自体がありえないわけになる」というのがいかに途方もない推理であるかは明らかになるはずですが，そのことが明らかになっても，「過剰蓄積」がなぜ起こるかが明らかになるわけでないことはいうまでもありません。しかし，この「なぜ」が『資本論』の第2部の段階で明らかにされうるとか，明らかにさるべきだとか考えたら，これまた途方もない間違いです。この「なぜ」を，マルクスは，『資本論』の第3部の第15章「この〔利潤率の傾向的低下の〕法則の矛盾の展開」の所ではじめて論じているのですが，ここでの考察は，第2部の段階ではまだまったく考察の圏外に置かれている，剰余価値および剰余価値率の利潤および利潤率への転化，労働の生産力の発展，資本の有機的構成の高度化，利潤率の傾向的低下，率の減少を量で補なおうとする運動，競争戦の激化，という一連の法則の解明を前提しているのです。これを前提してはじめて，この「なぜ」が論じられており，また論じられうるのです。

　しかし，この過剰蓄積の「なぜ」の問題は，過剰蓄積が「なんであるか」の問題と同じではありません。このあとの方の問題については，マルクスは次のようにいっています。

　　　それゆえ，個々の商品の過剰ではなくて資本の過剰生産——といっても資本の過剰生産はつねに商品の過剰生産を含むのだが——が意味するものは，資本の過剰蓄積以外のなにものでもないのである。この過剰蓄積がなんであるかを理解するためには（それの詳しい研究はもっとあとで行われる），それを絶対的なものと仮定してみさえすればよい。どのようなときに資本の過剰生産は絶対的なのだろうか？　しかも，あれこれの生産領域とか2・3の重要な生産領域とかに及ぶのではなくその範囲そのものにおいて絶対的であるような，つまりすべての生産領域を包括するような，過剰生産は？

　　　資本主義的生産を目的とする追加資本がゼロになれば，資本の絶対的な過剰生産があることになる。しかし，資本主義的生産の目的は資本の増殖である。すなわち，剰余労働の取得であり，剰余価値，利潤の生産である。だから，労働者人口にくらべて資本が増大しすぎて，この人口が供給する絶対的労働時間も延長できないし，相対的剰余労働時間も拡張できないよ

380　第2部　マルクスによる恐慌・産業循環の理論的展開を跡づける

うになれば（相対的剰余労働時間の拡張は，そうでなくても，労働にたい
する需要が強くて賃金の上昇傾向がある場合には不可能であろうが），つ
まり増大した資本が，増大する前と同じかまたはそれより少なくさえある
剰余価値しか生産しなくなったときには，資本の絶対的な過剰生産が生じ
ることになる。すなわち，増大した資本 C＋ΔC は，資本 C が ΔC だけ増
大する前に生産したよりも多くの利潤を生産しないことに，あるいはそれ
どころか，それよりも少ない利潤しか生産しないことになる。どちらの場
合にも一般的利潤率のひどい突然の低下が生じることになるが，しかし今
度の低下を引き起こす資本構成の変動は，生産力の変動によるものではな
くて，可変資本の貨幣価値における増加（賃金の上昇による）と，これに
対応する，必要労働にたいする剰余労働の割合の減少とによるものであろ
う。（『資本論』，第3巻，ヴェルケ版261-262ページ。【『資本論』第3部第1稿，MEGA
II/4.2, S. 325-326.】）（傍点は引用者による。）

　これを読んでみればわかるように，ここでは，資本をそれ以上蓄積しても蓄
積に伴う労働力需要の増加が労働者人口の増加を追い越すために，剰余価値の
増産が不可能になる，増産が不可能になるばかりでなく，賃金の騰貴によって
かえって取得される剰余価値の量が減少することになる——そういう場合がこ
こでは問題にされているのです。だから，この問題——資本の過剰蓄積が「何
であるか」の問題——を前の問題——過剰蓄積の「なぜ」の問題——から切り
離して，それ自体として論じるとすれば，それは第3部以前でも論じられない
ことはないでしょう。第2部第3篇で強いて資本の過剰蓄積を問題にしようと
するなら，この観点からなら可能でしょう。ところがマルクスは，この問題を
第2部第3篇では論じないで，第3部ではじめて論じている。これが事実なの
ですが，なぜマルクスはそういうふうにしたのか？　これが当然問題になるか
に思いますが，これについては，このような問題を論じることは第2部第3篇
の課題には属しない，とマルクスは考えたのだろう，と想像するほかないよう
にぼくには思われるのです。ところがあなたは，第2部第3篇で，どのような
場合に資本の過剰蓄積が生じるかが明らかにさるべきだという発想から出発し
て，それを明らかにするためにいわゆる「均衡蓄積率の概念を定立」されてい
るらしいのですが，これは，マルクスの考え方とはまったく無縁なもののよう

です。マルクスは，右〔上〕にも述べたように，資本の過剰蓄積の概念規定を第2部第3篇で与えようとはしていないのに，あなたは，それがそこで与えらるべきだと考えられる。そしてそのために「均衡蓄積率の概念」を「定立」し，それを基準に過剰蓄積の概念規定を与えようとされるらしいが，この過剰蓄積の概念規定はマルクスのそれとはまるでちがったもののようです。

いま問題にしている【3】の部分の最後にあなたは，「蓄積率がどんなに高くなっても，それに応じて部門間比率が変化すればよいという命題を無条件的に成立するものとして認めるものとすれば，「過剰蓄積」ということ自体がありえないわけです」と書いておられるが，(1) このぼくに対する批難がぼくのいっていることの全くの曲解に基づくものであること，(2) マルクスは資本の過剰蓄積の概念規定を『資本論』の第2部ではなく第3部ではじめて与えているのに，あなたは，それが第2部第3篇ですでに与えらるべきだと考えておられるらしいこと，(3) そのためにあなたは「均衡蓄積率の概念」なるものを「定立」されているらしいが，このあなたの「均衡蓄積率の概念」による過剰蓄積の規定はマルクスのそれとはまるでちがったもののようであること——こういうことを，ぼくは以上に述べてきました。

そこで次には，あなたが「均衡蓄積率の概念の定立」によって，「蓄積率がどんなに高くなっても……よい」という考え方の誤りを——いいかえれば，蓄積率はこれ以上高くなってはならないという上昇の限度を——どんなに見事に解明されるかを拝見することになるわけですが，「均衡蓄積率の概念について」は貴論の次の部分——第2の部分——の主題になっているので，これについての考察はあとに譲ることにして，第1の部分の残りの問題を片付けることにしましょう。


## 【4】について

蓄積率が「急激に低下する場合」に，それが上昇する場合とちがった「大きな問題」が生じることは，少し考えてみればわかるはずだと思われるのですが，あなたはいとも簡単に，「これもまた部門間比率の変化（第Ⅰ部門から第Ⅱ部門への資本の移動）によって処理されうるはずではないでしょうか？」といって，低下の場合には上昇の場合とはちがう重大な問題が生じるとする見解への

反対の意向を示しておられます。これによってみると，少し考えてみればわかるはずの問題のように考えたのは，どうやらぼくの思いちがいだったらしいので，この点について，初学の人にでも説明するつもりで，改めて説明することにします。

蓄積率が上昇する場合には，新たな蓄積率に適合する部門間の比率が整えられれば（しかしこれは，この場合にも，既存の資本の部門間移動によって処理される問題ではないのですが，この問題には今は触れないでおきます）拡大した規模での再生産が行われうることになります。すなわちこの場合には，差し当っての問題は，部門間比率の調整がどのようにして行われるか，という点に帰着するわけです。ところが，蓄積率が急激に低下する場合にはそれでは事がすまない。この場合の影響は，先ず第1に第Ⅰ部門の生産物（生産手段）にたいする需要の減少として現われ，その当然の結果として生じる第Ⅰ部門の縮小，それに伴う第Ⅰ部門におけるｖおよびｍの減少は，第Ⅱ部門にたいする需要の減少として現われ，第Ⅱ部門の縮小の必要を生ぜしめ，かくして全面的過剰生産が生じることになる。これはけっして，「第Ⅰ部門から第Ⅱ部門への資本の移動」によって処理されうる問題ではないのです。

## 【5】について

ですから，この【5】に書かれていることは，ぼくの発想からの当然の帰結の完全な顛倒です。ぼくのように考えると「「蓄積率の急激な低下」によって全面的過剰生産が顕在化する次第も明らかにしえないもの」になってしまうのではなく，まさに反対に，ぼくのように考えることによってはじめて，「全面的過剰生産が顕在化する次第」が明らかにされうることになるのです。

## 【6】について

ここであなたは，「先生の御見解がどの点でトゥガンと等しくどの点でトゥガンと異なっているかを（私だけでなく一般読者のためにも）御説明いただきたく思います」といって，たいへん厄介なことを御注文ですが，ぼくとしては残念ながら，いまさらトゥガンの本を読んでみて，彼の見解がぼくの見解とどの点で等しくどの点で異なるかを一々調べてみるようなことをする余分のエネ

ルギーがありませんので，折角の御注文ですが，それに答えることは勘弁してください。ただ，あなたがここに書かれているのを読んでみると，ぼくがトゥガンと同じだといわれる根拠は，「蓄積率の変動——それにともなう社会的需要構造の変化にともなって，「社会的生産の配分……」すなわち「部門間比率」の変更がなされればよい」とする点にあるとお考えのようですが，もしそうだとすると，それはぼくの見解のとんでもない誤解に基づくものです。前にも述べたように，ぼくは未だかつて，「部門間比率の変更がなされればよい」などと考えたことはありません。ぼくが蓄積率変動の場合について問題とするのは，蓄積率が変動する場合には部門間比率が変化しなければならないということ，この比率は蓄積率の変化の大きさに対応してどのような比率に変化しなければならないかということ，そしてこの変化はどのようにして——第Ⅰ部門内部の編成替えによって——もち来たされるのかということ，およそこういうことなのです。

　あなたは，蓄積率が独立変数で部門間構成は従属変数だとぼくがいったことにかなり抵抗を感じておられるようですが，これはぼくが何らかの意図で勝手にでっちあげた妄想ではなく，現実がそうであるから，それをそのまま認めたのにすぎません。そして現実がそうである以上，蓄積率が変動する場合どのようなことが必要になり，またこの必要がどのようにして充たされるかを解明することは，現実の事態を解明するのが学問の使命だと考える者にとっては，当然しなければならないことになります。ぼくはそういう動機からこの問題を重視したのです。『レキシコン』の恐慌Ⅰを編集するさいに「単純再生産から拡大再生産へ移行するさいに生じる，社会的生産の2部門のあいだの比率の変化の必然性と，この変化のさいに生じる困難，云々」という項目を設けたのは，そういう動機からです。そしてその際，この点が重要なのに従来案外ネグレクトされている，というよりもむしろ誤解して紹介されているらしい，と思われたのは，単純再生産から拡大再生産への移行がどのようにして行われるかについてのマルクスの論述でした。この場合には，第Ⅰ部門の規模はまだ拡大されていないのですから，もとの規模の範囲内で（すなわち生産手段の総額があらかじめ増加していることを前提することなしに）いかにして第Ⅰ部門用の生産手段の増産（それがこの場合すべてに先行する条件です，なぜなら，それなしに

は第II部門用の生産手段の増産も不可能だからです）が行われうるかが問題になります。第I部門の規模がもとのままであり，したがって第I部門の生産総額も以前のままだとすると，この第I部門用の生産手段の増加は第II部門用の生産手段の犠牲において行われるほかはない，ということが明らかになります。と同時に，このことが行われさえすれば（これは第I部門内部の編成替え——第II部門用の生産手段の生産を第I部門用の生産手段の生産に切りかえること——によって行われる）いわゆる「余剰な生産手段」がすでにつくられていることを前提することなしに，換言すれば，蓄積の前に蓄積を前提することなしに，いかにして蓄積が行われうるかが明らかにされることになるのです。

　マルクスが単純再生産から拡大再生産への移行の場合について論じている中心的な問題は，この問題なのです。たとえば彼はこういうふうに論じています。

　　われわれがただIの側での再生産の価値量だけを考察するならば，われわれはまだ単純再生産の限界から出てはいない。なぜならば，この可能性から見ての追加不変資本（剰余生産物）をつくりだすために追加資本が動かされてはいないし，また，単純再生産の基礎の上で支出されるであろうよりも大きい剰余労働も支出されてはいないからである。違う点は，ここではただ，充用される剰余労働の形態だけであり，その特殊的な役立ち方の具体的な性質だけである。この剰余労働は，IIc のためのではなく Ic のための生産手段に支出されており，消費手段の生産手段にではなく生産手段の生産手段に支出されている。単純再生産の場合には，全剰余価値Iが収入として支出され，したがって商品IIに支出されるということが前提された。したがって，剰余価値Iは，不変資本IIc をその現物形態でふたたび補填すべき生産手段だけから成っていた。そこで，単純再生産から拡大再生産への移行が行われるためには，部門Iでの生産は，IIの不変資本の諸要素をより少なく，しかしそれだけIの不変資本の諸要素をより多く生産できるようになっていなければならない。この移行は必ずしも困難なしに行われるものではないが，しかし，それは，Iの生産物のあるものがどちらの部門でも生産手段として役立つことができるという事実によって，容易にされるのである。

　　そこで，——単に価値量だけから見れば——単純再生産のなかで拡大再

第10章　恐慌論体系の展開方法について (2)　　385

生産の物質的な基礎が生産されるということになる。（『資本論』第2巻，ヴェルケ版492ページ。インスティトゥート版502ページ。【『資本論』第2部第8稿，MEGA II/11, S. 797-798. 大谷『資本論草稿にマルクスの苦闘を読む』，桜井書店，2016年，217-218ページ。】）（傍点は引用者による。）

　同じ趣旨のことはこのほかにもいろいろの個所で述べられていますが，いま一つだけあげると，

　　　表式Iの額よりも小さい額を選んだのは，次のようなことを一目で明らかにするためにほかならない。すなわち，拡大された規模での再生産……は，与えられた商品量については，ただ，与えられた生産物のいろいろな要素の組合せの相違またはそれらの機能規定の相違を前提するだけであり，したがって，価値量から見ればさしあたりは単純再生産にすぎないということを明らかにするためである。単純再生産の与えられた諸要素の量ではなくその質的な規定が変化するのであって，この変化が，そのあとにくる拡大された規模での再生産の物質的前提なのである。（同上，ヴェルケ版501ページ，インスティトゥート版512ページ。【『資本論』第2部第8稿，MEGA II/11, S. 806. 大谷『苦闘を読む』，231ページ。】）（傍点は引用者による。）

この最後の所にマルクスは注58をつけて，次のようにいっています。

　　　このことは，第1部（第22章第5節，634ページ，注65〔ヴェルケ版では638ページ，注64〕）で別の立場から検討したジェームズ・ミルとS・ベーリとのあいだの資本蓄積に関する争い，すなわち産業資本の大きさが不変な場合におけるその作用の拡張可能性に関する論争に，これを最後という決着をつけるものである。……【MEGA II/11, S. 807. 大谷『苦闘を読む』，231ページ本文末行-232ページ3行。】

　念のために，ここで指示されている第1部の注を見ると，そこには次のように書かれています。

　　　「経済学者たちは，あまりにも，一定量の資本や一定数の労働者を，一様な力をもつ生産要具として，またある一様な強度で作用するものとして，取り扱いたがる。……商品が生産の唯一の動因だと主張する人々は，次のように論証する。生産というものはおよそ拡大のできるものではない。なぜならば，このような拡大のためには，生活手段や原料や道具があらかじ

め増やされていなければならないからである。これは，事実上，次のような
なことに帰着する。すなわち，生産の増大は，生産が前もって増大してい
なければ生じえないということ，言い換えれば，どんな増大も不可能だと
いうことである。」(S・ベーリ『貨幣とその価値の転変』，58ページ，70ページ。) ベー
リはこの説をおもに流通過程の立場から批判している。(『資本論』第1巻，
ヴェルケ版638ページ。【MEGA II/6, S. 559.】)

　ここでの所論と前に見た第2部第3篇での所論とに共通な点は，蓄積は蓄積
を前提する，あるいは，「生産の増大は生産が前もって増大していなければ生
じえない」，という学説を批判することにあり，その間のちがいは，ここでは，
それを批判するために，生産諸要素の作用能力は固定的ではなく，弾力的だと
いうことが指摘されているのですが[15]，第2部第3篇では，この再生産過程の
弾力性はないものとして，その場合にどのようにして，単純再生産の規模の範
囲内で（だから，拡大に先立つ拡大を前提することなしに）拡大再生産のため
の物質的基礎がつくりだされるかが明らかにされている，という点にあります。
前に引用した第2部第3篇の注58に「このことは……産業資本の大きさが不変
な場合における産業資本の作用の拡張可能性に関する論争に，これを最後とい
う決着をつけるものである」と書いてあるのは，生産諸要素の作用能力の弾力
性は無限ではなく，それには限界があるから，限界に達したときにはそれはも
はや働かなくなる，だから，弾力性がないものとして考えた場合にどのように
して単純再生産から拡大再生産への移行が可能とされるかを明らかにすること
は，右〔上〕の論争に最後の決着をつけることになる――そういう意味で書い
ているものと解されます。

　このようにマルクスは，単純再生産から拡大再生産への移行がいかにして行
われるかの問題を重視すると同時に，『資本論』の第2部第3篇におけるこの問
題の解決の学説史上の意義をも強調しているのですが，このマルクスの業績の
意義を，あなたははたして理解しておられるのでしょうか。

　あなたの『恐慌論研究』をあけてみると，71ページに次のように書かれてい

---

15) 再生産過程の弾力性についてのマルクスの所論は，『レキシコン』では，第9巻――「恐慌
　IV（産業循環）」――の項目Iの2「生産の突然の膨張はどのような諸条件のもとで可能と
　なるのか？」に集録してあります。

ます。

　　剰余生産物 M の一部が蓄積にふりむけられるところの・拡張再生産が
展開されうるためには，先ずもって，第 I，第 II 両部門の不変資本の補塡
に要する以上の，その意味で余剰な・生産手段の生産が，第 I 部門におい
てあらかじめなされていなければならない。すなわち

　　$W'_I > IC + IIC$，あるいは　$I(V + M) > IIC$

でなければならない，これが拡張再生産展開の「物質的基礎ないしは前
提」(materielle Basis od. materielle Voraussetzung) をなす条件である〔『資本論』第
2巻，502-504ページ，512ページ〕。

　ここであなたは，「拡張再生産が展開されるためには，先ずもって，第 I，
第 II 両部門の不変資本の補塡に要する以上の，その意味で余剰な・生産手段の
生産が，第 I 部門においてあらかじめなされていなければならない」といい，
「これが拡張再生産展開の「物質的基礎ないし前提」をなす条件である」といっ
て，マルクスがそういっている（とあなたが考えておられる）『資本論』の個所
（ここに掲げられているページ数はインスティトゥート版のそれ）を指示して
おられますが，あなたが指示しておられる個所でマルクスはけっして，「第 I，
第 II 両部門の不変資本の補塡に要する以上の……生産手段の生産が，第 I 部門
内においてあらかじめなされていなければならない」とか，「これが拡張再生
産展開の「物質的基礎ないし前提」をなす条件である」とか，そういうことを
いってはいません。まさにその反対に，あなたが指示されている個所でマルク
スは，ここであなたがいわれていることの誤りを正そうとしているのです。生
産の拡大が行われるためには拡大に必要な生産手段の増産が「あらかじめなさ
れていなければならない」というようなことをいっているのではなく，それが
まだなされていない単純再生産の範囲内でいかにして拡大再生産のための物質
的基礎がつくりだされうるかを明らかにしているのであり，単純再生産の範囲
内での第 I 部門の編成替えが，この場合，そのあとにくる拡大再生産の物質的
前提なのだ，といっているのです。要するに，「生産の増大は，生産が前もっ
て増大していなければ生じない」，という学説を批判しようとしているのです。

　これくらいのことは，あなた自身が援用されている『資本論』の個所を偏見
なしに読みさえすれば容易にわかるはずのことのように思われるのですが，ど

388 　第2部　マルクスによる恐慌・産業循環の理論的展開を跡づける

うしてあなたは，それらの個所でマルクスがいっていることから右〔上〕に見
たような，ぼくの見るところではまったく反対の結論を導きだしてこられるの
か，どう考えてみてもわけがわかりません。そのわけがわからないのは，ぼく
の頭の老化のせいなのでしょうか？ もしそうであったら，めでたしめでたし，
ということになるのでしょうが。

　ところで，それはそれとして，これまで見てきたのは単純再生産から拡大再
生産への移行の場合のことですが，そこで明らかにされたことは，「必要な変
更を加えれば，蓄積率の変動一般」の場合にも当てはまるものと考えられます。
「必要な変更を加えれば」と言ったのは，単純再生産から拡大再生産への移行
の場合について明らかにされたことが，必ずしもそのまま，一般的に蓄積率変
動の場合に当てはまるわけではないからです。単純再生産から拡大再生産への
移行の場合には，第Ⅱ部門は一時的には絶対的に縮小しなければならないので
すが，すでに拡大再生産が行われていて蓄積率がより以上に上昇する場合は，
必ずしもその必要はない[16]。しかしこの場合にも，第Ⅱ部門は相対的には縮小
しなければならない。したがって，両部門間の比率は変化しなければならない，
ということになる。そしてこの点では，単純再生産から拡大再生産への移行の
場合と同様だ，ということになります。

　ところで，このことはけっして資本主義的生産に特有なことではなく，社会
主義的生産にも共通な，いわば超歴史的な法則なのであって，社会主義社会に
おいても，——その時々の事情によって生産拡大の必要はいろいろ変るわけで
すから——経済計画の立案にさいして必ず考慮に入れられねばならない法則な
のですが，この法則を認めると，それからの当然の帰結として，蓄積率がどん
なに変動してもその変動に応じて両部門間の比率が変化すればよい，という命
題が生まれてくると考えるとしたら，それこそ途方もない論理の飛躍です。と
ころがトゥガンは，『資本論』の第2部第3篇の表式分析（？）からこのような
途方もない命題を導きだしてきたばかりでなく，この命題を，どこどこまでも
妥当するものと考えたために，『資本論』の第3部で資本の過剰蓄積がなぜ生じ

_____

16)「必ずしもその必要はない」と言ったのは，この場合でも，蓄積率が従来の率からある程
　　度以上急激に上昇する場合には第Ⅱ部門の絶対的縮小の必要が生じることになる。そうい
　　う場合もありうることを考慮に入れて言ったのです。

るかが論じられているのを見て，これは第2部第3篇での表式分析（？）から結論された命題と相容れないと考え，この第3部でのマルクスの議論は間違っている，という判定をくだすことになったらしい。「らしい」といったのは，トゥガンの本はかつて部分的に読んだことがあるが，今はぼんやりした記憶しか残っていないからです。もしこのぼくの記憶に大した間違いがなかったら，この点でも，ぼくとトゥガンとは決定的にちがうわけです。

　こういうふうにいろいろ考えてくると，ぼくはあらゆる点でトゥガンとちがうことがわかってくるのですが，それと同時に，何だかあなたの方にかえってトゥガンと共通な点がありそうに思えてくるのです。共通な点というのは，すでに見てきたように，蓄積率が変る場合には両部門間の比率が変らねばならない，という命題から，蓄積率がどんなに変っても部門間比率が変りさえすればよい，という命題が当然出てくるもののように考える点もその一つですが，もっと基本的なのは，2部3篇での研究の次元で資本の蓄積の限界の有無が論定されうるもののように考える点です。トゥガンは，そこでの表式分析（？）によって資本蓄積の無限進行の可能性が論証されうると考えるのにたいして，あなたは，やはり表式分析（？）によって，この限界が明らかにさるべきであり，またされうると考えられる。このことは，いま問題にしている個所の最後のところに書かれていることからも推測されるのですが，そこであなたがいわれているところによると，「この点は，「均衡蓄積率」の概念を定立することの是非に関する議論と密接に関連」するとのことですから，この点についての検討は，貴論の次の部分「2　均衡蓄積率の概念について」を拝見するさいに譲るのが適当でしょう[17]。

---

17)【久留間はこのあと，「富塚氏の論文に対する公開回答状」の続きで，富塚氏の「公開質問状」に含まれていた「(2) 均衡蓄積率の概念について」および「(3)《恐慌の必然性》の項を設けることの是非について」の2項目について反論を書くことにしていたが，書かないままに終わった。ただし，(3) については，1975年刊行の『レキシコン』「恐慌III」に付された「栞」所収の「レキシコン談話室」で，「恐慌の必然性が論述されるべきだという発想と，どのような条件のもので恐慌が必然的に起こるのかを究明すべきだという発想とのちがい」という小見出しを付けられた箇所で，ほぼ2ページにわたって久留間が自己の見解を述べており，これによって，この論点についても富塚氏に実質的に回答した。】

# 第11章 『資本論』第2部第3篇の課題と
# 恐慌論との関連についての一考察
—— 富塚良三氏の「均衡蓄積率の概念」の検討 ——


前畑憲子


## はじめに

　『資本論』第2部第3篇「社会的総資本の再生産と流通」は恐慌論にとってい
かなる意義をもちうるか，という問題は，戦後のわが国における恐慌論研究の
一つの中心論点をなしてきたが，最近，この問題に関する従来の有力見解にた
いして，新たな視点からいくつかの疑問を投げかけた久留間鮫造編『マルクス
経済学レキシコン』⑥（「恐慌Ⅰ」）および，それに付された「栞」[1]が公刊され
るにいたって，再び論議が巻き起こっている。ここで示された従来の見解との
相違点は，次の3点に要約される。(1)「恐慌の一層発展した可能性」は，『資
本論』第2部全体にわたって展開されているのであって，第2部第3篇にのみ見
いださるべきものではない。(2) 富塚良三氏の「均衡蓄積率」という考え方は，
蓄積率と部門間比率との関連における「顛倒的発想」にもとづくものであり，
その関連は，前者が独立変数，後者はその従属変数と考えるべきであり，その
逆ではない（『レキシコン』⑥の項目Ⅶ，小項目9に関連して）。(3) マルクス
によって「現実の恐慌の究極の根拠」とされた生産力の無制限的発展傾向と大
衆の消費制限との矛盾，いわゆる「内在的矛盾」は，第2部第3篇の問題ではな
い（『資本論』第2部第2篇に付された注32に関連して）。

　この見解は，第2部第3篇と恐慌との関連に関する従来の有力な見解——恐

---

1 ) 久留間鮫造編『マルクス経済学レキシコン』⑥「恐慌Ⅰ」（大月書店，1971年）【各巻の目次
　　は本書第1-4章に収録】。同書に付された「マルクス経済学レキシコンの栞」No. 6（大月書
　　店，1972年9月）【本書に第1章として収録】。以下『レキシコン』，「栞」と略記する。

392　第2部　マルクスによる恐慌・産業循環の理論的展開を跡づける

慌論にとって第2部第3篇がもつ意味を特別に重視する見解——にたいして根本的な疑問を投げかけたものであり，したがって上記の諸論点は，いずれもその当否が明らかにされなければならない重要論点をなしていると思われる。

　周知のように，富塚良三氏は，久留間氏への「質問状」[2]——この論稿は，(1) 再生産論と恐慌論との関連について（さきの3論点のうち，(1) および (3)に対する批判），(2) 均衡蓄積率の概念について（同じく (2) に対する批判），(3)《恐慌の必然性》の項を設けることの是非について（『レキシコン』⑦「恐慌II」に関連する批判）の3項目から成っている——を公開され，『レキシコン』の構成およびそれに付された「栞」での久留間氏の見解を批判された。それにたいして久留間氏は，富塚氏の「質問状」における (1) の項目での問題について「回答状」[3]を書かれ，富塚氏の見解を反批判されるとともに，『レキシコン』において示された上記 (1)，(3) の論点の内容を詳細に述べられた。こうして現在われわれは，(1)，(3) についてはその問題の所在を明確に把握することが可能になったのであるが[4]，(2) の問題，すなわち富塚氏の「均衡蓄積

---

2) 富塚良三「恐慌論体系の展開方法について——久留間教授への公開質問状——」(『商学論集』第41巻第7号，1974年7月)。以下「質問状」と略記する。

3) 久留間鮫造「恐慌論体系の展開方法について（これと同じ表題に『——久留間教授への公開質問状——』という副題をつけて発表された富塚良三氏の論文にたいする公開回答状）(1) (2)」『経済志林』第43巻第3号，第44巻第3号，1975年10月，1976年10月)【本書に第8章および第10章として収録】。以下「回答状 (1)」，「回答状 (2)」と略記する。なお，富塚良三氏は久留間氏の「回答状 (1)」にたいして「再生産論と恐慌論との関連について——久留間教授への公開書簡（その2）——」(『商学論纂』第17巻第3号，1976年9月)を，「回答状 (2)」にたいして「再生産論と恐慌論との関連について (2)——久留間教授の公開回答状 (2) に対する再批判——」(『商学論纂』第19巻第1号，1977年5月。以下「再批判」と略記する) を発表された。

4) 「栞」No. 6の執筆者である大谷禎之介氏は，(3) の問題に関連して，「「内在的矛盾」の問題を「再生産論」に属せしめる見解の一論拠について——『資本論』第2部注32の「覚え書き」の考証的検討——」(『経済経営研究所研究報告』No. 6, 1973年)【本書に第7章として収録】を，(1)，(2) の問題に関連して，「資本の流通過程と恐慌」(『経済理論学会年報』第13号，『現代資本主義と恐慌』，青木書店，1976年)【本書に第9章として収録】を発表されている。なお，『レキシコン』が提起した問題に直接関連する，最近発表された論稿には，以上のほかに次のものがある。二瓶敏「再生産論と「一層発展した恐慌の可能性」——表式における「内在的矛盾」把握の否定論によせて——」(大島雄一・岡松栄松編『資本論の研究』，日本評論社，1974年)。角田修一「「資本の流通過程」といわゆる「生産と消費との矛盾」について」(『経済論叢』第114巻第5・6号，1974年)。井村喜代子「恐慌論研究の現

第11章 『資本論』第2部第3篇の課題と恐慌論との関連についての一考察　393

率」という考え方は，いまだ委細をつくして論じられているとは言えず，この考え方にたいする『レキシコン』での批判の内容も――久留間氏の「回答状」では，続稿での主要問題となるべきものであるが――，十分に明らかにされているとは言えない。小論は，富塚氏がその「質問状」の (2) の項目で主張されている主要論点を取り上げ検討することによって，残されたこの (2) の問題を考察し，あわせて，第2部第3篇，とくに第21章「蓄積と拡大再生産」が恐慌論にとってもちうる意義と限度とを明らかにしたいと考える。

　本論に入る前に，富塚氏の「均衡蓄積率」とはいかなるものか，簡単に見ておこう。

　富塚氏は，その労作『恐慌論研究』[5]の第2章「発展した恐慌の可能性」のなかで，この概念を「定立」されている。すなわち氏は，「発展した恐慌の可能性」は第2部第3篇で明らかにされる再生産の諸条件（＝諸法則）――とくに拡大再生産におけるそれ――の「析出」によって把握されるものであるとし，「それによって同時にまた，恐慌の必然性の基礎的論定への媒介環があたえられる」(『恐慌論研究』，69ページ) とされるのであるが，そのさい氏は，トゥガン批判を念頭におきつつ拡大再生産の諸条件の「発展」・「精密化」(同上，72ページ) の必要を強調され，次のような議論を展開されている。すなわち，生産部門（Ⅰ・Ⅱ部門）の構成（比率）は，「技術的＝経済的な関連性」＝「生産と消費との連繋」を表現するものであるから，それは，資本の有機的構成および剰余価値率とともに，「生産力が不変の場合は不変とされねばならぬ」とされ，この一定の部門間比率を維持する蓄積率を「均衡蓄積率」，その（Ⅰ・Ⅱ部門が等しい

---

　　状と問題点（上）」(『経済評論』，1975年10月号)。松尾純「「恐慌論体系の展開方法」に関する一考察」(『大阪市大論集』第24号，1976年)。同「『資本論』第2部の論理構造と「恐慌の一層発展した可能性」について」(『経済学雑誌』第76巻第1号，1977年)。松田弘三「「恐慌の必然性」はいかに「論定」すべきか――富塚良三『恐慌論研究』の批判――」(『東洋大学経営論集』第8号，1977年)。高橋輝好「恐慌の可能性とその一層の発展との関連について」(『明治大学大学院紀要』第15集，1977年)。高木彰「恐慌論の体系構成における問題点――久留間鮫造氏の所説の検討を中心に――（Ⅰ）(Ⅱ)(Ⅲ)」(『岡山大学経済学会雑誌』第8巻第3・4号，第9巻第1号，第9巻第3号，1977-78年)。同「再生産表式の構造について――部門構成と蓄積率の関連性を中心に――」(同，第9巻第4号，1978年)。
5 ) 富塚良三『恐慌論研究』，未来社，1962年（増補版，1975年）。

394　第2部　マルクスによる恐慌・産業循環の理論的展開を跡づける

率での拡大をとげる）軌道を「均衡蓄積軌道」と呼び，これが，マルクスによって明らかにされた部門間均衡条件，I(V＋Mv＋Mk)＝II(C＋Mc) のうえに「拡張再生産の均衡的進行の条件として付加されなければならない」（同上，89-90ページ），とされる。そして，資本主義的蓄積過程は「均衡蓄積率」というこの「条件」を超える蓄積すなわち「過剰蓄積」——これは必ず「第I部門の自立的発展として現れる」——をおこなう「内的傾向をもつ」（同上，103ページ）ことを明らかにして，第2部第3篇を恐慌の必然性の論証にとっての「不可欠の媒介環」（同上，291ページ）として規定されるのである。

　富塚氏のこのような「均衡蓄積率」という考え方は，諸論者によって，「再生産の条件を動学的に発展させ」[6]たもの，あるいは，「「生産と消費の連繋」という観点から部門構成，I・II部門の拡大率の関係の問題を提起」[7]したものとして，高く評価されてきた。だが，はたしてそのように言うことができるのであろうか？　いったいマルクスは第21章でなにを問題とし，なんの条件を明らかにしようとしているのであろうか？　あるいは，そこでマルクスは蓄積率と部門間比率との関連を，どちらを主導的なものとして考察しているのであろうか？　以下，富塚氏の恐慌論展開の　要ともいうべきこの概念を立ち入って検討してみよう。

# 1　『資本論』第2部第3篇の再生産論が明らかにしているのは，蓄積額したがってまた蓄積率は任意の値をとりえないという側面である，という主張について

　この論点は，「「均衡蓄積率」の概念を定立することの是非に関する議論と密接に関連」（「質問状」261ページ）している。富塚氏は，蓄積率は独立変数であり部門間比率はその従属変数であるという『レキシコン』の「栞」での見解を批判して，次のような議論を展開される。

　　「……社会の総資本の総生産物が左〔下〕記のような価値的・素材的構成

----

6）鶴田満彦「資本蓄積論争」（越村信三郎ほか編『資本論の展開』，同文舘，1967年），171ページ。

7）井村喜代子，前掲論文，93-94ページ。

であったとします。

$$\begin{cases} \text{I} & 6000C+1500V+1500M=9000W_{\text{I}}' \quad \text{〔生産手段〕} \\ \text{II} & 2000C+\phantom{0}500V+\phantom{0}500M=3000W_{\text{II}}' \quad \text{〔消費手段〕} \end{cases}$$

両部門の不変資本の補塡に要する以上の余剰の生産手段は

$$9000W_{\text{I}}'-(\text{I}\,6000C+\text{II}\,2000C)=1000\Delta Pm$$

これを過不足なく吸収すべき均衡蓄積額は

$$1000Mc+250Mv=1250Ma$$

となります。現実の蓄積額……が，この均衡蓄積額に一致する場合には，その蓄積額が両部門にどういう割合で配分されようと……，マルクスのいう再生産の条件〔$\text{I}(V+Mv+Mk)=\text{II}(C+Mc)$〕は充たされますが，現実の蓄積総額が均衡蓄積額に一致しない場合には，その蓄積額が両部門にいかなる割合で配分されようとも，再生産の条件は充たされえません。……だから，均衡蓄積率に一致しない蓄積率は，マルクスのいう「再生産の基本条件」を充たさない蓄積率，その意味で「不均衡」を生ぜしめるような蓄積率だということになるわけです。それゆえ，もしマルクスの析出した「再生産の条件」の理論的意義を認めるのならば，蓄積率は「独立変数」，すなわち独立に任意の値をとりうるという命題は，少なくとも無条件的には主張しえないはずです。」(「質問状」265-266ページ。)

ここでの富塚氏の問題設定は，はじめに社会的総生産物の一定の「価値的・素材的構成」を所与のものと前提し，そのうえでそれらの諸要素の転換が過不足なく行なわれ，しかも現存する部門間の比率（この例では，$\text{I}:\text{II}=3:1$) が維持されるためには蓄積率はいかにあるべきか，というものである。たしかに，このように問題を設定するのであれば，蓄積率は任意でありえず，ある一定のものであるほかはない。したがって，もしも第2部第3篇第21章でもこのように問題が立てられているのだとすれば，「拡張再生産の均衡的進行の条件」として氏が「定立」された「均衡蓄積率」の概念は，マルクスの拡大再生産の分析の「発展」・「精密化」であり，また「「均衡蓄積率」を析出することとマルクスの「再生産の条件」を明らかにすることとは，殆んど同一事」(同上，263ページ)だと言いうるかもしれない。だがはたして，第2部第3篇第21章ではこのように問題が立てられているのであろうか。これがまず考察されねばならない点で

396　第2部　マルクスによる恐慌・産業循環の理論的展開を跡づける

ある。問題をどのように設定するかは，そこでなにを解明しようとするのかということによって規定されるものであるから，前者を検討することによって同時に，第21章でマルクスが明らかにしようとしているのはどのような「側面」であるのか，という当面の問題もおのずから明確になるはずである。

『資本論』第2部第3篇第21章「蓄積と拡大再生産」（とくに第1節，第2節）においてマルクスが単純再生産から拡大再生産への移行の問題を取り扱っていることは，否定しがたい事実であろう。ここにわれわれは，蓄積率と部門間比率，あるいは部門間均衡条件との関連を，マルクスがどのように取り扱っているかということを如実に知ることができるのである。マルクスの論述を見てみよう。

マルクスは次のように議論を進める。社会的再生産の規模の拡大が行なわれるためには，なによりもまず，生産資本の諸要素が従来の生産に必要であったよりもより多く市場に存在していなければならない。いま，追加的労働力の供給に制限がないとすれば，問題は追加的生産手段である。これが市場に存在し，個々の資本家がそれを購買しうるためには，それがすでに年間総生産物のうちに含まれていなければならない。「剰余価値が資本に転化できるのは，それをになう剰余生産物がすでに新たな資本の物的諸成分を含んでいるからにほかならない」（MEW 23, S. 607【『資本論』第1部フランス語版。MEGA II/7, S. 504】）。つまり，年間総生産物を2大部門に分割すれば，単純再生産のようにI(V＋M)＝IIC ではなく，I(V＋M)＞IIC（MEW 24, S. 510【MEGA II/11, S. 817】），あるいはI(V＋M)＝IIC＋IMc＋IIMc（MEW 24, S. 512【MEGA II/11, S. 819】。この等式は，部門間転換条件の別表現である）でなければならない。社会的総生産物の諸要素の配列がこのようになっていることによって，I・II部門とも現実にその生産を拡大することができ，また同時に，Iでの今期の生産拡大によって，次期のIIの継続的拡大を保証することになる。だが，このようなI・II部門とも蓄積可能な要素配列は，前期におけるI部門での現実の蓄積を前提する。今期補填されねばならぬIC＋IIC は前期のI部門の生産物価値に等しい。したがって，今期 IC＋IIC を補填した上で両部門とも蓄積が可能になるために必要な生産手段（IMc＋IIMc）がI部門に残らねばならないとすれば，今期のI部門の生産物価値は前期のそれより大でなければならない。そしてそれは，前期におけるI部門での

蓄積によるほかはない。

では，この I 部門の先行的拡大はいかにして可能か。追加的労働力が与えられているとすれば，問題は追加的生産手段 IMc である。すなわち問題は，この IMc がいかにして確保されるか，である。さらにそれ以前の年度における I での蓄積を前提することによってであろうか？　もし，そのように答えるとすれば，【S・ベイリのいうように，】「……事実上，次のようなことに帰着する。すなわち，生産の増大は，生産が前もって増大していなければ生じえないということと，言い換えれば，どんな増大も不可能だということである」(MEW 23, S. 638【MEGA II/6, S. 559】)。だから，問題は，まだ I 部門が拡大していない場合に，いかにしてこの拡大のために必要な追加的 I 部門用生産手段が新たにつくりだされうるか，換言すれば，拡大再生産の「物質的基礎」・「物質的前提」が，単純再生産（価値から見ての）の内部でどのようにしてつくりだされうるか[8]である。これが，単純再生産から拡大再生産への移行のさいの特有な問題をなす[9]。

---

8) 第2部第3篇においては，再生産過程の弾力性は捨象される。

「……第1部で詳しく述べたように，与えられた一資本が蓄積によらないでその生産量を拡大することも，ある限界のなかではできる。しかし，ここでは独自な意味での資本蓄積が問題なのだから，生産の拡大は剰余価値の追加資本への転化を条件としており，したがってまた生産の資本基礎の拡大を条件としているのである。」(MEW 24, S. 497【MEGA II/11, S. 802】)

9) この問題は，年間生産を一括して考察するという方法のもとで，『資本論』第1部第7篇第22章第1節でも論じられている (MEW 23, S. 605-607『資本論』第1部フランス語版。MEGA II/7, S. 504)。マルクスはこの分析にもとづいて，これにつづく第2節「経済学の側からの拡大された規模での再生産の誤った把握」において，蓄積される剰余価値はすべて生産的労働者の賃金 (V) になるというスミスおよびリカードウらの誤りを指摘しているが，その十全な批判は，年間の再生産過程の「現実の関連の分析」を行なう第2部第3篇で行なうと予告している (MEW 23, S. 617【MEGA II/6, S. 541】)。また，『剰余価値学説史』II の第17章「リカードウの蓄積論，それの批判」においても上記のスミスおよびリカードウの見解を批判し，事実上『資本論』第2部第3篇第21章第1, 2節と同様の，単純再生産から拡大再生産への移行の問題を論じている (MEW 26II, S. 486-492【MEGA II/3.3, S. 1108-1113】を参照)。ここから，第2部第3篇の課題たる V＋M ドグマ批判にとって，移行の分析が重要な意味をもつことが知られるであろう。なお，この移行の分析のもつ学説史上の意義は，この問題 (V＋M ドグマ批判) にとどまるものではない。この点についてはさらに，第2部第3篇第21章第3節の注58 (MEW 24, S. 501【MEGA II/11, S. 807】) を参照のこと。また，久留間鮫造「回答状 (2)」の28-29ページ【本書385-386ページ】を参照されたい。

398 第2部 マルクスによる恐慌・産業循環の理論的展開を跡づける

マルクスは，この問題を解決するための鍵を，価値の大きさとしては前年度と同じであるⅠ部門の生産物の諸要素の組み合わせの変更に見いだした。すなわち彼は，たとえば次のように論じている。

> 「……単純再生産から拡大再生産への移行が行なわれるためには，部門Ⅰでの生産は，Ⅱの不変資本の諸要素をより少なく，しかしそれだけⅠの不変資本の諸要素をより多く生産できるようになっていなければならない。……
>
> そこで，──単に価値量だけから見れば──単純再生産のなかで拡大再生産の物質的な基礎が生産されるということになる。」10)(MEW 24, S. 492【MEGA Ⅱ/11, S. 798】)

また次のようにも言っている。

> 「この〔拡大された規模での〕再生産は，……与えられた生産物のいろいろな要素の組み合わせの相違またはそれらの機能規定の相違を前提するだけであり，したがって，価値量から見ればさしあたりは単純再生産にすぎない……。単純再生産の与えられた諸要素の量ではなくその質的な規定が変化するのであって，この変化が，そのあとにくる拡大された規模での再生産の物質的前提なのである。」(MEW 24, S. 501【MEGA Ⅱ/11, S. 806】)

このようにマルクスは，Ⅰ部門の拡大にとって必要な追加的生産手段は，それに先行する蓄積を前提することなしに新たにつくりだされるとした。すなわち，単純再生産の場合にはそのすべてが「不変資本ⅡC をその現物形態で再び補塡するべき生産手段だけから成っていた」(MEW 24, S. 492【MEGA Ⅱ/11, S. 797】)ところの剰余価値Ⅰのうちの一部分をⅠ部門用生産手段に転換すること，したがって，ⅠM を形成する剰余労働のうちの一部を，Ⅱ部門用生産手段を生産する具体的労働の形態からⅠ部門用生産手段を生産する具体的労働の形態に転換することによってつくりだされる，としたのである11)。

---

10) この文章は，文字どおりには「単に価値量だけから見れば……生産されるということになる」というつながりであるが，すぐ次に引用するところからも明らかなように，「単に価値量から見れば単純な」という意味に解すべきところである。

11) マルクスは，つぎのように，拡大再生産の場合には ⅠM 内部の使用価値の質的規定を重視している。
　　「ここで〔剰余価値の一部が直接に不変資本に転化されうるかどうかという問題におい

このような「Ⅰの諸要素の違った組み合わせ」なしにはⅠ部門での拡大は行なわれえず、この拡大があらかじめ行なわれることなしにはⅡ部門用生産手段は増産されえず、したがってⅡ部門の拡大は不可能になる。要するに、それなしには、「およそ拡大された規模での再生産が行なわれない」(MEW 24, S. 501【MEGA Ⅱ/11, S. 806】)のであり、「一般に資本の蓄積が行なわれえない」(MEW 26Ⅱ, S. 489【MEGA Ⅱ/3.3, S. 1111】)のである。だが、――単に価値量だけから見れば――単純な再生産であるのだから、この拡大再生産のための「物質的基礎」・「物質的前提」の生産は、Ⅱ部門用生産手段の犠牲において――Ⅰ部門の資本家が商品Ⅱへの支出を減少させることを通じて――行なわれるほかはない。そしてその結果、両部門間の比率が変化する。すなわちⅡ部門はⅠ部門にたいして相対的に縮小することになる。つまり、社会的生産の継続的拡大のためには、Ⅱ部門が一時的にⅠ部門にたいして相対的に縮小しなければならない、そしてそこに一定の困難が生ずる[12]、ということになるわけである。以上が、ここで

---

て〕問題になるのは、剰余労働を表わしている使用価値の種類、すなわち、それが再び生産条件としてこの剰余生産物の所有者である資本家の生産部面にはいっていくことができるかどうかということだけである。ここにもまた、経済的な形態規定にとって使用価値の規定が重要であるということの一例が示されている。」(MEW 26Ⅱ, S. 489【MEGAⅡ/3.3, S. 1111】)

高須賀義博氏が主張されているような「拡大再生産の自由度」論は、それが過度に一般化され、絶対的なものとして主張されるならば、誤りに陥ることになろう。この議論は上の区別を捨象した場合にのみ成り立つものだからである。もちろん生産手段のなかには両部門に共通な生産手段があるのであって、その範囲内では「経済全体の成長率に一定の幅＝自由度がある」(高須賀義博『再生産表式分析』、新評論、1968年、97ページ)が、しかし、どちらか一方の部門でのみ使用されうるものの方が圧倒的に多いと考えるべきであろう。たとえば、動力装置などは両部門共通でありうるが、紡織機や耕耘機などは、「機械を生産する機械装置」にはなりえない、というように。

12) 移行の場合、この困難はⅡ部門の過剰生産となって現われる。この消費財の過剰生産は、資本主義社会にあってはⅡ部門の資本家の損失において解決されるほかはなく、したがって、再生産過程の攪乱要因を、すなわち「発展した恐慌の可能性」の一つをなすことになるのである。この点、『資本論』第2部第3篇第21章第2節を参照されたい。

富塚氏は、この移行の場合の困難を、「部門間資本移動にともなう困難」(「質問状」、258、264ページ)だと述べられているが、この場合の困難は、Ⅰ部門内部の編成替えの結果として生ずる困難であって、「部門間資本移動」によって生ずるものではない。このように氏が述べられるのは、この移行が資本移動によって可能になると考えられているからではなかろうか(「質問状」266-267ページ、「再批判」65ページ参照)。たしかに「社会的

のマルクスの問題提起とその解明との大きな筋道である。

　以上から明らかなように，ここでマルクスが行なっているのは，社会的総生産物の一定の「価値的・素材的構成」を，したがって，一定の部門間比率を所与のものと前提し，それに適応すべき，均衡的進行のための条件としての蓄積率を究明しているのではない。そうではなくて，現存の部門間比率に適応する蓄積率とは異なった任意の蓄積率を，すなわち蓄積率の一定の変化を前提し，その変化した一定の蓄積率で再生産が継続的に行なわれるためには社会的総生産物の諸要素の配列がどのように変化しなければならないかを，すなわち，蓄積率変動のさいに充たされなければならない社会的再生産の条件を，そのさいに妥当する法則を究明しているのである。換言すれば，ここでマルクスは，蓄積率を独立変数とし，部門間比率をその従属変数として問題を設定しているのである。

　ところが富塚氏は，本節のはじめに見たように，これとは逆に，もともと蓄積率の高低に照応して決定されるはずの部門間比率を，まず所与のものとして前提し，それに適応する——したがってまた均衡的進行の条件としての——蓄積率はいかにあるべきかを問題にされる。すなわち，部門間比率を独立変数，蓄積率をその従属変数として問題を立てられるのである。そして，そこから出発して，一定不変の部門間比率に適応する蓄積率は一定不変でなければならないという結論に到達される。もともと，一定の部門間比率は一定の蓄積率に適応するものとして与えられたものであるから，一定の部門間比率に適応する蓄積率は一定でなければならないということは，したがって，現実の蓄積率がそれに一致すればそのかぎりでなんらの攪乱もなく均衡的に過程は進行しうるということは，いわば当然自明のことである。それは，なるほど間違ったことではないが，しかし同時に，まったく無意味な，一種のトートロジーにすぎない[13]。ところが富塚氏は，これこそが第2部第3篇でマルクスが明らかにして

　　需要構造の変化」にともなって，部門間資本移動が行なわれるであろうが，どの部門において生産された剰余価値の実現による貨幣で，I部門の剰余生産物が購買されようとも，購買されるべきI部門の生産物＝追加的I部門用生産手段が現実に存在していなければ，この移行は不可能であって，問題は，これがいかにして新たにつくりだされうるかである。この問題は「資本移動」によって説明されうるものではない。

13) 例えば，$I(V+M)=IIC$ を充たすある一定の部門間比率があるとすれば，この場合の「均

第11章 『資本論』第2部第3篇の課題と恐慌論との関連についての一考察　401

いる「側面」であると主張され，「均衡的進行の条件」として「定立」した氏の
「均衡蓄積率」こそ，マルクスの叙述の正しい解釈にもとづく，この叙述の「発
展」だとされるのである。だが，以上のところから，この概念はマルクスとは
まったく逆の問題設定にもとづいて導きだされたものであることは明らかであ
ろう。

　このように，富塚氏とマルクスとの根本的相違は，なにを独立変数としなに
を従属変数として問題を立てるかについて，氏とマルクスとがまったく反対の
ことを考えているところにあると考えられるのであるが，そうだとすると，こ
の二つの問題の立て方のうち，そのどちらが理論的に正しいのか，換言すれば，
現実の再生産過程の正しい理解のために解明される必要があるのは，富塚氏の
「拡大再生産の均衡的進行の条件」としての蓄積率であるのか，それともマル
クスの蓄積率変動のさいに充たされなければならない社会的再生産の条件，そ
のさいに貫く社会的再生産の法則であるのか，が問われなければならないこと
になる。

　前にも述べたように，一定の部門間比率に適応する蓄積率は一定であるし，
現実の蓄積率がそれに一致すれば，たしかにそのかぎりでは過程は均衡的に進
行するであろう。しかし，それは現実の蓄積率がたまたまそれに一致すればそ
うであるということだけであって，それだから蓄積率は所与の部門間比率に適
応しなければならない（これは事実上，生産力一定ならば蓄積率は変化しては
ならない，ということに帰着する），ということになるわけではない。という
のは，そもそも蓄積率は部門間比率によって規定されているのではないからで
ある。すなわち，現実の蓄積率は，部門間比率を含む表式を構成する諸要因に
よってではなく，その時々の種々の社会的必要によって規定されているのだか
らである。このことは，資本蓄積率を生産拡大率と解せば，資本主義的生産に
特有な事態ではなく，超歴史的な事実である[14]。生産力水準が一定であっても，

　　衡的進行の条件」としての蓄積率は，ゼロでなければならない。ところが，そもそも，こ
　　の I(V＋M)＝IIC という関係は，「単純再生産という前提のもとでは」（MEW 24, S. 406
　　【MEGA II/11, S. 739】），すなわち蓄積率＝ゼロという「前提のもとでは」，そうならなけ
　　ればならない条件，その場合に妥当する法則として与えられたものなのであるから，それ
　　に適応する蓄積率はゼロでなければならない，ということは，まったく無意味な，一種の
　　トートロジーにすぎないであろう。

たとえば，人口の急激な増加が見込まれるとか，軍備の急激な拡張が必要になるとか等々の場合，それに対応すべく従来以上の率での生産拡大が要請されるであろう。現実がこうであるのに，均衡的進行のための，所与の部門間比率に適応する蓄積率はいかにあるべきか，と問題を立てることにどのような現実的意義があるのだろうか。現実に蓄積率は表式を構成する諸要因によってではなく，その外部のその時々の事情によって規定されている以上，理論的にもそれ自体独立変数として取り扱われるべきではなかろうか。もちろん，この第2部第3篇では，具体的になにによってその拡大の必要が生じるか，したがってまた，その必要はどのような動機（利潤動機か否か）にもとづくものかは問題にしえないし，また問題にすべきでもない。ここでの問題は，この必要が生じたときに，社会的再生産過程はどのように変化しなければならないか，そしてそこにどのような問題が生ずることになるのかを明らかにすること，すなわち，蓄積率（＝生産拡大率）の変動をつねにともなって運動している現実の再生産過程を貫く法則の解明を志向する理論を打ち立てることであって，そうしてはじめてその理論によって現実の過程を正しく理解することができるのではなかろうか。富塚氏の問題設定からは，このような法則の解明は不可能であろうし，また，その問題究明の結果としての「均衡蓄積率」の概念も，氏の恐慌論体系にとってはいかに重要な意義を有しようとも，それは現実の事態に無縁な「概念」であり，したがってまた，現実の理解に役立ちうる理論たりうるものではないように思われる〔補注1〕。

---

14) 高木彰氏は，蓄積率が独立変数，部門間比率はその従属変数という「命題」は，「超歴史的事態ではなく，特殊資本制的性格において理解されねばならない」（前掲「再生産表式の構造について」，16ページ）と述べられているが，蓄積率は表式を構成する諸要因によってではなくその外部にあるその時々の（生産力一定としても生じる）種々の社会的必要によって規定される（これがその「命題」の意味である），ということは，超歴史的事態である。このように高木氏が主張されるのは，この「命題」の意味する内容を，ある期の部門構成は，「……独自的に……消費需要とは全く無関係におこなわれる」（同上，15-16ページ）前期のⅠ部門の蓄積率によって規定される，ということに求められるからであるが（このような議論が第2部第3篇で論じうるかどうかについては次節を参照），少なくとも「栞」および久留間氏の前掲論文では，かの「命題」をそのような意味で主張されているのではないと思われる。

第11章 『資本論』第2部第3篇の課題と恐慌論との関連についての一考察　403

〔補注1〕

単純再生産から拡大再生産への移行の固有の問題とは、Ⅰ部門での拡大がまだなされていない場合に、いかにしてこの拡大に必要な追加的Ⅰ部門用生産手段が新たにつくりだされうるか、であり、この問題の解答は、価値量としては単純な再生産の範囲内でのⅠ部門内部の編成替えであった。ところが富塚氏は、この問題の解答を、『恐慌論研究』の71ページにおいては、「……第Ⅰ・第Ⅱ両部門の不変資本の補填に要する以上の……生産手段の生産が、第Ⅰ部門においてあらかじめなされていなければならない」とされた。これは、拡大再生産の進行一般の条件如何にたいする解答としては正当であるが、しかし上記の問題にたいするそれとしては誤りである。これでは、「生産の増大は、生産が前もって増大していなければ生じえない」という、まさにマルクスがそこで批判しようとした学説（MEW 24, S. 501, 注58【MEGA II/11, S. 807】を参照）そのものにほかならない。この点を久留間氏は、「回答状（2）」の29-30ページ【本書386-388ページ】において批判されたのである。この久留間氏の批判にたいして富塚氏は、前掲の『恐慌論研究』での叙述が「量的拡大」を問題にしている、という批判は「重大な誤解」（「再批判」、60ページ）であるとされ、その叙述を「偏見なしに読みさえすれば」、そこでは「余剰生産手段を生みだすようなその「機能配列」の変化」、「生産諸部門間の編成がえ」が、拡張再生産の「物質的基礎」をなすのだ、ということにあることを知られるはずだ（同上）、と反論されている。しかし、「第Ⅰ部門において」、「第Ⅰ・第Ⅱ両部門の不変資本の補填に要する以上の……生産手段の生産が」、「あらかじめなされていなければならない」ということと、「機能配列」の変化、「生産諸部門間の編成がえ」によって、「余剰生産手段」が生みだされうる、ということ、——この二つのことはまったく別の事柄である。富塚氏のはじめの主張を「偏見なしに読みさえすれば」、それがのちの反論において氏が説明されているようなことを意味するものだとはとうてい考えることはできないはずである。

さらに、これに関連して富塚氏は、『資本論』第1部（MEW 23, S. 607. 本論文、101ページ【本書396ページ】に一部引用）のマルクスの叙述を援用され、次のように述べられている。

「……みられるように〔上記の『資本論』の箇所において〕剰余生産物が「すでに」新資本の物的諸成分を含むがゆえにのみ剰余価値は資本に転化しうるのである、と述べられている。このマルクスの叙述もまた、「蓄積の前に蓄積を前提する」のであるから、「誤り」だと教授はいわれるのだろうか？……前掲の私の叙述〔『恐慌論研究』での見解〕は、……さきのマルクスの叙述と同じく極めて当然至極なことを述べたにすぎず、絶対に「誤り」ではない。」（同上、62-63ページ。）

だが、マルクスのそこでの叙述も、氏の主張を支持するものではない。蓄積のため

には蓄積に必要な物的諸要素があらかじめ存在していなければならないのは自明のことであって，それはけっして，そのような物的諸要素がまだ実在しない場合にそれがどのようにしてつくりだされうるか，という問題を排斥するものではないのである。蓄積が現実に行なわれるためには追加的生産手段の増産が必要不可欠であるからこそ，それがまだ現存していない場合にそれはいかにして新たにつくりだされうるのか，ということが問題になるのであり，それこそ単純再生産から拡大再生産への移行の固有の問題をなすのである。この固有の問題が当面の問題であるときに富塚氏が上掲のようなマルクスの叙述の一部をもちだされるということは，氏が拡大再生産進行の一般的な条件と移行の場合の特殊な条件とを混同し，移行の場合の独自な問題を独自なものとして設定する意義に，あるいはむしろその問題の所在にすらまったく気づかれていないことを自ら示されているわけである。そして，この問題にたいする氏の無理解が，蓄積率と部門間比率とに関してマルクスとまったく逆の問題設定をされる一因をなしているように思われるのである。

## 2 蓄積率は独立変数，部門間比率はその従属変数であるという命題はトゥガン説にほかならない，という主張について

　富塚氏は，蓄積率は独立変数であり部門間比率はその従属変数である，という「命題」について，それは，単純再生産から拡大再生産への移行の論理を一般化する，という点でも，また蓄積率の変動に伴って部門間比率の変更がなされればよい，とする点でも，「第Ⅰ部門の独立的発展」は無限界だとするトゥガン説そのものである（「質問状」260-261ページ，264-265ページ），という批判を加えられている。このうち，後者の，「なされればよい」といわれる点についてはすでに，大谷氏（「資本の流通過程と恐慌」155ページ【本書344-345ページ】），久留間氏（「回答状 (2)」【本書373-378ページ】）の立ち入った批判があるので，ここでは前者の，「移行の論理を一般化する」という点を中心に，氏の主張を検討することにしよう。まず，トゥガンの主張とはどのようなものか。当面の問題にかかわるかぎりでそれをみれば，次のようにまとめることができよう。

　トゥガンは，彼の単純再生産の表式と拡大再生産の表式（第Ⅰ表式と第Ⅱ表式の初年度および2年度）とを比較し，そこで彼のいわゆるⅡ部門とⅢ部門との総計（マルクスの表式ではⅡ部門にあたる）の縮小によってⅠ部門が拡大し

ている，という事態に注目し，そこから，「……資本主義経済においては，商品の需要が社会的消費の総規模とは，ある意味で無関係である。……社会的消費の総規模が縮小しながら，それと同時に，商品に対する社会的需要が増大することがあり得る。……」(新訳『英国恐慌史論』，救仁郷繁訳，ぺりかん社，1972年，33ページ) という「結論」を導きだし，それを一般化して，「社会的生産の比例的配分」さえ存在するならば——部門間比率の変更さえなされているならば——，「社会的消費」から離れてどこまでも I 部門が拡大しうるとし，そこから，『資本論』第3部でマルクスが搾取の実現の条件に社会の消費力をあげるのは，第2部の分析と矛盾する (同上，218ページ)，と言うのである。

このようなトゥガンの主張にたいしては，とりあえず次のように言うことができるであろう。前節で見たように，(1) この事態 (II 部門の犠牲において I 部門が拡大する) は，「社会的消費」から離れて，その意味で「独立的に」I 部門が拡大しうる，ということを示しているのではなく，次年度における II 部門の拡大のためにこそまず I 部門が先行的に拡大しなければならないということ，そしてその拡大は，II 部門の犠牲によるほかはないということを，つまり単純再生産から拡大再生産への移行のために必要な条件，そのさいに妥当する法則を示しているのであって，それはけっして資本主義的生産に特有なものではなく，超歴史的な拡大再生産の物的条件をなすものである。(2) したがってまた，この部門間比率の変更は，それが「なされればよい」(「部門間比率が変化しさえすれば万事OK」) というものではなく，移行の場合にはそれが「なされねばならない」ということ，すなわち，移行が行なわれるための必要条件だということである。

したがって，「移行の論理を一般化する」とするならば，それは次のようなしかたでなされるのでなければならない。すなわち，単純再生産から拡大再生産への移行について明らかにされた条件，そのさいに妥当する法則は蓄積率の変動一般 (単純再生産から拡大再生産への移行とは，蓄積率がゼロからあるプラスの数値に変化することであって，蓄積率変動の特殊な場合と見ることができる) の場合にも妥当するものだ，というように一般化することである[15]。換

---

15) 拡大再生産がすでに行なわれている場合でも，社会的生産全体の (つまり結局は第 II 部門

言すれば，蓄積率が独立変数，部門間比率はその従属変数という「命題」は，トゥガンが主張するのとはちがって，Ⅰ部門の拡大がⅡ部門の拡大と無関係にその意味で「独立的」に行なわれうるということを意味しているのではけっしてなく，むしろⅡ部門の拡大のためにこそまずもってⅠ部門が先行的に拡大しなければならない，ということを，そして，このⅡ部門の拡大の要求——さらに具体的にはそれがどのような率で拡大しようとするのか——は，その時々の事情によって決まるのであって，それが何によってもたらされ，決定されるかは，表式の問題ではなく，その外部の問題である，ということを意味しているのである。このように見るならば，前述の富塚氏の批判は，この「命題」にたいする誤解にもとづくものであり，的をはずしたものであることは明らかであろう。

ところで，第2部第3篇の方法的前提のもとで，そもそも，Ⅱ部門の生産拡大（少なくともその見込み）から離れて「独立的」に，Ⅰ部門が拡大するという事態を考えうるであろうか？ ここでは諸資本の競争は捨象されている。このことはⅠ部門を単一の企業として考えることを許すであろう。この場合には，生産手段を生産するための生産手段（IC）は，その企業にとっては自家用生産手段である。この企業が自家用生産手段を増産するのはどのような理由によるのであろうか？ それは，Ⅱ部門用生産手段にたいする需要が増大したからであり，この後者はまたこれで，消費財にたいする需要が増大した結果であろう。もし増大した需要が（少なくともその見込みが）なければけっして自家用生産手段を増産することはないであろう。Ⅱ部門に売ることから離れて自家用生産手段を増産する資本家が考えられるであろうか。現に，資本家が生産を拡大するのは，「新たに生じた社会的欲望による新たな市場や新たな投資部面などの

---

の）拡大率を高めるためには，まずもってⅠ部門を従来以上の率で拡大しなければならない。その場合，Ⅰ部門の蓄積額が「余剰生産手段」の範囲内であれば，単純再生産から拡大再生産への移行の場合のようにⅡ部門の生産物が過剰になることはないが，しかし，従来の率での消費手段の増産は一時的であれ望めなくなる（つまりⅡ部門の蓄積率が一時的に低下せざるをえない），という「困難」が生じることになる。恐慌の問題においてはとくに蓄積率の急激な低下の場合の困難が重要である。この点は，久留間「回答状（2）」，24-25ページ【本書381-382ページ】参照。

開発」（MEW 23, S. 641【MEGA II/6, S. 561】）などが現われたときであり，生産の拡大を促がす需要の増加は——生産方法の変革の場合を除けば——消費財にたいする需要の増加であって[16]，それから独立に生産手段の増加のための生産増加（消費財の需要から独立した）が生じるなどということは，およそ考えられないことである。（あらためていうまでもないことであるが，第2部第3篇の段階での再生産過程の分析では，資本家間の競争の作用は捨象される。このことは，ここで明らかにされるべき基本的法則の純粋な析出のための必要条件なのである。）

　現実には両部門ともそれぞれ単一の企業によって担われているのではないのだから，このような前提そのものが不自然だという反論があるかもしれない。しかし，これを複数の企業として考えることによって何が付け加わることになるだろうか。そうした前提のもとでの考察は，そうした前提をおかない考察のもとで明らかにされる資本主義的生産の内的制限が諸資本の競争によって突破されるということを明らかにするだけであって，内的制限そのものは，I部門内部の諸資本の競争を捨象することによってこそ明らかにされるであろう。個々の資本が市場の関連を見失い，「生産のための生産」に熱をあげ，消費需要から「独立」して生産を拡大させるが，それによってまたII部門にたいする一時的需要が形成される，といった顚倒的な拡張過程をもたらすのは，まさに諸資本の競争にほかならない。したがって，この過程を分析するためには，われわれは，諸資本の競争を引き起こす諸契機を分析しなければならない。そのような諸契機を分析することなしには，このような過程は論じえないものなのである。そうした諸契機を捨象してはじめて社会的再生産の進行のための基本的諸条件，それを支配する基本的諸法則の解明——それこそが第2部第3篇での課題なのだ——が可能になる。「第I部門の独立的発展」という問題は第2部第3篇の圏外の問題なのである[17]。

----

16）『マルクス経済学レキシコン』⑨，「恐慌IV（産業循環）」の項目Iの小項目「1　生産に衝撃を与えてその突然の膨張をひきおこすものはなにか？」を参照。

17）トゥガンの誤りは，このような第2部第3篇の方法的限定を無視し，ここでは捨象されている種々の現実的要因を導入してはじめて論じうる問題をここで明らかにされうるものであるかのように考える——これは第2部第3篇の課題についての無理解にもとづくのだが——ところにある。したがってまた彼は，そのような事態をもたらす現実的諸契機を考察

408 第2部 マルクスによる恐慌・産業循環の理論的展開を跡づける

　第2部第3篇で解明されるべき問題と，その問題の純粋な解明のために必要な方法的限定とにたいする無理解は，再生産の条件，法則としての第Ⅰ部門の先行的拡大の問題と，諸資本の競争によって引き起こされる，消費需要から離れた生産手段の生産という顛倒的な生産拡大の問題との混同を引き起こす。その結果，再生産の現実の諸要因を導入することなくしては論じえないこのような問題を第2部第3篇での問題だと考え，そのような過程の限界の有無をそこで論証しようとすることになる。トゥガンは，単純再生産から拡大再生産への移行の「分析」から「第Ⅰ部門の独立的発展」の問題を引き出し，その「論理」を一般化することによって，その過程の無限性を，したがって，資本蓄積の無限進行の可能性を「論証」しようとする。一方，富塚氏は，第2部第3篇で何が問題にされ，また単純再生産から拡大再生産への移行の分析で何が明らかにされているのかを問われることをしないで，移行の「論理」を一般化すればトゥガンのように「第Ⅰ部門の独立的発展」は無限界だということになってしまう，と考えられる。すなわち，Ⅰ部門に任意の蓄積率を設定するマルクスのしかたでは，「第Ⅱ部門はなんら拡張することなく第Ⅰ部門のみが急速に拡張してゆくといった「拡張表式」を展開することは，その場合明らかに可能」(『恐慌論研究』，99ページ) であり，これでは「トゥガン流の想定……に対する批判の論拠を失う」(同上) と考えられるのである。そこで，氏は，マルクスの蓄積率の設定方法を否定して，「均衡蓄積率の概念」を「定立」される。すなわち，これ以上高くなってはならないという蓄積率の上昇の限界，したがって資本蓄積の「基

───────────────

　に入れないで，一般的法則として，「第Ⅰ部門の独立的発展」を論じるのだから，その当然の結果として，資本蓄積の無限進行の可能性をそこで「論証」することになるのではなかろうか。
　このようなトゥガンの基本的謬見を批判する代わりに，「第Ⅰ部門の独立的発展」という事態が第2部第3篇で論じられうるという前提のもとで，彼の「誤り」を指摘しようとするいろいろな試みが見受けられる。たとえば，トゥガンの「誤り」を，彼が「「生産財需要」の拡大に支えられた拡大再生産について，「均衡」が維持されるかどうかという点のみにしか着目しなかったということ──そこでは生産が消費との「照応」関係を破って拡大しているという関連・矛盾……を全く無視している」(井村喜代子『恐慌・産業循環の理論』，有斐閣，1973年，118-119ページ) ということに求められる見解，あるいは，トゥガン「批判の核心は，〔「第Ⅰ部門の独立的発展」を支えているところの〕資本家の蓄積需要の停滞もしくは停止の必然性を示すことにある」(置塩信雄『蓄積論』，筑摩書房，1967年，174ページ) とされる見解等。いずれも納得しがたいものといわざるをえない。

準」を示すことによって，トゥガンを批判しようとし，同時にそれによってま
た，第2部第3篇を恐慌に「連繋」させようとされるのである。

　われわれは，このような富塚氏の議論のなかに，トゥガンと同次元でトゥガ
ン批判をしたローザとの共通点を見出すことができる。ローザは言っている。
「マルクスの表式がそれだけで考察すれば事実上かような〔トゥガン流の〕解釈を
許すということは」（ローザ・ルクセンブルク『資本蓄積論』，長谷部文雄訳，青木文庫，
下，1955年，385ページ），マルクスの表式そのものに難点があるからだ，と。ま
た，「拡大再生産の表式をまさにマルクスの理論の見地から吟味するならば，
この表式は彼の理論と多くの点で予盾する」（同上，391ページ）と。

　蓄積率は独立変数，部門間比率はその従属変数である，という「命題」をも
ってトゥガン説そのものだとする富塚氏の批判は，この「命題」の誤解にもと
づくものであることを私はまえに説明したが，以上のように見てくると，この
氏の誤解はたんなる字句の上での読み違えといったものではなく，氏の第2部
第3篇の理解のしかたにその根源をもつと言わざるをえなくなってくる。換言
すれば，上の「命題」をトゥガン説そのものだ，と考えられるところに，まさ
しく富塚氏のトゥガン・ローザ流の第2部第3篇理解が示されているというこ
とになる。そして氏の「均衡蓄積率の概念」はまさに，このような氏の第2部
第3篇理解のうえに（トゥガン・ローザと同様にそこで資本蓄積限界の有無を
論じうる，という理解のうえに）立てられたものであり[18]，したがって，マル
クスの第2部第3篇とは無縁な概念であると考えざるをえないのである[補注2]。

〔補注2〕
　蓄積率と部門間比率との関連について，久留間氏は，戦前，高田保馬氏が行なった
「各部門の資本構成と剰余価値率とが一定されている限り両部門の規模の割合は常に
一定でなければならぬ」（久留間鮫造「高田博士による蓄積理論の修正」，『恐慌論研究』，

---

18) 富塚氏は，「再批判」の51ページにおいて，「部門間比率が変化すればよい」といっても
　「変化しなければならない」といっても，「それほど決定的な相違があるとはとてもおもえ
　ない」と述べられている。しかし，いままで見てきたところからも明らかなように，この
　相違は，結局第2部第3篇で何を明らかにしているのか，ということの理解にかかわるの
　であり，「決定的な相違」である。この相違をどうでもよいものと考えるところにも，富
　塚氏の第2部第3篇理解の一端がよく示されているように思われる。

北隆館版, 1949年, 252ページ【本書186ページ】）という, 富塚氏と同様の主張にたいして, 「両部門の規模の割合の一定性は, 各部門の資本構成と剰余価値率との一定性のみによっては, 決して与えられない。それは更に, 前年度における第I部門の蓄積率の一定性を前提する」（同上, 253ページ【本書187ページ】）と批判された。久留間氏のこの批判にたいして富塚氏は, 「質問状」の270-271ページで,（1）この命題は固定資本要因を考慮すれば成立しえない。（2）第I部門の蓄積率が一定のまま維持されると何故に翌年度から「両部門の規模の割合」が一定となるかの経済学的な論証はなされていない, それは少なくとも経済学上の法則というものではない, と批判されている。まず（2）の問題から見てみよう。

　前述の久留間氏の叙述は, 前年度におけるI部門の蓄積率が前々年度のそれと同一であれば, 今年度の両部門の規模の割合は, 前年度におけるそれと同じになる, というものであった。富塚氏のいわれる「経済学的な論証」とは, 前々年度のI部門の蓄積によって増大した（前々年度と同一の蓄積率によって規定される前年度の第I部門の $(V + Mv + Mk)$ の生産手段を, はたして前年度のII部門がすべて吸収しうるかどうか, この点の論証がない, ということであると思われる。しかし, その前提のなかにはII部門が吸収した, ということが含まれているのであって, あらためて「論証」される必要があるような事柄ではないであろう。というのは, 前年度のI部門の蓄積率が前々年度のそれと同一であった, ということは, 前々年度のI部門の蓄積は, 前年度のII部門の拡大のために必要な生産手段の増産に照応したものであったことを示しているからである。もし, II部門に吸収されえない生産手段を増産したとすれば, 前の蓄積率を維持することにはならないであろう。要するに, 前々年度のI部門の蓄積は, 前年度のII部門の拡大のために必要な生産手段の増産に照応したものであったことが, ここでは前提されている, ということになるのである。

　次に（1）の問題である。ここでの（高田氏と久留間氏との）議論の主要な問題は, 部門間比率は, ある一定の生産力水準に照応する資本構成・剰余価値率によってのみ一義的に規定されるのか, それともそれはI部門の蓄積率にもかかっているのかどうか, というところにあった。そして, それはI部門の蓄積率にもかかっている, ということは一つの事実である。蓄積率と部門間比率との関連におけるこの事実は, 固定資本要因を導入すれば変わるというものではけっしてない。問題はまずこの事実を認めるか否かにあるのではなかろうか。

### 3 「均衡蓄積率」とは，「消費と価値増殖との間の正常な比例関係」を保つような蓄積率であり，それは「過剰蓄積」を規定する「理論的基準」である，という主張について

　富塚氏は，「均衡蓄積率の概念」を「析出・定立」された「意図」について，次のように述べられている。

　　「……「全般的過剰生産」は商品が，たんに「消費に対して過剰に」ではなく，「消費と価値増殖との間の正常な比例関係 (das richtige Verhältnis zwischen Konsum und Verwertung) を保つには過剰に」生産され，かくして，「価値増殖のための生産が価値増殖にたいして過剰となる」ことによって生ずる，という『経済学批判要綱』347ページの示唆的な叙述の含意は，《過剰蓄積》の概念を明確にすることなしには把握しえない，と考え，ああいう方法をことさら試みたわけです。すなわち，「均衡を維持しうべき蓄積率」とは，「消費と価値増殖との間の正常な比例関係」を保つような蓄積率だ，ということなのです。こういう理論的基準なしには，「過剰蓄積」といっても，いったい何に対して過剰なのかがはっきりしません。……」
　　（「質問状」，263ページ。）

　みられるように富塚氏は，『経済学批判要綱』347ページ〔"GRUNDRISSE DER KRITIK DER POLITISCHEN ÖKONOMIE" DIETZ VERLAG BERLIN 1974. S. 347. 以下，同書はDIETZ 1974年版と略記する。MEGA II/1.2, S. 353〕における，「全般的過剰生産は……〔たんに商品が〕消費にたいして過剰ではなく，消費と価値増殖との間の正しい比例関係を確立するには過剰に，すなわち価値増殖に対して過剰に生産されたために生ずる」（ここでの訳文と挿入部分は富塚氏のもの），というマルクスの叙述を氏の「均衡蓄積率」概念の「想源」とされ，この概念とそれを「基準」とする「過剰蓄積」の概念とを「明確にする」ことによって，このマルクスの「示唆的な叙述の含意」を把握できるのだ，と考えておられるようである。すなわち，氏の「均衡蓄積率」とはマルクスのいう「消費と価値増殖との間の正しい比例関係」を維持しうる蓄積率であり，これを越える蓄積が「過剰蓄積」だ，というわけである。

412　第2部　マルクスによる恐慌・産業循環の理論的展開を跡づける

　だがはたして，富塚氏の「均衡蓄積率」とそれを「基準」とする「過剰」概念
とは，上の箇所におけるマルクスの叙述の「含意」を明確にしたものと言いう
るであろうか？

　そのように言いうるためには，上記のマルクスの叙述についての特定の解釈
が容認されなければならない。すなわち，この箇所でマルクスが「示唆」して
いるのは，所与の生産力水準に照応する部門構成が蓄積率を規定するというこ
とであり，そのような蓄積率を超える蓄積が「過剰」な蓄積とみなされている，
ということである。この解釈によれば，「消費と価値増殖との間の正しい比例
関係」とは，一定の生産力水準に照応している部門構成＝部門間比率のことを
指しているということになろう。じっさい富塚氏の解釈はこうしたものである
（『恐慌論研究』，102-106ページ参照）。

　それでは，この箇所でマルクスはそのようなことを言っているであろうか？
結論から言えば，否である。むしろ上の解釈とはまったく反対に，ここでマル
クスが――「示唆」どころではなく――明言しているのは，蓄積率の変化が与
えられるとそれに応じて部門構成が変わらねばならないということ，つまり，
所与の蓄積率が部門構成を規定するということである。「消費と価値増殖との
間の正しい比例関係」という言葉もこうしたなかで言われているものである。

　そこで，以下，マルクスの叙述のなかの問題となる箇所について，展開の流
れをとらえることにしよう。この箇所は，富塚氏も述べられているように，
「後の『資本論』第2巻第3篇の再生産表式論の原型ともみるべき……一種の表
式分析……を承けて」（『恐慌論研究』，103ページ）展開されている。次のような
「一種の表式分析」で，マルクスは何を問題にしているのだろうか。

　　「$\frac{2}{6}$ の原料，$\frac{1}{6}$ の機械類，$\frac{1}{6}$ の労働者用必需品，$\frac{1}{6}$ の剰余生産物……と
　　想定したその関係割合にしたがって，われわれは，各Ａ・Ｂ・Ｃ・Ｄ・Ｅ
　　のそれぞれの生産物総額が100にイコールのばあい，労働者用必需品のた
　　めの一人の生産者Ｅ，他のすべての資本家のために原料を生産する二人の
　　資本家ＡとＢ，機械類を生産する一人のＣ，剰余生産物を生産する一人
　　のＤを必要とする。計算は次のようになるであろう……。――

第11章 『資本論』第2部第3篇の課題と恐慌論との関連についての一考察　413

| | | 労賃 | 原料 | 機械類 | 剰余<br>生産物 | | |
|---|---|---|---|---|---|---|---|
| A) | 原料製造業者 | 20 — | 40 — | 20 — | 20 | =100 | 2½ |
| B) | 同上 | 20 — | 40 — | 20 — | 20 | =100 | 2½ |
| C) | 機械製造業者 | 20 — | 40 — | 20 — | 20 | =100 | 2½ |
| E) | 労働者用必需品 | 20 — | 40 — | 20 — | 20 | =100 | 2½ |
| D) | 剰余生産者 | 20 — | 40 — | 20 — | 20 | =100 | 2½ |
| | | 10 — | 20 — | 10 — | 10 | = 50 | |

　すなわちEは，100からなる彼の全生産物を，彼自身の労働者のための労賃20，原料《製造業者》Aの労働者のための労賃20，原料《製造業者》Bの労働者のための労賃20，機械製造業者Cの労働者のための労賃20，剰余生産者Dの労働者のための労賃20と交換で手ばなす。そのかわりに彼は，原料40，機械20を交換で手に入れ，20はふたたび〈次期に〉労働者必需品にむけるために保存し，さらに20は自分の生活のための剰余生産物の購入用として手もとにのこしておく。他の資本家も同じような関係にある。彼らの剰余価値を構成するものは，彼らすべてが剰余生産物と交換することのできるその⅕すなわち20である。もし彼らが剰余のすべてを消費してしまうとすれば，彼らは終わりにも初めと同様の状態にとどまっており，彼らの資本の剰余価値が増大することはないであろう。彼らが10だけ，すなわち〈全生産物価値〉の1/10だけ，つまり剰余価値の半分だけを費消すると仮定すれば，剰余生産者D自身も10だけより少なく費消し，また他の資本家もすべて10だけより少なく費消するであろう。したがって全体としてはDは，彼の商品の半分＝50だけを売ることになり，彼の営業を再開することはできないであろう。そこでDが消費物品を50だけ生産するとしよう[19]。……」(『経済学批判要綱』，高木幸二郎監訳，大月書店，Ⅱ，

---

19) 以下このパラグラフでは，Dの生産が1/2に縮小されると仮定した場合，いまや蓄積を含むことになった社会的再生産がどのように進行するか，ということについて，部分的な展開を試みている。この部分の叙述には若干の論旨不明な点がみられるが，ともあれ，単純再生産から拡大再生産に移行する場合の再生産の進行をみようとしたものであって，部

414　第2部　マルクスによる恐慌・産業循環の理論的展開を跡づける

375-376ページ。【DIETZ 1974版, S. 345-346; MEGA II/1.2, S. 352-353.】）

　マルクスはここで，次のように叙述を進めている。(1) まず「資本内部の区分」(後出のマルクスの表現) であるC：V：Mの一定の比率を想定する，(2) 次にその「関係割合にしたがって」，各100の資本をもつ五つの部門をおく，(3) 次に単純再生産の場合の補塡関係を述べる，(4) 次に蓄積率を50％と仮定する，(5) その結果Dの生産物の½が過剰になる，(6) そこでDが½に縮小するとする，(7) すると次年度はこうなる，云々。このような論旨をもった叙述のなかから，生産力水準→部門構成→蓄積率　という規定関係を読み取ることはまったく不可能である。ここでは逆に，この場合，仮に50％の率で蓄積が行なわれることになると（つまり単純再生産から拡大再生産に移行するとなると）必然的に部門構成が変わらねばならないことが示されているのである。

　これに続いて，蓄積は生産物諸部分の資本家間の交換によって行なわれるということ，そのさいMは資本家の消費元本と追加資本とに分割されるのだということ，これが強調されたのち，富塚氏の「想源」となった次の叙述がくる。

　「価値増殖の本旨は，より大きな価値増殖——新たな，より大きな価値の生産——の現実的可能性ということにある。このばあい次のことは明らかである，——すなわち，すべて労働者にとって消費される商品を代表しているEと，すべて資本家によって消費される商品であるD，そのDとEとがあまりに多く生産してしまうであろうということ，——つまり資本のうち労働者に支払われるべき部分の割合との関係であまりに多く，それとまた資本家が消費することのできる資本部分の割合との関係であまりに多く（〈要するに〉資本家たちが資本を増加させなければならない関係割合がある，それに比較してあまりに多く。そしてこの関係割合はのちに利子で最低限界をあたえられる）。一般的過剰生産は……両種の商品があまりに多く生産されたことのためにおこる。——あまりに多くとは消費にたいしてではなく，消費と価値増殖のあいだの正しい関係〔das richtige Verhältnis〕を確保するにはあまりに多く，つまり価値増殖にたいしてあまりに多く，

---

門構成が蓄積率を規定するというようにマルクスが「示唆」しているとみることは不可能である。

第11章 『資本論』第2部第3篇の課題と恐慌論との関連についての一考察　415

ということである。」(同上，376-377ページ。【DIETZ 1974版，S. 346-347; MEGA
II/1.2, S. 353.】)

　蓄積の「現実的可能性」が問題だと言い，続いてマルクスは，「このばあい
〔hier〕次のことは明らかである」として，一言で言えば過剰が生じる，という
ことを述べる。「このばあい」というのは，蓄積一般のことでないことは明ら
かであろう。蓄積が必ず過剰を生むとは言えないからである。それでは「この
ばあい」とはどういう場合か？　それは先行する「一種の表式分析」における論
述を顧れば，疑問の余地なく，蓄積に移行する場合，すなわち単純再生産から
拡大再生産に移行する場合を意味することがわかる。「このばあい」には，第
II部門——DとE——での過剰が生じるのであるが，それはDとEとの不均
衡による相対的過剰生産ではなくて，蓄積への移行の結果としてのII部門全体
の過剰生産なのである。何にたいして過剰なのであろうか？　もちろん，前提
された蓄積率のもとでの「諸資本間の交換」にとって過剰なのである。「あまり
に多くとは……，消費と価値増殖のあいだの正しい関係を確保するにはあまり
に多く，つまり価値増殖にたいしてあまりに多く，ということである」，とい
うのも，このような文脈のなかで読むかぎり，与えられた蓄積率のもとでの再
生産にとってこれまでの部門構成のままではII部門が過剰になる，ということ
を示していることは明らかであって，富塚氏のように，与えられた部門構成の
もとでの再生産にとって蓄積が過剰だ，ということを言わんとするものとはと
うてい考えられない。

　さらに富塚氏は，上の部分に続く次の部分をも，自説を裏づけるものと考え
られる。

　　「別のことばで言えば，生産力発展のあるあたえられた地点では——(な
　　ぜならこの発展が必要労働と剰余労働との割合を規定するであろうから)
　　——生産物が——原材料・機械類・必要労働・剰余労働に対応するところ
　　の——部分に分割され，そして最後に剰余労働自身が消費に帰着する部分
　　とふたたび資本になるもう一つの部分とに分割されるところの，ある固定
　　した関係割合が生ずる[20]。資本のこの内的な概念上の区分は，交換のばあ

————————————
20)　この文章——「別の言葉で言えば……ある固定した関係割合が生ずる」——は原文自身が

いには，ある定まった制限された比率――もっとも生産の進行とともにたえず変わるものではあるが――が，諸資本相互間の交換のために生ずるというように現われる。」(同上，377ページ。【DIETZ 1974版，S. 347; MEGA II/1.2, S. 353-354.】)

ここではマルクスはまず，所与の生産力に照応して「資本の内的な概念上の区分」が生ずることを述べ，次にこれが諸資本相互の比率として現われる，としている。前者がC＋V＋M(mk＋ma) への W′ の価値分割を，後者がこれに対応する諸部門への総資本，総生産の配分を示していることは，これに続く次の叙述からも明らかである。

「たとえば，⅖ が原料，⅕ が機械類，⅕ が労賃，⅕ が剰余生産物――そのうち 1/10 はふたたび消費に，1/10 は新しい生産にあてられる――といった関係割合――こうした資本内部の区分――は，交換では，いわば五つの

---

疑問点を含んでいる。この部分の原文は次のようなものである。

In andren Worten: Auf einem gegebnen Standpunkt der Entwicklung der Produktivkräfte - (denn diese wird bestimmen das Verhältnis der notwendigen Arbeit zur Surplusarbeit) - findet ein fixes Verhältnis statt, worin sich teilt das Produkt *in einen Teil* - entsprechend Rohmaterial, Maschinerie, notwendiger Arbeit, Surplusarbeit -, und schließlich die Surplusarbeit selbst in einen Teil, der der Konsumtion anheimfällt, und einen andren, der wieder zu Kapital wird.

みられるように，この文章にはin einen Teilに対応するin andren Teilがなく，このままでは意味が通じない。このin andren Teilは次の箇所にあるべきものが書き落とされたものと考えられる。

... findet ein fixes Verhältnis statt, worin sich teilt das Produkt in einen Teil - entsprechend Rohmaterial, Maschinerie, notwendiger Arbeit, «*und einen andren - entsprechend*» Surplusarbeit ...

また，この叙述では，剰余価値率が生産力の発展によって規定されるという理由によって，生産力の所与の地点では，生産物のC＋V＋Mの分割のみならず，Mのmkとmaとの分割にも「ある固定した関係割合が生ずる」となっており，剰余価値率は蓄積率を一義的に規定するかのように読まれることになる。だが，剰余価値率はmkとmaの分割比率を規定するものではなく，分割さるべきもとの大きさ，すなわち剰余価値量を規定するだけである。剰余価値量が大になればより大なる率で蓄積しうる可能性が与えられるという意味では蓄積率に影響を与えるであろうが，しかし剰余価値率は蓄積率を一義的に規定するものではない。こうしたことからすれば，蓄積率に関する「ある固定した関係割合が生ずる」という文言は適切でないように思われる。このように種々の問題点を含む文章であるが，しかし，ここでマルクスは資本内部の区分を問題にしているということは明らかであって，けっして富塚氏の解釈を許すものではない。

第11章 『資本論』第2部第3篇の課題と恐慌論との関連についての一考察 417

資本のあいだの配分として現われる。」(同上，377-378ページ。【DIETZ 1974版，S. 347; MEGA II/1.2, S. 354.】)

ところが富塚氏はさきの引用のうちの，「生産物が──原材料・機械類・必要労働・剰余労働に対応するところの──部分に分割され，そして最後に剰余労働自身が消費に帰着する部分とふたたび資本になるもう一つの部分とに分割されるところの，ある固定した関係割合」という部分について，まことに独特な読み方をされる。氏は，この部分を次のように解釈されるのである。

「生産力の所与の発展段階においては，資本構成・剰余価値率ならびに部門構成（各生産部門への資本と生産物の配分比率）などが決まり，「そして最後に」（これらの相連繋する諸条件との関連において），剰余価値のうちのどれだけが蓄積にふりむけられどれだけが消費にむけられるかの割合が決まり……。」(『恐慌論研究』，103ページ。)

マルクスがたんにC＋V＋M(mk＋ma)への区分──このなかには有機的構成，剰余価値率，蓄積率が示されている──を述べているところに「部門構成」を読み，さらにこの部門構成を含む「諸条件」によって蓄積率が規定されることが述べられていると読む，その想像力のたくましさには驚くほかはない。マルクスは逆に，蓄積率→部門構成の規定関係を示そうとして，まず「資本内部の区分」をあげ，次に「五つの資本のあいだの配分」をあげるのである。さきの部分に続く，次のマルクスの叙述も，それを明瞭に示している。

「もし必要労働の資本の不変部分にたいする割合が，たとえば上例のように＝ ⅕ : ⅗ とすれば，さきに見たように，資本家と労働者の両方の消費に役だつ資本は，5の資本──それぞれ1の資本を表わす──の ⅕ ＋ ¹⁄₁₀ ＝ 1 ½ の資本より大きくなってはならないということである。」(同上，378ページ。【DIETZ 1974版，S. 347; MEGA II/1.2, S. 354.】)

これはつまり，蓄積率が50％であれば，部門構成はこれこれでなければならない，ということである。

以上の考察からわかることは，『経済学批判要綱』におけるマルクスの叙述と富塚氏の「議論」とはまさに正反対のものであること，前者はむしろ，『資本論』第2部第3篇第21章での，単純再生産から拡大再生産への移行とそのさい

の困難との問題そのものを論じていると見ることができるのであって，久留間氏の見解とマルクスの見解との一致を，久留間氏のマルクス解釈の正しさをこそ示すものだ，ということである。マルクスの上の叙述と富塚氏の議論との関係を，前者は後者の「想源」となったもの，と考えることはなかなかむずかしい。むしろ逆に，後者が前者についての富塚氏の解釈の「想源」であったと考えるほうが納得がいく。ともあれ，富塚氏とマルクスとの相違は，覆いがたいものと言わざるをえないのである[21]。

## おわりに

以上，『資本論』第2部第3篇第21章「蓄積と拡大再生産」において，何が解明されているのかという問題を中心に，富塚氏の「均衡蓄積率」の概念を検討してきた。限定された視点からではあるが，ここで私は，「拡大再生産の均衡的進行の条件」として「定立」された氏のこの概念は，マルクスの「再生産の条件を動学的に発展させ」たものと言いうるものではない，ということ，それはマルクスとはまったく逆の問題設定から導きだされたものであり，現実の事態になんの根拠ももたず，したがってまた，それを「理論的基準」としては「過剰蓄積」を把握することはできない，ということを明らかにしようと試みた。

---

[21] 富塚氏の「均衡蓄積率」概念は，マルクスのいう「消費と価値増殖との正しい比例関係」に結びつきうるものではないことは以上のとおりであるが，仮に氏のこの概念が「消費と価値増殖との正しい比例関係」を維持しうる蓄積率なるものであることを容認したとしても，ただちに生じるであろう次の疑問を指摘しておく必要があろう。氏の「過剰蓄積」の「理論的基準」は「均衡蓄積率」であるから，「均衡蓄積率」が維持されるかぎり「過剰蓄積」は生じないはずである。そういう状態を氏は「均衡蓄積軌道」と呼ばれるが，この軌道は，当初 x ％の「均衡蓄積率」で出発したのち，以後この x ％が維持されていくというものである。この持続はいうまでもなく，資本の有機的構成に変化がないかぎり，継続的に V を x ％ずつ増加させていく。したがってこの x ％が労働人口の増加率を上回るならば，遅かれ早かれ「過剰蓄積」という事態が生ぜざるをえないであろう。「人口の絶対的増加」は「絶えず進行する蓄積過程」の「条件」であり「基礎」なのであるから（MEW 26II, S. 478【MEGA II/3.3, S. 1101】），これとまったく無関係に設定された「均衡蓄積率」を「過剰蓄積」検出の「基準」たらしめることに，どのような意味があるのであろうか。なお，この点については，久留間「回答状 (2)」の22-23ページ【本書380-381ページ】，および，大谷「資本の流通過程と恐慌」，161ページ【本書352ページ】，を参照されたい。

第11章　『資本論』第2部第3篇の課題と恐慌論との関連についての一考察　419

　富塚氏が，拡大再生産の条件は部門間均衡条件だけでは不十分だとして「均衡蓄積率の概念」をマルクスの分析の「発展」・「精密化」として「定立」されたのは，第2部第3篇において，「「全般的過剰生産」となって現われるべき，「不均衡化」の条件そのもの」が「析出」（『恐慌論研究』，305ページ）されうるはずだという認識にもとづいているように思われる。そもそも第2部第3篇において明らかにされている再生産の条件がこのような性質のものであるのかどうか，すなわちそれが充たされなければ必ず「全般的過剰生産」になるといったものであるのかどうか，という問題は，従来，再生産の条件を「法則」として理解すべきか否かという問題として論じられてきた[22]のであるが，本章ではこの問題について直接取り上げることはしなかった。しかし，本章での検討だけからでも少なくとも次のようには言うことができるであろう。すなわち，このような第2部第3篇にたいする認識と，第2部第3篇にこのような内容を求める「恐慌論体系の展開方法」とが，本来マルクスがそこで解明している内容を見過し，あるいはそれを重要でないものとして閑却するという結果をもたらすようなものであるとするならば，この篇にたいするそのような認識，また「展開方法」そのものが，再検討を要するのではないか，と。

---

22) この問題についての富塚氏の見解——再生産の条件は法則を意味すると同時に再生産の正常な進行を制約する均衡条件をも意味するという——について，水谷謙治氏はこのような見解が「いかなる主張と結びつき，またいかなる論拠と意味内容で把握されているか」（「「再生産論」の課題と意義（下）」，『立教経済学研究』第29巻第4号，1976年，182ページ）という観点から上記の論文で批判的に検討されている。

# 第12章 「betrachtenすべき」は
## 「再生産過程の攪乱」か「第3部第7章」か
### ── 富塚良三氏の拙訳批判に反論する ──

大谷禎之介

## はじめに

　富塚良三氏は，論稿「再生産論の課題──『資本論』第2部初稿第3章結節「再生産過程の攪乱」について──」(『商学論纂』第42巻第5号，2001年3月)で，富塚氏による拙訳批判にたいして筆者が拙稿「メガの編集者は禁欲を要求される」(『資本論体系』第1巻「月報」，2000年12月)で行った反論に論評を加えられるとともに，同時に「大谷氏の論稿に始発した〈「次のAbschnitt」の問題〉をめぐる論争」(68ページ)にも触れられて，同稿の末尾で，「以上をもって，10年越し(ないしは25年越し)の論争問題も，すでに充分に決着のついた問題となったと考える次第である」(71ページ)，と書かれている。

　たしかに「論争」の最大の焦点は，現在のところ，二つである。すなわち，第1に「次のAbschnitt」への指示を含むエンゲルス版『資本論』第2部注32の内容をどのように読むか，という問題であり，第2に，『資本論』第2部初稿の末尾近くにある「第3部第7章」への指示をどのように読むか，という問題である。

　筆者は，富塚氏の恐慌論それ自体についての検討はひとまず置き，まずなによりも，氏がマルクスを読むさいの読み方が我田引水ならぬ「我田引用」であることを明らかにすることによって，氏がいかにあやふやな仕方でマルクスの記述を自説の論拠に仕立て上げているかということを明白にしたいと考える。焦点となっている二つの論点のうち，エンゲルス版第2部注32にかんする問題は別稿[1]で論じることとし，本稿では第2部初稿での「第3部第7章」への指示にかかわる問題を取り扱う。

## 1  論争の発端と再燃

　1990年4月に『資本論体系』第4巻「資本の流通・再生産」(富塚良三・井村喜代子氏編集，有斐閣)が刊行された。この書で富塚氏は，『資本の流通過程──『資本論』第2部第1稿──』(大月書店，1982年)のなかで筆者が邦訳を担当した第3章中の一つの訳文について，「誤訳である」と断定され，氏の独自の訳文を掲げられ，しかもこの訳文を，氏の主張の一つの重要な論拠にされた。しかも，この箇所の重要性を強調するかのように，同書の巻頭に，この箇所を含む草稿ページの写真を掲げられたほか，付録の「月報」には拙訳の批判を含む富塚氏の論稿「『資本論』第2部初稿第3章第9節「再生産過程の攪乱」について」を収められた。

　これを見た筆者は，ただちに『体系』の刊行元である有斐閣の編集部に電話を入れ，『体系』の次巻の「月報」にこの「誤訳」の非難にたいする筆者の反論を掲載することを求めた。その場では編集部は「それは当然のことだ」として掲載を快諾したにもかかわらず，その後しばらくして，電話で「掲載はできないことになった」と断ってきた。「それでは『書斎の窓』に書かせてほしい」と言ったところ，「それならいいでしょう」ということだったが，のちにこれもだめだということになった。このような経過の背景にどういうことがあったのかは容易に想像ができたが，富塚氏の非難に丁寧に答えるために──本稿の「7　マルクスの使用例」に収録したような──若干の考証的調査をしておきたいと考えてもいたので，有斐閣ないしは『体系』の編集者とそれ以上のやりとりをするのはやめた。そしていつものサボり癖のために，そのまま長い間，この件について触れないままになってしまってきていた。

　ところが，その10年後の2000年に，思いがけなく，同『体系』第1巻「資本論体系の成立」(服部文男・佐藤金三郎氏編集)の編集者から，同巻の「月報」にMEGAにかかわる一文を寄せるように依頼された。筆者にとってこれは，かつて果たせなかった『体系』への反論掲載の願ってもない機会となった。筆者

---

1)【本書第16章を見られたい。】

は，「メガの編集者は禁欲を要求される」というタイトルで，MEGAにかかわる思い出とともに，富塚氏による「誤訳」批判に反論を書いた。

富塚氏の最近の論稿「再生産論の課題」は，これにたいする駁論として発表されたものである。

## 2 問題の箇所

係争の箇所は，マルクスの『資本論』第2部第1稿の末尾近くにある一文である。

第2部第1稿は，1988年にMEGA第2部第4巻第1分冊に収められ，公表された。問題の箇所の原文はMEGAのこの巻で見ることができ（MEGA II/4.1, S. 381），またこの箇所を含むページのフォトコピーも掲載されている（S. 378）。

第2部第1稿は「第1章　資本の流通」，「第2章　資本の回転」，「第3章　流通と再生産」の三つの章からなっており，第3章はさらに九つの節に分けられている。その最後の節は「9）再生産過程の攪乱」[2]であるが，ここには本文と見なしうるものは1行も書かれておらず，ただ，そのあとに „Zu betrachten ch. VII. Buch III." という一文があるだけである。

1982年刊行の『資本の流通過程——『資本論』第2部第1稿——』（大月書店）は，モスクワから提供された草稿の解読文による邦訳であったが，その第3章を担当した筆者は，この一文を，「これは，第3部第7章で考察すべきである」と訳した。この訳は，1974年刊行のロシア語版『著作集』第49巻での，「第3部第7章で考察すること〔Рассмотреть в гл. VII, книги III.〕」というロシア語訳とも一致している。

## 3 富塚氏の拙訳批判

富塚氏はこの拙訳について，『資本論体系』第4巻の本文と「月報」との両方

---

2）厳密には「9）再生産過程における諸攪乱〔9) Störungen im Reproductionsproceß〕」であるが，直後に書かれたプランでは「6）再生産過程の諸攪乱〔Störungen des Reproductionsprocesses〕」となっている。マルクスの意識ではこの両者はほとんど等価であったと思われるので，本稿では，以下，訳書と同様に，簡単に「再生産過程の攪乱」としておく。

で，「誤訳」だと書かれた。富塚氏によれば，„Zu betrachten ch. VII. Buch III.“は「第3部第7章を考慮すべきである」と訳されるべきなのである。

　富塚氏は，「この第9節には„Zu betrachten ch. VII. Buch III.“「第3部第7章を考慮すべきである。」という指示書きのみが記され，本文としては何も記されていない」(297ページ)と書かれたうえで，この箇所に注をつけ，そのなかで次のように書かれている。

　　「この箇所は，訳書『資本の流通過程』の当該箇所においては，「これは，第3部第7章で考察すべきである」となっているが，誤訳である。意味が殆ど反対となるだけに重大な誤訳であるとおもわれるが，紙幅の都合上，この問題は，その「第3部第7章」が何をさすのか？　という問題とともに本書の「月報」欄で論ずることにする。」(298ページ。傍点は富塚氏によるもの。)

　そして，「月報」での論稿「『資本論』第2部初稿第3章第9節「再生産過程の攪乱」について」の冒頭で，ふたたび，次のように書かれている。

　　「『資本論』第2部初稿第3章「流通と再生産」の最終節は第9節「再生産過程における攪乱 (Störungen im Reproductionsproceß)」であるが，そこには„Zu betrachten ch. VII. Buch III.“すなわち「第3部第7章を考慮すべきこと。」という指示書きのみが記されている。第3部第7章におけるヨリ具体的な問題視角からする論述を予定し，それとの対応を念頭におきながら，当面の論理段階に固有の問題視角から「再生産過程における攪乱」の問題を論じよう，というのがその論旨であったかと解される。この点については，その「攪乱」を規定する諸要因としてはどういう諸要因が考えられていたであろうかを含めて，本書の「論点」B，第9論文「拡大再生産の構造と動態〔II〕」の第1節の「補説」において論じた。ところで，その「補説」でも簡単に注記しておいたように，第2部初稿の訳書『資本の流通過程』においては，この第9節の指示書きは「これは，第3部第7章で考察すべきである」と記されている (『資本の流通過程──『資本論』第2部第1稿──』，大月書店，マルクス・ライブラリ (3)，1982年，294ページ)。これだと「再生産過程における攪乱」の問題は〈第2部第3章で論ずべき問題ではなく，第3部第7章で論ずべき問題である〉ということになり，殆ど正反対の意味となる。だが，これは明らかに誤訳，しかも殆ど逆の意味となるだけに，重大な誤訳とい

うべきであろう。その訳書の「訳者あとがき」には、「マルクス＝レーニン主義研究所から提供された手稿のコピーおよびタイプライターで書かれたその解読文を底本とし、ロシア語版全集第49巻を参考にした。」（前掲訳書、304ページ）とあるので、一般に間違いないものと信じられてきているようであるが、しかし、新MEGA第2部第4巻第1分冊381ページに記されているのは、前記の„Zu betrachten ch. VII. Buch III.“であり、しかもその前ページにマルクスの手稿のその箇所すなわち初稿最終ページのコピーが掲載されていて、第9節の指示書きがこのとおりであることを確認することができる。なお、「タイプライターで書かれた〔手稿の〕解読文」もまた、実はこれと全く同文だったのである。再生産論と恐慌論の関係を考えるうえに極めて重要な意味をもつ箇所であり、事実これに依拠して、マルクスは再生産論においては「攪乱」や「不均衡」の問題を論ずる意図はなかったのだという主張をする論者も決して少なくはないので（例えば、水谷謙治氏『再生産論』有斐閣、1985年、80-81ページ。高須賀義博氏『マルクスの競争・恐慌観』岩波書店、1985年、44ページおよび240ページ）、然るべく訂正されることを希望する。そもそも、攪乱や不均衡や恐慌の問題は第2部第3章では論ずべき問題ではないとするのがマルクスの趣旨であったとするならば、何故にことさらその第3章の最終節として「再生産過程における攪乱」と題する節を立てたのか不可解であるし、また、前記の指示書きのすぐ後に、「したがって、この第3章の項目は次のとおりである」として掲げられているプランの第6節が再び「再生産過程の攪乱 (Störungen des Reproductionsprocesses.)」と題されているのも如何にも腑に落ちぬことであろう。やはり、「再生産の実体的諸条件」の解明、社会的総資本の「総＝流通・再生産過程」の把握を課題とする第2部第3章において、それに固有の方法的限定のもとで可能なかぎりで、それに固有の問題視角から、「再生産過程の攪乱」の問題をマルクスは論じようと意図していたのである。そう解するのが自然であり、それを否定すべき格別の根拠はないように思われる。」（「月報」、1-2ページ。傍点は富塚氏によるもの。）

このなかで富塚氏が触れられているMEGA収録のフォトコピーは、『体系』のこの巻の巻頭に掲げられ、しかもそこには、「中段に 9) Störungen im Reproductionsproceß とあり，その下に Zu betrachten ch. VII, Buch III. とだけ記されている」とわざわざ注意書きまでつけられている。ここからも，この箇所でのマルクスの記述が，編集者兼執筆者である富塚氏にとって，きわめて重要な意味をもつものであったことがうかがわれるであろう。

　これに続けて，富塚氏は，問題の文にある「第3部第7章」とは「何をさすのか」ということを論じ，それは「当時なお構想されていたと推定される第3部のプランの最終章＝第7章「資本主義的生産の総過程における貨幣の還流運動。結び，資本と賃労働。」であった公算大である」とされている。ここで「第7章」のなかに「結び，資本と賃労働」が含められているのは不適切であるが，それはともかく，この「第7章」が当時のプランの「第7章　資本主義的生産の総過程における貨幣の還流運動」を指すことにはほとんど疑う余地がないと考えられるので，ここでは富塚氏の論稿のこれ以下の部分は度外視しよう。

　さて，以上の富塚氏の記述のすべてを注意深く読んでみられたい。不思議なことに，このなかには，ただ，原文が „Zu betrachten ch. VII. Buch III.“ なのだから，これは「第3部第7章で考察すべきである」と読むことはできず，「第3部第7章を考慮すべきである」，と読むほかはないのだ，という断定があるだけで，氏が拙訳を「誤訳」だとされる理由，根拠はまったく書かれていないことがわかるであろう。

　氏がそれを書かれなかった理由はまったく容易に推測できる。氏は，„Zu betrachten ch. VII. Buch III.“ という文にある betrachten は他動詞なのだからそのあとには4格の目的語がくるはずだが，ここにあるのは ch. VII. Buch III. だけであって，これがその目的語だと読むほかはない，と考えられ，このようなことは説明するまでもないと思われたのである。このことを端的に示しているのが，このたびの論稿「再生産論の課題」での次の記述である。

　　「「〔ch. VII, Buch III の前に〕in のないマルクスの文章」は，そのままでは決して「第3部第7章で考察すべきだ」とは読めないはずなのである。„Zu betrachten ch. VII, Buch III.“ というマルクスの原文のままならば，„ch. VII, Buch III.“ が他動詞 betrachten の目的語であるから，当然，「第3部第7章を betrachten すべきだ」と読むより他はない。」（58ページ。）

『体系』第4巻の諸記述を書かれるさいに，氏はおそらく，これは「初歩的な

文法上の常識」なのだから，説明するまでもないことなのだ，と考えられたのであろう。氏は，論稿「再生産論の課題」では，筆者の論述について「この初歩的な文法上の常識無視の発言が余りに断定的に言われているのにはいささか辟易し，驚く外はない」(55ページ)と書かれており，また，「„Zu betrachten ch. VII. Buch III.“という文そのものの構造からして，明らかに誤りである」(53ページ)とも，「„Zu betrachten ch. VII. Buch III.“は「第3部第7章をbetrachtenすべきだ」と読む以外にはない。そう読むのが当然なのである」(55ページ)とも書かれている。ここから見ても，氏がこの文をまったく単純に〈他動詞betrachten＋4格目的語ch. VII. Buch III.〉という構造と見る以外にないとひたすら思い込まれていることがよくわかる。

## 4　筆者の反論

『体系』第1巻の「月報」に執筆する機会を与えられた筆者は，4ページというわずかの紙幅のうちの約4分の3を使って，富塚氏への反論を書いた。反論の部分は次のとおりである。

　　「既刊のメガ第2部第4巻第1分冊には『資本論』第2部の第1稿が収められている。この分冊を編集したのはモスクワのグループで，この第2部第1稿はチェプレーンコが担当した。それの第3章の最後の項は „9) Störungen im Reproductionsproceß“ であるが，そこにはただ1行，„Zu betrachten ch. VII. Buch III.“ と書かれているだけである。この1行はどういうことを言っているのだろうか。

　　モスクワで1974年に刊行されたロシア語版『著作集』第49巻では，この文は「第3部第7章で考察すること〔Рассмотреть в гл. VII, книги III.〕」と訳されている。1982年に大月書店から刊行された『資本の流通過程——『資本論』第2部第1稿——』の第3章は，モスクワから提供された草稿の解読文による拙訳だったが，「これは，第3部第7章で考察すべきである」としていた。どちらの訳でも，„Zu betrachten ch. VII. Buch III.“ を „Zu betrachten [in] ch. VII. Buch III.“ と読んでいるわけである。

　　この二つの訳について，富塚良三氏は，「これは明らかに誤訳，しかも

殆ど逆の意味となるだけに，重大な誤訳というべきであろう」と書かれた（『資本論体系月報』第6号，1990年）。富塚氏が第1稿のこの一文をきわめて重視されていることは，この『月報』が付された同氏編の『資本論体系』第4巻の巻頭にこの部分を含む草稿ページの写真を掲げられ，そこにわざわざ，「中段に 9) Störungen im Reproductionsproceß とあり，その下に Zu betrachten ch. VII. Buch III. とだけ記されている」，とまで書かれていることから見てもまったく明らかである。氏によれば，この部分はドイツ語としては「第3部第7章を考慮すべきこと」と読むほかはないのだから，二つの訳は意識して行われた改変なのであり，しかも，この文は，「第3部第7章におけるヨリ具体的な問題視角からする論述を予定し，それとの対応を念頭におきながら，当面の論理段階に固有の問題視角から『再生産過程における攪乱』の問題を論じよう，というのがその論旨であったかと解される」ものである。つまりこの箇所は，再生産論と恐慌論との関連についての氏の理解の正しさを示すマルクスの記述として，決定的に重要な箇所なのである。念のために言えば，富塚氏がここで書かれていることのうちで，二つの訳と氏の読み方とでは「殆ど逆の意味となる」という点についてはもちろん完全に同意できる。

　この第1稿を編集したチェプレーンコは，この箇所をどう読んだのであろうか。まずまちがいなく，ロシア語版『著作集』の訳者と同じく，したがってまた拙訳と同じく，「第3部第7章で考察すべきである」と読んだであろう。というのも，マルクスの草稿の多くを原文で見てきている者にとっては，マルクスが「第3部第7章を betrachten すべき」と書いているのだなどというのは，ほとんど思いもつかないことだからである。

　1998年にベルリン・ブランデンブルク科学アカデミーで編集の仕事をしていたときに，メガ編集の同僚である友人フォルグラーフ（Carl-Erich Vollgraf）とこの箇所の読み方について話をしたことがあった。そのときの会話を書き物にしてのちに彼の確認を得たものがあるので，それを紹介しよう。

＊

**大谷** 『資本論』第2部第1稿の最後の部分での，„Zu betrachten ch. VII. Buch III." という文章はどういう意味なんだろう。ロシア語訳では「第3部第7章で考察すること」となっているし，日本語訳でぼくも，「これは，第3部第7章で考察すべきである (Man soll dieses Problem in ch. VII, Buch III betrachten.)」と訳した。つまりどちらも，Zu betrachten [in] ch. VII. Buch III. というように，原文にinという語を補って読んでいるわけだ。inのないマルクスの文章をこのように読めるだろうか。それとも，「〔この問題の考察のさいには〕第3部第7章を考慮すべきである (Man soll [bei der Betrachtung dieses Problems] ch. VII. Buch III berücksichtigen).」というふうに読むほかはなく，あるいはまた，そう読むべきなのだろうか。

**フォルグラーフ** 言うまでもないことだが，メガのこの巻のテキストそのものについて言えば，第2部第4巻第1分冊が現にそうやっているように，草稿のとおりにしておかなければならない。つまりメガのテキストにinを（„[in]" のように編集者の挿入であることを明示するとしても）挿入することは論外だ。でも，だからと言って，この文章は「第3部第7章を考慮すべきである」という意味だ，ということになるわけではない。

　というのも，„Zu betrachten ch. VII. Buch III." という文章そのものをとってみれば，二様に理解することができるからだ。一方では，もちろん，「第3部第7章を考慮すべきである (Man soll ch. VII. Buch III berücksichtigen)」と読むことができないわけではない。しかしこの文章は，次のように読むことがまったく可能だ。すなわち，„Zu betrachten：ch. VII. Buch III." と。そしてこの文章は，semantischには（意味の上では）次の文章と完全に等価だ。„Man soll dieses Problem im folgenden Abschnitt betrachten：d. h. ch. VII. Buch III." （この問題は以下の部分で考察すべきである——すなわち第3部第7章で。）この場合には，内容的には，ロシア語訳および日本語訳での，「この問題は第3部第7章で考察されるべき」，という訳文とまったく同じことになる。

**大谷** 問題の箇所について，どんな理論的解釈を抜きにしてもそのように言えるということか。

**フォルグラーフ** もちろんそうだ。

**大谷** 君自身は，この文章でマルクスがなにを言いたかったと思うかね。

**フォルグラーフ** マルクスは『経済学批判要綱』から彼の最後の頃の草稿にいたるまで，「これは第7章で論じるべきことである（Dies gehört in ch. VII.）」といった留保的文言をいたるところに残している。だが，マルクスの書いたこうした留保的文言を見てきたかぎりでは，ぼくは，「考慮すべきだ」という意味で，なんらかの章等々をbetrachtenすべきだ，とマルクスが書いている文章をまったく見たことがない。そのような読み方は，文法的に可能であるとしても，メガ編集者としての僕の語感には，マルクスの文章としてはきわめて異様なものに響く。断言はしないが，ぼくはこの場合，言ってみればほぼ70パーセントほどの確率で，„Zu betrachten：ch. VII. Buch III.“（以下のところで考察すべき――第3部第7章），と読みたいね。

**大谷** そのように考えるのなら，ロシア語訳も日本語訳も明らかな誤訳だ，と言えるわけではない，ということになるね。

**フォルグラーフ** もちろんだ。もともと翻訳の場合にはいつでも，いくつかの解釈可能性のうちから一つだけを選ばなければならないことが生じるのだから，ロシア語訳と日本語訳で訳者が一つの解釈を選んだのは当然のことだし，そしてこの場合，「これは第3部第7章で考察されるべきである」という方を選んだのも当然のことだ。ぼくが訳者だったとしても同じ選択をしたことは確実だ。

＊

　ドイツ語原文の読み方について，読者は，日本人富塚氏の断定的な文言とドイツ人フォルグラーフの慎重な言い回しとはずいぶん違うな，と感じられるのではなかろうか。」（「月報」6-8ページ。）

　この拙文で書いているのは，要するに，「„Zu betrachten ch. VII. Buch III.“は「第3部第7章をbetrachtenすべきだ」と読む以外にはない。そう読むのが当然なのである」といった「初歩的な文法上の常識」に縛られた形式的な読み方では，マルクスの草稿の文章の真意を正しく読み取ることはできませんよ，ということであり，この„Zu betrachten ch. VII. Buch III.“という文の場合にはまさ

第12章 「betrachtenすべき」は「再生産過程の攪乱」か「第3部第7章」か 431

にその一例なのだ，ということである。

　MEGA諸巻の，とりわけ草稿を収録する諸巻の編集にあたって，編集者が苦労してきていることの一つが，テキストにどの程度まで編集者による手を加えるか，という問題である。「歴史的・批判的全集」の編集のあり方については，「編纂学〔Editionswissenschaft〕」という独自の学問領域が研究を重ねてきており，さまざまの古典家たちの「歴史的・批判的全集」の編纂のさいに，その成果が生かされている。MEGAについても例外ではない。すでにソ連と東ドイツで編纂が開始されたときから，編纂学の最新の成果を意識的に取り入れる努力が行われていたが，MEGA事業が国際マルクス＝エンゲルス財団に移行したのちの1992年3月に，エクサン・プロヴァンスで開催された——筆者も参加した——「編集基準（Editionsrichtlinien）」の検討会議では，テキストに，どのような場合に手を入れ，どのような場合に手を入れないか，また手を入れる場合にはどのような仕方で手を入れるか，という点について長時間の議論が行われた。この議論は，「歴史的・批判的全集」にあっても，編集者がテキストに手を加えなければならない，手を加えるべき場合があるということを前提にしている。問題は，どのような場合がそれに当たるか，そしてそのような場合にはどのように手を加えるか，ということなのである。

　実際のMEGA編集の現場では，さまざまのケースについて，テキストに手を加えるべきかどうかについての判断を迫られる。それには，マルクスの単純な引用ページの誤記や歴史的事実についての年数の誤記のようなものから，いったん書いたものを削除したり訂正したりするさいに必要な語が削られたままになっている場合にそれをどのように記述するか，あるいは，マルクスが直前の文での表現に引っ張られて単純な誤記を行っているのをどうするか，人名を錯覚によって間違えている場合にどうするか，「何ページに続く」というメモでのページ数がのちのノンブルの打ち変えで異なってしまっている場合にどのように記述するか，さらには，明らかな単語の書き落としをそのままにしておくか，等々，さまざまなケースがあるのである。新MEGAでは，もちろん，極力原文をそのままテキストにすることが原則であり，新しい「編集基準」では，文法的に誤っている場合でさえも，そのことが明らかに見て取れるようなときには手を加えないことになっている。どのような場合にどのように対処す

432　第2部　マルクスによる恐慌・産業循環の理論的展開を跡づける

るかということについての大枠は「編集基準」に規定されてはいる。しかし，実際には，「編集基準」とその細則とによるだけでは一義的に決定できないケースがたえず生じてくる。たとえば，なんらかの単語を補わなければ読者にはなんのことやらわからないが，編集者にはどの単語を補うべきかがはっきりとした根拠をもって推定できる場合には，編集者は編集者用の角括弧（〔　〕）に編集者用の書体（Arialというフォント）で挿入することになっているが，なにがはっきりとした根拠と言えるのかについては，編集者が責任を持って判断しなければならないのである。

　MEGAでは，編集者が，テキストに編集者用の書体と角括弧とを使って挿入するのではなく，テキストそのものに変更を加えた場合は，それを逐一「付属資料〔Apparat〕」の「訂正一覧〔Korrekturenverzeichnis〕」に記載することになっている。MEGA第2部の各巻につけられた「訂正一覧」を見れば，マルクスによる誤記がいかに多いか，そのなかには文法的な不一致や，「消費」を「生産」と書き間違えたものなど，きわめて多様なものがあることがわかるであろう。このほかにも，編集者は誤記ではないかと思いながらも，境界線上のものとして手を加えないでそのままにしているケースも多々あるのである。

　このような作業が必要になるのは，もともと，いま挙げたように草稿にはきわめて多くの誤記や文章上の欠落があるからである。草稿を正確に読み取るという作業は，そのような誤記や文法的な誤りをそのようなものとして認識したうえで，マルクスなりエンゲルスなりが書こうとした内容を把握する，という作業でもあるのである。いったい富塚氏は，マルクスが否定詞（たとえばnicht）を書き落としたり，誤って否定詞を二度書いて二重否定にしてしまったりしていることが明らかなマルクスの文を見たときでも，こうした誤りを訂正してその文を読んではならないのだ，と考えられるのであろうか[3]）。

---

3）【筆者は，ときおり，草稿でのマルクスによる誤記を指摘し，それを訂正しながら草稿を読んでいたが，富塚氏はそのような筆者に教えを垂れて，何度か，マルクスの書いたものについて軽々しく「誤記」などと言うものではない，と重々しく宣われた。富塚氏は，第2部第8稿をMEGA第II部門第11巻に収録するさいに，第8稿のテキストで500数十箇所におよぶマルクスの誤記等を訂正しなければならず，それらの一覧である「訂正目録」が11ページにもおよんだことを，担当編集者のどえらい思い上がりとでも言われるのであろうか。】

問題の箇所について言えば，„Zu betrachten ch. VII. Buch III.“という文を単純に〈他動詞 betrachten＋4格目的語 ch. VII. Buch III.〉という構造と見て済ますことはしない，というのが，MEGAの編集に携わっている者のごく普通の姿勢であり，感覚である。上記の拙文でのフォルグラーフの発言は，まさにそうした姿勢を示しているものなのである。

## 5　富塚氏の再度の批判

さて，すでに述べたように，上の拙文にたいして富塚氏は「再生産論の課題」という論稿を書かれて，筆者に反論を加えられた。

富塚氏はこのなかで，前掲の拙稿について，「その論旨はまた甚しく明快さを欠き，わかり難いものである」と言われ，また「余り論理的とはいえないので，それを整序し要約することは困難である」と言われている。氏がこのように感じられた理由はきわめて簡単なことである。それは，さきにも引用したように，氏が，「„Zu betrachten ch. VII. Buch III.“は「第3部第7章を betrachten すべきだ」と読む以外にはない。そう読むのが当然なのである」と思い込まれ，筆者が氏のこの思い込みに同じようとしないことが理解できないでいる，ということなのである。だから，拙稿で，この箇所は「第3部第7章を betrachten すべきだ」と読むべきところではないのだとし，〈これ以外の読み方ができるだけでなくて，自分もそのように訳しただろう〉，というフォルグラーフの見解を紹介しても，氏はこのような読み方がありうるということを考えてみることさえできない。

氏は，„Zu betrachten ch. VII. Buch III.“は「第3部第7章で考察すべきだ」と読むのが当然であり，それを「第3部第7章を betrachten すべきだ」と読むなどということは，マルクスの原文の解読やメガのテキストの編集に携わっている者にとっては「思いもつかないこと」だという，「この初歩的な文法上の常識無視の発言が余りに断定的に言われているのにはいささか辟易し，驚くの外はない」，と言われ，つづけて，「一体，これはどうしたことであろうか？」と仰天されたうえで，「だが，„Zu betrachten ch. VII. Buch III.“がそのままで「第3部第7章で考察すべきだ」とは到底読めないであろうことぐらいは，実は大谷

氏自身が承知していることではなかろうか？」と自問され，「„Zu betrachten ch. VII. Buch III."は「第3部第7章をbetrachtenすべきだ」と読む以外にはない。そう読むのが当然なのである」，という断定を繰り返される（55ページ）。

そしてそのすぐ先で，「「これは，第3部第7章で考察すべきである」という訳者の独自の見解を強く反映した文を訳文として掲げること自体がすでに根本的に問題なのである」（傍点は引用者）と書かれているところに，氏が拙訳を，筆者の「独自の見解を強く反映した」ものだと見られていることが露骨に示されている。つまり，氏は，筆者が，「「第3部第7章をbetrachtenすべきだ」と読む以外にはない」にもかかわらず，そしてまたそのように「到底読めないであろうことぐらいは……承知している」はずの筆者が，それをあえて「第3部第7章で考察すべきだ」としたのは，筆者の「独自の見解」をこの訳文に反映させようとしたからなのだ，と言われているのである。

ここで氏が，筆者の「独自の見解」ということで考えておられるのがどういうことであるかということは，氏が次のように言われるところからはっきりと読み取ることができる。氏は今度の論稿で，「ロシア語訳と大谷訳の「二つの訳は意識して行われた改変なのである」などとは私自身は何処にも書いていない」（56ページ）などと弁明されているが，氏は，拙訳にたいして，「論述にさいしての留意事項を記した指示書きを論述箇所の指定と見做し，「再生産過程の攪乱」の問題は第2部第3章においてではなく第3部第7章で論ずべき問題であるとここでマルクスが記しているかのように訳したもの」と言われているのである（52ページ）。言うに落ちず語るに落ちるとはこのことである。氏はさきにも見たように，すでに『体系』第4巻で，水谷謙治氏と高須賀義博氏とを例にとって，「これに依拠して，マルクスは再生産論においては「攪乱」や「不均衡」の問題を論ずる意図はなかったのだという主張をする論者も決して少なくはない」と書かれていたが，今回の論稿でも，「第2部初稿の末尾に記されているこのプランは，再生産論の課題をマルクスの本来の意図に即して把握するうえで極めて重要な意味をもつ。それは，一方的に方法的限定のみを強調し再生産論の恐慌論に対してもつべき意義をnegativeにしかとらえようとしないわが国の一部の論者たちの見解がいかに誤ったものにすぎないかを極めて端的に示すものといってよいであろう」（51ページ）と，問題の一文が氏の理論的な見

解を支える「極めて重要な意味をもつ」箇所であることを明記されている。ここからはっきりと読み取れるのは，氏の拙訳にたいする「誤訳」の非難は，初歩的な文法がわからずに「誤訳」したというものではなくて，筆者が「第3部第7章をbetrachtenすべきだ」と読むべきことを承知していながら，それにもかかわらず，あえて「「再生産過程の攪乱」の問題は第2部第3章においてではなく第3部第7章で論ずべき問題であるとここでマルクスが記しているかのように」原文を意識的にねじ曲げたのだ，という非難なのだ，ということである。これを「意識して行われた改変」という非難だと言わずして，なんと言えばいいのであろうか。

　ここで，念のために，ひとつはっきりさせておきたいことがある。筆者は「月報」の拙文で，「富塚氏がここで書かれていることのうち，二つの訳と氏の読み方とでは「殆ど逆の意味となる」という点についてはもちろん完全に同意できる」（6ページ）と書いた。富塚氏が「殆ど逆の意味となる」と言われたのは，筆者の訳によればマルクスは「再生産過程の攪乱」を第2部第3章ではなく第3部第7章で論じようと考えていたことになるのに対して，氏の訳では，「第3部第7章におけるヨリ具体的な問題視角からする論述を予定し，それとの対応を念頭におきながら，当面の論理段階に固有の問題視角から「再生産過程における攪乱」の問題を論じよう」ということになるのであって，この両者は「殆ど逆の意味」だ，ということであった。「完全に同意できる」と筆者が書いたのは——言うまでもないことではあるが——「殆ど逆の意味となる」ということについてだけであって，筆者の読み方だとマルクスが「再生産過程の攪乱」を第2部第3章ではなく第3部第7章で論じようと考えていたことになる，という富塚氏の勝手な推測についてではまったくない。

　筆者が「殆ど逆の意味となる」と言うのは次のことである。筆者の訳では，マルクスは第3部第7章で「再生産過程の攪乱」を「考察すべきだ」と言っていることになる——ただし，いますぐ述べるように，このことは第2部第3章が「再生産過程の攪乱」を論じることを排除するものではない——が，富塚氏の訳では，第2部第3章の一節で「再生産過程の攪乱」を取り扱うさいに——なんらかの意味で——第3部第7章のことを考慮にいれておかなければならないと言っているだけで，第3部第7章がどのような意味で「再生産過程の攪乱」に関

436 第2部 マルクスによる恐慌・産業循環の理論的展開を跡づける

連するのかということはまったく言われていないことになる。両者の読み方の違いは、マルクスの文言についてこのような大きな解釈の違いをもたらすのであって、このことを筆者は、「「殆ど逆の意味となる」という点についてはもちろん完全に同意できる」と書いたのであった。

氏が思い込まれているように、たしかに「9) 再生産過程の攪乱」というタイトルの直後に「これは、第3部第7章で考察すべきである」と書かれているのは、一見したところ、異様に見える。しかも、その直後に書かれている第2部第3章のプランでも、「7) 第3部への移行」のまえに「6) 再生産過程の攪乱〔Störungen des Reproductionsprocesses〕」という項目があるのであって、マルクスが第2部第3章で「再生産過程の攪乱」という一節を設けてこの問題を論じるつもりであったことはほとんど疑いようがないのだから、なおさらのことである。それにもかかわらず、ここには「これは、第3部第7章で考察すべきである」と書かれている。そこでわれわれに課されるのは、この一文でマルクスが考えていたのはどのようなことであったのか、ということを、この文が置かれている文脈、前後の関連から正しく読み取ることである[4]。

---

4) なお、筆者に反省すべき点があるとすれば、筆者には、次のようなことを言われる人がでてくるなどというところまで思いいたすことができなかったことである。
　「原文とは異なる訳文を敢て掲げる場合には、それに訳注を付して、原文は „Zu betrachten ch. VII. Buch III.“ であるが、ここはロシア語訳に従って、「原文に in という語を補った」（大谷氏自身の言葉）訳文を掲げておくことにする。と、一般の読者によく分かるようにしておき、どう解するかを「読者にまかせる」べきであったのである。」（「再生産論の課題」、56ページ。傍点は富塚氏。）
　ここで富塚氏は、筆者が「ロシア語訳に従った」かのような印象を与えるように書かれているが、氏自身もそのように判断されているのであろうか。もしそのように判断されたのであれば、なにをもってそのように判断されるのであろうか。筆者は自己の責任において自己の読み方でそのように訳したのであって「ロシア語訳に従った」のではまったくない。そのように判断された根拠を氏ははっきりと示すべきである。氏は、拙訳のなかでロシア語訳と同じ読み方をしているところのすべてについて筆者が「ロシア語訳に従った」と言われるのであろうか。もしそう言われるのでないとしたら、この箇所でだけ筆者が「ロシア語訳に従った」かのように言われる理由はなにか。意図してこのように書かれたのでなかったのだとすれば、氏は、思わず知らずこうした小細工をしないではいない自らの性癖に思いを致すべきであろう。
　富塚氏の言われるように「一般の読者によく分かるように」しなければならないとすれば、それは氏が思い込まれているように、マルクスが「第3部第7章を考慮すべきである」と書いていた場合のことであって、そうではないここで注記するとすれば、富塚氏のよう

第12章 「betrachtenすべき」は「再生産過程の攪乱」か「第3部第7章」か　437

　いまのところ筆者には，この一文は，次のような意味をもつものだったのだとしか考えられない。すなわち，「第2部第3章では一節を立てて再生産過程の攪乱について主題的に論じるが，しかし，この問題はさらに第3部第7章でも考察しなければならない」，ということである。「9）再生産過程の攪乱」というタイトルを書きながら，マルクスはその中身を一行も書かなかった。そしてそこに，「第3部第7章で考察すべきである」というメモを書き付けた。このメモの意味はこのようなものであるとしか考えられないのである。

　「第3部第7章で考察すべきである」となっていたなら，それは，再生産過程の攪乱は第2部第3章ではなくて第3部第7章で考察すべきだと言っていることになる，という読み方は，一つの読み方ではあるが，唯一可能な読み方ではない。

　ここでは，現に書かれている「第3部第7章で考察すべきである」という覚え書きが，第2部第3章で再生産過程の攪乱を論じようとしているマルクスの意図とどのようにかかわり，整合的に理解できるのか，ということが読み手の解くべき一種の謎となっているのである。マルクス自身は謎をかけようとしていたわけではない。ただ，「9）再生産過程の攪乱」というタイトルを書き，その本文を書かないで，彼の意図をメモ書きした。読み手を想定して書かれたのではなかったこのメモ書きをどのように読むかが，読み手としてのわれわれにとっての謎となっているのである。

　さて，筆者はこのように考えているのであって，筆者に対する富塚氏の非難，すなわち「論述にさいしての留意事項を記した指示書きを論述箇所の指定と見做し，「再生産過程の攪乱」の問題は第2部第3章においてではなく第3部第7章で論ずべき問題であるとここでマルクスが記しているかのように訳したもの」という非難はまったくいわれなきものである。このようなことを言われるからには，富塚氏は，筆者がこのような意図をもっていたことを示す論拠を挙げるべきであるが，できるはずもないことだから，そこにあるのは一方的な断

---

な人が出てくることを予測して，「この文の原文は „Zu betrachten ch. VII. Buch III.“であって，このまま読めば「第3部第7章を考察すべきである」ということになるが，マルクスの真意は明らかに „Zu betrachten in ch. VII. Buch III.“ ということであるので，このように訳しておく」，といったなくもがなの注をつけておくことでしかない。富塚氏のような人が出てくることを予測できなかったのは，たしかに筆者の落ち度ではあった。

438　第2部　マルクスによる恐慌・産業循環の理論的展開を跡づける

定だけである。

　他の論者が，拙訳を通じて第2部第1稿に接し，「第3部第7章で考察すべき
である」という文章があることから，マルクスは第2部第3章では再生産過程
の攪乱を考察するつもりではなかったのだ，と結論するとしても，それは訳者
である筆者の責任ではない。筆者は，その直前のタイトルである「9）再生産
過程の攪乱」を抹殺したわけでもなく，その直後のプランにある「6）再生産過
程の攪乱」を覆い隠したわけでもないからである。これらのものを率直に見る
なら，マルクスが第2部第3章で再生産過程の攪乱を論じようとしてはいなか
ったなどという結論を出すことができるはずもないであろう。

　以上のところから逆に照射されるのは，富塚氏が，ここでマルクスが「第3
部第7章で考察すべきである」などと書いていたとすれば，この文からはマル
クスが，再生産過程の攪乱は第2部第3章で論じないで第3部第7章だけで論じ
る，と言っていることになるのだ，とひたすら思い込まれて，そんなことを書
くはずはないのだ，と考えられているという事実である。氏には，第2部第3
章で再生産過程の攪乱を考察するということと，「これは，第3部第7章で考察
すべきである」というメモ書きとの両立は想像もできないことのようである。

　そのことをはっきりと示しているのが，氏の次の言明である。

　　　「大谷氏はこのプランの内容との関連については全くふれようとしていな
　　いが，この点こそが決定的に重要なのであり，このプランの内容に照らし
　　て大谷訳の誤りであることは明白である。もし仮に，大谷訳ならびにそれ
　　と類似の解釈（例えばMEGA第II部第4巻編集部の見解）が妥当だとする
　　ならば，マルクスは第2部初稿の最終ページという同一ページで同時に正
　　反対のことを述べていることになるからである。」(63ページ。)

　氏にまったくわからないのは，筆者が「プランの内容との関連については全
くふれようとしていない」理由である。それは，„Zu betrachten ch. VII. Buch
III.“という文の読み方は「プランの内容との関連」によって左右されるもので
はなく，まずなによりもマルクスの文体そのものの理解にかかっているからで
あり，しかもこのケースではこの文の意味はほとんど確定的に読み取れるから
であった。そのように読みとれた文の意味が，文脈の前後と一見矛盾するかの
ように見えたとすれば，そのときにはじめて，文脈からすればこの一文はどの

第12章 「betrachtenすべき」は「再生産過程の攪乱」か「第3部第7章」か　439

ような含意をもっているのだろうか，ということを解決すべきことになるのである。ところが，氏には，「大谷訳……が妥当だとするならば，……同一ページで同時に正反対のことを述べていることになる」としか思えない。

　そこで氏を助けるために登場するのが，この文を「初歩的な文法上の常識」を動員して，〈他動詞betrachten＋目的語ch. VII. Buch III.〉と読み，「第3部第7章をbetrachtenすべきである」と訳すという迷案である。

　しかしながら，このように訳そうとすると，ただちに新しい問題が浮かび上がるはずである。すなわち，betrachtenをどのように訳すか，という問題である。〈～をbetrachtenする〉というときにごく普通に使われる「考察する」という訳語を採用すれば，「第3部第7章を考察すべきである」ということになる。富塚氏の語感をもってしても，この訳文の珍妙さは明らかだったようである。マルクスがここでそんな意味で——すなわち「考察する」という日本語で表現できるような意味で——betrachtenを使うとは考えにくい。そこで氏が思いつかれたのが，〈～をbetrachtenする〉というときのbetrachtenに，「考察する」という語とは別の訳語を当てることであり，それが「考慮する」という語だったのである。

　氏はこのことを，今度の論稿で次のように説明している。

　　「私は，ここでのbetrachtenに「考慮する」という訳語を当てたが，その「考慮する」という言葉を，それが本来もっていた重い語義において，充分に念頭に置くという意味合いで用いた。訳としては，「（に）目を向ける，（に）心を向ける」等のbetrachtenの本来の語義に沿うものであり，また，前記のプランと整合的に，執筆にさいしての，すなわち，この問題を第2部第3章の最終節で論述するにさいしての，留意事項を書きとめたものとしての，この指示書きの趣旨を正しく伝えるものであれば，それで良いであろう。」（59ページ。）

　この引用の後半から露骨に読み取れるのは，氏にとって肝心なのは，「前記のプランと整合的に……この指示書きの〔氏の考えられるところの〕趣旨を正しく伝えるもの」だということであって，訳語もそれに適合するものでなければならなかった，ということであるが，それはともかくとして，氏が前半で，「考察する」という日本語に代えて「考慮する」という日本語を当てたことについ

て説明しているところをみておこう。

ここでは，なぜ「考察する」ではなくて「考慮する」という語にしなければならないのか，ということについてはまったく説明されていない。その代わりに，氏がここで「考慮する」という語をどういう意味をもつものとして使っているのか，ということを説明して，「考慮する」という日本語の語「が本来もっていた重い語義において，充分に念頭に置くという意味合いで用いた」，と言われている。だから，氏の「第3部第7章を考慮すべきである」という訳文は，氏によれば，「第3部第7章を充分に念頭に置くべきである」という意味なのである。そして，氏によれば，betrachten という語の「本来の語義」は，「「（に）目を向ける，（に）心を向ける」等」であって，「充分に念頭に置く」という日本語は，betrachten のこの「本来の語義に沿うもの」なのである。

ここから，氏がここでなぜ「考察する」という語を使わなかったのか，ということがいよいよはっきりとわかってくる。あるものを「考察する」というのは，それを研究の俎上に載せ，それを分析の対象とするということである。第3部第7章というのは，書き物の一部分であって，この書き物が研究し分析する対象そのものではない。しかも，この章は，まだ書かれていない，この先で書くつもりでいるものなのである。しかし，「第3部第7章を考察すべきである」とするならば，そのような，まだ書かれてもいない，書き物の一部分である第3部第7章そのものを，研究の俎上に載せ，それを分析の対象とする，などという珍妙きわまりないことを言っていることになる。そこで富塚氏は，「第3部第7章を betrachten する」というさいの betrachten は，第3部第7章を〈研究の俎上に載せ分析の対象とする〉という意味ではないのだ，そうではなく，第3部第7章を「充分に念頭に置く」という意味なのだと，betrachten に氏独自の解釈を施してこの場を切り抜けようというのである。

それでは，betrachten をこのように解釈することによって，第3部第7章が「再生産過程の攪乱」についてどのようなことを書こうとしていたかについて，なにかわかるようになったのであろうか。「第3部第7章で betrachten すべきだ」と言うのであれば，マルクスが「再生産過程の攪乱」を第3部第7章でのBetrachtung の対象の一部とするつもりだったことが言われていることはたしかである。ところが，「第3部第7章を充分に念頭に置くべきだ」と言うのであ

第12章 「betrachten すべき」は「再生産過程の攪乱」か「第3部第7章」か 441

れば，そこで「再生産過程の攪乱」を「考察」の対象としようとしていたのかどうかはまったくわからない。「再生産過程の攪乱」をそこで直接に「考察」の対象にするのではないけれども，第3部第7章で書こうと考えていたことがそれ以外のなんらかの意味で「再生産過程の攪乱」という問題に関連があり，だから，「再生産過程の攪乱」を論じる第2部第3章のこの節でも，第3部第7章のことを念頭に置いておくべきだ，と言っていると読むことも可能である。つまり，富塚氏のいうこの「留意事項」は，第2部第3章で「再生産過程の攪乱」を論じるさいに第3部第7章のことを「充分に念頭に置く」必要がある，と言っているだけで，第3部第7章ではなにが論じられるのか論じられないのか，そこでは再生産過程の攪乱そのものについても論じられるのか，なぜそこを「充分に念頭に置く」必要があるのか，などということについては，まったくなにひとつ語っていないことになるのである。

　そこでこの関連については，氏自身が，マルクスの言葉に縛られないで自由に——得手勝手に——推測することができるようになった。それによって得られたのが，「第3部第7章におけるヨリ具体的な問題視角からする論述を予定し，それとの対応を念頭におきながら，当面の論理段階に固有の問題視角から「再生産過程の攪乱」を論じよう，というのがその論旨であった」（『体系』第4巻「月報」1ページ）という推論であり，「第3部第7章におけるより具体的な問題視角からする論述を予定し，それとの対応を念頭におき意識しながら，第2部第3章の論理段階に固有の問題視角から「再生産過程の攪乱」の問題の論述が展開されるべきだという，その意味での留意事項についての指示書きだ」（「再生産論の課題」，57ページ）という解釈である。これが一つの解釈ないし推論にすぎず，マルクスの文言の富塚氏による訳文自体から自明のこととして出てくるものでないことは言うまでもない。言えるのは，富塚氏のこの解釈は氏の訳文によるマルクスの文言と直接には矛盾しない，ということだけである。

　そうだとすると，富塚氏が『体系』第4巻の巻頭に麗々しく，第2部第1稿のなかの当該箇所を含むページのフォトコピーを掲げられ，その下に，「中段に9) Störungen im Reproductionsproceß とあり，その下に Zu betrachten ch. VII. Buch III. とだけ記されている」と書かれて，わざわざ読者に注意を促されていたのは，いったいぜんたい，なんのためだったのだろうか，という疑問が

生じないわけにはいかない。というのも，この文言は，富塚氏の訳文のように読まれたとしても，富塚氏の主張のどこかを考証的に裏づけるものでも支えるものでもなくて，ただ，氏が自分の主張に合わせて勝手に解釈してみせるのに使われる一つの材料になっているだけだからである。そこではっきりと見えてくるのは，氏がこの箇所を巻頭に掲げられたのは，もっぱら，「この箇所は，訳書『資本の流通過程』の当該箇所においては，「これは，第3部第7章で考察すべきである」となっているが，誤訳である。意味が殆ど反対となるだけに重大な誤訳である」ということを読者にはっきりと印象づけるためだったのだ，ということである。派手な仕掛けの意味がわかってみると，その目的の子どもじみたたわいなさにはあきれるばかりである。

　さて，今度の論稿で氏は，「月報」での拙稿について，以上見てきたような，反論にならない反論を延々と書かれたうえで，「この論争は，現行『資本論』第2部第2篇注32の「次のAbschnitt」の問題としてすでにマルクス研究者の間では周知の決着ずみの論争の延長線上に位置するといってよいであろう」と言われ，続けて，「一見したところ，この類似の二つの論争は，いずれも訓古学的な解釈学の域を出ない，まことにtrivialな問題についての論争にすぎないようにも見えるであろうが，第2部第3篇の再生産論は『資本論』全体系のうちに如何なる位置を占め，どういう問題視角から何を解明しようとするものであるかという，極めて根本的な重要問題と関わる論争なのである」と，われわれの「論争」を極度の高みにまで引き上げられる労をとられたのち，「そこで，〈「次のAbschnitt」の問題〉に関する論争の要点について再度概観したうえで，この二つの論争を通じて，マルクスにおける再生産論の課題を把握するうえにおいて重要な意味をもつような，どういう事実が照し出され浮かび上がってくるであろうかと考察してみることにしよう」(以上，63ページ) として，〈「次のAbschnitt」の問題〉について，回想録とも，感想文とも，「決着のついた問題となった」という自己満足の表出とも見えるようなものを書かれている。冒頭で書いたように，〈「次のAbschnitt」の問題〉をめぐる「論争」については，別稿[5]で取り上げることにしているので，本稿では触れないでおく。

───────────────

5)【本書第16章を見られたい。】

## 6 betrachten という語の意味

そこで，さらに検討しなければならないのは，„Zu betrachten ch. VII. Buch III.“ という文を，富塚氏が主張されるように，「第3部第7章を考慮する」あるいは「第3部第7章を充分に念頭に置く」という意味だと読むことができるのか，ということである。

この検討は，二段に分けて行わなければならない。まず第1に，そもそもbetrachten という語はどのような意味をもち，どのように使われるのか，ということである。そして第2に，そのような意味をもつbetrachten という語をマルクスは彼の書き物のなかで，とりわけ『資本論』およびその草稿のなかで，どのように使っていたのだろうか，ということである。この二段の検討を踏まえることによって，当の„Zu betrachten ch. VII. Buch III.“ という文言についての富塚氏の読み方が可能かどうかが最終的に明らかとなるであろう。

そこでまず，betrachten という語がどのような意味の語であり，どのように使われるのか，ということを調べよう。

まず，現行の三つの代表的なドイツ語大辞典での語義の説明を掲げよう。一つは全6巻の Brockhaus-Wahrig: Deutsches Wörterbuch in sechs Bänden, 1980-1984，一つは全8巻の Duden, Das große Wörterbuch der deutschen Sprache in acht Bänden, 1993-1995，もう一つは，旧DDR で編集された大辞典である Wörterbuch der deutschen Gegenwartssprache in 57 Lieferungen, 1967-1977 である。Grimm の辞典 (Bd. 1, Leipzig 1854) は，当面の問題にはあまり役立たないので省く [6]。語義の部分にはとりあえずの拙訳を〔 〕に入れておこう。

（1）*Brockhaus-Wahrig: Deutsches Wörterbuch in sechs Bänden*, Erster Band, A-BT, 1980 Stuttgart, S. 653.

　　„betrachten 1 **jmdn. od. etwas** ～ *längere Zeit nachdenklich od. genußvoll ansehen, anschauen, beobachten*〔かなりの時間をかけて，熟慮するように，

---

6）ただ，筆者が意識的に Grimm を取り上げなかったと思われることを避けるために，本稿の末尾に【付】として掲げておくので，関心のある方はご覧いただきたい。

444 第2部 マルクスによる恐慌・産業循環の理論的展開を跡づける

または十分に味わうように，凝視する，眺める，観察する）; ein Bild, eine Landschaft ～; jmdn. forschend, heimlich, prüfend, sinnend, verstohlen, wohlgefällig, wohlwollend ～; wenn man die Sache aus der Nähe betrachtet, erscheint sie doch etwas anders; etwas mit Muße, mit Wohlgefallen ～ **2 jmdn. od. etwas als etwas** ～ *als etwas ansehen, für etwas halten* 〔なにか をなにかだと見なす，なにかだと考える〕; eine Angelegenheit als erledigt ～; ich betrachte ihn als den größten Dichter unserer Zeit; er betrachtet ihn als seinen Freund, Feind; er betrachtet sie als sein Dienstmädchen **3 etwas** in bestimmter Weise ～ *beleuchten, bedenken, beurteilen* 〔なにかをある 仕方で解明する，よく考えてみる，評価（判定，判断）する〕; die Sache läßt sich auch von einem anderen Standpunkt aus ～ 〔zu *trachten*〕"

(2) *Duden, Das große Wörterbuch der deutschen Sprache in acht Bänden, 2.,* völlig neu bearbeitete stark erweiterte Auflage, Band 1, A-Bim, 1993 Mannheim; Leipzig; Wien; Zürich, S. 509-510.

„betrachten [mhd. betrahten, ahd. bitrahtōn = bedenken, erwägen; streben, zu trachten]: 1. [*längere Zeit*] *prüfend ansehen* 〔〔かなりの時間をかけ て〕吟味するように凝視する〕: jmdn., etw. neugierig, ungeniert, aus nächster Nähe, von oben bis unten, mit Aufmerksamkeit b.; Wieder betrachtete er wohlgefällig das hübsche Mädchen in seinem schwarzen Kleid (Kronauer, Bogenschütze 119); ein Bild, ein Bauwerk eingehend b.; seinen Bauch, sich im Spiegel b.; ich habe mir die Gegend betrachtet; bei Licht betrachtet (*bei genauem Hinsehen*) ist die Sache etwas anders; Ü Moskau betrachtet voller Spannung ... die neuen Männer in Washington (Dönhoff, Ära 73). 2. *für etw. halten* 〔なにかをなにかだと見なす，なにかだと考え る〕: er betrachtet sich als mein/ (auch:) meinen Freund; Ich betrachte mich als ein preußischer Hanseat (Spiegel 37, 1982, 32); Er betrachtet sich als den Hausherrn (Spiegel 35, 1987, 96); jmdn. als Verbündeten, als enterbt b. 3. a) *in einer bestimmten Weise* [*zu*] *beurteilen* [*suchen*] 〔なにかある仕 方で評価（判定，判断）する〔そうすることに努める〕〕: etw. einseitig, objektiv, von zwei Seiten, unter einem anderen Aspekt b.; er hatte es nicht

第12章 「betrachten すべき」は「再生産過程の攪乱」か「第3部第7章」か 445

gern, wenn man seine Bücher kritisch betrachtete (Reich-Ranicki, Th. Mann 28); so betrachtet, ist die Angelegenheit anders zu beurteilen; b) *zum Gegenstand einer genauen Untersuchung, Beurteilung machen*〔厳密な研究，評価（判定，判断）の対象にする〕: wir betrachten die Entwicklung von der Romanik zur Gotik."

(3) Deutsche Akademie der Wissenschaften zu Berlin, Institut für deutsche Sprache und Literatur: *Wörterbuch der deutschen Gegenwartssprache*, Dritte, durchgesehene Auflage, 8. und 9. Lieferung, Berlin 1967, S. 571.

„**betrachten** 1. *jmdn., etw. eingehend, prüfend ansehen*〔誰かを，なにかを，詳細に吟味するように凝視する〕: jmdn. von oben bis unten, lange, unverwandt, unablässig, kühl, mißtrauisch, nachdenklich, stumm, schweigend, mitleidig, zärtlich, neugierig, ungeniert, verwundert, staunend, aus der Nähe, mit Kennermiene b.; seinen Nachbarn, sein gegenüber, den Gast aufmerksam b.; e. Gemälde, Fotografie, Denkmal, Gebäude andächtig, gedankenvoll b.; sich b.: sich im Spegel b.; */bildl./*die Welt durch eine rosarote Brille b. (*alles zu günstig beurteilen*) 2. */übertr./seine Gedanken, Überlegungen auf einen Gegenstand in besonderer Weise richten*〔並々ならぬ仕方で自分の思考，熟慮をある対象に向ける〕: etw. wissenschaftlich b.; einen Vorgang gesondert, isoliert b.; die Entwicklung dialektisch, objektiv, von allen Seiten, im Zusammenhang b.; die politische Lage b.; wenn man die Angelegenheit näher, genauer, bei Licht betrachtet, ergibt sich folgendes ... 3. jmdn., etw. als jmdn., etw. b. *jmdn., etw. als jmdn., etw. ansehen, einschätzen*〔誰か，なにかを，誰か，なにかだと見なす，思う〕: jmdn. als seinen Freund, Feind b.; jmdn. als einen Gauner, Schwindler, Scharlatan b.; sie betrachteten ihn als einen der Ihren; du kannst dich als enterbt b.; Ich darf Sie also als engagiert betrachten? Böll *Billard* 19; etw. als seine Pflicht, sein Eigentum b.; ich betrachte Ihre Worte als Beleidigung!; sie b. den Besuch als willkommenen Abwechslung"

以上の語義とそこへの例文とを見られればわかるように，基本的に，三つの語義が挙げられている。

446　第2部　マルクスによる恐慌・産業循環の理論的展開を跡づける

　第1に，誰かを，なにかを，かなりの時間をかけて，熟慮するように，また
は十分に味わうように，じっくりとあるいは詳細に吟味するように，見つめる，
凝視する，眺める，観察する，という語義である。この語義が，「考慮する」
とか「充分に念頭に置く」という意味と異なっていることは明らかである。

　第2に，誰か，なにかを，誰か，なにかだと見なす，だと考える，だと思う，
という語義である。この場合には必ず 〜 als 〜 betrachten となる。これも，
「考慮する」とか「充分に念頭に置く」という意味でないことは明らかである。

　第3に，なにかを，よく考えてみる，なんらかの仕方で解明する，自分の思
考，熟慮を意識的にある対象に向ける，なにかを，厳密な研究，評価（判定，
判断）の対象にする，なんらかの仕方で評価（判定，判断）する，これらのこ
とをしようと努める，といった語義である。『資本論』などマルクスの著作に
ある betrachten で，圧倒的に「考察する」と訳されるのは，この第3のケース
である。この第3の場合には，「考慮する」という語を使うこともできなくはな
いが，それは，日本語で「考慮に入れる」，「考慮に入れておく」という場合の
「考慮」ではなく，したがってまた，富塚氏の言われる「充分に念頭に置く」と
いう意味での「考慮する」ではなくて，じっくり考える，という意味の「考慮」
あるいは「熟慮」である。

　以上の語義の整理が恣意的なものでないことを見るために，以下さらに，三
つの大きな独和辞典での語義を掲げておこう。

(1)『独和大辞典』，第2版，小学館，1998年，360ページ。

　「**betrachten 1** 観察する：考察〈考究〉する：ein Bild 〜 絵を鑑賞する | *et.*
objektiv〈wissenschaftlich〉 〜 …を客観的〈科学的に〉に見る | *et.* durch
eine gefärbte Brille 〜 | eine Frage von allen Seiten〈einer andren Seite〉
〜 問題をあらゆる角度から〈別の見方で〉検討する ‖ genau *betrachtet* 詳
しく見れば〈考えると〉．2 みなす：*jn.* als seinen Freund 〜 …を友人と
思う | *et.* als *seine* Pflicht 〜 …を自分の義務と心得る。」

(2)『独和広辞典』，三修社，1986年，213ページ。

　「betrachten ❶ *t* ①［つくづく・じっくり］見る，熟視する，眺める，鑑
賞〈観覧〉する．②考察する：（見て）吟味する．③((書)) 見［てい］る，
みなす（etw〈jn〉als … ある物〈人〉を…と）．◆ jn von oben bis unten 〜

ある人を頭のてっぺんから爪先までつくづくと見る／genau betrachtet よ
くよく見れば，よく考えれば．❷ *r* (sich) ①自分の姿を（映して）見る．
②自認する（als ……であることを）．◆sich im Spiegel 〜 自分を鏡に映し
て見る。」

(3) 『相良大独和辞典』，博友社，1958年，218ページ。

「**betrachten** ①（に）目を向ける，熟視する，観察する：仔細に吟味す
る；ein Bild〜，絵にながめ入る；genau (*od.* bei Licht) betrachtet，詳し
く観察すると．②（に）心を向ける，沈思する，熟慮する．③ et. (A) als
et. (B) 〜，或物 (A) を或物 (B) と思う，みなす；ich betrachte mich als
Schuldigen，私は罪を自認する。」

このほかにも，類語辞典（とくに „Johann August Eberhards synonymisches
Handwörterbuch der deutschen Sprache“, Siebzehnte Auflage, Leipzig 1910）で
の記述や独英辞典などでの語釈にも参考になるものがあるが，ここではもう省
くことにしよう。要するに，betrachten の語義を大きく言えば，①じっくりと
観察，吟味する，②考察する，熟慮する，③みなす，という三つだと言うこと
ができる。

これだけ見てきても，富塚氏が「充分に念頭に置くという意味合いで用い
た」と言われる「考慮する」という日本語と，betrachten というドイツ語との
あいだには，かなりの懸隔があることが明らかである。„Zu betrachten ch. VII.
Buch III.“ での betrachten の場合には，「みなす」という意味がないことは明ら
かだから，それ以外の語義をここに入れてみられれば事柄ははっきりするであ
ろう。「第3部第7章をじっくりと観察，吟味すべきである」というのも，「第3
部第7章を考察する，熟慮すべきである」というのも，どちらも異様であるこ
とに変わりはない。要するに，富塚氏は betrachten とは異なる「意味合い」の
「考慮する」という語を使うことで，自分だけに通用するつじつま合わせをや
られただけだったのである。

## 7 マルクスの使用例

そこでさらに一歩を進めて，マルクスが betrachten という語をどのように

448　第2部　マルクスによる恐慌・産業循環の理論的展開を跡づける

使っていたか，ということを調べてみることにしよう。

　彼の著作物で使われている betrachten という語の数は相当なもので，全部を挙げることはとうていできるものではないが，それでも，なるべく恣意的でなく，なるべく網羅的に彼の用語法を確認するために，ドイツで作成された Digitale Bibliothek, Bd. 11, Marx-Engels Ausgewählte Werke, Berlin 1998 を利用しよう。しかしこれは，その編者が MEW のなかから主要著作として選んだものの CD 判であって，草稿類はもちろん収録されていない。そこでこれに，筆者の手もとにある第2部第1稿から第8稿までのすべての第2部草稿に見られる用例を付け加えることにしよう。といっても，betrachten の変化形 (betrachtet usw.) をも含めて検索をすると結果は膨大な数にのぼるし，betrachten という不定形だけで検索しても相当な数になるので，それらを全部挙げる必要もないであろう。ここでは，不定形 betrachten が使われている箇所から，「のちに～のところで考察しよう」という言い方，ないしそれにごく近い表現となっているものだけを網羅的に挙げよう。betrachten にかかわる部分を太字にし，関係する部分に簡単な邦訳をつけておこう。

（1）Wie er sie reflektiert, **betrachten wir im folgenden Abschnitt**.（〔『経済学批判』〕MEW, Bd. 13, S. 75.【MEGA II/2, S. 164.】）「流通過程がこの運動をどのように反映するかは，次の Abschnitt で考察する。」

（2）Die Verwandlung des Gelds in Kapital **werden wir betrachten im 3. Kapitel**, das vom Kapital handelt und den Schluß dieses ersten Abschnitts bildet.（MEW, Bd. 13, S. 160.【MEGA II/2, S. 245.】）「貨幣の資本への転化は第3章で考察するであろう。……」

（3）Die Verwandlung der Produktionsweise selbst durch die Unterordnung der Arbeit unter das Kapital kann sich erst später ereignen und **ist daher erst später zu betrachten**.（〔『資本論』第1巻〕MEW, Bd. 23, S. 199.【MEGA II/6, S. 199.】）「資本のもとへの労働の従属による生産様式そのものの転化はのちになって生じうることであり，だからまたのちになってはじめて考察されるべきである。」

（4）Die Art und Weise, wie die immanenten Gesetze der kapitalistischen Produktion in der äußern Bewegung der Kapitale erscheinen, sich als

第12章 「betrachtenすべき」は「再生産過程の攪乱」か「第3部第7章」か　449

Zwangsgesetze der Konkurrenz geltend machen, und daher als treibende Motive dem individuellen Kapitalisten zum Bewußtsein kommen, ist jetzt nicht zu betrachten, aber soviel erhellt von vornherein: ... (MEW, Bd. 23, S. 335.【MEGA II/6, S. 315.】)「資本主義的生産の内在的諸法則が諸資本の外的運動のうちに現われ，競争の強制法則として実現され，したがって推進的な動機として個別資本家の意識にのぼる，その仕方様式は，いまは考察することができないが，……。」

(5) Den Umstand, daß der Zins auf den average Profit zu beziehn, **werden wir gleich näher betrachten.** (〔『資本論』第3巻〕MEW, Bd. 25, S. 372. 〔ここでは，MEGA II/4.2, S. 433による。〕)「利子は平均利潤に連関させるべきだという事情は，すぐにもっと詳しく考察するであろう。」

(6) **Wir betrachten in den folgenden Kapiteln den Kredit** mit Bezug auf das zinstragende Kapital als solches, sowohl seinen Effekt auf dieses, wie die Form, die er hierbei annimmt; ... (MEW, Bd. 25, S. 457.)「以下の諸章でわれわれは，信用を利子生み資本そのものとの関連のなかで考察する。すなわち信用が利子生み資本に及ぼす影響を，ならびにそのさい信用がとる形態を考察する。」（これは，MEGA II/4.2, S. 505 でのマルクスの次の文章をエンゲルスが書き換えたものであるが，エンゲルスがマルクスとまったく同じ用法を使っていることを見ることができる。Wir gehn jetzt über auf Betrachtung des zinstragenden Capitals als solchen〔des Effects auf es durch das Creditwesen, wie die Form, die es annimmt.〕, ...〕)

(7) Es ist dieß das quid pro quo, **das wir im folgenden § betrachten** und das nothwendig zusammenhängt mit dem Schein, als ob ... (MEW, Bd. 25, S. 854. 〔ここでは，MEGA II/2, S. 866による。〕)「これは，われわれが次節で考察する取り違えであって，……。」

(8) Dieß ist die Form, **die wir zunächst zu betrachten haben.** (〔第2部第1稿〕S. 4; MEGA II/4.1, S. 144.)「これがまずもって考察すべき形態である。」

(9) **Wir wollen beide**, mit Bezug auf die Form der Geldcirculation, worin sich diese Verwandlung darstellt, **besonders betrachten** ... (MEW, Bd. 25, S. 10; MEGA II/4.1, S. 153.)「〔この〕二つ〔の部分〕を，こうした転化を表わす貨幣

450 第2部 マルクスによる恐慌・産業循環の理論的展開を跡づける

流通の形態に連関させて，別々に考察しよう。」

(10) **Es wird** später noch nach andrer Seite die „anticipirte Geldform künftiger Arbeit" **zu betrachten sein.** (MEW, Bd. 25, S. 16; MEGA II/4.1, S. 161.)「「将来の労働の先取りされた貨幣形態」は，のちにさらに別の側面から考察されなければならないであろう。」

(11) Indeß nehmen wir zur Vereinfachung an, daß mit demselben W wieder begonnen wird, da der Accumulationsproceß nichts an der Form ändert, und die realen Umstände, unter denen sich die Accumulation in dem Circulationsproceß darstellt, **erst in ch. III dieses Buchs betrachtet werden können.** (MEW, Bd. 25, S. 19; MEGA II/4.1, S. 166.)「……蓄積が流通過程で現われるときの実体的な諸事情はこの部の第3章ではじめて考察されうることなので……」

(12) **Was wir hier zu betrachten haben,** ist zunächst nur das aus der Metamorphose der Waare nothwendig hervorgehende <u>begriffliche</u> Moment ... (MEW, Bd. 25, S. 41; MEGA II/4.1, S. 203.)「ここでわれわれが考察しなければならないのは，さしあたりは，商品の変態から必然的に生じてくる概念的な契機だけである。……」

(13) **Die Punkte sind zu betrachten** nach der Reihenfolge der römischen Ziffern. (MEW, Bd. 25, S. 79; MEGA II/4.1, S. 267.)「これらの論点はローマ数字で示された順に従って考察されるべきである。」

(14) So weit man unter <u>Accumulation von Geldcapital</u> versteht, daß ein Theil der Revenue, der in Capital zurückverwandelt werden soll, zunächst als Schatz brachliegt etc, **ist diese Sache** näher **im Capitel IV zu betrachten,** ditto über das zinstragende Capital. (MEW Bd. 25, S. 141; MEGA II/4.1, S. 360.)「このことも，同じく利子生み資本についての第4章で詳しく考察すべきである。」

(15) Diese Ideenwirre wird durch verschiedene Phänomene befestigt, **die wir erst später betrachten können.** (〔第2部第4稿〕S. 4.【MEGA II/4.3, S. 289.】)「この錯乱は，のちにはじめて考察することができるさまざまの現象によって打ち固められる。」

第12章　「betrachtenすべき」は「再生産過程の攪乱」か「第3部第7章」か　451

(16) Wir wollen, um die Sache zu vereinfachen{da wir erst später den Kaufmann als Kapitalisten od. das Kaufmannskapital betrachten} annehmen dieser Agent zum Kaufen u. Verkaufen sei ein Mann, der seine Arbeit verkauft.（〔同前〕S. 36.【MEGA II/4.3, S. 334.】)「……資本家としての商人または商人資本はのちにはじめて考察するのだから……。」

(17) Diese Figur u. die später sub III) zu betrachtende bilden die Grundlage seines Tableau Économique, welches Mirabeau père den 7 überlieferten Weltwundern als 8$^{tes}$ zurechnet.（〔第2部第2稿〕S. 12.【MEGA II/11, S. 33.】)「この図式と，のちにIIIのもとで考察すべき図式とは……」

(18) Aber der Aberglaube der Pol. Oekonomie an die Werthbildende Kraft der Umlaufszeit wird befestigt durch mannigfache, erst später zu betrachtende Phänomene, z. B. Erhöhung der Waarenpreise oder des Profits in Folge verlängerter Umlaufszeit.（〔同前〕S. 19. MEGA II/11, S. 54-55.】)「……のちに考察すべきさまざまな現象，たとえば流通時間が長くなったために生じる物価や利潤の上昇は，……」

(19) Dieß ist grade, was wir in diesem Abschnitt zu betrachten hatten.（〔同前〕S. 104.【MEGA II/11, S. 266.】)「このことが，このAbschnittで考察しなければならなかった当のものである。」

(20) Wir werden später im 3. Buch die Analyse des Waarenpreises durch Smith in der Form betrachten, worin er sie giebt, nämlich ihre Analyse in die 3 Bestandtheile von Arbeitslohn, Profit und Grundrente.（〔同前〕S. 134.【MEGA II/11, S. 351.】)「のちに第3部で，スミスが……という形態で行っている商品価格の分析を考察するであろう。」

(21) Es ist das constante Kapital der Abtheilung A) die wir später betrachten werden.（〔同前〕S. 138.【MEGA II/11, S. 359.】)「それは部門Aの不変資本であって，この部門はのちに考察するであろう。」

(22) ...{abgesehn v. dem später zu betrachtenden CI}...（〔第2部第8稿〕S. 25.【MEGA II/11, S. 748.】)「のちに考察されるべきCIは別として」

(23) es sei dieser Werth zerfällbar in $20c + 5v + 5m$; 20c ist auszutauschen gegen andre Elemente von CI, u. dies ist später zu betrachten, aber $5v +$

452 第2部 マルクスによる恐慌・産業循環の理論的展開を跡づける

5m (I) sind umzusetzen gegen Elemente v. cII. (〔同前〕S. 38.【MEGA II/11, S. 772.】)「……このことはのちに考察されるべきである……」

(24) Es zeigt sich – auch abgesehn v. **dem später zu betrachtendem C (g) I, wie selbst bei einfacher Reproduction**, wenn hier auch Accumulation im wahren Sinn des Worts-i. e. Reproduction auf erweiterter Stufenleiter – ausgeschlossen, dagegen Geldaufspeicherung oder Schatzbildung nothwendig eingeschlossen ist. (〔同前〕S. 39.【MEGA II/11, S. 774.】)「……のちに考察されるべき C(g)I は別としても……」

(25) ... {höchstens mit geringem Abzug für das Dechet (**was erst sub IC zu betrachten** u. für eigne Schatzbildung)} ... (〔同前〕S. 40.【MEGA II/11, S. 775-776.】)「……このことは，IC のところではじめて考察されるべきであり，……」

(26) **Dies zu betrachten sub I bei der einfachen Reproduction.** (〔同前〕S. 53.【MEGA II/11, S. 797.】)「これは，単純再生産のところでの I のもとで考察されるべきである。」

以上の26箇所は，上記文献のなかで，マルクスがbetrachtenという語を使って，後続するどこかを指示した箇所あるいはそれに類する箇所の——筆者の拾うことができた——すべてである。

見られるように，ここには，なにかを「考慮すべきである」とかなにかを「充分に念頭に置くべきである」と言っているような箇所，あるいはbetrachtenにそのような訳語を当てることができるような箇所は一つもない。しかも，ここでbetrachtenすることの対象とされているのは，一つの例外もなく，後続する特定の部分ではなく，なんらかの客観的な事象である。そうしたなんらかの事象を後続する特定の部分でbetrachtenする，と言っているのである。このbetrachtenは，まさに「考察する」と訳されるに相応しいものである。

なお，小生は上記の文献のなかでbetrachtenという語が使われているすべての箇所——それの変化形をも含めて——での用例を調べてみた結果，これらの文献にかんするかぎり，マルクスのbetrachtenは，例外なく，①じっくりと観察，吟味する，②考察する，③みなす，の三つのうちのどれかに入る用法であることを確信した。異論があるなら反証を挙げていただきたい。それに役

立つかもしれないヒントをさしあげておこう。上記の文献のなかには『経済学批判要綱』，『1861-1863年草稿』，および「第6章　直接的生産過程の諸結果」が入っていないから，これらのものを博捜的に調べられたなら，そのような反証に出くわすという仕合わせに巡り会われるかもしれない。

## 8　betrachtenの対象はなにか？

　以上，まずbetrachtenという語の語義を調べて，それには「充分に念頭に置くという意味合い」での「考慮する」という意味はないことを確認し，さらにマルクスがこの語をそのような意味で使っている箇所もないこと，さらに――上記文献の範囲内では――マルクスがbetrachtenという語を使って後続箇所を指示するときには，例外なく，〈どこそこでなにを考察する〉という言い方であって，〈どこそこを考慮する〉とか〈どこそこを充分に念頭に置く〉とかいう表現は一つもないことを見てきた。

　富塚氏が，それでもなお，マルクスはここで，「第3部第7章を考慮すべきである」とか「第3部第7章を充分に念頭に置くべきである」と言っていると主張し続けようとするのであれば，氏は，膨大な数のbetrachtenという語のマルクスの用語例から，マルクス自身が同じ意味で使っている例を，たった一つでいいから挙げてみられるべきである。

　たしかに，betrachtenは他動詞だから，„Zu betrachten ch. VII. Buch III.“という文章をこのまま，だれが書いたどんな文献のどこから取ったどんな文章であるか，ということから切り離して，ネイティブを含むドイツ語学者に見せれば，だれもが「第3部第7章をbetrachtenすべきである」と読むであろう。その場合，betrachtenという語がどのような意味をもちうるかについては，おそらく各人各様の解釈をしてみせるか，あるいは解釈不能と言明するかであろう。

　しかし，これがマルクスの草稿のなかにある一文であることを知って読むMEGA編集者であれば，単純にそのような読み方で済ませることはしないであろう。これがどこに置かれているか，その前後がどうなっているか，などのことも考慮に入れながら，文意をできるかぎり正しく読み取ろうとするであろう。

　この一文は，タイトル「9) 再生産過程の攪乱」の直後に書かれているもので

ある。そこからはまず，„Zu betrachten"の目的語つまり対象は，まさにこのタイトルにある「再生産過程の攪乱」であり，したがって，この文は，„Zu betrachten ch. VII. Buch III. [: Störungen im Reproductionsproceß]"という意味をもつ文であろうと推測できる（言うまでもなく，筆者の訳文，「これは，第3部第7章で考察すべきである」のうちの「これは」は，この対象を明示したものであった）。そこでまた，ここでの„ch. VII. Buch III."というのは，その対象をbetrachtenすべき後続箇所を指す部分であることが推測される。したがってこの文は，マルクスによって，„Zu betrachten [in] ch. VII. Buch III. [: Störungen im Reproductionsproceß]"という意味をもつものとして書かれたのだ，という推測を行うであろう。これが当然の読み方なのである。

　繰り返して言うが，草稿でのマルクスの文章は，つねに完全であるわけでないどころか，文法的に誤っている文もあれば，前置詞や否定詞が落ちていたり，格が誤っていたり，単数と複数が照応していなかったり，文法的に破格だというよりも単純に誤っているというようなケースはあちこちにある。マルクスの言わんとするところは明白に読み取れるけれども，文法に固執して読もうとすればドイツ語として読みようのないような文章さえもある。„Zu betrachten [in] ch. VII. Buch III."のように，あるべきinがないというようなケースも希有ではないのである。なぜ欠けたのかということについては，推定できる場合もあれば，推定の手がかりがない場合もあるが，いまの場合について言えば，なんの手がかりもないと言うべきであろう。マルクスは，ここに入れるべきinとかsubという語を単純に書き落としたのかもしれないし，「月報」で引用したフォルグラーフの言うように，コロンを置くような気持で書いたとみることもできるかもしれない。マルクスの草稿での文章がどのようなものであるのか，そこにはどんな文章上の圧縮した表現や省略や誤記があるか，ということを知らない人であれば，ドイツ人でさえも，マルクスの草稿のなかの文章を正しく理解できないことが十分にありうるのである。草稿をよく知っているドイツ人であるフォルグラーフや，またロシア語訳を作成したチェプレーンコの方が，マルクスの草稿を知らないドイツ語学者よりも，この箇所を正確に読むことができる可能性が十分にあるのである。

## むすび

　富塚氏が „Zu betrachten ch. VII. Buch III." という文について，「これは，第3部第7章で考察すべきである」という拙訳およびロシア語訳は誤訳であって，「第3部第7章を考慮すべきである」と訳さなければならないのだ，と主張されることになった原因は，以上のところからほぼ明らかになったであろう。

　氏は，いくつかの思い込みにがんじがらめに縛られているのである。

　第1に氏は，「9) 再生産過程の攪乱」というタイトルの直後に「これは，第3部第7章で考察すべきである」と書いてあれば，マルクスが「再生産過程の攪乱」を第2部第3章ではなくて第3部第7章で考察する，と言っていることになるのだ，と思い込まれている。

　この思い込みから，氏は第2に，筆者が「これは，第3部第7章で考察すべきである」と訳したのは，読者に，あたかもマルクスが「再生産過程の攪乱」を第2部第3章ではなくて第3部第7章で考察すると言っているかのように読ませるための意図的な改変にちがいない，と思い込まれたようである。

　この思い込みは，ドイツ語の文法的規則に厳密に従わなくてはならないという信条によるものではないかと思われる第3の思い込みと結びついている。すなわち氏は，他動詞のあとにある名詞はその他動詞の目的語であるほかはないのだ，と一途に思い込まれていて，„Zu betrachten ch. VII. Buch III." という文は「第3部第7章を betrachten すべきだ」としか読めないのだ，読んではならないのだ，と思い込まれているのである。

　しかし，氏にとって不幸だったのは，第1に，betrachten という語をごく普通に使われる訳語の「考察する」という日本語に置き換えると，「第3部第7章を betrachten すべきだ」という文は「第3部第7章を考察すべきだ」という奇態なものになってしまう困難であった。そこで氏は，betrachten という語の訳語として，「充分に念頭に置くという意味合い」で「考慮する」という言葉を用いることによってこの困難をすり抜けるという迷案を思いつかれたのであった。

　ところが，氏にとって不幸だったのは，第2に，この箇所以外のどこでも，betrachten という語をマルクスが，「充分に念頭に置く」ないし「考慮する」と

いう「意味合い」で使っていなかったことである。マルクスはbetrachtenという語を、「じっくりと観察，吟味する」か，「考察する」か，そうでなければ「〜を〜だと考える」か，このうちのどれかの意味で使っているのであって，「考慮する」という訳語がぴったりと収まるような用例を見いだすことはできない。

　さらに第3に，氏にとって不幸だったのは，マルクスがbetrachtenという語を使って後続のどこかを指示するとき，そのどこかをbetrachtenすべきだ，などとはけっして言わず，必ず，なにかの事柄をどこかでbetrachtenする，と表現していたことである。

　最後に，氏にとって最も不幸であったのは，草稿中のマルクスの文章には明らかな文法的誤りを含む文が稀有ではないという事実を軽く見られたか，このことをよく理解しておられなかったことである。氏には，そのような誤りを訂正したうえでマルクスの文意を正確に読み取ることは避けられないばかりか，むしろ必要な手続きであることはまったく予想外のことだったようである。

　以上で，富塚氏の「第3部第7章を考慮すべきである」という訳文の方こそ原文の意味を完全に取り違えているということが明らかとなったが，すでに見たように，氏はこの迷訳をもって，マルクスのこの一文を，氏の主張の一つの重要な論拠に仕立てあげている。このようなマルクスの読み方を筆者は，我が田に水を引くような引用，すなわち「我田引用」と呼ぶのである。

　本稿で論じようとしたことは以上で終わるが，残されている課題について一言しておこう。

　問題の，「これは，第3部第7章で考察すべきである」という文でマルクスが考えていたと思われることについては，すでに述べた。要するに，第2部第3章で「再生産過程の攪乱」を考察するのだが，この問題はここだけで終わるのではなく，さらに第3部第7章でもこの問題を考察しなければならない，という覚え書きだったのだと考えられる。

　しかし，そのように考えられるとしても，この覚え書きそのものからは，第2部第3章で論じられるべき「再生産過程の攪乱」とはどのようなものだったのか，ということについても，また，第3部第7章で「再生産過程の攪乱」についてどのようなことを「考察」すべきだと考えられたのか，ということについて

も，なにひとつわかるわけではない。

　しかも，第1稿の末尾にこの項目が記されたのち，第2稿から第8稿にいたる第2部の諸草稿のなかで第3章（のちの第3篇）のために書かれた，第2稿および第8稿には，「再生産過程の攪乱」に当たると考えられる部分は含まれておらず，また，「資本主義的生産の総過程における貨幣の還流運動」を指すものと考えられる「第3部第7章」は，第2部第1稿の擱筆後ほどなくして，第3部執筆中にプランから消え失せ，書き終えられた第3部第1稿にはこの章はなかった[7]。

　したがって，第2部第1稿を執筆した時期に，マルクスが第2部第3章のなかの「再生産過程の攪乱」という項目でどのようなことを論じようとしていたのか，またさらに，「資本主義的生産の総過程における貨幣の還流運動」を主題とするはずであった第3部第7章のなかで「再生産過程の攪乱」についてどのようなことを論じようとしていたのか，ということは，残された第2部第1稿以降の第2部諸草稿と，第2部第1稿とほとんど同時に書かれた第3部第1稿とから推測することができるだけである。

　本稿ではこの問題に立ち入ることはしないが，これについての筆者の考えていることをごく一般的，抽象的に言えば，社会的総資本の再生産と流通の分析で明らかにされる再生産の諸条件が同時に恐慌の諸条件であり，社会的再生産の実体的諸条件の分析が同時に恐慌の発展した可能性の解明であって，ここで恐慌の抽象的形態が内容諸規定を受け取るのだ，ということを想起するならば，第2部第3章で「再生産過程の攪乱」が論じられること自体にはなんの不思議も

---

7）ただしこのことは，第1に，マルクスが第2部第3篇のなかで「再生産過程の攪乱」を論じないことにしたことを必ずしも意味しない。というのは，第8稿までで第2部第3篇の執筆が完全に完了したのだと確言できるわけではなく，マルクスが第8稿以後にもさらに「再生産過程の攪乱」を含む残りの部分を執筆しようとしていた可能性を排除できないからである。第2に，マルクスが，「資本主義的生産の総過程における貨幣の還流運動」という独立の章を置くことをやめたことは確実であるが，しかし，第3部の末尾近くで「再生産過程の攪乱」を「考察」することそれ自体をやめたことを必ずしも意味しない。というのは，「第3部第7章で考察すべき」だと考えられていた「再生産過程の攪乱」についての叙述が，「第7章　諸収入とそれらの諸源泉」のなかに，とくにその「2)」（エンゲルス版の「生産過程の分析のために」）のなかに含められなかった，あるいは含められる予定がなかったと断定できるわけではないからである。

ないし，第2部第3章での社会的再生産の実体的諸条件の分析を基礎とし，そのうえで社会的総再生産過程における貨幣運動を総括的に考察するという構想のもとに予定されていた第3部第7章で，貨幣運動を前提していま一度「再生産過程の攪乱」が取り上げられる予定だったこともそれなりに納得のいくところである。しかし，この構想は実現されなかった。だからむしろ，なぜ，一部はとりやめられ，一部は実現されないままに終わったのか，ということを，第3部および第2部の諸草稿に見られるマルクスの研究の過程に即して明らかにする課題が残されているわけである。

### 【付言】

富塚氏は，論稿「再生産論の課題」で『資本論体系』「月報」での拙稿を批判されるさいに，「月報」での拙稿には存在しない文章を「引用」されたうえで，それにたいして非難を加えられている（氏の論稿54ページ下から7-3行，55ページ上から7-9行）。氏はさらに，この拙稿には存在しないフォルグラーフの発言内容なるものを，拙稿に書かれているかのように挙げられて，それに批判を加えられている（氏の論稿61ページ下から8-2行）。

こういうでたらめなことをされた理由を，氏自身が，氏の論稿の最後に加えられた「あとがき」なるもののなかで次のように明かされている。

「本稿は，『資本論体系』第1巻……の「月報」に寄せられた大谷氏の異色の論稿「メガの編集者は禁欲を要求される……」への対応として書かれた「トランプ遊びにもルールはある，その切り札は私の持ち分」と題する小論——それは，学術誌などに近年よく見られる，批判とreplyを同時掲載する手法によって，同「月報」に載せる予定であった——を，拡充して成ったものである。その後，大谷氏の論稿にも編集部からの注文により細部になにほどかの改変が加えられたかもしれないが，議論の本筋には全く変更はないようであるし，また，本誌記念号の制約もあるので，このまま発表することにする。」（「再生産論の課題」，71ページ。）

これは，氏が，拙稿のゲラが責了となる以前に筆者の原稿ないし初校ゲラを入手され，この原稿ないし初校ゲラにたいしてすぐに反論を書かれ，しかもそれを，拙稿が掲載される「月報」の同じ号に掲載しようと目論まれたことを氏自身が告白している文章である。

氏はこの『体系』の「編集代表」の一人であるから，その権限において，氏が編集を担当したわけでもない第1巻に添付される「月報」の原稿ないしゲラを入手されたとしても，もちろん，そのこと自体を非難することはできない。また，そのような権限

第12章 「betrachtenすべき」は「再生産過程の攪乱」か「第3部第7章」か　459

を行使して目を通した筆者の原稿に激昂し，これにたいする反論を「学術誌などに近年よく見られる，批判とreplyを同時掲載する手法によって，同「月報」に載せる」べく画策されることも，またそのことを「予定」してそこに書くべきことを構想されるのも，富塚氏個人の完全な自由である。

　しかし，残念ながら，ことは氏の思惑どおりには運ばなかった。『資本論体系』第4巻の本文および「月報」で筆者の訳文が批判されたので，次に発行される巻の「月報」にそれにたいする反論を書かせるように筆者が要求したのにたいして，すでに述べたように，同巻の「編集者」，次回配本予定の第5巻の「編集者」，ないし，『体系』の「編集代表」がそれを拒否したこと――この拒否がどの段階でどのように協議されたうえで決定されたのかも，あるいはおよそ協議されたのかどうかということ自体も，またこの拒否に富塚氏がどのように関与されていたかも，筆者は知るよしもないのであるが――を考えれば，正常な感覚の持ち主であれば，拙稿にたいする富塚氏の反論を「学術誌などに近年よく見られる，批判とreplyを同時掲載する手法によって，同「月報」に載せる」ことも，また，その次に発行される巻（つまり最後の第10巻）に載せることも，著しく平衡を欠くものであることは明らかであって，筆者は，そのようにことが運ばなかったのは，富塚氏を除く『体系』の関係者の良識ないしバランス感覚を示すものであったと考えている。

　いずれにしても，こうして氏の論稿は，拙稿が載った『体系』第6巻の「月報」にも最終配本となった第10巻の「月報」にも載らないことになった。

　そこで富塚氏は，「学術誌などに近年よく見られる，批判とreplyを同時掲載する手法によって，同「月報」に載せる予定であった」原稿に手を加えて，中央大学の『商学論纂』に「再生産論の課題」なる論稿を書かれたのであった。氏のこの勤勉さは大いに称揚されてしかるべきことではあろう。

　しかしながら，いかに『商学論纂』誌の「記念号の発刊期日の制約」なるものがあったとしても，すでに学部を離れておられる名誉教授の富塚氏が，「大谷氏の論稿にも編集部からの注文により細部になにほどかの改変が加えられたかもしれないが，議論の本筋には全く変更はないようである」といった自分勝手な判断にもとづいて，まだ活字になっていない筆者の原稿にたいする批判を公表される，というのは筆者の理解を絶することである。

　筆者は校正のさいに，推敲のために拙稿のあちこちに手を入れた。富塚氏は，あたかもそれが「編集部からの注文」によるものであるかのように書かれているが，そのように書かれる以上，氏はそうであったと考える論拠をもっていたはずである。氏には，そのような論拠を示して，筆者が「編集部からの注文」によって原稿に手を入れたことを論証する義務がある。氏はこの拙稿にたいしてなにかを書かないではいられ

460 第2部 マルクスによる恐慌・産業循環の理論的展開を跡づける

ないであろうから，筆者は予め，そのさいにこのことを明確に論証することを求めておこう。

それはさておき，筆者が拙稿に手を入れたために，活字になった「月報」での拙稿は筆者の原稿とはあちこちで異なっている。それぞれの箇所での変更の意図はさまざまであるが，いずれにしても，筆者の公表したものは最終的に活字になったものである。

富塚氏は，筆者が公表していない原稿段階での書き物を，筆者の了解なしに公開し，批判されたのである。しかも氏は，「その後，大谷氏の論稿にも編集部からの注文により細部になにほどかの改変が加えられたかもしれないが」と書かれることによって，氏が，筆者の原稿と最終的に活字になったものとが同じものでないことを予想されておられたか，あるいはすでに知っておられたことを明かされている。

富塚氏が，一般に，だれかある筆者の了解なしに，その筆者が公表していない書き物を取り上げてそれにたいする批判を公表したとしても，それにはなんの問題もない，などと考えておられるとはとうてい思えないから，氏は，第1に，「細部になにほどかの改変が加えられたかもしれない」程度の「改変」だから問題ないと考えられたか，あるいは第2に，相手が大谷であるから問題ないと考えられたか，どちらかなのであろう。

そうだとすれば富塚氏は，「細部になにほどかの改変が加えられたかもしれないが，議論の本筋には全く変更はないようである」と判断された根拠をはっきりと示すか，あるいはそうでなければ，相手が大谷であれば大谷の了解なしに大谷が公表していない大谷の書き物を引用してそれにたいする批判を公表することにはなんの問題もない，と考えられた理由を説明されるべきである。

以上ここで述べてきたことは，拙稿の本論に組み込むにはあまりにも愚劣なばかばかしいエピソードでしかないので，「付言」としておく次第である。

【付：Deutsches Wörterbuch von Jacob Grimm und Wilhelm Grimm, Erster Band, A - Biermolke, Leipzig 1854, S. 1705-1706から。】

BETRACHTEN, *considerare, contemplari, intueri, ahd.* pitrahtôn (GRAFF 5, 515, 516), *mhd.* betrahten, *nnl.* betrachten, *schw.* betrakta, *dän.* betragte.

1) beschauen *ist inniger als* besehen, und betrachten *nachdenklicher als* beschauen, *vgl. oben sp.* 1548. *der* beschauende *sinnt nach, der* betrachtende *denkt nach. man kann keine beschauungen machen, sie erfolgen von selbst,* betrachtungen *aber müssen gemacht werden.* KEISERSB. *s. d. m.* 86° *sagt:* es ist ein groszer unterscheid zwischen gedenken (*meminisse*), betrachten, und schauwen. jederman kan gedenken, es gat on arbeit zů und on nutz. betrachten gat mit arbeit zů

第12章 「betrachten すべき」は「再生産過程の攪乱」か「第3部第7章」か 461

und mit nutz. aber schauwen gat on arbeit zů und mit nutz. betrachten =
*contemplari in folgenden stellen*: da ich gesichte betrachtet in der nacht, wenn der
schlaf auf die leute fellet. *Hiob* 4, 13; betrachte ihn genau und prüge dir alle seine
züge ein; ich betrachtete diese gegend lange und im einzelnen, um mir das
andenken daran voll zu bewahren; jedes ansehen geht über in ein betrachten,
jedes betrachten in ein sinnen, jedes sinnen in ein verknüpfen. GÖTHE 52, XII;

betrachte wie in abendsonneglut

die grünumgebnen hütten schimmern. 12, 59.

2) betrachten, *erwägen, überlegen:*

ich habs in meinem herzen petracht. *fastn. sp.* 451, 14;
ein mensch, der da geistliche ding betrachtet. KEISERSBERG *s. d. m.* 10*;
betracht, das ein solcher verklapperer ist verworfen von gott. 48*; das seind
sünden, die betracht und ker dich an niemanns loben und schmeichlen. 34*;
betracht darnach, das alle ding zergenglich seind, wider die heuwschrecken, die
der wind hinweg weiet. also wenn du betrachtest durch den tod, das dir die sonn
wirt undergon und dir die augen werden brechen. *daselbst*; gedenk der vorigen
zeit bis daher, und betrachte was er gethan hat an den altern vetern. 5 *Mos.* 32, 7;
und lasz das buch dises gesetzs nicht von deinem munde komen, sondern betracht
es tag und nacht. *Jos.* 1, 8; ich betrachte meine wege und kere meine füsze zu
deinen zeugnissen. *ps.* 119, 59; betrachte immerdar gottes gebot. *Sir.* 6, 37; und er
betrachte vor bei sich selbst. 39, 11; da der ritter wider in sein herberg war
kommen, betrachtet er die grosze freundlichkeit, die im widerfahren war. *buch
der liebe* 36, 1; der graf hatte dieses vor betrachtet. 393, 1;

und was ich etwa schwer betracht,

hat mir gewonheit leicht gemacht.

SCHWARZENBERG 150, 2;
dieses ist, was ich über den älteren still der ägyptischen bildhauer zu betrachten
gefunden habe. WINKELMANN 3, 102; denn wenn es schon wahr ist, dasz
moralische handlungen, sie mögen zu noch so verschiednen zeiten, bei noch so
verschiednen völkern vorkommen, in sich betrachtet, immer die nemlichen
bleiben. LESSING 10, 194;

so laszt uns jetzt mit fleisz betrachten,

was durch die schwache kraft entspringt. SCHILLER 77*;

der mann vergiszt,

462　第 2 部　マルクスによる恐慌・産業循環の理論的展開を跡づける

die goldne regel zu betrachten,

nimm diese welt, so wie sie ist. GÖKINGK. 1, 15.

*man liesz ehmals auch die praep.* um *folgen, wie nach* schauern, sorgen *und* bedenken: wir wöllen und süllen betrachten umb frömde gemüs. HAUPT 9, 371.

3) sich betrachten, *sich ansehen*: ich betrachte mich als meines versprechens entbunden: betrachtet euch hier wie zu hause; er betrachtet sich als meinen freund.

# 第13章　再生産論と恐慌論との関連をめぐる若干の問題について

――富塚良三氏および報告者へのコメント――

大谷禎之介

## はじめに

　2002年5月25日に開かれたシンポジウムが最初に企画されたときには，『資本論体系』第9巻「恐慌と産業循環」が刊行されたこの機会に，富塚良三氏にお出でいただいて存分に話していただき，それにたいして出席者からこれまた存分に意見を出して，両者ががっぷり組み合って生産的な議論を展開する場をつくろう，というのが狙いだった。しかし，実際のシンポジウムでは富塚氏が来られなかったので，富塚氏から「思いのたけ」を聞かせていただくこともできなかったし，富塚氏と直接に議論することもできなかった。また，討論に割かれた時間が予定発言者の数に比べて短かすぎたために，富塚氏の恐慌論や『体系』第9巻所載の諸論文の内容にたいして出された疑問・意見とまともに嚙み合った具体的な回答を報告者＝執筆者から聞くことはできず，したがって討論らしい討論にはならなかった。たいへん残念であった。

　シンポジウムでは発言がきわめて短い時間に制限されたので，筆者もごくわずかのことしか述べられなかったが，筆者の発言内容を整理，要約し，事前に配布されたコメント集で筆者が書いていた内容にたいしてこの日，富塚氏が文書で出された回答にごく簡単にコメントしておきたい。

## 富塚氏のマルクスの読み方について

　筆者がこれまで書いてきた，そしてまた富塚氏から批判を受けてきた論点は，いずれも，マルクスの書いているある箇所または文章をどのように読むか，という点に関わっている。筆者は，富塚氏のマルクスを引証する仕方が我が田に水を引くような引用すなわち「我田引用」であると感じてきており，理論的内容の検討もさることながら，マルクスの文章をどう読むかというところではっ

きりさせなければならないことがあると考えてきた。この点に関わって，シンポジウムの討論のなかで三つの具体的な問題を挙げた。

## 「第2部第3篇ではじめて問題となる」ことについて

第1に，エンゲルス版第2部注32に利用された箇所で，マルクスがなにを「第3篇で論じるべきこと」としているのかということを理解するためには，エンゲルス版でnieとなっている語が草稿ではnurであったことを重視しなければならない。この違いは文意を決定的に変更するからである。富塚氏がこの違いを無視してマルクスの文言を自説の論拠にしているのは「我田引用」である。

この点については，与えられた紙幅の枠内でまとめて提出したコメントで，次のように書いていた。

*

『資本論』第2部のエンゲルス版の注32は，マルクス自身がいわゆる「内在的矛盾」の問題を第2部第3篇の再生産論で論じることを明記した箇所と見なされていた。それは，この注に，「けれども，このことは次の篇ではじめて問題になることである。〔Dies gehört jedoch erst in den nächsten Abschnitt.〕」(傍点は引用者)と書かれており，この「次の篇〔Abschnitt〕」とは当然に第2部第3篇を指すものと見なされたからであった。

私はかつて，拙稿「「内在的矛盾」の問題を「再生産論」に属せしめる見解の一論拠について——『資本論』第2部注32の「覚え書き」の考証的検討——」(『東洋大学経済研究所研究報告』第6号，1973年) で，「次のAbschnitt」という言葉そのものを当然に第2部第3篇を意味するものと読むことはできないことを詳論し，それは第2部第3篇だけでなく第3部をも意味しうるのであって，どちらを意味するかはこの注の内容から読み取られるべきものだと結論した[1]。この拙稿を発表したのち，「マルクスの「但し書」と，それについてのレーニンの関説とに，依拠」(富塚良三『恐慌論研究』，299ページ) して，「内在的矛盾」の問題が再生産論に属するとする主張はぱったりとなくなった。

---

1)【本書第7章を見られたい。】

第13章 再生産論と恐慌論との関連をめぐる若干の問題について　465

　ところが，その後，エンゲルスがこの注に利用したマルクスの第2部第2稿の当該部分を見ることができるようになり，草稿でマルクスは，「けれども，ここでの話のいっさいが次の Abschnitt ではじめて問題になることである。〔Diese ganze Geschichte jedoch gehört erst in d. nächsten Abschnitt.〕」と書いたのちに，Abschnitt を Kapitel に修正していることがわかった。「次の章〔Kapitel〕」が第2稿での第3章を指すことは確実なので，エンゲルスは彼の版での篇別に合わせて，「次の章〔Kapitel〕」を「次の篇〔Abschnitt〕」に変更したのであった。

　これによって，拙稿での，「次の Abschnitt」は第2部第3篇をも第3部をも意味しうるのであって，どちらを意味するかはこの注の内容から読み取られるべきものとする結論，またそこで述べた「エンゲルスによる書き替えの可能性はないであろう」とする推論が誤りであることが明らかとなった。

　そこで富塚良三氏は，「内在的矛盾」の問題が第3篇に属することをマルクス自身がこの箇所で述べていたと断定され，『資本論体系』9-1のなかでも，この注に利用されたマルクスの草稿部分を引用されている（94ページ）。はたして，草稿によってそのように断定できるようになったのであろうか？

　草稿の「ここでの話のいっさい」あるいはエンゲルス版の「このこと」のなかに「内在的矛盾」の問題が含まれているとされてきた根拠は，エンゲルス版での次の一文の傍点を付した部分にあった。

　　「さらに次の矛盾。資本主義的生産がそれのすべての力能を発揮する諸時期は，きまって過剰生産の時期であることが明らかとなる。なぜなら，生産の諸力能は，価値がそれによってより多く生産されうるだけでなく実現もされうるというように充用されることはけっしてできないが，商品の販売，商品資本の実現は，だからまた剰余価値の実現もまた，社会一般の消費欲求によってではなく，その大多数の成員がつねに貧乏でありまたつねに貧乏のままであらざるをえないような社会の消費欲求によって限界を画されているのだからである。〔weil die Produktionspotenzen nie so weit angewandt werden können, daß dadurch mehr Wert nicht nur produziert, sondern realisiert werden kann; der Verkauf der Waren, die Realisation des Warenkapitals, also auch des Mehrwerts, ist aber begrenzt, nicht durch die konsumtiven Bedürfnisse der Gesellschaft überhaupt, sondern durch die konsumtiven Bedürfnisse einer Gesellschaft, wovon die große

466　第2部　マルクスによる恐慌・産業循環の理論的展開を跡づける

Mehrzahl stets arm ist und stets arm bleiben muß.〕」(MEW, Bd. 24, S. 318. 傍点は引用者。)

　これによれば，「価値がより多く生産されうるだけでなく実現もされうる」ということと，資本主義的生産のもとであらゆる制限を乗り越えて推し進められる「生産の諸力能の充用」とが矛盾する，ということ，つまり「内在的矛盾」の両項とその対立とが指摘されていると読めるのであって，この読み方にもとづいて，マルクス自身が「内在的矛盾」の問題は「次の篇で問題となる」と書いていたと考えられてきたのであった。

　ところが草稿では後半の部分は次のようになっている。

　「なぜなら，生産の諸力能は，剰余価値がそれによって生産されうるだけでなく実現もされうるかぎりにおいて充用されることができるだけであるが，商品資本の実現（商品の販売）は，だからまた剰余価値の実現もまた，社会の消費欲求によってではなく，その大多数の成員がつねに貧乏でありまたつねに貧乏のままであらざるをえないような社会の消費欲求によって限界を画され，制限されている等々だからである。〔weil d. Produktionspotenzen nur so weit anzuwenden, als dadurch nicht nur Mehrwerth producirt, sondern realisirt werden kann; d. Realisation (Verkauf d. Waaren) d. Waarenkapitals, also auch d. Mehrwerths aber begrenzt, beschränkt ist nicht durch d. consumtiven Bedürfnisse d. Gesellschaft, sondern durch d. consumtiven Bedürfnisse einer Gesellschaft, wovon d. grosse Mehrzahl stets arm ist u. arm bleiben muß.〕」（第2稿，118ページ。MEGA, II/11 の Text による【MEGA II/11, S. 308】。傍点は引用者。）

　エンゲルス版との決定的な違いは，同版でnieとなっているところが草稿ではnurだという点である。ここでは，生産の諸力能は剰余価値の実現が可能なかぎりにおいてしか充用されえないにもかかわらず，その剰余価値の実現は大衆の貧困を伴う社会の消費欲求によって限界を画されている，ということが述べられており，「生産諸力を，その限界をなすものがあたかも社会の絶対的な消費能力ででもあるかのように発展させようとする，資本主義的生産様式の衝動」(MEGA, II/4.2, S. 540) そのものについてはまったく触れられていない。エンゲルスがnurをnieと読んだ結果，強調部分に見られるとおり，その部分の文意はまさに正反対になってしまったのであった。

私は拙稿「「信用と架空資本」の草稿について（上）」（『経済志林』第51巻第2号，1983年，43-45ページ）で，モスクワの解読文によってこの点を指摘し，「ここでは剰余価値の実現による生産の制約について述べられているとすれば，それこそまさに，「第3章　流通過程および再生産過程の実体的諸条件」，すなわちのちの第3篇の問題なのだ」と述べた[2]。

富塚氏は『体系』の同所で，市原健志氏の調査によるものとして，「生産の潜勢力は，それによって剰余価値が生産されるだけでなく実現もされうるというようには，充用されえない」という訳文を掲げられている。つまり，エンゲルスのnieがnurの誤解読であることについての拙稿での指摘に気づかれなかったか，あるいはそれを意識的に無視されている。

要するに，マルクスの草稿によって明らかとなったのは，当該の部分で「内在的矛盾」——それの両項とそれらの対立——について述べられていたわけではなかった，ということであり，だからまたこの部分を，「内在的矛盾」の問題は第3篇に属する，とマルクス自身が明言している箇所と見なすことができない，ということだったのである。

\*

このコメントにたいして富塚氏は，この日に配布された「コメントに対する回答」のなかでで答えられているが，その要点は，〈nurと読んでも読めなくはないだろうが，文章の流れとして不自然なように思われる。nieと読んだ方が前後の文章ともうまくつながって良いのではないか。それに，これをnurと読んだからといって，この文章が全体として「生産と消費との矛盾」を述べたものであること自体は変わりはないのではないのではないか〉，ということである。富塚氏のこの答えについて検討されるべきは，まず，ドイツ語としては前後関係から見てnieと読むのとnurと読むのとでどちらが「自然」かということであり，次に，nieと読もうとnurと読もうと「この文章が全体として「生産と消費との矛盾」を述べたものであること自体は変わりはない」と言えるかどうかということであって，このいずれも，かなり丁寧に議論することが必要だと

---

2）【大谷禎之介『マルクスの利子生み資本論』第2巻，桜井書店，2016年，48-50ページ。】

思われるので，「次のAbschnitt」をめぐる富塚氏との争点について論じるべき別稿[3]で立ち入ることにし，ここでは以上の論点を指摘するにとどめる。

## 「betrachtenすべき」は「再生産過程の攪乱」か「第3部第7章」か

第2に，富塚氏が，第2部初稿末尾の「第9節　再生産過程における攪乱」という見出しのあとに書かれている „Zu betrachten ch. VII. Buch III." という文章を「第3部第7章を考慮すべきである」と読んで，「これ〔再生産過程の攪乱〕は，第3部第7章で考察すべきである」という筆者の訳を誤訳だとし，この箇所を自説の重要な論拠にしているのは「我田引用」である。

この点については，筆者の反論（「メガの編集者は禁欲を要求される」，『資本論体系』第1巻「月報」，2000年12月）にたいして富塚氏が反駁されており（「再生産論の課題」，『商学論纂』第42巻第5号，2001年3月），富塚氏の見解の立ち入った検討とそれにかかわる考証的論証とが必要なので，別稿（「「betrachtenすべき」は「再生産過程の攪乱」か「第3部第7章」か」，『経済志林』第70巻第3号，2002年12月）で詳論した[4]。ここでは立ち入らないので，この拙稿を見られたい。

## 「第2稿を基礎としなければならない」というマルクスの言明の読み方について

第3に，富塚氏が，伊藤武氏に反論するさいに，「マルクス自身は第2稿が「根本的な理論的誤り」をしているなどと考えてはいなかった」と主張する論拠として，マルクスが「最後の改訂のための覚え書」で「第2稿を基礎としなければならない」と書いていることを挙げているのは「我田引用」である。

この論点について述べようとしたのは，次のことである。

富塚氏は，論稿「再生産論の課題〔II〕——『資本論』第2部初稿第3章「流通と再生産」再論——」（『商学論纂』第43巻第1号，2002年2月）で，伊藤武氏による富塚氏批判に反論を書かれている。ここでの争点の一つは，伊藤氏が，第2部の第5稿から第7稿までにかけて資本の循環，とりわけ貨幣資本の循環についての研究が深められたことではじめて第8稿が書けたのであって，第1稿や第2

---

3 )【本書第16章を見られたい。】
4 )【本書の前章を見られたい。】

第13章　再生産論と恐慌論との関連をめぐる若干の問題について　　469

稿では未解決であった問題を第8稿では解いていることを重視すべきだ，と主張されているのにたいして，富塚氏は，いや，基本的な問題はすでに第1稿でも明らかになっており，さらに第2稿については，マルクスが第2部編集の基礎にしなければならないと明言をしているほどのものであって，それに理論的な誤りや不十分さがあるなどというのはおかしい，と言われていることである。富塚氏は，「エンゲルスは「再生産論をよく理解していなかった」ということを強調する伊藤氏にしては，このエンゲルスの指摘を鵜呑みにし，しかもそれを過大に受け取って，第2稿には根本的な誤りがあり，第2稿と第8稿との間には決定的な断絶があるかのように言われるのは納得し難いところである」と言われたうえで，次のように書かれている。

　　「さきのような指摘をするその反面でエンゲルスは，同じ「序言」のなかで，「第2稿は第2部の論稿のうちで或る程度まで完成している唯一のもの」であり，「最後の改訂のための覚え書き」において「第2稿が基礎にされなければならない」とマルクス自身が「明言している」ことを伝えているのである。「根本的な理論的誤まり」をしていると自ら考えているものを「基礎にせよ」と言うであろうか？ マルクス自身は第2稿が「根本的な理論的誤まり」をしていたなどと考えてはいなかったのである。そう解するのが当然であろう。」(18ページ。ここでの傍点および下線は富塚氏のもの。)

　下線をつけてまで強調しておられるのだから，おそらくこの箇所は氏にとって決定的な論拠と思われたのであろう。しかし，富塚氏が挙げられているマルクスの「明言」なるものは，およそ伊藤氏への批判の論拠となりうるものではない。

　富塚氏がエンゲルスの「序言」のなかで読まれたのは，次の部分である。

　　「この第2稿は，第2部の草稿のうちで，ある程度までできあがっている唯一のもので，1870年のものである。すぐあとで述べる最後の改訂のための覚え書きでは，「第2稿を基礎にしなければならない」と明言している。」(MEW, Bd. 24, S. 11.【MEGA II/13, S. 7.】)

　富塚氏には，このなかでエンゲルスが「すぐあとで述べる」と言っているのが目にはいらなかったか，あるいは目にはいってもこのことの意味が理解できなかったか，そのどちらかだったのであろう。エンゲルスはその次のパラグラ

470 　第2部　マルクスによる恐慌・産業循環の理論的展開を跡づける

フのなかで，次のように書いている。

　　「1877年3月末には，第2部の新しい書き上げの基礎として前記の四つの
　　原稿から指示や覚え書きがつくられ，この書き上げのはじめのところは第
　　5稿（二つ折り版56ページ）になっている。」(MEW, Bd. 24, S. 11.【MEGA II/13,
　　S. 7.】)

　このなかで「指示や覚え書き」と言われているのが，さきの箇所での「最後
の改訂のための覚え書き」なのである[5]。このことを見落とさなければ，マル
クスはこの「最後の改訂のための覚え書き」のあとに第5稿に着手したのであ
って，この「覚え書き」を書いたときにはまだ第5稿-第8稿が書かれていなか
ったことがわかったはずである。マルクスは，第1稿-第8稿のすべての草稿を
目の前に置いて，ここから第2部をまとめるのに「第2稿を基礎にしなければ
ならない」と言ったのではない。マルクスは，第1稿-第4稿を目の前に置き，
それらを見ながらそう言ったのである。この四つの草稿のうち，全3章を含ん
でいるのは第1稿と第2稿だけなのだから，実質的には，第1稿と第2稿とのう
ちのどちらを「基礎にすべきか」と言えば，最初に書いた第1稿ではなく，そ
のあとに改めて書き直した第2稿を基礎にしなければならない，と言っている
のである。「最後の改訂のための」というのは，マルクスの言葉ではなくてエ
ンゲルスの言葉である。エンゲルスは，1877年以降のマルクスの第5稿-第8
稿の作業段階を「最後の改訂」と呼んだのである。つまり，第5稿以降の──
エンゲルスの言う──「最後の改訂」にかかるときに，この「改訂」のさいに，
第1稿ではなくて第2稿を「基礎にしなければならない」と言ったのであった。

　富塚氏は，エンゲルスのこのような文章でさえも素直に読むことができず，
ご自分の主張の論拠になるように自分勝手に解釈され，引用されるのである。
マルクスが「覚え書き」で「第2稿を基礎にしなければならない」と書いている
ことを論拠にして，「マルクス自身は第2稿が『根本的な理論的誤まり』をして
いたなどと考えてはいなかった」と言われるが，第5稿に着手する直前につい

─────────

5)【この「指示や覚え書き」は，のちの2008年に刊行されたMEGA第II部門第11巻に，「資
　本論。第2部　資本の流通過程。以前の叙述（第1-4稿）のうちの利用すべきテキスト諸箇
　所」という編集者によるタイトルのもとに収録され，はじめて活字となった（MEGA
　II/11, S. 525-548）。】

てはそう言えても，第8稿を書いている時期については，「覚え書き」でのマルクスの言明はなんの意味ももたないことは明らかである。伊藤氏が，第5稿以降でのマルクスの作業の意義を強調しているのを批判しようとして，それ以前にマルクスが書いた言明をそれに対置してもなんの意味もないのである。

　富塚氏は，伊藤氏に対して，「エンゲルスの指摘を鵜呑みにし，しかもそれを過大に受け取って，第2稿には根本的な誤りがあり，第2稿と第8稿との間には決定的な断絶があるかのように言われるのは納得し難い」と言われているが，富塚氏こそ，「エンゲルスの指摘〔の一部分だけ〕を鵜呑みにし，しかもそれを過大に受け取って」，あたかもマルクスがすべての草稿のなかから第2稿を「基礎にしなければならない」と考えていた「かのように言われ」ているのではないであろうか。このようなマルクスの引用の仕方を「我田引用」と呼ばずして，なんと呼んだらいいのであろうか。

## 「均衡蓄積軌道」という仮想の「軌道」の意味

　以上のほか，『体系』執筆者の諸氏に，次の2点についての回答を求めた。

　第1に，「均衡蓄積率」および「均衡蓄積軌道」の概念を必要だとされる論者に次のことを尋ねた。

　蓄積率がたえず変化していくというのが資本主義的生産の現実の姿であると認められるか。蓄積率が変化すれば，その結果として部門間比率を含む社会的再生産の諸要素の配置もたえず変化するはずだが，このことを認められるか。もし認められるのであれば，「均衡蓄積軌道」などというような仮想の「軌道」を思い描いたり，それを「理論的基準」として「過剰蓄積」を「検出」するなどということが，資本主義的生産の理論的分析にとってどんな意味をもちうるのであろうか。

　残念ながら，この質問にたいしてはなんの回答も得ることができなかった。

## 「重要命題」の「発見」か？

　第2に，市原健志氏に尋ねた。

　氏は『体系』所収の論文で，「富塚良三氏は，「余剰生産手段」なる概念を定立し，「余剰生産手段」が過不足なく吸収される大きさの投資がなされれば，

472　第2部　マルクスによる恐慌・産業循環の理論的展開を跡づける

部門間均衡条件は自ずから充たされるという重要命題を発見した」(188ページ)，と書かれているが，マルクスは第8稿のなかで，言うところの「余剰生産手段」に当たるものをほとんど明示的に書いており，したがってまた，「両部門間の均衡条件」についても明示的に書いているのではないか。

　ここで述べた第8稿の箇所というのは次のところである。

　マルクス自身が彼の第8稿65-67ページ（66ページは欠）で次のように書いている。

　　「蓄積を前提すれば，$Iv+m$ は $IIc$ よりも大きいのであって，単純再生産でのように $IIc$ に等しいのではないということは，自明である。というのは，1) Ⅰはその剰余生産物の一部分をそれ自身の生産資本に合体させ，それを不変資本に〔すなわち $Imc$ に—筆者挿入〕転化させるのであり，したがって，同時に消費手段Ⅱによってそれを補塡することはできないからである。

　　2) Ⅰは自分の剰余生産物から，Ⅱのなかでの蓄積に必要な不変資本〔＝$IImc$—筆者挿入〕を供給しなければならないのであって，それはまったく，ⅡがⅠに，Ⅰの剰余生産物のうちⅠ自身が追加資本（不変資本）として取得する部分のために，必要<u>追加</u>可変資本を〔すなわち $Imv$ を—筆者挿入〕供給しなければならないのと同じだからである。」【MEGA II/11, S. 817.16-24; MEW 24, S. 510. 大谷『資本論草稿にマルクスの苦闘を読む』，桜井書店，2018年，254ページ。下線はマルクス。】

　ここでマルクスが言っているのは，$I(v+m)＝IIc+Imc+IImc$ なのだから，$I(v+m)＞IIc$ は自明だ，ということである。ここから，ただちに $I(v+mv+mk)＝II(c+mc)$ という「部門間均衡条件」が出てくることは言うまでもない。

　さらに彼はその先の68ページで次のように書いている。

　　「<u>拡大する資本基礎の上で</u>生産<u>が行なわれる過程</u>では，$I(v+m)$ <u>イコール</u> $IIc$ ・プラス・剰余生産物のうち〔Ⅰの不変—筆者挿入〕<u>資本としてふたたび合体される部分</u>〔すなわち $Imc$ —筆者挿入〕・プラス・Ⅱでの生産拡大のために必要な追加不変資本部分〔すなわち $IImc$ —筆者挿入〕，でなければならない。そして<u>この拡大の最小限は，それなしにはⅠ自身での蓄積</u>（実体的〔reell〕蓄積）<u>が実行できない</u>という拡大である。」【MEGA II/11, S. 819.36-41; MEW 24, S. 512. 大谷『資本論草稿にマルクスの苦闘を読む』，258ページ。下線はマルクス。】

これはつまり，$I(v+m)=IIc+Imc+IImc$ ということであり，この両項から $Imc$ を引けば，$I(v+mv+mk)=II(c+mc)$ という「部門間均衡条件」が出てくる。ここでマルクスが「〔Iの〕剰余生産物のうち〔Iの不変〕資本としてふたたび合体される部分〔すなわち $Imc$〕・プラス・IIでの生産拡大のために必要な追加不変資本部分〔すなわち $IImc$〕」と書いているものがいわゆる「余剰生産手段」であることは明らかである。マルクスはこの部分について，「この拡大の最小限は，それなしにはI自身での蓄積（実体的蓄積）が実行できないという拡大である」と述べている。

なお，伊藤武氏も著書『マルクス再生産論研究』(大月書店，2001年) のなかでほとんど同様のことを指摘されている。

市原氏の言われるところの富塚氏の「重要命題」とは，以上のマルクスの論述を別の仕方で表現したものにすぎないのではないであろうか。それとも，「発見」されたのは，客観的な事態ではなくてそれを表現する富塚氏の「命題」だったのであろうか。

残念ながら，市原氏からはこの質問にたいする回答を聞くことはできなかった。

# 第14章 「単純再生産から拡大再生産への移行」についてのエンゲルスの書き入れをめぐって
――「移行」問題の核心はなにか――

前畑憲子

## はじめに

本章は，2002年5月に開催された「マルクス・エンゲルス研究者の会」，第17回例会の「恐慌論シンポジウム」の際に，パネリストへの質問として提出したペーパーに若干加筆し，また，この質問にたいしてシンポジウム当日に配布された富塚氏からの「回答」にたいする私の見解を述べたものである。

シンポジウムに向けて，私は次の2点について質問を行なった。第1は，富塚氏の恐慌論の要をなす「均衡蓄積率の概念」にかかわる問題である。私は以前（1979年）に「均衡蓄積率の概念」の批判的検討を行なったが[1]，そのときにはまだ『資本論』第2部第21章の草稿すなわち第8草稿を見ることはできなかった。大谷禎之介氏によって第8草稿のこの部分が紹介されたのは1981年の半ばであった[2]。エンゲルスは第2部への彼の「序文」でマルクスの草稿を「できるだけ原文どおりに再現」するという方針で『資本論』第2部を編集したと述べているが，エンゲルス編集の第2部第21章をマルクスの第8草稿と対比すると，エンゲルスによる区分や表題がむしろ全体の流れを見えにくくしており，少な

---

1）拙稿「『資本論』第2部第3篇の課題と恐慌論との関連についての一考察――富塚良三氏の「均衡蓄積率の概念」の検討――」（『商学論集』第48巻第1号，1979年7月）【本書に第11章として収録】。

2）大谷禎之介「「蓄積と拡大再生産」（『資本論』第2部第21章）の草稿について（上）（下）」（『経済志林』第49巻第1号，第2号，1981年7月，同10月）【この論文で紹介されている第8草稿は，加筆・修正のうえ，同著『資本論草稿にマルクスの苦闘を読む』（桜井書店，2018年）に収録されている】。

476　第2部　マルクスによる恐慌・産業循環の理論的展開を跡づける

くともこの章についてはマルクスの真意を明らかにするには第8草稿そのものの研究を欠かすことはできない[3]。しかし，「均衡蓄積率の概念」の批判的検討のさいに問題とした，マルクスの部門間比率と蓄積率との関係を示す単純再生産から拡大再生産への移行の問題についていえば，その一部はエンゲルスの書き入れであったが，その書き入れがあろうとなかろうと論旨には変わりはないと思われたので，第8草稿が紹介された後もこの問題についてはあらためて論じる必要はないと考えていた。しかし，富塚氏は『資本論体系』4[4]のなかでこの点について異なった解釈を示された。私には氏の解釈は納得のいくものではなかったので，そこでのマルクスの論旨を明らかにし，必ずしも一般に理解されているとはいえない「移行」問題の核心を再度明確にするためにも，シンポジウムにあたってあらためて氏の解釈を検討し，部門間比率と蓄積率との関係についてパネリストの見解を問うたのである。本章の1節がこれにあてられている。そして，富塚氏からの「回答」とそれにたいする私の見解が本章2節である。

　第2の質問は，『資本論』第2部第3篇における「表式」についての問題である。とくに，エンゲルス版の「第3節　蓄積の表式的叙述」にある「第1例」および「第2例」の表式展開でマルクスは何を明らかにしようとしたのか，この点は，従来種々の見解が表明されてきた問題であるが，第8草稿を見ることによってマルクスがそこで解明しようとした問題を明確に見て取ることができる。解くべき問題が何であるかによって表式の展開方法は異なる。そこで，マルクスの表式について批判する場合，まずマルクスが解明しようとした問題は何であったのか，この点についての批判者自身の見解なしには批判そのものの成否を判断することはむずかしい。この点についての私の見解を提示して，批判者の見解を問うたのが本章の3節である。

---

3）第8草稿の理論的意義については，伊藤武『マルクス再生産論研究——均衡論批判』（大月書店，2001年）に詳しい。
4）富塚良三「第21章　蓄積と拡大再生産」（富塚良三・井村喜代子編集『資本論体系』4「資本の流通・再生産」，有斐閣，1990年，所収）。

第14章 「単純再生産から拡大再生産への移行」についてのエンゲルスの書き入れ　477

## 1　エンゲルスの書き入れをどうみるか

　久留間鮫造編『マルクス経済学レキシコン』⑥に付された「栞」[5]における「均衡蓄積率」批判の主要論点の一つは，蓄積率と部門間比率との関連についてであった。つまり，マルクスは『資本論』第2部第3篇第21章の「蓄積と拡大再生産」において，単純再生産（蓄積率＝ゼロ）から拡大再生産（蓄積率＝＋$\alpha$）への移行の問題を取り扱い，そこでは蓄積率を独立変数とし，部門構成はその従属変数として取り扱っており，その逆ではないということである。そして，つねに蓄積率の変動を伴って進行する現実の再生産過程の解明のためにはこの方法をとるべきであって，資本の有機的構成や剰余価値率のほかに部門間の比率までまず与えられたものとしておき，その上で，均衡を保てる蓄積率はどれだけかを問う「均衡蓄積率」概念は，蓄積率と部門間比率との関連における「転倒的発想」にもとづく概念だ，という批判であった。久留間鮫造「恐慌論体系の展開方法について (2)」[6]および前掲拙稿では，この点についての詳細な批判を展開した。

　問題となるマルクスの「移行」に関する叙述は，エンゲルス版「第1節　部門Iでの蓄積」の「2　追加不変資本」のS. 492-493，そして，「第2節　部門IIでの蓄積」のS. 499-501で取り扱われている。

　ところで，その後の草稿研究によって，エンゲルス版S. 492-493には草稿にはないエンゲルスの書き入れがあることが判明した[7]。それを踏まえて，富塚氏はのちに見るように，「単純再生産から拡大再生産への移行」の文言がエンゲルスの書き入れであるということを重視され，その書き入れは，マルクスのそこでの本来の論旨に沿ったものではないかのように解釈され，われわれの解釈はエンゲルスのその部分だけを取り上げた解釈であり，マルクスの本来の論

---

5）久留間鮫造編『マルクス経済学レキシコン』⑥（大月書店，1972年）に付された「マルクス経済学レキシコンの栞」No. 6（大月書店，1972年，17-19ページ【本書60-65ページ】）。

6）久留間鮫造「恐慌論体系の展開方法について (2)」（『経済志林』第44巻第3号，1976年【本書に第10章として収録】）。

7）大谷禎之介，前掲論文（上），18-19ページ【MEGA II/11, S. 797; MEW 24, S. 492】参照。

478　第2部　マルクスによる恐慌・産業循環の理論的展開を跡づける

旨を理解すればそこでは必ずしも「移行」の問題を取り扱ったものではないということを理解すべきであると主張されている。しかし，そこでのマルクスの「本来の論旨」についての氏の解釈には同意しがたく，エンゲルスの書き込みはマルクスの論旨を「明示的に取り出したもの」[8]として考えられるべきものである。この点は，そこでマルクスが立てた問題は何であったのか，そこで何を解明しているのか，この点の理解にかかっていると同時に，蓄積率と部門間比率との関連をどのように考えるべきかを考察する上で重要な問題である。そこで，シンポジウムにおいて，以下のごとく質問を提起した。

　問題の箇所は以下のとおりである。
　以下の引用文中，《　》にくくられた部分がエンゲルスによる書き込みである[9]。（後の重複引用を避けるため一文ごとに番号を付す。）
　「……① われわれがただⅠの側での再生産の価値量だけを考察するならば，われわれはまだ単純再生産の限界から出てはいない。② なぜならば，この可能性から見ての追加不変資本（剰余生産物）をつくりだすために追加資本が動かされてはいないし，また，単純再生産の基礎の上で支出されるであろうより大きい剰余労働も支出はされてはいないからである。③ 違う点はここではただ充用される剰余労働の形態だけであり，その特殊な役立ち方の具体的な性質だけである。この剰余労働は ⅡC のためのではなく ⅠC のための生産手段に支出されており，消費手段の生産手段にではなく生産手段の生産手段に支出されている。④ 単純再生産の場合には，全剰余価値Ⅰが収入として支出され，したがって商品Ⅱに支出されるということが前提された。⑤ したがって，剰余価値Ⅰは，不変資本 Ⅱc をその現物形態でふたたび補填するべき生産手段だけから成っていた。《⑥ そこで，単純再生産から拡大再生産への移行が行なわれるためには，部門Ⅰでの生産は，Ⅱの不変資本の諸要素をより少なく，しかしそれだけⅠの不変資本の諸要素をより多く生産できるようになっていなければならない。⑦ こ

_____

8）大谷禎之介，前掲論文（上），19ページ。
9）第8稿の当該部分は，前掲大谷論文の54-57ページ【MEGA Ⅱ/11, S. 797. 大谷『苦闘を読む』，217ページ9行-218ページ10行】にある。

第14章 「単純再生産から拡大再生産への移行」についてのエンゲルスの書き入れ 479

の移行は必ずしも困難なしに行なわれるものではないが，しかし，それは，Ⅰの生産物のあるものがどちらの部門でも生産手段として役立つことができるという事実によって，容易にされるのである。》⑧ そこで，単に価値量だけから見れば単純再生産のなかで拡大再生産の物質的な基礎が生産されるということになる。⑨ それは，ただ単に，直接に生産手段の生産に，すなわち可能的追加資本Ⅰの創造に支出された労働者階級Ⅰの剰余労働である。⑩ だから，ここでは，A や A′ や A″（部門Ⅰ）の側での可能的追加貨幣資本の形成……は，追加的に生産された生産手段Ⅰの単なる貨幣形態なのである。」(MEW 24, S. 492-493【MEGA II/11, S. 797-798】)

見られるように，《 》でくくられた⑥，⑦のエンゲルスの書き込みは，その後の S. 499-501 でのマルクスの展開に照らしても，その前でマルクスが明らかにしようとしている問題を「明示的に取り出したもの」ということができる。それゆえ，この書き込みがなくてもここでマルクスが何を考えているかは明らかである。

ここでの問題の核心は，先行する蓄積を前提することなしに（部門Ⅰの価値量は単純再生産の限界内で），どのようにして部門Ⅰの拡大にとって必要な追加的生産手段が新たにつくりだされるか，これが明らかにされていることである。つまり，蓄積率＝ゼロ（単純再生産）から部門Ⅰの蓄積率＝＋$\alpha$（これなしには「およそ拡大された規模での再生産が行なわれえない」[10]）への変化が前提され，そのさいどのようにして蓄積のための物質的基礎が新たにつくりだされるか，である。これが「移行」の場合の独自な問題である。その解答は IM を形成する剰余労働のうちの一部を，Ⅱ部門用生産手段を生産する具体的労働の形態から部門Ⅰ用生産手段を生産する具体的労働の形態に転換することであった[11]。こうして部門Ⅰの価値量は単純再生産の限界内で，すなわち先行する追

---

10) 大谷禎之介，前掲論文（下），7ページ【MEGA II/11, S. 806. 大谷『苦闘を読む』，230ページ15-16行】。

11) この解答，すなわち IM を形成する剰余労働の一部を，従来のⅡ部門用生産手段を生産する具体的労働の形態から部門Ⅰ用生産手段を生産する具体的労働の形態に転換すること，これによって，部門Ⅰの価値量は単純再生産の限界内で，拡大再生産のための物質的基礎が新たに形成されることになるのであるが，この具体的労働の種類の「転化」それ自体については，『資本論』第2部の初稿で「人間の労働能力の可変性 (changeability)」にもとづ

480 第2部 マルクスによる恐慌・産業循環の理論的展開を跡づける

加資本の投下を前提することなく生みだされた部門Ⅰ用の生産手段を，部門Ⅰ
のＡグループ（貨幣的蓄積を行なうグループ）が現実的蓄積を行なう部門Ⅰの
Ｂグループに一方的に販売することによって，Ａグループが可能的追貨幣資本
を形成することができる。

　しかしこうして獲得される「拡大再生産の物質的基礎」は部門Ⅰの価値量が
単純再生産のままなのだから，それは部門Ⅱ用生産手段の犠牲において行なわ
れるほかはない。その結果，部門Ⅱが部門Ⅰにたいして相対的に縮小すること
になる。つまり，部門間比率の変化が必然化される。そこに一定の困難が生ず
ることは見やすい道理である。問題となっているここ（上記の S. 429-430）での考
察対象は部門Ⅰでの蓄積のための要素配列の変化を取り扱ったものであり，そ
れによって部門Ⅱが被る事態についてはのちの S. 499-501 で，草稿でいえば
「5）部門Ⅱでの蓄積」の a）【MEGA II/11, S. 804-806】で詳論されることになる。
このように，マルクスは蓄積率と部門間比率との関係を前者を独立変数とし，
後者をその従属変数として取り扱っていることは明らかであろう。

　ところで上記④から⑦までの叙述について，富塚氏は，次のように述べられ
ている。

　　「この文章が「単純再生産から拡大再生産への移行」の一側面を論じたも
　　のとして，それ自体，誤った内容のものではないことはたしかであろうが，
　　このエンゲルスの文章が挿入されたマルクス自身の原草稿のその箇所の文
　　脈の中にそれをどのように位置づけるべきかについては，解釈がわかれる
　　ところであろう。マルクスの本来の論旨が十分慎重に読み取られなければ
　　ならない。」（『資本論体系』4，126ページ。）

　そして，「ここでマルクスが述べようとしていることの主要点は，……次の
ような事柄であると思われる」（同上）として，⑧，⑨，⑩の文章（ただし草稿
から）を引用し，それに続けて次のように述べられている。

　　「すなわち，ここでのマルクスの論述の主要点は，拡大再生産が行われる
　　ための前提は，単純再生産の場合よりも年生産物の価値量が増大している

───────────
　くものとしてすでに解明されている（マルクス著／中峯照悦・大谷禎之介他訳『資本の流
　通過程──『資本論』第2部第1稿──』，大月書店，1982年，282ページ【MEGA II/4.1, S.
　369-370】）。

第14章 「単純再生産から拡大再生産への移行」についてのエンゲルスの書き入れ 481

ということではなく，「年生産物の機能配列」が部門Ⅰに蓄積のための「超過分」を残すような構成になっているということ，部門Ⅰの剰余労働が「拡大再生産の物質的基礎」の生産にすでに充てられているということである，というにある。こうした論述内容との関連において，それを補足するものとして，先のエンゲルスの挿入文は位置づけられなければならないであろう。この文章をそれだけ取り出して，「単純再生産から拡大再生産への移行」規定だとして過大に重要視することには疑問がある。そのエンゲルスのいう「移行」の問題がここでの主題なのではない。」(同上。)

つまり，ここでマルクスが述べている主要点は，「移行」の問題ではなくて，単純再生産の場合と価値量は同じで，ただ，「年生産物の機能配列」がI(V+M)＞IIC になっているということ，いま問題とされている部門Ⅰについていえば，「部門Ⅰの剰余労働の一部が部門Ⅰの不変資本の補塡に要する以上の・余剰な生産手段の生産に充当されていなければならない」(同上，300ページ) ということだと，富塚氏はされているようである[12]。

拡大再生産が行なわれるためにはそのための「物質的基礎」が存在しなければならないということ，表式の諸要素間の関係で言えば，I(V+M)＞IIC になっていなければならないということは，それ自体として正しいことは言うまでもない。しかし，マルクスのここでの「論述の主要点」がこの内容であるかといえばそれは違っている。この部分をそのよう理解したのでは，ここでマルクスが立てた問題そのものが消えてしまう。

拡大再生産が行なわれるためにはそのための「拡大再生産の物質的基礎」が存在しなければならないということは自明のことである。これはすでに『資本論』第1部の蓄積論で明らかにされている。だから，この場合，部門Ⅰの剰余価値の一部は，部門Ⅰ用生産手段として存在していなければならないということになる。再生産過程の弾力性を捨象すれば，それなしにはおよそ拡大再生産が行なわれえないのである。しかし，だからこそ，この「拡大再生産の物質的基礎」がまだ存在しない場合に，いかにして新たにこれをつくりだすかという

---

12) 『資本論体系』4の「9 拡大再生産の構造と動態〔II〕」の305ページには，エンゲルスの書き込みについて，および，「その前後の叙述でマルクスの云わんとしたこと」(同上，305ページ) について，本文と同様の氏の見解が述べられている。

**482** 第2部 マルクスによる恐慌・産業循環の理論的展開を跡づける

問題が提出されるのである。前にも述べたように，マルクスがここで問題にしているのは，この問題である。単純再生産の場合には，部門Ⅰの剰余価値はすべて収入として部門Ⅱの商品に支出されることが前提された。したがって，部門Ⅰの剰余価値はすべて部門ⅡのＣを補塡すべき部門Ⅱ用生産手段として存在している。これでは部門Ⅰの拡大は，したがってまた，社会全体の生産規模の拡大を保証する生産手段の増産は不可能である。なによりも部門Ⅰの拡大が先行しなければならない。そのために必要な部門Ⅰ用生産手段をいかにして新たにつくりだすか。このさいに忘れてならないのは，部門Ⅰの価値量は単純再生産の限界から出てはならない，ということである。なぜなら，単純再生産の場合の価値量を超える価値量の生産（部門Ⅰの生産物の増産）に必要な「物質的基礎」の確保が問題なのだからである。部門Ⅰの価値量は単純再生産の限界内で，「拡大再生産の物質的基礎」をいかにして新たにつくりだすか。これにたいする答えは，すでに述べたように，部門Ⅰでの剰余労働の支出の具体的形態が部門Ⅱ用生産手段から部門Ⅰ用生産手段に変化することによって，拡大再生産のための「物質的基礎」が新たにつくりだされることになるのだというものであった。

エンゲルスの⑥の文章はこの回答を言い換えたにすぎない。「⑥ そこで，単純再生産から拡大再生産への移行が行なわれるためには，部門Ⅰでの生産は，Ⅱの不変資本の諸要素をより少なく，しかしそれだけⅠの不変資本の諸要素をより多く生産できるようになっていなければならない」。またそれに続く⑦では，部門Ⅱ用生産手段から部門Ⅰ用生産手段への剰余労働の支出の具体的形態への変化は「必ずしも困難なしに行なわれるものではないが」，しかし両部門に共通の生産手段があることによって，この切り替えが「容易にされる」ことを書き入れたのである。マルクスの「本来の論旨」から外れる書き入れであるとはとうてい思われない。

また，⑧から⑩では①から⑤までの上記の議論をうけて，拡大再生産の「物質的基礎」は単に（部門Ⅰの）価値量だけから見れば単純再生産のなかで生産されるのだということ（⑧），すなわち，その「物質的基礎」は部門Ⅰ用生産手段（＝可能的追加資本Ⅰ）にその支出の形態を変えた部門Ⅰの労働者階級の剰余労働が対象化されたものであること（⑨），したがって，部門ⅠのＡグルー

プ（貨幣的蓄積のクループ）の可能的追加貨幣資本の形成は，そのグループのもとで働く労働者の具体的有用労働の支出の形態を変えることによって（つまりなんらの追加的貨幣の投下なしに）得られた部門I用生産手段の単なる貨幣形態であることが述べられているのである。

　以上見てきたように，ここでのマルクスの「論述の主要点」は，富塚氏が言われる　部門I(V＋M)＞部門IIC　の関係それ自体，あるいは，「部門Iの剰余労働が「拡大再生産の物質的基礎」の生産にすでに充てられているということ」にあるのではない。「物質的基礎」なしには拡大再生産はありえない。しかし，それがまだ実在しない場合，いかにして新たにつくりだすか，これを明らかにし，もって，資本主義的生産における拡大再生産に独自な契機としての可能的貨幣資本の蓄積が，ここでは部門Iでどのように行なわれるのか，これを明らかにしたのである。すなわち，部門Iの拡大再生産に先行する部門IのAグループの可能的追加貨幣資本の形成は，部門IのAグループにおけるそれに先立つ貨幣資本の追加投資なしに獲得される部門I用生産手段の単なる貨幣形態であることを明らかにしたのである。

　「単純再生産から拡大再生産への移行」という言葉を使用するかどうかにかかわりなく，したがってまた，エンゲルスによる書き入れを抜きにしても，われわれは蓄積率と部門間比率との関係をマルクスがどのように考えていたかをこの一連の論述のなかに見出すことができる。すなわち，まず蓄積率の一定の変化を前提し（＝蓄積率を独立変数とし），その変化した蓄積率で再生産が行なわれるにはどのように「生産物諸要素の機能配列」が変化しなければならないかを，したがって，部門間比率についていえば蓄積率の従属変数として取り扱っているのである。したがって，一定の「生産物諸要素の機能配列」を，一定の部門間比率を前提にして，「均衡を維持しうべき蓄積率」を探求する富塚氏の発想とマルクスのそれとは対極にあるものである。氏が，ここでのマルクスの主要論点が，拡大再生産のための物的基礎の存在そのものを，すなわち，I(V＋M)＞IIC という「年生産物の機能配列」になっていること，部門Iの「余剰生産手段」の存在そのものにあるのだと解釈し，「移行」の議論を問題の背後に押しやろうとするのは，「移行」についてのマルクスの議論が氏の発想とはまったく対極にあるということと無関係ではないように思われるのである。

484　第2部　マルクスによる恐慌・産業循環の理論的展開を跡づける

## 2　富塚氏の《コメントに対する回答》について

　以上の討論ペーパーおよび質問にたいして，当日配布された富塚氏の《コメントに対する回答》は次のようなものであった。

　「前畑憲子さんの提示された論点について。

　　前畑さんの議論についてまず云っておきたいことは，「均衡を維持しうべき蓄積率」の概念は，現実の蓄積そのものについて直接に云われているのではなく，私が問題にしているのは，現実の蓄積率がその「均衡を維持しうべき蓄積率」から不可避的に乖離するのだということなのです。その点について根本的な誤解があり，そのため不生産的な議論が果てしなく続いているのだと思われます。そのこととも関連して，蓄積率と部門構成との，いずれが独立変数でいずれがその従属変数かという問題の立て方自体にも問題があると考えます。「均衡を維持しうべき蓄積率」は総生産物 W′ の価値的・素材的構成＝「生産物諸要素の機能配列」との照応関係において決まってくる，これに対して現実の蓄積率は（利潤率や利子率の動きによって左右される）資本家の蓄積意欲如何によって絶えず変動する，この両者の乖離を問題にしているのです。蓄積率が独立変数で部門間比率はその従属変数，そして多少の摩擦はあっても，蓄積率の変動に応じて部門間比率は自由に変化してゆくという考え方で割り切ってしまえば，過剰蓄積ということ自体がありえないということになってしまうのではないでしょうか。「所得」のうち「貯蓄」を埋め合わすだけの「投資」さえあれば均衡が成立するというケインズ的な考え方と事実上は同じことを云っていることになってしまいます。そういう捉え方では資本制経済が内包する真の問題は把握しえないというのが私の云わんしたところです。どうかこの本旨を理解してください。」

　以上の「回答」については次のように述べておきたい。

　まず，私の「誤解」とされる問題についていえば，この点は以前にも前掲拙稿にたいする反批判のなかで同じ問題が指摘されていたが[13]，そのときも私にはこの指摘が奇妙に思えてしかたがなかった。というのは，理論的には部門構

第14章 「単純再生産から拡大再生産への移行」についてのエンゲルスの書き入れ 485

成によって規定される「均衡蓄積率」から，それによっては規定されない現実の蓄積率が「乖離」する，というのはいったいいかなる事態なのかということである。この場合の理論と現実とは，本質と現象との関係でもない。あるいは均衡蓄積率が法則として貫くというようなものでもない。富塚氏自身が，現実の蓄積率は均衡蓄積率を規定する諸要因によってではなく別の諸要因によって規定されると言われる。それは，「蓄積率」という言葉は同じでも，もともとまったく別の物を比べてその「乖離」を問題にするということになりはしないだろうか。氏は「均衡蓄積率」は「過剰蓄積」を規定するためだとされるのであるが，本来一致しないものを比べても，そこから出てくる結論は「いつも両者は乖離している」というような無内容なものでしかありえないであろう。なお，蓄積率を独立変数ととらえると「過剰蓄積ということ自体がありえないことになってしまう」という指摘についてはあとで述べたい。

　以上のように氏の回答は回答になっていないと思われるのであるが，そこであらためて，以下若干の指摘を行ないたい。

　第1に，すでに述べたところから明らかなように，マルクスは蓄積率と部門間比率との関係では，前者を独立変数とし，後者をその従属変数として問題を

---

13) 富塚良三「Ⅶ　恐慌論体系の構成——諸説の批判的検討を通じて——」(吉原泰助編『講座　資本論の研究』③『資本論の分析』(2)，青木書店，1982年，所収) 310ページ。なお，前掲拙稿にたいする批判として，「均衡蓄積率」の概念は，「社会的総資本の総生産物の価値的・素材的構成による《均衡蓄積総額》決定の論理と，その蓄積総額の両部門への配分割合の問題との，相連携するがしかし相互に区別されるべき二つの論点を含む，二段構えの構成を事実上とっている」(309ページ) にもかかわらず，前掲拙稿では前者の論点を無視し，「ひどく問題を倭小化した議論」(310ページ) であると批判されている。しかし，前者の論点，つまり，「《均衡蓄積総額》決定の論理」とは，通常言われるところの，前期の蓄積率によって今期の「社会的総資本の総生産物の価値的・素材的構成」が，したがって，「余剰生産手段」の量が規定され，それを過不足なく吸収する蓄積が今期行なわれれば過程は正常に進行する，ということを意味しているのではない。《均衡蓄積総額》を決定するところの「社会的総資本の総生産物の価値的・素材的構成」を規定するのは，前期の蓄積率ではなくて，「生産力の所与の発展段階に照応するものとしての・資本構成，剰余価値率ならびに部門構成であり，そのさい部門構成もまた生産諸部門間の技術的＝経済的連携を表現するものとして，生産力水準と対応的でなければならない，という思考が暗黙の前提」(同上，310ページ) におかれているのである。ここに，「均衡蓄積率」の概念の特質があるのであって，ある概念を批判的に検討するさいに，その特質を問題にすることは，問題を「倭小化」することにはあたらない。

立てていた。これを富塚氏は認められるのかどうか。

第2に，問題をどのように立てるのか，ということは，解明すべき問題は何であるかによって規定されることになる。生産力一定の場合にも現実に蓄積率は種々の要因，たとえば人口の増加が見込まれるとか，軍備の拡張の必要とか，また，新たに生じた社会的欲望による新たな市場の生成であるとか，によって変動する。そうであるとすれば，解明すべき問題は，その変動のさいに，社会的再生産はどのように変化し，そしてそこにどのような問題が生じることになるのか，そのさいに貫く社会的再生産の法則を解明するということである。この問題の解明のためにはマルクスがしているように蓄積率を独立変数とし，部門間比率はその従属変数として問題を立てるべきであって，その逆ではない。このようにわれわれは主張しているのである。

第3に，したがって，解明すべき問題が上記の問題ではないのだすれば，たしかに「問題の立て方自体に問題がある」ということになる。富塚氏の立てた問題はマルクスがそこで立てた問題ではなく，「過剰蓄積」の問題であり，それを規定する「理論的基準」としての「均衡を維持しうべき蓄積率」である。そして，現実の蓄積率がそこから「乖離」する「理論的基準」を問題にしているのだといわれる。そのためにマルクスとは逆の問題の立て方になったのであろう。では，「均衡を維持しうべき蓄積率」は「過剰蓄積」を規定する「理論的基準」たりうるものであろうか。

一切の生産は，終局において消費と関連し消費に依存している。氏によれば，この生産と消費との連携を表現するものを，「生産部門間の技術的＝経済的な関連性」＝「部門構成」と規定し，「生産力水準にして変化なきかぎり，資本構成・剰余価値率とともに，またそれらとの連関において，部門構成もまた（原則として）不変でなければなら」ない[14]，とされる。したがって，生産力が一定ならば蓄積率は原則として変化してはならず，両部門とも均等に発展していかなければならない，というものである。これが「理論的基準」であり，現実の蓄積率がこれから「乖離」する，それが部門Ⅰの「自立的発展」として現われ，過剰蓄積であるとされるのである。

---

14) 富塚良三『恐慌論研究』（未来社，1962年）94ページ。

第14章 「単純再生産から拡大再生産への移行」についてのエンゲルスの書き入れ　487

　だが，一切の生産は，終局において消費と関連し消費に依存している，という事実は，「生産力水準にして変化なきかぎり，資本構成・剰余価値率とともに，またそれらとの連関において，部門構成もまた（原則として）不変でなければなら」ない，という氏の命題とイコールではない。なぜならば，一切の生産がそれに関連し，それに依存しているところの消費の規模は，生産力水準によって一義的に規定されているのではないからである。たとえば，従来の部門IIの増加率を上回る率での人口の増加が見込まれる場合，従来の率以上での部門IIの増加が必要とされ，したがってまた，部門IIの従来以上の拡大再生産のための不変資本を供給するために部門Iの先行的拡大が必要とされ，部門間比率が変更される。この比率の変化をもたらす人口の増加，したがって社会の消費規模の増大は生産力を一定としても生じうる事態である。すなわち，部門IIにたいする需要の大きさは生産力水準によって規定されてはいないのであって，したがって，富塚氏のいわれる「均衡を維持しうべき蓄積率」は「過剰蓄積」を規定する「理論的基準」ではありえないのである。

　第4に，「蓄積率が独立変数で部門間比率はその従属変数，そして多少の摩擦はあっても，蓄積率の変動に応じて部門間比率は自由に変化してゆくという考え方で割り切ってしまえば，過剰蓄積ということ自体がありえないということになってしまう」という見解について。

　① 蓄積率を独立変数とし部門間比率をその従属変数として問題を立てるということは，解明すべき問題が，蓄積率の変動のさいに充たされなければならない社会的再生産の条件，そのさいに妥当する社会的再生産の法則にあるからだ，ということはすでに見た。蓄積率の変動に伴って部門間比率は変動しなければならない。蓄積率を生産拡大率と解せば，これは資本主義に特有の法則ではなく，超歴史的なものである。この法則を認めることが，蓄積率の変動に伴って部門間比率が変化しさえすればよい，変化しさえすれば万事OKということになるというのは「途方もない論理の飛躍」[15]である。したがって，われわれの見解では「過剰蓄積ということ自体がありえないということになってしまう」という富塚氏の批判は，蓄積率変動のさいの社会的再生産の法則を論じて

---

15）久留間鮫造，前掲論文，31ページ【本書388ページ】。

488　第2部　マルクスによる恐慌・産業循環の理論的展開を跡づける

いるところを見て，資本主義社会の蓄積の無限進行の可能性を論じているのだと「誤解」したうえでの批判である。

　② 富塚氏が問題にされる「部門Iの独立的発展」，すなわち部門IIの拡大と無関係に部門Iの拡大が行なわれてしまう事態，または「過剰蓄積」の問題は，じつは諸資本間の競争によって引き起こされる事態である。この過程を分析するためには，諸資本間の競争を引き起こす諸契機の分析を必要とするのであって，それなしにはこのような過程は論じえない。いうまでもなく，諸資本間の競争もそれを引き起こす諸契機も第2部第3篇では捨象されている。これもまた，そこで解明すべき問題が社会的再生産の進行のための基本的諸条件，それを支配する基本的諸法則の解明であることから必然的にとられた方法である。したがって，われわれは「部門Iの独立的発展」，「過剰蓄積」の問題は第2部第3篇の圏外の問題であると主張しているのである。

## 3　拡大再生産の「第1例」，「第2例」で  マルクスが解明しようとした問題は何か

　『資本論体系』9-1「3　再生産の諸条件と過剰蓄積」の論稿において，市原氏は現行『資本論』におけるマルクスの拡大再生産表式の「第1例」にも「第2例」にも，「「均衡表式」としては認めがたい難点がある」[16]と述べられている。しかし，表式は観念伝達の一つの道具であり，したがって，解明すべき問題が何であるかによって年生産物の配列や蓄積率の設定等，その展開方法も規定されることになる。

　「第1例」，「第2例」は，ともに，いつでも部門Iにたいする一方的購買として現われざるをえない部門IIの mc 部分にたいして，この一方的購買を可能にする部門IIの剰余価値にたいする一方的購買の要因（部門IIにとっては一方的販売の要因）を，部門間の補塡関係のなかに探求することにあてられている。すなわち，部門IIにおける剰余価値の一方的販売による貨幣蓄積の問題を解明

---

16)　市原健志「3　再生産の諸条件と過剰蓄積」（富塚良三・吉原泰助編集『資本論体系』9-1，有斐閣，1997年，所収），171ページ。

第14章 「単純再生産から拡大再生産への移行」についてのエンゲルスの書き入れ　489

するために作成されており，「第1例」は，蓄積率50％（部門Ⅰ），初年度Ⅰ(V＋1/2 M)＝ⅡC つまり Imv＝IImc として部門間関係を探り，「第2例」では，初年度からⅠ(V＋1/2 M)＞ⅡC の関係を取り上げ，部門Ⅰの資本家の個人的消費のための支出によって Ⅱm の一部が実現され，貨幣蓄積される関係が明らかにされている。この第2例の場合，すなわち，Ⅰ(V＋1/2 M)＞ⅡC の場合については，次のようなことが注意されるべきである。すなわち，Ⅰ(V＋1/2 M)＞ⅡC の場合，部門Ⅱの M の一部（Ⅰ(V＋1/2 M)からⅡC を引いた残りの価値量）が部門Ⅰの資本家の消費支出によって実現され，部門Ⅱにおいて貨幣的蓄積される。したがって，蓄積基金の投下と積立について，次のように一般化してしまうのは不正確だということになる。「……蓄積基金の積立はそれに対応する蓄積基金の投下によって条件づけられている」（『資本論体系』9-1，63ページ），あるいは「蓄積基金の積立志向が強ければ強いほど剰余価値のうち蓄積される部分の実現が困難になる」（同，175ページ）。第2例の上記の部分についてみると，部門Ⅱにおける「蓄積基金の投下によって条件づけられる」のは部門Ⅰの mk の一部分，すなわち，部門Ⅰの資本家の個人的消費にあてられる剰余価値の実現であって，部門Ⅱの「蓄積基金の積立」ではないのである。部門Ⅱの「蓄積基金の積立」，すなわち「剰余価値のうち蓄積される部分の実現」は，部門Ⅰの資本家の個人的消費によって「実現」され，貨幣蓄積されるのであって，それに対応する部門Ⅱの「新投資」すなわち，「蓄積基金の投下」によって「条件づけられている」のは部門Ⅰの mk の一部分である。つまり，部門Ⅰの資本家の個人的消費のために部門Ⅱの剰余価値部分を購入した貨幣は部門Ⅱの（A グループによって）蓄積基金として積み立てられてしまい，部門Ⅰに還流するかどうか，すなわち，部門Ⅰの mk の一部分が実現できるかどうかが部門Ⅱ（の B グループ）における「蓄積基金の投下」にかかっているのである。

　ところで，第1例の初年度の場合，すなわちⅠ(V＋1/2 M)＝ⅡC の場合には部門Ⅰの mk 部分にこのような問題は生じなかった。第1例の部門Ⅰの mk 部分は単純再生産の場合と同じであって，交換されるべき部門Ⅰの mk とそれに対応する部門ⅡのC との価値額が一致しているならば，貨幣はその出発点に還流したのである。第2例のⅠ(V＋1/2 M)＞ⅡC の場合，部門Ⅰの mk 部分の実現とそれによる貨幣の還流の問題は部門Ⅰにとってはもちろん蓄積の問題で

はない。ただ，部門Ⅰの資本家の個人的消費のための支出が，部門Ⅱの M の一部分を貨幣化し，それが部門Ⅱの「拡大再生産に先行する貨幣蓄蔵のための要素」[17]の一つになったのである。他方，部門Ⅱにとっては単純再生産のための C 部分の現物補填は問題がなく，そのためにあらためて部門Ⅱの B グループによる貨幣資本の投下を必要とはしない。この場合には，部門Ⅰの mk の一部分の非実現という，第1例の場合，あるいは単純再生産の場合には出会うことのなかった困難が生じることになるのである。

このように「ⅠとⅡとの関係のなかでの一時的な――拡大再生産に先行する――貨幣蓄蔵のための要素」[18]を探求するという問題――資本蓄積に独自の契機としての可能的貨幣資本の蓄積が部門間転換によってどこまで可能かという問題――にとって，「第1例」および「第2例」の表式展開方法にはまったく問題がないと私には思えるのである。当日は，この点，つまり，「第1例」および「第2例」でマルクスは何を明らかにしようとしたのかについて市原氏の見解をお尋ねした。

---

17）大谷禎之介，前掲論文（下），76ページ。【MEGA Ⅱ/11, S. 825. 大谷『苦闘を読む』，268ページ1-2行。】

18）同上。

# 第15章　いわゆる「拡大再生産出発表式の困難」について
——『資本論』第2部第8稿における「出発表式」設定の意味——

前畑憲子

## はじめに

　マルクスの再生産論（『資本論』第2部第3篇「社会的総資本の再生産と流通」）をめぐる論点の一つに，拡大再生産の「出発表式」が含んでいる「困難」の問題，また別の表現では，そこでのいわゆる「労賃二重取り」の問題がある。

　この問題をわが国ではじめて取り上げたのは，ツガン＝バラノフスキーの立場をとる福田徳三氏の議論にたいしてローザ・ルクセンブルクの立場から「資本主義的生産の必然的行き詰まり」論を主張した河上肇氏である。河上氏は，マルクスの拡大再生産の出発表式を検討して[1]，部門IIの剰余価値のうち追加労働者の生活資料に充てられるべきII部門への需要は，この追加労働者が充用される今期には生じないので，この部分の実現が不可能だとして，次のように述べている。

　　「さうして此の到底解決すべからざる問題が，恰<sub>あたか</sub>もマルクスにより解決

    　　されざるがまゝに残されているのである。……今私は，ローザ・ルクセンブルグの周到綿密なる研究の助けにより，この問題の到底解決すべからざることそれ自体のうちに，資本主義的生産に内在する矛盾の説明を見出すものである。果たしてマルクスの拡張複生産の理論は，資本主義の必然的崩壊の発展則を明らかにするため「殆ど唯一の，而<sub>しか</sub>して疑いもなく，少なくとも最も妥当なる関門を開いたもの」であって，一旦この関門が開かれ

---

1）河上肇「資本複生産に関するマルクスの表式（福田博士の『資本増殖の理法』を評す——其の三）」（『社会問題研究』第33冊，1922年5月）。

492　第2部　マルクスによる恐慌・産業循環の理論的展開を跡づける

た以上，論理必然の一路は，吾々を導いて，資本主義的組織のついに崩壊せざるを得ざる運命に在ることを，看取せざるを得ざらしむるのである。」[2]

　河上氏が「資本主義の必然的崩壊」の「関門」であり「到底解決すべからざる問題」として提起したこの論点をめぐって，その後，高田保馬，猪俣津南雄氏などによって論争が行なわれた。この問題は，さらに戦後，高木幸二郎氏と富塚文太郎氏とによって，拡大再生産表式の年次進行における「不明瞭な点」[3]，あるいは，拡大再生産表式論の「困難」[4]として，あらためて提起され，以後，いわゆる「労賃二重取り」の問題としてさまざまな議論が行なわれてきた。しかしいまでは，「労賃二重取り」を前提したうえでそれを合理的に説明しようとする類いの議論は影を潜め，そもそも解決不可能な「困難」などというものがあったわけではないことが，すでに多くの論者によって認められている[5]。

　けれども，マルクスの第2部第3篇のなかに，このような疑問を生み出す記述が存在することは確かなのであって，これまでのところ，マルクス自身がこの論点をどのように意識し，展開し，解決しているのかということを，マルクスが書き残した再生産論の記述そのものから読み取ることがいまだにできていないように思われる。

　周知のように，現行『資本論』第2部第3篇第21章「蓄積と拡大再生産」は，マルクスの第2部の諸草稿の——総じて『資本論』草稿の——最後のものであ

───────────

2）同上，1438ページ。

3）高木幸二郎「マルクスの拡大再生産表式の説明に関する一問題点について」（『経済学研究』第23巻第3・4合併号，1959年）。同『恐慌・再生産・貨幣制度』（大月書店，1964年），83ページ。

4）富塚文太郎「拡大再生産表式論の困難」（『経済評論』1959年4月号），146ページ。

5）土田和氏の言われる「一括把握説」（同「再生産表式における可変資本の補填と蓄積」，『富士大学紀要』第19巻第1号，第2号，1986年11月，1987年3月。同「〔2〕価値＝素材補填運動の個別論点をめぐる論争　A　拡大再生産表式における追加可変資本の転態」，富塚良三・井村喜代子編『資本論体系』4，有斐閣，1990年，所収）の立場での解決がそれである。その諸論者とそれぞれの解決の仕方については，土田氏の上記論文を参照されたい。なお，氏は，この問題をめぐる諸論争を簡潔に整理，検討されたうえで，この論争が長期にわたって「迷走」したのは，「W′……W′循環範式による再生産把握の方法的視点」が欠落していたからだ，と結論されている（『資本論体系』4，523ページ）が，この論争が長期化した主な理由については，本章で明らかにするように，筆者は氏と見解を異にしている。

第15章　いわゆる「拡大再生産出発表式の困難」について　493

る第2部第8稿からエンゲルスが印刷用に仕上げたものである。エンゲルスは第2部への彼の「序文」で，マルクスの草稿を「できるだけ原文のとおりに再現」[6]するという方針で編集したと述べているが，エンゲルス編集の第2部第21章をマルクスの第8稿と対比すると，この部分では，エンゲルスによる区分や表題がむしろ全体の流れを見えにくくしていることがわかる。

　拡大再生産の出発表式では「労賃二重取り」になる，という解釈も，エンゲルスの手入れによってマルクスの思考の流れが見えにくくなってしまったところから生じたものであるように思われる。マルクスの草稿である第8稿[7]そのものについてみれば，筆者のみるところ，この出発表式はそれまで維持してきた前提のもとで拡大再生産表式を展開しようとしたマルクスが，「一つの新しい問題」に直面し，それを解決するためにあらためて設定し直したものである。すなわち，彼ははじめ，労賃の支払いとそれによる生活手段の購入についてそれまで彼が維持してきた前提，すなわち，今期の生産に充用されるものとして販売された労働力の対価としての労賃は今期の労働の完了後に支払われるのであって，それによって購買される生活手段は彼自身が今期に生産した生産物の一部だという前提に従って，拡大再生産を展開しようとした。ところがこの前提のもとではマルクスは，部門IIでの追加貨幣資本の蓄積が不可能になるという問題に直面せざるをえなかった。そこで彼は，この「一つの新しい問題」[8]を解決するために，あらためて「拡大された規模での再生産のための出発表式」を設定し，労賃後払いの原則は維持しながらも，それまでの前提とは異なった年次関係，すなわち今期の収入は前期の生産物の一部を購入するという年次関係を採用することによって，この問題を解決した[9]。拡大再生産のための

---

6）MEW 24, S. 7.【MEGA II/13, S. 5.】

7）『資本論』第21章のマルクスの草稿（第8稿の当該部分）は，大谷禎之介「「蓄積と拡大再生産」（『資本論』第2部第21章）の草稿について──『資本論』第2部第8稿から──」上・下（『経済志林』第49第1号，第2号，1981年7月，10月）ではじめてその全文が翻訳・紹介された【第8稿の全文は，のちに，大谷『資本論草稿にマルクスの苦闘を読む』，桜井書店，2018年，79-272ページに収録された】。

8）同上，下，12ページ【MEGA II/11, S. 807. 大谷『苦闘を読む』，233ページ】。

9）この点については，伊藤武氏の論文「『資本論』第二部第八稿の拡大再生産」（『大阪経大論集』第176号，1987年3月），および，拙稿「『資本論』第2部第8稿「蓄積と拡大再生産」の課題と方法──八尾信光氏のマルクス批判について──」（『マルクス・エンゲルス・マル

494　第2部　マルクスによる恐慌・産業循環の理論的展開を跡づける

「出発表式」とは，このような性格を持ったものだったのである。

　戦前の河上肇氏の問題提起はもちろん，さらに戦後の論争におけるもろもろの議論も，このようなマルクスの思考の流れが見えにくくなっているエンゲルス版による制約をまぬがれることができなかった。すなわち多くの場合，「出発表式」が，そもそも何を明らかにするためにそれが設定されたのか，ということから切り離されて，拡大再生産を表示する表式一般として取り扱われ，したがってまたそれ以降の表式展開も再生産の進行を一般的に表示するためのものであるかのように理解されてきたのである。そしてこのことに，この論争がこれほど長期にわたって「迷走」[10]し続けることになった一つの原因があったように思われる。

　本章では，第8稿でのマルクスの叙述の流れのなかから，この「困難」なるものがどのように論じられているか，ということをつかみ出し，その内容をあらためて検討することによって，長期にわたって行なわれてきたこの論争の性格とその限界とを明らかにすることにしたい。

## 1　問題の所在

　まず，エンゲルス版における拡大再生産の「出発表式」とそこでの諸転態についての説明を簡単に示して，問題の所在を明らかにしておこう。

　　拡大された規模での再生産のための出発表式

$$\left.\begin{array}{l} \text{I}\quad 4000c + 1000v + 1000m = 6000 \\[4pt] \text{II}\quad 1500c + \phantom{0}750v + \phantom{0}750m = 3000 \end{array}\right\} \text{合計} = 9000$$

　部門Iの蓄積率を50％と仮定する。
　① 4000Ic が部門内で転態される。

---

　　クス主義研究』第16号，1992年10月），を参照されたい。
10)　土田和長，前掲「〔2〕価値＝素材補塡運動の個別論点をめぐる論争　A　拡大再生産表式における追加可変資本の転態」，523ページ。

② （1000Iv＋500Imk）と 1500IIc とが部門間で転態される。

③ 部門Ⅰの蓄積部分である 500Ima は，400mc と 100mv とに分割され，前者の 400mc は部門Ⅰの内部で転態され，Ic に合体される。

④ 部門Ⅱが蓄積の目的でⅠから 100Im を購入し，この貨幣は部門Ⅰの追加可変資本の貨幣形態に転化される。そこでⅠでは，資本は，4400c＋1100v（後者は貨幣）＝5500 となる。

⑤ 部門Ⅱの 750v は部門内で転態される。

⑥ Ⅱの不変資本は 1500c＋100mc＝1600IIc であり，これを処理するためにⅡでは 50mv を貨幣で追加しなければならない。

⑦ したがって，Ⅱの資本家の消費財源は，750IIm－（100mc＋50mv）＝600IImk であり，部門Ⅱの年間生産物は次のように分かれる。

  Ⅱ 1600c＋800v＋600m（消費財源）＝3000

⑧ 部門Ⅱの 100mc＋50mv に転換される 150m は，その現物形態では全部労働者の消費に入る。100 は部門Ⅰの追加労働者によって，50 は部門Ⅱの追加労働者によって消費される。「現実に再生産が拡大された規模で始まれば，Ⅰの可変貨幣資本100はⅠの労働者階級の手を経てⅡに還流する。これにたいして，Ⅱは商品在庫で100mをⅠに引き渡し，同時に商品在庫で50をそれ自身の労働者階級に引き渡す」[11]。

⑨ 蓄積の目的で変えられた配列は次のようになる。

  Ⅰ 4400c＋1100v＋500消費財源＝6000
  Ⅱ 1600c＋ 800v＋600消費財源＝3000
       合計 9000——前記に同じ

⑩ そのうち資本は次のようになる。

  Ⅰ 4400c＋1100v（貨幣）＝5500 &#125;
             ＝7900
  Ⅱ 1600c＋ 800v（貨幣）＝2400

⑪ この基礎上で現実の蓄積が行なわれるとすれば，次の年の終わりには次のようになる。

---

11) MEW 24, S. 506【MEGA II/11, S. 811. 大谷『苦闘を読む』，241ページ】。

$$\left.\begin{array}{l}\text{I} \quad 4400c + 1100v + 1100m = 6800 \\ \text{II} \quad 1600c + \phantom{0}800v + \phantom{0}800m = 3200\end{array}\right\} = 9800$$

 以上の「出発表式」とそれの説明について，これまで問題とされてきたのは，次のような事柄である。
 まず第1に，1000Iv および 750IIv と 100Imv および 50IImv との年次的関係である。富塚文太郎氏は次のように述べられている。
 「マルクス自身の再生産論に忠実にしたがうかぎり，（A）および（C）の転態に登場する労働者〔すなわち前期の②および⑤の転態に登場する労働者〕は，表式そのものにおいて 1000Iv と 750IIv で表現されているそれであり，したがって，追加労働者の立場からみれば「前年度」の労働者なのである。換言すれば 1000Iv と 750IIv はあくまで「第1年度」の労働者であり，追加される 100Iv と 50IIv は「第2年度」においてはじめて雇用される労働者にほかならない」[12]。
 この点を土田氏が作成された図[13]をもって説明すれば次のようになる。

図1

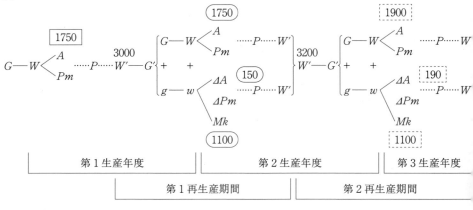

---

12) 富塚文太郎，前掲論文，148ページ。
13) 土田和長，前掲「〔2〕価値＝素材補塡運動の個別論点をめぐる論争　A　拡大再生産表式における追加可変資本の転態」，522ページ。

第15章　いわゆる「拡大再生産出発表式の困難」について　497

　出発表式にある部門IIの生産物3000W′のうち，資本家の消費財源である
1100mk を引けば，1900W′ が部門IIに残るが，そのうち1000Iv と 750IIv＝
1750W′ を購入するのは (1750) ではなく，「追加労働者の立場からみれば「前
年度」の労働者」，つまり，第1生産年度に生産に従事した労働者の 1750 で
ある。このことは，富塚文太郎氏の年次区分──生産年度による区分──に従
って言うならば，第1生産年度に雇用された労働者は，その生産の結果として
の年間生産物価値のうちのv部分を購入するということ，すなわち，今年度
の収入は今年度の生産物を購入するということである。また，W′……W′循環
で把握される再生産期間で言えば，今期の収入 1750 は次期（第1再生産期
間）の期首にある生産物【3000W′の一部】を購入するということになる。ところ
で，部門IIにはまだ 150W′ が残っている【3000W′－(1100mk＋ 1750 )＝150W′】が，
これを購入する追加労働者の (150) は，第2生産年度になってはじめて雇用さ
れる労働者である。つまり，それは第2年度の収入であり，第2年度の生産の
結果としての3200W′ の一部を購入するものであり，したがってそれはいま問
題にしている第1年度の生産物にたいする需要としては発動できないのだ，と
いうのである。

　このような年次関係で拡大再生産表式の補塡関係を考えるかぎりでは，部門
IIの剰余価値150W′ は実現されえない。これは，この前提でいくかぎり，第2
年度以降も同様である。すなわち，第2年度の部門IIの年間生産物3200W′ に
たいする需要は，第2年度の生産に従事した (1750)＋(150)＝1900 と資本家の
消費財源の 1110mk であり，合計3010である。したがってここでも追加労働
者の消費に予定されている 190 が実現されることができなくなる。こうして，
毎年過剰部分が発生・累積していくことになる。まさに，「到底解決すべから
ざる問題」が生じるのである。

　さて，マルクスの説明⑧によれば，部門IIに商品在庫として存在する
150IIm は，「現実に再生産が拡大された規模で始まれば」，部門Iおよび部門
IIの追加労働者によって購入され，貨幣は部門IIに還流することとされた。

　そこで第2に，上に述べたような年次関係を前提すれば，次のような問題が
生じることになる。すなわち，追加労働者は，すでにその賃金を支出してしま
っているのであって，「もはやその賃金を第2年度の生産物に支出することは

できない」[14]はずである。それにもかかわらず，マルクスは，第２年度末の商品生産物の転態にあたって（⑪の表式），1100Iv に含まれている追加労働者100v と 800IIv に含まれている 50v が部門IIから消費手段を購入するとしている。「つまりマルクスの説明によれば，追加労働者は150の貨幣によって300の消費手段を購入することになる」[15]のである。これが，いわゆる「労賃二重取り」問題である。

　部門IIの剰余生産物の非実現を避けようとすれば，追加労働者の「労賃二重取り」に陥り，後者を避けようとすれば前者を認めざるをえなくなるというディレンマが生じることになる。

　以上のような内容からなる説を，以下では便宜上〈「困難」発生説〉と呼ぶことにしよう。さて，この「困難」発生説は，はたして「マルクス自身の再生産論に忠実にしたが」っているのであろうか？　次にこれを検討しよう。

## 2　「出発表式」では「困難」は発生しない

　問題は，追加労働者によって購入される部門IIの剰余価値 150IIm 部分の転態にあった。この点についてのマルクスの説明は先の⑧に示したとおりである。すなわち，3000W′ の部門IIの生産物のうちの 150IIm 部分は，「現実に再生産が拡大された規模で始まれば，Iの可変貨幣資本100はIの労働者階級の手を経てIIに還流する。これにたいして，IIは商品在庫で 100m をIに引き渡し，同時に商品在庫で50をそれ自身の労働者階級に引き渡す」，と言うのである。

　ここでマルクスが「現実に再生産が拡大された規模で始まれば」と言っているのは，「労働者が資本家から受け取る貨幣は，彼が自分の労働力の使用を資本家に与えたあとで，労働力がすでに労働生産物の価値のなかに実現されたあとで，はじめて労働者によって受け取られる」[16]ということ，すなわち，「労賃後払いの原則」[17]をマルクスが堅持していることを意味している。しかし，こ

---

14) 富塚文太郎，前掲論文，148ページ。

15) 同上。

16) MEW 24, S. 380【MEGA II/11, S. 724. 大谷『苦闘を読む』，116ページ】。

17) 高須賀義博『再生産表式分析』（新評論，1968年），72ページ。

の原則を堅持して，なおかつ労働者が自己の労働力の価値の等価としての G をもって購入するのは，この期の期首にある，したがって前期の生産の結果としての 3000W′ の一部だとマルクスは述べていたのであった。つまり，「商品在庫」として存在する部門 II の 150m は，第 2 生産年度に新しく雇用される労働者によって，生産過程が始まってからはじめて購入されるのであるから，生産年度の視点から見れば，たしかに「繰越在庫商品」[18] ではあるが，しかしそれは，3200W′ を期首として出発する第 2 再生産期間へ「繰越」される「在庫」ではないということになる。換言すれば，第 1 再生産期間内に 150IIm は実現され，したがって，追加生産手段を購入するさいに一方的に部門 II から部門 I へ流れた 100G は，この第 1 再生産期間内 [19] に「I の労働者階級の手を経て II に還流」するのであり，50IImv についても同様だ，としているのである。この関係を，Imv と IImc との転換を例にとって図にすれば，次ページの図 2 のようになる。

　以上が Imc と IImv との転換過程である。この過程を通じて，部門 II が最初に投下した g がこの部門に，今期の内に還流し，これによって，部門 II での追加貨幣資本の蓄積が可能になる。そして，このことこそが，つまり今期内の g 還流による部門 II での追加貨幣資本の蓄積こそが，拡大再生産の出発表式でマルクスが解決しようとした問題なのであった。この点についてはのちにふたたび立ち戻ることにして，ここではとりあえず次のことを確認しておきたい。

　まず第 1 に，第 2 生産年度に，すなわち今期の再生産期間に新たに雇用される追加労働者について言えることは，彼らとともにこの年度に生産過程に入る継続労働者についても言えるのだ，ということである。つまるところ，継続労働者についても，第 2 生産年度が始まってからこの年度の労働にたいする賃金の支払いを受け，その貨幣で，生産期間のあいだ商品在庫となっている部門 II の生産物を購入する，という想定が置かれているということになるであろう。

　第 2 に，以上のような内容の年次関係を生産年度区分に従って言い換えるなら，拡大再生産表式の展開でマルクスは，第 2 生産年度に雇用される労働者は

---

18）高木幸二郎，前掲書，88 ページ。

19）生産年度で言えば「次年度における還流」（富塚文太郎，前掲論文，155 ページ）であるが，次再生産期間（第 2 再生産期間）に還流するのではないのである。

図2

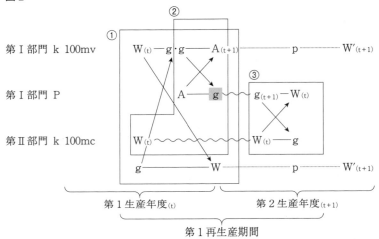

k は資本家階級。P は労働者階級。
① 部門Ⅱは蓄積の目的をもって部門Ⅰから生産手段を購入する。
② 部門Ⅰはその g で追加労働者$_{(t+1)}$を雇用する。しかし、「貨幣は、支払われるべき賃金が約定されるときには、ただ観念的な価値尺度として作用するだけ」(MEW 24, S. 380【MEGA II/4.2, S. 724. 大谷『苦闘を読む』, 116-117ページ】)である。これを g と表示した。賃金の支払いは生産過程が始まってからであり (〜〜g)、それに対応して部門Ⅱの mc(W) は商品在庫の形態ととっている (〜〜W$_{(t)}$)。
③ 部門Ⅰの労働者Pは、自己の労働力の使用価値を生産に支出してから労賃の支払いを受け (〜〜g$_{(t+1)}$)、その g で部門Ⅱの資本家のもとで商品在庫としてある消費手段 W$_{(t)}$ を購入する。これによって部門Ⅱのもとに g が還流することになる。

　その収入を第1生産年度に生産された生産物に支出する、すなわち、今年度の収入は前年度の年間生産物を購入する、これをさらに再生産期間について言えば、今期の収入は前年の生産過程の結果として今期の期首にある年間生産物を購入する、と想定していたということである。これは明らかに、「困難」発生説における年次関係についての想定とは、すなわち、第2生産年度に雇用される労働者は、この年度の収入でこの年度に生産された年間生産物を購入するという、換言すれば、今年度の収入によって今年度の生産物が消費されるという、また再生産期間について言えば、今期の収入によって次期の期首にある年間生産物が消費される、という想定とは異なるものである。
　前図 (図1) に即していえば、(1750v) + (150mv) + (1100mk) = 3000 が、期首

にある部門IIの3000W′を実現するのであり，第2再生産期間の期首にある3200IIW′も同様に，$\boxed{1900v}$＋$\boxed{190mv}$＋$\boxed{1110mk}$＝3200によって実現されるのであって，ここには過剰も二重消費も存在しないのである。

第3に，ここでのマルクスの想定，すなわち，労働者は後払いされた賃金で，その生産過程のあいだ在庫形態にある部門IIの生産物を購入し，それによって今期末までに部門IIにgが還流する，という想定は，「労賃は週とか月とかの短い周期で支払われるという回転の契機を考慮に入れ，この〔部門IIの今期の期首にある〕剰余生産物の現物形態が収穫が年1回の穀物等々で，それが翌年度の〔すなわち今期末の〕収穫までの社会の消費ファンドとなるといった具体的な事情を考慮に入れた」[20]想定なのだ，ということである。

以上に述べたところから，マルクスの拡大再生産表式は「困難」発生説とは異なった年次関係の想定のもとで展開されていること，したがってまた，そこには剰余価値実現の「困難」も追加労働者の二重消費問題も含まれてはいないことが明らかであろう。

さて，マルクスによる拡大再生産の展開がこのようなものであるとすれば，あらためて問い直さなければならないのは，社会的総再生産の分析では，いまみたような年次関係についての想定を，マルクスはつねに一貫して維持していたのだろうか，ということである。換言すれば，「困難」発生説における年次

---

20) 伊藤武，前掲論文，18ページ。この想定は，大石雄爾氏が，「資本の回転期間を1年，賃金は労働者が労働した後であるとはいえ毎週支払われるもの」（同「再生産表式論の一論点(3)」，『駒澤大学経済学論集』第7巻第4号，1976年，71ページ）とされている設例と同じものである。

　ここで大石氏は，生産期間のあいだ部門IIの生産物が商品在庫を形成し，それを労働者がその間支払われた賃金で消費する，というマルクスの想定は，「「年間生産物の全体がわずかばかりの大きな部分に分けられて一度に転換されるものとして示される」という表式論の前提を度外視している……。……そして，マルクスの拡大再生産表式に困難があるとすれば，この点にのみ存在する」（同上，85ページ）と言われ，「表式論の前提に従うようにマルクスの説明を言い換えれば」，生産過程開始前における賃金の一括前払いを前提すべきだ，とされている（同上）。しかし，賃金後払いは労働力商品の売買に関する原則であり，資本主義的生産における本質的関係である。だからこそマルクスは，部門IIの生産物について商品在庫の形成という契機を取り入れているのである。流通が一挙に行なわれるという「表式論の前提」に従えば，賃金についても前払いを想定すべきである，とする大石氏の議論には問題があると言わなければならない。

502 第2部 マルクスによる恐慌・産業循環の理論的展開を跡づける

関係の想定，すなわち，今期の収入は次期の期首にある年間生産物を購入するという想定は，およそマルクスのものではなかったということになるのか，ということである。この点について，節をあらためて述べることにしよう。

## 3 「単純再生産」の年次関係と「拡大再生産」の年次関係

さて，第8稿における，マルクスの拡大再生産の出発表式の展開を一瞥しただけでも，単純再生産の場合にはみられなかった特異な表式が目につかないではいない。

すなわち，それは前述の現行版での出発表式に関する⑧の叙述を受けて示されている，⑨の位置にある次の表式である[21]。

「……蓄積のために変えられた配列は次のようになる。

$$
\left.
\begin{array}{l}
\text{B）　I）4400c + 1100v 貨幣 = 5500} \\
\\
\text{II）1600c +　800v 貨幣 = 2400}
\end{array}
\right\} = 7900
$$

6000c + 1900v + 《150（II）》必要生活手段の形態での商品在庫」[22]

ここでは，v部分が貨幣で表示されているほかに，追加可変資本によってこれから（今期内に）実現されることになる商品在庫が表示されている。この表示の意味はすでに2節でみたところである。しかし，第2生産年度に雇用されるのは追加労働者だけではなく，継続労働者もそれと同じ事情にあるとすれば，すなわち，後者も生産が始まってから賃金を受け取り，それを今期の期首にあ

---

21) 第8稿における出発表式の展開とエンゲルス版におけるそれとの相違については，小林賢斎「拡大再生産表式の展開軸──『資本論』第II部第VIII稿における──」（『武蔵大学経済論集』第34巻第2・3・4号，1986年）を参照されたい。なお，小林氏は，この表式における《150（II）》必要生活手段の形態での商品在庫」表示は，可変資本1900が貨幣表示されていることに対応しているのであるから，「「商品在庫」は《150（II）》ではなく1900でなければならない」（同上，7ページ）とされている。これはつまり，継続労働者も商品在庫にある部門IIの消費手段を購入する，ということである。彼らも追加労働者と同じ状況にあると想定されるのだからである。この点についてはすでに2節で述べたとおりである。けれどもこのことは，マルクスが単純再生産の場合にもこのような想定をとっていたことを意味するわけではない。

22) 大谷，前掲論文，下，24ページ。【MEGA II/11, S. 811. 大谷『苦闘を読む』，241ページ】。

第15章　いわゆる「拡大再生産出発表式の困難」について　503

る年間生産物に支出するというのであれば，単純再生産についても，同じ想定が行なわれ，表式についても同様の表示が行なわれてもいいはずである。ところが，第8稿からとられた現行版の単純再生産に関する部分には，こうした表示はまったく見当たらない[23]。賃金後払いの前提を示唆する記述は数多く見受けられるにもかかわらず，部門IIの生産物の在庫形成についての記述はまったく存在しないのである。これはいったい，なぜなのであろうか。

第20章第10節「資本と収入　可変資本と労賃」では次のように述べられている。

「その年の再生産のいろいろな要素の転換を研究しようとするならば，過去の年間労働すなわちすでに終わった年の労働の結果をも研究しなければならない。この年間生産物を生み出した生産過程は，われわれのうしろにあり，すでに過ぎ去っており，その生産物になってしまっている。まして，この生産過程に先行または並行する流通過程，潜勢的な可変資本から現実の可変資本への転換，すなわち労働力の売買にいたっては，なおさらのことである。労働市場はもはや当面の商品市場の一部分をなしてはいない。労働者はここではすでに自分の労働力を売ってしまっただけではなく，剰余価値のほかに自分の労働力の価格の等価を商品で供給した。他方，彼は自分の労賃をポケットにもっており，この転換〔その年の再生産のいろいろな要素の転換〕ではつねにただ商品（消費手段）の買い手として現われるだけである。しかしまた，他方，年間生産物は再生産のすべての要素を含んでいなければならず，生産資本のすべての要素，したがってまたことにその最も重要な要素である可変資本を回復しなければならない。そして，実際にわれわれが見たように，可変資本については転換の結果として次のようになるのである。商品の買い手として，自分の労賃の支出によって，また買った商品の消費によって，労働者は，自分が売ることのできる唯一の商品である労働力を維持し，再生産する。すなわち，この労働力を買うときに資本家が前貸しした貨幣がその資本家の手に帰ってくるように，労働力も，この貨幣に転換できる商品として，労働市場に帰ってくるのである。

---

23）大谷の教示によると，第8稿そのもののなかにもそのような表示はまったく見られないとのことである。

504 第2部 マルクスによる恐慌・産業循環の理論的展開を跡づける

その結果としては，ここではとくに 1000Iv については，次のようになる。
資本家 I の側には貨幣での 1000v——これにたいして，労働者 I の側には
1000 の価値ある労働力があり，したがって，全再生産過程 I がまた新たに
始まることができる。これが転換過程の一方の結果である。

　他方，労働者 I の労賃の支出は，1000c だけの消費手段を II から引き上
げ，こうしてそれを商品形態から貨幣形態に転化させた。II は，I から商
品＝1000v を買うことによって，その消費手段をこの貨幣形態から II の不
変資本の現物形態に再転化させ，それによって I にはその可変資本価値が
再び貨幣形態で還流する。」[24)25)]

以上の内容を図で示せば図3のようになるであろう。

ここでマルクスは，第1再生産期間の期首にある $W'_{(t)}$ が，第1生産年度の
「生産過程に先行または並行する」労働力$_{(t)}$ の売買によって得られた賃金$_{(t)}$ で
購入され，それによって第2生産年度の生産要素としての労働力が再生産され，
部門 II の c がその現物形態に転化され，部門 I では可変資本が貨幣形態$_{(t)}$ で
還流する，と述べている。すなわち，今年度の収入$_{(t)}$ は今年度の生産物$_{(t)}$ を
購入する，あるいは，今期の収入は次期の期首にある生産物を購入する，として
いたのである。こうした想定によれば，拡大再生産の場合とは異なって，生
産過程の継続中に部門 II の生産物が在庫を形成しているという事態を考慮する
必要はまったくない。単純再生産の表式展開では，そのなかに「商品在庫」を
表示する必要がまったくなかったのである。

---

24) MEW 24, S. 443-444.【MEGA II/11, S. 787-788. 大谷『苦闘を読む』，201-202ページ。】

25) 大石氏は，この引用文と同様の趣旨を述べたマルクスの一文（MEW 24, S. 398）を引用さ
れて，単純再生産においても，2節でみた拡大再生産の場合と同じく「賃金はいわゆる前
払いされるという想定の下に理論が展開されている」（大石雄爾，前掲論文，83ページ）
と言われる。しかし，それは，拡大再生産に入ってはじめて採用された想定，すなわち，
生産期間は1年，賃金支払いはたとえば1週間という想定を，それ以前のところにまで適
用しようとする強引な解釈であると言わざるをえない。氏は生産期間と賃金支払期間とが
同じである場合も想定しておられる（同上，72ページ）のであって，単純再生産について
のマルクスの叙述はこの想定に立つものとするのが，無理のない解釈であろう。なお，部
門 II の可変資本と労働者の収入とについては，MEW 24, S. 441【MEGA II/11, S. 784-785.
大谷『苦闘を読む』，197-198ページ】をも参照されたい。年次関係は上記の引用文と同様
である。

第15章 いわゆる「拡大再生産出発表式の困難」について　505

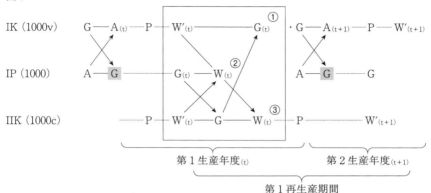

第1生産年度(t)　　第2生産年度(t+1)

第1再生産期間

IK, IIKはそれぞれの部門の資本家, IPは部門Ｉの労働者, G は, 貨幣が「ただ観念的な価値尺度として作用」(MEW 24, S. 380【MEGA II/11, S. 724. 大谷『苦闘を読む』, 116-117ページ】)したことを意味する。四角で囲まれた部分が「当面の商品市場」である。①は部門Ｉでの可変資本の回復, ②は労働力の再生産, ③は部門Ⅱでの不変資本の現物形態での補塡を, それぞれ表わす。

　要するに, 単純再生産の分析の際には, マルクスは実は,「困難」発生説がとっていた年次関係を想定していたのであった。だからこそ,「困難」発生説が,「マルクスの理論に忠実にしたがった」と主張することもできたのである。けれども, そのように主張できるのは, 単純再生産の分析についてでしかない。というのも, マルクスは, このような年次関係の想定のもとでは, 部門Ｉからの部門Ⅱの追加不変資本 mc の購入が, その後に続く販売のない一方的購買となり終わるほかはないという事態, すなわち, その貨幣は部門Ⅱに還流せず, したがって部門Ⅱでの追加貨幣資本の蓄積が不可能になるという事態に直面して, すでに2節で述べたように, 出発表式で新たな年次関係を想定することによって, その解決をはかったのだからである。
　以下, この点を簡単にみることにしよう。

## 4　マルクスが直面した「一つの新しい問題」とその解決

　第8稿のうちの, 現行版『資本論』第2部第3篇第21章に利用された部分は,

506 第2部 マルクスによる恐慌・産業循環の理論的展開を跡づける

全体が五つの数字で区切られ，そのうちの「5) 部門IIでの蓄積」は，「a)」，「b)」の二つに下位区分されている。まず「a)」でマルクスは，単純再生産から拡大再生産への移行にともなう部門IIの困難を解決したのちに，拡大再生産の機能配列をもった次の表式 a) をもって拡大再生産の分析に入ろうとする。

$$a) \quad I) \quad 4000c + 1000v + 1000m = 6000$$
$$II) \quad 1500c + \ 376v + \ 376m = 2252$$

合計 = 8252

　このときマルクスは，3節でみた，単純再生産で彼が想定していた年次関係をここでも前提して，この表式を展開しようとする。すなわち，今年度の収入は今年度に生産された，したがって次期の期首にある年間総生産物を購入する，という前提である。この想定によれば，部門Iの追加労働者の収入は，同時に雇用される継続労働者の収入とともに，【したがって，】部門Iの v として【一括され】，次期の期首にある部門IIの c に，支出されることになる。つまり，部門Iの mv は，当期の転換にはなんら参与しないのであって，部門IIの m にたいする需要を形成しえない。すなわち，部門Iの蓄積額 mc + mv は，今期の部門IIの m にたいする需要を形成しない【もちろん Imc は部門IIにたいする需要を形成することはないが，Imc によって決定される Imv はこの想定では部門IIの m にたいする需要を形成しない。】のであって，それ【部門Iの蓄積額】は部門IIの蓄積額となんらの関連をもたないのである。そしてこのことはまた，両部門の蓄積率はそれぞれ独自に設定されなければならない，ということを意味する。そこでマルクスは実際，蓄積率についてこのような設定方法をとるのである。

　マルクスは，上記の表式 a) を「もっと詳しく分析しよう」[26]といい，それに続けて，「IでもIIでも剰余価値の半分が，収入として支出されないで蓄積される，すなわち追加資本の要素に転化させられる，と前提しよう」[27]と言う。表式 a) の独自性だとされている，このような蓄積率設定方法の理由は，このように考えると十分に納得がいくものとなる。

---

26) 大谷，前掲論文，下，11ページ。【MEGA II/11, S. 807. 大谷『苦闘を読む』，232ページ】。
27) 同上【同上】。

第15章　いわゆる「拡大再生産出発表式の困難」について　507

　こうして，両部門それぞれ50％の蓄積率を設定したマルクスは，I（1000v＋500mk）と1500IIcとの相互転換および4000Icの内部転換は，「単純再生産の過程としてすでに述べたから，それ以上研究する必要はない」[28]とし，ここでの研究対象を部門Iで蓄積される500Imと部門IIの376v＋376mとに絞り，まず部門IIの376mの分析から始める。すなわち，「IIでも同じく剰余価値の半分が蓄積されることが前提されているのだから，ここでは188が資本に転化することになり，そのうちの1/4が可変資本で，これを概数計算のために48とすれば，不変資本に転化されるべき188－48＝140が残る」[29]。

　さて，ここでどのような問題が生じてくるかは，われわれにはすでに明らかである。部門Iで蓄積される500mのうちから部門IIは生産拡大のために140gで追加生産手段を購入するが，この140gは部門Iで追加貨幣資本として蓄積される。この貨幣資本【と等しい価値額】で部門Iの【現実的蓄積を行なう資本家のもとで】追加労働者が雇用され，彼らが労働力商品の販売によって得たその貨幣で購入する消費手段は，その生産年度に生産された，したがって次期の期首にある部門IIのc部分である。したがってまたこの140gは，今期の部門IIのmにたいする需要としては発動しない。140IImは販売されることなく，140gは部門IIに還流してこない。これでは，部門IIでは，資本主義社会での拡大再生産の条件としての追加貨幣資本の積立が不可能になってしまう。単純再生産で想定されていた年次関係を前提するかぎり，この問題は拡大再生産が繰り返されるたびに生じることになる。

　はたしてマルクスは，部門IIの追加不変資本額140mcを算出した上記の叙述に続けて，「b）我々はここで一つの新しい問題にぶつかるのである」[30]と言い，次のように問題を提起する。

　　「140IImは，Imの諸商品のうちそれと同じ価値額の一部分によって補塡されることによってのみ，生産資本に転化することができる。……この補

---

28）同上【同上】。

29）同上【MEGA II/11, S. 807. 大谷『苦闘を読む』，232-233ページ】。第8稿での表式展開の部分では，マルクスは至る所で計算上の間違いを犯しているが，本章では，マルクスの数字をそのまま掲げておく。どのように訂正されるべきかについては，大谷論文での注記【『苦闘を読む』の脚注】を参照されたい。

30）同上【MEGA II/11, S. 807. 大谷『苦闘を読む』，233ページ】。

508　第２部　マルクスによる恐慌・産業循環の理論的展開を跡づける

塡は，IIの側での一方的な購買によってのみ行なわれることができる。というのは，まだこれから考察されるべき剰余生産物 500Im はその全部が I の内部で蓄積に役立つことになっているのであり，したがって商品IIと交換されることはできないからである。換言すれば，それが I によって同時に蓄積もされ食われもするということはありえないからである。したがって，IIは 140Im を現金で買わなければならないが，しかもそのあとで自分の商品を I に売ることによって彼のもとにこの貨幣が還流するということなしにそうしなければならないのである。しかもこれは，毎年の新たな再生産のたびに――それが拡大された規模での再生産であるかぎり――絶えず繰り返される過程なのである。そのための貨幣源泉はIIのどこでわき出るのか？」[31]

部門 I の 500m がすべて「I の内部で蓄積に役立つことになっている」にしても，マルクスがなぜ，そのうちの mv が現実的蓄積をする資本家から追加労働者に賃金が支払われ，それによって部門IIにこの貨幣が還流する，としなかったのか[32]，この点については，もはや繰り返して述べる必要はないであろう。

このように問題を提起したのち，マルクスは，部門IIでの「貨幣源泉」についてあれこれと考察していくが，突如それを中断して，例の拡大再生産の「出発表式」の展開に入っていくのである。この展開のなかでこの問題がどのように解決されたかについては，すでに２節で明らかにした。ここでさらに付け加えておけば，部門 I の mv が今期首にある部門IIの mc【の価値額と等しい m】

---

31) 同上，13ページ【MEGA II/11, S. 808. 大谷『苦闘を読む』，233ページ】。

32) ここでマルクスが部門IIへの貨幣還流が行なわれないとしたのは，I の蓄積額 500m が mc と mv とに分割されていなかったからだ，とする見解がある（たとえば，小林賢斎，前掲論文，6ページ）。しかし，マルクスはすでに，部門IIの蓄積額 376m を mc と mv とに原資本の有機的構成にしたがって分割しているのであって，部門 I での mc と mv とへの分割だけが理論的に不可能であったとか，あるいは，忘れられていたとは考えられない。しかも，この分割が行なわれていたとしても，また，出発表式のような蓄積率の設定が行なわれていたとしても，これまでの前提に従うかぎり，今期内の還流は不可能になるのである。問題は，部門 I の mv がこの期には部門IIへの需要として発動しない，というこれまでの前提そのものにあったのである。このように考えることによってはじめて，マルクス自身が「b) 一つの新しい問題」として提起した問題の意味が明らかになるのであって，そのような解釈をとるなら，マルクスのこの問題提起はまったく「無用なもの」となってしまうであろう。

部分にたいする需要として発動するという出発表式での想定は，表式 a) での蓄積率の設定方法，すなわち，部門IIの蓄積率を Imv とは無関係に，したがって部門Iの蓄積額とは無関係に設定するという方法を排除することになる。ここでは，まず部門Iの蓄積額が決定され，その後に Imv＝IImc になるように部門IIの蓄積額が決定される，ということになっている。与えられた部門Iの蓄積率によって部門IIの蓄積率が決まる，という設定をとらざるをえないのである。出発表式での蓄積率の設定がこのように表式 a) と異なることになった理由は，このように考えることによってはじめて理解されるのである。

## おわりに

　労賃の支払い周期を，たとえば1週間，生産期間を1年としている出発表式とその後の展開だけを，孤立させて観察するかぎり，そこには「労賃二重払い」という問題そのものが存在しないと言わなければならない。けれども，すでに述べたように，出発表式におけるそのような想定そのものが，じつは，彼自身が解かなければならなかった「一つの新たな問題」の解決だったのである。それゆえ，出発表式に「困難」を見出す「困難」発生説は，マルクスが「困難」を解決しようとしたまさにそのところに「困難」を見出すものであった，ということになる。

　冒頭に述べたように，この論点をめぐっては，河上肇氏による問題提起以来，あるいは戦後に問題が再設定された時点からみても，きわめて長期にわたる議論が続いてきた。その理由として，さしあたりまずあげなければならないのは，やはり，マルクスは出発表式においても「労賃後払い」の原則を前提しているのであって，そうである以上，この出発表式によっては「労賃二重払い」という「困難」が生ぜざるをえない，という「困難」発生説の理解が，マルクスの表式そのものの包含する問題点を指摘しているものとして一般的に受け入れられてきた，ということである。じっさい，すでに見たように，「労賃後払い」の原則は単純再生産の分析のさいのマルクス自身の枠組みであったから，拡大再生産の出発表式においてもこの原則が貫かれているであろう，と考えるだけの十分な理由はあったのである。けれどもマルクスは，社会的再生産の分析にお

いて，単純再生産の分析におけるように「労賃後払い」の原則を，今期の労賃が今期の生産物の購買に支出される，という想定として前提するのであれば，拡大再生産の前提をなす追加貨幣資本の蓄積が部門IIでは不可能になる，という事態に直面して，拡大再生産の出発表式では，「労賃後払い」を維持しながら，しかも，商品在庫の形成という契機を導入することによって，今期の労賃が前期の生産物の購買に支出される，という想定を行なうことによって，この「新たな問題」を解決したのであった。ところが，マルクスの草稿におけるこのような流れが，すなわち，彼自身が問題を提起し，それを出発表式とそれの展開とにおいて解決した，という叙述の流れが，エンゲルス編の第2部現行版ではきわめて見えにくくなっているのである。ここに，これまでの論争が不必要に長引いてきた主たる原因があったと思われるのである。

# 第16章　「ではけっしてない (nie)」か「でしかない (nur)」か
—— マルクスの筆跡の解析と使用例の調査とによって ——

大谷禎之介


## 1　問題の所在

　本稿の直接の課題は，『資本論』第2部のエンゲルス版のなかでnieとなっている一語が，マルクスの第2部草稿のなかではnurとなっていることを，この語の前後の草稿部分でのマルクスの筆跡の解析とマルクスによるこの語の使用例の検討とによって明らかにすることである。

　このような，些末と見えるかもしれない「穿鑿立て」が必要であるのは，第1に，この語を含む文章が，恐慌論と再生産論との関連についてのマルクスの理論的展開を理解するうえでの一つの重要なカギと考えられてきていたものだからであり，しかも第2に，本稿の表題にも掲げたように，nieは「……ではけっしてない」という意味の語であり，nurは「……でしかない」という意味の語であって，当該の一語をこのどちらと読むかによって，この語を含む文章がまったく逆の意味をもつこととなるのだからである。

　なぜこの一語とそれを含む文章とを問題にしなければならないのか，ということについては，2002年5月25日に開催された，マルクス・エンゲルス研究者の会主催の恐慌論シンポジウムのさいに，事前に配布された筆者のコメント（その全文は拙稿「再生産論と恐慌論との関連をめぐる若干の問題について」，『マルクス・エンゲルス・マルクス主義研究』第40号，2003年9月，のなかに掲げた）[1]に書いたし，また，拙著『マルクスに拠ってマルクスを編む』（大月書店，2003年9月）の「あとがき」でも触れたが，ここでもその要点は繰り返しておく必要があろう。

---

1）【本書に第13章として収録。】

512 第2部 マルクスによる恐慌・産業循環の理論的展開を跡づける

『資本論』第2部のエンゲルス版の注32は，長い間，マルクス自身がいわゆる「内在的矛盾」——資本主義的生産様式に内在する生産と消費との矛盾——の問題を第2部第3篇の再生産論のなかで論ずべきことを明記した箇所と見なされていた。それは，この注のなかでマルクスは「生産と消費との矛盾」を指摘したうえで，「けれども，このことは次の篇ではじめて問題になることである。〔Dies gehört jedoch erst in den nächsten Abschnitt.〕」と書いているのであって，この「次の篇〔Abschnitt〕」とは当然に第2部第3篇を指すものと見なされたからであった（以下，引用中の傍点はすべて引用者）。

筆者は，「マルクス経済学レキシコンの栞」第6号（久留間鮫造編『マルクス経済学レキシコン』第6巻「恐慌Ⅰ」，大月書店，1972年9月）で，編者久留間氏に代わって，「「恐慌Ⅰ」の編集をめぐって——各項目の意味と内容——」と題する解説を書いたが，そのなかで，この注32でのマルクスの記述について，久留間氏の主張にもとづき，この注でマルクスが「次のAbschnitt」と書いているのは，内容からすれば，第2部第3篇ではなくて第3部のことだったと考えられる，と書いた[2]。そしてそれからまもなく，拙稿「「内在的矛盾」の問題を「再生産論」に属せしめる見解の一論拠について——『資本論』第2部注32の「覚え書き」の考証的検討——」（『東洋大学経済研究所研究報告』第6号，1973年）で，Abschnittは，部—篇—章—節といった篇別構成のうちの「篇」を（また時として「節」を）意味するだけでなく，篇別構成のどの段階であろうと一つの「区分」ないし「項目」としてAbschnittと呼びうること，最も広くは「部分」という意味に使われうることを明らかにし，そのうえで，「次のAbschnitt」が『資本論』の篇別構成のうちのどの部分を指しているのか，ということは，この注で「このこと」とされていることの内容が，『資本論』のこれに続く諸部分のうちのどこで理論的に論じられているのか，ということによって判断されるべきだ，と述べた[3]。この拙稿を発表したのち，注32での「次のAbschnitt」が第2部第3篇を指しているということを前提かつ論拠にして「内在的矛盾」の問題が第2部第3篇の再生産論に属するとする主張はぱったりとなくなった[4]。

---

2）【本書に第1章として収録。】

3）【本書に第7章として収録。】

4）【このことを象徴的に示したのは，第7章の「補説1」で触れたように，久留間氏への「公

第16章　「ではけっしてない (nie)」か「でしかない (nur)」か　513

　ところがその後，エンゲルスがこの注に利用したマルクスの第2部第2稿の当該部分を見ることができるようになり，草稿でマルクスは，「けれども，ここでの話のいっさいが次のAbschnittではじめて問題になることである。〔Diese ganze Geschichte jedoch gehört erst in d. nächsten Abschnitt.〕」と書いたのちに，AbschnittをKapitelに修正していることがわかった[5]。3章構成からなる第2稿のなかでの「次の章〔Kapitel〕」が第3章を指すことは確実なので，エンゲルスは，3篇構成からなる彼の版での篇別に合わせて，「次の章〔Kapitel〕」を「次の篇〔Abschnitt〕」に変更していたのであった。

　これによって，上記拙稿での，「次のAbschnitt」は第2部第3篇をも第3部をも意味しうるのであって，どちらを意味するかはこの注の内容から読み取られるべきものである，とする結論，また同稿の末尾近くで述べた「エンゲルスによる書き替えの可能性はないであろう」，とする推論が誤りであることが明らかとなった。

　だから，「次のAbschnitt」がどこを指すのか，ということについて言うかぎり，筆者による「栞」のなかでの主張も，上記拙稿での結論も訂正されなければならない。

　けれども，このことによって注32が，第2部第3篇で「内在的矛盾」の問題を論じることにしている，とマルクス自身が述べた箇所として確定できるようになったわけではなかった。

　というのは，マルクスの草稿を見ることができるようになって，同時に，「内在的矛盾」についてマルクスが書いていると考えられてきた箇所のなかに，エンゲルスが解読を誤ったために，意味が正反対になってしまっている箇所があることがはじめてわかったからである。

---

　開質問状」のなかで富塚氏自身が，「大谷禎之介氏が……述べておりますように，「次のAbschnitt」がどこをさすかは，Abschnittという言葉自体の意味の詮索によってではなく，もっぱら「理論的な内容の検討にもとづく証明」のみによって決せられるべき問題であると考えます」と書かれたことであった。〕

5）AbschnittをKapitelに変更したのがマルクスであることについては，これまで疑問が出されたことはない。念のために言えば，このKapitelの筆跡がマルクスによるものであることは，たとえば彼が第2章や第3章のタイトルで書いているKapitelの筆跡と対比して見ただけでも，明らかに同一人によるものであることから確認できるのである。

514 第2部 マルクスによる恐慌・産業循環の理論的展開を跡づける

草稿の「ここでの話のいっさい」あるいはエンゲルス版の「このこと」のなか
に「内在的矛盾」の問題が含まれているとされてきた根拠は，エンゲルス版で
の次の一文の傍点を付した部分にあった。レーニン以来，必ず引用されてきた
のが，注32のなかの以下の記述である。

「さらに次の矛盾。資本主義的生産がそれのすべての力能を発揮する諸時
期は，きまって過剰生産の時期であることが明らかとなる。なぜなら，生
産の諸力能は，価値がそれによってより多く生産されうるだけでなく実現
もされうるというように充用されることはけっしてできないが，商品の販
売，商品資本の実現は，だからまた剰余価値の実現もまた，社会一般の消
費欲求によってではなく，その大多数の成員がつねに貧乏でありまたつね
に貧乏のままであらざるをえないような社会の消費欲求によって限界を画
されているのだからである。〔weil die Produktionspotenzen *nie* so weit angewandt
werden können, daß dadurch mehr Wert nicht nur produziert, sondern realisiert werden
kann; der Verkauf der Waren, die Realisation des Warenkapitals, also auch des Mehr-
werts, ist aber begrenzt, nicht durch die konsumtiven Bedürfnisse der Gesellschaft über-
haupt, sondern durch die konsumtiven Bedürfnisse einer Gesellschaft, wovon die große
Mehrzahl stets arm ist und stets arm bleiben muß.〕」(MEW, Bd. 24, S. 318.【MEGA II/13,
S. 293.】傍点は引用者。以下すべて同様。）

これによれば，「価値がより多く生産されうるだけでなく実現もされうる」
ということと，資本主義的生産のもとであらゆる制限を乗り越えて推し進めら
れる「生産の諸力能の充用」とが矛盾する，ということ，つまり「内在的矛盾」
の両項とその対立とが指摘されていると読めるのであって，この読み方にもと
づいて，マルクス自身が「内在的矛盾」の問題は「次の篇で問題となる」と書い
ていたと考えられてきたのであった。

ところが草稿では後半の部分は次のようになっている。

「なぜなら，生産の諸力能は，剰余価値がそれによって生産されうるだけ
でなく実現もされうるかぎりにおいて充用されることができるだけである
が，商品資本の実現（商品の販売）は，だからまた剰余価値の実現もまた，
社会の消費欲求によってではなく，その大多数の成員がつねに貧乏であ
りまたつねに貧乏のままであらざるをえないような社会の消費欲求によ

第16章 「ではけっしてない (nie)」か「でしかない (nur)」か　515

って限界を画され，制限されている等々だからである。〔weil d. Produktionspo-
tenzen *nur* so weit anzuwenden, als dadurch nicht nur Mehrwerth producirt, sondern
realisirt werden kann; d. Realisation (Verkauf d. Waaren) d. Waarenkapitals, also auch d.
Mehrwerths aber begrenzt, beschränkt ist nicht durch d. consumtiven Bedürfnisse d.
Gesellschaft, sondern durch d. consumtiven Bedürfnisse einer Gesellschaft, wovon d.
grosse Mehrzahl stets arm ist u. arm bleiben muß etc.〕」(Kapital, II. Ms. II. S. 118.【MEGA
II/11, S. 308.】下線はマルクスの強調，以下すべて同じ。)

　エンゲルス版との決定的な違いは，上の引用で筆者がイタリックにした同版
でnieとなっているところが，草稿ではnurだという点である。「生産の諸力能
は，剰余価値がそれによって生産されうるだけでなく実現もされうるかぎりに
おいて充用されることができるだけである」というマルクスの記述が，剰余価
値の実現が生産諸力能の充用を制約することを言っていることは一見して明ら
かである。ここでは，生産の諸力能は剰余価値の実現が可能なかぎりにおいて
しか充用されえないのであり，しかもその剰余価値の実現は，大衆の貧困を伴
う社会の消費欲求によって限界を画されている，ということが述べられている
のであって，「生産諸力を，その限界をなすものがあたかも社会の絶対的な消
費能力ででもあるかのように発展させようとする，資本主義的生産様式の衝
動」(MEGA, II/4.2, S. 540)，つまり価値および剰余価値の実現という制限と対立し
それを突破して進んでいくそれの対立項についてはまったく触れられていない。
エンゲルスがnurをnieと読んだ結果，傍点を付した部分に見られるとおり，
文意はまさに正反対になってしまっていたのであった。

　もし，エンゲルス版でのnieとなっている箇所をマルクスがnurと書いてい
たとするなら，この箇所でマルクスは，価値および剰余価値の実現が生産諸力
能の充用を制約する，という事実を述べていたということになるが，価値およ
び剰余価値の実現による，生産諸力能の充用の制約を真っ正面から問題にして
いるのは，まさに第2部第3篇である。だから，この関連が「次のAbschnitt」
である第3篇で「はじめて問題になる」のもまったく当然のことである。

　要するに，マルクスの草稿によって明らかとなったのは，少なくとも当該部
分について言うかぎり，そこでは「内在的矛盾」——それの両項とそれらの対
立——について述べられてはいなかったのだ，ということであり，だからまた

当該部分を，「内在的矛盾」の問題は第3篇に属する，とマルクス自身が明言している箇所と見なすことができない，ということだったのである。

筆者は，拙稿「「信用と架空資本」の草稿について（上）」（『経済志林』第51巻第2号，1983年，43-45ページ）で，モスクワからもらった解読文にもとづいてこの点を指摘し，「ここでは剰余価値の実現による生産の制約について述べられているとすれば，それこそまさに，「第3章　流通過程および再生産過程の実体的諸条件」，すなわちのちの第3篇の問題なのだ」と述べておいた[6]。

しかし，1983年に行ったこの指摘は，マルクスの草稿とエンゲルス版とでは意味が逆になっていることについても，この逆転を認めれば，注のうちの少なくともこの部分について言うかぎり，ここでのマルクスの言明を，「内在的矛盾」の問題が「次のAbschnitt」の第3篇に属するとする論拠にすることができなくなる，という点についても，その後，誰によっても顧みられることはなかった[7]。富塚良三氏は『資本論体系』第4巻「資本の流通・再生産」（有斐閣，1990年）で，「この箇所は，ML研究所の解読原稿では，„... weil die Produktionspotenzen nur soweit anzuwenden, ...“〔ママ〕となっているが，このnurはnieでないと文意が前後撞着するかと思われる」（294ページ），と注記されてはいたが，氏が本文のなかで原文として掲げられたものでは，問題の一語をnieとされたものであった。

2002年5月25日に開催されたさきのシンポジウムでは，発言希望者があらかじめ提出していた発言要旨をまとめた「コメント集」が作成された。前述のように筆者はそのなかで，上述の見解を書いておいたが，この「コメント集」を読まれた富塚氏は，会場で配布された回答のなかで，筆者の指摘にたいして筆者を批判され，この違いについて氏の見解を述べられた。その要点は，〈nurと読んでも読めなくはないだろうが，文章の流れとして不自然なように

---

6）【大谷禎之介『マルクスの利子生み資本論』第2巻，桜井書店，2016年，48-50ページ。】

7）ただし，【1985年1月に刊行された新日本出版社版の『資本論』第6分冊では，「第2草稿によると，この個所は「という限りでのみ使用されうる……」と判読することも可能である」（500ページ）という訳者注が付けられ，】1997年12月に刊行された新日本出版社上製版の『資本論』第2部では，注32の問題の箇所に，「覚え書きのドイツ語文中のnieは，草稿ではnurであり，「決して使用されえない」は「という限りでのみ使用されうる」と判読できる可能性もある」という訳者注がつけられていた。

思われる。nieと読んだ方が前後の文章ともうまくつながって良いのではない
か，それに，これをnurと読んだからと言って，この文章が全体として「生産
と消費の矛盾」を述べたものであること自体は変わりはないのではないか〉，
ということであった。

その後，富塚氏は「再生産論の課題〔III〕」(『商学論纂』第44巻第2号，2002年12
月）で，あらためてこの問題について立ち入って議論されている。そこで氏が
述べられているのは，結局のところ，シンポジウムでの上の回答と同じく，前
後の文脈から理論的に整合的な推論をすれば，nieと読むべきところなのであ
って，その点で筆者の主張は説得力を欠いている，ということである。

ただ，そのなかで，筆者が最初はnurであると断定していなかったのに，の
ちには次第に断定的な論調となり，ついには断定することになっている，と筆
者の論調の変化を指弾されている。これについてだけは，ここで一言しておか
なければならない。

たしかに筆者は，「「信用と架空資本」の草稿について（上）」では，次のよう
に書いていた。

「わたくしは社会史国際研究所で，草稿118ページのオリジナルをまえに，
研究員のランカウ氏とnurかnieかを話し合った。ランカウ氏は，自分に
はnurにしか見えないが，どう読むかはあなたが判断することだ，と言っ
ていた。この箇所を倍率の高い拡大鏡で見て写しとり，他の箇所の多くの
nieおよびnurと比べてみたりもした。その結果，ここだけをとってみれ
ばnurと読むほかはないだろうという判断に達した。しかし，前後関係か
らnieと読むべきだということになったときに，nieと読むことは絶対に
できない，と主張することができるほど確実なものではない。」(『経済志林』
第51巻第2号，1983年，45ページ。【大谷『マルクスの利子生み資本論』第2巻，49ペー
ジ。】)

このときには，アムステルダムから帰国して，オリジナルを見ることができ
ない状態のなかで，アムステルダムで行った調査とそれにもとづく判断につい
て書いたのであった。じっさい，アムステルダムでは，小生の力不足もあって，
必ずしも十分に調査できたわけではなかったのである。しかしその後，社会史
国際研究所から交換資料として送られてきて，大原社会問題研究所に所蔵され

518　第2部　マルクスによる恐慌・産業循環の理論的展開を跡づける

ていた第2稿のフォトコピーを仔細に調べることができた[8]。あらためて，第2稿の全体を入念に検討し直した結果，問題の一語はnurと読むほかはない，という結論に達し，それにもとづいて，2002年のシンポジウムでの「コメント集」を書き，またその後には，『マルクスに拠ってマルクスを編む』での「あとがき」を書いたのであった。そのような事情をどこでも説明しなかったために，富塚氏から指弾を受けることになったのであって，この点については富塚氏にご諒解を求めておこう。

　それはともかくとして，その後さらに，nieかnurかというこの問題をあらためて洗い直して，筆者のこれまでの判断を再点検することを迫る，思いがけない，いくつかの出来事が続けざまに生じた。じつは，できるだけ早くこの論稿を書かなければならない，と決断させたのは，それらの出来事だったので，それについて触れておかなければならない。

　ほかでもすでに書いているように，現在，国際マルクス＝エンゲルス財団の日本MEGA編集委員会が引き受けているMEGAの編集作業の一つに，『資本論』第2部草稿のうちの第2稿‐第8稿を収めるMEGA第2部第11巻の編集がある。これは，第2稿を収める前半をモスクワのリュドミーラ・ヴァーシナが，それ以降の諸草稿を収める後半を筆者が担当し，両人が共同編集者としてこの巻の責任をもつことになっているものである[9]。また，『資本論』第2部については，大村泉氏を代表とする仙台グループが，エンゲルス版とそれの編集原稿とをそれぞれ収めるMEGA第2部第13巻および第12巻の編集に当たっている[10]。

　仙台グループの作業には，ヴァーシナと筆者とが担当する第11巻の最終テ

---

8)【この一文は不正確であった。「『マルクス経済学レキシコン』の編集作業のなかで，大原社会問題研究所に，社会史国際研究所から交換資料として送られてきた第2稿のフォトコピーが所蔵されていることが判明した」のは，筆者が海外研究に出発する以前のことであった。ただ，その当時には，筆者にはマルクスの筆跡をまともに読むことができなかったので，「時間をかけてこれを仔細に調べること」ができず，海外研究から帰ったのちに，はじめてそうすることができたのであった。】

9)【この巻の仕上げの段階で，カール‐エーリッヒ・フォルグラーフが編集に参加し，ドイツ語のnative speakerとして重要な役割を果たしてくれた。この巻は2008年に刊行された。】

10)【第12巻は2005年に，第13巻は2008年に刊行された。】

第16章 「ではけっしてない（nie）」か「でしかない（nur）」か　519

キストが必要なので，仙台グループからはその引き渡しをせっつかれていたが，小生の作業が進まないことが最大の原因でその引き渡しが遅れていた。ようやく，2003年9月に京都で開かれた仙台グループの会合の場で，ヴァーシナとともにMEGA第2部第11巻全体のテキストを渡すことができた。ところが，その引渡しの直後に，大村泉氏がその会合の場で，見過ごすことのできない重大な発言とデモンストレーションとを行ったのである。

　氏は，MEGA編集者にとっても外部の研究者にとっても，CD-ROM版によって草稿の鮮明な画像を公開することがどんなに重要な意味をもつか，ということの例示として，第2部注32のなかの問題の一語を取り上げ，OHPを使って第2稿の当該ページの電子映像を示しながら，この語がnieとしか読むことができないことはこの鮮明な画像によれば明らかになるのだ，と主張したのである。この主張は，直接にはCD-ROM版作成の意義の例示というかたちをとってはいたが，この部分を含む第2稿編集の担当者であるヴァーシナ作成のテキストについて，そのなかで当該の語をnurとしているのは誤った解読だ，とするものであった。そしてまた，nieはエンゲルスの誤解読であってこれはnurと読むべきだ，とする筆者の見解にたいして，誤った解読によっていたのであって，投射された鮮明な画像によれば，そのような主張が成り立たないことは明らかだ，と筆者を批判したのである。これは，ヴァーシナと筆者とが共同で責任をもつべき第2部第11巻の，その直前に渡したばかりのテキストの内容にたいするあからさまな批判であった。大村氏のこの場での発言は日本語だけで行われたので，ヴァーシナは，大村氏がなにを言っているのか正確には理解できず，その場で反論することがまったくできなかった。ただ筆者だけが，当該箇所の解読はヴァーシナが初めて行ったものではなく，モスクワでの先人の解読作業を受け継いだものであって，その全体にたいするそのような批判をこの場で了承することはできない，ということ，また，その箇所がどう読めるか，ということは，そのような写像から自明のこととして判断できるようなものではないということを述べ，大村氏のこの発言はヴァーシナと筆者に向けられた一種のProvokationである[11]，と締め括っておいた。時間の制約もあって，

---

11）ヴァーシナと筆者とのテキストを引き渡した直後に，そのなかの一語について解読が誤り

筆者はここでは，大村氏とそれ以上の立ち入った議論ができないまま，この会議を離れて帰京した。

その後，大村氏から仙台グループのメーリング・リストを通じて，氏の手によるこの会議の議事録が配信されるとともに，ヴァーシナに宛てた，当該箇所をnurとすることの誤解読を説明するメールが配信された。ヴァーシナは，それにたいして，自分はnurと読むべきだと考えるとする主張を述べたメールを送り，これもまた大村氏によってメーリング・リストにポストされた。

以上の経過は国際マルクス＝エンゲルス財団および日本MEGA編集委員会の内部での議論であり，筆者はそのようなものとして行われているものと諒解していたので，それに急いで応対する必要はなく，じっくり調べ直したうえで，事実にもとづいて内部での議論を展開すればよいと考えて，それらのメールにもいっさい反応しないでいた。

ところが，これに追い打ちをかけるかのような出来事が起こった。2003年10月17日に開催された，マルクス・エンゲルス研究者の会の例会で，問題の一語をどう読むか，という問題が取り上げられ，10月19日には，この会議の内容を伝える大村氏のメールが仙台グループのメーリング・リスト——仙台グループのメンバー以外の参加者をも含むメーリング・リスト——にポストされた。それによれば，大村氏と大野節夫氏とを報告者として行われた例会は次のようなものであった。

まず，大村氏が「70年代の議論から最近のMEGA編集者間の議論まで，この間の経緯を，特にびわこの編集者会議〔前に触れた京都での日本MEGA編集委員会仙台グループの会議〕以降」の「編集者内部の議論を立ち入って紹介した」。

そして，仙台グループの大野氏から「画像の紹介があり，nurとnieとの差異，特にrとeとの表記（書き方）の違いについて詳細な説明があり」，大村氏によれば，「これには出席者全員納得されていた」そうで，「当該箇所は〈どちらとでも読める〉という発言は皆無だった」とのことである。

大村氏によれば，これによって（当該の一語がnurではなくnieであること

---

だと言いつのるのは，いま受け取ったテキストでの解読は信用できないものだ，と言明するのと同然であって，ヴァーシナと筆者の困惑と怒りとを引き出そうとする試みとして，まさにProvokationと呼ぶに値するものであった。

が確定したので）「解読そののものはもはや争点ではなくなった」のだそうで，
問題は「nur と読んで文脈を理解できるかどうか」に移り，この問題をめぐっ
ての意見交換が行われたとのこと，そしてそのさい，「議論では，大谷さんの
訳文と当該箇所の解釈について，大野さん，また私から論評があった」そうで
ある。

　このようにして「解読そのものが争点ではなくなると」，大村氏によれば，
「nur と読んで意味が通るかどうかという議論は無意味になるので」，「今後の
議論の争点は，未公表の〔第〕二稿の中に，この注記を反映した記述があるの
かどうかを確認すること，確認できればその性格を明確にする必要があり，確
認できないのなら，何故マルクスは当初の計画を放棄したのか，に移行する」
であろうとのことであった。

　例会について以上のように紹介されたあと，大村氏は，「今回の議論」の「契
機となった」のは，筆者が「新著〔『マルクスに拠ってマルクスを編む』〕で公然と当
該箇所はエンゲルスの誤読だと断言」したことだと言われ，「この発言は，エ
ンゲルス編集を取り上げる新 MEGA II/12 の編集者として看過することはでき
なかった」と述べられ，筆者の「議論にあたってみたが」，筆者の「論拠は，結
局，コブガンキンがそのように読んだ，ということだけのように見え」，「事
実」，筆者の「一連の論考には（こうした断言をするなら当然なすべきと思われ
る）草稿の他の箇所の筆跡との比較を試みた痕跡が皆無」だ，とされる。そこ
で大村氏たちは，「この欠を補い，自身の担当巻編集の責任を全うしようと考
えた」のだそうで，2003 年の「3 月から，東北大には新 MEGA 第 II 部「『資本
論』及び準備労作」に関する全ての（収録予定のものも含む）草稿・自用本のマ
イクロが入ったので，この作業をマイクロで試みた」とのこと。その結果，上
に述べたように，当該の一語は nur と読むことはできず，nie と読むほかはな
い，ということが確定し，「解読そのものは争点ではなくなった」のだそうで
ある。

　大村氏の以上の発言について，ここでその細部をいちいち取り上げて議論す
ることはやめておこう。本稿の全体が，ここで大村氏が開陳されていることへ
の筆者の回答となるはずであるが，ただ一つだけ，言っておく。筆者が拙著
『マルクスに拠ってマルクスを編む』の「あとがき」で，nie はエンゲルスの誤

522 第2部 マルクスによる恐慌・産業循環の理論的展開を跡づける

読だとする判断を前提にして，注32をどう読むかという問題に論及したのは，すでに筆者が長年にわたってこの問題に関わってきた，その延長線上でのものであって，ここではじめて発言したことでもなければ，MEGA 第Ⅱ部門第11巻の編集者として行ったことでもまったくなく，いわんや日本 MEGA 編集委員会内部での議論を外部にもちだすようなものではまったくなかった。拙著の「あとがき」を読まれればすぐにわかるように，そこでは MEGA の編集作業についても MEGA 第2部第11巻に収録されるべきテキストについてもまったく触れてはいない。大村氏が，「この発言は，エンゲルス編集を取り上げる新 MEGA Ⅱ/12 の編集者として看過することはできなかった」と言われているのは筆者の理解を絶するものである。

なお，研究者の会のこの例会は，経済理論学会大会の前日に行われた。経済理論学会では大会の前日に幹事会を開催するので，経済理論学会の幹事は当然にこの例会には参加することができない。筆者はすでに繰り返して──今年度だけでなくすでに前年度も──世話人の橋本直樹氏に手紙ないしメールを書き，幹事である会員は出席できないような日程の設定はしないでほしい，と伝えていた。今回も，代表幹事である筆者は幹事会に出なければならないので今回の例会にも出席できない，と橋本氏に連絡してあったのであり，そうした事情で出席できないことが明らかで，そのように通知をしていた筆者の不在の場で，つまり筆者が反論しようもないところで，筆者への激しい一方的な批判が行われたことを知って驚くほかはなかった。しかも，国際マルクス＝エンゲルス財団および日本 MEGA 編集委員会の外部のものであるこの例会の場に「編集者内部の議論」なるものがそっくりもちだされたことも，筆者にはまったく理解できないところであった。

大村氏のメールによれば，研究者の会は，編集中の『マルクス・エンゲルス・マルクス主義研究』第41号で，「今次例会の模様を紹介」する準備を進めているとのことである。これまでは，問題がもちだされた外部はとりあえず，メーリング・リストのメンバーと例会の参加者の範囲にとどまるものと言えなくもなかったが，学術雑誌としての同誌に例会の内容が掲載されることになれば，ことはさらに大きな広がりをもつことになる。不在の筆者に対する一方的な批判を含む一連の議論が，社会的に公開されることになるのだからである。

しかも，怪訝なことに，これまで同誌では，「公平の原則」なるものを口にしつつ，議論の対象とされる論者にその同じ号での反論掲載の可能性を——その可能性は必ずしも利用されたわけではなかったにせよ——提供してきた前例があるにもかかわらず，「今次例会」で一方的に攻撃を受けた，同会会員でもある筆者にたいして，同号の編集者からは，同号に収録する内容についての通知も反論の意思についての問い合わせも，総じてなんのコンタクトもないのである。大村氏のメールによれば，同号には画像を収めたCDを添付して「問題の所在を会員全員に分かるようにする」準備を進めるのだそうである[12]。同号の編集者は，筆者に一言の反論の機会を提供することもないままこのような鳴り物入りで筆者に対する一方的な批判を展開することを，自分はよいことをしているのだと思い込んでいるのであろう。

いずれにしても，このような状況の展開は，国際マルクス＝エンゲルス財団および日本MEGA編集委員会の内部で時間をかけて議論をすればいい，と悠長に構えていた小生の姿勢の根本的な変更を迫らないではいなかった。つまり，事態の経過が，問題の一語をnurとする解読を筆者が正しいものとして扱ってきた根拠を，財団および日本MEGA編集委員会の内部でではなく公開の場ではっきりと，しかも速やかに示すことを筆者に強制したのである[13]。

そこで筆者は，これまで筆者が当該の語をnieではなくnurと読むべきだとしてきた根拠を，マルクスの草稿になじみのない一般の読者にも確実に伝えることができるような仕方で記述できるように，当該箇所の筆跡の解析をあらためて行うとともに，調査の仕方に工夫を行い，問題の徹底的な洗い直しを行った。

以下の二つの節の課題は，当該の語がマルクスによってnurと書かれたのだということを，今回の作業によって得られた調査結果を使うことによって読者に納得していただけるようにできるだけ丁寧に記述することである。

---

12) 【CD添付の号は発行されなかった。】
13) 【ここに書いておくべきだったのに書き落としたのは，このときヴァーシナと筆者は，第2部第2稿の編集済みテキストの提出を求められており，だからまた，当該の語をnieとするのかnurとするのかを，確信をもって確定しておくことを迫られていた，という事情である。】

524　第2部　マルクスによる恐慌・産業循環の理論的展開を跡づける

　本稿では課題を，草稿の筆跡の分析によれば当該の一語はnurとしか読めないということ，また，この語に続くso weit …, als（ないしwie）という表現をマルクスの使用例で見れば，nur so weit …と読むのがきわめて自然であること，この二点を述べることに限定する。したがって，nurとした場合，その前後の文脈と整合的に読むことができるか，という問題——富塚氏が，そうはできない，と主張されている論点——については，本稿では立ち入らないことにする[14]。

## 2　マルクスの筆跡

　まず，マルクス草稿の当該の一語は，その前後から切り離して独立に見ても，nieではなくnurと書かれていることが明らかだ，ということを述べよう。

　マルクスが残した膨大な自筆の書き物のなかに，膨大な数のnieとnurという語が書かれていることは容易に想像できるであろう。それらのすべてを比較検討することはほとんど無理であるだけでなく，また意味のあることでもない。ここでは，当該の一語が書かれている箇所を含む草稿の一定の範囲を区切り，そのなかからnieとnurという語をすべて拾い出し，この両者に一義的に区別をすることができるような特徴があるかどうかを調べる。

　その範囲としては，『資本論』第2部第2稿からMEGA第2部第11巻のためにヴァーシナが作成したテキストのうち，第2部第2章の草稿102-129ページの28ページを取る[15]。これは，三つのファイルに分けて保存されたヴァーシナの第2章テキストの第3の部分に当たる（以下，これを「対象範囲」と呼ぼう）。このなかには，nieが15回，nurが162回，nunが25回書かれている。のちに確認されるであろうように，それぞれこれだけの個数の筆跡があれば，それぞれの識別的特徴をつかむことは十分に可能である。逆に言えば，これだけの量を集めることをせず，——大村氏が京都会議のデモンストレーションでやったように——当該の一語のある前後の数ページにでてくるものだけを比べて

---

14)【この点については，本章末尾の「補論3」を見られたい。】

15)【MEGA II/11, S. 258-339.】

第16章　「ではけっしてない（nie）」か「でしかない（nur）」か　525

みる程度のことで済ますのであれば，そのような識別的特徴を見逃す可能性が
きわめて高い。当該の一語があるのは草稿の118ページであるが，117-119ペ
ージだけについて言えば，当該の一語を除いてnurは17回あるものの，nieは
3回，nunは2回しか書かれていない。

　第2部第2稿についても，すでに述べたように，仙台グループはすでに第2
稿の鮮明な電子データを入手しており，京都会議でのデモンストレーションは
それによって行われたのであるが，筆者は目下のところそれを利用できないの
で，ここでは，大原社会問題研究所が所蔵する第2稿のフォトコピーを使用す
る。言うまでもなく，これは，大村氏のもとにあるきわめて鮮明な電子データ
に比べればはるかに不鮮明で，筆跡の輪郭も拡大すれば次第にぼやけてしまう
ものである。しかし，実際に作業をしてみてわかったのは，むしろこのような
ある程度の不鮮明さは，筆跡の特徴をとらえるにはむしろ向いていると言える
かもしれない，ということであった。拡大していくと，インクのかすれやペン
の運びの細部はすっかり消えてしまうが，それでもなお残る筆跡の特徴は，そ
れぞれの語を十分に区別させるものである。とりわけ，後述するように，nie
とnunとの区別はときとして困難であるが，nurと他の二語との識別的区別は
明瞭に浮かび上がるのである。

　ここでの作業の具体的な内容は，対象範囲の各ページをスキャナーで読み込
んで作成したJPEGファイルから，ヴァーシナ作成のテキストのなかでnie,
nur, nunと解読されているすべての語を切り取り，それらを比較・対照する
ということである。

　その作業にはいるまえに，この三つの語がドイツ文字（Fraktur）の筆記体で
はどのように書かれるかということを見ておこう。マルクスの書体は，晩年に
なると，次第にラテン文字の影響を受けて，たとえば第2部の第8稿ではほぼ
ラテン文字といってもいい書体で執筆するようになったが，いま見ようとして
いる第2稿は引用部分を除けば基本的にドイツ文字の筆記体が使われている。
マルクスの書体は，縦の線がほぼ垂直になっているので，縦線を垂直にして
nieとnurとnunとを書いてみよう。以下では，左から右にこの三語を並べて
いる。見られるとおり，この三つの文字はきわめてよく似ている。iの上の点
とuの上の反った弓とは，実際にはほとんど区別のつかない点で書かれるので，

この点と弓とを区別しないとすれば，この三つはさらに類似しているということができる。

Fig. nie nur nun

さて，まず当該の一語の写像を掲げよう（Fig. X.）。この語が，エンゲルス版ではnieと読まれ，ML研の解読文およびヴァーシナのテキストではnurと読まれているわけである。そこで，この語がnieかnurか，あるいはひょっと

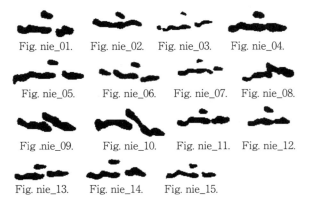

してnunか，ということを判断するために，対象範囲から，すべてのnieとnurとnunを拾ってみる。

まず，nieである。

見られるように，基本的には，まずnとiの縦の線とを続けて書き，それにiの上の点を書いたあと，eを書き加えるという仕方で書かれているが，iの上の点とeとが続けて書かれているものもあり，また，iの点だけを全体に加えたように見えるものもある。ただ，注目すべき特徴は，末尾のeの部分がほとんどすべてについて，ほぼ水平の横向きに進んだあと，やや下に向かう線で終わっている，ということである。この部分は，eのドイツ書体の右側の線の部

第16章 「ではけっしてない (nie)」か「でしかない (nur)」か　527

分に当たるのであって，心持ち山型をつくっていることがわかるであろう。
　次に nun を見よう。Fig. nun_13 では，最初の n が大文字になっている。

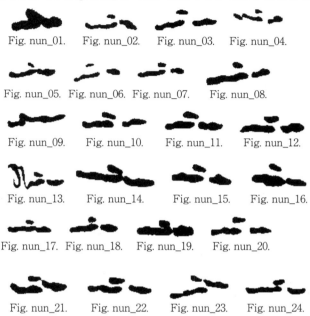

見られるように，nun は nie とほとんど区別がつけられないほどに酷似している。たとえば，Fig. nie_05 および 13 と Fig. nun_11 および Fig. nun_22 とを，また，Fig. nie_12 と Fig. nun17 とを，また，Fig. nie_11 と Fig. nun_25 とを比べられたい。これらの語だけをいくら熟視しても，おそらくは nie であるのか nun であるのか，判定できないであろう。この２語については，多くの場合，文脈のなかで判読するほかはないように思われる。nun の場合にも注目しておきたいのは，nie の場合には末尾の e の右の線に当たる部分が，ここでは n の右の線となっていて，これもほとんどすべてについて，ほぼ水平の横向きに進んだあと，やや下に向かう線で終わっている，ということである。ここでも心持ち山型をつくっていて，末尾はけっして上方に跳ねあがっていない。

そこで次に，nur である。対象範囲には 162 個の nur がある。その全部の写像を通して観察し，上に見た nie および nun の 2 語の特徴と対比されるならば，それらとははっきりと異なる識別的特徴が見て取られるはずである。nie の末尾の e および nun の末尾の n では，それらの最後の部分は，ほぼ水平の横向きに進んだあと，やや下に向かう線で終わり，したがって心持ち山型をつくっていた。つまり，上に向かって跳ねあがることで終わるということはまったくなかった。それにたいして，nur の場合には，162 個の写像のすべてで，語末の r の最後の筆が上に向かって跳ね上げられて終わっているのである。このように，nur は nie および nun とははっきりと異なる特徴をもっているので，nur は，それが nie でも nun でもなくて nur だと判断するのに，それの前後の文脈を理解する必要はないのであって，それぞれの語の書体そのものを独立に観察しただけでも，それらのもつ識別的特徴によって nie および nun とははっきりと区別できるのである。

しかし，nur のすべてについてこうした共通の識別的特徴が見られるとはいえ，nur の場合には，nie および nun の場合とは異なり，その他の点でそれぞれの写像がかなりの個性をもっており，かなりのばらつきがあるように見える。そこで，162 個の nur のすべての写像に，それらが対象領域のなかに現われる順序に従って Fig. nur_001 から Fig. nur_162 までの通し番号をつけたうえで，それらのなかで類似の書体をもつもの同士を集めてみると，ほぼ，五つのグループに分かれた。以下，それぞれのグループごとに写像を掲げ，それぞれのグループの特徴を分析してみよう。

① 第 1 グループ

Fig. nur_026.　Fig. nur_028.　Fig. nur_032.　Fig. nur_034.　Fig. nur_036.

Fig. nur_039.　Fig. nur_044.　Fig. nur_048.　Fig. nur_049.　Fig. nur_053.

Fig. nur_055.　Fig. nur_057.　Fig. nur_062.　Fig. nur_068.　Fig. nur_070.

第16章 「ではけっしてない (nie)」か「でしかない (nur)」か　529

Fig. nur_077.　Fig. nur_098.　Fig. nur_100.　Fig. nur_101.　Fig. nur_102.

Fig. nur_106.　Fig. nur_108.　Fig. nur_111.　Fig. nur_120.

Fig. nur_122.　Fig. nur_124.　Fig. nur_132.　Fig. nur_133.

Fig. nur_139.　Fig. nur_153.　Fig. nur_156.

　このグループは，さきに見た，nur のドイツ文字筆記体の特徴を最もよく残している。まず，nu まで書き，そこでいったんペンを離して u の上の反った弓を書き，最後に，u からちょっと間を置いて r を書いている。この r はドイツ文字の r の特徴をよく残している。最後の部分でペンは上に向かって曲線を描き，一部はその最先端がきちんと右下に向けられている。

② 第2グループ

Fig. nur_001.　Fig. nur_016.　Fig. nur_024.　Fig. nur_025.　Fig. nur_027.

Fig. nur_046.　Fig. nur_050.　Fig. nur_085.　Fig. nur_086.

Fig. nur_089.　Fig. nur_090.　Fig. nur_094.　Fig. nur_99.　Fig. nur_103.

Fig. nur_104.　Fig. nur_105.　Fig. nur_109.　Fig. nur_112.　Fig. nur_115.

Fig. nur_116.　Fig. nur_117.　Fig. nur_119.　Fig. nur_126.　Fig. nur_127.

530　第2部　マルクスによる恐慌・産業循環の理論的展開を跡づける

　　Fig. nur_131.　Fig. nur_135.　Fig. nur_140.　Fig. nur_151.　Fig. nur_152.

　このグループでは，最後のrの書き方が簡略化されて，英語のrに近くなり，ほとんど縦の線に近づいているものもある。しかし，これらのすべてで，語の最後の部分は，下から上に跳ねあがる曲線ないし山型のカギとなる曲線で終わっていることがわかるであろう。

③　第3グループ

　　Fig. nur_003.　Fig. nur_012.　Fig. nur_015.　Fig. nur_017.　Fig. nur_020.

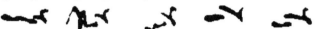

　　Fig. nur_021.　Fig. nur_023.　Fig. nur_029.　Fig. nur_031.　Fig. nur_037.

　　Fig. nur_041.　Fig. nur_042.　Fig. nur_043.　Fig. nur_045.　Fig. nur_047.

　　Fig. nur_051.　Fig. nur_052.　Fig. nur_056.　Fig. nur_059.　Fig. nur_060.

　　Fig. nur_064.　Fig. nur_065.　Fig. nur_066.　Fig. nur_074.　Fig. nur_076.

　　Fig. nur_083.　Fig. nur_088.　Fig. nur_096.　Fig. nur_110.　Fig. nur_125.

　　Fig. nur_142.　Fig. nur_143.　Fig. nur_149.　Fig. nur_155.　Fig. nur_158.

　　Fig. nur_159.　Fig. nur_161.

第16章 「ではけっしてない (nie)」か「でしかない (nur)」か　531

　ここでは，書き方がさらに乱暴になって，uのうえの反った弓からrの下部
まで連続して書かれている。そして，語の末尾は，この下部から上に跳ねあが
る曲線を描き，一部は右に向かうカギ型で終わっている。

④ 第4のグループ

Fig. nur_002. Fig. nur_004. Fig. nur_005. Fig. nur_006. 　Fig. nur_007.

Fig. nur_010. 　Fig. nur_011. 　Fig. nur_013. Fig. nur_014. Fig. nur_018.

Fig. nur_022. Fig. nur_030. Fig. nur_033. Fig. nur_038. 　Fig. nur_040.

Fig. nur_58. Fig. nur_061. Fig. nur_063. Fig. nur_067. Fig. nur_069.

Fig. nur_071. Fig. nur_073. Fig. nur_075. Fig. nur_078. Fig. nur_079.

Fig. nur_080. Fig. nur_081. Fig. nur_082. Fig. nur_084. Fig. nur_087. Fig. nur_091.

Fig. nur_092. Fig. nur_093. Fig. nur_095. Fig. nur_097. Fig. nur_107.

Fig. nur_114. Fig. nur_118. 　Fig. nur_137. Fig. nur_138.

Fig. nur_141. 　Fig. nur_144. 　Fig. nur_145. Fig. nur_146. Fig. nur_147.

Fig. nur_148. 　Fig. nur_150. 　Fig. nur_157. Fig. nur_160. Fig. nur_162.

ここでは，uの下の部分から上の弓に移るときに，ペンを離さずに続けて書いている。そのために，nurの全体が一筆書きとなっている。それが進んで，たとえば，Fig. nur_014, Fig. nur_061, Fig. nur_079, Fig. nur_087, Fig. nur_162 などでは，第1グループと共通の語であるとは思えないほどの簡略化が行われている。しかしここでもそのすべてで，語末が下から上に跳ねあがる曲線で終わっていることが認められる。

⑤ 第5のグループ

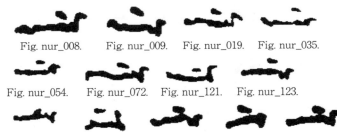

Fig. nur_008.　Fig. nur_009.　Fig. nur_019.　Fig. nur_035.

Fig. nur_054.　Fig. nur_072.　Fig. nur_121.　Fig. nur_123.

Fig. nur_128.　Fig. nur_129.　Fig. nur_130.　Fig. nur_134.　Fig. nur_136.

Fig. nur_154.

最後のこのグループに共通の特徴は，uとrとが離れておらず，続けて書かれたのではないかと思われるようになっているところである。なかには，uの上の反った弓を書いたのちにrを書いたのだが，uとrとの間を空けなかったためにこのように見えるものもあるが，また他方，uの上の弓はrまで書き終えたあとに加えたように思われるものもある。しかし，ここでも，語末が上に向かっていく曲線で終わっていることは，他のグループとまったく共通である。

さて，nurのすべての写像を以上のように五つのグループに分け，それぞれの特徴をつかんでみると，一見きわめて多彩に見えるnurの書体のあいだに繋がりがあることが明らかとなる。また，あらためて，すべてのグループのすべての写像について，語末が上に向かって登っていく曲線で終わっていることを確認できた。

以上のところから，nurの字体がnieおよびnunとは明らかに異なる識別的

特徴をもっていることが明らかとなった。最も重要な点は，nie および nun の場合には，語末が横に流れるか，ないしはいくらか下向きになる線で終わっているのにたいして，nur の場合は，一貫して，語末が，下から上に向かって書かれた──そしてしばしばカギ型または山型の末尾となる──曲線で終わっている，ということである。

　それでは，さきに Fig. X としておいた問題の一語は nie であろうか，nun であろうか，nur であろうか。答えはもう言わずして明らかであろう。Fig. X を仔細に見られれば見間違いのないように，この語の語末は，けっして上から下に向かって書かれたものではなく，下から上に向かって描かれた曲線である。この曲線を，nie や nun の語末に見られるような，横にだらだらと流れるか，あるいは下向きに終わる線と見ることはまったく不可能である。

　じつは筆者は，意図的に，Fig. X として掲げた当該の一語を，162個の nur のなかに含めておいた。それは，五つのグループのどこかに再録されているわけである。もし読者に余裕があれば，Fig. X をじっくり観察して，この nur が五つのグループのうちのどれに属するかを考えていただき，さらに，そのグループのなかからそれを特定することを試みていただきたいと思う。もし，この162個のなかから，nie ないし nun と共通の特徴を手がかりにして，この語だけを異質のものとして簡単に探し出すことができるとすれば，それが nur であることは疑わしい，nur ではないのではないか，ということになるであろう。しかし，読者が探り当てられた Fig. X の語が，それの属するグループの他の nur と，さらには161個の他の nur と，共通の特徴をもつことを認められるのであれば，これは nur と読むほかはないのである。

　どのグループに属するか，ということについては答を言おう。Fig. X が，五つのグループのうちで第2グループに属するものであることは容易に見て取られるはずである。このグループに属する28個の nur のうちのどれが Fig. X であるかは，読者の同定にまかせたい。Fig. X で語末の r の末尾が英語の筆記体の r の末尾のようになっていることも，またさらに，最後が山型ないしカギ型になるべき部分もほとんど省かれてしまって，ただ上に向かっていく曲線だけが残っていることも，Fig. nur_085, Fig. nur_116, Fig. nur_126, Fig. nur_127, Fig. nur_131 など，第2グループのうちの多くのものに共通することなのである。

534　第2部　マルクスによる恐慌・産業循環の理論的展開を跡づける

　筆者は，以上の筆跡解析によって，当該の一語は nur と書かれていたこと
を確定できたと確信している。これによって同時に，第2稿の解読文を作成し
たモスクワの旧ML研究所の所員が，エンゲルス版を参照していたことが確実
であるにもかかわらず，エンゲルス版に引きずられることなく正しく nur と
解読していたということ，また，この第2稿を収める MEGA 第2部第11巻の
テキスト作成にあたって，編集担当者のヴァーシナが，この解読を引き継いで
nur としているのが正しいことが示されたはずである。

## 3　マルクスの使用例

　さて，当該の一語が nur であると確定できたとしても，これで問題は片づか
ないであろう。というのは，次のような主張をする人が出てくることが予想さ
れるからである。すなわち，当該の一語が nur であることを認めるとしても，
前後の文脈からすれば，この nur はマルクスの誤記であって，マルクスは nie
と書くべきところを nur と書いてしまったと考えるべきだ，だから，エンゲル
スがこれを nie としたのは，解読を誤ったのではなくて，意識的にマルクスの
誤記を訂正する適切な編集作業だったのだ，という主張である。

　前後の文脈からすれば，という場合，これが nur であれば論理的に筋が通ら
なくなる，マルクスが支離滅裂なことを言っていることになる，という意味で
言われることもあるであろう。実際，富塚氏は，nur だとすれば，マルクスの
文章は論理的に「前後撞着」に陥ることになると主張されている（前出「再生産論
の課題〔III〕」，31-32ページ，38ページ）。はたしてそうか，ということについての
立ち入った検討は，本稿ではまだ控えておこう[16]。

　ここでは，あらためて，当該の一語を含む文章は，この語が nie である場合
と nur である場合とでは，ドイツ語の文章としてどのように意味が異なるか，
ということを見たうえで，さらに，参考までに，マルクスがこの語を含む文と
同じ構造でこの両語を使った用例を挙げておこう。

　まず，第2部第2稿118ページにある当該の一語を含む文章の全体を掲げよう。

---

16)　【本章末尾の「補説3」を見られたい。】

第16章 「ではけっしてない (nie)」か「でしかない (nur)」か 535

„Fernerer Widerspruch: D. Epochen, worin d. Kapit. Produktion alle ihre Potenzen anstrengt, up to the mark producirt, turn out as periods of overproduction; weil d. Produktionspotenzen **nur** so weit anzuwenden, als dadurch nicht nur *Mehrwerth* producirt, sondern *realisirt* werden kann; d. Realisation (Verkauf d. Waaren) d. Waarenkapitals, also auch d. Mehrwerths aber *begrenzt, beschränkt* ist nicht durch d. *consumtiven* Bedürfnisse d. Gesellschaft, sondern durch d. consumtiven Bedürfnisse einer Gesellschaft, wovon d. grosse Mehrzahl stets *arm* ist u. *arm* bleiben muß etc." 【MEGA II/11, S. 308, 12-20.】

　ここで筆者が太字にした nur が問題の一語である。これが nur である場合と nie である場合とでは，ドイツ語の文としてどのように違うことになるか，ということを見るためには，この一語を含む，セミコロンの次の weil のあとから次のセミコロンの前までの文，すなわち d. Produktionspotenzen **nur** so weit anzuwenden, als dadurch nicht nur *Mehrwerth* producirt, sondern *realisirt* werden kann という文を取り上げればよい。

　この文では，anzuwenden という zu を伴う不定句のあとに sein (sind) が省略されていること，この zu を伴う不定句が，「されなければならない」という意味ではなくて，「されることができる」という意味で使われていること，dadurch (それによって) の「それ」が直前の Produktionspotenzen (生産諸力能) を指すこと，また「それによって」というこの句は——「生産諸力能によって剰余価値が実現されうる」ということは意味をなさないのだから——produzieirt [werden kann] (〔剰余価値が〕生産 [されうる]) という部分だけを修飾しているのであって，realisiert werden kann (〔剰余価値が〕実現されうる) という部分にはかかわりがないこと，これらの点について異論を唱える人はいないであろう。

　問題の一語が nie である場合，この文章は，次の二つの読み方が可能であろう。第1に，nie は，これを入れない文，すなわち d. Produktionspotenzen so weit anzuwenden, als dadurch nicht nur *Mehrwerth* producirt, sondern *realisirt* werden kann の全文を否定している，という読み方である。すなわちこの場合

には，「生産諸力能が充用されうるのは，剰余価値が，それらの力能によって生産されうるだけでなく，実現もされうる，というかぎりにおいてである」ということの全体が否定されて，「生産諸力能が充用されうるのは，剰余価値が，それらの力能によって生産されうるだけでなく，実現もされうる，というかぎりにおいてである，ということはけっしてない」，と読むことになる。第2には，nie は次の so weit のみを否定しているのだと読む読み方で，この場合には，「生産諸力能が充用されうるのは，剰余価値が，それらの力能によって生産されうるだけでなく，実現もされうる，というかぎりにおいてではけっしてない」という意味になる。この二つのどちらをとるにしても，文章の内容を経済学的に理解しようとすれば，「生産諸力能が充用されうる」のは「剰余価値が，それらの力能によって生産されうるだけでなく，実現もされうる」という限界内ではけっしてない，という意味に取るほかはないのであって，エンゲルス版の翻訳はこれまでいずれもこのような理解のうえで行われてきたのであった。

　しかし，このように so weit ...., als ... という，副文である als 以下の内容によって主文の内容を規定しているという構文の場合に，全文否定であれ部分否定であれ，これを nicht ないしそれに類する否定詞で否定するという言い回しが自然なもの，ごく普通のものと言えるか，ということが問題になる。問題の文はマルクスが書いた文であるから，マルクスの場合には，このような否定文を書くことがあったのだろうか，と問うのが自然である。

　これにたいして，問題の一語が nur である場合には，読み方は一つしかない。nur（でしかない）は，so weit ...., als ...（……であるかぎりで）の so weit を強め，これだけに制限しているのであって，「生産諸力能が充用されうるのは，剰余価値が，それらの力能によって生産されうるだけでなく，実現もされうる，というかぎりにおいてでしかない」という意味になる。このような言い回しがごく普通に使われるであろうことは常識的にもすぐに想像できるが，この場合にも，マルクスではどうだったのか，ということが気にかかる。

　そこで，以上のことを確認したうえで，マルクスの著作のなかに，nie so weit ...., als のような構文をもつ文章と，nur so weit ...., als のような構文をもつ文章とを探してみよう。

　ここでは，なるべく網羅的に用例を見つけるために，MEW（ディーツ版『マル

第16章 「ではけっしてない (nie)」か「でしかない (nur)」か 537

クス＝エンゲルス著作集』）から主要著作を選んで収めた CD 版の Digitale Biblio-
thek, Bd. 11, Marx-Engels Ausgewählte Werke, Berlin 1998 を利用し，さらに，
筆者の手もとにある第2部諸草稿での用例を加えよう。

　nie so weit ..., als については，so weit ..., als のほかに，so weit が so fern とな
っているもの，als が wie となっているものを加え，これらがなんらかの否定
詞によって，すなわち nie や nicht や auf keinen Fall などによって否定されてい
る文を探索する。nur so weit ..., als についても，so weit が so fern となってい
るもの，als が wie となっているものを加え，これらの前に nur があるものを探
索する。これらを，CD 版付属のソフトないしワープロソフトの検索機能を利
用して検索した。

　その結果，マルクスの著作からは，nicht so weit ..., als ないしそれにたぐい
する文章はただの一つも見つからなかった。ただし，マルクスの書き物をすべ
て調べ尽くしたわけではないから，マルクスがこの言い回しをまったく使わな
かった，と断言できるわけではないので，今回の探索ではマルクスが使ってい
るケースは見つけることができなかった，と限定的に言っておく[17]。


　これにたいして，nur so weit ..., als ないしそれにたぐいする文章は，マルク
スの書き物のなかに15箇所見つかった。以下，列挙する[18]。

(1)　„Die Theorie wird in einem Volke immer **nur so weit** verwirklicht, **als** sie
　　die Verwirklichung seiner Bedürfnisse ist.“ (Zur Kritik der Hegelschen Rechts-
　　philosophie. Einleitung. MEW, Bd. 1, S. 386.)「理論はつねに，それがある国民の諸
　　欲求の実現である場合にだけ，その国民のうちに実現される。」

(2)　„Ihm gilt nur *ein* Verhältnis um seiner selbst willen, das Exploitations-
　　verhältnis; alle andern Verhältnisse gelten ihm **nur so weit, als** er sie
　　unter dies eine Verhältnis subsumieren kann, und selbst wo ihm Verhält-
　　nisse vorkommen, die sich dem Exploitationsverhältnis nicht direkt unter-
　　ordnen lassen, subordiniert er sie ihm wenigstens in der Illusion.“ (Die deut-

---

17)【本章末尾の「補説1」の A を見られたい。】
18)【本章末尾の「補説1」の B を見られたい。】

538 第2部 マルクスによる恐慌・産業循環の理論的展開を跡づける

sche Ideologie. MEW, Bd. 3, S. 395.【MEGA I/5, S. 467.】)「彼〔ブルジョア〕にとっては，
ただ一つの関係，すなわち利用〔搾取〕関係だけがそれ自身のゆえに重要性
をもつ。彼にとっては，他のすべての関係は，それらを彼がこの一つの関
係のもとに包摂することができるかぎりにおいてのみ重要なのであって，
たとえ利用関係に直接従属させられないような諸関係が彼の前に現われる
場合でさえも，彼はこれらを少なくとも幻想のなかで利用関係に従属させ
る。」

(3)「Wir wollen nur den elenden Charakter dieser Aneignung aufheben,
worin der Arbeiter nur lebt, um das Kapital zu vermehren, **nur so weit**
lebt, **wie** es das Interesse der herrschenden Klasse erheischt.“ (Manifest der
kommunistischen Partei. MEW, Bd. 4, S. 476.)「われわれはただ，労働者が資本を
増殖するためだけに生き，支配階級の利益が必要とするあいだだけ生きる
という，この取得の悲惨な性格を廃止しようとしているにすぎない。」

(4)「Erst am 18. Oktober 1852, mitten in öffentlicher Sitzung, wird es
produziert, **nur so weit** produziert, **als** dem Stieber gut dünkt.“ (Enthülungen
über den Kommunisten-Prozeß zu Köln. MEW, Bd. 8, S. 436.)「公判が進行していた
1852年10月18日にはじめて，この保管文書は提出された。しかもシュテ
ィーバーが自分に好都合だと思う範囲内で提出された。」

(5)「Die Werthbestimmung als solche interessirt und bestimmt den
einzelnen Capitalisten und das Capital in jeder besondren Productions-
sphäre, **nur so weit, als** das verminderte oder vermehrte Arbeitsquantum
– das mit dem Steigen oder Fallen der Productivkraft der Arbeit – zur
Production der Waaren erheischt ist, in dem einen Fall ihn befähigt, bei den
vorhandnen Marktpreissen seine Konkurrenten zu unterkaufen, und dabei
Extraprofit zu machen, oder ihn zwingt, den Preiß der Waaren zu erhöhn,
weil ein Stück mehr Arbeitslohn, mehr constantes Capital, daher auch
mehr Zins, auf das Theilproduct oder die einzelne Waare fällt.“ (Kapital, III.
Ms. I. MEGA II/4.2, S. 891.)「価値規定そのものがそれぞれの特殊的生産部面の
個々の資本家や資本の関心を引きそれらを規定するのは，ただ，――労働
の生産力の上がり下がりにつれての――商品の生産に必要な労働量の減増

が，一方の場合には既存の市場価格のもとで資本家が競争相手よりも安く買ってそのさいに特別利潤をあげることを可能にするか，そうでなければ，いくらかより多くの労賃やより多くの不変資本やしたがってまたより多くの利子が部分生産物または個々の商品に割り当たるので資本家に商品の価格の引き上げを強制するかぎりでのことである。」

(6) „Der Kapitalist paßt auf, daß die Arbeit ordentlich verrichtet wird und die Produktionsmittel zweckmäßig verwandt werden, also kein Rohmaterial vergeudet und das Arbeitsinstrument geschont, d. h. **nur so weit** zerstört wird, **als** unzertrennlich ist von seinem Gebrauch in der Arbeit." (Kapital, I. MEGA II/5, S. 136.)「資本家は，労働が整然と行われて生産手段が合目的的に使用されるように，つまり原料がむだにされず労働用具がたいせつにされるように，言い換えれば作業中の使用によってやむをえないかぎりでしか損傷されないように，見守っている。」

(7) „Der Verfasser, ein ungemein selbstgefälliger ‚wiseacre‘, hat mit seiner Konfusion und daher mit seiner Polemik **nur so weit** Recht, **als** weder Ricardo noch irgend ein andrer Oekonom, vor oder nach ihm, die *beiden Seiten der Arbeit* genau geschieden, daher noch weniger ihre verschiedne Wirkung auf die Werthbildung analysiert hat." (Kapital, I. MEGA II/5, S. 153.)「並はずれてうぬぼれの強い「知ったかぶり屋」のこの著者が，その混乱の，したがってまたその論難の権利をもつのは，ただ，リカードウもその前後のどの経済学者も労働の二つの面を正確に区別しておらず，したがってこの二つの面が価値形成に及ぼす作用の相違などはなおさら分析していないというかぎりでのことである。」

(8) „Indeß besteht d. Theil d. Mehrwerths, der nicht in andren Waaren existirt, sondern neben diesen andren Waaren in Geld, **nur so weit** aus einem Theil des *jährlich producirten* Mehrwerths, **als** ein Theil d. *jährlichen Goldproduction* zur Realisirung d. Mehrwerths cirkulirt." (Kapital, II. Ms. II. S. 125. 【MEGA II/11, S. 327.29-32.】)「しかし，剰余価値のうちの，他の諸商品のなかに存在するのではなくこれらの他の商品と並んで貨幣として存在する部分が，その1年間に生産された剰余価値の一部分から成っている

のは，ただ，年間金生産の一部分が剰余価値の実現のために流通するかぎりでのことである。」

(9) „Das für Arbeitslohn u. Mehrwerth vorgeschoßne Geld dient **nur so weit** zur Cirkulation d. constanten Kapitals **als** *d. Werththeil d. Consumtionsmittel*, der d. constanten Kapitaltheil dieser Productionssphäre darstellt, ausgetauscht werden muß gegen seine *Productionsmittel*, worin sich V + M in den Productionssphären d. constanten Kapitals selbst darstellt." (Kapital, II. Ms. II. S. 183.【MEGA II/11, S. 481.8-11.】)「労賃および剰余価値のために前貸しされた貨幣が不変資本の流通のために役立つことができるのは，ただ，消費手段のうちの，この生産部面の不変資本部分を表わす価値部分が，不変資本の生産諸部面におけるV＋Mを表わしている，それの生産手段と交換されなければならないかぎりでのことである。」

(10) „Zwischen *a*), *b1*) u. *b2*) findet **nur so weit** Cirkulation statt, **bis** Ca in natura ersezt u. (V + M) (b1 u. b2) in Consumtionsmitteln a realisirt sind." (Kapital, II. Ms. II. S. 195.【MEGA II/11, S. 508.5-7.】)「a)，b1) および b2) のあいだで流通が生じるのは，ただ，Caが現物で補填され，（V＋M）(b1 u. b2) が消費手段aに実現されるまでのことでしかない。」

(11) „Pm u. A unterscheiden sich hier **nur so weit, als** Pm in d. Hand seines Käufers = W′ sein kann, d. Akt G__Pm, also für ihn = W′__G′, wenn Pm d. Waarenform seines Kapitals, sein Kapital in d. Form v. Waarenkapital ist, während A f. d. Arbeiter stets nur Waare ist u. erst Kapital wird in d. Hand d. Käufers, als Bestandtheil von *P*." (Kapital, II. Ms. V. S. 37.【MEGA II/11, S. 625.25-30.】)「PmとAは，ここではただ，次の点において区別されるにすぎない。すなわち，Pmは，それが買い手〔「売り手」の誤記であろう―引用者〕の資本の商品形態であり，彼の資本が商品資本の形態にある場合には，彼の手のなかでW′でありうる，つまり〔買い手にとっての〕G__Pmという行為が彼にとってはW′__G′でありうるのにたいして，Aは，労働者にとってはいつでもただ商品であるだけであって，買い手の手にはいってはじめて，Pの成分として資本になるのである。」

(12) „D. Kreisläufe P...P u. W′...W′ stellen sich selbst **nur so weit** als G...G′

dar, **als** die Bewegung v. P u. W′ zugleich *Accumulation* ist, also zuschüssiges G, Geld in Geldkapital verwandelt wird." (Kapital, II. Ms. V. S. 50. 【MEGA II/11, S. 649.1-3.】)「循環 P…P および W′…W′ がそれ自身を G…G′ として表わすのは，ただ，P および W′ の運動が同時に<u>蓄積</u>であり，したがって貨幣が貨幣資本に転化させられるかぎりでのことである。」

(13) „Wenn man Adam keinen Vorwurf machen kann in dieser Analyse **nur so weit** gegangen zu sein **als** alle seine Nachfolger (obgleich er einen Ansatz zum Richtigen schon bei den Physiokraten vorfand), so verläuft er sich dagegen weiter in einem Chaos, u. zwar hauptsächlich, weil seine „esoterische" Auffassung d. *Waarenwerths* überhaupt fortwährend durchkreuzt wird von *exoterischen*, die in der Breite bei ihm vorwiegen, während sein wissenschaftl. Instinkt von Zeit zu Zeit den „esoterischen" Standpunkt wieder erscheinen lässt." (Kapital, II. Ms. VIII. S. 10. 【MEGA II/11, S. 716.13-20.】)「この分析でアダム〔・スミス〕が，ただ，彼のすべての後継者が進んだのと同じところまでしか進まなかった（正しいものへの萌芽がすでに重農学派にもあったにもかかわらず）ということは非難できないとしても，彼はさらに混沌のうちにさまよっているのであって，しかもその理由は主として，<u>商品価値</u>一般に関する彼の「奥深い」見解がたえず<u>皮相的な見解</u>と交錯していて，ときには彼の科学的な本能がふたたび「奥深い」立場を現わすこともあるとはいえ，皮相的な見解のほうがより大きな紙幅を占めているということにあるのである。」

(14) „Dies ist nicht nur unverträglich mit d. *kapital. Production* …; *bei d. natürlichen jährlichen Wachsthum d. Bevölkerung* könnte einfache Reproduction **nur so far** stattfinden **als** etwa von d. 1500m *successiv mehr unproductive Dienstler mitzehrten*." (Kapital, II. Ms. VIII. S. 70. 【MEGA II/11, S. 823. 23-30.】)「このことは，<u>資本主義的生産</u>とは両立しないだけではない……。<u>毎年人口の自然増</u>がある場合には，単純再生産が行われうるのは，ただ，1500m の分け前にあずかっていっしょに消費する<u>不生産的な僕婢が次々と増加していく</u>かぎりでのことである。」

(15) „Während in der *Profitrate* der Mehrwerth berechnet wird auf das

542　第2部　マルクスによる恐慌・産業循環の理論的展開を跡づける

Gesammtkapital – unabhängig davon, wie weit die fixen Bestandtheile viel od. wenig Werth periodisch an das Product abgeben – ist für den *Werth jedes periodisch erzeugten Waarenkapitals* der fixe Theil des constanten Kapitals **nur so weit** zu berechnen **als** *er durch* Verbrauch on an average *Werth an das Produkt selbst* abgiebt." (Kapital, II. Ms. VIII. S. 71.【MEGA II/11, S. 824.31-37.】)「利潤率では——固定成分が周期的に生産物に交付する価値の多少にかかわりなく——剰余価値が総資本にたいして計算されるのにたいして，周期的に生産されるそれぞれの商品資本の価値については，不変資本の固定部分は，ただ，その消費によって平均的に価値を生産物そのものに交付するかぎりで，算入されるべきものである。」

この nur so weit ..., als ... という句の構造は，nur so lange ..., als という句の構造と基本的に同一である。この nur so lange ..., als という句も，マルクスの書き物のなかから次の12例が検出された。

(1)　„An meinem Rock habe ich **nur so lange** Privateigentum, **als** ich ihn wenigstens verschachern, versetzen oder verkaufen kann, [als er verschach] erbar ist." (Die deutsche Ideologie. MEW, Bd. 3, S. 211.【MEGA I/5, S. 285.】)「私の上着において私が私的所有をもっているのは，少なくとも私がそれを商いしたり，質に入れたり，売り渡したりすることができるかぎり，つまり［それが商い］されうるものであるかぎりにおいてのみである。」

(2)　„Mit einem Wort, Grundrente, Profit etc., die wirklichen Daseinsweisen des Privateigentums, sind *gesellschaftliche*, einer bestimmten Produktionsstufe entsprechende *Verhältnisse* und *„individuelle"* **nur so lange, als** sie noch nicht zur Fessel der vorhandenen Produktivkräfte geworden sind." (Die deutsche Ideologie. MEW, Bd. 3, S. 212.【MEGA I/5, S. 286.】)「一言で言えば，地代や利潤等々，私的所有の現実的な定在諸様式は，一定の生産段階に対応する社会的な諸関係であって，ただ，それらが現存の生産諸力の桎梏にまだなっていないあいだだけ，「個人的な」諸関係なのである。」

(3)　„Auf diese Weise hat Jeder **nur so lange** den Besitz einer Eisenbahnaktie, **als** er „das Ich" der Direktion „in sich trägt", wonach man also nur als

第16章 「ではけっしてない（nie)」か「でしかない（nur)」か　543

Heiliger eine Eisenbahnaktie besitzen kann." (Die deutsche Ideologie. MEW, Bd. 3, S. 341.【MEGA I/5, S. 414.】)「この仕方で各人は，ただ，彼が鉄道経営首脳部の「自我」を「自分のうちにもっている」かぎりにおいてのみ，鉄道株を占有している。つまりこれによると，ひとはただ聖者としてのみ鉄道株を占有しうる。」

(4)　„In demselben Maße, worin sich die Bourgeoisie, d.h. das Kapital, entwickelt, in demselben Maße entwickelt sich das Proletariat, die Klasse der modernen Arbeiter, die **nur so lange** leben, **als** sie Arbeit finden, und die **nur so lange** Arbeit finden, **als** ihre Arbeit das Kapital vermehrt." (Manifest der kommunistischen Partei. MEW, Bd. 4, S. 468.)「ブルジョアジーが，すなわち資本が発展するにつれて，プロレタリアート，つまり近代労働者の階級も，それだけ発展する。この近代労働者は，ただ，働き口にありつくあいだだけしか生きられず，そして彼らの労働が資本を増加させるあいだだけしか働き口にありつけない。」

(5)　„So sprengten sie selbst den Hintergrund, worauf ihre Partei sich als eine Macht abhob, denn **nur so lange** kann das Kleinbürgertum eine revolutionäre Stellung gegen die Bourgeoisie behaupten, **als** das Proletariat hinter ihm steht." (Die Klassenkämpfe in Frankreich 1848 bis 1850. MEW, Bd. 7, S. 35.)「こうして彼らは，それあればこそ，彼らの党派が一勢力として瞭然と人目をひいていたその背景をみずから破砕した。というのは，小ブルジョアジーがブルジョアジーにたいして革命的立場を維持しうるのは，ただ，プロレタリアートがその背後にあるあいだでしかないのだからである。」

(6)　„So werden sie die Eklektiker oder Adepten der vorhandenen sozialistischen *Systeme*, des *doktrinären Sozialismus*, der **nur so lange** der theoretische Ausdruck des Proletariats war, **als** es noch nicht zur freien geschichtlichen Selbstbewegung sich fortentwickelt hatte." (Die Klassenkämpfe in Frankreich 1848 bis 1850. MEW, Bd. 7, S. 89.)「そこで彼らは既存の社会主義諸体系の，つまり空論的社会主義の，折衷者ないしは信奉者となる。が，この空論的社会主義が彼らの理論的表現だったのは，ただ，プロレタリアートがまだ自由な歴史的な自主的運動をするほどに発達していなかったあ

544 第2部 マルクスによる恐慌・産業循環の理論的展開を跡づける

いだだけだったのである。」

(7) „Man weiß dagegen, daß in der That die *Erhaltung*, und so weit die Reproduction des Werths der Producte vergangner Arbeit *nur* das Resultat ihres Contakts mit der lebendigen Arbeit ist, und zweitens, daß das Commando über Surplusarbeit grade **nur so lange** dauert **als** das *Capitalverhältniß* dauert; das bestimmte soziale Verhältniß, worin die vergangene Arbeit der lebendigen gegenübertritt." (Kapital, III. Ms. I. MEGA II/4.2, S. 468-469.)「ところが，だれでも知っているように，じつは過去の労働の生産物の価値の維持は，そしてそのかぎりではこの価値の再生産は，ただ，それらの生産物と生きている労働との接触の結果でしかないのであり，また第2に，過去の労働の生産物が剰余労働に命令するということが続くのは，まさにただ，資本関係，すなわち，過去の労働が生きている労働に対立しているという一定の社会的関係が存続するあいだだけなのである。」

(8) „Er hat also wie den Mehrwert, den wir einstweilen nur als Konsumtionsfonds des Kapitalisten betrachten, so den Fonds seiner eignen Zahlung, das *variable Kapital*, produciert, bevor es ihm in der Form des Arbeitslohnes zurückfließt, und er wird **nur so lang** beschäftigt **als** er ihn beständig reproduciert." (Das Kapital, I. MEGA II/5, S. 458.)「つまり，彼〔労働者〕は，われわれがしばらくはただ資本家の消費ファンドとしか見ない剰余価値を生産するのと同様に，自身への支払のファンドである可変資本をも，それが労賃のかたちで彼の手に環流してくるまえに生産しているのであり，しかも彼は，ただ，たえずこのファンドを再生産するかぎりでのみ使用されるのである。」

(9) „Werden die 60 £ Mehrwerth als Revenü verausgabt, so werden sie *aus dem Kreislauf des Kapitals abgestossen*, worin sie **nur so lange** hausten, **als** es die Form des Waarenkapitals besaß." (Kapital, II. Ms. II. S. 12.【MEGA II/11, S. 34.18-21.】)「60ポンド・スターリングの剰余価値が収入として支出されれば，それは資本の循環から突き離されるのであって，それがこの循環のなかに住み着いているのは，ただ，資本が商品資本の形態を持ち続けているあいだだけなのである。」

第16章 「ではけっしてない (nie)」か「でしかない (nur)」か　545

(10)　„Dasselbe Geld (50 £) wird auf s. 2t. Stelle – in d. Händen d. Arbeiters – Geldform v. Revenü, d. Werths s. Arbeitskraft, od. d. realisirt. Preises s. Arbeit, aber es ist dieß **nur so lange, als** er es *nicht ausgegeben* hat.“ (Kapital, II. Ms. II. S. 175.【MEGA II/11, S. 464.15-18.】)「同一の貨幣（50ポンド・スターリング）が，それの二番目の場所では——労働者の手のなかでは——，収入の貨幣形態，つまり彼の労働力の価値の，あるいは実現された彼の労働の価格の貨幣形態となるが，しかしそうであるのは，ただ，労働者がこの貨幣を<u>支出していない</u>あいだ<u>だけ</u>のことである。」

(11)　„Eine d. *variablen Kapital* gleiche *Geldsumme* bildet seine *Einnahme*, hence seine *Revenu*, die **nur so lange** dauert, **als** er seine Arbeitskraft an den Kapitalisten verkaufen kann.“ (Kapital, II. Ms. VIII. S. 10.【MEGA II/11, S. 717. 11-13.】)「<u>可変資本に</u>等しい<u>貨幣額</u>が<u>労働者の受け取り分</u>をなし，したがって彼の<u>収入</u>をなすのであるが，この収入は，ただ，彼が自分の労働力を資本家に売ることができるあいだだけ続くのである。」

(12)　„Die *Versilberung* findet nur statt durch d. *Verkauf v. I*, u. dauert jedesmal **nur so lang, bis** das durch Verkauf v. 500 Waare eingelöste Geld nicht von neuem in Consumtionsmitteln verausgabt.“ (Kapital, II. Ms. VIII. S. 26.【MEGA II/11, S. 749.15-17.】)「この<u>貨幣化</u>は，ただ，Ⅰの販売によって行われるのであって，それが持続するのは，いつでも，ただ，500の商品の販売によって得られた貨幣がまたあらためて消費手段に支出されていないあいだだけのことである。」

　以上のところから明らかとなったのは，少なくともマルクスについて言うかぎり，彼が **nicht** so weit ..., als ... ないしそれにたぐいする表現を使っているケースを見つけることができなかったのにたいして，**nur** so weit（または so far ないし so lange）..., als ... という言い回しは，彼のごく普通の口調であった，という事実である。

　もちろん，このことから，当該の箇所で彼が nie so weit ..., als ... という表現を使うことはありえない，という結論を引き出すことができるわけではない。しかし，当該の箇所でも，彼が nie so weit ..., als ... という，ほかで彼が使って

いるのを見つけることができなかったような表現を使った蓋然性よりも，nur so weit ..., als ... という彼がごく普通に使っていた表現を使った蓋然性のほうがはるかに高いことは誰しも否定できないところであろう。そして後者の蓋然性がはるかに高いということは，草稿でマルクスがnurと書いていたことを認めるとしても nie so weit ..., als ... と書くべきところを彼自身が nur so weit ..., als ... と誤記してしまったのではないか，といった推論が成り立ちがたいこと，ここで彼は，ほかでしばしばそうしたように，so weit をnurで限定したのであって，nurと書くべくしてnurと書いたのだ，と見るべきことを示唆しているのである。

## むすび

　以上，本稿では，『資本論』第2部のエンゲルス版注32のなかに見られるnieという語はマルクスの草稿では明らかにnurであること，そしてこの語を含むnur so weit ..., als ... という表現は，マルクスがごく普通に使っていた言い回しであって，エンゲルス版でのような nie so weit ..., als ... という表現は，それをマルクスが使っているのを見つけることができなかったような言い回しだったということを明らかにした。

　これによって，筆者が当該の一語を勝手にnurだと断定して議論をしている，という富塚氏の非難についても，CD-ROM版によって見れば当該の一語はnieとしか読めない，とする大村氏や大野氏の判断についても，すでに決着がついたと考える。ただ，言うまでもなく，この箇所が nur so weit ..., als ... であるとして，そのように訂正して読んだ場合，注32の当該の文章はその前後の文脈のなかでどのように理解できるか，されるべきか，という問題，すなわち理論的にのみ論じられることのできるこの問題はまだ残されているのであって，これについてはいずれ立ち入って論じたい[19]。

　なお，前述のように，研究者の会は『マルクス・エンゲルス・マルクス主義研究』第41号で例会の模様を紹介するさいに，筆跡の画像を収めたCDを添付

---

19)【本章末尾の「補説3」を見られたい。】

して「問題の所在を会員全員に分かるようにする」準備を進めるとのことである[20]。このCD添付は筆者も歓迎するところであって，そこでの画像を本稿での画像とつきあわすことによって，本稿での筆跡解析が，さらに確実な証拠力を得ることになるものと確信している。

　最後に一言。日本MEGA編集委員会の内部でnieかnurかをめぐる議論が生じたのは，びわこ会議における大村氏の発言によってであり，氏らによるその後の委員会外部での筆者批判が筆者に本稿を執筆させる動機となったのであって，筆者の側から大村氏にたいしてこの問題について触れたことはまったくなかった。そのかぎり，この問題について委員会内部での議論を外部にもちだすという遺憾な事態が生じたのは，大村氏らの一方的な行動によるものであって，筆者のまったくあずかり知らぬところである。それにもかかわらず，どのような問題をめぐってであれ，MEGAの編集・刊行という重要な課題を担っている日本MEGA編集委員会の内部に，編集者相互の信頼関係を動揺させるかのような非難の応酬が生じ，しかもそれが外部にまでもちだされるという事態が生じたことそれ自体については，そのような事態が生じないような委員会内部の強固な信頼関係を築くことができていなかったという点で，同委員会の代表である筆者に大きな責任があるものと考えており，筆者の至らなさによるものと，深く反省している。筆者のこの反省を明らかにすることによって，筆者は大村氏らに，この論争をこれ以上こじらせるようなことなく，むしろ今回のことを奇貨とし，互いに協力し合ってMEGA編集という共同の目標のためにさらに努力しようではないか，と呼びかけておきたい。

## 【補説1：MEGA第II部門収録諸草稿に見られる使用例について】

### A　MEGA第II部門収録諸草稿に見られる nicht so weit ... als などの使用例

　上記本文にあるように，旧稿を書くさいには，Digitale Bibliothek所収のマルクスの諸著作と手もとの第2部諸草稿のコピーとによって検索したところ，nicht so weit ... als ないしそれにたぐいする文章をまったく見つけることがで

---

20)【このCDを付した号は発行されなかった。】

548　第2部　マルクスによる恐慌・産業循環の理論的展開を跡づける

きなかったが，のちに，MEGA 第II部門の完結によって，伝存する『資本論』草稿の一切を活字で読むことができるようになったので，今度は，第II部門収録の草稿のすべてから nicht so weit …, als ないしそれにたぐいする表現を拾っておく。

まず，nicht so weit … daß という次の2例が見つかった。

(1) „… und der Blödsinn kann doch **nicht so weit** gehn, **daß** der Rayon des Landes, der zufällig most favourably situated ist für die newcomers, um sie in contact mit dem Mutterland und the old folks at home und der Aussenwelt zu halten „the most fertle region "in dem ganzen von den Colonisten noch nicht explorirten und nicht explorirbaren Land ist."（『1861-1863年草稿』。MEGA II/3.3, S. 944.）「だが，このたわごとも，新来者にとって母国や故郷の旧友や外界と接触を保つためにたまたま最も有利な位置にある地域が，入植者たちによってまだ踏査されておらず踏査されることもできないすべての地域のなかでの「最も豊度の高い地域」である，というところまで進むことはできない。」

(2) „Beruht überhaupt auf dem Zustand, wo das Wesen der Maschinerie noch **nicht so weit** entwickelt war, **daß** die appliction des Prive Mover, je nach der Stufe, worauf die Maschine arbeiten soll, willkürlich."（『1861-1863年草稿』。MEGA II/3.6, S. 1951.35-37.）「総じて〔これらの説明は〕機械をはたらかせる程度に応じて原動機を自由に適用することができるところまでは機械の本質がまだ十分に展開していなかった，そういう状況にもとづいている。」

いずれも，daß 以下の副文で述べられるほどには……ない，というきわめて平明な否定文である。

次に，nicht so viel … als（daß, wie）である。

(1) „… sondern vielmehr wie es kömmt, daß diese Waare, in der Ausgleichung der Waaren zu Durchschnittspreissen, **nicht so viel** von ihrem immanenten Mehrwerth an andre Waaren abzugehben hat, **daß** sie nur den Druchschnittsprofit abwirft, sondern auch noch einen Theilo ihres eignen Mehrwerths realisirt, der ein Surplus über dem Druchschnittsprofit bildet?"（『1861-1863年草稿』。MEGA II/3.3, S. 692.8-12.）「むしろ問題になるのは，

第16章　「ではけっしてない (nie)」か「でしかない (nur)」か　549

この商品は，平均価格への諸商品の均等化において，ただ<u>平均利潤</u>しかも
たらさないようにその<u>内在的剰余価値</u>のなかから他の諸商品にどれだけか
を引き渡さなければならないというのではなく，それ自身の剰余価値のう
ちで<u>平均利潤を超える</u>超過分を形成する部分をも実現するということがど
のようにして起こるのか？　ということを説明することである。」

(2)　„Also wenn 1 Tonne oder qr 3 *l.* kostet, natürlich **nicht so viel** Tonnen
oder qr erfordert sind zu diesem Werthersatz **als** wenn Tonne oder qr nur
1 ⁹⁄₁₅ *l* etc kostet.“（『1861-1863年草稿』。MEGA II/3.3, S. 1077.8-10.）「だから，1ト
ンまたは1クォーターが3ポンド・スターリングに値する場合には，この
価値補塡のために，1トンまたは1クォーターが1 ⁹⁄₁₅ 等々にしか値しない
場合と同じだけのトン数またはクォーター数を必要としないのは当然であ
る。」

(3)　„Aber er wird **nicht so viel** liefern, **wie** früher Drei, und damit ist die
Masse des Mehrwerths gefallen.“（『資本論』第3部第1稿。MEGA II/4.2, S. 304.28-
31.）「しかし，彼は以前の3人分は提供しないであろう。したがってまた，
剰余価値量は減少したのである。」

いずれも，daß, als および wie 以下の副文で述べられるほどの大きさではな
い，という，これもまたきわめて平明な否定文である。

否定詞が nicht ではなく nie のケースも次の3例が見つかった。

(1)　„Aber R. hat selbst schon gezeigt, daß die Maschinerie **nie so viel** Arbeit
kostet, **wie** die Arbeit die durch sie ersezt wird beträgt.“（『1861-1863年草稿』。
MEGA II/3.3, S. 1175.39-40.）「しかし，リカードゥは，自分ですでに，機械に
費やされる労働は，その機械にとって代わられる労働の大きさとけっして
同じではない，と指摘していた。」

(2)　„Selbst die Arbeit, die es ursprünglich in Bewegung setzte (Maschinen-
arbeiter etc) **nie so groß als** [die] die es entläßt …“（『1861-1863年草稿』。
MEGA II/3.6, S. 2039.20-22.）「その資本が生まれるにあたって動員した労働（機
械製造労働者など）でさえ，それが解雇した [労働] とけっして同じ大き
さではない，……」

(3)　„Dieser Proceß erscheint **nie so** und kann **nie so** erscheinen **daß** das productive oder mercantile Capital als solches <u>Waare</u> gegenüber einem <u>Käufer</u> ist, wie das Zinstragende Capital." (『資本論』第3部第1稿。MEGA II/4.2, S. 439.24-26.)「この過程は，利子生み資本とは違って，生産的資本や商業資本そのものが<u>買い手</u>にたいしては<u>商品</u>であるというようにはけっして現われないし，またけっしてそういうように現われることはできない。」

いずれも，上に見たnichtのケースの否定を強く「けっしてない」と言っているもので，文意はきわめて明晰である。

旧稿では，そのさいの検索作業に基づいて，「マルクスの著作からは，nicht so weit …, als ないしそれにたぐいする文章はただの一つも見つからなかった」と述べたが，そのさい同時に，「今回の探索ではマルクスが使っているケースは見つけることができなかった，と限定的に言っておく」と述べておいた。今回の新たな検索によって，上に見たようにそのような文章が若干見つかったが，このことから，エンゲルス版注32における当該の語がnieと読むべきだ，という結論が出てくるわけではまったくない。せいぜい，問題の語がnieだったとしても当該の文章をドイツ語の文として読むことができる，ということの傍証となるだけである。むしろ，次のＢで見るように，nur so weit … als とそれに類似する言い回しの数の多さに比べて，否定的な言い回しのこのような少なさに注目してほしい。

## Ｂ　MEGA第Ⅱ部門収録諸草稿に見られる nur so weit … als などの使用例

上のＡでは，MEGA第Ⅱ部門所収の諸草稿のなかから見つかった nicht so … als ないしそれにたぐいする文章を挙げたが，ここでは，nur so weit … als ないしそれにたぐいする文章を挙げておこう。ただし，本文や前注でやっているようにそれらのすべてのドイツ文とその訳文とを掲げるのは，紙数を多く取るだけであまり意味があるとは思えないので，以下，そうした語句を含む箇所があるMEGAのページと行を列挙するにとどめる。興味を覚えられたかたは，ぜひとも，それぞれの原典に当たってみていただきたい。なお，すでに本文で原文と訳文を掲げている箇所はすべて省く。

（1）nur so weit… als (bis, wenn)

II/1.1, S. 273.10; II/1.2, S. 330.10-11, 557.36; II/2, S. 79.30; II/3.1, S. 49.31-32,

第16章　「ではけっしてない (nie)」か「でしかない (nur)」か　551

228.31; II/3.2, S. 434.26-27, 540.31; II/3.3, S. 690.36, 860.4, 861.12-13, 960.23-24, 1007.13, 1166.17, 1195.32; II/3.4, S. 1363.40; II/3.5, S. 1687.34, 1828.3-6; II/3.6, S. 2293.17; II/4.1, S.288.25, 305.24-25, 323.9-10, 360.32; II/4.2, S. 382.7-8, 439.32, 596.1, 629.31-32（wenn）, 687.24（daß）, 891.14; II/14, S. 123.1

　(2)　nur so fern (sofern) ... als（daß）

II/1.2, S. 450.32-33（daß）, 457.33; II/3.1, S. 13.39; II/3.3, S. 863.5; II/3.5, S. 1718.31（daß）, 1870.32 (nur so far as); II/4.1, S. 249.27; II/11, S. 539.24（daß）

　(3)　nur so lang (solang, solange) ... als（bis）

II/1.2, S. 483.40-41; II/2, S. 78.40-41; II/3.1, S. 29.10; II/3.5, S. 1743.24; II/3.6, S. 2247.41; II/4.1, S. 172.13; II/4.2, S. 469.3-4, 540.9-10; II/11, S. 539.24（daß）, 748.19（wie）

　(4)　nur so viel (soviel) ... als（wie）

II/3.1, S. 104.39, 155.24-25; II/3.2, S. 371.15, 372.19-20, 379.1-2, 538.40-41, 564.6-7, 564.23, 591.39; II/3.3, S. 691.39-40, 938.3, 962.38（daß）, 971.4, 1245.18, 1274.14, 1445.9; II/3.4, S. 1245.18-19, 1274.14-15, 1445.9; II/3.5, S. 1813.33; II/4.2, S. 368.37, 793.10（wie）; II/11, S. 414.3-4, 748.12-13.

## 【補説2：大谷批判のための大野節夫氏の「試金石」について】

　2003年12月に発行された『マルクス・エンゲルス・マルクス主義研究』第41号は，大野節夫「大谷禎之介さんのnieとnurの読み替えについて」，および，大村泉「エンゲルス版『資本論』第2部第2篇脚注32に対応するマルクス草稿の解読文をめぐるMEGA編集者間の論争について」の2論稿を掲載した。この号には異例の「別冊」なるものが添付され，それには，橋本直樹「大谷禎之介氏の『経済志林』第71巻第4号掲載稿に寄せて」，大野節夫「大谷禎之介さんのnieかnurかの試金石」，および，大村泉「大谷禎之介さんの最新稿における私見批判・非難について」の3論稿が収められていた[21]。これら5論稿はいずれ

---

21）この別冊は，同誌の第42号（2004年6月）の巻末に再録された。

552 第2部 マルクスによる恐慌・産業循環の理論的展開を跡づける

も，『資本論』第2部エンゲルス版注32ではnieとなっている語をnurと読むモスクワの解読文を支持した大谷の論稿ないし言及を批判の対象とし，さまざまの観点から大谷に非難を浴びせるものとなっている。

大谷は，これらの論稿にこれまでまったく応答しなかった。その理由は，なによりも，本書の本章に収めた旧稿で，先入見をもたずに丁寧に読んでくださる読者でありさえすれば当該の語はnurと読むほかないことを理解していただけるであろう程度には旧稿がマルクスの筆跡を明晰に解明することができており，これらの論稿のすべてをもってしても，旧稿での筆跡解析を揺るがすことはできない，と確信していたからであるが，さらにまた，それらの論稿のなかに散りばめられている難癖のいちいちに反論することは——このキャンペーンを組織した人が意識してそれを狙ったとは思わないけれども——泥仕合的なやりあいの観を呈することになり，かえって，当該の語がnieかnurかという問題の焦点をぼかすことになりかねない，と判断していたからである。

エンゲルス編の『資本論』第2巻（ハンブルク，1885年）を収めるMEGA第II部門第13巻の編集との関わりで，2006年11月26日にベルリンで開催されたある会合の席上，当該の語について同巻にどのように記載すべきかということに関連させて，大村泉氏が当該の語の写像を示しながら，これはnieと読むべきだ，という従来からの主張を展開したところ，当時MEGAを刊行していたアカデミー書店の編集部のゲルマニストであるペーター・ハイル氏が当該の語を，ほぼ一義的にnurと書かれている，と判定し，また，たまたま出席していたMEGA編集には関わっていない——したがってnieかnurかをめぐる論争の背景をまったく知らない——ドイツ人の出席者たちのすべてがnurという読み方に賛同したことで，この問題についてのMEGA編集者のあいだでの議論は実質的に終止符を打った。

そののち，MEGAの同巻では，エンゲルス版での „weil die Produktionspotenzen nie soweit angewandt werden können" という箇所への注解（Erläuterung）で「マルクス〔の原稿〕では weil die Produktionpotenzen nur so weit anzuwenden, als となっている（ebenda. S. 308.15-16）」と記載し，それに「次を見よ」として，本書本章に収めた大谷の旧稿のタイトルを挙げている（MEGA II/13, S. 672）。ここで „ebenda. S. 308.15-16" としているのは，もちろん，第2部第2稿を

第16章 「ではけっしてない（nie）」か「でしかない（nur）」か　553

収めたMEGA II/11での当該箇所のページおよび行である。つまりこの注解は，エンゲルスがnieとした語はマルクスの草稿ではnurとなっていたことをMEGA II/11からの引用によって示し，エンゲルスによるこの書き換えについては，大谷の旧稿の参照を求めたものである。

　その後も日本のなかで，この件にはまだ決着がついていないのだと言って，性懲りもなく問題を蒸し返している人がいるが，マルクスが書いたのはnieだったのかnurだったのか，という問題についてのMEGA II/11およびII/13でのこの決着は，ドイツ人の筆跡学の複数の専門家が，この語はnieとしか読めない，と証言するといった，目を見張らせるどんでん返しでも起こらないかぎり，覆ることはありえない。

　だから，nieかnurかの問題にはすでに決着がついたのであり，さきの論者たちによるキャンペーン論稿のどれにも答える必要はもうないのである。

　ただ一つだけ，上記「別冊」に収められた大野節夫氏による大谷批判は，ドイツ語に通じておられない方がた——ドイツ語に精通しておられる方がたでも，大野氏の論稿を大谷の論稿と対比して精読する，というような野暮なことをしてくださらない方がた，ということは，つまるところ大野氏の論稿をちょっと目にされただけのほとんどの方がた——には，一見，いかにももっともらしく思えるにちがいない内容のものとなっているので，大野氏のこの批判についてだけはここで触れておかなければならない。

　大野氏は，別冊に収められた「大谷禎之介さんのnieかnurかの試金石」なる論稿で，「大谷さんの見解を否定するマルクスとエンゲルスの使用例を発見したので，反証として指摘しておきたい」と言われ，第2部第2稿から次の箇所を引用される。

　　Die Summe des gesellschaftlichen Products, I + II, Consumtionsmittel u. Produktionsmittel, sind zwar ihrem Gebrauchswerth, konkret, in ihrer Naturalform betrachtet, das Produkt der dießjährigen Arbeit, aber dieser Arbeit selbst, soweit sie als nützliche, konkrete,[22] Arbeit, nicht soweit sie

---

22) 大野氏はここにコンマを入れられている。これがたんなる誤記ないし誤植ではなく大野氏によるものであることは，大野氏によるこの直後での再度の引用でも同じくコンマを入れられていることからも明らかである。大野氏がそのようにされた理由は推測できる。草稿

554 　第２部　マルクスによる恐慌・産業循環の理論的展開を跡づける

als Verausgabung v. Arbeitskraft, als werthbildende Arbeit betrachtet wird. (アンダーラインは引用者〔すなわち大野氏〕)〔MEGA II/11, S. 389.35-40. 訳文：「社会的生産物ⅠとⅡとの，つまり生産手段と消費手段との合計は，その使用価値〔から〕，具体的に〔言えば〕その現物形態で見れば，この年の労働の生産物ではあるが，しかし，そうであるのは，この労働そのものが有用的具体的労働と見られるかぎりでのことであって，この労働が労働力の支出，価値形成労働と見られるかぎりではそうではないのである。」〕

大野氏は，マルクスのこの文について次のように言われる。

　「ここには，紛れもなく，soweit sie als nützliche, konkrete, Arbeit, nicht soweit sie als Verausgabung v. Arbeitskraft, als werthbildende Arbeit betrachtet wird. という対比が見いだされる」のだが，大谷さんはこの使用例に気がつかずに，「以上のところ〔使用例——引用者〔すなわち大野氏〕〕から明らかになったのは，少なくともマルクスについて言うかぎり，彼がnicht so weit …, als … ないしそれにたぐいする表現を使っているケースを見つけることができなかった」(〔大谷の旧稿〕43 ページ) と断言している。この使用例一つでも大谷さんの虚言はあきらかである。」(別冊，12 ページ。傍点は大谷。)

　はじめに——まったくつまらないことだが——次のことをはっきりと言っておかなければならない。本章をお読みくださった読者であれば，たしかに大谷は旧稿で，「マルクスの著作からは，nicht so weit …, als ないしそれにたぐいする文章はただの一つも見つからなかった」，と言ったが，しかし，それに続け

---

ではこのkonkreteのあとにコンマとpという一文字が書かれたのち，このpが消されている。第２稿の編集者はこれを，マルクスが „, produktive" と書きかけて消したものと見ている (S. 1177.1) ——ここではマルクスがproduktiveと書きかけたとする編集者の推測の是非を論じる必要はない——が，そこでテキストにはpだけでなく，その前に書かれているコンマも——当然のことながらコンマもpとともに消されたものとみなして——入れていない。大野氏は草稿を見て，このコンマが消されておらず，消されたのはpだけなのだから，ここにコンマがあると読むのが草稿の正確な読み方だ，と考えられ，自分は草稿を正確に読んでいるのだぞ，ということを示そうとされて，あえてここにコンマを入れられたのであろう。これによって迷惑を被ったのはマルクスであって，彼がここで „nützliche, konkrete, Arbeit" という，文法的にありえない表記をしたことにされてしまった，というわけである。

第16章　「ではけっしてない (nie)」か「でしかない (nur)」か　555

てすぐに，「ただし，マルクスの書き物をすべて調べ尽くしたわけではないから，マルクスがこの言い回しをまったく使わなかった，と断言できるわけではないので，今回の探索ではマルクスが使っているケースは見つけることができなかった，と限定的に言っておく」と書いていることを覚えておいでであろう（本書537ページ）。大野氏は，まるで，「断言できるわけではないので，……と限定的に言っておく」という大谷の留保文言がなかったかのように，「断言している」とされているのである。これこそまさに「虚言」と言うほかはないであろう。

　こうした「虚言」は脇に置いて，本題に入ろう。

　大野氏の見つけられた「この使用例」に大谷は「気がつかなかった」のであろうか。とんでもない！　大野氏のほうこそ，「この使用例」なるものが，大谷が見つけようとして見つけられなかった「nicht so weit ..., als ないしそれにたぐいする文章」には該当していないので，大谷は旧稿で「この使用例」を挙げるはずもなかったのだ，という——簡単な，と書きたいところだが，大野氏にとっては簡単ではなかったらしい——事実に「気がつかなかった」だけなのである。

　大野氏の文面に目を走らせたドイツ語をよく知らない人には，大野氏の「この使用例」のなかに，大谷が見つけようとしたnicht so weit ... als ... という文字列が，so weit ... als ... との対比として文字どおり含まれているように見えるであろう。しかし，遺憾ながらそのように見えるだけである。このなかにのnicht so weit ... als ... という文字列は，大谷が見つけようとしたnicht so weit ... als ... という文字列とはまったく別物である。そもそも，大野氏には両者がまったく別物であることがまったくわかっていないのである。だから，面倒ではあるが——ドイツ語をまったくご存じない方がたには呪文のようにしか見えないかも知れないが——，両者が別物であることを説明しておかなければならない。

　エンゲルス版注32での当該の語を含む文は，草稿では次のようになっていた。

　　„ ... weil d. Produktionspotenzen nur so weit anzuwnden, als dadurch
　　nicht nur Mehrwerth producirt, sondern realisirt werden kann.“

　エンゲルスはこの箇所を次のように変えた。

　　„ ... weil die Produktionspotenzen nie soweit angewandt werden können,

556　第2部　マルクスによる恐慌・産業循環の理論的展開を跡づける

daß dadurch mehr Werth nicht nur producirt, sondern realisirt werden kann;"

　大谷が見つけようとして見つけられなかったのは，上のエンゲルス版での nie soweit ... daß ... という表現，したがってまたそれを拡張して，nicht so weit ... als ... という表現（この場合，接続詞としてのals とdaß とは文法的には完全に互換である）ないしそれにたぐいする表現であった。これらの表現のかなめは，のちにくるdaß またはals 以下の副文をsoweit ないしso weit が受けていて，それをso の前に置かれた否定詞によって否定する，という構文である。このような表現でのsoweit ないしso weit は，als ないしdaß という接続詞以下の副文を受ける副詞である。見つけようとしたのはこの構文であって，こういう構文は文法的にはまったく可能であるが（さきの【補説1】のA で，MEGA 第II部門の諸巻からそのような使用例を挙げたおいたので参照されたい），旧稿で使ったマルクスの原典――MEW のCD 版および手もとにあった第2部諸草稿――からはこうした構文を見つけることができなかったのである。

　それにたいして，大野氏の上記の「この使用例」でのnicht so weit ... als ... ないしnicht soweit ... als ... におけるso weit ないしsoweit は副詞ではなくて，「というかぎりでは」という意味の接続詞である。このようなsoweit（現代の正書法での）に始まる副文ないし句，すなわち「……のかぎりで」という副文をnicht などの否定詞で否定する文章，すなわち「……かぎりででは……ない」という構文はいくらでもありうる。大谷が見つけようとしたのは，このような，接続詞としてのsoweit ないしso weit に始まる副文を否定する構文ではなくて，als ないしdaß に始まる副文をso ないしsoweit という副詞で受ける構文であった。

　ところが大野氏は，大谷が見つけようとした構文がどのようなものであるのかをまったく理解しない――いな，おそらくは，理解できない――まま，大谷は，nicht soweit ないしnicht so weit という語のあとにals という語が出てくる，という文章を探索していたのだ，と思い込んだのである。それで，大谷が触れなかった上記の「この使用例」を見つけだして，「大谷さんの虚言」にまで行き着いたという次第なのである。

　大野氏の「この使用例」で，大野氏が下線を引いている二つのals は，先行す

る so weit ないし soweit とは文法的にまったく関係がない，それとは独立した語である。この als はどちらも，soweit（「かぎりで」）という接続詞が形成する副文のなかにある，「この労働〔sie〕を有用的具体的労働と〔として〕見る〔sie als nützliche, konkrete Arbeit betrachten〕」および「この労働〔sie〕を労働力の支出，価値形成労働と〔として〕見る〔sie als Verausgabung von Arbeitskraft, als werthbildende Arbeit betrachten〕」という句のなかの「として」という意味の，前置詞的に使われた接続詞[23]である。soweit や sofern で始まる副文のなかにこのような als が出てくることはいくらでもあるのであって，このような als は，大谷が見つけようとした nicht soweit ..., als ... における als とはまったく別物であり，そのような als を含む文を見つけてみてもなんの意味もない。大谷の旧稿に挙げられている soweit ..., als ... の用例には，このような als だけしか含んでいないようなものは一つもないし，上の【補注1】のBにページと行だけを挙げた諸箇所にもそのようなものはまったく含まれていない。

　ところが，ご自分のこの途方もない無区別に気づかれない大野氏は，「なぜ大谷さんはこれを見逃したのであろうか」と言われ，次のように「推察」されている。まず，「一つに，nicht soweit であって，nie soweit でないから，見逃したのであろう」，と言われる。冗談ではない。大谷は nicht soweit もすべて検索したけれども，大野氏の「この用例」でのような als を含む文があっても，このようなものは意識的に拾わなかっただけである。次に，「二つに，nur soweit ではないので，大谷さんが拾い出した第2稿テキストの162個の nur の用例としては検索できなかったのであろう」，と言われる。当たり前である。大

---

23）ドイツ語の文法用語では，このような als は「前置詞的に使われた接続詞」などと呼ばれている。英語では，consider（regard）... as ... などでの as は前置詞と見なされること（ACD はそのように扱っている）も接続詞と見なされることもあり，フランス語での considerer（regarder）... comme ... における comme は，伝統的には，そのあとに動詞が省かれていると見て，接続詞とされているようである。いずれにしても，このような als, as, comme は，「……だと（……として）見る，見なす」というさいの，すなわち同等のものと見る，同等なものと見なす，取り扱う，等々のさいの「……として」である。これにたいして，先行する副詞ないし副詞句の so weit, so fern, so lang を限定する副文をつくる als は，純粋の接続詞である。英語では so far as の as，フランス語では pour autant que の que が，同様に純粋の接続詞である。大野氏は，前置詞的に使われた接続詞 als と純粋な接続詞 als との区別もまったくわかっていないのである。

野氏の「この用例」にはnurという語はない。nurと読めるかどうかを問題にするときに，なんでnurといういう語が入っていない箇所を拾う必要があるのか。さらに大野氏は，「最後に，大谷さんは，エンゲルスがnurをnieと誤読したと思いこんでいたために，エンゲルスが『資本論』第2巻の編集原稿および初版でこの文章をどのように編集しているかに思い及ぼさなかったのであろう」，と言われ，エンゲルスが「この用例」に手を加えて彼の版に取り入れたさいの文を引用し，そのなかでマルクスがたんにsoweitとしていたところにnurをつけてnur soweitとしたことをもって「対比を明確にしたもの」だと言われ，そのうえで，「大谷さんがこれをも目にしていたならば，マルクスにはnicht soweitの用例がみいだされないから，エンゲルスの誤読であるはずという推論がまさに虚偽であり，これこそ読者にたいするProvokation[24]であることを悟ったであろう」，と書かれている。大野氏がここで引用されたエンゲルスの文章でも，大野氏は3箇所のalsに下線を引かれているが，そのように言うことによって，大野氏がこのalsをso weit（副詞）... als（接続詞）... におけるalsとはまったく違うものであることには全然気づかれていないことを，氏はここであらためてご自分で露呈されているだけである。

　大野氏は氏のこの論稿に「大谷禎之介さんのnieかnurかの試金石」というタイトルをつけられて，「この用例」を「試金石」にして大谷の発言が「虚言」であることを明らかにしようと意気込まれたのであるが，大野氏には，大谷が見いだそうとしていたso weit ... als ... という構文におけるalsと，soweitには文法的にはなんの関係もないalsとの区別さえもつけられないような読み方しかできないために，大野氏は，もともとこのようなものが大谷の検索の対象にはいっていなかったことにはまったく気づかず，「この用例」なるものを見つけて鬼の首でも取ったかのように思い込んで，大谷に悪罵を投げつけただけである。これは「妄言」のたぐいである。

---

24）このProvokationという語は，大谷が旧稿（本書519-520ページ脚注11）で，大村氏の行為は「ヴァーシナと筆者の困惑と怒りとを引き出そうとする試みとして，まさにProvokationと呼ぶに値するものであった」，と書いたのを皮肉ったつもりなのであろうが，「読者にたいするProvokation」とは，一体全体，どういうことを意味するのか。読者をどのように「挑発」することになるというのか，ご本人も説明不可能であろう。

第16章　「ではけっしてない（nie）」か「でしかない（nur）」か　559

　それにしても，大野氏のこの「妄言」は，問題の解明に——大野氏の立場から見ても——なんらかの役割を果たしたであろうか。問題とは，当該の一語がnieかnurか，ということである。大野氏は「nieかnurかの試金石」を見つけられたと広言されたのであったが，氏の「試金石」によって，当該の語がnurではなくてnieだとする根拠をひとかけらでも示せたであろうか。むろん皆無である。それなら，この「妄言」はなにを目的にして書かれたのか。もちろん，大谷の主張が信頼できないものであることを読者の前に明らかにして大谷の信用を失墜させることで，当該の語をnurと読む読み方にケチをつけようという魂胆で書かれたのである。

　なお，断るまでもないことだが，大野氏にたいするここでの筆者の筆調が厳しいものとなったのは，「断言できるわけではないので，……と限定的に言っておく」とわざわざ書いている筆者の発言を「断言している」と真逆にしたり，自分の無理解にも気づかないまま「この使用例一つでも大谷さんの虚言はあきらかである」と「断言」したり，「虚偽」だとか「読者にたいするProvokation」という訳のわからない非難を並べたてたりした，大野氏の失礼極まる筆調には，相応に対応せざるをえなかったからである。

## 【補説3：草稿でnurと書かれている一文の意味について】

　本章では，マルクスの草稿での問題の語はnieと書かれているのかnurと書かれているのか，ということの解明に焦点を絞ったので，はじめに断っておいたように，問題の語がnurだとした場合，マルクスの草稿のなかのこの語を含む文章はどのようなことを言っていると読むことができるのか，そしてそのように読んだ場合，それの前後の文脈を整合的に理解することができるか，ということについては立ち入らなかった。

　そこでこの論点を，一部は本文で述べたことの繰り返しになることを厭わず，やや立ち入って見ておこう。

　あらためて，エンゲルスが，「原稿ではここに，将来の詳論のための次の覚え書きが書き込まれている」という前置きを付けて注32とした「覚え書き」と，それに使われたマルクスの草稿部分とを原語で掲げよう。

560 第2部 マルクスによる恐慌・産業循環の理論的展開を跡づける

**Engels'Ausgabe:** „Widerspruch in der kapitalistischen Produktionsweise: Die Arbeiter als Käufer von Waare sind wichtig für den Markt. Aber als Verkäufer ihrer Waare – der Arbeitskraft – hat die kapitalistische Gesellschaft die Tendenz, sie auf das Minimum des Preises zu beschränken. – Fernerer Widerspruch: Die Epochen, worin die kapitalistische Produktion alle ihre Potenzen anstrengt, erweisen sich regelmäßig als Epochen der Ueberproduktion; weil die Produktionspotenzen nie soweit angewandt werden können, daß dadurch mehr Werth nicht nur producirt, sondern realisirt werden kann; der Verkauf der Waaren, die Realisation des Waarenkapitals, also auch des Mehrwerths, ist aber begrenzt, nicht durch die konsumtiven Bedürfnisse der Gesellschaft überhaupt, sondern durch die konsumtiven Bedürfnisse einer Gesellschaft, wovon die große Mehrzahl stets arm ist und stets arm bleiben muß. Dies gehört jedoch erst in den nächsten Abschnitt." (MEGA II/13, S. 293.31-42; MEW 24, S. 318.)

**Ms. II von Marx:** „Widerspruch in d. kapital. Produktionsweise. Arbeiter als Käufer von Waare wichtig für d. Markt. Als Verkäufer seiner Waare – d. Arbeitskraft – Tendenz ihn auf Minimum zu beschränken. Fernrer Widerspruch: D. Epochen, worin d. Kapital. Produktion alle ihre Potenzen anstrengt, up to the mark producirt, turn out as periods of overproduction: weil d. Produktionspotenzen nur so weit anzuwenden, als dadurch nicht nur *Mehrwerth* producirt, sondern *realisirt* werden kann; d. Realisation (Verkauf d. Waaren) d. Waarenkapitals, also auch d. Mehrwerths aber *begrenzt, beschränkt* ist nicht durch d. *consumtiven* Bedürfnisse d. Gesellschaft, sondern durch d. consumtiven Bedürfnisse einer Gesellschaft, wovon d. grosse Mehrzahl stets *arm* ist u. *arm* bleiben muß etc. Diese ganze Geschichte jedoch gehört erst in d. nächste Kapitel." (MEGA II/11, S. 308.9-21.)

マルクスの草稿でもエンゲルスの注32でも，まず最初に，「資本主義的生産様式における矛盾」についての短い記述があり，それに続く長い一文で，「さらなる矛盾〔Fernerer Widerspruch〕」についての記述がある。以上の大枠は草稿

第16章 「ではけっしてない (nie)」か「でしかない (nur)」か　561

でも注32でもまったく同じである。

　そのあとに，草稿では「しかし，ここでの話の一切は次の章で問題になることである」という最後の一文がある。エンゲルスはこのなかの「ここでの話の一切〔diese ganze Geschichte〕」を「このこと〔dies〕」に書き換え，「次の章」を「次の篇」に書き換えた。後者の，「章」を「篇」に変えたのは，草稿では「第3章」であった，第2部の三つの部分のうちの最後の第3の部分がエンゲルス版では「第3篇」となったことに合わせる単純な処理であった。それにたいして，エンゲルスが「ここでの話の一切」を「このこと」に変えたのは，彼が，草稿では大きな角括弧で括られた部分から末尾の部分を「将来の詳論のための覚え書き」として脚注に切り離したことにともなう処理であったと考えられる。彼には，「資本主義的生産様式における矛盾」および「さらなる矛盾」についての記述を指すのに「ここでの話の一切」はちょっと大げさすぎると感じられたので，これを「このこと」に置き換えておいたのであろう。じっさい，草稿での「ここでの話の一切」は，「資本主義的生産様式における矛盾」および「さらなる矛盾」についての記述だけを指していたのではなく，注32に分離された部分を末尾にもつ大きな角括弧で括られた部分の全体を指すものだったと考えられるのである[25]。しかし，「ここでの話の一切」が上のどちらを指していたのか，ということは，ここで論じるべき論点にとっては重要ではない[26]ので，指摘しておくだけにしよう。

　そこで，「資本主義的生産様式における矛盾」および「さらなる矛盾」についての草稿での記述にエンゲルスがどのように手を加えたのか，丁寧に見ていく。

---

25) この点については，本書第7章【補説2】，および，第10章の脚注10ならびに12とそれらが付けられている本文で触れている。参照されたい。

26) 草稿での「ここでの話の一切」も，もちろん，その直前にある「資本主義的生産における矛盾」についての記述をも含むのだから，もしこの記述にいわゆる「内在的矛盾」についての言及が含まれているのであれば，ここでマルクス自身が第2部第3篇で論じるべき問題のなかに「内在的矛盾」の問題を含めていた，と主張できないことはないであろう。だから，肝心なことは，草稿では，この文の直前にある「矛盾」についての記述がいわゆる「内在的矛盾」への言及を含んでいたかどうか，ということであって，「ここでの話の一切」が注32だけにかかわるのか，それとも，注32部分を含む，それまでのもっと大きな一部分を指すのか，ということは，ここで取り上げるべき問題にとってはどうでもいいことであろう。

562 　第2部　マルクスによる恐慌・産業循環の理論的展開を跡づける

マルクスの原文とそれへのエンゲルスによる手入れとを読者が容易に読み取れるように，マルクスの原文からエンゲルスが削った文字列を網かけにし，原文にエンゲルスが書き加えた文字列を太字で示す。

まず，「資本主義的生産様式における矛盾」についての第1の記述である。

Widerspruch in der kapitalistischen Produktionsweise.: **Die** Arbeiter als Käufer von Waare **sind** wichtig für den Markt. **Aber A**als Verkäufer seiner **ihrer** Waare – der Arbeitskraft – **hat die kapitalistische Gesellschaft die** Tendenz ihn **sie** auf das Minimum **des Preises** zu beschränken.

マルクスの原文とエンゲルスによる手入れ後の文との拙訳を掲げよう。

マルクス：

資本主義的生産様式における矛盾。商品の買い手としての労働者〔単数〕は，市場にとって重要である。彼の商品――労働力――の売り手としては彼を最低限に制限する傾向。

エンゲルス：

資本主義的生産様式における矛盾。――商品の買い手としての労働者たちは，市場にとって重要である。しかし，彼らの商品――労働力――の売り手としては，資本主義社会は〔彼らの商品の〕価格を最低限に制限する傾向をもつ。

マルクスの原文での「彼を最低限に制限する」というのは，文字通りにとれば意味をなさないから，エンゲルスによる手入れは理解できるし，労働者を複数にしたのも改善と言ってもいいであろう。この第1の記述でのエンゲルスの手入れはおおむね諒解できるものなので，「矛盾」についてのこの第1の記述については，ここではこれだけにしよう。

そこで，それに続く「さらなる矛盾」についての第2の記述である。

– Fernerer Widerspruch: Die Epochen, worin die kapitalistische Produktion alle ihre Potenzen anstrengt, up to the mark producirt, turn out **erweisen sich regelmäßig** as periods of overproduction **als Epochen der Ueberproduktion:** weil die Produktionspotenzen nur **nie** so weit **soweit** anzuwenden **angewandt** werden können, als **daß** dadurch nicht nur *Mehrwerth* **mehr Werth nicht nur** producirt, sondern *realisirt* werden kann; **der**

第16章　「ではけっしてない (nie)」か「でしかない (nur)」か　563

**Verkauf der Waaren**, die Realisation (Verkauf der Waaren) des Waaren-
kapitals, also auch des Mehrwerths **ist** aber *begrenzt, beschränkt* **ist** nicht
durch die *consumtiven* Bedürfnisse der Gesellschaft **überhaupt**, sondern
durch die consumtiven Bedürfnisse einer Gesellschaft, wovon die grosse
Mehrzahl stets *arm* ist u. **stets** *arm* bleiben muß etc.（イタリック体は草稿での
マルクスの下線による強調箇所だか，エンゲルス版ではこれらの強調はすべて無視され
ている。）

マルクスの原文とエンゲルスが手を加えたあとの文との拙訳を掲げる[27]。

マルクス：

　―さらなる矛盾。資本主義的生産がそれのすべての力能を発揮する，満足
がいくまで[28]生産する諸時期は，過剰生産の時期であることが明らかとな
る。なぜなら，生産の諸力能は，ただ，剰余価値がそれらによって生産さ
れうるだけでなく実現もされうるかぎりでしか充用されえないが，商品資
本の実現（商品の販売）は，だから剰余価値の実現もまた，社会の消費欲
求によってではなく，その大多数の成員がつねに貧乏でありまたつねに貧
乏のままであらざるをえない，などなど，のような社会の消費欲求によっ
て限界を画され，制限されているのだからである。

エンゲルス：

　―さらなる矛盾。資本主義的生産がそれのすべての力能を発揮する諸時期
は，きまって過剰生産の時期であることが明らかとなる。なぜなら，生産
の諸力能は，価値がそれらによってより多く生産されうるだけでなく，実
現もされうる，というように充用されることはけっしてできないが，商品
の販売，商品資本の実現は，だから剰余価値の実現もまた，社会一般の消
費欲求によってではなく，その大多数の成員がつねに貧乏でありまたつね
に貧乏のままであらざるをえないような社会の消費欲求によって限界を画

---

27）ここでの訳文は，本章のなかでの訳文に，含意をより明確に言い表わすように若干の変更
　を加えたものである。

28）up to the mark という句をマルクスは英語でのこの句の普通の意味とはやや違った独自の
　ニュアンスで使ったのかもしれず，どう訳すか迷うところだが，ここではとりあえず「満
　足がいくまで」と訳しておいた。

564　第2部　マルクスによる恐慌・産業循環の理論的展開を跡づける

されているのだからである。

エンゲルスによってさまざまの手が加えられているが，マルクスの下線による強調が——ほかでと同じく——すべて削除されていること，英語がドイツ語に訳されたこと，「社会の消費欲求」が，マルクスがそのつもりでいたであろうとおりに「社会一般の消費欲求」に変更されたこと，一部で語順が変えられ，一部の語句が単純に削除されたことなど，意味上の変化がほとんど生じていない手入れを度外視すると，エンゲルスによるここでの手入れで注目すべき箇所は二つである。

一つは，草稿で「過剰生産の時期であることが明らかとなる」という句の「明らかとなる」という動詞にregelmäßigという副詞が追加されたことである。上の訳文で「きまって」としたのは岡崎次郎氏の訳に従っておいたものであるが，この語には「周期的に」という意味があるから，この語の追加によって，この一文は，「過剰生産の時期」が周期的に反復されるというニュアンスをもつことになった。

もう一つが，エンゲルスがnieをnurと書き換える——あるいはそう読む——さいに行ったその他の手入れである。

マルクスの原文は，まず，「資本主義的生産がそれのすべての力能を発揮する，満足がいくまで生産する諸時期は，過剰生産の時期であることが明らかとなる」と言ったあとコロンを打ち，そのあとに「明らかとなる」理由が，「なぜなら〔weil〕」に始まる長い副詞節によって説明されている。エンゲルスによる手入れ後の文でもこの構造はまったく同じである。問題は，「明らかになる」理由についての以下の記述のなかで，草稿のnurという語をエンゲルスがnieと変えた——あるいはそう読んだ——ために，文意がまったく変わってしまったことである。

エンゲルス版の文はdie Produktionspotenzen nie soweit angewandt werden können, daß dadurch mehr Werth nicht nur producirt, sondern realisirt werden kannとなっていて，この文は，上に掲げた訳文でのように，「生産の諸力能は，価値がそれによってより多く生産されうるだけでなく，実現もされうる，というように充用されることはけっしてできない」と読むほかはない。

ここでは，草稿では「剰余価値〔Mehrwerth〕」となっていた一語が注32では

第16章 「ではけっしてない（nie）」か「でしかない（nur）」か　565

——エンゲルスが誤ってそのように読んだのか，それとも彼が意識的に文意を変えようとしたのか，どちらか判断できないが——「より多く〔mehr〕」と「価値〔Werth〕」とに分けて読まれることで，草稿での，「剰余価値がそれらによって生産されうるだけでなく実現もされるかぎり」という明瞭な文言が，「価値がそれらによってより多く生産されうるだけでなく，実現もされうる，というように」という，生産される価値の増大とその増大した価値の実現とが問題であるかのような表現に変えられている。

　もう一つ，念のために，はっきりさせておいたほうがいい語がある。それは，草稿での als **dadurch** nicht nur *Mehrwerth* producirt, sondern *realisirt* werden kann という節のなかの daduruch と，エンゲルス版の daß **dadurch** mehr Werth nicht nur producirt, sondern realisirt werden kann という節のなかの daduruch である。「それによって」というこの語の「それ〔da〕」が「生産の諸力能〔Produktionspotenzen〕」を指すと読むほかないことについてはおそらく異論は出ないであろう。そのうえで，問題はこの語が，草稿では，nicht nur *Mehrwerth* producirt, sondern *realisirt* werden の全体にかかる副詞，注32では，mehr Werth nicht nur producirt, sondern realisirt werden の全体を修飾する副詞なのか，それとも，草稿では，*Mehrwerth* producirt werden だけを修飾する副詞，注32では，mehr Werth producirt werden だけを修飾する副詞なのか，この二つのどちらなのか，ということである。前者であるとすれば，草稿では「生産の諸力能によって剰余価値が実現される」ということが，注32では「生産の諸力能によってより多くの価値が実現される」ということが文意に含まれることになるが，どちらも意味をなさないナンセンスであることは明らかであろう。だから，dadurch はどちらでも producirt werden だけを修飾している副詞と読むほかはない。つまり，草稿での als **dadurch** nicht nur *Mehrwerth* producirt を als *Mehrwerth* nicht nur **dadurch** producirt と，注32での daß **dadurch** mehr Werth nicht nur producirt を daß mehr Werth nicht nur **dadurch** producirt と読むわけである。上の拙訳では，このように読んでいる。

　その上で，エンゲルス版での，「生産の諸力能は，価値がそれらによってより多く生産されうるだけでなく，実現もされうる，というように充用されることはけっしてできない」，という文がもちうる意味を考えて見れば，生産の諸

力能の充用によって生産される価値は増大していくが，それらの充用は，そのように増大していく価値が実現されうる限度で止まるというようなことはけっしてなく，さらに進められていかざるをえないのだ，ということであるほかはない。つまり，エンゲルス版はここで，「資本主義的生産がそれのすべての力能を発揮する諸時期は，きまって過剰生産の時期であることが明らかとなる」理由として，まず，資本主義的生産が，価値実現を顧慮せずに生産諸力能をフルに充用することによって，生産諸力をどこまでも発展させようとしないではいない，ということ，すなわちマルクスが第3部第1稿（現行版第15章）での表現を使えば，「生産諸力を，その限界をなすものがあたかも社会の絶対的な消費能力ででもあるかのように発展させようとする，資本主義的生産様式の衝動」（第3部第1稿，MEGA II/4.2, S. 540）を挙げているのである。

　それでは，草稿での記述，すなわち，「生産の諸力能は，ただ，剰余価値がそれらによって生産されうるだけでなく実現もされうるかぎりでしか充用されえない」，という文は，どういうことを意味していたのか。明らかに，生産の諸力能の充用が，この諸力能によって生産される剰余価値の実現によって限界づけられているのだ，ということである。だからマルクスは，「資本主義的生産がそれのすべての力能を発揮する，満足がいくまで生産する諸時期は，過剰生産の時期であることが明らかとなる」ことの理由として，ここで，資本主義的生産のもとでの生産諸力能の充用には，それによって生産される剰余価値の実現という制限があることを挙げていたのである。その限度を超えて諸力能が充用されるときには，剰余価値の実現ができなくなることによって「過剰生産の時期であることが明らかとなる」と言うのである。つまり，マルクスはここでは，資本主義的生産に，剰余価値の実現という制限を突破してどこまでも生産の諸力能を充用していかないではいない，という内在的傾向があることについてはまったく触れていないのである。

　このように，いま見ている部分では，草稿でのマルクスの原文と注32でのエンゲルスが手を加えた文とでは，文意がまったく異なることになった。その結果，この部分に続く，草稿でも注32でもほぼ同じと見ることができる記述がもつ意味もまた異なることになっている。

　マルクスの草稿では，「資本主義的生産がそれのすべての力能を発揮する，

満足がいくまで生産する諸時期は，過剰生産の時期であることが明らかとなる」ことの理由の続きとして，「商品資本の実現（商品の販売）は，だから剰余価値の実現もまた，社会の消費欲求によってではなく，その大多数の成員がつねに貧乏でありまたつねに貧乏のままであらざるをえない，などなど，のような社会の消費欲求によって限界を画され，制限されている」と書かれている。これは明らかに，すぐ前で，生産の諸力能の充用が剰余価値の実現によって制約されている，と述べたうえで，さらに踏み込んで，今度はその「剰余価値の実現」が資本主義社会に固有の限られた消費欲求によって制限されていることを述べたものである。だから草稿では，過剰生産が生じることの理由としてweil以下に書かれていたのは，結局のところ，その全体が，生産諸力能の充用が剰余価値の実現によって限界を画されている（begrenzt），制限されている（beschränkt）ということであった。

　エンゲルス版でも，同じセミコロンを置いたのちに書かれている記述の内容は，草稿での記述と同じく，剰余価値の実現が資本主義社会の限られた消費欲求によって制限されていることの指摘であるが，エンゲルス版ではこれは，そのすぐ前で言われている，価値実現を顧慮せずに生産諸力能をフルに充用することによって，生産諸力をどこまでも発展させようとする資本主義的生産の傾向に対立し，それが突破していかざるをえない，この傾向への制限である。つまり，エンゲルス版でweil以下に書かれていることは，レーニンの言った資本主義社会固有の「生産と消費との矛盾」，山田盛太郎氏の言ったいわゆる「内在的矛盾」の対立する両極であり，したがってまたそのような矛盾そのものであった。

　だから，注32に利用されたマルクスの第2部第2稿での原文を読むことができなかったときに，エンゲルスの手によって書き換えられた注32での「覚え書き」を読んだレーニン，山田盛太郎氏も，さらに久留間鮫造も，それのなかの「さらなる矛盾」についての記述に，いわゆる「生産と消費の矛盾」ないしいわゆる「内在的矛盾」への言及を読み取っていたのは，誤読でも読み込みすぎでもなく，まさにそのように読むほかはなかったのである。

　そのうえ，レーニンや山田盛太郎氏らの多数は，注32の末尾の一文での「次のAbschnitt」を――ここでのAbschnittを単純に「篇」を意味するのだと思い

込んだことによって結果的にはマルクスが指していたのに合致して——「次篇」と読んだのだから，この「覚え書き」のなかで，マルクスが「生産と消費の矛盾」ないし「内在的矛盾」の問題は第2部第3篇で論じるべき問題だ，と言明したと考えたことには十分な理由があったと言うべきである。

しかし，そのように考えたレーニン，山田盛太郎氏をはじめとする人びとの念頭にまったく思い浮ぶことがなかったのは，いわゆる「内在的矛盾」が『資本論』第3部——この当時にはエンゲルス版の第3巻——第3篇の第15章で明らかに論じられているのにたいして，第2部——この当時はエンゲルス版の第2巻——の第3篇ではこの矛盾にまったく触れているところがないだけではなく，そもそもこの篇で解明されるべき課題が，ここでこの矛盾を対象に据えて論じる余地をもたないものであり，したがって，「内在的矛盾」は第2部第3篇で論ずべき問題だというマルクスの言明とのあいだに齟齬があるのではないか，という疑問である。

それにたいして，久留間鮫造は，第3篇での「社会的総資本の再生産および流通」についてのマルクスの論述の内容から見れば，マルクスがここでいわゆる「内在的矛盾」を対象に据えて本格的に論じるはずもないのではないか，という疑問を抱いたのであって，久留間は，こうした第3篇の内容と「覚え書き」でのマルクスの言明との齟齬は，「次の区分」を意味している「次のAbschnitt」を「次篇」と解するところから生じているのではないか，と考えたのであった。しかし，草稿では「次のAbschnitt」が「次のKapitel」となっていたことがわかり，「次のAbschnitt」が第3篇を指していたことが確定して，「次のAbschnitt」を「次の区分」と読めばそうした齟齬はなくなるのではないか，という久留間の推定が成り立たないことがはっきりした。

けれども，「次のAbschnitt」が第3篇を指すことが確定したことによって，マルクスは注32で「内在的矛盾」の問題は第2部第3篇で論じるべき問題だと述べていた，と主張する，レーニン＝山田盛太郎氏以来の旧説の正しさが証明されたことにはならなかった。

この「補説」で見てきたように，エンゲルス版の注32での「資本主義的生産の矛盾」についての記述には，たしかに，一方で，どんな制限をも突破して生産をどこまでも発展させていこうとする資本主義的生産の傾向を示唆する箇所

と，他方，それを限界づける資本主義社会の消費制限を述べた箇所とがあって，この注のなかに両者の対立，矛盾を，したがっていわゆる「内在的矛盾」を読み取ることができたが，草稿でのマルクスの記述では，剰余価値の実現が，だからまた資本主義社会特有の消費の制限が，生産諸力能の充用を限界づけ，制限していることの指摘はあっても，諸制限を突破して生産諸力能を発展させないではいない資本主義的生産の傾向についてはなにも書かれていなかったのであり，したがってまたいわゆる「内在的矛盾」についてもなにも書かれていなかったのである。だから，注32での「覚え書き」に依拠して，マルクス自身が，いわゆる「内在的矛盾」は第2部第3篇で論じられるべきだと言明している，と主張していた旧説は，いまやその「論拠」を完全に失ったのである[29]。

---

29) 筆者が1973年3月に発表した論稿（本書第7章）のタイトルが「「内在的矛盾」の問題を「再生産論」に属せしめる見解の一論拠について」であったことを想起されたい。

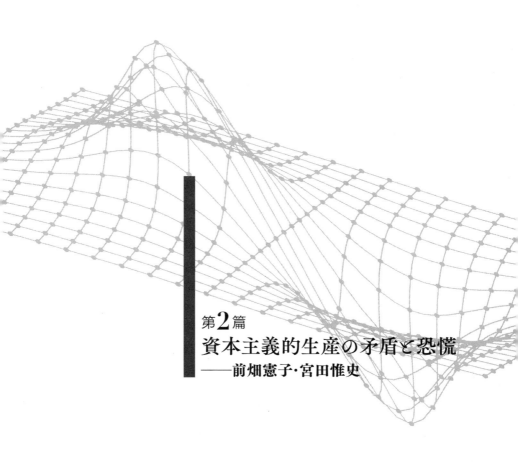

# 第2篇
## 資本主義的生産の矛盾と恐慌
―――前畑憲子・宮田惟史

# 第17章　利潤率の傾向的低下法則と恐慌
──『資本論』第3部第15章の主題との関連で──

前畑憲子

## はじめに

　『資本論』第3部第3篇「利潤率の傾向的低下の法則」は，エンゲルス版では3章構成になっていて，第13章「この法則そのもの」，第14章「反対に作用する諸原因」，第15章「この法則の内的諸矛盾の展開」と各章にエンゲルスによって表題が付けられている。研究史を振り返ると，第13・14章については，利潤率の傾向的低下法則それ自体についての懐疑論や否定論をめぐって議論が展開され[1]，第15章については，恐慌論の分野からさまざまな議論がなされてきた。

　第15章をめぐる議論についていえば，第15章そのものが「利潤率の傾向的低下の法則」を論じている第3篇の一つの章であるにもかかわらず，多くの議論が，第15章に散見する恐慌に関連するマルクスの論述を，この法則と切り離して取り上げてきた。しかも，第15章自体についても，各節をばらばらに，あるいは対立的に捉えるような議論がなされてきた。たとえば，第1節「概説」では商品過剰論が問題にされており，第3節「人口過剰のもとでの資本過剰」では資本過剰論が問題にされているという理解のもとで，どちらの立場に立つか，また，両者の統合をはかるというように議論が進行してきたのである[2]。

---

1 ) 利潤率の傾向的低下法則をめぐる論争については，谷野勝明「4　利潤率の傾向的低下法則の論定をめぐる論争 (1)」(本間要一郎・富塚良三編集『資本論体系』5，有斐閣，1994年，所収) に詳しい。

2 ) 第15章と恐慌との関連については，多岐にわたる論争があるが，「資本の絶対的過剰生産」および「資本の現実の過剰生産」については，本書第18章，19章を参照されたい。

574 第2部 マルクスによる恐慌・産業循環の理論的展開を跡づける

　ところで，1993年にエンゲルス版『資本論』第3部の草稿である「第1草稿」を含むMEGA第Ⅱ部第4巻第2分冊が公刊され，それによって第15章についても，エンゲルス版では削除された文言や，入れ替えられた文節，また修正された記述など，エンゲルス版との相違が明確になった[3]。その結果，エンゲルス版では削除されていた「資本の絶対的過剰生産」についての草稿での2, 3の記述にもとづいて，従来の見解，すなわちこの事態は現実的には起こりえないものであり，マルクスの記述もそのようなものとして読むべきだとする主張にたいする批判的検討がなされている[4]。しかし，草稿が明らかにしているのは，これだけではない。なによりも，草稿では，第15章全体の流れがエンゲルス版で見るより，容易に無理なく理解できるのである。これによって，恐慌に関する諸問題もまた第15章全体の流れのなかに位置づけられ，利潤率の傾向的低下法則と恐慌の関連もまた従来の議論とは異なったものであることが明らかになると思われる。

　本章では，「第1草稿」の第3章「資本主義的生産の進行における一般的利潤率の傾向的低下の法則」のエンゲルス版の第15章に対応する部分によって，第15章の主題は何か，恐慌に関する諸命題はその主題との関連でどのように位置づけられているかを考察し，この法則と恐慌との関連をマルクスはどのように捉えていたかを明らかにしたい。

　まず，利潤率の傾向的低下法則そのものの内容について，確認しておこう。

## 1　利潤率の傾向的低下法則の三つの内容

　利潤率の傾向的低下法則は，三つの内容からなっている。

---

3）MEGA Ⅱ/4.2, S. 285-340. なお，本文でMEGA Ⅱ/4.2の第3章を指す場合には，たんに「第1草稿」と記し，MEW 25の第3篇をさす場合には，たんに「エンゲルス版」と記す。

4）拙稿「利潤率の傾向的低下法則と資本の絶対的過剰生産について——恐慌研究の一論点——」（『立教経済学研究』第55巻第1号，2001年【本書第18章】）では，「第1草稿」にもとづいて，生産力の発展にともなう剰余価値率の上昇のもとで生じる利潤率の低下と，賃金上昇にもとづく剰余価値率の低下による利潤率の低下（資本の絶対的過剰生産）との関連はどのようなものか，という観点から利潤率の傾向的低下法則と資本の絶対的過剰生産との関連を検討した。

第17章　利潤率の傾向的低下法則と恐慌　　575

（1）労働の社会的生産力の発展は資本の有機的構成の高度化の直接的結果としての一般的利潤率の「漸次的低下」（MEGA II/4.2, S. 286; MEW 25, S. 222）あるいは「進行的低下」（MEGA II/4.2, S. 298; MEW 25, S. 233）をもたらす。

労働の社会的生産力の発展とは，具体的有用労働の作用度の上昇によって，同量の労働力が労働諸手段，機械設備，すなわちあらゆる種類の固定資本，原料および補助材料のつねに増大していく総量を，したがってまた（不変資本の総量の増大テンポと同じではないが）つねに価値の大きさの増大していく不変資本を，前と同じ時間内に運動させ，加工し，生産的に消費することである。したがって，この発展は総資本に比べての不変資本の累進的な相対的増大，総資本に比べての可変資本の累進的な相対的減少，社会的平均的な資本の技術的構成の高度化を反映するかぎりでの価値構成の高度化を，すなわち，資本の有機的構成の累進的な高度化をもたらす。この資本の有機的構成の累進的な高度化の「直接の結果」（MEGA II/4.2, S. 287; MEW 25, S. 223）として，剰余価値率が高くなる場合にさえ，一般的利潤率は低下せざるをえない。労働の社会的生産力の絶え間ない発展を表わす資本主義的生産様式に特有な表現としての一般的利潤率の漸次的低下である[5]。

（2）一般的利潤率の低下には利潤量の増大がともなう。マルクスはこの法則

---

5）一般的利潤率の漸次的低下の法則についての経済学史的意義について，マルクスは次のように述べている。

「これまでの説明ではこの法則はまったく簡単なようであるが，それでも，……これまでの経済学はどれもこれもこの法則を発見することさえできなかったのである。経済学はこの現象をみて，それを解明しようとするいろいろな矛盾した試みをやって苦労した。しかし，資本主義的生産にとってこの法則は大きな重要性があるのであって，アダム・スミス以来の全経済学はこの法則の不可解さの解決をめぐって旋回しているといってよいのであり，また，アダム・スミス以来のいろいろな学派のあいだの相違はこの解決のための試みの相違にあるともいえるのである。しかし，他方，従来の経済学は不変資本と可変資本との区別を手探りしはしたが，それを意識的に定式化することにはけっして達しなかったということ，また，剰余価値を利潤から切り離して示したこともないし，利潤一般をそのいろいろな互いに独立化された成分……から区別して純粋に示したこともないということ；資本の有機的構成の相違を，したがってまた一般的利潤率の形成を徹底的に分析したことがないということ，こういうことを考えてみれば，従来の経済学がこの謎の解決に失敗したということも，少しも謎ではなくなるのである。」（MEGA II/4.2, S. 287-288; MEW 25, S. 223-224.）

を「二重性格の法則」(MEGA II/4.2, S. 294; MEW 25, S. 230) と呼んだが，その内容が
これである。

　一般的利潤率の低下に利潤量の絶対的増大がともなうというのはなぜだろう
か。それはまさに，一般的利潤率の低下をもたらす原因，すなわち，社会的労
働の生産力の発展の諸方法は，資本主義的生産にあってはすべて剰余価値の増
大方法であり，したがってまた価値量の増大方法であるからである。さらに，
労働の生産力の発展は，同じ価値で生産手段を含む大量の使用価値を生み出す。
そして，生産手段と合体される追加の労働力は生産手段の価値によってではな
く，その量によって定まるのだから，生産手段の増大にともなう追加的労働力
の増大によって増進された価値増殖が行なわれ，加速的蓄積が進展することに
なる。そしてまた，蓄積によって与えられる資本の集積そのものがそれ自身，
生産力増進の「ひとつの物質的手段」(MEGA II/4.2, S. 293; MEW 25, S. 228) である。
一方，生産の主体的条件である労働力についてみれば，資本の有機的構成の高
度化によって，資本の要求にいつでも応えられる相対的過剰人口が生み出され
る[6]。

　このように，利潤率の低下をもたらす同じ原因が増大する絶対的な利潤量を
もたらすのである[7]。しかも，「ただそれ〔利潤率の進行的低下にもかかわらず利潤量
が増大すること〕ができるだけではない。資本主義的生産様式の基礎の上では，
——一時的な変動を別とすれば[8]——そうならなければならないのである」
(MEGA II/4.2, S. 292; MEW 25, S. 228)。

　生産力の発展が利潤率の低下を引き起こし，それが増大する絶対的な利潤量
をもたらすことができない（一時的変動は別として）のであれば，資本価値の

---

6) 労働者人口の増加についてより具体的な内容については，MEGA II/4.2, S. 293; MEW 25,
　S. 228-229 を参照されたい。

7) この法則から利潤量の増大を排除しようとする見解にたいする批判としては，木村芳資
　「利潤率の傾向的低下法則の内的諸矛盾と恐慌」(『土地制度史学』第76号，1977年) を参
　照されたい。

8) 利潤率の低下には利潤量の増大がともなうといっても，「一時的」には利潤量も減少する
　ことが排除されているわけではない。「一時的」な利潤量の減少は「資本の絶対的過剰生
　産」において生じる事態であるが，なぜ「一時的」な利潤量の減少が生じるかについては
　本書第18章をも参照されたい。

第17章　利潤率の傾向的低下法則と恐慌　577

増殖を生産の目的とする資本主義的生産にあって，生産力の発展そのものがありえないものとなるであろう。労働の生産力の発展は，資本主義的生産の歴史的存在理由そのものである。

利潤率が低下しても増大する絶対的な利潤量がともなう。しかし，これは総資本にとっても個別資本にとっても無条件に補償されはしない。利潤率低下のもとで利潤量を増大させるためには，超過利潤をめぐる部門内競争において，新生産方法を他資本に先駆けて採用し，剰余価値量を，すなわち利潤量を増大させ，加速的蓄積を行ない，新生産方法が一般化する前に前貸資本を増大させなければならない[9]。そうでなければ，利潤率の低下が生じたときに利潤量まで減少させてしまうことになる。したがって，加速的蓄積が強制されることになる。利潤率の低下のもとでの利潤量の増大を獲得するための加速的蓄積がどれだけ行なわれるかは，なによりその原資となる利潤量の大きさに依存する。すなわち，蓄積の絶対量について言えば，それぞれの個別資本が獲得しうる利潤量によって規定されるのであり，したがって各個別資本のもともとの前貸資本の大きさに依存することになるのである。

　(3) エンゲルス版『資本論』の「第14章　利潤率の低下に反対する諸要因」で述べられているように，利潤率の低下は累進的ではなく「傾向的」である。

　生産力の発展が，利潤率の低下をもたらすと同時に，それに反対する，その低下を緩和する諸要因も同時に生み出すのであって，したがって，それは「傾向的」なものとして，「その作用はただ一定の事情のもとで長い期間にわたってのみはっきり現われる」(MEGA II/4.2, S. 308; MEW 25, S. 249) という性質を帯びる。マルクスはその要因として，以下の六つの要素を挙げている。

　①労働の搾取度の増強。すなわち，労働時間の延長による剰余価値率の上昇，

---

9）資本の有機的構成高度化が利潤量を減少させるのであれば，新生産方法は一般化しない。この点について，マルクスは「第1草稿」で次のように述べている。
　　「均等化が行なわれる期間に，それと相携えて第二の要件である投下資本の増大が現われる。したがって，初めのうちは，以前のすべての，あるいはより多くの労働者軍を新しい条件のもとで働かせるほどには資本が十分に大きくないとすれば，それゆえ別言すれば，同じかあるいはより多くの利潤量を生み出すほどには資本総体が十分に増大していないならば，なお従来のやり方で行なわれることになろう。」(MEGA II/4.2, S. 320-321; MEW 25, S. 241.)

578　第2部　マルクスによる恐慌・産業循環の理論的展開を跡づける

生産力の発展による剰余価値率の上昇，労働の強化による剰余価値率の上昇。

　剰余価値率の上昇という「要因は一般法則を廃棄するものではない。しかし，それは，この法則をむしろ傾向として，すなわち，反対に作用する諸事情によってその絶対的貫徹を麻痺させられ妨げられ遅らされ弱められるような法則として，作用させるのである」。だが，剰余価値率の上昇はただ一方的に一般法則を弱めるだけではない。マルクスは続けてこう書いている。「しかし，剰余価値率を高くするその同じ原因が（労働時間の延長でさえ大工業のひとつの結果である），与えられた一資本の充用する労働力を減少させる方向に作用するのだから，この同じ原因はまた利潤率を低下させる方向に作用すると同時にこの低下の運動を緩慢にする方向に作用するのである」（MEGA II/4.2, S. 304; MEW 25, S. 244-245）。なお，利潤率を上昇させるがしかし結局は利潤率を低下させる要因として，超過利潤の生産もあげられている（MEGA II/4.2, S. 303; MEW 25, S. 243-244）。

　②労働力の価値以下への労賃の引き下げ。

　これは競争の叙述に属するものであるが，「利潤率の低下への傾向を阻止する最も重要な要因のひとつ」（MEGA II/4.2, S. 305; MEW 25, S. 245）であるので，「経験的事実として」あげられている。

　③不変資本の諸要素の低廉化。

　不変資本の価値は絶えず増大するにしても，生産力の発展は，不変資本の物量が増えるのと同じ割合でその価値が増加することを妨げる。同様に既存資本の減価が生じる。そして，前貸し資本の減価である限り，この事情は一方では「利潤の量を減らすこともありうる」（MEGA II/4.2, S. 305; MEW 25, S. 246）。

　④相対的過剰人口。

　相対的過剰人口の増大は，可変資本が総資本のなかでかなり大きな割合を占める産業を温存させ，有機的構成の低い新生産部門の創設を可能とする。

　⑤貿易による不変資本および可変資本を構成している諸要素の低廉化。

　しかしこれもまた，利潤率の上昇→生産の規模の拡張→有機的構成の高度化→利潤率の低下　というように，利潤率の低下に「作用し，促進する」（MEGA II/4.2, S. 306; MEW 25, S. 247）。

　⑥株式資本の増加。

第17章　利潤率の傾向的低下法則と恐慌　579

鉄道など，「大きな生産的企業に投ぜられてはいても，すべての費用を引き去ってしまえば，ただ大なり小なりの利子を上げるだけ」の資本の存在。「これらの資本は一般的利潤率の平均化には加わらない」。もしこれらの資本も計算に入れるならば，「資本家の行動を現実に決定する利潤率よりも低い利潤率が出てくる」（MEGA II/4.2, S. 309; MEW 25, S. 250）つまり，平均利潤率の低下を緩和することになる[10]。

　これらの利潤率の低下に反対する諸要因は，任意に指摘されているのではなく，いずれも生産力の発展と多かれ少なかれ関連するものであり，またそれらの諸要因がもたらす利潤率の上昇が蓄積を促すことによって，生産力の発展の原因となる。そしてそれはまた利潤率低下の原因を生み出すということは，この法則の第1の内容（既述1節の（1）の内容）で確認したところである。このように，生産力の発展という同じ原因から生じ，利潤率および利潤量にたいして相反する作用をおよぼす諸契機がこの法則の諸契機であることに注意すべきである。これらの相対立する諸契機が生み出す運動はどのようなものであるかを考察することは，エンゲルス版第15章の理論的展開を考察するうえで，言い換えれば，近代的産業の生活過程＝恐慌に終わる産業循環の骨格をなす運動を考察するうえで，外すことのできない視点である。この点についてはのちに立ち返る。

　法則そのものの以上の三つの内容を踏まえて，第15章の展開を見ることにしよう。

## 2　第15章第1節は利潤率の傾向的低下法則の現象形態を扱う

　エンゲルス版第13，14章でこの法則そのものの三つの内容について明らかにした後，エンゲルス版第15章の第1節に該当する部分では，この法則がどの

---

10) エンゲルス版では「第6節　株式資本の増加」とされたこの部分は，「第一草稿」（MEGA II/4.2）では上記の1-5の要因の叙述の際にはなかった**L**印が付けられ，「**L** さきほど述べた5つの点には6）として〔次のことを〕付け加えることができるが，しかしこれまでの展開の基礎上ではあまり詳しく立ち入ることはできない」（MEGA II/4.2, S. 309; MEW 25, S. 250）と述べられている。

580　第2部　マルクスによる恐慌・産業循環の理論的展開を跡づける

ように現われるか，その現象形態をさまざまな角度から問題にしている。

　第1に，すでに機能している諸資本のもとでは，利潤率の低下と加速的蓄積とが相互に促進するものとして現われること。すなわち，「利潤率の下落と加速度的蓄積は，両方とも生産力の発展を表わしているかぎりでは，同じ過程の別々の表現にすぎないのである」(MEGA II/4.2, S. 310; MEW 25, S. 251) として，この内容を，蓄積→大規模な労働の集積→資本構成の高度化→利潤率の下落の促進，また，利潤率の低下→集積と小資本家の収奪の促進→量から見た蓄積の加速化，として示している。つまり，すでに機能している諸資本のあいだでは生産力の発展によって生じる利潤率の低下と蓄積の加速化は相互促進的に現われ，資本の集積と集中とが進展する。

　だが，第2に，これから新しく自立しようとする資本にとっては，利潤率の低下はその自立化を緩慢化させるというように現われる。したがってそれは「資本主義的生産の発展を脅かすものとして現われ」，このような新しい自立的諸資本形成の緩慢化を引き起こす利潤率の低下は，「……過剰生産，投機，恐慌，労働の過剰または過剰人口と並存する資本の過剰を促進する」(MEGA II/4.2, S. 310; MEW 25, S. 252) というように現われるのである。つまり，利潤率の低下は資本主義生産に独自な生産の制限として現われるというのである。ここではまだ，自己増殖する価値として自立化し運動することを阻まれた価値がどのような形態をとるか，また，それはどのように過剰生産，投機，恐慌を促進するのかは具体的に明らかにされていない。この問題はエンゲルス版の第3節でより具体的に明らかにされる。

　第3に[11]，生産力発展の資本主義的表現であるこの法則は，一方では「社会の消費力」を狭い範囲に限定し──労働者の消費力は剰余価値率の上昇によって相対的に低下し，資本家の消費は，加速的蓄積によって限定される──，他方ではこの法則は「二重性格の法則」として利潤率低下には利潤量の増大がと

---

11) 第2の現象についての叙述に続いて，エンゲルス版では第1節の第5，6段落にあるリカードウに関連する叙述がくるが，「第1草稿」ではその部分が括弧にくくられている (MEGA II/4.2, S. 310-311; MEW 25, S. 252-253)。したがって，叙述の流れとしては，上記の「新しい自立的諸資本の形成の緩慢化」の部分に続く段落としては，エンゲルス版では第7，8段落 (MEGA II/4.2 では，S. 312 から始まる二つの段落)，すなわち，剰余価値の生産の条件とその実現の条件との矛盾の問題，いわゆる「実現問題」がくる。

第17章　利潤率の傾向的低下法則と恐慌　581

もなわなければならず，各個別資本に加速的蓄積を強制する。資本主義的生産に内在するところの生産と消費との矛盾は，利潤率の傾向的低下法則によってたんに資本主義的生産に「内在する」矛盾としてではなく，その矛盾を外在化させる[12]。あるいは，恐慌の可能性を現実性に転化する。この矛盾（「内的な敵対性」[13]）を「生産の外的な分野の拡張によって解決をはかろうとする」（MEGA II/4.2, S. 313; MEW 25, S. 255）。しかし，この解決方法は思惑的生産や流通過程の投機を促進し[14]，「市場の諸関連もそれらを規制する諸条件も，生産者

12) いわゆる「内在的矛盾」は，第2部第3篇「社会的総資本の再生産と流通」に属するという見解がわが国の恐慌研究の一般的なものであったといってよい。この見解は，マルクスの第2部第2稿にある本文からエンゲルスが「注32」として独立化された叙述に拠った見解である。しかし，この「注32」部分のマルクスの原稿では，生産力の無制限的発展傾向と社会の消費力とが対立的に取り扱われているのではなかったということを大谷は明らかにしている。本書「はじめに」の「補説：『久留間・富塚論争』について」のなかの「注32のなかの一語の書き換えによる意味の逆転」と「当該の語はnieかnurか」との両稿，および，第16章，とりわけこの章への「補説3：草稿でnurと書かれている一文の意味について」をみられたい。
　　そもそも，生産と消費との矛盾を論じる前に，生産的消費と個人的消費とがどのように絡み合っているのか，社会的総資本の価値・素材補墳の態様が明らかにされなければならないであろう。その意味で，第2部第3篇の分析はこの問題の理論的前提（恐慌の可能性の内容規定）をなすということはできるが，そこでの生産力の発展の取り扱いは，その発展によって与えられる高度化した資本の有機的構成，あるいはより高い剰余価値率，そしてある蓄積率を前提として，その際にどのような価値・素材の補墳が行なわれるか，ということに尽きる。そしてその取り扱いは第2部第3篇の課題を解明するために要請される方法そのものによって与えられているのである。つまり，可能性を現実性に転化させる契機としての生産力の発展はそこでは問題になりようがないのである。第3部第3篇での取り扱いのように，この法則そのものに含まれている矛盾として取り扱うということは，第2部第3篇の課題からして不可能であろう。
　　なお，第2稿の上記の箇所で「しかし，ここでの話の一切は次の章で問題になることである」（MEGA II/11, S. 308）とマルクスが言う場合の「ここでの話の一切」とは何を指すのかという問題は残るように思われる。この問題については，本書第10章での久留間による検討（368-372ページ）を参照されたい。
13) 草稿の「敵対性」（Antagonismus）をエンゲルス版は「矛盾」（Widerspruch）に変更している。
14)「全信用制度は，またこれに結びついた過剰取引，過度投機，等々は，流通の制限および交換圏域の制限を押し広げ飛び越さずにはいないという必然性にもとづいている。このことは，諸個人のあいだの関係のなかでよりも，諸国民のあいだの関係のなかで大規模かつ典型的なかたちで現われる。」（MEGA II/1.2, S. 328.『マルクス資本論草稿集』2，大月書店，28ページ。）

582　第2部　マルクスによる恐慌・産業循環の理論的展開を跡づける

たちからは独立な自然法則の姿をとるようになり，ますます制御できないものになる」(MEGA II/4.2, S. 313; MEW 25, S. 255)。つまり，「剰余価値実現の条件」である生産諸部門間の比例性を攪乱する。それゆえ，この法則は，資本の過剰と人口過剰の増大という矛盾した現象，つまり恐慌として目に見えるようになる[15]。この過程のより具体的な内容は，「競争戦」が引き起こす「商品過剰」の問題として，上記の「2」と同様に第3節において触れられている。

　第4に，この法則は資本の集積と集中との進展として現われる。集積と集中の進展は利潤率の低下と利潤量の増大の「物的条件」であり，かつその「結果」(MEGA II/4.2, S. 294; MEW 25, S. 229) でもある。これが，資本主義的生産の歴史的傾向との関連で問題にされている。

　次の第5の現象は，エンゲルス版では第13章の末尾 (MEGA II/4.2, S. 316-321; MEW 25, S. 236-341) に移されている。第6の現象は第5の現象の部分に続くMEGA II/4.2, S. 322 の3行までで述べられているが，この第6の現象はエンゲルス版では第15章第2節冒頭から第3段落に移されている (MEGA II/4.2, S. 321-322; MEW 25, S. 257-258)。

----

15) 資本の過剰と人口過剰の増大，その併存が「矛盾した現象」であるというのは，生産諸要素，物的および人的要素があるにもかかわらず，両者が結びつかないからである。生産の目的が生産者大衆の生活の向上のために行なわれるのであれば，このようなことは生じない。すなわち，過剰生産となって現われる恐慌はこの場合，生じえない。両者の併存は，生産の目的が資本による利潤の獲得にあるということを端的に物語っているのである。一言でいえば，生産者大衆の消費制限なくしては過剰生産恐慌はありえない。この意味で，生産者大衆の消費制限は恐慌の条件であるということができる。しかしこの条件は恐慌の原因ではない。労働者の消費制限は資本主義的生産であればいつでも存在するが，恐慌は周期的に生じるからである。労働者の消費制限は「過剰生産として現れる恐慌の条件ではあるがアクティブな働きをする原因ではない」(「レキシコンの栞」No. 7, 本書96ページ)。これにたいして，いまここでみている消費制限は，上記の恐慌の条件としての消費制限ではなく，繁栄期の末期に市場の充溢として顕在化する消費制限であり，市場の充溢の「解決」方法としての市場の拡張の必要性を惹起する契機である。つまり，ここでは消費制限は恐慌の可能性を現実性に転化させる一契機として取り扱われているのである。具体的に言えば，労働者の消費が必需品の範囲に制限されているということが生産の制限をなし，「市場の拡張」によってその制限の突破がはかられ，それが，思惑的生産や流通部面での投機などを促進し，実現条件の一つとしての生産諸部門間の比例性を攪乱することになるのである。恐慌の条件としての労働者の消費制限と，恐慌の可能性を現実性に転化させる契機 (原因) としての労働者の消費制限との区別と関連については，本書第3章の「レキシコンの栞」No. 8 (本書117-120ページ) を参照されたい。

第17章　利潤率の傾向的低下法則と恐慌　583

　第5に，この法則は，「資本によって生産される商品の価格低下には商品に含まれていて商品の販売によって実現される利潤量の増加がともなう」ということに現われる。

　　「……商品が安くなり，この安くなった商品の増大した量にたいする利潤量が増大するということは，ただ，利潤量の増大をともないながら利潤率が下落するという法則の展開された別の一表現でしかないのである。」

　（MEGA II/4.2, S. 320; MEW 25, S. 241.）

　この現象が資本家に誤った観念を抱かせる。すなわち，「個々の商品に付け加える利潤を自発的に少なくするが，自分の生産する商品の数がより大きくなることによって埋め合わせをつける」という「譲渡利潤」（MEGA II/4.2, S. 320; MEW 25, S. 240）という誤った観念である。つまり，この際の資本家の意識は「薄利多売」として現われる。

　第6の部分では，この法則が，生産資本と充用される生きた労働に関してそれぞれに「二重に」現われることが指摘される。すわなち，前者ではすでに蓄積されている生産資本の絶対的な大きさに現われ，また総資本に比して可変資本が相対的に小さいということに現われる。後者では，必要労働時間の減少による剰余価値率の上昇と単位資本当たりの充用労働者数の減少に現われる。これは，利潤率にたいしては反対の方向に作用する。しかし，剰余価値率の上昇によって，生きた労働の減少を埋め合わせることにはある限界があるのだから，剰余価値率の上昇が「利潤率の下落を阻んだり遅らせることはできても，廃棄することはできない」（MEGA II/4.2, S. 321-322; MEW 25, S. 257-258）ことが述べられている。

　以上の内容が，エンゲルス版第14章のあとに続く，そして，次の区切りのしるしであるⅬがついた段落の前までの内容である。みてきたように，ここでは，利潤率の傾向的低下法則が「そこに表現される諸現象」（MEGA II/4.2, S. 321; MEW 25, S. 257）を明らかにしているものと考えられるのである。

　エンゲルス版の第15章第1節部分は「第1草稿」にはない「概説」という表題が付けられていること，さきにみたようにいわゆる実現問題に続く部分を第13章末尾に移動させたこと，また，一部を第2節に組み入れたことなどによっ

584　第2部　マルクスによる恐慌・産業循環の理論的展開を跡づける

て，この部分が全体として何を問題にしているのかが見えにくくなっているように思われる。この事情が，また，いわゆる実現問題が利潤率の傾向的低下法則とは別個の問題としてそれ自体孤立的に取り上げられ，この問題が第1節の主要な問題として見なされる一因をなしていると思われるのである。

## 3　利潤率の傾向的低下法則の諸契機の相対立する運動が　　諸現象をもたらす

　エンゲルス版第15章第2節の部分に移ろう。本章の2節でみたように，生産力の発展の資本主義的表現である利潤率の傾向的低下法則は種々の矛盾した諸現象となって現れる。エンゲルス版第2節の部分では，このような矛盾した諸現象がこの法則の諸契機の相対立する運動によって生み出されることを明らかにしている。エンゲルスがこの章のタイトルを「この法則の内的な諸矛盾の展開」としたことは，この第2節に対応する草稿の当該部分の内容にまことにふさわしい。以下これがどのような内容であるか，検討しよう。

　「第1草稿」では，エンゲルス版第15章第2節の4段落目に区切りの L が付けられ，エンゲルス版第3節冒頭に再び L が付けられている。草稿の区切りにしたがって，内容を検討しよう。

　まず，利潤率と利潤量＝前貸資本の増加との関係を問題にして，概要次のように展開している。利潤率が与えられていれば，資本の絶対的増加は現存する資本の大きさに依存する。しかし，既存資本の大きさを所与とすれば，資本の増大率は利潤率に依存する。そこで，生産力の発展は既存資本の価値量をどのようにして増加させるのだろうか。

　まず，生産力の発展は商品の<u>価値</u>を減少させる。この点からみると，

- ●生産力の発展→労働能力の再生産に入る必需品の低廉化→相対的剰余価値率の上昇→利潤率の上昇→蓄積率の上昇→資本価値の増加（充用労働者数の増加＝相対的過剰人口の吸収）
- ●生産力の発展→不変資本の現物形態としての生産財の低廉化→利潤率の上昇→蓄積率の上昇→資本価値の増加（充用労働者数の増加＝相対的過剰人口の吸収）

第17章　利潤率の傾向的低下法則と恐慌　585

しかし，それらは同時に次のことを含む。

● 生産力の発展→必需品および不変資本の現物形態の低廉化→既存資本の減
　価（資本価値の喪失）→利潤率低下を緩慢化

● 生産力の発展→可変資本の不変資本にたいする相対的減少＝資本の有機的
　構成の高度化→利潤率の低下と相対的過剰人口の形成

　さらに，生産力の発展は単位時間当たりに生産される使用価値の量と多様性
を増大させる。この点からみると，

● 生産力の発展→一定の価値を表わす生産物量の増大→追加資本の価値を表
　わす不変資本の要素および可変資本の要素の増大→より多くの追加的充用
　労働量の増大→必要労働と剰余労働の増大→再生産される資本の価値およ
　び剰余価値の増大（充用労働者数の増加＝相対的過剰人口の吸収）[16]
　（MEGA II/4.2, S. 322-323; MEW 25, S. 258-259）。

　以上から，生産力の発展をともなう資本の蓄積過程には，利潤率を高める要
因と利潤率を低下させる要因，利潤量を増大させる要因と減少させる要因とを
同時に含んでいるということがわかる。だが，これらの相対立する諸要因が
「ただ静止的に並存するもの」ではなく，この両方の契機にはひとつの矛盾が
含まれていること，したがって，これらの相対立する諸要因が対抗して作用し
あい運動を生み出すのだということ，これがこの節で明らかにされている第1
の内容である[17]。これらの相対立する諸要因の対立的運動そのものが，生産力

---

16）生産力の発展が前貸資本の増大をもたらすという場合，マルクスは，「直接的に」増大さ
　せる場合と「間接的に」増大させる場合とを区別して述べている。前者は生産力の発展が
　個々の商品の価値を小さくさせるという観点から，後者は生産力の発展が単位時間当たり
　に生産される使用価値の分量を増大させるという観点から，それぞれ前貸資本の増大を問
　題にしている。同時に，前者では蓄積率を上昇させるという「直接的」なかたちでの前貸
　資本の増大が明らかにされている。後者では，蓄積率は同じであるが，たとえば固定資本
　の更新時に生産性の高い同種の機械等を導入することにより，同一時間に蓄積の物的基礎
　たる生産物を大量に生産することができること，そしてこれによってより多くの追加的労
　働力を合体することができ，こうして前貸資本が「間接的に」増大することが明らかにさ
　れている。

17）「しかし，蓄積過程に含まれるこの両方の契機は，リカードウがそうしているように，た
　だ静止的に並存するものとして考察してはならない。この両方の契機はひとつの矛盾を含
　んでおり，この矛盾は矛盾する諸傾向および諸現象として現われる。／矛盾する諸動因が
　同時に活動しているのである」（MEGA II/4.2, S. 323; MEW 25, S. 259）。なお，社会科学研

586 第2部 マルクスによる恐慌・産業循環の理論的展開を跡づける

の発展をともなう資本の蓄積過程であり，これらの相対立する諸要因，充用労働者数の増加と相対的過剰人口，前貸資本量の増大と資本の有機的構成の高度化，前貸資本価値の増加と既存資本の減価，これらはいずれも利潤率の傾向的低下法則を構成する諸契機をなすことはすでに本章の1節でみたところである。そこで，恐慌はこの法則を構成する諸契機の「衝突の……周期的……はけ口」，この法則の諸契機が含む諸矛盾の「一時的な暴力的な解決」である（MEGA II/4. 2, S. 323; MEW 25, S. 259)，という規定を受けることになる。

　　「これらのいろいろな影響は，ときには空間的に相並んで作用し，ときには時間的に相次いで作用し，そして相争う諸動因の衝突は周期的に恐慌にはけ口を求める。恐慌は，つねに，ただ既存の諸矛盾の一時的な暴力的な解決でしかなく，攪乱された均衡を回復する暴力的な爆発でしかない。」
　　（同上。）

　マルクスは，恐慌によって「暴力的に解決」されねばならないこの「既存の諸矛盾」を「最も一般的に表現すれば，次の点にある。」（同上）として，概要，以下のように述べている。

　資本の運動の目的は既存資本の価値の維持とその最大限の増殖とにあり，この目的のために，どこまでも生産諸力を高めようとする。しかし，この目的を達成するための手段は，資本の有機的構成を高度化させ，単位資本当たりの利潤量の減少となって，利潤率の低下となって現われる。すなわち，増殖力の低下である。またそれだけではない。生産力の発展は，生きた労働を減少させ，商品の価値を低下させる。それは，生産資本，商品資本の形態をとっている既存資本を減価させる。これは，資本価値の喪失であり，すでに生産されている

---

　　究所監修，資本論翻訳委員会訳『資本論』9（新日本出版社）では，「蓄積過程に含まれているこの両契機」のあとに，訳者による両契機についての解釈が挿入されている。すなわち両契機とは「生産力の発展が，直接的に価値におよぼす作用と，間接的に使用価値におよぼす作用」（同書，424ページ）のことだというのである。しかし注16）で述べたように，「直接的」，「間接的」は「価値」および「使用価値」にかかるのではなく，前貸資本の増大に作用するしかたを問題にしているのだということ，さらに，対立し，矛盾する「蓄積過程に含まれるこの両方の契機」とは，価値と使用価値ではなく，利潤率を低下させる要因と利潤率を上昇させる要因，利潤量を増加させる要因と減少させる要因を指していると考えるべきであろう。

生産力の破壊である。さらに，生産力の発展が利潤率の上昇をもたらすかぎり
では資本蓄積を促進するが，それは充用労働者数を現実に増大させ，相対的過
剰人口を吸収し，剰余価値生産のための条件を侵食することになる。また，生
産力の発展が蓄積の物質的諸要素の量を増大させることによって充用労働者数
を増大させる場合も同様である。

　既存資本の価値の維持とその最大限の増殖とをその運動の目的としている資
本主義的生産にとって，増殖力の低下，資本価値の喪失，剰余価値生産の条件
の喪失を意味するこれらの諸要因は，資本主義的生産に内在する生産を制限す
る諸要因である。しかし，資本とは「自己の制限を乗り越えようとする無際
限・無限度な衝動である」（MEGA II/1.1, S. 249.『マルクス資本論草稿集』1，大月書店，
413ページ）。そうでなければ資本は資本であることをやめることになる。

　制限を乗り越えるとはどのようなことであろうか。生産力の発展が単位資本
当たりの利潤量の減少として，すなわち利潤率の低下として現われるかぎり，
同量の利潤量を獲得するためにもそれは前貸資本量の増大が必至となる。この
節の冒頭で見たように，生産力の発展が前貸資本量の増大をもたらすのは，そ
れが剰余価値率を高め，また，不変資本の諸要素の低廉化によって利潤率を高
め蓄積率を高めることによってであった。しかし，それは，どちらも資本の有
機的構成を高めることによって利潤率の低下の原因を含んでおり，また，既存
資本の減価をもたらすものであった。既存資本の減価は一定の価格を前提とす
る再生産過程を攪乱させる。また，既存資本の価値喪失という生産の制限は労
働者の過度労働によって回避しよう（制限を乗り越えよう）とする傾向を助長
する。これはこれで，搾取率を高め，労働者の消費力の相対的低下をもたらす。
生産力の発展によって生じる剰余価値率の上昇による労働者の消費力の相対的
低下と同様に，利潤量の実現の制限要因をなす。この制限の突破としての市場
の外延的拡張は，生産の無政府性を強め生産諸部門間の比例性を攪乱する。さ
らに，生産力の発展がもたらす「直接的」および「間接的」なしかたでの前貸資
本量の増大は資本の有機的構成の高度化によって排出される相対的過剰人口を
吸収し，それによって，搾取率の低下への傾向をもたらすことになる。これを
乗り越えようとして，労働者の遊離のために資本の有機的構成を高度化させる
ならば，利潤率の低下の原因を生み出し，さらに雇用労働者の減少によって，

588　第2部　マルクスによる恐慌・産業循環の理論的展開を跡づける

利潤量さえも減少させてしまうことになる，等々。このように，ひとつの制限を乗り越えようとすると新しいより拡大された規模で生産の制限を生み出してしまうのである。「資本主義的生産は絶えずその内在的な制限を乗り越えようとするが，しかしそれを乗り越える手段は，その制限を新しいより拡大された規模で再生産させるものでしかない」(MEGA II/4.2, S. 324; MEW 25, S. 260) のである。それは，資本とその自己増殖が出発点と終着点として，生産の目的として現われるからである。すなわち，資本がその目的のために充用せざるをえない生産方法，労働の社会的生産力の無条件的発展に向かって突進する生産方法とは，既存資本の増殖という制限された目的と絶えず衝突することになるからである。

　　「資本主義的生産の真の制限は資本そのものである。」(MEGA II/4.2, S. 324;
　　MEW 25, S. 260.)

　したがって，利潤率の傾向的低下法則に内在する諸契機の相対立する運動，すなわち，資本主義独自の生産の制限の措定とその突破の運動は，結局はすでに生み出した生産力の破壊，既存資本の周期的減価によって，利潤率の低下という生産の制限を克服して，新たな資本蓄積の条件と新資本の形成とを促進する，ということにならざるをえないのである。だが，既存資本の周期的減価は，「資本の流通・再生産過程がそのなかで行なわれる与えられた諸関係を攪乱するし，したがって生産過程の突然の停滞や危機 (Crisen) とをともなう」(MEGA II/4.2, S. 323-324; MEW 25, S. 260)。すなわち恐慌である[18]。

　生産力の発展をともなう資本蓄積過程とは，この法則に内在する諸契機が相対立して運動する過程であり，それはまた，この法則の貫徹過程でもある。そ

---

18)「資本主義的生産様式の制限は次のように現われる。／(1) 労働の生産力の発展は利潤率の低下ということのうちにひとつの法則を生み出し，この法則は，生産力の発展がある点に達すればその発展に敵対的に対抗し，したがって絶えず恐慌によって克服されなければならないということ。／(2) 社会的欲望にたいする，社会的に発達した人間の欲望にたいする生産の割合ではなく，不払労働の取得と対象化された労働一般にたいするこの不払労働の割合がその制限として現われるということ。それゆえ，資本主義的生産様式にとっては，生産が他の前提のもとでは不十分だと思われるような程度に達しただけで，制限が現われるのである。それは欲望の充足が停止を命ずるところではなく，利潤の実現と生産が停止を命ずるところで停止してしまうのである。」(MEGA II/4.2, S. 332; MEW 25, S. 268-269.)

第17章　利潤率の傾向的低下法則と恐慌　589

してこの運動は，既存資本の周期的減価という事態によって利潤率の低下を克
服せざるをえない局面を迎えることになる。エンゲルス版『資本論』第15章第
3節に該当する草稿部分ではこの抗争する諸契機の対立的運動がより具体的に
叙述されている。この点を次節で見ることにしよう。

## 4　制限突破がもたらす「競争戦」とその帰結を叙述する
　　第15章第3節

　ここで考察する「競争戦」についてのマルクスの叙述を正しく読み取るため
には，叙述のなかで問題になっているのが既存の現実資本のことなのか，それ
とも貨幣資本 (monied capital) のことなのかを区別しておくことが大切である。
　上記の区別を明確にしながら，第15章第3節部分で展開されている問題を整
理してみよう。
　本章の2節では利潤率の傾向的低下法則がどのように現われるかについて，
マルクスの叙述を6点にわたって整理した。その第1で，この法則は既存の現
実資本においては資本の集積と集中として現われることを確認した。そして第
2に，「新しく自立しようとする資本」を問題として，マルクスの次の叙述に言
及した。「他方，利潤率すなわち総資本の価値増殖率が資本主義的生産の刺激
であるかぎりでは，資本の価値増殖が資本の唯一の目的であるように，利潤率
の下落は新しい自立的諸資本の形成を緩慢にし，資本主義的生産過程の発展を
脅かすものとして現われる。(この下落は過剰生産，投機，恐慌，労働の過剰
または過剰人口と併存する資本の過剰を促進する。)」(MEGA II/4.2, S. 310; MEW
25, S. 252)。
　「新しく自立しようとする資本」にとっては，利潤率の低下はその「自立」を
阻害し，資本主義的生産過程の発展を脅かすものとして，すなわち，生産の制
限として現われる。「自立」を阻害された資本は貨幣資本の形態にとどまらざ
るをえない。しかし，自己増殖をその運動の目的とする資本にとって「自立」
を阻害する生産の制限は突破されなければならない。だが，この制限の突破は
「過剰生産，投機，恐慌，労働の過剰または過剰人口と併存する資本の過剰」
をもたらすことになる。

590　第2部　マルクスによる恐慌・産業循環の理論的展開を跡づける

　ここで取り上げる第15章第3節部分では，まず，この二つの問題の関連がより具体的に論じられることになる。

　エンゲルス版第3節の冒頭部分[19]では次のことが問題にされている。

　生産力の発展は蓄積の加速化と利潤率の低下とを引き起こすのであるが，それは，ⓐ資本の集積と集中とを「条件」（MEGA II/4.2, S. 315; MEW 25, S. 256）とし，したがって，「個々の資本家の手中での生産手段の集積の必要な程度」（MEGA II/4.2, S. 324; MEW 25, S. 261）たる最低資本量の増大となって現われる。また，資本の集積がどれだけ行なわれるかは蓄積の元本である利潤量の絶対量にかかっているため，「利潤率の低い大資本のほうが利潤率の高い小資本よりも急速に蓄積する」（MEGA II/4.2, S. 325; MEW 25, S. 261）のであり，前貸資本の増大をもたらす。これはまたこれで「利潤率の新たな下落をもたらす」（同上）。

　そしてこれに続けて次のように述べている。ⓑ「こうして大量の分散した小諸資本は，冒険的，投機，信用思惑，株式思惑，恐慌（Crisis）。いわゆる資本の過多（プレトラ）は，つねに根本的には，利潤率の低下が利潤量によって埋め合わせられない資本（そして新たに形成される資本の若枝はつねにこれである）の過多に，または，このようなそれ自身で自立する能力のない資本についての処分を大きな事業部門の指導者たちに（信用の形で）[20]委ねることの過多に，関連している。このような資本過多は，相対的過剰人口を刺激するのと同じ事情から生ずるものであり，したがって相対的過剰人口を補足する現象である。といっても，この二つのものは互いに反対の極に立つのであって，一方には遊休資本が立ち，他方には遊休労働者人口が立つのであるが」（同上）。

　ⓐの部分は既存資本（現実資本）についてであり，ⓑは「資本過多に，関連している」というのであるから，貨幣資本（monied capital）の形態をとる資本に関連しているわけである。したがって，ⓑで問題とされている「大量の分散した小諸資本」とは，規模の小さい現実資本を表わしているのではなく，貨幣資本（monied capital）の形態をとる「小諸資本」であること明らかであろう。

　さて，このⓐとⓑとの関連はどのようなものと考えるべきであろうか。

---

19）「第1草稿」では，エンゲルス版第3節の冒頭部分に **L** 字の記号が付けられている。したがって，エンゲルス版第3節部分は，草稿の区切りと一致すると考えてよいであろう。

20）エンゲルス版では，草稿で「信用の形で」を括っていた括弧が削除されている。

第17章　利潤率の傾向的低下法則と恐慌　591

　まず，既存資本（現実資本）における利潤率の低下と利潤量増大との同時的発現は，資本の集中と集積とを「条件」としているがゆえに，各部門における最低資本量が増大する。つまり，低下した利潤率のもとで利潤量の増大をもたらすことのできる資本量（最低資本量）が増大する。そこで，この増大した最低資本量を充たすことができない場合には，現実的蓄積はできずに蓄積基金は貨幣形態にとどまるほかはない。もとの資本から分離され，独立に機能するように予定された「新たに形成される資本の若枝」も同様に貨幣形態にとどまるほかはない。

　さらに，本章の2節の第5でみたように，この法則は，市場では繁栄期の末期に商品の価格と供給量について，次のような形で現われる。すなわち，商品の価格は低下するが，しかし，商品1個当たりの利潤量の減少（商品価格の低下）を商品量の増大によって埋め合わせるだけでなく，商品の販売によって得られる利潤量を以前よりも増大させるような大量の商品量の供給とその実現として現われる。市場は充溢している。部門ごとに市況は異なるであろうが，追加資本を投下しても以前より増大した利潤量の獲得が望めないという場合には，既存個別資本は蓄積基金を当該部門へ投下することに躊躇し足踏みをするであろう。

　この法則が既存資本（現実資本）におよぼすこれらの影響が，「分散した大量の小諸資本」＝「それ自身で自立する能力のない資本」＝「利潤率の低下が利潤量によって埋め合わせられない資本」を，つまりは貨幣資本のプレトラを生み出すことになるのである[21]。

---

21）現実資本が生み出した剰余価値のうち，収入に予定されていない部分が，それを生み出した生産部面での事業の拡張に充用されない場合，その価値額は，monied capital に転化する。このような価値額が生み出される原因について，マルクスは次のように述べている。
　「一つの原因は，この部面が必要な資本で飽和状態にあるということである。もう一つの原因は，資本として機能できるようになる前に，蓄積がまずもって，この特定の事業での新たな資本の充用の量的関係に規定されたある程度の大きさに達していなければならない，ということである。だから，蓄積はさしあたりまず moneyed Capital に転化して，他の諸部面での生産の拡張に役立つのである。」（MEGA II/4.2, S. 585-586; MEW 25, S. 523.）
　この二つの原因とも利潤率の傾向的低下法則の運動がもたらしたものであることは，本文で述べた。

592　第2部　マルクスによる恐慌・産業循環の理論的展開を跡づける

　マルクスは利潤率の低下が新しい自立的資本の形成を緩慢にするということ，そしてそれに続けて「（この下落は過剰生産，投機，恐慌……を促進する。）」と述べていた。上記にみた@とⓑとを明確に区別しながら，これを考えてみよう。

　まず，現実的資本についてみると，大資本は利潤率が低下しても増大する利潤量を確保している。しかし，増殖率は低下しているのであって，より大なる利潤量を確保するためには前貸資本の増大が必要である。「……利潤率の下落の方は，集積と小資本家たちの収奪を促進し，……直接的生産者の収奪を促進する。他方そのために，蓄積率は下落するにもかかわらず，蓄積は──量についてみれば──加速されるのである」(MEGA II/4.2, S. 310; MEW 25, S. 251)。つまり，小資本（現実資本）を飲み込みながら（集中），集積を進め，蓄積を加速する[22]。この際，大きな事業の指導者たちにその処分を「委ねられる（信用の形で）」プレトラが大いにその役割を果たすことになる。同様に，「（小さな利潤をもたらす市場価格はそこでは確定した大きさと見なされている。）」のだから，そのもとでの超過利潤獲得への誘因が増大し，「資本の緊張が生じる」(MEGA II/4.2, S. 332; MEW 25, S. 269)。

　では，貨幣的蓄積にとどまらざるをえない「新たに形成される資本の若枝」・「大量の分散した小諸資本」はどのようにして制限を突破することになるだろうか。それらは「一般水準にかかわりなくそれを超えるなにがしかの剰余利潤を確保するための，あれこれの新しい一連の生産や資本支出や投機における熱狂的な試みに」（同上）没頭することになり，それは「詐欺師たちに思惑や便宜が与えられる」（同上）ことになる[23]。つまり，貨幣資本家としての彼らの

--------

22)「競争においては生産力の増大にともなって必要となる資本の最低量の増大は次のように現われる。新しい発明が一般的に採用されるようになれば，比較的小さい資本は将来において経営から排除される。たださまざまな生産部面での機械的発明がなされたばかりのはじめのうちだけが，比較的小さな資本もそれらの機械を経営することができるのである。」(MEGA II/4.2, S. 336; MEW 25, S. 273.)

23)『直接的生産過程の諸結果』では，最低資本量の増大によって諸資本（貨幣形態にある）がどのような行動をとることになるかについて述べているが，そこでは最小資本量の増大にともなって分離された資本と労働とが「小さな規模で仕事ができる」「新たな事業部門を呼び起こす」ことが述べられている（MEGA II/4.1, S. 104-108. 岡崎次郎訳，国民文庫，大月書店，103-109ページ）。同様に，『資本論』第1部第7篇（MEGA II/6, S. 570-571; MEW 23, S. 654-655）では資本の集中の諸法則について簡単な事実の指摘を行ない，そのなかで，

第17章　利潤率の傾向的低下法則と恐慌　593

行動は過熱期を特徴づける。それは「冒険的，投機，信用思惑，株式思惑，恐慌 (Crisis)」を招来することにならざるをえないのだ，というのである[24]。

利潤率の低下が引き起こす「競争戦」についてマルクスは次のように述べている。

> 「……蓄積に結びついた利潤率の低下は必然的に競争戦を呼び起こす。利潤量によって利潤率の低下を埋め合わせるということは，ただ社会の総資本についてだけ，また確立した大資本たちについてだけ存在する。新たな独立に機能する追加資本はそのような埋め合わせを見出せず，これに抗して行動しなければならず，このように利潤率の低下が諸資本間の競争戦を引き起こすのであって，逆ではない。」(MEGA II/4.2, S. 330; MEW 25, S. 266-267.)

そして，この「競争戦」が，つまり，利潤率の低下という生産の制限を乗り越えようとする諸資本間の戦いはどのような新たな制限を生み出すかについて，

---

最低資本量の増大とそれにともなう「競争戦」およびその際の信用の役割について触れている。そこで述べられている「競争戦」の性格について言えば，最小資本量が増大すると，そこでの「競争の激しさは対抗する諸資本の数に正比例し，それらの資本の大きさに反比例」し，「この競争は，つねに，多数の小資本家たちの没落をもって終わ」る，と述べられている。

24) マルクスは，1848年に始まった循環は1852年に勃発するであろうという予測の根拠として，恐慌の兆候としての過度投機の存在を指摘して，次のように述べている。

> 「……繁栄期に通例貸付市場に投じられる追加的資本は，それだけでも，競争の法則に従って，利子率を著しく引き下げる。しかしこれをこれよりもずっとおおきな度合いで低下させるのは，一般的繁栄によって非常に増大させられた信用であって，信用は資本にたいする需要を減少させることによってそうするのである。……そこで貸付市場の資本家は，他のすべての階級の所得が増大する時期にありながら，自己の所得が3分の1またはそれ以上も減少するのをみるわけである。この状態が続くのが長ければ長いほど，彼らはますます自己の資本のより有利な投下先を探し回ることを余儀なくされる。過剰生産は無数の新企画を呼び起こすが，そのうちのわずかなものでも成功しようものなら，それだけでも，多数の資本がどっと同じ方向に投下され，思惑がしだいに一般的になる。だがこの時期には，すでにみたように，投機には可能な主要なはけ口は二つしかない。それは綿花栽培であり，カリフォルニアとオーストラリアとの開発により与えられる新しい世界市場の結びつきである。今回の投機の分野は，以前のどの繁栄期よりも異様に大きな規模をとるであろう。」(MEGA I/10, S. 459-460; MEW 7, S. 433.)

その引用文にある，「貸付市場の資本家」の構成要素をなすのが，第3部第3篇で問題にされた「分散した小諸資本」・「新たに独立に機能する諸資本」・「資本の若枝」等である。

この文章に続けて次のように述べている。

「もちろん，この競争戦は労賃の一時的上昇をともない，またこの事情が
もたらすより一層の利潤率の一時的下落をともなっている。同じことは，
商品の過剰生産，市場の供給過剰にも現われる。剰余価値の生産，利潤の
生産が資本の目的であり，欲望の充足が目的ではないのだから，資本がそ
の目的を達成するのは，生産の段階に生産量を合わせる方法によるだけで
それとは逆の方法によるのではないから，資本主義的基礎の上での消費の
制限された割合と，絶えずこの内的な制限を越えようとする生産とのあい
だには，絶えず分裂が生ぜざるをえないのである。」(MEGA II/4.2, S. 330;
MEW 25, S. 267.)

利潤率の低下という生産の制限を乗り越えようとするこれらの諸資本間の競
争戦は，いずれも資本の過多と同じ事情から生じる相対的過剰人口を吸収し，
労賃の一時的上昇をもたらす。それは，剰余価値生産の制限，すなわち労働者
人口の制限による生産の制限を乗り越えて資本が蓄積を強行したからである
（剰余価値生産の条件の悪化）。また，本章の2節のこの法則の第3の現象形態
のところでみたように，市場の充溢は市場拡張へと駆り立て，信用を利用して
の投機や思惑的生産を助長し，資本の現実の還流を隠蔽して過剰な蓄積を促進
し，市場の供給過剰をもたらす。それはまた，剰余価値実現の諸条件による生
産の制限を乗り越えて資本が蓄積を強行した結果である（剰余価値実現の条件
の悪化）。

過剰生産期，過熱期は市場参加者にとっては景気が絶好調と感じられる時期
である。しかし過熱期は繁栄期のなかのたんなる絶頂期ではない。新技術の導
入，新しい使用価値の発見，新たな市場の開拓などの「最初の衝撃」で始まっ
た新たな産業循環のなかで，これらの効果がひとわたりゆきわたり，新技術の
波及などにともなって利潤率の低下が顕在化し，「市場の充溢」と「最低資本量
の増大」が進んでいる状態，それが繁栄期の末期である。しかし諸資本はここ
で蓄積をあきらめるわけではない。資本は利潤率の低下という生産の制限を突
破しようとする。大資本は信用も利用して小資本を飲み込み，さらなる集積を
はかる。一方，貨幣的蓄積にとどまらざるをえない「大量の分散した小諸資
本」＝「それ自身で自立する能力のない資本」＝「利潤率の低下が利潤量の増大に

よって埋め合わせられない資本」，そして「資本の若枝」，これらは新たな事業の試みとともに，なによりも投機に活路を見出していく。投機（当時はとくに外国貿易にかかわる投機と鉄道株などの投機）は資本の現実の還流を隠蔽することによって，過剰な蓄積を促進する。賃金は上がり，国内市場の拡大にともない物価も上がり（再生産過程の諸要素の弾力性が極度に緊張し），貿易赤字も目立ってくる。そしてこのような過熱現象を現実化するうえで，市場の充溢と最低資本量の増大によってはじき飛ばされた資本が monied capital（貸し付け可能な貨幣資本）の供給源となって信用が容易に利用できること，つまり「資本の過多（プレトラ）」という状態，これが過熱期を実現する重要な条件なのである。「現実の恐慌は，資本主義的生産の現実の運動，競争と信用からのみ説明することができる」(MEGA II/3.3, S. 1133, MEW 26 II, S. 513) のである。

　なお，『資本論』第3部第3篇では，これらの過剰資本の「競争戦」がどのように戦われるのかについて具体的に展開されてはいない。その特質だけが叙述されているだけである。この篇で明らかにすべき問題は，過度投機や思惑的生産の横行などを生み出す諸契機，すなわち「資本の過多（プレトラ）」[25]や市場拡張の必要性など，過熱期を生み出す諸契機がこの法則の運動そのものによって与えられることを明らかにすることである。したがって，競争戦もまた，そのかぎりで取り扱われたのである。

　さて，「労賃の一時的上昇」は搾取率の低下から生じる「よりいっそうの利潤率の一時的下落」という新たな生産の制限を生み出すことになるが，資本はこの制限をどのように乗り越えるのか。

　資本の絶対的過剰生産についてのマルクスの叙述によってこれを検討しよう。

---

25）「第1草稿」では，「資本の過剰生産（＝資本の過多）」についての「［……より詳細な研究は，利子生み資本などや信用などがいっそう展開される資本の現象的な運動の考察に属する］」(MEGA II/4.2, S. 325) という，エンゲルス版では削除された注意書きが書き込まれている。なお，信用制度が恐慌にとってもつ意義については，『マルクス経済学レキシコン』⑦の項目12「再生産過程を駆りたててその資本主義的諸制限をのりこえさせる信用制度の役割。恐慌のかたちでの，資本の内的諸制限の最終的貫徹。恐慌時には，信用制度の崩壊が，過剰生産の結果として，また同時に，恐慌を先鋭化させる要因として，現れる」を参照されたい。

596 第2部 マルクスによる恐慌・産業循環の理論的展開を跡づける

## 5 資本の絶対的過剰生産と資本による「制限」の
突破としての恐慌

さきに引用した第3節冒頭の資本の過多（プレトラ）と相対的過剰人口の並存について述べた次の段落から，資本の絶対的過剰生産の問題が述べられている。

> 「個々の商品ではなく資本の過剰生産（＝資本の過多）[26]（といっても資本の過剰生産はつねに商品の過剰生産を含んでいるのだが）の意味するものは，まさに資本の過剰蓄積以外のなにものでもないのである。この過剰生産[27]がなんであるかを理解するためには〔それについてのより詳細な研究は，利子生み資本などや信用などがいっそう展開される資本の現象的な運動の考察に属する〕[28]，それを絶対的なものとして仮定しさえすればよい。どのようなときに，資本の過剰生産は絶対的なのであろうか。しかも，あれこれの生産領域とか二，三の重要な生産領域とかに及ぶのではなく，その範囲そのものにおいて絶対的であるような，つまりすべての生産領域を包括するような，過剰生産は？」(MEGA II/4.2, S. 325; MEW 25, S. 261.)

資本とは，自己増殖する価値の運動体である。それにもかかわらず，利潤率の低下を利潤量の増大で埋め合わせることのできない資本，それ自身で自立的に価値増殖できない価値額（＝資本の過多）を生み出した蓄積というのは，まさに，資本の過剰蓄積以外のなにものでもない。それに続けてマルクスは，「この過剰生産がなんであるかを理解するためには，それを絶対的なものとして仮定しさえすればよい」（同上）というのである。

ではこの絶対的な過剰生産とは？ 資本主義的生産を目的とする追加資本がゼロとなれば，そこには絶対的過剰生産がある。つまり，元の資本Cに $\varDelta C$ を加えたものが，元の資本Cが生み出していた利潤額Pしか生み出さない，

---

26)「（＝資本の過多）」は，エンゲルス版では削除されている。

27)「過剰生産」は，エンゲルス版では「過剰蓄積」となっている。

28) この〔 〕内の注記は，エンゲルス版では「（それのもっと詳しい研究はもっとあとで行なわれる）」と変更されている。

第17章　利潤率の傾向的低下法則と恐慌　597

あるいはそれどころかP－xしか生み出さないのであれば，追加資本はゼロに
なる。このような追加資本がゼロになるような事態に陥ってしまうのは，前節
でみた「競争戦」によって，剰余価値生産の条件としての労働者人口の制限を
も突破し，相対的過剰人口を吸収することによってであった。

　C→P から（C＋⊿C）→P あるいは P－x，どちらの場合でも「一般的利潤率
のひどい突然の低下が起きるであろうが，今度は生産力の発展による資本構成
の変化のためではなく，可変資本の貨幣価値の増大とそれに照応する可変資本
に対象化された労働にたいする剰余労働の割合の減少による資本構成の変化の
ためであろう」(MEGA II/4.2, S. 326; MEW 25, S. 262)。

　この一般的利潤率の突然の低下という生産の制限は，なんとしてでも乗り越
えなければ，資本として運動することができない。資本の有機的構成を高度化
させることによって労働力を遊離させようとすれば，それは利潤率の低下の原
因となるし，雇用労働力の減少は利潤量の減少となって現われる。労賃の引き
下げによってこの事態を乗り越える試みは，そもそも相対的過剰人口の吸収に
よって労賃が上昇したのであって，資本と労働との競争関係において労賃の低
下は不可能である。すなわち，剰余価値率の上昇は困難である。では，どのよ
うにしてこの事態を乗り越えるか。それは，利潤率の突然の低下をもたらした
過剰資本（⊿C）を減価させることであり，これによって利潤率の上昇をはか
るほかはない。減価されるべき価値額が追加資本部分をなすものであるかもし
れないし，あるいは元の資本であるかもしれないが[29]，とにかく ⊿C 部分は
減価されなければならない。ところがこの価値減価は，一定の価格関係を前提
している再生産過程を攪乱させることになる。

　　「既存資本の周期的減価は，利潤率の低下をくい止めるための，また資本
　　価値の蓄積と新資本の形成を促進するための，資本主義的生産様式に内在
　　する手段であるが，この減価は，資本の流通・再生産過程がそのなかで行
　　なわれる与えられた諸関係を攪乱し，したがって生産過程の突然の停滞や
　　危機とをともなう。」(MEGA II/4.2, S. 323-324; MEW 25, S. 260.)

────────────────────

29）どの部分がこの減価をこうむることになるか，これを決めるのは「損失の分配」をめぐる
　　諸資本間の「競争戦」(MEGA II/4.2, S. 327; MEW 25, S. 263-264) である。

598　第2部　マルクスによる恐慌・産業循環の理論的展開を跡づける

　このように、「資本主義的生産は絶えずその内在的な制限を乗り越えようとするが、しかしそれを乗り越える手段は、その制限を新たにより拡大された規模で再生産させるものでしかない」(MEGA II/4.2, S. 324; MEW 25, S. 260) のである。

　資本の絶対的過剰生産は、資本の有機的構成の高度化から生じる利潤率の低下という制限を乗り越えようとして信用をも利用して前貸資本を増大させる既存資本の蓄積と、与えられた諸条件のもとで利潤量を増大させることができない「大量の分散した小諸資本」とが引き起こす競争戦によって生じる事態であった。言い換えれば、利潤率の低下という生産の制限を乗り越えようとする資本の振る舞いが、既存資本の価値の破壊によってしか乗り越えられないより大きな生産の制限を生み出したのである。

　なお、資本の絶対的過剰生産の以上の検討で明らかなように、これをもたらす剰余価値率の低下も利潤率の傾向的低下法則を構成する諸契機（資本の有機的構成高度化と前貸資本の増大、利潤率の低下と利潤量の増大、相対的過剰人口の排出と吸収、既存資本の減価等々）の相争う対立的な運動が生み出す事態として考察されているのであって、この法則から切り離して、孤立的に「資本の絶対的過剰生産」を論じるというしかたは、マルクスのものではないということは明らかであろう。

　ところで、既存資本の（周期的）減価による利潤率の低下の克服は再生産過程の攪乱を、したがって、恐慌を引き起こさざるをえないものであったが、しかし、恐慌をもたらす既存資本の減価、そして生産の停滞そのものが、次の生産需要を増大させることとなる。以下、この点を考察しよう。

## 6　恐慌から停滞・回復への諸契機

　マルクスは、再生産過程の攪乱と停滞およびそれによる再生産の現実の減少について述べたあとに、「しかし、同時にそのほかのいろいろの作用諸要因も働いたであろう」(MEGA II/4.2, S. 328; MEW 25, S. 265) として、およそ以下のような議論を展開している。

● 生産の停滞→労働者の一部分の遊休化→就業労働者の賃金の「平均以下の労賃引き下げ」→剰余価値率の上昇

第17章　利潤率の傾向的低下法則と恐慌　　599

- 繁栄期における労働者の結婚への刺激，新生児の大量死亡の減少→資本にたいする労働者の関係では「まるで現実に機能する労働者の数が増加したかのように作用」→就業労働者の賃金の「平均以下への労賃の引き下げ」→剰余価値率の上昇
- 価格の低下と競争戦（損失分配の競争戦）→資本への刺激→より安い商品の生産を目指して新しい機械，新しい改良された労働手段，新しい組み合わせの充用による個別的価値の社会的価値以下への低下の努力→資本の有機的構成の高度化→相対的過剰人口の生産への刺激
- 不変資本の諸要素の減価→可変資本と比べて不変資本の量は増大するが，不変資本の価値は減価→新資本にとっては利潤率の上昇の一要因

以上の内容を受けて，「そこに現われた生産の停滞は，資本主義的限界のなかでの，実際の生産需要を高めたであろう」として，次のように述べている。

> 「このようにして循環はまた繰り返されるであろう。機能の停滞によって減価した資本の一部分はその元の価値を回復するであろう。その後は，拡大された生産条件と拡大された市場のもとで，そして高められた生産力をもって同じ悪循環が繰り返されていくであろう。」(MEGA II/4.2, S. 329; MEW 25, S. 265.)

生産手段の機能の停止はそれ自体，自然の風化作用によって不変資本の価値を減価させる。しかし，それが現実に稼働することによってその一部分は「元の価値を回復する」。そのうえ，上記に見たように，剰余価値率が高まり，使用可能な労働者数は増大している。つまり，剰余価値生産の条件が拡大されているのである。また，商品の価格の低下と競争戦は，より安い商品の生産への刺激と同時に，新しい使用価値の開発と実用化の促進への刺激を与える。あるいは，新市場の開拓への刺激を与える[30]。つまり，市場の拡大への刺激である。

---

30) 不況期によって準備されるこれらの利潤率の上昇要因，剰余価値率の上昇，相対的過剰人口の増大，不変資本の諸要素の価格低下，そして利子率の低下などによって自動的に次の循環が開始されるわけではない。生産拡張の結果もたらされる製品が売れる見込みがなければ新投資は行なわれない。その見込みがなんらかのかたちであることが前提される。これが生産の突然の拡大を刺激する衝撃（アンシュトース）であり，新市場の開拓，新技術の導入，新使用価値の開発などである。これについては，「レキシコンの栞」No. 9の「生産に衝撃を与えてその突然の膨張をひきおこすものはなにか」(本書第4章138-139ペー

600 第2部 マルクスによる恐慌・産業循環の理論的展開を跡づける

これらすべて生産力の上昇をもたらし，これによって「同じ悪循環が繰り返されていく」ことになる。

　以上，産業循環の局面との対応で言えば，恐慌期から不況期，そして回復期の資本の運動について描写しているのであるが，これらは素描にすぎないとはいえ，ここに示されている視点には明確な特徴がある。それは，次のようなものである。

　「平均以下への労賃の引き下げ」による剰余価値率の上昇は，言うまでもなく利潤率の上昇要因である。同様に，相対的過剰人口の生産もまた，有機的構成の低い産業部門の温存と拡大をもたらすかぎりで，それは利潤率の上昇に作用する。不変資本を構成する諸要素の減価は新資本にとっては利潤率の上昇の一要因である。これらは，エンゲルス版第14章該当部分で利潤率の低下を傾向的にする諸要因としてあげられていた要因である。すなわち，この法則の諸契機をなす要因であった。このようにしてみると，恐慌を終結点（不況期，回復期をも含む）とする資本の循環的運動をこの法則の諸契機の対立する運動として考察しようとする視点があらためて浮かび上がってくる。このことは，エンゲルス版第2節に該当する部分での内容からすれば，当然の展開であったと思われるのである。

## おわりに

　以上，第15章の内容について「第1草稿」にもとづいて検討した。私にとって，エンゲルス版第15章はそのはじめの節（「概説」）からしてマルクスがそこで何を問題にしているのか，これを把握することが困難であった。しかし，「第1草稿」を研究することによって，第1節部分での主題が私なりにはっきりとし，それによって輪郭が明確でなかった第15章全体が多少なりとも見えてきたように思われる。「はじめに」でも述べたように，「第1草稿」はまさしく草稿である。たとえば，第15章に該当する部分の最後のほうは「61-63草稿」からの抜書きが並べられているし，また，エンゲルス版第3部第1篇で分析さ

---

　ジ）を参照されたい。

第17章　利潤率の傾向的低下法則と恐慌　601

れている内容，たとえば，貨幣資本の遊離と拘束の問題は既存資本の減価，増価と切り離しては論じられないものであるが，こうした内容が第15章では触れられてはいない，等々。しかし，利潤率の傾向的低下法則と恐慌の関係についてマルクスが何をどのように問題にしているのか，これを理解するための十分な材料が提供されていると思われるのである。

## 【補記：第17・18・19章での加筆および修正について】

本章以下，第17・18・19章の三つの章で旧稿に加筆および修正の手を加えたのは，文章上の改善にとどまる場合を除いて，大きくは次の二つの問題に関するものであった。

第1は，エンゲルス版第15章第1節「概説」にあるいわゆる「内在的矛盾」に関連する部分である。通常「商品過剰」かそれとも「資本過剰」かと問題が論じられる場合に，前者を主張する論者は「内在的矛盾」を利潤率の傾向的低下法則とは別個の問題として取り上げてきた。旧稿ではこのような理解を批判しながら次のように説明していた。

一方では社会の消費力を制限しながら，他方では生産力を無制限に発展させるという「内在的矛盾」はこの法則そのものに含まれている矛盾であり，だからこそマルクスはこの法則を論じている第15章のなかで「内在的矛盾」の問題を取り扱っているのである。利潤率の低下法則はこの矛盾を単に内在的な矛盾としてではなく，その矛盾を外在化させる法則なのである。エンゲルス版第15章の第1節「概説」は，この法則がどのように現象するかについて，種々の観点から明らかにしているのであるが，実現問題の角度から，この法則に含まれている矛盾は資本の過剰と人口過剰の増大（恐慌）として現われることを明らかにしている。つまり，旧稿で，この矛盾を利潤率の傾向的低下法則と切り離して取り扱われるべき問題ではないということを主張したのである。

旧稿でのこのような主張は，この法則とこの矛盾とを切り離す議論にたいする批判の意味は持ちうるものではあった。しかし，消費制限がどのような契機を通して実現の条件を侵害し，恐慌を現実化する一原因になるのか，この問題には正面から答えてはいなかった。本書収録にあたっては，この問題について

次のような趣旨の加筆・修正をした。

　産業循環の局面でいえば繁栄期には消費制限のもとで生産力の発展と加速的
蓄積が行なわれ，社会的総資本では利潤量は増大するにしても利潤率が低下す
る局面がやってくる。この繁栄期の末期には「市場の充溢」が生じ，資本はそ
の制限を「市場の拡張」によって突破しようとする。しかし，こうした制限の
突破は新たな制限を生み出さざるをえない。マルクスは次のように述べていた。
「……それだから，市場は絶えず拡大されなければならないのであり，したが
って，ますます市場の諸関連もそれを規制する諸条件も生産者たちからは独立
な自然法則の姿をとるようになり，ますます制御できないものになるのであ
る。内的な矛盾が生産の外的な場面の拡大によって解決を求めるのである」
(MEGA II/4.2, S. 313; MEW 25, S. 255)。つまり，この制限の突破は剰余価値（利潤
の）実現の条件たる生産諸部門の比例性を攪乱させることになるのである。な
お，「生産の外的な場面の拡大」とは，まだ資本主義的生産様式の十分に発達
していない世界市場の開拓をも含むものと考えてよいであろう。それは思惑的
生産や流通部面での投機などを誘発し，資本の現実の還流を隠蔽し，過剰生産
を引き起こす契機を生み出す。

　つまり，繁栄末期の「市場の充溢」という形での消費制限の発現が問題にさ
れている場合，ここでは，生産力の無制限的発展に対比しての社会の消費力の
問題が，恐慌の可能性の現実性への転化の一契機として問題とされている。他
方，そもそも労働者の消費制限なしには，別言すれば，生産の目的が生産者大
衆の生活の向上にあるとすれば，資本の過剰と人口過剰の増大つまり過剰生産
となって現われる恐慌は生じえない。その意味で労働者の消費制限は恐慌の条
件である。このような恐慌の条件としての消費制限と，恐慌を現実化させる一
契機としての消費制限との関連と区別が旧稿では十分に意識されていなかった。

　なお，第18章では表題にあるように，この法則と「絶対的過剰生産」の問題
を取り上げており，また，第19章ではこの法則と「資本の現実の過剰生産」の
関連について論じたもので，そのかぎりで，実現問題はそれ自体として問題に
することはなかった。したがって，上記の問題についての加筆・修正は第17
章にかかわるものであり，両章では加筆・修正することはしなかった。

　第2は，上記の三つの論文に共通する加筆・修正部分である。

第17章　利潤率の傾向的低下法則と恐慌　603

　恐慌の直前（過剰生産期，過熱期）には，労賃も上昇し，物価も騰貴し，市場参加者にとっては景気が絶好調と感じられる時期である。投機や思惑的生産が横行し，資本の現実の還流を隠蔽することによって，過剰な蓄積を促進する。ではこのような労賃上昇や商品過剰（隠蔽されているが）生じるのはどのような契機によってだろうか。その際，プレトラ（Plethora）がキーワードになるが，マルクスが諸資本の行動について説明している場合に，それが既存の現実資本についていわれているのか，それとも貨幣資本（monied capital）についていわれているのかという区別を十分に理解しておくことが必要である。

　生産力発展の一巡によって利潤率が低下しても社会的総資本（あるいは確立した大資本）では利潤量は増大する。しかし，「新たな独立に機能する追加資本はそのような埋め合わせを見出せず，これに抗して行動しなければならず，このように利潤率の低下が諸資本間の競争戦を引き起こすのである」（MEGA II/4.2, S. 330; MEW 25, S. 266-267）る。そして，この競争戦によって労賃の一時的上昇や商品の過剰生産が，すなわち過熱期が生じるとマルクスは述べていたのである。

　ここでいわれる利潤量の増大によって利潤率の低下を埋め合わせることのできない資本とは，現実資本として自立した価値増殖運動をすることができない資本である。これらの「大量の分散した小諸資本」は貨幣形態にとどまり「資本の過多＝プレトラ」が生じることになる。「競争戦」の性格を規定するのは，この「大量の分散した小諸資本」・「新たな独立に機能する追加資本」・「資本の若枝」，つまり率の低下を量の増大によって埋め合わせることのできない価値額（資本）が，貨幣形態にとどまる資本として，利潤率の低下という生産の制限を突破しようとする振る舞いである。プレトラが形成され信用拡張の条件が与えられる。これは容易に利用できる信用をもちいての投機や思惑的生産を生み出す。大資本は信用を通じて小資本を集中によって吸収し，いっそうの蓄積を推し進める。このような諸資本の競争戦によって信用の過度の膨張と再生産の弾力性は極限まで推し進められ過剰生産期（過熱期）が到来する。プレトラがこの競争戦のキーワードになっている。

　しかし，旧稿では利潤率の低下に直面している現実資本の対応，つまり信用を利用した大資本による集中よって吸収される小資本の対応と貨幣形態にとどまってプレトラを形成する貨幣資本（monied capital）の対応とが混在した記述に

604　第2部　マルクスによる恐慌・産業循環の理論的展開を跡づける

なっていた。この点を修正した。その内容は，第17章の「5　制限突破がもたらす「競争戦」とその帰結を叙述する第15章第3節」において詳しく論じたので，それを参考にされたい。

# 第18章 「利潤率の傾向的低下法則」と
## 「資本の絶対的過剰生産」
──恐慌研究の一論点──

前畑憲子

## はじめに

　エンゲルス版『資本論』で「この法則の内的諸矛盾の展開」と題された第3部第3篇「利潤率の傾向的低下法則」の第15章[1]をめぐって，これまで多くの研究が積み重ねられてきた。先行研究でのそれらの論戦を大別すれば，相互に関連する三つの論点をあげることができるであろう。第1に，エンゲルスによって付された第15章の表題は不適切だとする「改題要求」，すなわち利潤率の傾向的低下法則と恐慌との関連を否定的に捉える見解をめぐる問題である。第2に，いわゆる「商品の過剰」と「資本の過剰」との関連についての問題である。第3に「資本の絶対的過剰生産」をめぐる問題，すなわち，恐慌の「必然性」を論ずる際にこれをどのように位置づけるべきかという問題である[2]。

---

1）本章では「利潤率の傾向的低下法則」に関する引用はすべて MEGA II/4.2 所収の『1864-1865草稿』第3章から行ない，MEW の該当ページ番号を併記する。なお，エンゲルス版『資本論』第3部第3篇の表題は「利潤率の傾向的低下の法則」となっており，全体が第13章，第14章，第15章の三つに分けられているが，草稿では「資本主義的生産の進行における一般的利潤率の傾向的低下の法則」の表題だけをもつ一つの章である。なお以下では，MEGA の文章と MEW 版の文章に大きな相違がある場合に限って，そのむね注記をする。

2）利潤率の傾向的低下法則と恐慌の現実性（可能性の現実性への転化）との関連をめぐる諸見解については，小松善雄「資本の過剰生産と恐慌の現実性──『61-63草稿』「資本と利潤」の章第7節を中心に──」上（『立教経済学研究』第40巻第2号，1986年9月）71-77ページに詳しい。なお，そこで小松氏は利潤率の傾向的低下法則との結びつきを否定する恐慌の「必然性」論にあっては，「資本の有機的構成の高度化がもつ全含意を本格的に理論構造の中軸にすえた恐慌論になっていないという点で，致命的な欠陥をもっている」（同上，77ページ）と指摘している。この見解は同意できるものである。また，「恐慌の現実性の

606　第2部　マルクスによる恐慌・産業循環の理論的展開を跡づける

　ところで，1993年に『資本論』第3部主要草稿第3章（エンゲルス版第3篇）を含む MEGA II/4.2 が公刊され，上記の諸論点もマルクスの草稿という新しい土台のうえで検討することが可能になった。この新たな土台のうえで，草稿での記述が従来の論争に大きな問題を投げかけるものとして取り上げられているのは[3]とくに上記の第3の問題すなわち「資本の絶対的過剰生産」をめぐる問題である。

　「資本の絶対的過剰生産」とは，資本の蓄積が「剰余価値生産の条件」である労働者人口の制限を越えて進展することによって，賃金上昇が生じ，追加資本を投下してもその投下の前と同じかあるいはそれよりも少ない剰余価値量（利潤量）しか得られず，利潤率の急速な低下が生じるという事態である。マルクスは「資本の過剰生産」とはなんであるかを理解するためにはそれを絶対的なものとして仮定すればよいとして，エンゲルス版『資本論』第15章第3節でこの概念を与えたのであるが，これをめぐる従来の見解は大きく三つに分かれていた。第1は，恐慌の可能性の現実性への転化をこの概念を基軸として解く宇野弘蔵氏に代表される見解である。第2は，これを現実にはありえない極端な仮定であるとして否定し，恐慌の可能性の現実性への転化を第15章第1節でのいわゆる「生産と消費との矛盾」から解く古川哲氏や井村喜代子氏に代表される見解である。第3は，この両者すなわち，「生産と消費との矛盾」と「資本の絶対的過剰生産」とを統一的に把握すべきであるとする富塚良三氏に代表され

　　　論定に際して，一般的賃金率の上昇が資本過剰の一契機になりうるとしても，それに決定的な意義を付与する労賃騰貴説資本過剰論ないし資本の絶対的過剰生産論は，マルクスの採るところではなかったとように考えられる」（同上，下，『立教経済学研究』第40巻第3号，1987年1月，199ページ）と述べられている。たしかに，以下の本文で述べるように，「一般的賃金率の上昇」は，恐慌の「一契機」であるというかぎりでは，「それに決定的な意義を付与する」見解は，「マルクスの採るところではなかった」といいうるであろう。しかし，『1861-1863草稿』の「資本の絶対的過多」が氏がいわれるように「生産力の発展による資本の有機的構成から事実上，資本の絶対的過剰生産といってよい事態が生ずることを論証している」（同上）とするならば，『1861-1863草稿』の規定は『1864-1865草稿』の「資本の絶対的過剰生産」の規定とは明らかに齟齬を来すのであって，方法上の相違であれ，マルクスの認識の発展であれ，何が，どのように発展したのか，それが明らかにされるべきであろう。この問題は別途明らかにしたいと思う。
3）MEGA収録の草稿をめぐる最近の諸研究については，大村泉『新MEGAと《資本論》の成立』（八朔社，1998年）の第9章第3節を参照されたい。

第18章 「利潤率の傾向的低下法則」と「資本の絶対的過剰生産」　607

る見解である。

　さて，近年の草稿研究のなかで，第2の見解すなわち「資本の絶対的過剰」の概念を現実にはありえない極端な仮定であるとして否定する見解は草稿によって反駁されているとする主張が展開されている。また第1の見解もその一面性が草稿によって明らかだとする主張が展開されている。しかしひるがえって，近年の草稿研究が第3の見解の正しさを積極的に裏づけるものとなっているのかといえば，ことはそう簡単ではない。とりわけ，「資本の絶対的過剰生産」と「利潤率の傾向的低下法則」との関連はどのようなものであるのか。前者は後者の法則と切断されたところにあると考えられるべきか，あるいはそうでないとすればどのように関連するのか。この点については未だ説得的な理解は提起されていない。

　本章では，「資本の過剰生産」と「資本の絶対的過剰生産」についての最近の論議4)を念頭に，マルクスの恐慌分析の真髄を明らかにする第一歩として，「資本の絶対的過剰」と「利潤率の傾向的低下法則」との関連を考察したい。

## 1　「資本の過剰生産」についての草稿の記述

### 1.1　草稿の記述

　すでに紹介されているように，『資本論』第3部主要草稿の第3章の当該部分には，エンゲルス版では削除されたり，あるいは簡略化されたりしている重要な記述がある。「資本過剰」に関連する問題としては次の3箇所である。以下では削除された箇所は網かけで，修正された箇所はゴシック体で表わしている。また以下の論述の便宜のために，削除修正された3箇所に①②③の記号を挿入

---

4）MEGA収録の草稿を踏まえた「資本の過剰生産」についての最近の諸論稿として次のものがある。松尾純「マルクスの「資本の過剰生産」論——再論・『資本論』第3部「主要草稿」を踏まえて——」（桃山学院大学『経済経営論集』第36巻第2号，1994年），谷野勝明「新メガ（『資本論』第3巻草稿）の研究　第3篇利潤率の傾向的低下の法則」（『経済』1997年2月号），また，谷野勝明「5　資本の絶対的過剰生産論に関する一考察」（富塚良三・吉原泰助編集『資本論体系』9-1『恐慌・産業循環（上）』，有斐閣，1997年，所収）。早坂啓造「「資本過剰」論の体系的位置づけについて」（『マルクス・エンゲルス・マルクス主義研究』第31号，1997年12月）。

608　第2部　マルクスによる恐慌・産業循環の理論的展開を跡づける

してある。

「①現実的な資本の過剰生産は，ここで考察されたもの〔資本の絶対的過剰生産—引用者〕とは決して同一ではなく，それと比べれば相対的なものにすぎない。／資本の過剰生産とは，資本として機能しうる，すなわち一定の搾取度での労働の搾取に充用されうる生産手段——労働手段および生活手段——の過剰生産以外のなにものでもない。というのは，一定の点以下へのこの搾取度の下落は，資本制的生産過程の停滞そして攪乱，恐慌，資本の破壊を引き起こすからである。この資本の過剰生産が多少とも大きな相対的過剰人口をともなうということは，決して矛盾ではない。②（この相対的過剰人口の減少はそれ自体すでに恐慌の一契機である。なぜなら，それは資本の絶対的過剰生産といういましがた考察された事態を引き寄せるからである。）労働の生産力を高め，……資本の蓄積を促進し，利潤率を低下させたその同じ諸事情が，相対的過剰人口を生み出したのであり，また絶えず生み出しているのである。……」（MEGA II/4.2, S. 329-330; MEW 25, S. 266.）

「資本の過剰生産（＝資本の過多）は……資本の過剰蓄積以外のなにものも意味しない。この過剰生産がなんであるか【③それについてのより詳しい研究は，利子生み資本や信用などがいっそう展開される資本の現象的な運動の考察に属する】を理解するためには，それを絶対的なものと措定しさえすればよい。……」（MEGA II/4.2, S. 325; MEW 25, S. 261.）5)

## 1.2　資本の絶対的過剰生産を引き寄せる相対的過剰人口の減少

これらの箇所について，先行研究を参照しながら検討してみよう。

まず，前記引用文②の一文から，マルクスは，資本の絶対的過剰生産を引き寄せる「相対的過剰人口の減少」を恐慌の「契機」として「重要視」していること，「しかもそれは複数諸契機のうちの「一つの契機」として把握されていること」が指摘されている6)。

---

5) エンゲルス版では草稿の【　】のなかが「それのより詳しい研究はもっとあとで行なわれる」（MEW 25, S. 261）と簡略化されている。

6) 谷野，前掲「新メガ（『資本論』第3巻草稿）の研究　第3篇利潤率の傾向的低下の法則」，

第18章 「利潤率の傾向的低下法則」と「資本の絶対的過剰生産」 609

したがって，従来の論争についていえば，次のように総括されることになる。

「……宇野氏に代表される見解——すなわち「資本の絶対的過剰生産」の論述から〔急速な資本蓄積→労働力不足→賃金騰貴→利潤率低下→追加資本を投下しても利潤量は増加しないか減少する→資本過剰〕という「恐慌論の基本的規定」を引き出し，この命題を中軸にして「恐慌の必然性」を規定しようとする見解——を事実上拒否する……いわゆる「商品過剰説」に立つ論者の多くが共有しているこうした立場は，うえに引用したマルクスの「注意書き」〔②の文章—前畑〕に忠実である限り明確に反駁されているように思われる。」[7]

つまり，②の一文は，「相対的過剰人口の減少」をともなった資本蓄積によって「資本の絶対的過剰生産」が引き起こされることを，現実に生じる事柄として認めているのであって，この事態を現実にはありえないものとして恐慌分析から排除する上記の従来の代表的見解のうち第2の見解は，これによって「明確に反駁されている」というのである。

さらに，「資本の絶対的過剰生産」を引き寄せる「相対的過剰人口の減少」は，恐慌の「一契機」であり，したがって，さきの第1の見解のように，少なくともこの「契機」からのみ，恐慌の「必然性」を解くわけにはいかないということが指摘される[8]。

筆者は，草稿の②の一文だけで「明確に反駁されている」というような論断ができるものとは考えていないが，現行『資本論』から読み取れた内容が草稿によっていっそう明らかになったという意味で，第1の見解や第2の見解についてのこれらの批判に同意するものである。

---

174ページ。

7）松尾，前掲論文，33ページ。

8）谷野氏は，「相対的過剰人口の減少」が，恐慌の複数の諸契機のうちの「一つの契機」として把握されているということをもって，「資本の絶対的過剰生産」を「恐慌の究極の根拠」をなす関係の逆表現として，問題の二側面を把握しようとする富塚良三氏の見解を支持する文言であるとしているように思われる（前掲論文，173-174ページ）。この問題に関して，木村芳資氏は，恐慌の諸契機とは，利潤率の傾向的低下法則の諸契機相互のあいだに多様な関係で存在しているという観点から，富塚氏の見解を批判されている。木村芳資「利潤率の傾向的低下法則の内的諸矛盾と恐慌」（『土地制度史学』第76号，8ページ）。

610　第2部　マルクスによる恐慌・産業循環の理論的展開を跡づける

　そこであらためて問題になるのは，マルクスが複数の恐慌の契機のなかで
「相対的過剰人口の減少」を，したがってまた「賃金騰貴」による利潤率の急速
な下落を問題にしたのはなぜか，さらにこの事態は利潤率の傾向的低下法則と
どのようにかかわるのかという問題である。これらについては2節以下で述べ
ることにして，次にエンゲルス版では削除されたさきの草稿の引用文①の「現
実的な資本の過剰生産云々」の部分についてみてみよう。

## 1.3　「絶対的過剰生産」と「相対的」過剰生産

　この文章では「現実的な資本の過剰生産」とは，「資本の絶対的過剰生産」に
対比して「相対的」であるというのであるが，この相対的の意味は次のように
解することができよう。まず「資本の絶対的過剰生産」とは「増大した資本が
労働者人口に比べて増大しすぎて，この人口が供給する絶対的労働時間も延長
できないし相対的剰余時間も拡張できない」という事態であり，「増大した資
本が，増大する前の資本と同じかまたはそれよりも少ない剰余価値しか……生
産しなくな」（MEGA II/4.2, S. 325; MEW 25, S. 262）る事態であった。つまり「絶対的
過剰生産」においては追加投資によっても剰余価値の量が増大しないか，ある
いは縮小すらするということであった。このような「絶対的過剰生産」と比べ
て「相対的」であるといっているのだから，現実的な資本の過剰生産において
は，「多少とも大きな相対的過剰人口をともな」（MEGA II/4.2, S. 330; MEW 25, S.
266）い，追加投資によって生産される剰余価値の「絶対的な量」は多少なりと
も増大するということになる。しかし，この「膨張した価値〔追加投資―前畑〕に
比例してこの価値の追加的増殖」（MEGA II/4.2, S. 329; MEW 25, S. 266）を生み出し
てはいないのである。

　さらに，「資本の絶対的過剰生産」とは，「あれこれの生産領域とか二，三の
重要な生産領域とかに及ぶのではなく，その範囲そのものにおいて絶対的であ
るような，つまりすべての生産領域を包括するような，過剰生産」（MEGA II/4.2,
S. 325; MEW 25, S. 261）であった。それにたいして「相対的」であるとするのだか
ら，それは「すべての生産領域を包括する」わけではないが多くの生産領域を
包括する過剰生産ということになる。言い換えれば，いくつかの生産領域では
相対的過剰人口が多少なりとも存在するもとでの過剰生産ということになる。

第18章 「利潤率の傾向的低下法則」と「資本の絶対的過剰生産」 611

分業に固定された各生産部門での労働力の吸収度は現実には異なるであろうからである[9]。

　要するに「絶対的」にたいする「相対的」というのは，多少なりとも相対的過剰人口が存在し，追加投資が剰余価値の絶対量の増大をもたらすという点での区別である。しかし「相対的」であるとはいえそれが過剰生産であるのは，「資本主義的生産過程の「健全な」「正常な」発展が必要とするような搾取度」(MEGA II/4.2, S. 329; MEW 25, S. 266) で労働を搾取することができないからである。すなわち，この追加投資によって剰余価値の「絶対量」は増加するにしても，ますます相対的過剰人口の吸収は進み，したがってますます搾取率は低下＝賃金が騰貴し，そのために一般的利潤率が急速に低下する。「この過剰人口が過剰資本によって充用されないのは，それが労働の低い搾取度でしか充用できないからであり，または少なくとも，与えられた搾取度のもとでは低い利潤率でしか充用できないからである」(同上)。こうして相対的な過剰生産においても追加投資が停止する事態が生じ，それは「資本主義的生産過程の停滞や攪乱，恐慌，資本の破壊を引き起こす」[10] (MEGA II/4.2, S. 330; MEW 25, S. 266) ことになろう。

　「現実的な資本の過剰生産」とはこのように「資本の絶対的過剰生産」に対比して「相対的」なものとして区別できるが，ここで注意すべきは，両者に共通なのは，「絶対的」と「相対的」という区別はあっても，そのいずれも相対的過剰人口の吸収によって労働の搾取度が「一定の点以下へ」低下することによって生じる事態とされていることである[11]。したがって，この事態は賃金上昇に

---

9）「労働者数の自然的増加が資本の蓄積欲求を満足させないで，しかも同時にそれを超過するということは，資本の運動そのものの一つの矛盾である。……これよりももっとひどいもう一つの矛盾は，分業によって一定の事業部門につながれているために失業しているものが大勢いるというちょうどそのときに人手の不足が訴えられるということである。」(MEGA II/6, S. 584; MEW 23, S. 670-671.)

10）「停滞や攪乱」はエンゲルス版では語順が変わり，「攪乱や停滞」となっている。この語順の変更の不都合については，谷野氏の前掲「5　資本の絶対的過剰生産論に関する一考察」の233ページを参照されたい。

11）松尾氏は，「現実の資本の過剰生産」論で想定されている利潤率の低下は，搾取率の低下から生ずる利潤率の低下ではなく，生産力の発展→資本の有機的構成高度化に「起因している」利潤率の低下であるとされている（松尾，前掲論文，22-23ページ）。その際の主要

612　第2部　マルクスによる恐慌・産業循環の理論的展開を跡づける

よる一般的利潤率の低下の事態であって，それは，資本の有機的構成高度化に
よってもたらされる一般的利潤率の低下ではありえないのである。後者は，生
産力の発展によってもたらされるのだから，それ自体としては剰余価値率の上
昇をともなうのであって，剰余価値率の，すなわち搾取率の低下によって生じ
るのではないからである。

　　　「利潤率の傾向的低下は，剰余価値率の傾向的上昇と結びついており，す
　　　なわち，労働の搾取率の傾向的上昇と結びついているのである。それゆえ，
　　　利潤率の低下は労賃率の上昇から起きると説明することは，例外的な場合
　　　にはあるにしても，このうえもなくばかげたことである。」(MEGA II/4.2, S.
　　　308-309; MEW 25, S. 250.)[12]

───────────

　　な一論拠としては，「現実の資本の過剰生産」には「多少とも大きな相対的過剰人口を伴
　う」ことをあげられているが，本章の2節で述べるように，これは論拠にはなりえない。
　　　早坂氏は「現実の資本過剰」について次のように述べられている。「「搾取度が一定の点
　より下に下がる」……という事態は，競争・信用が展開されている現実的次元のもとでは，
　資本の絶対的過剰生産の場合すなわち労賃上昇による m′ そのものの侵食と低下を除けば，
　現実の利潤率を低下させる諸要因──商品過剰による価格低下，生産手段の価格騰貴，実
　現困難による回転速度低下，利子率の利潤侵食──などを挙げることになるだろう。……
　これらをさらに内在的・体系的・相関的に「資本の過剰」に至る複数論理コースとして整
　序する課題が残されている」（早坂，前掲論文，18-19ページ）。こうした課題が残されて
　いることはまさにそうである。しかしここで確認しておかなければならないのは，マルク
　スが，「現実の資本過剰」が「資本の絶対的過剰生産」に比して「相対的」であるとするの
　は，あくまで「搾取率の低下」の程度問題である。つまり，ここでの追加投資停止へ導く
　一般的利潤率の低下の原因は「搾取率の低下」であるとしているのであって，したがって
　また，「資本過剰」がなんであるか，ということについていえば，やはり「一定の搾取度」
　が基準となって「過剰」かどうかが問題にされているのであって，他の諸要因一般ではな
　いということである。むしろ問題なのは，以下でみるように，なぜマルクスは「資本と労
　働との競争」だけをここで問題にしたのかということであろう。そしてそれはこの法則と
　どのように関連しているのかである。
12）問題は利潤率の傾向的低下と労賃率の上昇から起きる「例外的な場合」との関連を説明す
　ることである。これはまた，利潤率の低下法則の二重性格についてマルクスが述べる際の
　例外規定，すなわち，一時的には利潤率の低下に利潤量の増大がともなわない場合があり
　うることを指摘する場合と同じである。
　　　たとえば，次のように述べる場合である。
　　　「……したがってまた，資本によって生産される剰余価値の量，資本によって生産され
　　る利潤の絶対的大きさあるいはその絶対量は，利潤率の進行的低下にもかかわらず，増
　　加することができるし，また大きくなることができるし，ますます大きくなることがで

第18章 「利潤率の傾向的低下法則」と「資本の絶対的過剰生産」 613

　ここでもまたあらためて問題になるのは，マルクスが複数の恐慌の契機のなかで「相対的過剰人口の減少」を，したがってまた「賃金騰貴」による利潤率の急速な下落を問題にしたのはなぜか，さらにこの事態は利潤率の傾向的低下法則とどのようにかかわるのかという問題である。

## 1.4　信用と競争の問題

　本節の最後に，さきに紹介したエンゲルス版では簡略化された表現になっている③の一文について簡単にみておこう。「この過剰生産がなんであるかを理解するためには〔それについてのより詳細な研究は，利子生み資本や信用などがいっそう展開される資本の現象的な運動の考察に属する〕，それを絶対的なものと仮定しさえすればよい」（MEGA II/4.2, S. 325; MEW 25, S. 261）。

　この括弧内の記述によって現実の過剰生産の，より広く言えば現実の産業循環と恐慌の分析にとっての信用の役割の重要性が確認できるが，すでに第15章においてもプレトラ（Plethora）という形で，貸付可能な貨幣資本の過剰と信用機構をとおしてのその利用の問題が，十分には展開されていないが，過剰生産の現実化における重要な位置をもって記述されていることをあらためて想起する必要がある。

　しかし他方では，商業資本や信用が登場する以前の段階でも，資本の過剰生産の本質的内容は分析できるとマルクスが考えていたことがあらためて確認できるであろう。すなわち，「資本の過剰生産」について，「より詳細な研究」はあとに残されているが，「この過剰生産がなんであるか」については「それを絶対的なものと仮定しさえすれば」，この論理段階でも，つまり剰余価値＝利潤であり，その利子等への分裂を論じる前のこの論理段階でも理解できることが明らかにされている[13]。

---

　　きるのである。ただそれができるだけではない。資本主義的生産様式の基礎の上では
　　――一時的な変動を別とすれば――そうならなければならないのである。」（MEGA
　　II/4.2, S. 292; MEW 25, S. 228.）
　　　同様の記述は，MEGA II/4.2, S. 287; MEW 25, S. 223, MEGA II/4.2, S. 294; MEW 25, S.
　　230にもある。利潤率の低下に利潤量の増大がともなう場合と利潤量が増大しない利潤率
　　の低下という「一時的な変動」との関連が問題になるのである。
13）早坂氏は，草稿でのこの文言を，「マルクス自身が明白に，「資本の過剰」を利子・信用論

614 第2部 マルクスによる恐慌・産業循環の理論的展開を跡づける

ところで，以上にみたように，「資本の過剰生産」とは，相対的過剰人口の吸収の結果，賃金が上昇し，それによって搾取率が低下し，それが追加資本の停止にまでいたる状態を示していた。つまりこの資本の過剰生産の概念そのものが競争によって引き起こされる価格変動（ここでは賃金騰貴），競争による価格の価値からの乖離を問題として導き出されている。マルクスは，『資本論』では「競争は，その他の論題の取り扱いが必要とするかぎりでしか分析されない」（1868年3月6日付クーゲルマン宛のマルクスの手紙。MEW 32, S. 539.『資本論に関する手紙』国民文庫，上，183ページ），と述べていた。第15章においても競争は「論題の取り扱いが必要とするかぎりで」分析されているとすれば，その「必要」とはどのようなものであったのかがあらためて問われるであろう。利潤率の傾向的低下法則と資本の過剰生産を論じるに際して，「資本と労働との競争」によって生じる賃金上昇を問題とするのはいかなる「必要」によるものであったか，これは信用の取り扱いとともに，あるいはそれ以上に重要な論点を含んでいるのである。

## 2 搾取率低下による利潤率低下と有機的構成高度化による
   利潤率低下との関係についての誤解

以上の「資本の過剰生産」に関連する草稿の叙述を踏まえて，以下あらためて問題を検討してみよう。

### 2.1 二つの問題

マルクスは「資本の過剰生産」とはなんであるかを，「その詳細な研究」を「利子生み資本や信用などがいっそう展開される資本の現象的な運動の考察」に残しながらも，「資本の絶対的過剰生産」の概念において明らかにした。「現実の資本の過剰生産」についても「絶対的過剰」に比べれば「相対的」ではある

---

次元で措定すべきものと考えていたという事実」（前掲論文，12ページ）を示すものと解釈されている。氏が，この文言をこのように解釈する一因となったのは，利潤率の傾向的低下法則と資本過剰・資本の過多の関連についての独自な解釈にあると思われる。この点，後出の注34を見られたい。

第18章 「利潤率の傾向的低下法則」と「資本の絶対的過剰生産」 615

が，それらはいずれも「搾取率の一定点以下への低下」によって，すなわち，相対的過剰人口の吸収→賃金騰貴→利潤量の減少→利潤率の低下によって生ずる事態として把握されていた。では，搾取率の低下から生じる利潤率の低下は，資本の有機的構成の高度化から生じる利潤率の傾向的低下法則とどのように関連するのだろうか。

この問題は二つの論点を含んでいる。

第1は研究史にかかわる論点であって，宇野氏が資本の絶対的過剰生産の概念を利潤率の傾向的低下法則とは関係のないものとした際の論理にかかわる論点である。すなわち，後者（利潤率の傾向的低下法則）は相対的過剰人口の排出であり，前者（資本の絶対的過剰生産）はその吸収であるとして，両者を「相互排除的な関係」[14]として取り扱い，それによって，後者の肯定は前者の否定であり，また，その逆は逆とする見解の是非である。このような見解は宇野氏の対極にある古川氏らにもみられるものである[15]。

第2は，より本質的な論点である。賃金上昇は価値からの価格の乖離の問題であり，したがって競争の問題である。一方，資本の有機的構成高度化から生じる利潤率の傾向的低下法則は価値法則の貫徹，価格の価値への収斂の問題である。マルクスは明らかに前者を後者の帰結と考えていたのであるが，では賃金騰貴を引き起こす競争戦はなぜ引き起こされるのか，それは資本の有機的構成の高度化から生じる利潤率の傾向的低下とどのようにかかわるのであろうか。

---

14) 注11で見たように，松尾氏は「現実の資本の過剰生産」を生産力の発展→資本の有機的構成高度化に「起因する」利潤率の低下であると捉えたうえで，「資本の絶対的過剰生産」と対比され，次のように述べられている。「両者の概念規定の中には，明らかに相互排除的な関係しかもち得ない規定が一部含まれているように思われる。「資本の絶対的過剰生産」は〔急速な資本蓄積→労働力不足や→賃金騰貴〕から導き出されるのに対して，「現実の資本の過剰生産」の方は〔資本蓄積→相対的過剰人口の累進的生産〕を伴いつつ発生するとされており，両者は概念的に対立せざるをえないのである」（前掲論文，35-36ページ）。しかし，「資本の絶対的過剰生産」と生産力の発展に起因する利潤率の低下との「相互排除的な関係」を問題にするのであれば，それは，相対的過剰人口の吸収かそれとも排出かではなくて，一方は搾取率の低下であり，他方は搾取率の上昇だという関係であろう。
15) 谷野氏は，こうした「相互排除的な関係」として捉える考え方は，「ほとんどの論者においてこうした理解が暗黙の前提として存在するように思われる」（前掲論文，226ページ）として，元資本の更新部分の構成高度化による相対的過剰人口の排出と追加資本による労働需要の絶対的増大の量的関係を軸にこの考え方を批判されている。

## 2.2 利潤率の傾向的低下法則への無理解

第1の問題について。

資本の有機的構成の高度化から生じる利潤率の低下は，相対的過剰人口の排出に結果するのだろうか[16]。否である。利潤率の傾向的低下は生産力の発展によって引き起こされるのであり，この発展はまた，資本の蓄積の増大を，すなわち，投下資本量の増加をともなっているからである。

マルクスは，利潤率の傾向的低下法則を「生産力の発展によって引き起こされる利潤率の低下には利潤量の増大がともなうという法則」(MEGA II/4.2, S. 316; MEW 25, S. 236)，あるいは「二重性格の法則」(MEGA II/4.2, S. 294; MEW 25, S. 230) とも呼んでいる。それは，利潤率の低下をもたらす生産力増大の方法はすべて剰余価値または剰余生産物の生産を増加させる方法であり[17]，この剰余生産物はそれ自身また蓄積の形成要素である。だから，この方法は同時に，「資本の加速的蓄積の方法」(MEGA II/6, S. 570; MEW 23, S. 653) であり，そして蓄積によって

---

16) こうした理解を典型的に示されたのは，宇野弘蔵氏である。氏は「「利潤率の傾向的低下」は，資本の有機的構成の高度化を基礎にして現れ，有機的構成の高度化は相対的過剰人口の形成を伴うのであるから，「労働者人口に対比して資本が増大しすぎ」る事から生ずる，資本の過剰はこの法則の発現の過程では，一般的には，生じえないのである」(『宇野弘蔵著作集』第9巻，岩波書店，1974年，229ページ) として，「資本の絶対的過剰生産」論を「利潤率の傾向的低下法則」と切り離して，前者を中軸にして「恐慌の必然性」を規定するのである。

17) 資本の有機的構成高度化が利潤量を減少させるのであれば，新生産方法は一般化しない。したがって利潤率も低下しない。この点について，マルクスは「草稿」で次のように述べている。

「均等化が行なわれる期間に，それと相携えて第2の要件である投下資本の増大が現われる。したがって，はじめのうちは，以前のすべての，あるいはより多くの労働者群を新しい条件のもとで働かせるほどには資本が十分に大きくないとすれば，それゆえ別言すれば，同じかあるいはより多くの利潤量を生み出すほどには資本量が十分に増大しないならば，なお従来のやり方で行なわれることになろう。」(MEGA II/4.2, S. 320-321; MEW 25, S. 241.)

なお，MEWでは，この文章全体は以下のように大きく変えられている。

「……第2の必要条件である投下資本の増大が現われる。この増大の程度に応じて，いまやこの資本家は，以前に就業させていた労働者群の一部分を，いやおそらくその全部またはより大きい労働者群を，新たな諸条件のもとで就業させうるようになり，したがって以前と同じかまたはより大きい利潤総量を生産しうるようになるであろう。」(MEW 25, S. 241.)

増加した資本量は，利潤量の増大をもたらす。生産力の発展と蓄積が投下資本量の増加をもたらすのだから，利潤率の低下に利潤量の増大がともなうのである。

> 「要するに，労働の社会的生産力の同じ発展が，資本主義的生産様式が進むにつれて，利潤率の進行的低下の傾向に表され，取得される，絶対的な剰余価値あるいは利潤の量の不断の増大に表わされるのであり，したがって，全体としてみれば，可変資本の相対的減少に可変資本の絶対的増加が対応するのである。」(MEGA II/4.2, S. 298; MEW 25, S. 233.)

したがって，利潤率の傾向的低下は相対的過剰人口の形成をともない，同時にそれは相対的過剰人口の吸収（「可変資本の絶対的増加」）をともなうのである。前者の契機だけを問題にするのは，利潤率の傾向的低下は生産力の発展がその原因をなし，その発展は同時に加速的蓄積の過程であることが，すなわち，利潤量の増大をともなう過程であることが見逃された結果である。それはまた，利潤率の傾向的低下法則の内容についての無理解にもとづくものである。

## 2.3 二つの利潤率低下を混同する見解

第2の問題について。

賃金上昇を引き起こし，搾取率を低下させ，利潤量を減少させ，利潤率を低下させる，こうした事態がなぜ引き起こされるのか。すなわち，こうした競争戦はなぜに引き起こされるのか。

この問題については，一方で宇野氏のように資本の有機的構成高度化による利潤率の傾向的低下法則と切断した見解があり，他方では構成高度化による利潤率の低下の延長上にこの新たな競争戦を接木しようという見解がある。後者についていえば，こうした見解においては，一般的に，利潤率の低下を利潤量の増大によって埋め合わせようとして蓄積が加速化され，諸資本間の競争が激化し，労働者人口の制限を越えて蓄積が進行し，賃金が騰貴すると理解されることになる。

しかしこうした理解は，利潤量の増大をともなう利潤率の傾向的低下の問題と，利潤量が減少し利潤率が急性的に低落する問題とを事実上混同することによって，利潤率の傾向的低下法則の理解においても，搾取率低下による利潤率の低下の理解においても誤りをおかすことになる。

618 第2部 マルクスによる恐慌・産業循環の理論的展開を跡づける

この点少し詳しくみておこう。

このような説においては一般に，利潤率の低下を利潤量の増大によって埋め合わせようとして蓄積が加速化されるという場合，利潤率の低下過程（改良された生産方法の普及過程）で生じる資本蓄積の加速化の事態を指しているのか，それとも，改良された生産方法が普及した結果として生じた利潤率の低下を利潤量の増大によって埋め合わすという事態を指すのか明確ではない。しかしそのいずれにしても，賃金上昇をもたらす資本の加速度的蓄積を，「利潤率の低下を利潤量の増大で埋め合わせようとすることから」一般的に説明するとすれば，そこには次のような問題が生じてくることになる。

前者の改良された生産方法の普及過程を念頭においている場合には，次のような想定になる。資本の有機的構成の高度化にともなう利潤率の低下過程で，一般的にその低下を利潤量の増大で「埋め合わせ」ようとして資本蓄積が加速化されることを出発点として，加速的蓄積→全体としての相対的過剰人口の吸収→賃金騰貴→利潤量増大不可能（搾取率低下）→蓄積の停滞。このように考えるとすると結局，資本の有機的構成の高度化にともなう利潤率の低下は，利潤量で「埋め合わせ」ることはできないということになる。つまり，「資本の有機的構成の高度化にともなう利潤率の低下には利潤量の増大がともなう」という，「二重性格」としての「利潤率の低下法則」は妥当しない（不成立）ということに論理的にならざるをえない。さきほどみたように，そもそも利潤率の低下過程は生産力の発展をともなった資本蓄積の過程であり，この蓄積が利潤量そのものを減少させるものであるとすれば「一時的な変動を別とすれば」（MEGA II/4.2, S. 292; MEW 25, S. 228），利潤率の低下をもたらす生産力の発展もまたありえないであろう。

後者の場合。改良された生産方法が普及し，利潤率の低下が現われる→そこでそれを利潤量の増大で「埋め合わせ」ようとする→蓄積加速化。これが「資本の絶対的過剰生産」に行き着く蓄積加速化の「現実的根拠」[18]であると一般的にいうのであれば，これまた不合理である。改良された生産方法が普及した時点ですでに利潤率の低下を利潤量で補いえないという事態が現実化しているの

---

18) 谷野，前掲論文，230ページ。

第18章 「利潤率の傾向的低下法則」と「資本の絶対的過剰生産」 619

であれば，そのこと自体がすでに「絶対的過剰生産」に立ちいたっているということであって，あらためて量での補償のために資本蓄積が加速化することも，またそのための諸資本の競争戦も生じる余地がないのである[19]。

以上，利潤率の傾向的低下法則とは，利潤量の増大をともなう「二重性格の法則」であって，したがって，第1に，それを相対的過剰人口の一方的排出とイコールのものとして取り扱い，それと，この過剰人口の吸収によって生じる資本の絶対的過剰生産とを対比して，「相互排除的関係」として考察することは，そもそもこの法則の内容についての誤解であること。そうした誤解にもとづいたこの法則と資本の絶対的過剰生産の概念との切断説はそのかぎりで成り立たないこと。第2に，賃金騰貴をもたらす競争が，したがって，蓄積の加速化が，なぜに生じるのか。これを，一般的に，利潤率の低下を利潤量の増大によってカバーしようとして生じるということによって答えるとすれば，それはまた論理的に，利潤率の低下には同時に利潤量の増大がともなうというこの法則の二重性を否定することになるか，あるいは蓄積の加速化そのものを否定することになることは明らかである。

では，賃金を上昇させ，搾取率を低下させ，利潤量を減少させ，利潤率の急

---

19) 谷野氏は，「労働需要を増大させるほど蓄積が加速度的に進展してゆく現実的根拠」（前掲論文，230ページ）について，『1861-1863年草稿』におけるマルクスの一文，「新たな生産的基礎の上での労働量の増加が避けられないのは，一部は低下する利潤率を利潤量によって埋め合わせるためであり，……」（MEGA II/3.5, S. 1670.『マルクス資本論草稿集』⑧，205ページ）を援用して，次のように述べられている。
　「この文言を考慮に入れるならば，資本の絶対的過剰生産は，資本構成高度化に起因する利潤率の傾向的低下を利潤量増大により埋め合わそうとすることから，蓄積がいっそう加速され，それによって労働需要の増大が進み，更新部分の資本構成高度化による労働者の生産過程からの排出量よりも追加資本部分による労働者の吸収量が大きくなる点が必然的に発生し，そうした相対的過剰人口の動向を「背景」としてやがて労賃の市場率の急騰が生じ，そのために利潤量の増大が不可能となり，その結果として蓄積が停滞するという局面を意味しているということになる。」（前掲論文，230-231ページ。）
　生産力の発展が引き起こす利潤率の低下には利潤量の増大がともなうのであって，利潤率を低下させるにしてもその追加投資が利潤量の増大をもたらさないのであれば，その時点ですでに絶対的過剰生産の事態になっているとしなければならない。なお，注2でも述べたように，資本の絶対的過剰生産について，あるいはこの法則の「二重性格」としての規定についても，『61-63草稿』と『64-65草稿』ではその取り扱いが相違しているように思われる。この点は別稿で明らかにしたい。

620　第2部　マルクスによる恐慌・産業循環の理論的展開を跡づける

速な低下を招く事態はなぜ生じるのか，それは有機的構成高度化から生じる利潤率の低下とどのように関連しているのだろうか。以下，これをあらためて考察しよう。

## 3　利潤率の傾向的低下と利潤率の急性的な低下

### 3.1　何が重要か

マルクスは次のように述べている。

「……蓄積に結びついた利潤率の低下は必然的に競争戦を呼び起こす。利潤量によって利潤率の低下を埋め合わせるということは，ただ社会の総資本についてだけ，また確立した大資本たちについてだけ存在する。新たな独立に機能する追加資本はそのような埋め合わせを見出せず，これに抗して行動しなければならず，このように利潤率の低下が諸資本間の競争戦を引き起こすのであって，逆ではない。もちろん，この競争戦は，労賃の一時的上昇をともない，またこの事情がもたらすより一層の利潤率の一時的下落をともなっている。」(MEGA II/4.2, S. 330; MEW 25, S. 266-267.)[20]

みられるように，マルクスによれば，賃金騰貴をもたらすような競争戦は，決して一般的に社会の総資本が利潤率の低下を利潤量の増大で埋め合わせるために生じるのではない。社会的総資本および確立した大資本たちは，利潤率は

---

20) この引用文には，次のような叙述が続いている。

「もちろん，この競争戦は労賃の一時的上昇をともない，またこの事情がもたらすよりいっそうの利潤率の一時的下落をともなっている。同じことは，商品の過剰生産，市場の供給過剰にも現われる。剰余価値の生産，利潤の生産が資本の目的であり，欲望の充足が目的ではないのだから，資本がその目的を達成するのは，生産の段階に生産量を合わせる方法によるだけでそれとは逆の方法によるのではないから，資本主義的基礎の上での消費の制限された割合と，絶えずこの内的な制限を超えようとする生産とのあいだには，絶えず分裂が生ぜざるをえないのである。」(MEGA II/4.2, S. 330; MEW 25, S. 267.)

みられるように，この競争戦は「労賃の一時的上昇」だけではなく，「市場の供給過剰」にも現われるとされている。したがって，いわゆる「資本過剰」だけでなく「商品過剰」をも引き起こすのである。本章では，問題を「資本の絶対的過剰生産」に論点を絞ったので，市場の供給過剰とこの法則との関連については捨象した。本書第17章では総括的に問題を取り扱っているので，同章を参照されたい。

第18章　「利潤率の傾向的低下法則」と「資本の絶対的過剰生産」　621

低下したものの，増大する利潤量を獲得しているのである。しかし，「新たな独立に機能する追加資本」はこの利潤率の低下を利潤量の増大によって「埋め合わせる」ことができない。そこで，労賃の一時的上昇をともなう，競争戦が引き起されるのだというのである。ここでは蓄積にともなう，したがって有機的構成高度化にともなう利潤率の傾向的低下によって諸資本間の競争戦という新たな局面が始まるのであるが，問題はこの競争戦はいかなる契機によって生じ，なにによって媒介され，いかなる性格をもったものかを把握することにある。

　結論を先取りしていえば，競争戦は利潤率の傾向的低下にともなって生ずる「最低資本量」の増大を契機として生じ，その競争戦はプレトラ（貸付可能な貨幣資本の過剰）によって媒介され，その競争戦は価値からの価格の乖離を促進し，それによる利潤率の急性的低落をもたらすものである。有機的構成の高度化による利潤率の傾向的低下と搾取率低下による利潤率の急性的低下[21]の区別と関連をつかむこと，そしてこの両者を媒介する局面を正確に理解することが重要なのである。以下，そのような観点からコメントを付しながらマルクスの叙述をたどることとしよう。

### 3.2　加速的蓄積の強制

　すでにみたように，利潤率の傾向的低下と利潤量の増大とは社会的生産力の発展の表現として捉えられていた。

> 「労働の社会的生産力の同じ発展が，……利潤率の進行的低下の傾向に表わされ，取得される，絶対的な剰余価値あるいは利潤の量の不断の増大に表わされる。」（MEGA II/4.2, S. 298; MEW 25, S. 233.）

ところが，利潤率が低下するにもかかわらず利潤量が増大するということは，社会的資本にも，また個々の資本にもある条件のもとでのみ保証されることになる。これをマルクスは「外観上の矛盾」とその解決として次のように述べている。

　資本の一可除部分，たとえば100をとってみれば，利潤率の低下と利潤量の

---

21）スウィージー（P. M. Sweezy）が『資本主義発展の理論』（都留重人訳，新評論，1967年）の187ページで「法則」に含まれている種類の利潤率の低下とは「違った種類の利潤率の低下」と呼んだ2種類の利潤率の低下の区別と関連である。

622 第2部 マルクスによる恐慌・産業循環の理論的展開を跡づける

減少とは同じことである。ところが，利潤率の低下を引き起こす同じ原因は「社会的資本（したがってまた個々の資本家）が生み出しそして取り込む剰余労働の，つまり剰余価値の，したがってまた利潤の，絶対量の増大を引き起こすのである。では，……どのような諸条件がこの外観上の矛盾のなかに含まれているのか？」(MEGA II/4.2, S. 296; MEW 25, S. 231)。この「外観上の矛盾」は次のように解決される。すなわち，「……社会的平均構成をもつ100ずつの資本は，ある一定の量であり，そして，……利潤率の減少と利潤の絶対量の減少とはここでは一致する。というのは，この場合には利潤率や利潤量の計量基準になる資本が不変量だからそうなるのであるが，それとは反対に，社会的資本の総量も個々の資本家の手にある資本の総量も一つの可変量なのであって，それは，前提された諸条件に適合するためには，ある与えられた量の資本片の，たとえば100ずつの資本の可変部分に反比例して変動しなければならない」(同上)[22]。

　すなわち，前貸資本が利潤率の低下よりも急速に増大するという条件が充たされなければならない[23]。つまり，社会的資本にとっても，また個別資本にとっても加速的蓄積が条件づけられることになるのである。この「条件」を充たすことなしには，利潤率の低下が生じたときに，それを利潤量の増大によって埋め合わせることができない。利潤量の減少に直面し，資本としての存亡の危機に立たされることになる。

### 3.3　超過利潤・生産力増大・薄利多売

　では，どのような事情が個別諸資本をして加速的蓄積にいたらしめるのだろうか。

---

22) もしこの可変資本部分に反比例して前貸資本が増大する（＝その投資によって利潤量を増大する）ほどの資本量が一般に存在しないとすれば，新生産方法の採用は一般化しないであろうし，利潤率の低下も生じない。利潤率の低下が生じるということは新生産方法が一般化したということであり，それは，加速的蓄積が行なわれたということ，すなわち，社会的総資本をみれば利潤量の増大をともなっている，ということを意味するのである。なお，注17も参照されたい。

23) これは『資本論』第1部第7篇で「すでに展開された法則」(MEGA II/4.2, S. 297; MEW 25, S. 232) である。すなわち，「労働の社会的生産力の発展につれて，同じ〔量の〕労働力を動かして同量の剰余労働を吸収するのにつまり同じ量の労働を搾取するのに，ますます大きな量の総資本が必要になるという法則である」(同上)。

第18章 「利潤率の傾向的低下法則」と「資本の絶対的過剰生産」 623

　周知のように，利潤率の低下は特別剰余価値（超過利潤）を求める諸資本の競争に媒介され，その消滅とともに生じる事態である。したがって，特別剰余価値（超過利潤）の生成から消滅の過程は同時に，加速的蓄積の過程でもある。ではそれは個別諸資本のどのような運動によって媒介され，また，この運動は個別資本にどのような問題をもたらすことになるのであろうか。

　一般に更新投資や新投資の際に，費用価格を従来より低価格にすることが可能な，そして，それに平均利潤を加えた価格（商品1単位当たりの個別的生産価格）が，その部門の平均的生産条件のもとで生産された商品価格（市場生産価格）より低くすることを可能にさせる生産方法があれば，それが採用される。もちろんこの場合，前貸資本額が従来のそれより格段に増大するであろうから，一定の資本の集積が前提になる。革新的資本の生産する商品は，価格競争力を持ち，しかも，超過利潤をもたらす。1労働日当たりに生産される生産物は生産性に比例して大きなものになるのだから，市場の拡大のためには市場価格より低い価格での販売が行なわれることになるが，しかしそれは個別的生産価格より高い価格である。ここでの個別的利潤率は非常に高い。しかし，この特別に高い個別利潤率は長くは続かない。他資本にとっては自己の市場を侵害されたくなければ，充用資本量の大きな同じ新生産方法を採用せざるをえない。

　さて，このことの市場への影響は安い価格での商品供給量の増大である。超過利潤の幅は減少させざるをえない。革新的資本の個別利潤率も低下することになる。つまり，商品1個当たりの利潤量が減少する。まだ超過利潤は獲得できるにしても，以前と同じ商品総量の販売では，新たな市場参入者の出現以前に得られた利潤量より減少してしまうであろう。利潤量が少なくとも以前と同じであるとするならば，商品価格の低下率に反比例した商品分量が増大しなければならないし，利潤量が増大すべきであるとすれば，さらなる増大によってのみそれは可能となるであろう。「個々の商品に付け加える利潤を，自発的に少なくするが，自分が生産する商品の数がより大きくなることによって埋め合わせをつける」（MEGA II/4.2, S. 320; MEW 25, S. 240）というように競争場裡にある資本家の意識に映る事態である[24]。今日的表現では，薄利多売といってもよい。

───────────────

24) 生産力の発展によって引き起こされる利潤率の低下には利潤量の増大がともなう，という

624 第2部 マルクスによる恐慌・産業循環の理論的展開を跡づける

### 3.4 最低資本量の増大

新生産方法の普及とともに低下する商品価格は，新生産方法を採用した諸資本に加速的な規模拡大を，すなわち，加速的蓄積を強いることになる。それは，「資本によって生産される商品の価格低下には商品に含まれていて商品の販売によって実現される利潤量の増加がともなう」(MEGA II/4.2, S. 316; MEW 25, S. 236)ということに現われ，それは実際，「利潤量の増大をともないながら利潤率が下落するという法則の展開された別の一表現でしかないのである」(MEGA II/4.2, S. 320; MEW 25, S. 241)。

超過利潤の獲得を目指す諸資本の競争は，同一生産部門のすべての資本に新生産方法の採用＝充用資本量の増大を強制し，加速的蓄積を強制する。それはまた，「資本の最小限——個々の資本家の手中での生産手段の集積の必要な程度——」(MEGA II/4.2, S. 324; MEW 25, S. 261)の増加となって現われる[25]。加速的

---

　法則がどのように現象するかについて，したがって，この法則を競争場裡にある資本家にはどのように意識されることになるかについて，草稿ではエンゲルス版の第15章の第1節と第2節とのあいだにあたる箇所で述べられているが (MEGA II/4.2, S. 316-321)，この部分は，エンゲルス版では第13章の後半に移されている。エンゲルスがこの部分を移動させたのは，第1に，エンゲルス版の第13章のS. 235 (MEGA II/4.2, S. 300)にこの部分と同様の問題が述べられていたので，関連する問題として，そこに横線を引いて移動させたこと，第2に，この部分を移動させることによって，この法則と資本の集積・集中の問題，すなわち，資本主義的生産の歴史的傾向の問題を述べるところで第15章第1節が終了することができる，という理由によるものであったと思われる。

　ただし，草稿での区切りは，エンゲルス版でいえば第15章第2節の第4段落，「こういうわけで（草稿では，「すでに見たように」となっている）資本主義的生産様式の発展につれて利潤率は低下するが，利潤量のほうは充用資本量の増加につれて増加する」(MEGA II/4.2, S. 322; MEW 25, S. 258)という一文の冒頭に「**L**」という区切りの記号がついており，次にこの「**L**」記号がつくのは，エンゲルス版第15章第3節の冒頭であるから，エンゲルス版第2節の第4段落からエンゲルス版第2節の最後までがひと区切りになっている。節区分を含めてエンゲルスの編集がマルクスの意向を明確にするものであったかどうか，これからその内容上の検討が必要になると思われる。

　なお，市原健志氏は，「第3篇　利潤率の傾向的低下の法則」(『マルクス・エンゲルス・マルクス主義研究』28/29，1996年11月)において，一定の角度から，以上の問題をも含む草稿とエンゲルス版との相違について考察されている。

25) 草稿での資本の最少量の規定，すなわち，「……資本の最小限——個々の資本家の手中での生産手段の集積の必要な程度——は増大する」(MEGA II/4.2, S. 324; MEW 25, S. 261)は，エンゲルス版では「生産手段の集積の必要な程度」が削除されている。加速的蓄積によって必然化する資本の集積の増大との関連で，資本の最少量の規定が与えられるという点は

第18章 「利潤率の傾向的低下法則」と「資本の絶対的過剰生産」 625

蓄積によって引き起こされる資本の集積の増大そのものが労働の効率的搾取の要因となるのであるから、「一般的に労働の生産的充用のために必要とされる、労働の搾取のためにも、また、その労働が商品の生産のために社会的に必要な労働時間の平均を超えない必要労働時間（社会的平均的な——革新された——生産方法の採用を前提する）であるためにも必要とされる、資本の最小限……は増大する」（同上）のである[26]。

　なお、資本の最少量の増大については、これを生産力の発展にともなう技術的条件の変化、すなわち生産設備の巨大化にともなうものと理解する見解が多い。もちろん、この側面があることは事実である。だが、マルクスにあっては、資本の最低必要量増大はすぐれて利潤率の傾向的低下との関連で捉えられていたのであって、生産力の発展が、利潤率の低下と利潤量の増大とを、したがって、加速的蓄積を必然化するがゆえに、つまり、資本の集積を必然化するがゆえに生じる事態として理解されていたのである。資本の最小量の増大が既存資本にとってどのように現われるか、この点について、マルクスは次のように述べている。

　　「競争においては生産力の増大にともなって必要となる資本の最低量の増大は次のように現われる。新しい発明が一般的に採用されるようになれば、

---

　この法則と資本の最小量の増大との関係を考える際に重要であり、この文言の削除は適当ではないと考えられる。

26)『1861-1863年草稿』では、「一般には、ただこのような大規模に行なわれる労働の場合にだけ、生産力は異常に増大させられる」として、その理由を①「単純協業の基礎になっており分業や機械の使用の際に繰り返される倍数の原理が正確に適用されるから」、②生産用具は絶対的にはますます高くつくことになるが、充用される労働者数が大きくなればなるほど相対的にはますます安価になることの2点をあげている（MEGA II/3.5, S. 1668-1669.『マルクス資本論草稿集』8、202-203ページ）。なお、小松善雄氏は前掲論文において、マルクスは「資本の集積＝最低必要資本量の増大に「資本過剰から生ずる恐慌」にとっての基軸的地位を与えている」と述べられ、その理由を、「利潤率の変動方向を低下傾向に規定づける重錘の作用を果たす媒介環」であること。さらに、「資本の蓄積・集積が飛躍性を持った蓄積として行われることによって利潤率の低下がたんに漸次的低下としてだけでなく、……断続的・段階的飛躍として展開する点」、また、恐慌惹起のメカニズムに「資本の集積＝最低必要資本量の概念」を据えることによって、「はじめて恐慌が資本主義体制にとってもつ歴史的に本質的な意義が明確にされるという点」（前掲論文、95-100ページ）をあげられている。

626 第2部 マルクスによる恐慌・産業循環の理論的展開を跡づける

比較的小さい資本は将来において経営から排除される。たださまざまな生
産部面での機械的発明がなされたはじめのうちだけが，比較的小さな資本
もそれら機械を動かすことができるのである。」(MEGA II/4.2, S. 336; MEW 25,
S. 273.)

「比較的小さい資本」であっても，「機械的発明がなされたはじめのうち」に
は「機械を動かすことができる」。それは新生産方法を自己のものにすること
が可能な資本であり，したがって，超過利潤を獲得することができる資本であ
る。だが，すでにみたように，この新生産方法の普及の過程は，加速的蓄積の
過程であり，資本の集積が生ずるのであり，したがって，資本の最小量が増大
する過程である。どれだけ加速的蓄積ができるかはその資本の生み出す蓄積元
本としての利潤量によって，したがって，前貸資本量に依存する。「新しい発
明が一般的に採用されるようになる」前に，加速的蓄積をし，前貸資本量を増
大させた資本のみが，利潤率が低下しても利潤量の減少という事態から逃れら
れることになる。だが，「比較的小さい資本」はこの加速的蓄積を実行するに
必要な利潤量も少額である。資本の最小量の増大という条件をクリアーして前
貸資本の増大をはかることができない。そこで，「新しい発明が一般的に採用
されるようにな」り，利潤率が低下するとそれを利潤量の増大で埋め合わすこ
とができず[27]，「将来において経営から排除される」のである。このように，
生産力の発展によって必要とされる資本の最小量の増大は，生産力の発展が利
潤率の低下となって現われ，同時に加速的蓄積を諸資本に強制するからこそ生

---

27) 井村喜代子氏は，「資本制生産の発展過程において，小資本の自立の困難が増大し，諸資
本間競争の激化，生産力発展，資本蓄積，諸資本の集中が促進される根本原因は」資本の
最小量の増大であって，「この点についても一般的利潤率の傾向的低下それ自体の及ぼす
作用は軽微といわねばならない」(『『資本論』の理論的展開』，有斐閣，178ページ)とされ，
利潤率の低下法則と恐慌との関連を切断する一論拠とされている。しかし，資本の最小量
の増大は，生産力の発展によって必要とされるものであり，生産力の発展は，資本主義的
生産においては，一般的利潤率の低下として現われざるをえないものであり，同時にそれ
は加速的蓄積をともなわざるをえないものである。そこに資本の最小量の増大が生じ，そ
れゆえに，利潤率の低下を埋め合わせる利潤量の増大をもたらす前貸資本量の増大が小資
本にとっては阻まれることになるという関連にあるのであって，小資本の自立化の困難性
を資本の最小量の増大に求めることは，けっしてこの法則との切断を意味するものではな
いのである。資本の最小量の増大とこの法則とを切断する見解にたいする批判として木村
芳資氏の前掲論文を参照されたい。

ずるのである。

　ところで，既存資本における「比較的小さい資本」は，「将来において」大資本に合併されるか，あるいは，「損失分配の競争戦」（過剰資本の価値破壊＝減価を誰に負わせるかの競争）のなかで，減価を被ることになるのであるが，マルクスがいう「労賃の一時的上昇」をともなう「競争戦」は，「新たに独立に機能する追加資本」に関連していたのである。

　以下，この点について検討してみよう。

## 4　プレトラと諸資本の競争戦

### 4.1　「新しい自立的諸資本」

　マルクスは生産力の発展によって生じる利潤率の低下と恐慌との関連を示唆する場合に必ずといっていいほど問題にするのは，「新しい自立的諸資本」の問題である。

　エンゲルス版第15章は利潤率と剰余価値率との関係から始まっているが，そのあとの第3段落では，次のような内容が述べられていた。

　「利潤率の下落と加速度的蓄積は，両方とも生産力の発展を表わしているかぎりでは，同じ過程の別々の表現にすぎないのである」（この内容については本章の3においてすでに述べた）として，さらにそれぞれがどのような進展を示すことになるのか，これを，蓄積→大規模な労働の集積→資本の構成の高度化→利潤率の下落の促進，また利潤率の低下→集積と小資本家の収奪の促進→量から見た蓄積の加速化，として示していた。つまり，すでに機能している諸資本のあいだでは生産力の発展によって生じる利潤率の低下は蓄積の加速化を，したがってまた資本の集積と集中とを促進するとしているのである。

　しかし，次の段落では，「他方」として次のように述べている。

　「他方，利潤率すなわち総資本の価値増殖率が資本主義的生産の刺激であるかぎりでは，資本の価値増殖が資本の唯一の目的であるように，利潤率の下落は新しい自立的諸資本の形成を緩慢にし，資本主義的生産過程の発展を脅かすものとして現われる。（この下落は過剰生産，投機，恐慌，労働の過剰または過剰人口と並存する資本の過剰を促進する）だからリカー

628　第2部　マルクスによる恐慌・産業循環の理論的展開を跡づける

ドゥのように資本主義的生産様式を絶対的な生産様式だと考える経済学者たちも，ここでは，この生産様式は自分自身に制限をつくりだすということを感じ，それゆえにこの制限をこの生産様式のせいではなく自然のせいにしようと（地代論のなかで）努めるのである。」(MEGA II/4.2, S. 310; MEW 25, S. 252.)

ここでは利潤率の低下は蓄積を促進するものとしてではなく，資本主義的生産の「制限」であることが述べられている。それは「新しい自立的諸資本の形成を緩慢」にすることに現われ，資本主義的生産の発展を脅かすものだというのである。そしてそれに続いて「この〔利潤率の〕下落は」として恐慌の促進について触れられているのである[28]。

次の記述も同様の内容を示している。

「利潤率，したがって増加の比率はすべての新たな，独立して群れをなす資本の若枝にとって重要である。そして，利潤量によって利潤率を埋め合わせることができるわずかばかりの既成の大資本の手中でしか資本形成が行なわれなくなれば，およそそれを活気づける火は消えてしまうであろう。それは輝きを失うであろう。」(MEGA II/4.2, S. 332-333; MEW 25, S. 269.)

価値増殖率である利潤率の低下は，資本主義的生産の制限をなし，「新たな，独立して群れをなす資本の若枝」の自立化を「緩慢」にする。しかし，それらの資本がこの制限を突破するということがなければ，資本主義的生産は「およそそれを活気づける火は消え」，「輝きを失う」というのである。

では，利潤率の低下が「新しい自立的諸資本の形成を緩慢」にするというのはどのような内容として理解されるべきか，また，利潤率の低下が恐慌を促進する，ということはどのように考えられるべきか，そして両者はどのように関連するのだろうか？

## 4.2　資本主義的生産の制限としての利潤率の低下

利潤率の低下が「新しい自立的諸資本の形成を緩慢」にするということはど

---

28)「この下落は」から始まる一文は，MEGA II/4.2 では括弧でくくられているが，MEW 25（エンゲルス版）ではこの括弧が削除されている。

のような内容として理解されるべきか。本章の3節で見たように，利潤率の低下として現われる新しい生産方法の一般化の過程は，それぞれの部門において事業を正常に営むための最小量の増大に現われるところの，各個別諸資本のもとでの資本の集積が進展する過程である。だが，資本の集積は単線的に進展するのではない。

> 「社会的蓄積の運動は，一方では，私的企業家の手中への富の再生産要素の累進的集積を表わし，他方では，蓄積および集積の相対的原点の分散と増加を表わすのであって，これらの原点は，それぞれの特殊な軌道を相互に斥撥し合うものなのである。」(MEGA II/7, S. 547. 『フランス語版資本論』下巻，江夏美千穂・上杉聰彦訳，法政大学出版局，287ページ。)

すなわち，加速的蓄積過程では「現に機能している資本の増大と交錯して新たな資本の形成や古い資本の分裂が行なわれ」(MEGA II/6, S. 571; MEW 23, S. 654)，「資本の若枝」(MEGA II/6, S. 571; MEW 23, S. 653) が新しい資本として独立する過程でもある[29]。この「新たな，独立して群れをなす資本の若枝」にとって，自分を生み出した事業部門での価値増殖の可能性があればもちろんその部門に投下されるであろう[30]。しかし，自分を生み出した過程そのものが利潤率の低下をもたらす生産性の増大と加速的蓄積の過程であり，資本の集積の進展と資本の最小量の増大をもたらす過程であった。したがって，利潤率低下のもとで利潤量を獲得するに必要な前貸資本の価値量は，従来以上の価値額に膨れ上がっている。「古い資本の分裂」によって生じた「分散した小諸資本」（「資本の若枝」を含む貨幣形態にある「小諸資本」）の価値増殖の可能性——自分が生まれた事業部門に現実資本として価値増殖する可能性——は摘み取られてしまうであろう。

---

29) 「……もとの資本から若枝が分かれて，新しい独立な資本として機能する。そのさい，とりわけ，資本家の家族のあいだでの財産の分割は，一つの大きな役割を演ずる。」(MEGA II/6, S. 571; MEW 23, S. 653.)

30) 「信用は，蓄積された資本が，それのつくりだされたその同じ部面において充用されるのではなく，価値増殖される機会の最も多い部面で充用される，ということを媒介する。けれども，どの資本家も，自分の蓄積をできるだけ自分自身の事業の投下することを望んでいる。もし彼がそれを他の事業に投下すれば，彼は貨幣資本家になり，利潤ではなく利子だけを得る。そうなれば，彼は投機に身を投ずるほかはないであろう。」(MEGA II/3.5, S. 1105. 『マルクス資本論草稿集』6，680-681ページ。)

630　第2部　マルクスによる恐慌・産業循環の理論的展開を跡づける

　こうして，利潤率の低下は「新しい自立的諸資本の形成を緩慢に」するのである。これらの資本は一定率の価値増殖の可能性に比して過剰な資本であり，こうした資本価値，すなわち過剰な資本を生み出したのはほかならぬ資本蓄積であったのだから，それは資本の過剰蓄積が行なわれたのである[31]。それらは遊休貨幣資本として資本過多＝プレトラ[32]の一因をなすことになる。

　　「いわゆる資本の過多（プレトラ）は，つねに根本的には，利潤率の低下が利潤量によって埋め合わせられない資本（そして新たに形成される資本の若枝はつねにこれである）の過多に，または，このようなそれ自身で自立する能力のない資本についての処分を大きな事業部門の指導者たちに（信用の形で）委ねることの過多に，関連している。このような資本過多は，相対的過剰人口を刺激するのと同じ事情から生ずるものであり，したがって相対的過剰人口を補足する現象である。といっても，この二つのものは互いに反対の極に立つのであって，一方には遊休資本が立ち，他方には遊休労働者人口が立つのであるが。」(MEGA II/4.2, S. 325; MEW 25, S. 261.)

　この資本過多が，相対的過剰人口を刺激するのと同じ事情から生ずる，というのは，いうまでもなく，利潤率の低下と利潤量の増大となって現われるところの労働生産性の上昇と加速的蓄積によって両者とも生み出されてくるからである。

### 4.3　利潤率の低下と過剰生産の促進

　以上から，利潤率の低下が「新しい自立的諸資本の形成を緩慢に」するということは，加速的蓄積過程で生み出された「資本の若枝」を含む貨幣形態にある「分散した小諸資本」が最低資本量の増大のもとでその事業部門で現実資本として運動することを阻まれ，遊休貨幣資本として留めおかれ，プレトラを形成することになるというものであった。

---

31)　「個々の商品のではなく資本の過剰生産（＝資本の過多）（といっても資本の過剰生産はつねに商品の過剰生産を含んでいるのだが）の意味するものは，まさに資本の過剰蓄積以外のなにものでもないのである。」(MEGA II/4.2, S. 325; MEW 25, S. 261.) なお，「（＝資本の過多）」はエンゲルス版では削除されている。

32)　プレトラとは何かについては，第3部第5章に立ち入った記述がある（MEGA II/4.2, S. 585-586; MEW 25, S. 523-524）。この記述そのものについてはあらためて検討したい。

第18章 「利潤率の傾向的低下法則」と「資本の絶対的過剰生産」 631

「だが富の一般的形態——貨幣——を代表するものとしての資本は，自己の制限を乗り越えようとする無際限・無限度な衝動である。どんな限界〔Grenze〕でも，資本にとっては制限〔Schranke〕であるし，また制限たらざるをえない。さもなければ資本は，もはや資本——自分自身を生産するものとしての貨幣——ではなくなってしまうであろう。」(MEGA II/1.1, S. 249.『資本論草稿集』1，413ページ。)

資本であるかぎり，増殖率の低下という制限を乗り越えなければならない。「……それ自身で自立する能力のない資本についての処分」を「(信用の形で)委ね」られた「大きな事業部門の指導者たち」は，この増殖率の低下のもとでさらなる利潤量の増大に，すなわち，投資の増大や，新たな生産方法の開発に励むことになる[33]。これは，プレトラと同じ事情から生じる相対的過剰人口を吸収し，労賃の上昇をもたらす。また，他の生産諸要素にたいする需要も増大し，商業投機を促進し，思惑的生産等々を促進する。再生産過程の弾力性は極限までに拡張されることになる。当面の問題で言えば，労賃上昇による，搾取率の低下による急速な利潤率の低下である。

「この制度は社会資本に突然の拡張力，驚異的な弾性を授けるが，そうであるのは，信用が，有利な機会という刺激のもとで，ますます増大する社会的富の異常な堆積を，すなわち，所有者が増殖にやきもきしてたえず適切な時期をうかがっている新たな資本を，生産に導入するからである。」(MEGA II/7, S. 556.『フランス語版資本論』下巻，298ページ。)

「社会資本に突然の拡張力，驚異的な弾性を授ける」ところの「所有者が増殖にやきもきしてたえず適切な時期をうかがっている新たな資本」=「資本の過多」を生み出したのが，現実資本における加速的蓄積をともなう生産力の増大であった[34]。

---

33) 「利潤率が下がれば，一方では，個々の資本家が改良された方法などによって自分の個々の商品の個別的価値をその社会的平均価値よりも高めようとする資本の緊張が生じる。(小さな利潤をもたらす市場価格はそこでは確定した大きさとみなされている。)」(MEGA II/4.2, S. 332; MEW 25, S. 269.)

34) 早坂氏はエンゲルス版第15章第3節冒頭に出てくる「資本の過多」を「「利潤率の傾向的低下」から直接帰結するものではなく，むしろ「冒険」・「恐慌」の結果」(前掲論文，9ページ)，「競争戦の戦列からはじき出された資本をさす」(同上，8ページ)と解釈されている。

632　第2部　マルクスによる恐慌・産業循環の理論的展開を跡づける

　「利潤率の低下が諸資本間の競争戦を引き起こす」という際の「競争戦」とは，
以上の内容を踏まえれば，加速的蓄積をともなう生産力の発展が最低資本量に
達しない（＝利潤率の低下を利潤量の増大で埋め合わせることのできない資
本）あらゆる「分散した小諸資本」＝過剰資本（＝資本過多）を生み出し，それ
らの資本を信用を通して大資本はその利潤量増大のための集中・集積にもちい，
「社会的資本の大膨張」を引き起こすという，繁栄期末期から過熱期にかけて
の諸資本間の振る舞いであると言うことができよう。それはまた商業投機や思
惑的生産を助長し，資本の現実の還流を隠蔽し，過剰蓄積を助長する[35]。この

---

　このように捉えられてしまうのであれば，利潤率の傾向的低下法則とプレトラとの，した
がって，「資本過剰」＝資本過多との関連は断ち切られてしまう。事実，氏は15章相当部
分の主要論旨を，「「利潤率の傾向的低下法則」の総括と意義づけ，およびその後の展開の
主軸となるはずの「資本の過剰」への展望とその一般的規定，という2つの内容に絞られ
る」（同上，11ページ）とされるのであり，後者は「先取り的に展望として」述べられてい
るとされるのである。「資本の過剰」の詳しい分析は競争，信用論次元で行なわれること
は間違いないが，しかし，それは利潤率の低下が「資本の過剰＝資本の過多」を生み出す
からこそここで問題になっているということを把握することが肝要なのではないだろうか。
氏がこの法則とプレトラとの関連を断ち切ることになったのは，「「資本の最小限」も資本
の大小も，利潤率の傾向的低下の直接の所産とはいえないような，より一般的な，現実的
蓄積運動の結果に位置付けるべきものといえる」（同上，9ページ）という認識によって導
き出されている。「資本の最小限」はこの法則との関連で規定されているのだということ
は，すでに本文で述べた。また，氏のこのような見解は，プレトラをもって恐慌の「結
果」としての不況期の特徴としてのみ理解されていることから出てくるのではなかろうか。
マルクスが第15章で問題にしている「資本過多」（プレトラ）とは，現実資本の過剰蓄積に
よって生み出され，信用によって，投機や思惑的生産を助長する要因として，すなわち，
過剰生産期を生み出す要因として，与えられているのであって，それは不況期のそれでは
ないのである。産業循環の諸時期とプレトラとの関連について，不況期のみの特質とする
のがむしろ一般的であるが，こうした見解は，マルクスの見解とは異なっている。

35) マルクスは『1861-1863年草稿』では，「資本の過剰から生ずる恐慌」＝「利潤率低下の結果
として資本が踏み込む無謀な冒険」（MEGA II/3.5, S. 1633.『資本論草稿集』8, 145ページ）
について，「フラートンを見よ」（同上）と指示していた。当該問題についてのフラートン
の記述（福田長三訳『通貨論』，岩波文庫，210-216ページ）については，小松，前掲論文，
下の178-182ページに詳しい。フラートンの当該部分での記述（1847-1848年恐慌を「予
言」した）とほぼ同じ内容を，マルクスは「評論，1850年5-10月」（MEGA I/10, S. 459-460;
MEW 7, S. 432-433）で述べている。それは次のようなものであった。
　「1848年に始まる産業発展の新しい循環が，43-47年のそれと同一の経過を追うとした
ならば，恐慌は，52年に勃発するであろう。過剰生産から生み出される過剰の投機，
毎回の恐慌に先行する過剰の投機が，これ以上長く起こらずにはおかない兆候の一つと

過程は「労賃の一時的上昇をともない」，搾取率が低下し，利潤量が減少し「いっそうの利潤率の一時的下落」をともなうことになるのである。

生産性の上昇によって生じる利潤率の傾向的低下と搾取率の低下によって生じる利潤率の「一時的低下」との関連は以上で明らかであろう。

## 5　なぜ労賃の上昇だけが問題になったのか

最後に，なぜマルクスは，資本の絶対的過剰生産の規定において，労賃の騰貴だけを問題にしたのかについて考察しておこう。

---

して，われわれはここに，イングランド銀行の手形割引が2年この方3分以上に上がらなかったことをあげておこう。……われわれがさきにみたように，繁栄期に通例貸付市場に投じられる追加資本は，それだけでも，競争の法則にしたがって，利子率を著しく引き下げる。しかしこれをこれよりもずっと大きな割合で低下させるのは，全般的な繁栄を通して非常に高められた信用であって，信用は資本需要を減少させることによってそうするのである。この時期には政府は，その公債借入金の利子率を引き下げる可能性を与えられ，土地所有者はその抵当をより有利な条件で更新する可能性を与えられる。そこで貸付市場の資本家は，ほかのすべての階級の所得が増大する時期にありながら，自己の所得が3分の1またはそれ以上減少するのを見るわけである。この状態が続くのが長ければ長いほど，彼らはますます自己の資本のより有利な投下先を探し回ることを迫られる。過剰生産は無数の新しい企画を呼び起こし，そのうちわずかなものが成功しようものなら，それだけでももう多数の資本が同じ方向に投下され，思惑がしだいに一般的になる。だがこの時期には，すでに見たように，投機には可能な主要なはけ口は二つしかない。それは綿花栽培であり，カリフォルニアとオーストラリアの開発によって与えられる新しい世界市場の交通である。今回の投機の分野は，以前のどの繁栄期よりも異常に大きな規模をとるであろう。」(MEGA I/10, S. 459-460; MEW 7, S. 432-433.)
ここでマルクスは，恐慌が52年に勃発すると予想する根拠を次のように述べている。すなわち，恐慌には「過剰生産から生み出される過剰の投機」が先行する。その「過剰の投機」が生じるであろう兆候の一つとしてイングランド銀行の低い手形割引（率）をあげ，こうした事態は，貸付市場の資本家にとっては，「ほかのすべての階級の所得が増大する時期にありながら，自己の所得が……減少する」のであって，「彼らはますます自己の資本のより有利な投下先を探し回ることを迫られる」。「思惑がしだいに一般的になる」。ところでなぜこうした貸付市場の資本家にとって不利な事態が生じるか，その原因として，繁栄期には追加資本が貸付市場に投じられること。また，繁栄期には信用が高められそれが資本需要を減少させることの2点をあげている。利潤率の低下によってその「自立性」を喪失した「資本の若枝」を含む貨幣形態にある「分散した小諸資本」は，繁栄期に貸付市場に投じられる追加資本を構成し，「過剰の投機」を引き起こす原因の一つになるのである。

634　第2部　マルクスによる恐慌・産業循環の理論的展開を跡づける

　資本主義的生産の目的は，まさしく剰余価値の，すなわち不払労働の取得（＝利潤量）である。したがって，資本価値の増大そのものが利潤量の減少を，利潤率の急速な低下を引き起こす事態が生じるとすれば，追加投資の意味は失われ，蓄積は停止し，再生産過程は攪乱され，恐慌へと突入することになるであろう。

　　「資本主義的生産の制限は労働者の剰余時間〔Surpuluszeit〕である。」(MEGA
　　II/4.2, S. 337; MEW 25, S. 274.)

　諸資本の競争戦は，搾取材料としての労働人口の制限をも越えて蓄積を進行させる。賃金騰貴が生じ，価値生産物，すなわち，v＋mのうち，vがmを侵食し，資本が取得する不払労働が減少し，追加資本を投下する前と同じかあるいはそれより減少してしまう事態になれば，一般的利潤率は急速に低下することになる。

　マルクスは一般的利潤率の低下と労賃上昇との関連をラムジの文章を引用しながら，次のように述べている。

　　「「総利潤の一般的な率に影響することができる唯一の競争は，資本主義
　　的企業者と労働者とのあいだの競争である。」……このすぐ前の文章のな
　　かでは，リカードウの命題が，正しいものに還元されている。利潤率は，
　　資本と労働との競争によることなく低下することもありうるが，しかし，
　　利潤率がそのために下がるということがありうる唯一の競争は，この競争
　　である。」(MEGA II/3.5, S. 1797.『資本論草稿集』8, 427ページ。)

　ここでいわれている競争とは，法則を執行する競争，価格を価値に収斂させる競争ではない。これは，価格の価値からの乖離を媒介する競争，すなわち，競争戦（利潤率の傾向的低下が引き起こす競争戦とはこれである）である。だが，この競争戦によって価格が急騰するのは労賃にかぎらない。にもかかわらず，マルクスが「資本と労働との競争」だけを一般的利潤率低下の原因となる競争だとしたのは，次のような理由による。たとえば，恐慌の現実化に際しての重要な契機となる原料価格の騰貴の場合は，それを使用する生産部門では利潤率が低下するが，他方，それを生産する部門では利潤率が高まる。また，生産資本，商品資本の形態にある既存資本にとっては資本の増価が生じる等々，全部門，全資本に一律に作用するということがない。それにたいして，労賃の

騰貴は「全産業分野の利潤運動に均等な作用を及ぼすもの」[36)37)]である。また，利子や地代等の変動は生産された剰余価値を誰がより多く手に入れるかという競争であり，それ自体は一般的利潤率に影響するものではない。したがって，競争が原因となって一般的利潤率が一時的に低下する場合，その競争とは，「資本と労働との競争」，すなわち，賃金騰貴が「唯一」の原因なのである。しかし，それによってのみ恐慌が引き起こされる，という意味ではありえない。それは「恐慌の一契機」をなすものだからである。

## おわりに

以上，利潤率の傾向的低下法則と「資本の絶対的過剰生産」との関連について，二つの利潤率の低下の関連について考察した。マルクスの恐慌分析を正しく把握するためには，なお多くの論点が残っている。「はじめに」でも言及したように，商品過剰と資本過剰との関係がある。さらに，利潤率の傾向的低下法則と恐慌との関連をより全面的に明らかにすることが重要である。そしてなによりも，マルクスの恐慌分析が現実の産業循環と恐慌の諸相にいかに照応していたか，また，それは，現代の産業循環と恐慌分析にいかに生かされるか，という最も重要な課題がある。これらについては今後に期したい。

---

36) 古川哲「資本の絶対的過剰生産について」(『経済志林』第24巻第4号，1956年，90ページ)。古川氏は，マルクスが労賃騰貴だけに限定し，その他の諸要因，たとえば，原料や利子率の騰貴，資本回転の緩慢化，全般的な物価下落等の諸要因を問題にしなかった理由を二つあげている。その一つは，後者の要因は「利潤減少について産業各分野に不均等な作用を及ぼすもの」(同上)であることである。これは正しい。二つには，労賃以外の諸要因は「「資本一般」の論理中では分析の重要な契機として採用しうるほどの規定をいまだ受けとらざる要因にほかならなかった」(同上)ことをあげている。しかし，たとえば，利子率昂騰の問題は，恐慌の諸契機としては重要な要因であるとしても，それは一般的利潤率に影響するものではありえない。したがって，競争戦による一般的利潤率の急速な低下が問題であるかぎり，第1の理由だけがあげられるべきではなかろうか。

37) 「剰余価値率——すなわち個々の労働者のための必要労働時間にたいする剰余労働時間の割合——は，……おのずからあらゆる生産部面で均等化されるのであって，このことが一般的利潤率の基礎なのである。」(MEGA II/3.5, S. 1671. 『資本論草稿集』8, 206ページ。)

# 第19章 利潤率の傾向的低下法則と恐慌
―― 「現実の資本の過剰生産」をめぐって ――

前畑憲子

## はじめに

『資本論』第3部第3篇第15章「この法則の内的諸矛盾の展開」[1]において，マルクスは，資本主義的生産の制限について次のように述べている。

「資本主義的生産様式の制限は次のような点に現われる。

（1）労働の生産力の発展は利潤率の低下ということのうちに一つの法則を生み出し，この法則は，生産力の発展がある点に達すればその発展に敵対的に対抗し，したがって絶えず恐慌によって克服されなければならないということ。

（2）社会的欲望にたいする，社会的に発達した人間の欲望にたいする生産の割合ではなく，不払労働の取得と対象化された労働一般にたいするこの不払労働の割合がその制限として現われるということ。それゆえ，資本主義的生産様式にとっては，生産が他の前提のもとでは不十分だと思われるような程度に達しただけで，制限が現われるのである。それは欲望の充足が停止を命ずるところではなく，利潤の実現と生産が停止を命ずるところで停止してしまうのである。」(MEGA II/4.2, S. 332; MEW 25, S. 268-269.)

みられるように，（1）では，利潤率の傾向的低下法則は「生産力の発展があ

---

1）エンゲルス版『資本論』第3部第3篇の章，節区分とそれぞれの表題はエンゲルスのものである。以下，『資本論』第3部第3篇からの引用は，すべて MEGA（＝Marx-Engels-Gesamtausgabe）の第II部門第4巻第2分冊から行ない，併せて MEW（＝Marx-Engels-Werke), Bd. 25のページ番号を併記する。なお，MEGA の「第3章　資本主義的生産の進行における一般的利潤率の傾向的低下の法則」を指す場合，これを「第1草稿」と記述する。

638　第2部　マルクスによる恐慌・産業循環の理論的展開を跡づける

る点に達すればその〔生産力の〕発展に敵対的に対抗」するので，「絶えず恐慌によって克服されなければならない」法則であり，そこに資本主義的生産の制限が現われるということが述べられている。(2)では，「生産力の発展がある点に」達したときに現われる資本主義的生産の制限は「欲望の充足」ではなくて利潤量と利潤率であるといい，資本主義的生産の敵対的性格を端的に述べている。

　利潤率の傾向的低下法則と恐慌との関連についてみれば，(1)にみられるように，この法則は恐慌によって絶えず「克服」されなければならない法則とされており，したがって，この法則が原因となって恐慌が引き起こされる，という認識を示していたといってよいであろう。エンゲルスが恐慌についての諸問題が論じられている第15章に「この法則の内的諸矛盾の展開」と表題をつけたのも，この法則と恐慌との関連についての認識をマルクスと共有していたからと思われるのである[2]。

　しかし，この法則と恐慌との関連をこのようなものとして把握する，という見解は必ずしも一般的ではない。むしろ，この法則は長期的にのみ作用するものであって，短期的には，つまり恐慌をその終点とする産業循環の周期的運動には作用するものではないとする考えが一般的であるといってよい。このような見解が一般的なものになる原因の一つには，この法則と「資本の絶対的過剰生産」との関連についての従来の理解のしかたがある[3]。このような事情を踏まえて，筆者は「「利潤率の傾向的低下法則」と「資本の絶対的過剰生産」──

────────

2）第15章を利潤率低下法則の内的諸矛盾の展開としてではなく，資本家的生産の内的諸矛盾の展開として捉える見解がある。しかし，形式的に見ても，第15章該当部分は，明らかに第3篇「資本主義的生産の進行における一般的利潤率の傾向的低下の法則」のなかにあり，その主題はこの法則にあると考えるべきであろう。第15章の主題と恐慌との関連は「第1草稿」にもとづくとどのように見えるかについては，拙稿「利潤率の傾向的低下法則と恐慌──『資本論』第3部第15章の主題との関連で──」(大谷禎之介編著『21世紀とマルクス』，桜井書店，2007年，所収【加筆・修正して，本書の第17章に収録】)を参照されたい。

3）たとえば，大内秀明氏は，「資本の絶対的過剰生産」は，「周期的恐慌をふくむ景気循環として循環論＝動態的なレベル」であるが，「利潤率の傾向的低下法則」は，「傾向的なトレンドで静態的なレベルでむしろ歴史的な発展段階論として，アナロジー的にいえば両者は次元を異にするものと考えるべきではなかろうか」(『恐慌論の形成』，日本評論社，2005年，191ページ)と述べられている。

恐慌研究の一論点」[4]において,『資本論』第3部第1草稿にもとづいて利潤率の傾向的低下法則と恐慌との関連について論じたが,その際,松尾純氏の「現実の資本の過剰」についての理解について簡単な批判を注記しておいた。これにたいして松尾氏は「「現実の資本の過剰生産」と「資本の絶対的過剰生産」――前畑憲子氏の批判に応える――」[5]を書かれて,筆者の解釈について疑問点をあげられている。

松尾氏の「現実の資本の過剰生産」についての理解,あるいはこの論文で示されている氏の見解には,この法則と恐慌との関連を考える際に多くの論者が陥る共通の問題点があると思われる。本章では,松尾氏の見解の検討を通じて,利潤率の傾向的低下法則と恐慌との関連を再度明らかにしておくことにしたい。

## 1 「利潤率の低下が諸資本の競争戦を惹き起こすのであって,逆ではない」ということの意味

以下,後段の展開のために前掲旧稿の要旨を述べておきたい。

1. 資本の絶対的過剰生産とは,労賃上昇による搾取率の低下によって,追加投資をしても追加投資以前と同じかあるいはそれよりも少なくさえなる利潤量しか得られない,という事態である。「第1草稿」では,この事態は実際には起こりえない仮定的事例として描かれているのではなく,相対的過剰人口の急速な吸収が「資本の絶対的過剰生産」の事態を近づける[6]ということが明らかにされており,労賃上昇による搾取率低下が恐慌の一契機とされている。

2. とはいえ,「さて現実の資本の過剰生産はここで考察したそれとは決して同じではなく,それとは反対にただ相対的なものとして観察される」(MEGA II/4.2, S. 329)[7]。つまり,文字通りの絶対的過剰生産に行き着かなくても,現実

---

4) 拙稿「「利潤率の傾向的低下法則」と「資本の絶対的過剰生産」――恐慌研究の一論点――」(『立教経済学研究』第55巻1号,2001年【加筆・修正して,本書の第18章に収録】)。

5) 松尾純「「現実の資本の過剰生産」と「資本の絶対的過剰生産」――前畑憲子氏の批判に応える――」(桃山学院大学『経済経営論集』第43巻第4号,2002年)。

6) 絶対的過剰生産と恐慌との関連についてのこの記述は,エンゲルス版では削除されている。「第1草稿」のマルクス自身の叙述は本章の次節2の冒頭に引用したとおりである。

7)「現実の資本の過剰生産」についての一文も,エンゲルス版では削除されている。「第1草

には，資本の「健全な」発展を保証するような利潤量の獲得を可能とする搾取率が維持できなくなれば恐慌が生じる，ということが「第1草稿」では述べられている。この記述で確認すべきは，「現実の資本の過剰生産」が，「資本の絶対的過剰生産」と同様に，搾取率の低下から生じるものとされていることである。

　3．ところで，利潤率の傾向的低下法則は労働の生産力上昇の資本主義的「表現」(MEGA II/4.2, S. 287; MEW 25, S. 223)であり，したがって利潤率の傾向的低下は，剰余価値率したがって労働の搾取度の傾向的増加と結びついているのであって，上記の1および2でみたような搾取率の低下と結びついているのではない。「それゆえ，利潤率の低下を労賃率の騰貴から起きると説明することは，例外的な場合にはあるにしても，この上もなくばかげたことである」(MEGA II/4.2, S. 308-309; MEW 25, S. 250)。したがって，搾取率が，すなわち剰余価値率が上昇するもとでの利潤率の低下である利潤率の傾向的低下と，搾取率の低下から生じる「資本の絶対的過剰生産」とはどのような関連にあるかがあらためて問題となる。

　4．利潤率の傾向的低下法則と労賃の一時的高騰による搾取率の低下という事態の両者の関連については，いろいろな謬見が見出される。

　その一つは，利潤率の傾向的低下法則と「資本の絶対的過剰生産」との関連を断ち切ることによって，傾向的低下法則と恐慌とは関係がないとする見解である[8]。この見解の特徴は，労働生産性の上昇による資本の有機的構成高度化から導き出される利潤率の傾向低下法則を，相対的過剰人口の一方の排出をもたらす法則として捉えることである。したがって，それとは反対の相対的過剰人口の吸引によって生じる「資本の絶対的過剰生産」と傾向的低下法則とは関連がないということになるのである。こうした理解は，「資本の絶対的過剰生産」を否定的に捉える見解をもつ一部論者にも共通の理解である[9]。

　もう一つの謬見は，利潤率の傾向的低下法則と「資本の絶対的過剰生産」との関連を直線的に理解しようとする結果，利潤率の傾向的低下法則自体の理解

---

　稿」のマルクス自身の叙述は本章の次節2の冒頭に引用したとおりである。

8）本章3節で引用する宇野弘蔵氏の見解を参照。

9）古川哲「資本の絶対的過剰生産について」(『経済志林』第24巻第4号，1956年)，96-97ページ。

第19章　利潤率の傾向的低下法則と恐慌　　641

を歪めてしまう見解である。この見解によれば，利潤率の傾向的低下の過程で利潤率の低下を利潤量の増大によって埋め合わせようとして資本の加速的蓄積が生じ，相対的過剰人口の排出よりもその吸収が進み，その結果として労賃が上昇し，資本の絶対的過剰生産に近づくことになる[10]。この見解にあっては，加速的蓄積が進めば，利潤率の低下を利潤量の増大で埋め合わせることができない局面がなんらの媒介契機もなしにやってくる，という理解に論理的にはならざるをえないであろう。しかし，労働生産力の発展の資本主義的表現としての利潤率の低下は「一時的な変動は別として」，一般的には利潤量の増大なしにはありえない。つまり，利潤量の増大なしには生産力の発展そのものが一般的にはありえないのである。この法則が，「利潤率の低下には利潤量の増大がともなう」という「二重性格の法則」（MEGA II/4.2, S. 294; MEW 25, S. 230）といわれるゆえんである。（この見解については，次の**5**であらためて触れる。）

**5.** では，利潤率の傾向的低下法則と「資本の絶対的過剰生産」との関連は，マルクスにあってはいかなるものとして捉えられていたのであろうか。

ここでのキーワードは「諸資本間の競争戦」である。利潤率の低下が加速的蓄積によって利潤量の増大をともないながら進行する局面から，「諸資本間の競争戦」によって「資本の絶対的過剰」状態に近づく局面への転換が生じるのである。

すでにみたように，利潤率の傾向的低下法則は「二重性格の法則」である。利潤率の低下には社会的総資本が獲得する利潤量の増大がともなうのである。だがしかし，そのためには利潤率の低下に反比例して加速的蓄積が行なわれなければならない。蓄積の規模はそれぞれの資本が獲得できる利潤量によるのであるから，利潤率が低下しても利潤量の増大を同時に獲得できるのは，前貸資本の大きな「確立した大資本たちについてだけ存在する」（MEGA II/4.2, S. 330; MEW 25, S. 266-267）[11]。この過程がもたらすのは，利潤を獲得するために必要と

---

10）谷野勝明「5　資本の絶対的過剰生産論に関する一考察」（富塚良三・吉原泰助編集『資本論体系』9-1，『恐慌・産業循環』上，有斐閣，1997年，所収），230-231ページ。

11）「前貸資本の増大につれて生産規模が拡大されればされるほど，生産のすべてのバネがますます精力的に働くのである。」（『資本論』第1部フランス語版。MEGA II/7, S. 530; MEW 23, S. 636.）

642 第2部 マルクスによる恐慌・産業循環の理論的展開を跡づける

される最低資本量の増大である。これから新たに資本として運動しようとしている「資本の若枝」にとっては，平均利潤を得るためのハードルが高くなっており，現実資本として独立して運動することを妨げられる。それらは遊休貨幣資本として，「資本の過多（プレトラ）」を形成し，同じ過程によって生じる過剰人口とともに両極に存在することになる。それらは一方ではその処分を信用の形で「大きな事業部門の指導者たちに……委ね」，また利潤率の低下という生産の制限を突破しようとする。これらの振る舞いが「競争戦」を性格づけることになる。

　　「こうして大量の分散した小諸資本は，冒険的，投機，信用思惑，株式思惑，恐慌（Crisis）。いわゆる資本の過多（プレトラ）は，つねに根本的には，利潤率の低下が利潤量によって埋め合わせられない資本（そして新たに形成される資本の若枝はつねにこれである）の過多に，または，このようなそれ自身で自立することのできない資本についての処分を大きな事業部門の指導者たちに（信用の形で）委ねることの過多に，関連している。このような資本過多は，相対的過剰人口を刺激するのと同じ事情から生ずるものであり，したがって相対的過剰人口を補足する現象である。といっても，この二つのものは互いに反対の極に立つのであって，一方には遊休資本が立ち，他方には遊休労働者人口が立つのであるが。」(MEGA II/4.2, S. 325; MEW 25, S. 261.)

　以上で重要なことは，4でみた二つ目の謬見とは異なり，利潤率の低下が進んでも社会的総資本からみれば，したがってまた既存大資本からみれば利潤率の低下を利潤量の増大で補償することができているということである。だからこそ既存大資本は利潤率が低下したもとでもいっそうの加速的蓄積が可能となる。一方，「大量の分散した小諸資本」[12]や資本の若枝にとっては率の低下を量の増大で補償することを勝ち取るために厳しい運動が迫られることになる。か

───────────────

12）現実資本として存在する「小」資本は利潤率の低下を利潤量の増大で埋め合わせることができない資本であるという点では，「資本の若枝」＝「新たに独立に機能する追加資本」などと同様であるが，しかし，前者は現実資本であり，後者は貨幣形態にとどまっている資本であるという点で，問題の競争戦を考える場合には質的な相違がある。この点については，本書第17章の4節をみられたい。

くして，社会的総資本における利潤率の低下と利潤量の増大とが同時に生じているからこそ，そのもとで「諸資本間の競争戦」，すなわち増殖率の低下という生産の制限を突破しようとする諸資本の振る舞いがこの「競争戦」を生み出し，この「競争戦」の性格は現実資本の運動によってはじき出された「大量の分散した小諸資本」（貨幣形態にある過剰資本＝プレトラ）に規定されるのであった。その結果として，相対的過剰人口の急速な吸収，搾取率の低下による利潤率の一時的な下落（資本の絶対的過剰に近づく事態）が生じ，つづいて恐慌がやってくるのである。

　資本が運動する目的は既存資本の価値増殖にある。ところがその目的を達成するための方法は生産力の発展にあり，それが運動の目的である価値増殖を制限する。つまり増殖率の低下をもたらし，既存資本の減価[13]をもたらす。これらの制限を資本は乗り越えようとして，そこで諸資本間の競争戦が生ずることになる。

　　「……蓄積に結びついた利潤率の低下は必然的に競争戦を呼び起こす。利潤量によって利潤率の低下を埋め合わせるということは，ただ社会の総資本についてだけ，また確立した大資本たちについてだけ存在する。新たな独立に機能する追加資本はそのような埋め合わせを見出せず，これに抗して行動しなければならず，このように利潤率の低下が諸資本間の競争戦を惹き起こすのであって，逆ではない。もちろんこの競争戦は，労賃の一時的上昇をともない，またこの事情がもたらすよりいっそうの利潤率の一時的下落をともなっている。」（MEGA II/4.2, S. 330; MEW 25, S. 266-267.）

　諸資本間の競争戦が労働力の価値からの価格の乖離をもたらし「資本の絶対的過剰」という事態を近づけるのであるが，この競争戦が生産力の発展による利潤率の低下によってもたらされるのである。利潤率の低下には利潤量の増大がともなう，という場合に，マルクスは「一時的な変動を別とすれば」（MEGA II/4.2, S. 292; MEW 25, S. 228）という留保文言を付しているが，この「一時的な変

---

13）「既存資本の減価」は，新資本にとっては従来の規模の生産をより少ない投資で始めることができるのであるから，利潤率を上昇させ，資本蓄積が促進されることになる。これはまた，相対的過剰人口の吸収に作用し，恐慌の一契機をなすことになる。この点，MEGA II/4.2, S. 323; MEW 25, S. 259 を参照されたい。

644 第2部 マルクスによる恐慌・産業循環の理論的展開を跡づける

動」はこの諸資本の競争戦によって生み出されるのである。

## 2 「現実の資本の過剰生産」とはどのような事態か

利潤率の傾向的低下法則と「資本の絶対的過剰生産」との関連についての旧稿での論旨は以上のようなものであったが，松尾氏の見解について注記したのは，前節の2で言及した「現実の資本の過剰生産」という事態についての松尾氏の見解であった。

そこで「現実の資本の過剰生産」についてのマルクスの叙述と，それについての筆者の解釈を少し詳しく再論しておこう。

「現実の資本の過剰生産」の部分は，エンゲルスがその一文を削除していて，エンゲルス版『資本論』にはない部分なので，前後の文脈を含めて引用することにしたい。エンゲルス版で削除されている部分は網かけで示した。

「しかし，ここで設けた極端な前提のもとでさえ，資本の絶対的な過剰生産は，けっして絶対的な過剰生産ではなく，けっして生産手段の絶対的な過剰生産ではないのである。それはただ資本として機能する生産手段の過剰生産であり，したがってまた，生産手段がその量の膨張につれて膨張した価値に比例してこの価値の追加的増殖を含んでいなければならず，また生み出さなければならないというかぎりでのことである。

それは過剰生産であろう。なぜならば，資本は，資本主義的生産過程の「健全な」「正常な」発展が必要とするような搾取度で，少なくとも充用資本量の増大につれて利潤量を増加させるような度合いで，したがって資本の増大と同程度の利潤率の低下（C＋ΔC―P＋0）を排除するような，または資本の増大よりも急速でさえある利潤率の低下（C＋ΔC―P―x）を排除するような度合いで，労働を搾取することができなくなるであろうからである。

さて現実の資本の過剰生産はここで観察したそれとはけっして同じではなく，それとは反対にただ相対的なものとして観察される。

資本の過剰生産とは，資本として機能することのできる，すなわち与えられた搾取度での労働の搾取に充用することができる生産手段——労働手

第19章　利潤率の傾向的低下法則と恐慌　645

段と生活手段——の過剰生産以外のなにものでもない。というのは，一定
の点以下へのこの搾取度の低下は，資本主義的生産過程の停滞や攪乱，恐
慌，資本の破壊を惹き起こすからである。このような資本の過剰生産が多
少とも大きな相対的過剰人口をともなうということは，けっして矛盾では
ない。（この相対的過剰人口の減少はそれ自体ですでに恐慌の一契機であ
る。というのは，それはいま考察してきた資本の絶対的過剰生産の事情を
より近くに引き寄せるからである。）労働の生産力を高くし，生産物（商
品）の量を増やし，市場を拡大し，資本の蓄積（その物的な量から見ても
価値の量から見ても）を促進し，利潤率を低下させたのと同じ事情が，相
対的過剰人口を生み出したのであり，また絶えず生み出しているのであっ
て，この過剰人口が過剰資本によって充用されないのは，それが労働の低
い搾取度でしか充用できないからであり，または少なくとも，与えられた
搾取度のもとでは低い利潤率でしか充用できないからである。」(MEGA
II/4.2, S. 329-330; MEW 25, S. 265-266.)

「資本の絶対的過剰生産」とここで言う「現実の資本の過剰生産」つまり「相
対的な資本の過剰生産」を比較してみれば，次のように言うことができるであ
ろう。

「資本の絶対的過剰生産」は「増大した資本が労働者人口に比べて増大しすぎ
て，この人口が供給する絶対的労働時間も延長できないし相対的剰余時間も拡
張できない」(MEGA II/4.2, S. 325; MEW 25, S. 261-262) という事態であり，追加投資
によって剰余価値の量が増大しないか，あるいは縮小すらするという事態であ
る。これにたいして「現実の資本の過剰生産」とは，「絶対的な過剰生産」と比
べて「相対的」だというのであるから，「多少とも大きな相対的過剰人口をとも
な」い，追加投資によって生産される剰余価値の「絶対的な量」は多少なりと
も増大するということになる。しかし，この「膨張した価値〔追加投資—前畑〕に
比例してこの価値の追加的増殖」を生み出しはしない。「この過剰人口が過剰
資本によって充用されないのは，それが労働の低い搾取度でしか充用できない
からであり，または少なくとも，与えられた搾取度のもとでは低い利潤率でし
か充用できないからである。」つまり「現実の過剰生産」とは「絶対的過剰生産」
の場合ほどではないが，労働の低い搾取度のために，利潤率の急落を生み出さ

646　第2部　マルクスによる恐慌・産業循環の理論的展開を跡づける

ざるをえない事態であろう。

　さらに,「資本の絶対的過剰生産」とは,「あれこれの生産領域とか二,三の重要な生産領域とかに及ぶのではなく,その範囲そのものにおいて絶対的であるような,つまりすべての生産領域を包括するような,過剰生産」(MEGA II/4.2, S. 325; MEW 25, S. 261) であった。それにたいして「相対的」であるとするのであるから,それは「すべての生産領域を包括する」わけではないが,主要な生産諸部門を包括するような過剰生産ということになるであろう。言い換えれば,各生産部門に労働力は多かれ少なかれ分業によって固定されているのであって,主要な生産諸部門では人手不足が生じているが,しかし,他の生産部門では失業しているものがいる,ということは現実の事態であろうからである[14]。

　「資本の過剰生産」における「絶対的」と「相対的」との区別は,以上のように,前者が追加投資によって取得される剰余価値の絶対量が増大しない,あるいは以前より減少する,という事態だったのにたいして,後者は多少なりとも相対的過剰人口が存在し追加投資が剰余価値の絶対量の増大をもたらしうる,という区別であろう。しかし,「相対的」であるとはいえそれが資本の過剰生産であるのは,「資本主義的生産過程の「健全な」「正常な」発展が必要とするような搾取度」で労働を搾取することができないからである。「資本の絶対的過剰生産」とそれにたいして「相対的」である「現実の資本の過剰生産」とは,「絶対的」か「相対的」かの相違はあっても両者とも,利潤率の低下と利潤量の増大とが同時に生じることによって引き起こされる諸資本間の競争戦によって労賃が上昇し,労働の搾取度が「一定の点以下へ」低下することによって生じる事態だという点では共通である。

　景気の過熱期には労賃上昇とともに原料等の価格上昇が顕著である。しかし,マルクスがここで労賃騰貴を問題にして,「資本の過剰生産」概念を明らかにしたのは,賃金上昇は各生産部門に均等な作用をおよぼすからということだけ

---

14)「労働者数の自然的増加が資本の蓄積欲求を満足させないで,しかも同時にそれを超過するということは,資本の運動そのものの一つの矛盾である。……これよりももっとひどいもう一つの矛盾は,分業によって一定の事情部門につながれているために失業しているものが大勢いるというちょうどそのときに人手の不足が訴えられるということである。」(MEGA II/6, S. 584; MEW 23, S. 670-671.)

ではない[15]。本質的には，搾取率の低下が生産を停止させるという事態は，資本主義的生産様式の対立的性格をもっとも端的に表わしているからである。すなわち，繁栄期以外の局面での，恐慌期や不況期における賃金の下落を多少なりとも補う賃金上昇が，すなわち搾取率の低下が生じると，途端に生産が停止してしまうということは，資本主義社会の生産の目的が生産者大衆の生活の向上にあるのではないということを，それは利潤のための生産であることを事実として如実に示しているからである。不払労働を減少させる賃金上昇はこれを「一時的」なものとしてしか許さないというのは，「……労働者が現存の価値の増殖欲求のために存在するのであって，その反対に対象的な富が労働者の発展欲求のために存在するのではないという生産様式では，そうであるよりほかはないのである」(MEGA II/6, S. 567; MEW 23, S. 649)。

　以上が「現実の資本の過剰生産」についての筆者の理解である。これにたいして松尾氏は，問題の「現実の資本の過剰生産」を「資本の絶対的過剰生産」と「相互排除的な関係」として把握し，次のように述べていた。「「現実の資本の過剰生産」の議論で想定されている利潤率の低下は，究極的には，相対的過剰人口を生み出したのと同じ事情（労働の生産力の発展→資本の有機的構成高度化）に起因していると推論することができよう」[16]。つまり松尾氏は「現実の資本の過剰生産」は搾取率の低下による利潤率の低下ではなく，労働の生産力の発展→資本の有機的構成高度化に起因する利潤率の低下であるというのである。

　氏は自身の「推論」にあたって，「現実の資本の過剰生産」についての記述に続く，すでに引用した以下の部分をその根拠とされていた。「このような資本の過剰生産が多少とも大きな相対的過剰人口を伴うということは，けっして矛盾ではない。……労働の生産力を高くし，生産物（商品）の量を増やし，市場を拡大し，資本の蓄積（その物的な量から見ても価値の量から見ても）を促進し，利潤率を低下させたのと同じ事情が，相対的過剰人口を生み出したのであ

---

15) 前掲拙稿において，恐慌の一契機として労賃騰貴が取り上げられたのは，それが全産業に均等に作用するからだ（86-88ページ【本書634-635ページ】）としたが，労賃騰貴が生産の制限をなすということがもつ資本主義的生産の対立的性格について論及しなかったのは，一面的であった。

16) 松尾純「マルクスの「資本の過剰生産」論——再論・『資本論』第3部「主要草稿」を踏まえて——」（桃山学院大学『経済経営論集』第36巻第2号，1994年），23ページ。

648　第2部　マルクスによる恐慌・産業循環の理論的展開を跡づける

り，また絶えず生み出している」。松尾氏は「この説明から容易に次のような
推定をすることができよう」[17]，として，上記のような「推論」をされたのである。

　しかし，この記述は松尾氏の推論を支持するものではない。筆者の積極的な
理解はすでに提示したが，あらためて若干の説明を補足しておこう。「資本の
絶対的過剰生産」とは違って，その範囲においても「相対的」であるこの過剰
生産が，「多少とも大きな相対的過剰人口をともなう」というのはどういうこ
とであろうか。すでにみたように，労賃の上昇を招来する諸資本間の競争戦は，
現実資本として自立できない「大量の分散した小諸資本」が「資本過多＝プレ
トラ」として存在せざるをえないということを契機として，生じるものであっ
た。そして，「このような資本の過多は，相対的過剰人口を刺激するのと同じ
事情から生ずるものであり，したがって相対的過剰人口を補足する現象であ
る」(MEGA II/4.2, S. 325; MEW 25, S. 261)。そもそもその存在なしには，諸資本間の
競争戦も生じえないであろう。この競争戦において，それらの吸収が進むが，
しかし，「現実の資本の過剰」は「資本の絶対的過剰」とは違って，その範囲に
おいても「相対的」なのだから，そこに，「多少とも大きな相対的過剰人口をと
もなうということは，けっして矛盾ではない」，というのは当然のことなので
ある。さらに[18]，いうまでもないことと思うが，いま問題にしている「現実の
資本の過剰」とは，上記に見た貨幣形態にある「資本過多」というのではなく，
現実資本の「過剰」であることは，疑いのないところであろう。では，現実資
本の過剰とは何であるか。マルクスは，さきに引用した一文（「現実の資本の
過剰生産は……ただ相対的なものとして観察される」というエンゲルス版では
削除された部分を含む一文 (MEGA II/4.2, S. 329-330; MEW 25, S. 265-266)) のなかで，
「資本の過剰生産とは，資本として機能することのできる，すなわち与えられ
た搾取度での労働の搾取に充用することができる生産手段——労働手段と生活
手段——の過剰生産以外のなにものでもない」と言う。つまり，資本の過剰生

────────────

17) 同上，23ページ。
18) 「さらに……」から「……資本の絶対的過剰生産と対極にある事態を指しているのではない
　　のである。」までは，新たに加筆した部分である。なお，労賃上昇による搾取率の低下は
　　恐慌の可能性を現実性に転化させる諸契機の一つをなす。この点は，本書の17章を参照
　　されたい。

第19章　利潤率の傾向的低下法則と恐慌　　649

産とは「資本として機能することのできる……生産手段……の過剰生産」であり，「与えられた搾取度での労働の搾取に充用することができる」生産手段の過剰生産であると述べていた。そしてそれに続く後半ではなぜに相対的過剰人口が過剰資本によって充用されないのかを問い，次のように言う。「……それが労働の低い搾取度でしか充用できないからであり，または少なくとも，与えられた搾取度のもとでは低い利潤率でしか充用できないからである」。このように，現実資本の過剰生産は，資本として充用できる生産手段（労働手段＋生活手段）が低い搾取度でしか充用できないということによって生じるのだと述べていたのである。この場合の「低い搾取度」とは，競争戦によって生じた労賃の上昇によるものであるということは明らかであろう。「現実の資本の過剰生産」，すなわち「相対的な資本の過剰生産」は，資本の絶対的過剰生産と対極にある事態を指しているのではないのである。

　「現実の資本の過剰生産」について松尾氏がその理解の「根拠」とした文言は，いまみたように「根拠」にはなりえないのである[19]。

---

19) 谷野氏は「現実の資本の過剰生産」についての一文にある，「多少とも大きな相対的過剰人口をともなう」，相対的過剰人口を「絶えず生み出している」という事態について次のような理解を示している。(1) 資本の絶対的過剰生産にいたるまでの賃金上昇は相対的過剰人口の減少を背景としているのであって，その枯渇を意味していないのだから，その過程には相対的過剰人口が随伴している。(2) 利潤率の低下を利潤量の増大で補うための加速的蓄積が資本の構成高度化をともなう場合には，追加資本部分が相対的過剰人口を吸収する一方で，原資本の更新部分，および追加資本の有機的構成高度化によって相対的過剰人口を「絶えず生み出している」。(3)「蓄積の規模と速度次第では」前者の契機が後者を上回り，全体としては「相対的過剰人口の減少」が生じる（谷野，前掲論文，232ページ）。以上の理解には同意できる。ただ，「相対的過剰人口の減少」を生じさせる「蓄積の規模と速度」を規定する質的な契機についての分析が必要だということを前掲拙稿では主張した。なお，松尾氏は谷野氏の例解は「現実離れした数値例である」（松尾，前掲「「現実の資本の過剰生産」と「資本の絶対的過剰生産」」，246ページ）と批判され，相対的過剰人口が増大する松尾氏の「例解」を対置されているが，松尾氏のそれは，利潤率とともに利潤量も減少する（可変資本総額が減少した）「例解」になっている。私にはこれこそ「現実離れした数値例である」と思われるのである。

650　第2部　マルクスによる恐慌・産業循環の理論的展開を跡づける

## 3 「「利潤率の傾向的低下法則」過程」なるものについて

　松尾氏は，「現実の資本の過剰生産」について前節で紹介したような理解に
たって拙稿にたいして疑問点を述べられているが，その前提として，私の見解
を要約して次のように述べられている。

　　　「要するに，〈「現実の資本の過剰生産」は，相対的過剰人口の吸収，搾取
　　　率の低下＝賃金騰貴によって生じる事態である〉，〈「利潤率の傾向的低下
　　　法則」過程は，剰余価値率の上昇を伴う過程であり，かつ相対的過剰人口
　　　の排出に結果しない過程である〉と〔前畑は〕いうのである。」[20]

　この要約には理解しがたい内容と誤解とが含まれているので，まず，この要
約から以下検討してみよう。

　〈「現実の資本の過剰生産」は，相対的過剰人口の吸収，搾取率の低下＝賃金
騰貴によって生じる事態である〉この要約は正しいが，それは筆者だけの理解
ではなく，2節で述べたように，マルクスの理解そのものである。この点での
松尾氏の批判は「批判者自身の所説の問題点を浮き立たせるものとなってい
る」[21]。

　次に，〈「利潤率の傾向的低下法則」過程は，剰余価値率の上昇を伴う過程で
あり，かつ相対的過剰人口の排出に結果しない過程である〉，という要約であ
るが，これは筆者の見解ではない。

　まず，筆者は，〈「利潤率の傾向的低下法則」過程〉などという文言は使用し
ていないし，この「過程」なるものが何を意味するのか理解できないのである。
もし，恐慌に終わる一産業循環を指していうのであれば，「剰余価値率の上昇
を伴う過程」である，というのは間違いであろう。まさに，「資本の絶対的過
剰生産」は剰余価値率（賃金上昇による）の低下によるものだからである。筆
者が問題にしたのは，生産力の発展→有機的構成の高度化によってもたらされ
る利潤率の低下は，搾取率の低下から説明されるものではないということ，そ

---

20)　松尾，前掲「「現実の資本の過剰生産」と「資本の絶対的過剰生産」」，250ページ。
21)　同上，244ページ。

第19章　利潤率の傾向的低下法則と恐慌　651

して生産力の発展そのものが相対的剰余価値の生産の方法であり，そこにこの
生産様式の本質があるのであって，それは剰余価値率の上昇をもたらすのだと
いうことであって，これは周知のことであろう。また剰余価値率の上昇がこの
法則に反対する一要因をなし，したがってまた，この法則の一契機であるとい
うこともまた周知の事実であろう。だが一方，「資本の絶対的過剰生産」は搾
取率の低下（賃金上昇）による利潤率の低下（追加資本が生み出す利潤量が，
追加資本投下の前と同じか減少することによって）である。そこでこの両者の
関連をどのように考えるべきか，と問題を立てたのである。

　なおこの点，松尾氏も（「現実の資本の過剰生産」を誤って生産力の発展→資
本の有機的構成高度化から生じる利潤率の低下と捉えたうえでではあるが），
有機的構成高度化から生じる利潤率低下と，それとは対立する「資本の絶対的
過剰生産」との両概念について，「恐慌論の体系化に際して両者はどうにかし
てともに生かされるべき概念である。とすれば，両概念は，相互にどのような
内容と関連を持つ概念として規定されなければならないのか，いまや再検討に
されなければならない。」[22]と提起している。

　さらに，〈「利潤率の傾向的低下法則」過程は，……相対的過剰人口の排出に
結果しない過程である〉というのも，〈「利潤率の傾向的低下法則」過程〉とい
うことが，恐慌に終わる一循環を意味しているのであれば，それは私の見解で
はない。まさに恐慌は相対的過剰人口を排出するのであって，この見解は間違
っていることになるであろう。

　私が「相対的過剰人口の排出云々」を問題にしたのは，資本の絶対的過剰生
産の概念を利潤率の傾向的低下法則とは関係のないものとされる宇野氏の論理
を批判したなかでである。宇野氏は，「「利潤率の傾向的低下」は，資本の有機
的構成の高度化を基礎にして現れ，有機的構成の高度化は相対的過剰人口の形
成を伴うのであるから，「労働者人口に対比して資本が増大しすぎ」ることか
ら生ずる，資本の過剰はこの法則の発現過程では，一般的には，生じえないの
である」[23]という。この見解にたいして筆者は次のように批判したのである。

---

22）松尾，前掲「マルクスの「資本の過剰生産」論」，36ページ。
23）『宇野弘蔵著作集』第9巻，岩波書店，1974年，229ページ。

652    第2部　マルクスによる恐慌・産業循環の理論的展開を跡づける

　「資本の有機的構成の高度化から生じる利潤率の低下は，相対的過剰人口の排出に結果するのだろうか。否である。」[24)]なぜならば，有機的構成高度化によって生じる利潤率の低下には利潤量の増大がともなうのであり，したがって，「利潤率の傾向的低下は相対的過剰人口の形成をともない，同時にそれは相対的過剰人口の吸収をともなう」[25)]のであって，前者の相対的過剰人口の形成の契機だけを問題にするのは，この法則が率の低下には量の増大がともなうという「二重性格の法則」であることが理解されていないからである[26)]。

## 4　搾取率の「上昇」と「低下」の要因を 「比量」するという思考について

　前節でみた松尾氏による私見の要約の問題点は一応おいて，以下松尾氏の私見にたいする批判を検討してみよう。氏は，さきに引用した私の見解の「要約」に続けて次のように述べている。

　　「前畑氏は，何の理論的媒介もなく〈「利潤率の傾向的低下法則」過程は相対的過剰人口の排出に結果しない過程である〉と主張するのであるが，そのような主張は疑問とせざるをえない。というのは，そのようなことを主張するのであれば，〈「利潤率の傾向的低下法則」過程は，剰余価値率の上昇を伴う過程である〉というのではなく，むしろ，〈「利潤率の傾向的低下法則」過程は，剰余価値率の低下を伴う過程である〉と主張しなければならないはずである。〈「利潤率の傾向的低下法則」過程は，剰余価値率の上昇を伴う過程である〉ということを主張するためには，その前に，「利潤率の傾向的低下法則」過程における《相対的過剰人口の〔排出ではなく〕吸収→搾取率の低下》と《労働生産力の発展→搾取率の上昇》とが比量しなければならない。ところが，前畑氏は，何の理論的媒介もなく，一方で，

---

24)　前掲拙稿，73ページ【本書616ページ】。

25)　同上，73ページ【本書617ページ】。

26)　相対的過剰人口の形成と雇用労働者数の増加とはこの法則に内在し，資本蓄積過程において「同時に活動している」「矛盾する諸動因」の一つとして，エンゲルス版『資本論』第3部第15章の第2節において（MEGA II/4.2, S. 323, 324; MEW 25, S. 259, 260）あげられている。

第19章　利潤率の傾向的低下法則と恐慌　653

〈「利潤率の傾向的低下法則」過程は相対的過剰人口の排出に結果しない過
程である〉と言い，他方で，〈「利潤率の傾向的低下法則」過程は，剰余価
値率の上昇を伴う過程である〉と主張しているのである。筆者には理解し
がたい議論である。」[27]

　要するに，前畑は一方では相対的過剰人口の吸収を言い，他方で剰余価値率
の上昇を言うのだから，「《相対的過剰人口の〔排出ではなく〕吸収→搾取率の
低下》と《労働生産力の発展→搾取率の上昇》とが比量しなければならない」の
に，それをせずに両者を併記しているのは，松尾氏には「理解しがたい議論」
だ，というのである。

　しかし問題は，「比量」するなどということにあるのではない。産業循環の
局面で，「諸資本間の競争戦」にいたる過程と，競争戦がもたらす過程（循環の
局面で言えば「過熱期」）との関連と相違という，いわば質的な比較が大切なの
である。

　たびたび注意を喚起してきたように，生産力の発展→資本の有機的構成高度
化→利潤率の低下には，利潤量の増大がともなう。もしそうでなければ，生産
力の発展そのものがありえないであろう。では，生産力の発展の結果，利潤率
の低下と利潤量の増大とが同時に生じる事態にあっては，相対的過剰人口は吸
収されているのか，それとも排出されているのか，その事態にいたる過程でど
ちらの要因が強く作用したと考えるべきか。利潤率の傾向的低下法則は，可変
資本の相対的減少と雇用労働者の絶対数の増加として現われる。すなわち，
「このような，社会的労働の生産力の発展，このような，総資本に比べての可
変資本の相対的な減少とそれにつれて速められる蓄積とに現われる諸法則，
……この同じ発展は，一時的な諸変動を別にすれば，充用労働力がますます増
加してゆくということに表わされ，剰余価値の絶対量の，したがってまた利潤
の絶対量あるいは利潤の大きさがますます増大しているということに表わされ
るのである」(MEGA II/4.2, S. 294; MEW 25, S. 230.)[28]。

─────────

27) 松尾，前掲「「現実の資本の過剰生産」と「資本の絶対的過剰生産」」，250-251ページ。
28) 労働力の絶対数が同じでも労働強化や労働日の延長によって剰余価値の絶対量を増大させ
　　ることは可能である。しかし，これらの方法には限度があるのであって，雇用労働者の絶
　　対数の増加なしには，すぐに蓄積は限界に突き当たらざるをえないであろう。

654 第2部 マルクスによる恐慌・産業循環の理論的展開を跡づける

　したがって，利潤率の低下と利潤量の増大とが同時に生じる過程では，相対的過剰人口の吸収の要因のほうがより強く作用すると考えるべきであろう。しかし，ここでの相対的過剰人口の吸収が搾取率の低下をもたらすかといえば，そうではない。この過程そのものが，生産力の発展に起因するのであるから，労働力の価値の低下を引き起こし，相対的剰余価値の生産による搾取率の上昇要因も同時に働くのであるからである。

　社会的総資本としては低下した利潤率のもとで利潤量の増大を確保している，そうした局面では相対的過剰人口の吸収が上記にみたように進んでいる。そこに，最低資本量の増大に直面し，現実資本に転化できない「大量の分散した小諸資本」，「資本の若枝」等——利潤率の低下を利潤量の増大によって埋め合わせることのできない資本＝「資本の過多（プレトラ）」——が生じ，これによって，利潤率の低下という生産の制限を突破しようとする「競争戦」が生じるのである。既存の大資本はたやすく利用できる信用をバネに小資本[29]を飲み込み，

---

29) 旧稿では，競争戦がどのような性格をもっているかについて，利潤率の低下を利潤量の増大で埋め合わせられない「小」資本がどのような振る舞いをするのかについて記述していた。その場合の「小」資本は現実資本の「小」資本であった。現実資本の「小」諸資本が再生産過程の弾力性を利用して利潤量を増大させようとすることは，この弾力性の極度の緊張という過熱期の特徴を構成する一要因ではある。しかし，過熱期の特質はなによりも「資本の過多（プレトラ）」なしには論じることはできない。つまり，現実資本に転化できない，貨幣形態にとどまらざるをえない価値額の過剰こそがこの「競争戦」の性格を規定するのである。この点，旧稿での利潤率の低下を利潤量の増大によって埋め合わせることのできない現実資本の「小」資本の振る舞いによって競争戦を描いていたのは，訂正しなければならない。なお，この旧稿の記述にたいして，松尾氏がその論考「マルクスの「現実の資本の過剰生産」概念について」（桃山学院大学『経済経営論集』第50巻第3号，2008年）の77ページにおいて，次のように批判されている。
　　「前畑氏の説明の通りに，「諸資本間の競争戦」において，「分散した小資本」……等の諸資本が過剰人口を充用し，その結果過剰人口が減少すると考えるのであれば，それは，過剰人口と結合される「分散した小資本」……の諸資本も減少していき，その結果それら資本が競争戦で敗退して過剰資本として累積しないと考えることができるであろう。しかし，……そうした理解は，『資本論』のマルクスの意図とは異なる理解である。マルクスは，〈生産力の発展・資本蓄積→……→諸資本間の競争戦の展開〉が進行する過程において，「資本主義的生産過程の『健全な』『正常な』発展が必要とするような『搾取度』で労働を搾取する」ことができない諸資本，すなわち過剰資本がますます増大していく。そして，同時にこのようなこのような過剰資本のもとで雇用される過剰人口もますます増大していくと考え，そして，このような事態の推移のなかに資本主義的生産の

第19章　利潤率の傾向的低下法則と恐慌　655

利潤量の増大に励むことになり，また，現実資本に転化できない「大量の分散
した小諸資本」は貨幣資本家としてなによりも投機にその活路を見出していく。
投機は資本の現実の還流を隠蔽することによって過剰な蓄積を促進する。労賃
は上昇し，国内市場の拡大にともない物価も上がり，つまり，再生産過程の弾
力性が極度に緊張し，貿易赤字も増大する。つまり，「資本の過多（プレト
ラ）」という状態，これが過熱期を，したがってまた，労賃の騰貴を実現する
重要な条件であり，それによって搾取率の低下による利潤量の減少，利潤率の
低下が生じるのである。

　競争戦の具体的展開はもちろん第3篇で詳細に与えられはしない。しかし，
価値から価格の上方乖離を引き起こす競争戦がどのような契機で生じることに
なるのか，それを，この法則が含んでいる諸矛盾の展開のなかにマルクスは与
えているのであって，この点を読み取ることが肝要なのではないだろうか。

## 5　いくつかの「資本過剰」概念の関連と区別とを 把握することの重要性

　2節でみたように，松尾氏は「現実の資本の過剰生産」は「多少とも大きな相
対的過剰人口を伴う」というのだから，「現実の資本の過剰生産」による利潤率
低下は，労働の生産力の発展→資本の有機的構成高度化に起因する利潤率の低

---

　　矛盾の拡大を見出そうとしていたのである。」
　　旧稿では「分散した小資本」と現実資本の「小」資本との明確な区別なしに取り扱ってい
たことは事実である。しかし，松尾氏の批判にあってもこの区別については無頓着である
ように思われる。氏の上記論考でのこの問題以外の私への批判にたいしては，旧稿でお答
えしていると思うので，あらためて論評はしなかった。ただ，上記引用文では，「過剰資
本のもとで雇用される過剰人口もますます増大していく」とマルクスは考えていた，とい
うのであるが，「雇用される」人口が「ますます増大していく」ということは，賃金の上昇
を引き起こすことになるのではないか。それは「搾取率」を低下させ，「現実の資本の過剰
生産」が生じることになるのではないか。すなわち，諸資本間の競争戦によって賃金が上
昇（＝搾取率の低下）し，利潤量の減少による利潤率の急落が生じ，蓄積率が急落し，過
剰資本の暴力的減価と過剰人口の急増（恐慌・不況）が生じることになるのではないだろ
うか。そうだとすれば，「現実の資本の過剰生産」も「資本の絶対的過剰生産」と同様に，
賃金上昇を「一契機」として生じるのだという，氏が批判した見解そのものだと思うので
ある。

656 第2部 マルクスによる恐慌・産業循環の理論的展開を跡づける

下であるとされ，賃金騰貴による搾取率の低下から引き起こされる利潤率の低下として捉えるのは間違っている，と批判されるのであるが，その際，「現実の資本の過剰生産 (Die wirkliche Ueberproduction von Capital)」の一文とともに，第15章第1節のなかの「資本の過剰 (redundancy of capital)」および第3節冒頭の「資本の過多 (die Plethora von Capital)」についてのマルクスの記述を援用され，前畑は「現実の資本の過剰生産」を，相対的過剰人口の「減少」→賃金騰貴→搾取度の低下によって生ずると主張するが，「マルクスは「資本の過剰」と「相対的過剰人口」とが結びついていると言っているのではなくて，〈資本の過剰〉と〈相対的過剰人口の増大〉とが結びついていると言っている」のであって，前畑の主張は「マルクスのこの「増大」という文言の存在を無視し」したものだ，と批判されている[30]。

　この点については，次のことだけ言っておこう。松尾氏が援用したマルクスの三つの「資本の過剰」についての記述のうち，相対的過剰人口の「増大」と結びついている，といっているのは，第15章第1節の記述 (dass redundancy of capital verbunden ist mit wachsender relativer Surpluspopulation) だけである。したがって，「現実の資本の過剰生産」が何を契機として生ずるかを考えるときに，マルクスの記述にもない相対的過剰人口の「増大」を「無視」したといわれても困惑するばかりである。

　むしろここで指摘しておくべきは，松尾氏があたかも同じ概念であるかのようにあげているいくつかの資本過剰の概念の相互の関連・区別である。たとえば，同じ資本過剰といっても「資本の過多（プレトラ）」と「現実の資本の過剰生産」とは，価値増殖の困難な資本という意味で過剰資本であることは同じであるが，その過剰が循環において現われる局面も内容もまったく異なるものである。したがってまた，相対的過剰人口との関係も異なっている。

　「資本の過多（プレトラ）」とはすぐれて貨幣資本 (moneyed capital) の形態で表現される資本過剰を意味する概念であって，マルクスは，それを「利潤率の低下が利潤量によって埋め合わせられない資本」（「新たに形成される資本の若

---

30) 松尾，前掲「「現実の資本の過剰生産」と「資本の絶対的過剰生産」」，241-242ページ。なお，松尾論文の241ページの三つの文章の引用ページは，エンゲルス版『資本論』のページとMEGAのページとがすべて逆になっている。

第19章　利潤率の傾向的低下法則と恐慌　657

枝」）の「過多」に，自立して価値増殖運動を行なえないこれらの資本を「（信用
の形で）」大きな事業部門の指導者たちに委ねることの「過多」に関連している，
と述べている。そして「このような資本過多は，相対的過剰人口を刺激するの
と同じ事情〔生産力の発展─前畑〕から生ずるものであり，したがって相対的過剰
人口を補足する現象である」（MEGA II/4.2, S. 325; MEW 25, S. 261）というのである。
ここに存在する遊休資本と遊休労働者人口は信用をとおして現実資本として投
下される場合（大資本による集中による集積）もあれば，とくに，過熱期を特
徴づける過剰投機や思惑的生産，株式投機などに向かうことによって，利潤率
の低下という資本主義的生産の制限の突破の契機を見出していくのである。こ
のように資本の過多（プレトラ）と相対的過剰人口の信用を媒介とした結合こ
そは，「諸資本間の競争戦」の重要な内容の一つであった。

　しかし，このような制限の突破は新たな制限を生み出さざるをえない。すな
わち，すでにみてきたように，その生産は雇用労働者人口の増大を，すなわち
相対的過剰人口の急速な吸収をもたらし，労働者人口の制限さえも乗り越える
ことになる。賃金の上昇による利潤量の減少，それによる利潤率の急速な低下
である[31]。すなわち，「資本の絶対的過剰生産」の事態に，実際にはより相対
的な「現実の資本の過剰生産」に行き着かざるをえないのである。

　この急速な利潤率の低下という生産の制限もまた，資本は乗り越えなければ
ならない。どのようにしてか。それは，利潤率の急速な低下をもたらしたのは
労働者人口の制限をも超えて追加資本が投下されたからであり，その追加資本
は利潤を生み出さず，結果，利潤率の急速な低下がもたらされたのであるから，
この追加資本・（利潤をもたらさないという意味での）過剰資本を減価させる
ことによってであり，それ以外では利潤率の回復は不可能になる。誰のどの部
分にこの「減価」が押しつけられることになるのか，それが「損失をめぐる」諸
資本間の競争戦である[32]。しかし，既存資本の周期的減価は再生産過程を攪乱

---

31）マルクスはこの「競争戦」がもたらすのは，労賃騰貴と市場の供給過剰であると述べてい
　る。市場の供給過剰については本書第17章を参照されたい。
32）エンゲルス版『資本論』第15章第3節に該当する部分では，性格の異なる二つの「諸資本
　間の競争戦」が述べられている。一つは，本章でしばしば言及してきた，労働力の価値か
　ら価格の上方乖離を引き起こす「諸資本間の競争戦」である。いま一つは，そのような競
　争戦の結果として生じる利潤率の急速な低下を克服する「既存資本の周期的減価」におけ

658　第2部　マルクスによる恐慌・産業循環の理論的展開を跡づける

させ，恐慌にいたらざるをえない。

「資本の過剰 (redundancy of capital)」，「資本の過多 (die Plethora von Capital)」，「現実の資本の過剰生産 (die wirkliche Ueberproduction von Cpital)」のいずれもが，「周期的に」生み出される過剰資本である。そして，「資本の過剰」に「相対的過剰人口」の「増大」がともなう局面（恐慌・不況局面）もあれば，また，「一方には遊休資本が立ち，他方には遊休労働力人口が立つ」局面（プレトラ＋相対的過剰人口の場合には，過熱期・過剰生産期に入る局面33)）もあれば，さらに「多少なりとも大きな相対的過剰人口がともなう」局面（「現実の資本の過剰生産」とマルクスが言う局面は「損失の分配」をめぐる「諸資本間の競争戦」が開始される局面）もある。ところが松尾氏はこれらの「過剰資本」と「相対的過剰人口」の存在をすべて一括りにして，生産力の発展→資本の有機的構成高度化に起因する「資本の過剰生産」と捉らえ，これらを「資本の絶対的過剰生産」と対立する概念として捉らえるのである。

　このような捉え方は，生産力の発展→資本の有機的構成高度化→相対的過剰人口の「増大」と一面的に捉らえる点で誤っているのであり，この点では1節の4で取り上げた一つ目の謬見と同様である。またなにより，循環諸局面で現われるさまざまな「資本の過剰」を一括りにしてとらえる理解では，マルクスが示した利潤率の傾向的低下法則と恐慌との関連の豊かな内容を，平板なそれに置き換えてしまうことにならざるをえないのである。

---

　　る「損失をめぐる」「諸資本間の競争戦」である。従来，後者の「競争戦」だけが取り上げられ，前者のそれは見過ごされてきたように思われる。本文でみてきたように，前者の「競争戦」の原因は生産力の発展にもとづく利潤率の低下にあり，この「競争戦」は生産力の発展による利潤率低下と過熱期の特質の一つをなす労賃騰貴による搾取率の低下による利潤率の低下とを結ぶ結節点をなすのである

33)「資本の過多」＝プレトラが現われる局面は，通常，不況期の現象としてだけ取り扱われることが多い。不況期には，価値増殖できない資本が貨幣形態で増大し，これと増大した相対的過剰人口がともに存在し，利子率や搾取率に作用して，好況局面への転換の一契機となる。しかし，本文でみたように「資本の過多」と相対的過剰人口の併存の現象は，不況期のものだけではなく，過熱期・過剰生産期を生み出す一因としてマルクスは重視していたということに注意すべきである。

第19章 利潤率の傾向的低下法則と恐慌 659

## おわりに

「現実の資本の過剰生産」について，以下の2点を確認しておきたい。

(1)「現実の資本の過剰生産」は，労賃の騰貴による搾取率の低下，したがってまた，相対的過剰人口の減少をその「一契機」(MEGA II/4.2, S. 330) として発現する。

(2)「資本の過剰生産」についての「より詳細な研究は，利子生み資本などや信用などがいっそう展開される資本の現象的な運動の考察に属する」(MEGA II/4.2, S. 325; MEW 25, S. 261)。したがって，「現実の資本の過剰生産」についても第15章該当部分では，利潤率の傾向的低下法則に内在する諸矛盾の展開を論じるかぎりで問題にされているという限定性を有している[34]。しかし，この限定性ゆえにまた，相対的過剰人口を急速に吸収する諸資本間の競争戦がなぜ生み出されるのか，これが明確にされるのである。

振り返ってみると，戦後の研究史において「資本の絶対的過剰生産」の概念は不幸な取り扱いを受けてきた。賃金騰貴による搾取率低下が恐慌の一因であるということは，労働運動や政治運動からはいささか取り扱いに困惑を覚えるものであったろうし，またいわゆる宇野派にたいする批判意識からも「資本の絶対的過剰」概念は軽視されることになったと思われる。一方，この概念を重視する宇野派にあっては，それは労働力商品化の「無理」論によるものであって，肝心の一般的利潤率の傾向的低下法則との関連は完全に切断されたままであったし，このような切断は宇野派に限られるものでもなかった。この概念を正面から検討しようとしないことは一般的利潤率の傾向的低下法則と恐慌の関連についてのマルクスの叙述を正確に理解することを妨げる一因であった。こ

---

34) この「限定性」について久留間鮫造氏は次のように述べている。
　　「マルクスがこの篇〔第3部第3篇〕で右の事象〔資本の絶対的過剰生産〕を論じたのは，利潤率の傾向的低下の法則が行われる場合，蓄積⇄利潤率の低下→競争戦→労賃の一時的高騰→利潤率の新たな急激な低下→恐慌，という一連の事象が展開してくるので，「法則の内的矛盾の展開」を論ずる場合，重要な要因として，それに論究する必要があったからであり，したがってまた，この目的に必要なかぎりにおいて論究するにとどまったのである。」(久留間鮫造『増補新版 恐慌論研究』大月書店，1965年，218ページ。)

の法則の「二重性格の法則」が言葉としては語られてもその内容は不十分なものであったこと，「諸資本間の競争戦」の意義がほとんど理解されてこなかったこと，加うるに，エンゲルス版第14章で論じられたこの法則に反対する諸要因が，単にこの法則に「傾向」性を与えるものとしてだけ認識され，これらの諸契機がこの法則そのものの諸契機であることが十全に位置づけられてこなかったこと，これらもまたマルクス理解にとっての大きな躓きの石であった。

　かつて久留間鮫造氏は，『マルクス経済学レキシコン』7[35]の「恐慌Ⅱ」の中項目「Ⅷ. 恐慌の可能性を現実性に転化させる諸契機」の下位項目5の表題で，次のように述べていた。

　　「蓄積の進行中に，利潤率の低下が利潤の量によって埋め合わされない点に達すれば，資本の絶対的な過剰生産が生じることになる。利潤率が低下するのは，資本の過剰生産の結果として起こる競争のためではない。反対に，利潤率の低下と資本の過剰生産とが同じ諸事情から生じるので，いまや競争戦が始まるのである。この競争戦には，もちろん，労賃の一時的上昇と，この上昇から生じる，利潤率のさらにいっそうの一時的な低下とがともなう。では，この闘争はどのように行われるのか？ また，どのようにして，資本主義的生産の「健全な」運動に対応する諸関係が回復されるのか？」

　残念ながら，このような見地はほとんど顧みられることはなかった。筆者は「第1草稿」はこうしたした見地の正しさをより明らかにしていると思うのである。

---

35）久留間鮫造編『マルクス経済学レキシコン』⑦（大月書店，1973年）【本書75ページ】。

# 第20章　『資本論』第3部第3篇草稿の課題と意義

宮田惟史

## 問題の所在

　MEGA第II部門（『資本論』とその準備労作）の完結によって，『資本論』草稿の全貌が明らかとなった。これは『資本論』の理論内容を厳密に把握し，より深く考察することが可能になるという意味で，研究を大きく前進させる画期的な出来事である。第II部門のなかでもとくに注目されるのは，第3部第1稿（MEGA第II部門第4巻第2分冊）である。『資本論』第3部はエンゲルスが編集したものであり，かれによって多くの手が加えられていた。そこにはマルクスの理論を正確に読み取ることを困難にするものも含まれている。第3部草稿を通じ，マルクスの叙述そのものを直接読み，かれが本来意図した課題や論理の流れをより的確につかむことができるようになったのである。

　そこで本章では，現行版『資本論』第3部第3篇の草稿である「第3章　資本主義的生産の進行における一般的利潤率の傾向的低下の法則」について，そのなかでの恐慌分析に着目しつつ，この章の主題と理論内容とを明らかにする。また，その理解に必要なかぎりで第3部第5篇草稿との関連についても論じる。当該箇所はこれまで長い研究史をもつが，本章では主としてつぎに焦点をあてたい。

　第1は，MEGAの刊行によって明かされた第3篇草稿の理論内容についての新たな知見を示すことである。というのも，エンゲルスの編集作業は各所でマルクスの分析の把握を困難にし，無用の誤解をもたらしてきたからである。

　第2は，第3篇草稿の主題とそこでの恐慌の記述にかかわる論点である。これまでの大きな論争は，第3篇第15章での恐慌の記述をめぐり行われてきた。なかでも，いわゆる「商品過剰論」と「資本過剰論」，また両者を「二律背反」

662　第2部　マルクスによる恐慌・産業循環の理論的展開を跡づける

と捉える見解の対立がある[1]。これらの見解に共通する特徴は，現実資本の蓄積に作用する「利潤率の傾向的低下法則」の分析と「恐慌」との関連を基本的に否定ないし分断したうえで，現行版第3篇第15章の恐慌の記述を独立的に取り出し，「恐慌の必然性」の確定をこころみる点にある[2]。それは，第15章の表題を「法則の内的諸矛盾の展開」ではなく，「資本主義的生産の内的諸矛盾の展開」と理解すべきだとする主張にも表われている[3]。だが，これらはいずれも，少なくともマルクスの見解ではない。なぜなら第3篇草稿によってもはっきりと裏づけられるように，マルクスは第3篇の全体を通じて「利潤率の傾向的低下法則」を主題としており，現行版第3篇第15章箇所においても，現実資本の蓄積に作用する利潤率の傾向的低下法則の展開から恐慌を現実化させる諸契機を導き出しているからである[4]。また，いわゆる「資本過剰」と「商品過剰」との関係についても，マルクスは両者を因果的，対立的には捉えていない。だからこそ，そもそもマルクスは第3篇草稿で利潤率の傾向的低下法則との関連において，どのように恐慌の究明をこころみたのかを，草稿に即し厳密に理解す

---

1）「商品過剰」と「資本過剰」との対立，「二律背反」説の論争については，長島誠一『景気循環論』（青木書店，1994年，31-53ページ）などが詳しい。

2）法則と恐慌との関連を否定する見解は，「第15章の固有の諸問題は一般的利潤率の傾向的低下それ自体と直接結びつけられるべきものではない」とする井村喜代子（『『資本論』の理論的展開』，有斐閣，1984年，183ページ）や宇野弘蔵（『宇野弘蔵著作集』第9巻，岩波書店，1974年，228ページ）など，多くの論者に共通しており，通説として受容されている。こうした論者のなかには，利潤率の傾向的低下法則そのものを否定するものも含まれるが，この法則を容認する論者の場合でも，それを「長期的」にのみ把握しており，恐慌・産業循環には作用しない法則として位置づけている。

3）このような主張は，富塚良三「第3篇　利潤率の傾向的低下法則」（『資本論体系』5『利潤・生産価格』所収，有斐閣，1994年，79ページ），井村（前掲，193ページ）など多くの論者に共通している。

4）久留間鮫造編『マルクス経済学レキシコン』恐慌Ⅱ（大月書店，1973年）の研究は，第3部第3篇の草稿が公表される以前にもかかわらず，利潤率の傾向的低下法則の展開を軸に恐慌の可能性を現実性に転化させる諸契機を位置づけ，マルクスの恐慌・産業循環を徹底的に分析した先駆的研究である。以下本章で論じるように，久留間の見地は草稿により一層明確に裏づけられたといえる。また，前畑憲子（本書第17章）は久留間の成果をふまえ，第3篇草稿の記述にもとづき新たな知見を拓いている。なお，筆者は，拙稿「一般的利潤率の傾向的低下法則と恐慌」（経済理論学会編『季刊 経済理論』第48巻第1号，2011年）においても，利潤率の傾向的低下法則と恐慌の関連について論じており，そこには本章では詳述していない内容も含まれているので，あわせて参照されたい。

第20章　『資本論』第3部第3篇草稿の課題と意義　　663

ることが——マルクスの経済理論を肯定するにせよ批判するにせよ——前提的
に求められるのである。

　最後に，MEGAから得られる新たな知見として，第3部第3篇草稿の分析と
第3部第5篇草稿との関連をこれまでよりも鮮明につかむことが可能となった
ことがある。この点は，第3篇を理解するためにも，さらには，第5篇におけ
るマルクス信用論の核心——第5篇草稿である「第5章5) 信用と架空資本」の
「III)」(現行版第30章-35章)——をなす，産業循環の諸局面を通じて運動する
現実資本の蓄積と貨幣資本の蓄積との関連をつかむうえでも決定的な意味をも
つ。しかしながら，この問題についても従来の研究ではほとんど的確に把握さ
れていない[5]。そこで本章では，第3篇草稿の主題と恐慌との関連を明らかに
するとともに，第5篇草稿での論述とのつながりについても論及したい。

## 1　第3部第3篇草稿の課題と分析視角

### 1.1　第3部第3篇草稿の課題と構成——現行版『資本論』との相違から

　マルクスは，『資本論』第3部のなかでも，とりわけ第3篇草稿での「利潤率
の傾向的低下の法則」を重視した。それはつぎの記述にもはっきりと示されて
いる。

　　「〔利潤率の傾向的低下法則は〕あらゆる点で，現代の (modern) 経済学のもっ
　　とも重要な法則であり，そしてもっとも困難な諸関係を理解するためのも
　　っとも本質的な法則である。」(MEGA II/1.2, S. 622.)

　　「資本主義的生産にとってこの法則は大きな重要性があるのであって，A.
　　スミス以来の全経済学はこの法則の不可解さの解決をめぐって旋回してい
　　るといってよいのであり，また，A.スミス以来のいろいろな学派のあい

---

5) 第3部第5篇における「貨幣資本と現実資本」の分析を行っている著作として，とくに川波
　洋一『貨幣資本と現実資本』(有斐閣，1995年，73-84ページ)，伊藤武『マルクス信用論と
　再生産論』(大月書店，2006年，221-259ページ)，小林賢治『マルクス「信用論」の解明』
　(八朔社，2010年，435-534ページ) などがある。第5篇における「貨幣資本と現実資本」
　のマルクスの分析を把握するためには，第5篇と第3部第3篇との関連をつかまなければ
　ならないが，従来の研究史においてそれはまったくいってよいほど理解されていない。貨
　幣資本の蓄積と現実資本の蓄積との関連について，詳しくは本書22章を参照されたい。

だの相違はこの解決のためのこころみの相違にあるともいえる。」(MEGA II/4.2, S. 288; MEW 25, S. 223.)

上の文章からも，マルクスがいかに利潤率の傾向的低下法則に力点を置いていたかがわかる。同時に，この法則の把握の相違に古典派経済学を含むこれまでの経済学とマルクスのそれとのひとつの分岐点もあり，「経済学批判」という視角からみてもこの法則の独自な意義が読み取れよう。この法則の無理解は，資本主義分析の理論的基軸を失うのと同義だといっても過言ではない。

ところが，一部を除く大半の研究史のなかでそれは必ずしも正確に理解されてはこなかった。その把握を妨げていた要因のひとつは，それがエンゲルスにより編集されていたことにある。MEGA が刊行されるまで，エンゲルスのフィルターを通してしか，それを読むことができなかった。

そこではじめに，第3部第3章草稿と現行版第3巻第3篇との形式的な相違について確認しよう。両者の相違は，エンゲルスの序文によると，「文章上の校訂を別として，ほとんどまったく元の原稿によることができた。たいていは回転の影響に関連しているいくつかの箇所は……仕上げる必要があった。このような箇所も括弧に入れてわたしの頭文字がつけてある」(MEW 25, S. 12) とされていた。この文言にしたがえば，エンゲルスにより断りなく手は加えられていないと考えられ，これまでの研究はこの記述に拠っていた。だが，MEGA の刊行により，現行版には内容にかかわる章節区分，表題の変更，記述の削除等が行われており，文章の細かな書き換えにいたっては無数にあることが判明した。

まず，「第3篇　利潤率の傾向的低下法則」は，草稿では「第3章　資本主義的生産の進行における一般的利潤率の傾向的低下の法則」であり，現行版第3篇第13章「この法則そのもの」，第14章「反対に作用する諸要因」，第15章「この法則の内的諸矛盾の展開」の章区分および表題はエンゲルスによるものである。また，現行版にある第14章の節区分と表題——第14章部分の草稿は 1)-6) の番号のみが付されている——，第15章のそれもすべてエンゲルスによるものであった。草稿では，基本的には L という区切りが各所の大きな内容ごとに付されているだけである。

つぎに，第3篇草稿からみえる全体の構成をあらかじめ簡潔に示しておきたい。エンゲルスによる現行版第15章箇所での恐慌にかかわる記述の削除部分

等の検討——本章4および5で論じる——をさしあたり除き，第3篇草稿全体にわたる主題と構成の大枠を概観するとつぎのようにいうことができる。まず注意すべきは，第3部第3篇の内容は，(1)「利潤率の傾向的低下法則」(第13章——論者によっては第14章をも含む)と(2)「恐慌論」(第15章)という主題を異にした二つの部分から構成されているのではない，という点である。MEGAに即してみても，第3篇草稿の全体が同一の表題によって括られており，第3篇の主題はあくまで「利潤率の傾向的低下法則」として統一的に論じられている。すなわち，第15章箇所の恐慌分析は法則から独立したものではなく，法則の展開過程に位置づけられていることが草稿からも裏づけられているのである。以下本章で立ち入るように，マルクスは，まず(1)利潤率の傾向的低下法則を概念的に把握し(第13-14章相当)，そのうえで(2)法則に含まれる内的諸矛盾を具体的に展開することによって恐慌を現実化する諸契機を明らかにしており(第15章相当)，全体としてこの法則を主題としている。第3部草稿によって，なによりマルクスが本来意図した課題が何であったのかを一層明瞭につかむことが可能となったのである。

## 1.2　第3部第3篇草稿の分析視角

　ところで，なぜマルクスはこの法則を「現代の経済学のもっとも重要な法則」，「もっとも困難な諸関係を理解するためのもっとも本質的な法則」と呼ぶほど重んじたのだろうか。

　その理由のひとつは，生産力の発展の表現である利潤率の低下は，利潤の最大化を目的とする資本にとって，自己の目的に相反する決定的な矛盾であり「制限」を意味するからである。周知のように，利潤率が傾向的に低下している事実は，スミスやリカードゥなどの古典派経済学者たちも認識していた。利潤率の低下は「資本主義的生産の現実の傾向」(MEGA II/4.2, S. 287; MEW 25, S. 223)なのである。そこでかれらもまた，利潤率が低下する原因の究明をこころみたのであるが，同時に，資本主義的生産の発展につれ利潤率が低下していることに「制限」を感じ，恐れをおぼえたのである。

　　「利潤率は資本主義的生産における推進力であって，ただ利潤を伴って生産できるものだけが，ただそういうものであるかぎりでのみ，生産される。

666 第2部 マルクスによる恐慌・産業循環の理論的展開を跡づける

それだからこそイギリスの経済学者たちは利潤率の低下を心配するのである。……リカードゥに不安を感じさせるのは，利潤率……が生産そのものの発展法則によって脅かされるということである。」(MEGA II/4.2, S. 333; MEW 25, S. 269-270.)

「だからリカードゥのように資本主義的生産様式を絶対的な生産様式だと考える経済学者たちもここでは，この生産様式は自分自身に制限をつくりだすことを感じる。」(MEGA II/4.2, S. 310; MEW 25, S. 252.)

このように，資本主義的生産を絶対視する古典派経済学者でさえも，利潤率が低下することに資本主義的生産の「制限」を感じ，不安をおぼえた——ただし，かれらは資本主義的生産自身が自己に制限を生み出すことを本質的には否定するのだが——。そしてその理由は，とりもなおさず，資本主義的生産は利潤の最大化を目的とした生産であり，そのために生産力をたえず発展させるにもかかわらず，その追求がかえって利潤率低下の諸要因を現実に産出することにあった。つまり，利潤最大化をはかる資本の傾向は，利潤率の低下という矛盾する事態をたえず生み出すのである。それゆえマルクスは，この法則をとくに重視したのであり，資本主義的生産自身が自己を否定する，現存社会の「制限」，「矛盾」を表現する法則として位置づけたのである。そこでかれは，第13章および第14章箇所でまず，利潤率の傾向的低下法則とはどのような法則であるのかを明らかにしたのだ。

しかしながら，マルクスがこの法則を重視した理由はそれだけではない。いまひとつはこの法則は恐慌に帰結し，恐慌分析のカギをにぎるからである。マルクスは第15章相当箇所でつぎのように述べた。

「資本主義的生産様式の制限はつぎの点に現われる。

1) 労働の生産力の発展は利潤率の低下ということのうちに一つの法則を生み出し，この法則は，生産力の発展がある点に達すればその発展に敵対的に対抗し，したがって絶えず恐慌によって克服されなければならないということ。」(MEGA II/4.2, S. 332; MEW 25, S. 268-269.)

「利潤率の下落は，過剰生産，投機，恐慌，労働の過剰または過剰人口と並存する資本の過剰を促進する。」(MEGA II/4.2, S. 310; MEW 25, S. 252.)

上記から，「利潤率の低下」は資本主義的生産様式の「制限」であり，この

「法則」は生産力の発展がある点に達すればその発展に敵対的に対抗し，たえず「恐慌」によって克服されるものとして論じられていることは明らかである。ここからも，法則と恐慌とを無関連だとして断ち切るこれまでの研究史——久留間（前掲）など一部の研究を除く——は，少なくともマルクスの学説とは異なることが読み取れよう。マルクスによれば，法則がもたらすものとして恐慌が位置づけられている[6]。マルクスの恐慌分析にとって，現実資本の蓄積過程に作用する利潤率の傾向的低下法則は決定的な意味をもつのである[7]。

そこで第15章部分では，すでに概念的に把握された法則がより具体的に，矛盾を孕み諸資本のアクティブな運動を生み出し，恐慌を現実化するモメントを産出するものとして展開されるのである。

## 2 利潤率の傾向的低下法則

では，利潤率の傾向的低下法則とはどのような法則であり，この法則と恐慌とはどのような関連にあるのだろうか。はじめに，利潤率の傾向的低下法則の内容を，草稿に拠りながらみよう。第13章および第14章箇所の草稿の記述は，一部のパラグラフの移動と細かな文章上の書き換えを除くと，現行版との相違は比較的小さな部分といえる。第13章箇所は大きく二つの内容から成り立っている。

ひとつは，労働の社会的生産力のたえざる発展をともなう資本主義的生産は，資本の有機的構成の高度化の「直接の結果」として，剰余価値率が一定の場合には，また剰余価値率が高くなる場合でされも，一般的利潤率を「進行的」，

---

6）早坂啓造「「資本過剰論」の体系的位置づけについて」（『マルクス・エンゲルス　マルクス主義研究』第31号。1997年，7ページ）は，マルクスの草稿によると，第15章部分において恐慌は「「傾向的低下法則」の直接の論理的延長上に据えられるものではない」として，法則と恐慌との関連を否定しているが，氏の見解はマルクスの解釈としては妥当ではない。

7）久留間鮫造『増補改訂　恐慌論研究』（大月書店，1965年）は，当初から利潤率の傾向的低下法則と恐慌とを結ぶ媒介環を明確に把握していた。氏は利潤率の傾向的低下法則が「蓄積⇄利潤率の低下→競争戦→労賃の一時的高騰→利潤率の急激な低下→恐慌」（217ページ）という一連の過程を形成することを論じている。この理解は，同編『マルクス経済学レキシコン』恐慌II（前掲，3-257ページ）の内容編成にも生かされている。

668 第2部 マルクスによる恐慌・産業循環の理論的展開を跡づける

「漸次的」に低下させるということである。それゆえ一般的利潤率の低下は,「労働の社会的生産力のたえ間ない発展を表わす資本主義的生産様式に特有な表現」であり,「資本主義的生産様式の本質」から導き出される法則として位置づけられている。このように利潤率の低下の現象の根本原因がどこにあるのかが,まずもって明らかにされている。

いまひとつの内容は,利潤率の低下法則とは「増大する絶対的な利潤量を同時に伴う利潤率の低下という二重性格の法則」(MEGA II/4.2, S. 294; MEW 25, S. 230)だという点である。ただし,それは,個別資本や社会の総資本にとって無条件に保証されるわけではない。利潤率の低下と量の増大とを同時に実現するためには,利潤率の低下よりも高い比率での投下総資本量の増大が条件として必須なのである[8]。マルクスも注意深く指摘しているように,投下資本量の増大という「条件」を満たさなければ利潤率とともに利潤量までも減少することがあるのである。それゆえ,この法則には「投下資本量の増大」,「加速的蓄積」が条件づけられており,このことから「最低資本量の増大」,「資本の集中,集積」を伴うのである。

以上の内容をふまえ,第14章箇所では,利潤率の低下を「傾向的」なものにする,利潤率の低下に対抗的に作用する一般的な諸要因——剰余価値率の上昇,不変資本の低廉化・既存資本の減価,労働力の価値以下への切り下げ,相対的過剰人口の増大,海外貿易,株式資本の増大——が 1)-6)(表題なし)の番号が付され分析されている。利潤率の低下が急速でない理由は,利潤率の低下に反対に作用する諸要因(利潤率上昇要因)が働いているからであり,それが「この一般的法則を一つの傾向でしかないという性格を与える」(MEGA II/4.2, S. 302; MEW 25, S. 242)のである。だから利潤率の「傾向的」低下の法則なのである。

なお注意したいのは,ひとつは,利潤率低下の原因である生産力の発展が,利潤率低下に反対に作用する諸契機をも同時に生み出す点である。草稿 1)-6)にあげられている利潤率を上昇させる諸要因は基本的には労働の生産力の発展と結びついた契機であり,マルクスは,生産力の発展を軸に「反対に作用する

---

8) なお,生産力の発展と前貸資本量の増大との関連についてはMEGA II/4.2, S. 322-323, またMEW 23, S. 631-634をも参照されたい。

諸要因」も展開している。

　いまひとつは，たとえば「剰余価値率の上昇と不変資本部分のかなりの減価が結びついているような場合には，（利潤率は）上昇する」(MEGA II/4.2, S. 319; MEW 25, S. 240) のであり，利潤率を上昇させる要因が現実に強く作用すれば，利潤率は上昇する——あるいは「同じまま」(MEGA II/4.2, S. 319; MEW 25, S. 239) の場合もありうる——のであって，法則は利潤の率と量との上昇を排除するものではないという点である。だが，こうした上昇の諸契機は無制限・無条件に存在するものでもなければ——また次節でみるように蓄積の進行に伴い利潤率上昇の条件は漸次的に縮小する——，社会的生産力の発展，資本の有機的構成の高度化それ自体を抹消するものでもないのだから，「利潤率の下落を阻むことや遅らせることはできても，廃棄することはできない」(MEGA II/4.2, S. 322; MEW 25, S. 258) のである。

　以上のように，「利潤率の傾向的低下法則」とは，利潤率の低下を「傾向的」なものにする利潤率を上昇させる諸契機（反対に作用する諸要因）をも含めてひとつの法則なのであり，第13章と第14章とは切り離して把握すべきものではない。それゆえエンゲルスが第13章に付けた表題「法則そのもの」は，利潤率の傾向的低下法則の主要内容は第13章にかぎられるものだといった無用の誤解を生むものであり，適切ではない。草稿によって，両章相当箇所の全体を通じ，「利潤率の傾向的低下法則」の概念的な把握がなされていることがより明確にされたといえるのである。

# 3　法則の内的諸矛盾

　これまで利潤率の傾向的低下法則とはどのような法則であるのかをみたが，指摘したように，この法則は恐慌を現実化する諸契機を産出する。では，この法則と恐慌の記述がある第15章箇所とはどのような関連にあるのだろうか。

　まず重要であるのは，「法則の内的諸矛盾」とは何かを把握することである。第15章「法則の内的諸矛盾の展開」の表題はエンゲルスが付したものであるが，草稿の内容から判断すると，「法則の内的諸矛盾」とは何であるかについては，草稿では「L」という記号で区切られた (MEGA II/4.2, S. 322-324; MEW 25, S. 258-260)

第15章第2節相当部分で論じられている。法則に内在する矛盾をつかむことは，第15章箇所での法則の展開と恐慌との関連を把握するための要となるので確認したい。

　さきに第13章および第14章部分を通じ，この法則はそのうちに利潤の率と量とを低下させる要因と同時に，利潤の率と量とを上昇させる対立的要因（反対に作用する諸要因）を含んでいることをみた。第15章で展開される「法則の内的諸矛盾」とは，まさに法則が含む利潤の率と量との低下の諸契機と利潤の率と量との上昇の諸契機との対立的矛盾である。すなわち「矛盾」とは，資本主義的生産は利潤の増大を目的としてたえず生産力を発展させるにもかかわらず，それが目的に反し，たえず利潤の率と量との低下の要因を含むという矛盾である。このように第15章第2節箇所は，現実資本の蓄積過程の矛盾を，法則に含まれる矛盾する諸要因の対抗的作用の過程という視角から概括したものである。マルクスは，法則に内在する矛盾を以上のように捉えており，この矛盾の展開から恐慌の諸要因を導いているので，以下本章ではこうした意味で「法則の内的諸矛盾」という語を使う。

　では，法則の内的諸矛盾は，どのように展開されるのだろうか。そのさいきわめて重要となるのが，法則に含まれる対立的諸契機は，「リカードゥがそうしているように，ただ静止的に並存するもの」ではなく，「この両方の契機はひとつの矛盾を含んでおり，この矛盾は矛盾する諸傾向および諸現象として現われ」，「矛盾する諸動因は同時に活動」し，「相争う諸動因の衝突は周期的に恐慌にはけ口を求める」（MEGA II/4.2, S. 323; MEW 25, S. 259）という視角である。すなわちマルクスの分析は，リカードゥのように資本主義的生産に内在する矛盾，制限を根本的に否定し，価値生産物の「分配（比率）」の確定を課題とした，それゆえ静態分析にならざるをえない理論ではない。逆に，法則に含まれる相対立する矛盾が，産業循環の諸局面を通じ，資本のアクティヴな運動を生み出すものとして，さらには「恐慌にはけ口」を求めるものとして展開される。つまり，生産力をたえず発展させ利潤量・率の増大を目的とした資本の傾向は，利潤率の低下という資本の目的と矛盾する「制限」を生み出し，この制限を「突破」し乗り越えようとする運動が新たな制限を，さらには「恐慌の可能性を現実性に転化させる諸契機」を生み出すものとして把握されているのである[9]。

第20章 『資本論』第3部第3篇草稿の課題と意義　671

　より具体的には，つぎのようにいうことができよう。第15章第2節箇所で指摘されているように，生産力の発展は，たしかに相対的剰余価値の増大，不変資本の低廉化や相対的過剰人口の増大など利潤率を上昇させる諸要因を生み出す。だが同時に，不変資本の低廉化は利潤率の低下に反対に作用し資本蓄積を刺激する法則の一契機にもかかわらず，既存資本を減価させ，前提された一定の価格の減価（再生産過程の攪乱要因にもなる）すなわち利潤量の減少をもたらす。また，利潤率の上昇に刺激された蓄積の進行は，相対的過剰人口の吸収＝「剰余価値の生産の条件」の侵食を促進し，これまた利潤率の低下要因となる。さらにいえば，労働時間の延長や労働強度の増大についても，たしかに剰余価値率を上昇させ利潤率の上昇に寄与するが，それには明確な限界があり，限界に達すれば剰余価値率・量の上昇も停止する。労働力の価値以下への労賃切り下げもまた，利潤率を上昇させる契機であるが，同時にそれは，もともと狭い労働者の消費制限を縮小し，市場を狭隘化させ「剰余価値を実現する条件」を狭める。つまり，利潤の増大を目的として行われる諸方法は，その進行に伴い利潤獲得の諸条件を喪失，縮小させていくのである。

　このようにマルクスは，現実資本の蓄積の進行過程を，静止的にではなく，法則の内的諸矛盾の展開という動態的に運動する視角から考察しており，(1)利潤率の低下の制限を突破していく過程であるとともに，(2)利潤率・量を上昇させる現実的諸条件——剰余価値の生産と実現の諸条件——を漸次的に侵食・狭隘化し，それゆえ利潤率・量の低下の諸要因を累積し増幅させていく過程，まさに「矛盾の累積過程」と捉えている[10]。こうして資本は，利潤率低下

---

9）「法則の内的諸矛盾の展開」の意味を正確に読み取り，「内的制限の突破の見地」，「生きている矛盾」としてはじめて強調したのは，久留間鮫造編『マルクス経済学レキシコン』恐慌 I（大月書店，1972年）の「栞」No. 6（2-8ページ【本書 36-46ページ】），および同編（前掲，1973年，89-157ページ）と「栞」No. 7（4-5，11-14ページ【本書 81-84，94-99ページ】）である。

10）なお，法則に含まれる利潤率低下と利潤率上昇とのどちらの要因が強く作用するかは「不確定」であり，利潤率の傾向的「低下」の法則とは必ずしもいえないという批判（いわゆる「不確定説」）がある。遡れば Sweezy, P. M., *The Theory of Capitalist Development*, Oxford University Press, 1942, pp. 100-107（都留重人訳『資本主義発展の理論』，新評論，1967年，122-132ページ），近年では Heinrich, M., *Kritik der politischen Ökonomie*. Schmetterling Verlag, 2004（明石英人ほか訳『『資本論』の新しい読み方』，堀之内出版，2014年）などが

672 第2部 マルクスによる恐慌・産業循環の理論的展開を跡づける

の諸制限に直面しても「たえずその内的な制限を乗り越えようとするが、しかしそれを乗り越える手段は、その制限を新しいより拡大された規模で再生産させるものでしかない」(MEGA II/4.2, S. 324; MEW 25, S. 260) のであり、最終的には、恐慌を現実化する諸契機を生み出し「恐慌にはけ口」を求めるものとして展開されているのである。まさに、「資本主義的生産の真の制限は資本そのもの」(MEGA II/4.2, S. 324; MEW 25, S. 260) といえる。以下本章で検討する第15章第3節箇所においても、マルクスはこのような見地を一貫して貫いている。

## 4 法則の内的諸矛盾の展開と恐慌を現実化する諸契機

### 4.1 諸資本間の競争戦

いまみた法則の内的諸矛盾の内容が、恐慌との関連においてより具体的に展開されるのが第15章第3節箇所である。では法則の内的諸矛盾はどのように産業循環のプロセスをへて、恐慌を現実化させる諸契機を生み出すのだろうか。

中位の活気に「最初の衝撃 (Stoß)」(MEGA II/4.2, S. 542; MEW 25, S. 506 【大谷禎之介『マルクスの利子生み資本論』第3巻 (以下、大谷、第3巻と略す)、454ページ】) によって新使用価値の生産や新市場、高められた生産力など、利潤率を上昇させる諸条件が形成され、新たな産業循環が開始されると、需要の拡大につれて、また利潤率の低下に反対に作用する諸要因によって利潤率は押し上げられる。相対的に低い賃金や生産手段価格などの存在も利潤率の上昇要因として寄与する。だが、利潤率の上昇に刺激された生産力の発展を伴う資本蓄積の進行、新生産方法の普及にしたがい資本構成も高度化し——また蓄積の進行は漸次的に反対に作用する諸条件を縮小させるのだから——加速的蓄積、利潤量の増大とともに利潤率が低下する局面が現われる。繁栄期から過剰生産期への転換期[11]である。そ

---

ある。だが、こうした見解はひとえに、諸資本を「静態的」に捉えることからくる。諸資本を動態的に運動する過程という視角から考察すると、資本蓄積の進行に伴い利潤量・率を上昇させる現実的諸条件は無制限に存在するのではなく漸次的に侵食されるのであり、利潤率の低下の諸契機が累積されるのである。

11) マルクスの見解は、産業循環を「好況期」と「不況期」との二局面として捉える平面的な把握とは異なる。かれは、「中位の活気、繁栄期、過剰生産期、恐慌、停滞期」として諸局面の独自な特徴に着目するのである (MEGA II/4.2, S. 542-543)。第3部第3篇の論述でも、

第20章　『資本論』第3部第3篇草稿の課題と意義　　673

こで重要となるのが，マルクスのつぎの記述である。

　　「蓄積に結びついた利潤率の低下は必然的に競争戦を呼び起こす。利潤量
　によって利潤率の低下を埋め合わせるということは，ただ社会の総資本に
　ついてだけ，また確立した大資本たちについてだけ存在する。新たな自立
　的に機能する追加資本はそのような埋め合わせを見出せず，これに抗して
　行動しなければならず，このように利潤率の低下が諸資本間の競争戦を引
　き起すのであって，その逆ではない。もちろん，この競争戦は，労賃の一
　時的上昇を伴い，またこの事情がもたらすより一層の利潤率の一時的下落
　を伴っている。同じことは，商品の過剰生産，市場の供給過剰にも現われ
　る。……資本はたしかに商品から成っており，したがって資本の過剰生産
　は商品の過剰生産を含んでいる。だから，商品の過剰生産を否定する同じ
　経済学者たちが資本の過剰生産を認めるというのは，奇妙な現象なのであ
　る。」(MEGA II/4.2, S. 330-331; MEW 25, S. 266-267.)

　このように，「蓄積に結びついた利潤率の低下」が惹起する「競争戦」は，恐
慌の諸要因である「労賃の一時的上昇」と「商品の過剰生産，市場の供給過剰」
とを同時に生み出すものと位置づけられている。だが，なぜこのようにいえる
のだろうか。

　まず注意すべきは，生産力の発展に伴い資本構成の高度化，最低資本量の増
大とともに生じた「蓄積に結びついた利潤率の低下」は，独自な「競争戦」を諸
資本に強制することである。引用のように，「社会の総資本」や「確立した大資
本」は，加速的蓄積によって利潤率の低下と同時に利潤量の増大を実現してい
る。だが，急速な蓄積を伴う「利潤率の低下につれて……資本の最小限は増大
し，同時に集積も増大」するのであり，「新たに独立に機能する追加資本」(新
資本)や「小資本」(MEGA II/4.2, S. 324-325; MEW 25, S. 261)には，最低資本量を確
保し，一層の蓄積によって利潤率の低下と利潤量の増大とを実現することの困
難が現われ，これに「抗して行動」することが強いられる。したがって小資本
や新資本は，現実資本として運動するかぎり，利潤率の低下と利潤量の増大と
を実現するために，信用を通じあらためて投下資本を獲得することが強制され

───────────

　　このような諸局面が想定されている。

674　第2部　マルクスによる恐慌・産業循環の理論的展開を跡づける

る。さらに新資本や小資本のうち，加速的蓄積によって利潤率の低下を利潤量の増大で克服できず，現実資本としての運動の場を見出せなくなった貨幣形態にある資本は，「資本の過多 (Plethora)」（本章5で論じる）となり，新たな投下部面を貨幣市場や投機部面に求め，投機や信用思惑，株式思惑を促進することになる。一方，「大資本」は資本の集積を伴いながら，さらなる加速的蓄積へと進み，社会的にみると急速な投資拡大，商品生産・販売総量の増大，利潤総量の増大が現われる。このような局面はまさに過剰生産期（景気の過熱期）といえよう。こうして「利潤率の低下は，過剰生産，投機，恐慌，労働の過剰または過剰人口と並存する資本の過剰を促進」(MEGA II/4.2, S. 310; MEW 25, S. 252)し，諸資本を新たな運動へと駆り立てるのである。

　このように「利潤率の低下」から生じる「競争戦」は，諸資本に新たな資本蓄積の高まりと商品生産総量の増大とを喚起し，また再生産過程の弾力性の極限までの拡張，投機を強制する。それゆえこの過程は，相対的過剰人口の急速な吸収＝「労賃の一時的上昇」と，商品生産の一層の拡大＝「商品の過剰生産，市場の供給過剰」[12]とを同時に伴う。つまり恐慌を現実化させる諸契機を生み出すのである[13]。

　さらに敷衍すると，以上のことから，なぜマルクスは「競争戦」を重視したのかも理解できる。ひとつは，この競争戦は，まさに「二重性格の法則」とされた利潤率の低下法則（本章2を参照）から導き出されるからである。いまみた，加速的蓄積によって利潤率の低下のもとで利潤量の増大をはかる資本の行動や，最低資本量の条件を満たさず利潤量の増大が困難な資本がその制限を乗り越えようとする運動——諸資本間の競争戦——はこの法則の内容にもとづくものである。すなわち競争戦は，利潤率の低下と利潤量の増大とを同時に実現

---

12) なお，第15章第1節箇所は，「商品の過剰生産」や「市場の供給過剰」について論じられているのではない。ここでは，「資本の過剰と相対的過剰人口の増加」の「矛盾に満ちた基礎」として，剰余価値の「生産の条件」と「実現の条件」との不一致が存在することが指摘されているのである。恐慌との関連で商品の過剰生産が論じられているのは，第15章第3節箇所である。

13) 以上みた「競争戦」を，利潤率の傾向的低下法則と恐慌とを結ぶ媒介環としてはじめて明示的に位置づけたのは，久留間（前掲，1965年，217ページ），同編（前掲，1973年，99-125ページ）である。

する強制法則の貫徹によって引き起こされたものである。利潤率の傾向的低下法則を主題とすると，この法則の実現の結果生じる競争戦についても論じざるをえないのである。マルクスが競争戦に独自な位置づけを与えた所以である。さらにいまひとつの理由は，この競争戦は新生産方法の導入，普及を強制する競争ではなく，それとは異なる，急速な価値からの価格の乖離（労賃上昇や生産手段の価格上昇），恐慌を現実化させる諸要因を生み出す固有の競争戦だからである[14]。すなわちこの競争戦は，利潤量・率上昇の諸条件を急速に喪失・侵食し，矛盾——労賃上昇や商品の過剰生産など利潤率・量の低下の諸要因——を累積させる強制過程，不均衡を累積する過程だから重視されたのである。

## 4.2 「資本の過剰生産」と「商品の過剰生産」

　生産力の発展，資本構成の高度化による「利潤率の低下」は「競争戦」を，さらには「労賃の上昇」と「商品の過剰生産」とを同時に生み出すことをみた。だが，従来の研究史では恐慌の契機である両者は，利潤率の傾向的低下法則の展開やそれが引き起こす「競争戦」との関連を基本的に否定したうえで，「恐慌の必然性」をめぐる「資本の過剰生産」と「商品の過剰生産」との対立として論争がなされてきた。第3部草稿の新たな知見をふまえ検討すると，この点についてはどのようにいえるのだろうか。

　はじめに「資本の過剰生産」についてみたい。マルクスは，まず「資本の過剰生産」を「絶対的なものと仮定」して，資本の過剰生産とは「なんであるか」を把握する。「資本の絶対的過剰生産」とは，賃金上昇による搾取率の低下によって，利潤量が追加投資をしても追加投資以前と同じか（$C+\Delta C \to P+0$），あるいはそれよりも減少（$C+\Delta C \to P-\Delta P$）しさえし，「一般的利潤率のひどい突然の低下が起きる」事態である[15]。

　ところが，草稿には「資本の過剰生産」についてはさらに，現行版では削除

---

14) 従来の研究では，恐慌を現実化する諸契機を生み出す繁栄末期の競争戦を，恐慌期の「損失の分配」（MEGA II/4.2, S. 327; MEW 25, S. 263）をめぐる競争戦や，新生産方法の普及を強制する競争とすべて同一視ないし混同している場合が大半である。これらは同じ「競争戦」といえても，その内容やそれが生み出す諸契機，産業循環の諸局面もまったく異なるのであり，理論的に区別しなければならない。

15) MEGA II/4.2, S. 325-326; MEW 25, S. 261-262 を参照。

676 第2部 マルクスによる恐慌・産業循環の理論的展開を跡づける

されたつぎの記述があることに着目されたい。まず、「現実の資本の過剰生産 (die wirkliche Ueberproduction von Capital) はここで観察されたもの〔資本の絶対過剰生産―筆者〕とはけっして同じではなく、それとは反対に、相対的な過剰生産〔として〕だけ観察される」(MEGA II/4.2, S. 329) という一文がある。草稿にある「現実の資本の過剰生産」とは、「資本の絶対的過剰生産」にたいして「相対的」である。「相対的」であることの意味は、「資本の絶対的過剰生産」は労賃上昇による搾取率の低下によって、追加投資にたいして利潤量がまったく増加しないか、あるいは減少しさえする事態を意味するのにたいし、「相対的」なのだから、追加投資によって少なからず利潤量は増大するが、労賃上昇によって「正常な」、「健全な」搾取度では生産を行えず、利潤率が急落する事態ということであろう。また、「現実の資本の過剰生産」とは、資本の過剰生産が及ぶ生産領域の範囲においても「相対的」であり、「全生産領域を包括する」ものではないが主要な生産部門を包括する過剰生産といえよう。だが、「現実の資本の過剰生産」、「資本の絶対的過剰生産」のいずれも、労賃上昇を一契機として「一定の点以下への搾取率の低下」が利潤率の急落をまねき、「資本主義的生産過程の停滞そして攪乱、恐慌、資本の破壊」をもたらすという点では共通している。

つぎに、現行版では削除された、「(この相対的過剰人口の減少はそれ自体ですでに恐慌の一契機である。なぜなら、それは資本の絶対的過剰生産といういま考察した事態を近くに引き寄せるからである)」(MEGA II/4.2, S. 330) という記述をみたい。ここから読み取れることは、ひとつは、相対的過剰人口の減少による賃金上昇は、「資本の絶対的過剰生産といういま考察した事態を近くに引き寄せる」のだから、「資本の絶対的過剰生産」とは現実に起こりえない「仮定」ではない点である。したがって草稿の記述からみても、資本の絶対的過剰生産を「極端な仮定」として否定する、いわゆる「商品過剰論」の見解は妥当ではないということがわかる。いまひとつは、労賃の上昇は「恐慌の一契機」とされている点である。この見地は、労賃上昇について指摘している『資本論』第2部第8稿[16]の把握とも基本的に一致するものである。ただしここでまず注

---

16) マルクスは第2部第8稿でつぎのように述べている。「いつでも恐慌を準備するのは、まさに、労賃が一般的に上がって、労働者階級が年間生産物のなかの消費にあてられる部分から受け取る分けまえが実際に大きくなる時期なのだ……資本主義的生産は善意や悪意には

意したいのは，草稿では，労賃上昇は恐慌の主要な契機であることにはちがいないが，あくまで商品の過剰生産や生産手段の価格上昇など複数ある恐慌を現実化させる複数ある諸契機のなかの「一契機」として論じられている点である[17]。それゆえ，労賃上昇からのみ恐慌の原因を導き出そうとする，いわゆる「資本過剰論」は，少なくともマルクスに即すると一面的であったといえる[18]。だが，なにより重要であるのは，労賃上昇を一契機とした利潤率を急落させる諸要因がなぜ生み出されるのかが，草稿によって一層明白になった点である。すでに述べたように，マルクスは利潤率の傾向的低下法則と切り離して孤立的に恐慌の諸要因を論じたのではなく，法則の展開から労賃上昇を含む恐慌の諸要因を導き出したのである。

　これまで利潤率の傾向的低下法則と「資本の〔絶対的・相対的〕過剰生産」についてみたが，では，「資本の過剰生産」と「商品の過剰生産」とはどのような関連があるのだろうか。まず，マルクスの見解を整理すると，本節4.1で述べたように，「資本の過剰生産」と「商品の過剰生産，市場の供給過剰」とは，生産力の発展・資本構成の高度化による利潤率の低下から生じる競争戦によって，同時に生じるものと位置づけられている。つまりマルクスは，両者を因果関係や対立的関係とは把握していない。「資本の過剰生産は商品の過剰生産を含んでいる。だから，商品の過剰生産を否定する同じ経済学者たちが資本の過剰生産を認めるというのは，奇妙な現象なのである。」(MEGA II/4.2, S. 331; MEW 25, S. 267.)[19]しかし，なぜ両者は同時に生じるといえるのだろうか。

---

　　かかわりのない諸条件を含んでいて，これらの条件が労働者階級のそのように相対的繁栄をただ一時的にしか，しかもつねにただ恐慌の前ぶれとしてしか許さない」(MEGA II/11, S. 742; MEW 24, S. 409-410【大谷禎之介『資本論草稿にマルクスの苦闘を読む』（桜井書店，2018年），137-138ページ】) のである。
17)「恐慌の一契機」という草稿の記述に着目した谷野勝明「第3篇　利潤率の傾向的低下の法則」（『経済』1997年2月号，新日本出版社，173-175ページ）によっても，このような点はすでに論じられている。マルクスは，なぜ「一契機」としてとりわけ労賃上昇を取り上げたのかについては，前畑憲子（本書第18章）が論じている。
18) じじつ，マルクスが労賃上昇を複数あるなかの一契機と捉えていたことは，たとえばつぎの記述からも読み取ることができる。かれは，「恐慌は，1，〔貨幣が〕生産資本へ再転化される場合に，2，生産資本の諸要素の価値変動によって，とくに原料のそれによって起こりうる」(MEGA II/3.3, S. 1139) と述べ，原料などの生産諸要素の価格上昇も恐慌の契機として位置づけている。

678 第2部 マルクスによる恐慌・産業循環の理論的展開を跡づける

　ひとつはすでに論じたように，生産力の発展の結果，繁栄末期から過剰生産期に「利潤率の低下」が引き起こす「競争戦」は，諸資本に一層の資本蓄積の拡大とともに商品生産総量の増大を迫り，また再生産過程の弾力性の極限までの拡張を強制するものだからである。それゆえこの蓄積過程は，相対的過剰人口の急速な吸収（＝剰余価値の生産の条件の縮小）すなわち労賃上昇と，商品生産の一層の拡大（＝商品の実現の条件の縮小）とを同時に伴わざるをえないのである。

　さらに，労賃上昇と商品の過剰生産とを「二律背反」として把握する従来の見解[20]を念頭におき敷衍すれば，たしかに「労賃の上昇」は新たな「需要」を生み出し，そのかぎりでは「商品の過剰生産」を「緩和」するといえよう。だが，資本はそこで運動をやめるのではなく，制限を突破しようと新たな生産へと駆り立てられるのである。すなわち個別資本にとっては，「労賃の上昇」は新たな需要として意識され，一層の蓄積，商品生産の拡大を推進する動機を与える。新たな「需要は，生産を駆り立て，……〔適正な〕比率を越えさせる」（MEGA II/1.2, S. 333）のである。それゆえ「労賃の上昇」は，一層の拡大された規模での生産へと資本を駆り立てる。同時にこの過程は相対的過剰人口の吸収を伴い，さらなる労賃を上昇させる要因として作用するとともに，これまたこれで一層の商品の生産拡大に向かう動機を与え，一層の生産拡大へと資本を強制する。すなわち，以前に生じた事態——労賃上昇による剰余価値率低下と商品生産の拡大との両者——が諸資本の運動によって拡大させた規模で再現されるのである。まさに，資本は「たえずその内的な制限を乗り越えようとするが……その制限を新しいより拡大された規模で再生産させる」（MEGA II/4.2, S. 324; MEW 25, S. 260）のである。

　このように労賃の上昇と商品の過剰生産とが同時に繰り返されるのであり，この過程は剰余価値の「生産の条件」と「実現の条件」との悪化を深化させる。したがって，いずれもが恐慌を現実化させる諸契機となる。すなわち，どちらの契機が「恐慌の必然性」だ，あるいは両者は「二律背反」だという対立的，因

---

19) MEGA II/4.2, S. 325; MEW 25, S. 261 をも参照。
20) 富塚良三『増補 恐慌論研究』（未来社，1975年，165-169ページ）を参照。

第20章 『資本論』第3部第3篇草稿の課題と意義　679

果的関係ではないのである。このようなことからマルクスは，法則の展開によって生み出される競争戦から，両者は同時に生じる恐慌を現実化する諸契機として位置づけたといえる。

## 5　現実資本の蓄積と貨幣資本の蓄積の分析
──『資本論』第3部第3篇草稿と第5篇草稿との関連──

### 5.1　マルクスの問題設定

　　これまで第3部第3篇草稿を検討してきたが，こんどはそこで得られた内容と，信用制度下での貨幣資本 (monied capital)[21] の蓄積を分析対象とする第3部第5篇草稿との基本的な関連を明らかにしたい[22]。第5篇そのものについてはあらためて本書第22章で立ち入るが，MEGA による新たな知見として，第3篇と第5篇との関連をよりはっきりとつかむことが可能になった点があげられる。現行版では大幅に削除されており把握が困難であったが，第3篇草稿には，「資本の過剰生産 (=資本の過多 (Plethora))」についての「より詳細な研究は，利子生み資本や信用などが一層展開される資本の現象的な運動の考察に属する」(MEGA II/4.2, S. 325; MEW 25, S. 261) という記述がある。いうまでもなく第3篇では，信用制度・貨幣市場のもとで運動する「貨幣資本 (moneyed capital) の蓄積」は度外視されていた。ここではまだ，利潤率の傾向的低下法則が作用している現実資本の蓄積を，貨幣資本の蓄積との関連において分析するという課題は残されていたのである。そこでマルクスは，第3篇の内容をベースにし，第5篇草稿の核心をなす 5) の III)（現行版第5篇第30-35章相当）でつぎのように問題を立てた。

　　　「III) これから取り組もうとしている，この信用の件全体のなかでも比類なく困難な問題は，つぎのようなものである。──第1に，本来の貨幣

---

21) 第3部第5篇草稿では，信用制度下における貨幣資本は monied capital ないし moneyed capital とされており，資本の循環形態をなす貨幣資本 Geldkapital とは区別されている。本章では，断りがないかぎり「貨幣資本」という語ですべて monied capital を指す。

22) 本章では第3篇草稿の理解に必要なかぎりで第5篇草稿を扱う。第5篇草稿そのものについては，大谷禎之介『マルクスの利子生み資本論』全4巻（桜井書店，2016年）の先駆的研究がある。また詳しくは，本書第2部第3篇を参照されたい。

680　第2部　マルクスによる恐慌・産業循環の理論的展開を跡づける

資本の蓄積。これはどの程度まで，現実の資本蓄積の，すなわち拡大された規模での再生産の指標となっているのか，またどの程度までそうでないのか？　いわゆる資本の過多 (Plethora)（この表現は，つねに貨幣資本について用いられるものである），──これは過剰生産と並ぶひとつの特殊的な現象をなすものなのか，それとも過剰生産を表現するためのひとつの特殊的な仕方にすぎないのか？」(MEGA II/4.2, S. 529; MEW 25, S. 493.【大谷，第3巻，411-412ページ。】)

ここで「比類なく困難な問題」とされているのは，貨幣資本の過多（いわゆる「過剰貨幣資本」）として現われる貨幣資本の蓄積と現実資本の蓄積（現実資本の過剰生産）との関連である。では，マルクスは第3部第5篇草稿においてこの問題をどのように明らかにしており，それは第3篇草稿とどのようなつながりをもつのだろうか。

## 5.2　貨幣資本の蓄積と現実資本の蓄積の分析──『資本論』第3部第5篇草稿

　そこでまず，マルクスは第3部第5篇草稿において貨幣資本の過多と現実資本の蓄積との関連をどのように把握したのかについてみたい。第5篇草稿5)III) ではつぎのように論じられていた。

「新たな蓄積がそれの充用にさいして投下部面の不足から生じる困難にぶつかる……とすれば，このような貨幣資本の過多 (Plethora) が証明するものは，資本主義的生産過程の諸制限以外のなにものでもない。そのあとにくる信用詐欺は，この剰余資本の充用にたいする積極的な障害がないということを証明している。とはいえ，資本の価値増殖の諸法則への障害，つまり資本が資本として価値増殖できる諸限界への障害はあるのである。／……循環の一定の諸局面ではつねにこの貨幣資本の過多 (Plethora) が生ぜざるをえないのであり，また，信用制度の発展につれて，この過多 (Plethora) が発展せざるをえないのであり，したがって同時に，生産過程をそれの資本主義的諸制限を乗り越えて駆り立てることの必然性が──過剰取引，過剰生産，過剰信用が──発展せざるをえないのである。しかもこのことは，つねに，立ち直り (rebound) を呼び起こすような諸形態で起こらざるをえないのである。」(MEGA II/4.2, S. 586; MEW 25, S. 523-524.【大谷，第3巻，511-

第20章　『資本論』第3部第3篇草稿の課題と意義　　681

513ページ。】）

　まず明らかなように，マルクスは，信用制度下に蓄積された「貨幣資本の過多」（過剰貨幣資本）は，「信用詐欺」や「生産過程をそれの資本主義的諸制限を乗り越えて駆り立てることの必然性——過剰取引，過剰生産，過剰信用——」を発展させるものだと把握している。すなわち，繁栄末期から過剰生産期にかけて，貨幣資本の過多がひとつの起点となり，過剰信用や過剰投資，貨幣資本の「投下部面」を架空資本（株式や債券などの有価証券投資）に求めた金融投機などが生じうるのである。貨幣資本蓄積と現実資本蓄積との乖離も推し進められるといえよう。つまり，信用制度下の「貨幣資本の過多」は，恐慌を「促進」するものとして位置づけられている。

　だがさらに注意すべきは，貨幣資本の過多とは，根本的には，「新たな蓄積がそれの充用にさいして投下部面の不足から生じる困難にぶつかる」こと，「資本主義的生産過程の諸制限」，「資本の価値増殖の諸法則への障害」，「資本が資本として価値増殖できる諸限界への障害」が原因で生じるのだという点である。すなわち貨幣資本の過多とは，蓄積にさいして，現実資本の蓄積の「制限」にぶつかり，現実資本として有利な投下部面を見出せず，現実資本として投下されたとしても正常な割合で価値増殖できない，すなわち期待利潤を生まないことから信用制度・貨幣市場のもとに堆積した「過剰」な貨幣資本として捉えられているのである。ここでいう「過剰（過多）」とは，現実資本の価値増殖欲求（期待利潤）に比して「過剰（過多）」という意味であり，貨幣資本の過多とは，あくまで現実資本の蓄積に規定された概念なのである。それゆえ貨幣資本の過多とは現実資本の過剰生産の「表現」といえるのである[23]。

---

23) なお，本章では詳述しないが，マルクスは他方で，「貨幣資本そのものの過多 (Plethora) は必ずしも過剰生産を，あるいは資本の充用場面の不足を意味するものではない」（MEGA II/4.2, S. 586; MEW 25, S. 523【大谷，第3巻，512ページ】）としている。マルクスは，現実資本蓄積とは直接関係しない私的蓄蔵貨幣や諸階級の収入等によっても信用制度下に貨幣資本の過多が形成されることを論じており，広義にはそれをも含めている。それゆえ以上を踏まえると，第5篇第30章箇所の冒頭のマルクスの問題設定については，つぎのように答えることができる。貨幣資本の過多とは，根本的には現実資本の「過剰生産を表現する特殊な仕方」であるが，広義には現実資本の過剰生産とは直接には無関連な「過剰生産と並ぶひとつの特殊な現象」でもあるのである。

682 第2部 マルクスによる恐慌・産業循環の理論的展開を跡づける

　さて，このようにマルクスは現実資本の蓄積を基礎に貨幣資本の過多を解いているのであるが，決定的に重要であるのは，かれはさらに一歩進めて，「貨幣資本の過多」を生み出した現実資本としての有利な投下部面の不足，すなわち現実資本の蓄積の「制限」が，そもそもなぜ，どのように生み出されるのかを解明した点にある。従来の研究ではほとんど理解されていないが，じつは，この問題は第3篇での利潤率の傾向的低下法則の理解にもとづいて明らかにされているのである。

### 5.3　『資本論』第3部第3篇草稿と第5篇草稿との関連

　すでに第3篇草稿を考察したさいに論じたように，マルクスの理論のひとつの独自性は，資本主義的生産の矛盾，制限の根源を生産力の発展の結果生じる「利潤率の低下」にみた点にある。すなわちかれは，「貨幣資本の過多」の発生根拠が，根本的には，生産力の発展・資本構成の高度化の結果，「利潤率の低下」という現実資本の蓄積における「制限」にあることをつきとめたのである。第3篇第15章第3節箇所では，「資本の過多」についてつぎのように論じられていた。

　　　「利潤率の低下につれて，……資本の最小限……は増大する。同時に集積も増大する。……この増大する集積は，ある高さに達すれば，これはこれでまた利潤率の新たな低下を引き起こす。その結果，大量に分散した小諸資本は，冒険的〔となり〕，投機，信用思惑，株式思惑，恐慌〔へと駆り立てられる〕。いわゆる資本の過多(Plethora)は，つねに本質的には，利潤率の低下が利潤量によって埋め合わされない資本（そして新たに形成される資本の若枝はつねにこれである）の過多(Plethora)のことを言っているのであり，いいかえればこの過多(Plethora)は，それ自身で自立する能力のない資本の処分を大きな事業部門の指導者たちに（信用の形で）委ねるのである。……／個々の商品のではなく資本の過剰生産（＝資本の過多〔Plethora〕)[24]……の意味するものは，まさに資本の過剰蓄積以外のなにものでもないのである。……〔それ〔資本の過剰生産（＝資本の過多〔Plethora〕)─筆者〕に

───────────
24) 網かけ部分の「(＝資本の過多)」は現行版では削除されている。

第20章　『資本論』第3部第3篇草稿の課題と意義　**683**

　　ついてのより詳細な研究は，利子〔生み〕資本や信用などが一層展開される
　　資本の現象的な運動に属する]25)」(MEGA II/4.2, S. 324-325; MEW 25 S. 261)

　まず着目すべきは，「資本の過多」とは「本質的に (wesentlich)」，生産力の発
展の結果，最低資本量の増大を伴う「利潤率の低下」によって，加速的蓄積を
行い，利潤率の低下を利潤量の増大で埋め合わせることができず，現実資本と
して「自身で自立する能力のない資本」だということである。すなわち，「資本
の過多」26)とは，根源的には「利潤率の低下」によって現実資本としての投下
先・運動部面を失った貨幣形態にある過剰資本のことであり，投下したとして
も期待利潤を生まない貨幣資本，現実資本の蓄積の見地からみて「過多（過
剰）」な資本である。したがってそれは，現実資本の過剰生産を表現，反映し
たものといえる。

　こうして生産力の発展の結果「利潤率の低下」が生じると，繁栄末期から過
剰生産期には，現実資本としての運動部面を失った貨幣形態にある「資本の過
多」は，資本として運動するかぎりこの制限を突破しようとする新たな運動を
強制されるのであり，新たな投下部面を金融部面等に求め「冒険的〔となり〕，
投機，信用思惑，株式思惑，恐慌〔へと駆り立てられる〕」のである。こうして
「利潤率の低下」によって形成された貨幣資本の過多は恐慌を促進するものと
して現われるのである。

　ところで第3篇草稿では，信用制度下で運動する貨幣資本の蓄積について直
接には捨象されていたため，資本の過多 (Plethora) の「より詳細な研究は，利
子〔生み〕資本や信用などが一層展開される資本の現象的な運動に属する」と
されていた。第5篇では，第3篇草稿において「資本の過多」とされていたもの
が，信用制度下の「貨幣資本 (monied capital) の過多」として，さらに一歩具体
化され論じられているのである。「資本の過多（この表現は，つねに貨幣資本
(monied capital) について用いられるものである）」(MEGA II/4.2 S. 529; MEW 25, S.

---

25)　[ ]内の記述は，現行版では「それのより詳しい研究はもっと後で行われる」(MEW 25, S.
　　261) と大幅に削除され変更されている。
26)　なお，同じ資本の過剰といえども，「資本の過多 (Plethora)」と「資本の絶対的・相対的
　　過剰生産」とでは，価値増殖が困難な資本というかぎりでは共通性をもつが，それが生じ
　　る産業循環の局面や内容はまったく異なるのであり，マルクスは両者を区別している点に
　　は注意されたい。

493【大谷，第3巻，411ページ】）とされていたのもそのためである。

　以上のように，マルクスの恐慌分析の一つの特徴は，恐慌を「促進」し「激化」するものとして信用制度下の「貨幣資本の過多」を明確に位置づけながらも，その発生根拠を利潤率の低下を伴う現実資本の蓄積の制限に見出し，恐慌の原因をあくまで利潤率の傾向的低下法則の展開過程としてみた現実資本の蓄積にあることを究明した点にあるのである。そしてこうした第3篇草稿の分析は，第5篇草稿の主題を理解するさいにも基軸となすということが，MEGAによって一層鮮明にされたのである。

## おわりに

　以上，MEGAでの草稿によって，現行版との個々の記述の異同もさることながら，マルクスの第3部第3篇草稿での主題が全体を通じ利潤率の傾向的低下法則にあり，その展開過程に恐慌の分析も位置づけられていることがより明確に把握できるようになった。さらに，現実資本の蓄積に貫くこの法則は，第3部第5篇草稿でのマルクス信用論の核心をなす，産業循環の諸局面を通じて運動する現実資本の蓄積と貨幣資本の蓄積との関連をつかむうえでも決定的な意味をもつことがはっきりとみえてきたのである。

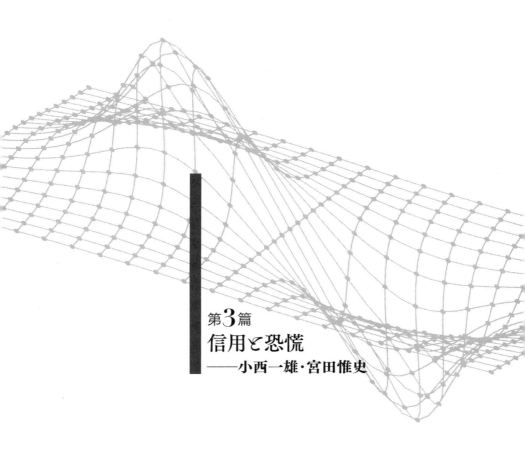

# 第3篇
# 信用と恐慌
―――小西一雄・宮田惟史

687

# 第21章 「マルクス信用論」における草稿研究の意義

小西一雄

## はじめに

　MEGA 第II部第4巻第2分冊として『資本論第3部』の第1稿 (主要草稿，以下草稿と記す) が公刊されたのは1993年であった[1]。さらに本章が対象とするエンゲルス編集の『資本論』(以下エンゲルス版と記す) 第3部第5篇に対応する草稿についていえば，1983年5月の信用理論研究会 (現，信用理論研究学会) 春季大会で大谷禎之介氏が「『資本論』第3部第5篇の草稿について」と題する報告をされ[2]，さらに『経済志林』誌上において第5篇が草稿ではどのような構成になっていたかを明らかにされ，その後エンゲルス版第3部第19章，および第21章から第36章に対応する草稿の内容を翻訳とともに順次紹介されていたので，日本における第5篇についての草稿研究は35年余の歴史をもっている[3]。しかしそれにもかかわらず，一部の例外を除くと[4]，第5篇のいわゆるマルクス信

---

1）MEGA II/4.2 には刊行年が1992年と印刷されているが，実際に刊行されたのは1993年であった。

2）大谷報告は『信用理論研究』第1号 (信用理論研究学会，1984年7月) に収録されている。

3）大谷禎之介氏は「『資本論』第3部第1稿について──オリジナルの調査に基づいて──」(『経済志林』第50巻第2号，1982年) を発表されたのち，前記学会報告を経て，1983年から84年にかけて「「信用と架空資本」(『資本論』第3部第25章) の草稿について──第3部第1稿第5章から──」(上) (中) (下) (『経済志林』第51巻第2号，第3号，第4号) を発表された。その (上) ではマルクスの草稿第5章とエンゲルス版第5篇との対応関係が詳細に明らかにされており，(中) にはエンゲルス版第25章に対応する草稿の内容と注解が掲載され，さらに (下) では第5篇 (第5章) 全体にわたる問題提起がなされている。この一連の論文は，第3部第5章の草稿研究の幕開けを告げる画期的な研究であった。これ以降，2002年にいたるまで大谷氏の草稿第5章の紹介と研究は20年に及んでいる。
　これらの全内容は大谷禎之介『マルクスの利子生み資本論』全4巻 (桜井書店，2016年6月) に収録されている (以下，4巻本と記す)。以下，草稿の邦訳はこの4巻本によっている。

688 第2部 マルクスによる恐慌・産業循環の理論的展開を跡づける

用論の分野での草稿研究は，これまでのところ多くの研究者が参加する状況にはない。そのことは信用理論研究学会編の『現代金融と信用理論』『金融グローバリゼーションの理論』(大月書店，2006年1月，2006年2月)をみればよくわかる。この2冊は信研発足50周年を記念して学会の事業として刊行されたものであるが，MEGAに言及した論文はわずかしかない。では，なぜそのような研究状況にあるのか。それを考えること自体が草稿研究の意義を明らかにする作業でもあり，本論文でも後半にこの問題を論ずることにする。しかしまずは，草稿の研究がもつ積極的な意義を考えることからはじめよう。

## 1 第3部第25章以下の主題は信用制度論ではない

エンゲルス版と草稿のもっとも大きな相違は，個々の文章の異同もさることながら，それ以上になによりも，エンゲルス版の第25章から第35章までの主題がなんであったのか，これが草稿でははっきりと見えてくるという点であり，エンゲルス版ではこれが見えにくくなっているという点であった。

エンゲルス版によっても，第5篇は第21章から第24章までの部分，第25章から第35章までの部分，第36章の部分と三つの構成からなっていることは明らかであった。そして第5篇全体を利子生み資本論として読むか，第25章から第35章までは信用制度論であって第24章までの利子生み資本論とは区別されると読むかなどの相違はあったが[5]，第25章から第35章までの展開のなかで，

---

4) 大谷禎之介氏以外の，この間の『資本論第3部第5篇』にかかわる研究（ただし，1993年のMEGA II/4.2刊行以降の研究）として，次のものを挙げておきたい。川波洋一『貨幣資本と現実資本』(有斐閣，1995年11月)，関根猪一郎「連載 新メガ（『資本論』第3巻草稿）の研究 第5篇 利子と企業者利得とへの利潤の分裂。利子生み資本」(『経済』No. 19，1997年4月)，同「シンポジウム『資本論』草稿とマルクス・エンゲルス研究」下（『経済』No. 23，1997年8月)，松本久雄『マルクス信用論の解明と展開』(日本図書センター，2003年3月)，伊藤武『マルクス再生産論と信用論』(大月書店，2006年2月)，鈴木勝男『信用論・恐慌論の研究』(梓出版社，2007年2月)，小林賢齋『マルクス「信用論」の解明——その成立史的視座から——』(八朔社，2010年7月)，宮田惟史「貨幣資本の蓄積と現実資本の蓄積」(『立教経済論叢』第75号，2011年3月)。なかでも，宮田氏の労作は，短い論文ではあるが，第3部第5篇25章から第35章までの草稿の主題を的確にとらえたものとして出色である。

5) 飯田繁氏，浜野俊一郎氏，岡橋保氏などが第5篇全体を利子生み資本論として読むという

第21章 「マルクス信用論」における草稿研究の意義　689

第25章は「信用と架空資本」という表題からしても総論的なあるいは概論的な意味をもつ特別な章として読むという点では対立はなかったといえるであろう。また「第27章　資本主義的生産における信用の役割」も表題のようなまとまりのある章として特別に重視されてきた。そして，第28章から第35章の内容は，第25章および第27章を総論なり概論と読む立場から，各研究者にとって意義のあると思われる部分を抜き出してそれぞれに位置づけるというやり方で読まれてきた。

　たとえば，戦後の信用論研究のひとつの到達点といえる三宅義夫氏の『マルクス信用論体系』（日本評論社，1970年）の第1章に収録されている「マルクス信用論の体系」では，「第3部第5篇の信用論の構成」として次のような項目が配列されている。「まえがき」「1　信用制度の形成」「2　預金論」「3　貸出論」「4　銀行券流通」「5　仮空資本」「6　金属準備」。みられるように，1から4までは第25章の内容が中心であり，これに第29章を含む5，そして第35章を含む6が加えられている。ここには「貨幣資本と現実資本」という項目はなく，第30章から第35章までの内容はこれら諸項目のなかで適宜利用されている。そして，エンゲルス版による限り，以上のような研究状況は自然なことであったとも言えるし，エンゲルス版という限界のなかで戦後日本の信用論研究は国際的にも高い水準を達成してきた[6]。そして第3部第25章以下の主題は信用制度論や信用論であるという認識は，さまざまな学説の対立のなかでもほぼ共通の認識となっていたのである。

　実際，第25章以下のテーマを要約したといえるエンゲルス版第27章の終わりから3段落目の記述は，次のようなものであった。

----

　　立場であり，三宅義夫氏が第25章以下を信用制度論，信用論として読むという代表的論者であった。なお，戦後のマルクス信用論の研究史を回顧するとすれば，川合一郎氏の仕事，また1970年代に新しい信用論といわれた深町郁彌氏や飯田裕康氏の仕事に触れなければならないが，本章は研究史の回顧を主題とはしていないので，これら諸氏の仕事には立ち入らない。またいわゆる宇野派の研究者の方々の仕事も取り上げていないことをお断りしておきたい。
6）エンゲルス版による第3部第5篇研究の到達点として浜野俊一郎・深町郁彌編『資本論体系6　利子・信用』（有斐閣，1985年）がある。これは現在でも十分に活用できる高い水準の講座であり，また大谷禎之介「「経済学批判」体系プランと信用論」も掲載されているが，この講座は全体として草稿研究の成果の活用という点では限られたものであった。

690　第2部　マルクスによる恐慌・産業循環の理論的展開を跡づける

　　「これまでわれわれは，信用制度の発展——そしてそれに含まれている資
　　本所有の潜在的な廃止——をおもに産業資本に関連させて考察してきた。
　　以下の諸章では，信用を利子生み資本そのものとの関連のなかで考察する。
　　すなわち信用が利子生み資本におよぼす影響を，またそのさい信用がとる
　　形態をも考察する。また，そのさい一般的になおいくつかの経済学上特に
　　注意を要することを述べておくことにする。」[7]　(MEW 25, S. 457)

　これを読むと，テーマは一貫して信用制度と信用であり，それが第27章ま
ででは産業資本と関連させて，そして第28章以下は利子生み資本そのものと
の関連で考察するとなっている。

　しかし，草稿はこのような共通認識が見直されなければならないことを明ら
かにした。

　まず，いまエンゲルス版でみた第27章の文章は草稿では次のようになって
いた。

　　「これまでわれわれは主として信用制度の発展（そしてそれに含まれてい
　　る資本所有の潜在的な止揚）を，主として生産的資本に関連して，考察し
　　た。いまわれわれは，利子生み資本そのもの（信用制度による利子生み資
　　本への影響，ならびに利子生み資本がとる形態）の考察に移るが，そのさ
　　い総じて，なお若干のとくに経済学的な論評を行わなければならない。」
　　(MEGA II/4.2, S. 504-505.)

　前半は，「生産的資本」が「産業資本」となっているという用語の変更を除け
ば，内容的に草稿とエンゲルス版は同じである。しかし後半は似ているが，内
容は大きく異なっている。草稿では「利子生み資本そのものの考察」となって
いるのにたいして，エンゲルス版では「信用を利子生み資本そのものとの関連
で考察する」，つまり「信用を……考察する」となっている。そして草稿では
「利子生み資本がとる形態」の考察と書かれているのにたいして，エンゲルス
版では「信用がとる形態」を考察するとなっている。「信用制度による利子生み
資本への影響」という部分は「信用が利子生み資本におよぼす影響」としてほ
ぼそのまま残されているが，前後の文脈が違うので，その意味するところも違

---

7）以下，エンゲルス版『資本論』の邦訳は大月書店版の岡崎次郎訳による。

ってくる。つまり後半の文章で草稿での主題が利子生み資本となっているのに，エンゲルス版では主題が信用に書き換えられている。

　以上のことはすでに大谷禎之介氏が指摘してきたところである。

　しかし，おそらくエンゲルスは「利子生み資本そのものの考察」と「信用を利子生み資本そのものとの関連のなかで考察する」ということは同じことだと考えたのであろうし，日本においても同様の解釈がなされてきた[8]。そして草稿公刊以降も第25章以下を信用制度論，信用論として読むという傾向が続いてきた。また本章をここまで読み進まれてきた読者のなかには，そもそも草稿の5）の表題自体が，「信用。架空資本。」となっており，主題を「信用論」として把握することのどこに問題があるのだ，と思われる方もいるであろう。これについては次節で立ち返るが，ここではなおしばらく，第25章以下の主題にかかわる問題を続けよう。

　草稿の第5章の5）の構成とエンゲルス版第5篇第25章〜第35章までの構成との主要な相違を箇条書きで記せば次のようなものである。①エンゲルス版では第3部第5篇第25章の表題となっている「信用と架空資本」は，草稿では5）とされている部分，つまりエンゲルス版の第25章から第35章まで全体にわたる表題であったこと。関連して，第25章の後半3分の2ほどはエンゲルスが草稿の後の部分から多くの引用文を抜き出して挿入したものであること。②エンゲルス版の第26章は本文ではないこと。③草稿ではエンゲルス版の第28章（銀行学派批判）の冒頭，第29章（信用の架空性）の冒頭，第30章（貨幣資本と現実資本）の冒頭に相当するところに，Ⅰ）Ⅱ）Ⅲ）という番号が記されていること。

　そして草稿の「5）信用。架空資本。」の冒頭は次のように記述されている。

　　「信用制度とそれが自分のためにつくりだす《信用貨幣などのような》[9]諸用具との分析は，われわれの計画の範囲外にある。ここではただ，資本主義的生産様式一般の特徴づけのために必要なわずかな点をはっきりさせ

---

8）三宅義夫「『資本論』第3部第5篇の性格——大谷禎之介氏のマルクス草稿解釈に対する疑問について——」（『立教経済学研究』第45巻第3号，1992年1月）は草稿とエンゲルス版とで主題の違いはないという立場をとっている。

9）草稿では，「信用貨幣などのような」という句が書き加えられている。

692　第2部　マルクスによる恐慌・産業循環の理論的展開を跡づける

るだけでよい。そのさいわれわれはただ商業信用だけを取り扱う。この信用の発展と公信用の発展との関連は考察しないでおく。」(MEGA II/4.2, S. 469.)

　さきに言及した83年の信研の大会でこの部分が大谷氏によって紹介された際，草稿の「分析は……範囲外にある」がエンゲルス版では「詳しい分析は……範囲外にある」というように「詳しい」が付け加えられていること，草稿では「商業信用だけを取り扱う」となっているのがエンゲルス版では「商業信用と銀行信用を取り扱う」に変更されていることが話題になったが，全体としてエンゲルス版と草稿の文章は同じ内容である。大谷禎之介氏はマルクスの「商業信用」という用語の使用法についての詳細な検討から，マルクスがこの時点で「商業信用」と呼んだものは公信用とは区別される「私的営業としてのtrade ないし Geschäft にかかわる信用」[10]という意味であり，エンゲルスの書き換えは用語を整理したものであって内容上の変更ではないことを指摘されている。「詳しい」の付け加えについてみれば，エンゲルスは第25章以下全体を信用制度論と把握していたであろうことが濃厚なので，これは内容的な変更といってもよいかもしれないが，前後の文脈をみれば読み手をミスリードするようなレベルのものではない。むしろ問題は，この冒頭の文章を草稿で明らかになった，さきにみた構成のなかで読みなおした場合，エンゲルス版第25章の位置づけが大きく変わってくるという点にある。

　草稿の5) の冒頭で展開されている信用制度や銀行信用に関する記述は，マルクスにとっては「資本主義的生産様式一般の特徴づけのために必要なわずかな点」の論述であったことは明らかである。そしてエンゲルス版でもそのことは明記されている。ところがエンゲルス版ではマルクスが「資本主義的生産様式一般の特徴づけのために必要なわずかな点」として論述した部分の後に大部の引用文などの挿入が行われ，第25章全体が草稿のそれよりも3倍近くの分量になっているうえに，さらに次には本文として第26章がおかれている。草稿では本文としては5) の冒頭のMEGAのページ数でいえば本文と注あわせて7

---

10) 大谷禎之介，前掲4巻本，第2巻，133ページ。引用文の下線部は原文では傍点による強調である。

第21章 「マルクス信用論」における草稿研究の意義　693

ページ弱の記述の後に，「資本主義的生産における信用の役割」が続くという構成になっているのに，エンゲルス版ではその関連が見えにくくなっているのである。

　いま「資本主義的生産様式一般の特徴づけのために必要なわずかな点をはっきりさせるだけでよい」とされた叙述を，以下簡単に「信用制度の基本的スケッチ」と表現することにすると，草稿では信用制度の基本的スケッチを行ったうえで，『資本論』第1部，第2部から第3部の第27章にいたるそこまでの全展開を踏まえて「資本主義的生産における信用の役割」が書かれている。もちろん草稿（第3部主要草稿）執筆時点で第1部は完成していないし，第2部にいたっては第3部主要草稿執筆の途中で初稿が書かれていただけであるが，マルクスの叙述内容をみれば，第1部や第2部で展開されるであろうとその時点で考えられていた内容が前提とされていることは明らかであろう。そして，より考察を進めれば，マルクスが「資本主義的生産様式一般の特徴づけのために必要なわずかな点をはっきりさせるだけでよい」とした記述は，筆者が「信用制度の基本的スケッチ」と呼んだ部分だけではなく，「資本主義的生産における信用の役割」をも含めてそのように述べられているのだと読むほうが自然であろう。

　要約しよう。①信用制度論や銀行信用論はそれ自体としては，マルクスが5）で（エンゲルス版でいえば第25章から第35章までの部分で）論じようとしていることの「計画の範囲外」であること。②エンゲルス版第25章から第27章に対応する草稿の論述は，「資本主義的生産様式一般の特徴づけのために必要なわずかな点をはっきりさせる」という目的のための記述であり，その意味で「信用制度の基本的スケッチ，および，信用制度が資本主義的生産で果たす役割の分析」であること。③マルクスが5）で論じようとしたもっとも主要なテーマはエンゲルス版第28章以下の部分，草稿でⅠ）Ⅱ）Ⅲ）とされている部分であり，さきの第27章の主題の「移行」を論じた部分にはそのことが明記されていること。以上である。

## 2 主題としてのmonied capital論および「貨幣資本と現実資本」

　マルクスはこう書いていた。「いまわれわれは，利子生み資本そのもの（信用制度による利子生み資本への影響，ならびに利子生み資本がとる形態）の考察に移るが，そのさい総じて，なお若干のとくに経済学的な論評を行わなければならない。」この最後の文章の「若干のとくに経済学的な論評」がエンゲルス版第28章，草稿でⅠ）という番号が付された部分で行われていることについては誰も異論はないであろう。マルクスが主要テーマの分析にあたって詳細な範疇批判をする必要を感じたのは，単純な誤りを積み重ねている通貨学派ではなくマルクス自身が高く評価する銀行学派であった。ここでは草稿のⅠ）とエンゲルス版第28章との冒頭部分の相違をあらためて確認しておくにとどめたい。

　エンゲルス版はこうなっている。

　　　「通貨と資本との区別はトゥックやウィルソンなどによってなされており，そのさい貨幣，貨幣資本一般としての流通手段と利子生み資本（英語でいうmoneyed capital）としての流通手段との区別がごちゃまぜにされているのであるが，この区別は次の二つのことに帰着する。」(MEW 25, S. 458.)

　　草稿ではこうなっている[11]。

　　　「トゥク，ウイルスン，等々がしている Circulation と資本との区別は，そしてこの区別をするさいに，鋳貨としての流通手段と，貨幣と，貨幣資本と，利子生み資本（英語の意味での moneyed Capital）とのあいだの諸区別が，乱雑に混同されるのであるが，次の二つのことに帰着する。」(MEGA II/4.2, S. 505.)

　　草稿では，『資本論』第1部第3章で分析された狭義の流通手段（鋳貨としての流通手段），貨幣としての貨幣（あるいは第三の規定性における貨幣），第2部で分析された資本循環の一段階としての貨幣資本 (Geldkapital)，そして利子生み資本 (moneyed capital) という明確な区別が述べられている。これをなぜエンゲルスがわかりにくいものに変更したのか，その理由は不明であるが，この

---

11）厳密にいえば，草稿での次の文章はⅠ）という表記の直前に置かれている。

叙述にはマルクスによる銀行学派批判のポイントのひとつが明示されている[12]。

　さて，マルクスが「利子生み資本そのもの（信用制度による利子生み資本への影響，ならびに利子生み資本がとる形態）の考察に移る」としたその主題はなんであろうか。前の引用文にもみるように信用制度下での利子生み資本をマルクスは多くの場合monied capitalと記しているのであるが，この点については大谷禎之介氏の綿密な考証がある[13]。そこで「利子生み資本そのものの考察」を monied capital 論と呼ぶとすると monied capital 論の主題はなんであろうか。それは引用文にある（ ）内の記述自体で明らかである。「信用制度による利子生み資本への影響」「利子生み資本がとる形態」の研究である。そして，それが直接論じられているのがエンゲルス版「第29章　銀行資本の構成部分」であり，草稿でII）と番号が付された部分である。第21章から第24章までの利子生み資本論では，まだ金貨幣が利子生み資本の形態であった。いまや「信用制度の基本的スケッチ」を踏まえて「信用制度による利子生み資本への影響」を考察すれば，利子生み資本そのもの，つまりmonied capitalは金貨幣のような「自己価値」ではなく，「貨幣請求権」という形態をとっている。そして「貨幣請求権」は銀行券，預金，準備預金，有価証券などさまざまな諸形態をとる。そして全体として貨幣資本（monied capital）の蓄積は「請求権の堆積」として現われる。これらのことが当該箇所で集中的に論じられている。「架空資本」論といってもよい。

　前節で検討した草稿5）の冒頭におけるマルクスによる課題の限定によっても，またエンゲルス版第27章に対応する草稿の主題の「移行」にかかわる記述でもわかることであるが，ここで注意しなければならないのは，ここでの請求権の堆積とか架空資本についての論述は信用制度論や銀行信用論の一部として論じられているわけではない，ということである。もちろん，そのような読み方をしても読むことはできるが，マルクスにとってはII）での分析はI）での範疇批判とともに，草稿でIII）という番号が付された部分で論じる主題の解

---

12）エンゲルス版第3部第28章冒頭の文章と草稿の文章の相違については，1985年の段階ですでに「「『貨幣』篇への補足」について」（「マルクス経済学レキシコンの栞」No. 14，大月書店，1985年）の32ページで大谷禎之介氏が紹介している。

13）大谷禎之介，前掲4巻本，第3巻，204-237ページ。

696　第2部　マルクスによる恐慌・産業循環の理論的展開を跡づける

明に不可欠なものとしての位置づけにあるのである。III）の「貨幣資本の蓄積と現実資本の蓄積」というテーマにおける貨幣資本とはまさに信用制度下での利子生み資本，monied capitalであるが，この蓄積とは請求権の堆積としての蓄積なのであり，そうであるがゆえにまた現実資本の蓄積とは異なる独自の運動を展開するわけである。またこのmonied capitalの運動をGeldkapitalとしての貨幣資本や貨幣そのものや通貨と混同することなく分析することが大切なのである[14]。

　こうしてI）II）の分析を踏まえて，第5篇（草稿では第5章）の主題のうちもっとも中心となるIII）が始まるのである。III）はエンゲルス版で第30章から第35章にいたる部分であるが，これは分量的にも第5篇（第5章）のなかでもっとも大きな部分を占めているだけでなく，III）の冒頭にあるマルクスの次の文章によって内容的にももっとも重要な部分だといってよい。草稿の第5章の5）の本論がI）II）III）の部分であるとすれば，III）はその本論中の本論といってもよい。

　III）の冒頭は次のとおりである。

　　「これから取り組もうとしている，この信用の件（Creditgeschichte）全体のなかでも比類なく困難な問題は，次のようなものである。――第1に，本来の貨幣資本の蓄積，これはどの程度まで，現実の資本蓄積の，すなわち拡大された規模での再生産の指標なのか，またどの程度までそうでないのか？　いわゆる資本のプレトラ（この表現はつねに貨幣資本（monied Capital）について用いられるものである），――これは過剰生産と並ぶ一つの特殊的な現象をなすものなのか，それとも過剰生産を表現するための一つの特殊的な仕方にすぎないのか？　貨幣資本（monied capital）の過剰供給は，どの程度まで，停滞しているもろもろの貨幣量（鋳貨＼地金，または銀行

---

14）I）での銀行学派批判がIII）の「貨幣資本と現実資本」の分析に活かされていることが容易に読み取れる例を二つだけあげておこう。III）ではmonied capitalの過剰と貨幣量との関係はどのようなものかの考察が重要な課題となっているが，その際，monied capitalと鋳貨やGeldとを混同していては話にならないことは明らかである。またマルクスはI）で恐慌期の地金の動きについての銀行学派の誤解の批判にかなり注力しているが，これがエンゲルス版でいえば「第35章　貴金属と為替相場」の分析に活かされてくる。そして，ここでみた二つの例自体，相互に密接に関連したテーマである。

券）と同時に生じ，したがって貨幣量の増大で表現されるのか？

　　他方では，貨幣逼迫のさい，この逼迫はどの程度まで実物資本〔real capital〕の欠乏を表現しているのか？　それはどの程度まで貨幣そのものの欠乏，支払手段の欠乏と同時に生じるのか？」(MEGA II/4.2, S. 529-530.)

　すでに，本章の前節では草稿の5）の論述のなかで課題や主題を示す文章として二つをみてきた。ひとつは5）の冒頭の課題の限定にかかわる論述。ひとつはエンゲルス版でいえば第27章の最後のほうにある主題の移行にかかわる論述。いま引用したIII）冒頭の論述は，課題や主題にかかわる三つ目の重要な論述ということができる。

　なぜならば，さきにマルクスの「いまわれわれは，利子生み資本そのもの（信用制度による利子生み資本への影響，ならびに利子生み資本がとる形態）の考察に移る」という文言を検討したが，III）で論じられているのは「利子生み資本そのものの考察」という範囲を超えている，というより，主題がさらに展開されているからである。この点で，さきには触れなかったが，第27章にある主題の移行にかかわる文章の草稿とエンゲルス版のいまひとつの違いをみておきたい。

　エンゲルス版では「以下の諸章では，信用を利子生み資本そのものとの関連のなかで考察する。すなわち……。また，そのさい一般的になおいくつかの経済学上特に注意を要することを述べておくことにする。」(傍点は筆者による)となっていた。ここで「以下の諸章とは第29章以降の諸章という意味になろう。第28章は，「また，……」と追記されている部分であるから，諸章という複数形で示されている諸章とは第29章以下と読むほかはない。つまり第30章以下も「信用を利子生み資本そのものとの関連のなかで考察」している部分だということになる。これにたいして草稿では「いまわれわれは，利子生み資本そのもの（信用制度による利子生み資本への影響，ならびに利子生み資本がとる形態）の考察に移るが，そのさい総じて，なお若干のとくに経済学的な論評を行わなければならない。」(傍点は筆者による)となっていて，「移る」とだけ言われている。そしてこの文章自体からは，移った後どこまでがそのような主題を論じている部分かは読み取ることができない。そして，III）以降もmonied capital論であることは間違いない。しかし「信用制度による利子生み資本への影

響，ならびに利子生み資本がとる形態」の研究自体はすでにみたように II）で集中的に行われているのであって，III）では II）で明らかにされた請求権の堆積という信用制度下での monied capital の本質的特徴を踏まえて，そして I）でみた範疇批判を踏まえて，主題は「信用の件（Creditgeschichte）全体のなかでも比類なく困難な問題」へと進んでいるのである。

　貨幣資本蓄積と現実資本蓄積との関連いかん，なかでもプレトラと過剰生産との関連いかん，という問題と monied capital の過剰と貨幣の過剰との関係いかんという問題，この二つの問題は，「信用制度の発展……を，主として生産的資本に関連して」考察することに回帰するわけでもなければ，また「信用制度による利子生み資本への影響，ならびに利子生み資本がとる形態」の考察にとどまるものでもない。ここでは信用制度下での monied capital の運動を現実資本（生産的資本）の運動との関連で論じているのであり，両者の運動とその絡み合いの問題は端的に，利子率の変動と利潤率の変動との関連および区別と言い換えることもできる。そして問題がこのように立てられていることは，恐慌と産業循環の問題が研究対象として入り込んでくるということも意味している。

　もちろん，このことは III）が恐慌と産業循環の問題を主題として論じているということではない。しかしマルクスは III）において一貫して恐慌と循環の諸局面を意識しながら問題を論じているのであって，この点を踏まえることが III）の部分の研究にとっては決定的に重要である。

　しかし，残念なことに戦後の「マルクス信用論」の研究史のなかで，最も遅れているのがこの本論中の本論である「貨幣資本と現実資本」の問題の研究である。だがそこにはエンゲルス版による研究の限界というだけではない，別の事情があると筆者は判断している。次節ではその問題を考察するが，本節の最後に，あらためて草稿第5章5）の主題について若干の補足をしておきたい。

　本論中の本論たる III）の部分の主題が信用制度論ではないことは明らかであり，いわゆる銀行信用論でもない。それらは当然に扱われているし，扱わなければならないが，主題ではない。もし信用制度や銀行信用を主題として論ずるのであれば，現代風にいえば，短期金融市場論，中央銀行論，資本市場論など当然に展開すべきものがある。5）では短期金融市場にかかわる割引商社の役割，イングランド銀行の役割，国債，株式といった有価証券とその市場の話

第21章 「マルクス信用論」における草稿研究の意義 **699**

などは出てくるが，信用制度論や銀行信用論という角度からではなく，monied capital論として，あるいは貨幣資本蓄積と現実資本蓄積の関係，monied capitalの量と貨幣量との関係などのテーマのなかで扱われているのである。5) の表題が「信用。架空資本。」となっているように，まず，エンゲルス版の第25章から第27章までの部分の草稿で信用制度と信用の問題が主題となっているのは明らかである。しかし前節でみたようにそれはどこまでも「資本主義的生産様式一般の特徴づけのために必要なわずかな点をはっきりさせる」という課題に限定されていた。そして「架空資本」の問題は信用制度下でのmonied capitalのもっとも本質的な特徴としてII) の部分で扱われている。そしてIII) はこれらを踏まえて，信用制度下でのmonied capitalの運動を現実資本 (生産的資本) の運動との関連で論じているのである。本節の表題を，「主題としてのmonied capital論および「貨幣資本と現実資本」」とした所以である。

## 3 「貨幣資本と現実資本」の理解を阻む二つの問題

### 3.1 利潤率の傾向的低下法則についての無理解

　前節で，「マルクスはIII) において一貫して恐慌と循環の諸局面を意識しながら問題を論じているのであって，この点を踏まえることがIII) の部分の研究にとっては決定的に重要である」と述べた。それは具体的には　停滞⇒中位の活気⇒繁栄⇒過剰生産⇒恐慌　という恐慌と循環の諸局面である。そして利潤率の運動と利子率の運動はこの諸局面を意識して叙述されている。そして利潤率の運動でマルクスが念頭においているのは明らかに，エンゲルス版の第3部第3篇，草稿の第3章の一般的利潤率の傾向的低下法則で論じられている内容である。

　ところが信用論の研究者が必ずしも恐慌論の研究者ではないということに加えて，そもそも戦後の恐慌論研究それ自体において利潤率の傾向的低下の問題は，わずかな例外を除けば，素直に受容されることなく，むしろ批判の対象となってきた。ここで「わずかな例外」としたのは，主に久留間鮫造氏の恐慌論研究を念頭においている。氏の『増補新版 恐慌論研究』(大月書店，1965年) や『マルクス経済学レキシコン』⑥⑦⑧⑨ (大月書店，1972年，1973年，1975年，1976

700　第2部　マルクスによる恐慌・産業循環の理論的展開を跡づける

年）は，いうまでもなく，エンゲルス版による研究であった。しかしその理解
は草稿公刊以降も色あせないばかりか，筆者はエンゲルス版という制約のなか
でよくここまで読み込めたものだと驚嘆している。

　たとえばマルクスは恐慌を分析するさいに，繁栄末期から過剰生産期への転
換の諸契機を重視しており，簡単にいえば景気はなぜ過熱するか，過熱せざる
をえないのかを論じている。そこでは「競争戦」の始まりとその契機が論じら
れるのであるが，この「競争戦」は利潤率の低下法則を抜きにしては論ずるこ
とができない。そして，「競争戦」は信用を総動員しながら展開するが，それ
でも利子率は最高度には達しないという事態（これが過熱を加速化させる要因
のひとつなのであるが），つまりmonied capitalの需要が増大しているのに利
子率が急騰しないその要因としてプレトラ（貨幣資本monied capitalの過充）
があげられており，このプレトラの発生自体が利潤率の低下法則の理解なしに
は不可能である。こうしたことは『マルクス経済学レキシコン』⑦で詳細に展
開されているが，草稿はこのような見地が正確であったことをあらためて確証
するものとなっている[15]。

　本書の，とりわけ第2篇の諸章で，一般的利潤率の傾向的低下法則について
は詳しく論じられているので，ここではこの法則それ自体には立ち入らない。
しかし，第5章5）のⅢ）で課題のひとつとされているプレトラと過剰生産の
関係というテーマが，一般的利潤率の傾向的低下についての理解なしには理解
できないというのは，この法則とⅢ）の理解が密接に関連しているという事
例のひとつにすぎない。そして，この法則への無関心ないしは無理解が「貨幣
資本と現実資本」の部分を一貫して，まとまりのあるものとして理解すること
を阻んできたのである。

### 3.2　「信用創造論」からは理解できない「貨幣資本と現実資本」

　しばしば聞かれる草稿の第3部第5章についての疑問は，草稿における「預
金設定による貸出」の位置づけである。この疑問をもっとも的確に表現されて

---

15）久留間鮫造氏の恐慌論研究を草稿によって裏づけ，深めようとする研究として前畑憲子氏
　　の一連の研究，とくに本書第17章所収の「利潤率の傾向的低下法則と恐慌」をあげておき
　　たい。

第21章 「マルクス信用論」における草稿研究の意義　701

いるのは，西村閑也氏の次の記述である。

　「……19世紀のイギリスの民間銀行は，すでに本質的に預金銀行に転化
していたのであって，……これら銀行の当座預金は，小切手による口座間
の預金振替によって，取引の決済に用いられる信用貨幣となっていたので
ある。……民間銀行が信用＝架空資本を造出するというさいに，最も重要
なメカニズムは，借り手の預金口座の貸記……による貸出であり，貸し出
された預金が借り手の支払を通じて，第三者の預金口座に入金され，かく
して銀行組織全体の預金が増大するということであった。マルクスは，第
25章で「事実上，銀行券は卸売業の鋳貨をなすにすぎず，銀行で主要事と
して重きをなすのは常に預金である」……といっておきながら，ここで預
金創造のメカニズムを信用創造の一つの方法としてあげていないのは不思
議なことである。これも，第33章のノートとしての性格を示すものでは
ないだろうか。」[16]

　マルクスは預金設定による貸出を「帳簿信用の開設」という用語で論じては
いるが，これに特別に重要な位置づけを与えているわけではない[17]。そこで信
用創造論の核心部分ともいうべき預金設定による預金造出がほとんど扱われて
いないことについてさまざまな論評がなされ，全体として第3部第5章5）の草
稿の完成度を低くみる傾向を生み出してきた。そしてこの傾向は，近年「貸出
先行説」と呼ばれる信用創造論が強く主張されることによってますます増幅さ
れてきた。

　信用創造論もまた「マルクス信用論」の研究者のあいだで，若干の理解の相
違はあっても，広く流布してきた考え方であって，信用創造論は「マルクス信
用論」の核心部分だとするような説すらある。このような研究史と現在の学界
状況を踏まえると，いわゆる信用創造論がマルクスとはまったく異質な論であ
るということを説得的に論じるためには，十分な紙幅を必要とする。したがっ
てここで正面から論じることはできない。筆者は注17で言及した論文「信用創
造論の呪縛」で信用創造論の批判を行ったが，ここではその一部を提示してお

---

16）前掲『資本論体系6 利子・信用』173-174ページ。

17）この点，詳しくは拙著『資本主義の成熟と転換——現代の信用と恐慌——』（桜井書店，
　2014年6月）の第2章に収録した「信用創造論の呪縛」の第4節を参照されたい。

702　第2部　マルクスによる恐慌・産業循環の理論的展開を跡づける

きたい[18]。

　ポイントとなる事実はきわめて単純なことである。たとえば貸出先行説の論者は「預金が先か，貸出が先か」というように問題を提起して貸出が先だと答えるのであるが，預金設定で貸すということと集めた預金を貸すということとは対立するような事柄ではなく，同じ事柄の両面なのだということである。そしてマルクス自身，預金設定による貸出を，受け入れた預金を利子生み資本として貸し出すことと本質的に同じことだと把握しているのであり，さらにいえば預金設定による貸出を，金，中央銀行券（市中銀行の場合），有価証券などでの前貸しと同じものとして把握しているのである。銀行は自身の資産を利用することなしに勝手に預金を設定することはできないし，銀行は本質的には集めた貨幣を貸すのだということである。

　マルクスはⅢ)の「貨幣資本と現実資本」において再生産過程から引き揚げられて銀行組織に流入してくる貨幣資本，つまりGeldkapitalのmonied capitalへの転化を，あるいは単なる貨幣の貨幣資本への転化，つまりGeldのmonied capitalへの転化を論じている。そして貸出などを通じてmonied capitalがGeldkapitalに転化していくことを論じ，あるいはmonied capitalが蓄積されていく過程，請求権が堆積していく過程を論じている。その際，「金」で預金や貸出が行われるというような想定になっているとしても，それはメモとしての性格とか，方法的な限定とか，当時の銀行制度の発達段階の制約とかではなく，きわめて自覚的な記述であったのである。

　もっとも筆者はこの程度の説明で多くの研究者が納得するとは思っていない。できれば前掲拙稿を読んでいただきたい。しかしここでは，預金設定と預金を集めて貸すということとを対立的に捉えるような信用創造論の立場からは，Ⅲ)の部分は到底理解できないこと，むしろマルクスの論述に不信をさえ覚えることになるであろうこと，このことは理解されるのではないだろうか。

　ちなみに，ここでは貸出先行説の論者にも大きな影響を与えた三宅義夫氏の叙述を紹介しておきたい。「また信用創造によって預金がつくり出されるとい

───────────────
18) 拙稿にたいする批判にたいするリプライについては「信用創造論の呪縛（再論）──銀行信用の正しい理解のために──」（『立教経済学研究』掲載予定）を参照されたい。

っても，……この預金も……銀行に預金として集まってくる貨幣，貨幣資本の例外をなすものではけっしてない。」[19] みられるように，三宅氏の信用創造論や預金創造論は今日のいわば純化されたかたちでの貸出先行説とは区別されるものであり，銀行が社会的な借り手を代表し貸し手を代表するという基本的な見地を堅持している。

なお，関連して，マルクスの草稿，とくに III) の部分の完成度という点に触れておきたい。マルクスが III) の冒頭で立てた二つの課題にどのように応えたか，その具体的内容を記す紙幅はないが，筆者はともに完成度はきわけて高いと考えている。ただ最大の問題は第3部の主要草稿の執筆時点では第2部がまだ緒についたばかりであったことであろう。もし第2部の草稿を書き終えて第3部にもどる余裕がマルクスにあったなら，現在の草稿にある収入・資本転化論の残滓を感じるような不正確な術語などがより正確になり，資本循環論を踏まえて再生産過程と monied capital の関係の叙述もより豊かなものになったのではないか，と思われるのである。

## おわりに――現実分析における草稿研究の意義

「マルクス信用論」の分野で草稿研究が拡がりを持ってこなかった理由には，以上のほかにもいろいろな理由がある。そもそも草稿の，とくに III) の記述が錯綜していて読みづらいということもあるだろう。しかしそれ以上に，筆者はその理由のひとつとして，草稿のなかにエンゲルス版を見出そうとする読み方をあげることができると考えている。少なからぬ研究者は草稿の出現を前に，それまでエンゲルス版で研究してきた自身の研究が草稿によっても堅持できるかという問いが浮かんだはずである。筆者のように，当時比較的若かった人間でさえそうであるとすれば，戦後の信用論研究史を支えてきた先人たちがより強くそのような思いをもったのは当然であろう。そして，草稿ではエンゲルス版の記述がどうなっているかを自己の関心に従って確かめることになる。そしてたいていの場合，多少違いがあったとしてもエンゲルス版の記述を草稿に確

---

19) 三宅義夫『金融論（新版）』（有斐閣，1981年）25-26ページ。

704　第2部　マルクスによる恐慌・産業循環の理論的展開を跡づける

認することになる。当然のことながら，エンゲルスがいかに手を加えたとして
も，そしてエンゲルスは良心的に手を加えたことは疑いえないが，草稿をもと
に編集した以上，ほとんどの場合，エンゲルス版の記述を草稿に見出すことが
できるのは当然であった。こうして，草稿もエンゲルス版も大きな違いはない，
という安心感をもつことになり，その安心感が草稿にあらためて虚心坦懐に立
ち向かおうという意欲を阻害することになる。

　ところで，草稿研究の前提は厳密な考証学であるが，これは誰もがなしうる
仕事ではない。本章で一見すると過剰なほどに大谷禎之介氏の仕事への言及が
多くなっているのは，第3部第5章の草稿の考証学的研究において大谷氏の仕
事は余人の追随を許さない高さにあるからである[20]。本章も大谷氏の仕事を前
提として初めて成立している。しかし，優れた考証学的研究が与えられれば，
問題意識さえあれば草稿は多くの研究者が読むことができる。そして筆者が痛
感しているのは，現実分析と草稿研究の距離は近いということである。

　近年，現代の資本主義はマルクスが観察した19世紀の資本主義とは大きく
変わったので，『資本論』の世界はもはや過去のものとなったというような立
場が，マルクス経済学者のなかでさえ多数派になりつつあるように見える。た
しかに大きな変化はあった。なかでも1930年代の兌換制（金本位制）から不換
制（管理通貨制）への移行，そして1971年8月の金ドル交換停止，この二つに
示されている貨幣信用制度の変化はもっとも重要な変化であった。この変化が
なければ近年のようなマネーゲームのグローバルな展開も，その帰結としての
金融危機も，また金融政策による金融危機の抑え込みも現実のものとはならな
かったであろう。しかし，その変化の本質はなにか，そして依然として変化し
ないものはなにか，この点を正確に理解するためにこそ『資本論』は活きてく
るのである。実際，「請求権の堆積」としての貨幣資本の蓄積という見地や，
貨幣資本の蓄積と現実資本の蓄積の関係についてマルクスの分析は，不換制や
金ドル交換停止という事態をインターフェースとして入れれば，現実分析の理
論的枠組みとしてきわめて有効である[21]。

---

20）第3部草稿以外では，大村泉氏らの仙台グループのMEGAの編集作業があり，これもま
　た高い専門性をもった仕事である。

21）前掲拙著はそのような研究の試みのひとつである。またあわせて，拙稿「マルクスの利子

いうまでもないが，筆者はエンゲルス版第25章や第27章の内容を軽んずるものではない。しかし，研究史は，これまでの研究者がそこに注力はしても，第28章以下，とりわけ第30章以下の研究についてはあまりにも遅れていたことを示している。そして現在のいわゆる「金融化」，「グローバリゼーション」，「リーマンショック」などを分析する理論の宝庫こそ，この遅れていた第3部第5章5) のⅠ) Ⅱ) Ⅲ) の部分，とりわけⅢ) の部分なのである。

---

生み資本論の射程——『資本論』と現代——」(『信用理論研究』第36号，2018年5月所収) および拙稿「マルクスの利子生み資本論と「金融化」現象」(『経済科学通信』第147号，2019年1月) を参照されたい。

707

# 第22章　マルクス信用論の課題と展開

宮田惟史

## 問題の所在

　『資本論』第3部草稿を収める MEGA 第Ⅱ部門第4巻第2分冊が刊行されたことにより，マルクス信用論[1]の全貌が明らかとなった。とりわけ現行版第3部第5篇はエンゲルスによって，表題を含む章節編成，記述の削除や変更など，もっとも多くの手が加えられていた。そこには読者に無用の混乱を与えるものも少なくない。さらに第5篇の草稿自体も，第3部のなかでも正確に読み解くことがもっとも難解な部分であった。このようなことも起因し，一部を除くこれまでの研究では，マルクスが本来意図した主題や論理の流れが的確にとらえられていない。そこで本章では，第3部第5篇草稿にもとづき，マルクスの信用論の主題と理論内容を展開することを課題とする。本章では主としてつぎに焦点をあてる。

　まず着目すべきは，草稿にもとづいたマルクス信用論研究は大谷禎之介の一連の研究[2]によって飛躍的に前進したということである。大谷は，第3部第5篇草稿の全体の邦訳および内容構成を的確に示したうえで，とくにつぎの内容を明らかにした。従来の研究では，第5篇は「利子生み資本論」（第21-24章）と「信用制度（銀行制度）論」（第25-35章）との二つの部分から構成されているという理解が一般的であった[3]が，草稿にもとづくと，これまで「信用制度

---

1）「マルクス信用論」とは厳密にどこまでの研究領域を含むかはひとつの問題ではあるが，本章ではこの点には立ち入らず，その語で『資本論』第3部第5篇草稿の範囲を指す。

2）大谷禎之介『マルクス利子生み資本論』全4巻（桜井書店，2016年）を参照。

3）第3部第5篇を「利子生み資本論」と「信用制度論」との二部分からなる構成と捉える代表的な研究に，三宅義夫『マルクス信用論体系』（日本評論社，1970年）および同「『資本論』第3部第5篇の性格——大谷禎之介氏のマルクス草稿解釈の疑問について——」（『立教経

708 第2部 マルクスによる恐慌・産業循環の理論的展開を跡づける

論」とされてきた後半部分の主題は，信用制度そのものの分析ではない。マルクスは草稿1)-4)〔現行版第21-24章相当〕で利子生み資本の概念の把握を終え，5)〔現行版第25-35章相当〕のはじめで，たしかに信用制度を概説する。しかし，それは5) 全体の主題ではなく，5) の本論をなす草稿Ⅰ)〔現行版第28章相当〕，Ⅱ)〔現行版第29章相当〕，Ⅲ)〔現行版第30-35章相当〕では，信用制度の概説的な把握を前提して，そのもとで運動する貨幣資本 (monied capital) の解明を課題としている。マルクスは草稿において，資本の循環形態である「貨幣資本 (Geldkapital)」と区別して，信用制度下で具体的な姿態をとって現われる利子生み資本を「貨幣資本 (monied capital, moneyed capital)」4)と呼んだ (以下，「貨幣資本」という語は，すべて「monied capital」を指す)。後半部分の主題は，信用制度論ではなく，「信用制度のもとで運動する貨幣資本の分析」，「monied capital論」といえるのである。本章は，草稿から独自に獲得された大谷のこのような研究成果を継承している。

　ところで，現在の学界状況のなかで，草稿が公刊されたにもかかわらず，大谷の成果以降その研究は進歩しているとはいえない。その最大の理由は，草稿を読み解くことの難解さはさることながら，そもそも第5篇草稿におけるマルクス信用論の核心部分がどこにあるのか，その理論内容が具体的に展開され，理解されていないことにある。さきに述べたように草稿5) の主題は，「信用制度下の貨幣資本の分析」であるが，なかでも本論中の本論といえる部分は，草稿Ⅲ) で「比類なく困難な問題」として提起された，「現実資本の蓄積との関連における貨幣資本の蓄積の分析」である。マルクスは産業循環の諸局面を想定しこの分析を行うが，従来の研究ではこの問題はかならずしも的確に把握されていない。一部の例外を除く第3部第5篇草稿のこれまでの研究5)では，た

---

済学研究』第45号第3号) がある。現在もこの見解はかなりの程度一般的に受容されている通説といえる。

4) 草稿で「monied capital」とされていた語の大部分が，現行版では「貸付資本 (Leihkapital)」に変更されている。

5) 川波洋一『貨幣資本と現実資本』(有斐閣，1995年)，関根猪一郎「第5篇　利子と企業者利得とへの利潤の分裂。利子生み資本」(『経済』No. 19, 1997年)，松本久雄『マルクス信用論の解明と展開』(日本図書センター，2003年)，伊藤武『マルクス信用論と再生産論』(大月書店，2006年)，小林賢齋『マルクス「信用論」の解明——その成立史的視座から

とえばマルクスが III) の中心論点とした「貨幣資本の過多 (Plethora)」と「現実資本の過剰生産」との関連についても，立ち入った分析を行っておらず，未解決のままである。また，マルクス信用論の核心をいわゆる「信用創造論」を中心に読み込む見解[6]もあるが，これもまた第5篇草稿の主題ではない。もちろんマルクスは，銀行が「帳簿信用を与える」(MEGA II/4.2, S. 516; MEW 25, S. 474【大谷『マルクスの利子生み資本論』第3巻（以下，大谷，第3巻と略す），136ページ】)，つまり「預金設定」で貸出を行うことを捉えているが，それはあくまで全体のなかの一部であって，中心テーマではない。マルクスの分析はそのような内容にとどまるものではないのである。

　そこで本章では，第3部第5篇草稿の主題と構造を再把握するとともに，とくに III) の理論内容を展開することによって，マルクス信用論の独自性を示したい[7]。

## 1　第3部第5篇草稿の課題と分析視角

　はじめに，『資本論』第3部第5篇の草稿は，どのように構成されているのかを確認したい（次ページの表参照）。第3部第5篇の草稿「第5章　利子と企業利得（産業利潤または商業利潤）とへの利潤の分裂。利子生み資本」(MEGA II/4.2, S. 411; MEW 25, S. 350【大谷，第1巻，167ページ】) は，1)-6) と番号が付された6つの節から構成されている。なかでも最も大きな位置を占める「5) 信用。架空資本」は，現行版とは大きく異なり，表題のない I ) 〔現行版28章相当〕，II) 〔現行版29章相当〕，III) 〔現行版第30-35章相当〕の三つの節から成り立っている。また，草稿では，5) のなかで本文とは区別して書かれた，当時の議会報告書や証言録，著書等の引用とそれにたいするコメントを記した挿入部分がある。ひとつは，現行版第26章にあたるオウヴァストンやノーマンら通貨学派の証言にかかわる部分であり，いまひとつは，主に現行版第33-34章で使用

---

　　　　──』（八朔社，2010年）などがある。
6 ）建部正義『21世紀型世界経済危機と金融政策』（新日本出版社，2013年）を参照。
7 ）研究史を含め，第5篇草稿の研究については小西一雄（本書第21章）および拙稿「貨幣資本の蓄積と現実資本の蓄積」（『立教経済学論叢』第75号，2011年）をも参照されたい。

710 第2部 マルクスによる恐慌・産業循環の理論的展開を跡づける

## 【草稿第5章と現行版第5篇との対応表】

| 草稿第3部第5章<br>利子と企業利得（産業利潤または商業利潤）とへの利潤の分裂。利子生み資本 | 現行版第3部第5篇<br>利子と企業者利得とへの利潤の分裂。利子生み資本 | |
|---|---|---|
| 1)［表題なし］ | 第21章 | 利子生み資本 |
| 2) 利潤の分裂。利子率。利子の自然率 | 第22章 | 利潤の分裂。利子率。利子率の「自然的な」率 |
| 3)［表題なし］ | 第23章 | 利子と企業者利得 |
| 4) 利子生み資本の形態における剰余価値および資本関係一般の外面化 | 第24章 | 利子生み資本の形態における資本関係の外面化 |
| 5) 信用。架空資本 | 第25章 | 信用と架空資本 |
| | 第26章 | 貨幣資本の蓄積。それが利子率に及ぼす影響 |
| | 第27章 | 資本主義的生産における信用の役割 |
| Ⅰ)［表題なし］ | 第28章 | 流通手段と資本。トゥックとフラートンとの見解 |
| Ⅱ)［表題なし］ | 第29章 | 銀行資本の構成成分 |
| Ⅲ)［表題なし］ | 第30章 | 貨幣資本と現実資本 Ⅰ |
| | 第31章 | 貨幣資本と現実資本 Ⅱ（続き） |
| | 第32章 | 貨幣資本と現実資本 Ⅲ（結び） |
| | 第33章 | 信用制度下の流通手段 |
| | 第34章 | 通貨主義と1844年のイギリスの銀行立法 |
| | 第35章 | 貴金属と為替相場 |
| 6) 先ブルジョア的なもの | 第36章 | 先資本主義的なもの |

された，草稿では「混乱（D. Confusion）」と記されたさまざまな論者の引用から成り立つ部分である。

　さて，マルクスは現行版第21章から第24章に相当する草稿1)–4)でまず，当時の資本家や実務家，経済学者が「貨幣資本（monied capital）」と呼んでいた[8]信用制度のもとで運動している資本を，本質的に「利子生み資本」としてつか

みだし，この独自な資本形態そのものを分析している。要するに，1)-4) では「利子生み資本の概念的把握」が行われているのである。この箇所はエンゲルスが「第21章から第24章まではだいたい出来上がっていた」(MEW 25, S. 13) と指摘したように，基本的に現行版の内容と一致していた[9]。問題は，現行版では第25-35章にまたがる，草稿では「5) 信用。架空資本」とされている部分である。編集にさいしてエンゲルスも述べた (MEW 25, S. 12-13) ように，この箇所は叙述も入り組み，展開がきわめて読み取りにくい。また，エンゲルスによって断り書きなしに，章節編成の変更や記述の削除等が広範に行われていた。では，草稿5) はどのように構成されているのだろうか。

5) の主題および構成を理解するうえでまずもって重要となるのは，二つのキーとなる記述である。第1に，マルクスは5) の冒頭で考察範囲を限定しつぎのように述べた[10]。

「信用制度 (Creditwesen) とそれが自分たちのためにつくりだす，信用貨幣などのような諸用具との分析は，われわれのプランの範囲外にある。ここではただ，資本主義的生産様式一般の特徴づけのために必要なわずかの点をはっきりさせるだけでよい。」(MEGA II/4.2, S. 469; MEW 25, S. 413.【大谷，第2巻，157-158ページ。】)

草稿では，「信用制度の分析」は「プランの範囲外」であることをはっきりと読み取ることができる。また，現行版第25章相当部分では，「特殊な信用諸用具ならびに銀行の特殊な諸形態は，われわれの目的のためにはこれ以上考察する必要はない」(MEGA II/4.2, S. 475; MEW 25, S. 417【大谷，第2巻，188ページ】) と述べ，信用制度の基礎的な仕組みの分析を締めくくっている。ここからも信用制度とその諸用具の分析は「資本主義的生産様式一般の特徴づけのために必要なわずかの点をはっきりさせるだけ」という限定的な内容であったことは明らかである。つまりマルクスは，通説とは異なり，信用制度そのものの分析を5) 全体

---

8) 当時の経済学者や実務家たちがどのようにmonied capitalという語を用いていたかについては，大谷禎之介が綿密な検討を行っている（大谷『マルクスの利子生み資本論』第3巻，補章6)。

9) 第36章にあたる草稿6) は現行版とほぼ一致している。

10) 以下，引用文の下線はマルクスによる強調であり，傍点は筆者による強調部分である。

712 第2部 マルクスによる恐慌・産業循環の理論的展開を跡づける

を貫く主題とは考えていなかったのである。仮に「信用制度（銀行制度）の分析」が主題であるとすれば，少なくとも市中銀行と中央銀行との区別と関連，短期金融市場や資本市場などの仕組みも含め分析されるべきであろうが，そのような内容は中心としては展開されていないのである。そのうえで第2に着目すべきは，草稿Ⅰ）以降の課題について述べたつぎの記述である。

　　「これまでわれわれは主として信用制度の発展〔そしてそれに含まれている資本所有の潜在的な止揚〕を，主として生産的資本に関連して考察してきた。いまわれわれは，利子生み資本そのもの〔信用制度による利子生み資本への影響，ならびに利子生み資本がとる形態〕の考察に移るが，そのさい総じて，なお若干のとくに経済学的な論評を行わなければならない。」
　　（MEGA II/4.2, S. 504-505; MEW 25, S. 457.【大谷，第2巻，209-210ページ。】）

　草稿では，これまで（現行版第27章相当まで）は信用制度の基礎的な考察をしたが，それ以降では「若干の経済学的な論評」を行ったうえで，「利子生み資本そのもの」の分析に移るとされている。すなわち，Ⅰ）以降の主題は，「信用制度の分析」ではなく，信用制度のもとで具体的な姿態をとって運動する「利子生み資本そのもの」，つまり「信用制度下で運動する貨幣資本（monied capital）の分析」なのである。

　そこでマルクスは，信用制度の基礎的な把握を前提として，草稿5）の本論をなすⅠ）で銀行学派による貨幣の規定性にたいする範疇批判を加え，解決すべき問題を浮き彫りにしたうえで，Ⅱ）〔現行版第29章相当〕では，信用制度下で具体的な姿態をとっている貨幣資本，すなわち「架空資本」とはなんであるかを明らかにする。だが，なにより重要であるのは，5）のなかでも最大の分量をなすⅢ）〔現行版第30-35章相当〕である。マルクスは，架空資本の理解を不可欠の前提にして，貨幣資本の蓄積と現実資本の蓄積との関連を分析した。ここにこそ，マルクス信用論の核心がある。そこで以下では，利子生み資本の概念とその姿態（架空資本）をみたうえで，貨幣資本の蓄積と現実資本の蓄積との関連を明らかにする。

## 2　利子生み資本と架空資本

　まず，草稿1)–4) における利子生み資本の概念を確認したい[11]。マルクスは，利子生み資本の分析を，貨幣が資本として商品となって現われているという表象にもとづき整理することから始めている。この表象とは，信用制度・貨幣市場における一般的な事実であり，この資本は広く「貨幣資本 (monied capital)」と呼ばれていた。マルクスは，貨幣市場で外面的に現われているこの独自な資本の内奥にある本質的関係を，「利子生み資本」としてつかみだし解明したのである。

　さて，利子生み資本という現実の再生産過程から自立化した貨幣は，一般的等価物という属性のほかに，資本として利用すれば平均利潤をもたらしうるという追加的使用価値をもっている。とともに，この貨幣は利子という独自な価格をもつ。そして利子とは本質的に，機能資本が生み出した剰余価値の一部分であり，利子率は貨幣市場における利子生み資本の需要・供給によって変動することが明らかにされている。マルクスによると，利子の増減はあくまで剰余価値の再配分を意味するのであり，現実資本に限界づけられているのである。とはいえ利子生み資本は，貸付—返済という運動形態をとるため，それを媒介する現実の再生産過程との関連は消え失せている。ここから，貨幣は一定期間をへれば利子を生む自然属性をもち，「自分自身を価値増殖する自動体」であるという観念が確立し，利子生み資本は現実資本から独立したものとして現象する。資本物神の完成である。

　ところで，利子生み資本の分析の背後には，古典派的な「貨幣ヴェール観（貨幣の中立性）」にたいする批判[12]がある点には注意が必要である。古典派経済学は，利子生み資本をけっして的確に捉えることはできなかった。その理由

---

11)　なお，「利子生み資本」と「架空資本」との関連については，拙稿「マルクス信用論と金融化」(『立教経済学研究』第71巻第3号，2018年) ではより立ち入って論じている。

12)　貨幣ヴェール観に伴い生じる貨幣数量説やセー法則批判は，詳しくは拙稿「マルクスの貨幣数量説批判」(『駒澤大学経済学論集』第74巻第3号，2016年) および「マルクスのセー法則批判」(『Núcleo』第3号，堀之内出版，2016年) を参照されたい。

714 第2部 マルクスによる恐慌・産業循環の理論的展開を跡づける

のひとつに，かれらは利子生み資本の形成の前提である流通過程から引き揚げられる蓄蔵貨幣をはじめから原理的に否定したことがあげられる。かれらによると，貨幣は銀行のもとに蓄蔵されず，結果的にはすべて購買手段として流通部面に入る（他方，商品はすべて販売される）のであり，貨幣は実物資本の媒介物にすぎないのである。そしてその理論的帰結は「セー法則」である。さらに古典派経済学は，蓄蔵貨幣を流通手段に解消しただけでなく，利子生み資本と現実資本とをたえず混同ないし同一視した。このように現実資本から自立的に現われる利子生み資本は，おのおのの経済的諸範疇を峻別できてはじめて分析可能となる，マルクス固有の見地なのである。

　以上をふまえ草稿5) では，信用制度下での利子生み資本の具体的な姿態が展開される。マルクスはⅡ) で，「架空資本」とは本質的になんであるのかを明らかにした。

　いったん利子生み資本が成立すると，あらゆる規則的な貨幣収入は「利子」と観念され，「利子」をもたらす収入源泉が資本であろうとなかろうと「資本」とみなされるようになる。いっさいの定期的な貨幣収入は「利子」であり，それを利子率で資本還元（資本化）することによって，「自己価値」をもたない収入源泉までもが「資本」だと観念される。こうして「自己価値」のない「貨幣請求権」や「債務証書」が「資本」となる。「幻想的なもの，すなわち架空資本」の成立である。

　たとえば，国債は，将来の税金にたいする支払指図書（貨幣請求権），国家あての「債務証書」であり，それ自体は無価値な「純粋に架空な資本」である。そもそも，国債に投下された貨幣は現実の再生産過程で資本として支出されない。むしろ国家によって支出され消え去るものである。まさに，「債務の蓄積が資本の蓄積と現われうるというこの事実こそは，信用システムにおいて生じる歪曲の完成を示すもの」(MEGA II/4.2, S. 529; MEW 25, S. 493-494【大谷，第3巻，413ページ】) である。また株式の場合，そこに投下された貨幣はたしかに現実資本（結合資本としての株式資本）として運動するが，株式それ自体は，現実資本が生み出す「剰余価値にたいする所有権原」であり，「自己価値」をもたない「貨幣請求権」にすぎないのである。

　ただし気をつけたいのは，このような架空資本は無条件に存続するわけでは

第22章 マルクス信用論の課題と展開　715

　ない。基礎的なことだが，架空資本は，貨幣請求が確実に履行可能であるとい
う条件のもとでのみ存続することができるのであり，逆にこの条件を失えばた
ちまちに架空性は露呈される。債務証書である国債の場合，財政が逼迫し国家
が貨幣請求（返済）に応じられず，その信用が失墜し「もしもこの債務証書が
売れない〔返済不能な—筆者〕ものになれば，その瞬間からこの資本という外観は
なくなってしまう」（MEGA II/4.2, S. 521; MEW 25, S. 483【大谷，第3巻，167ページ】）。
また株式も，その利子（配当）の基礎である現実資本の利潤が下落し，従来の
価格を前提とした貨幣請求に応じることへの信用が揺らげば，投げ売りされ架
空性が露呈される。つまり架空資本が存続するためには，貨幣請求が確実であ
るとともに，全体としては貨幣請求が行われず，貨幣請求権のまま維持される
ことが条件なのである。この条件を失えば，架空性が顕在化されるのである。
　以上みたように，信用制度のもとには「貨幣請求権」にすぎない架空資本が
堆積している。マルクスは，草稿5)において，信用制度のもとにある貸付可
能な貨幣資本——「貸付として自由に使用できる貨幣資本（moneyed capital）は，
すべて銀行業者や貨幣貸付業者のもとに預金の形態で存在する」（MEGA II/4.2, S.
556; MEW 25, S. 516【大谷，第3巻，495ページ】）——だけでなく，国債や株式などの
有価証券の形態をとる架空資本をも含めて[13)]，全体として「貨幣資本（monied
capital）」と呼び，その独自な蓄積を主題としたのである。なお，マルクスは，
たしかに貸付可能な貨幣資本（monied capital）だけでなく，有価証券をも貨幣資
本（monied capital）と呼ぶ場合があるが，両者の区別と関連をつかんでおく必要
がある。厳密にいえば，有価証券に代表される架空資本は，あくまで貸付可能
な貨幣資本の「投下部面」（MEGA II/4.2, S. 531; MEW 25, S. 495【大谷，第3巻，417ペー
ジ】）であり，これら架空資本は貸付可能な貨幣資本がとる形態である。それゆ
え架空資本の運動（金融資産価格の変動）は，根本的にはそこに流入してくる
貸付可能な貨幣資本の運動に規定されている。さらに，貸付可能な貨幣資本が

---

13) 「すべての資本主義的生産の国には，膨大な《いわゆる》利子生み資本または貨幣資本
　（moneyed Capital）がこうした形態〔「生産にたいする蓄積された請求権」の形態—筆者〕
　で存在している。そして，貨幣資本の蓄積という言葉で考えられているのは，たいてい，
　この「生産にたいする請求権」の蓄積，および，これらの請求権の市場価格（幻想的な資
　本価値）の蓄積のことでしかないのである。」（MEGA II/4.2, S. 524; MEW 25, S. 495.【大谷，
　第3巻，176-177ページ。】）

716　第2部　マルクスによる恐慌・産業循環の理論的展開を跡づける

架空資本に投下され，さまざまな貸付や有価証券投資（証券価格上昇）などを経ると，その何倍もの貨幣請求権の堆積がもたらされうる[14]。こうして「架空資本はそれ自身の運動をもつ」（MEGA II/4.2, S. 521; MEW 25, S. 483【大谷，第3巻，167ページ】）こととなる。

　さて，従来の研究との関連で重要であるのは，マルクスは貨幣資本の分析をこれで終えるのではなく，むしろそれを，産業循環を通じた現実資本の蓄積との関連でさらに展開するということである。この分析にこそ，マルクス信用論の真骨頂がある。

## 3　貨幣資本の蓄積と現実資本の蓄積

### 3.1　草稿 III) の問題設定

　マルクスは，草稿 III) の冒頭でつぎのように問題を設定した。

　　「III) これから取り組もうとしている，この信用の件（Creditgeschichte）全体のなかでも比類なく困難な問題は，つぎのようなものである。——第1に，本来の貨幣資本の蓄積。これはどの程度まで，現実の資本蓄積の，すなわち拡大された規模での再生産の指標となっているのか，またどの程度までそうでないのか？　いわゆる資本の過多（Plethora）（この表現は，つねに貨幣資本（monied Capital）について用いられるものである），——これは過剰生産と並ぶひとつの特殊的な現象をなすものなのか，それとも過剰生産を表現するためのひとつの特殊的な仕方にすぎないのか？　貨幣資本（monied capital）の過剰供給は，どの程度まで，停滞しているもろもろの貨幣量（鋳貨＼地金，または銀行券）と同時に生じ，したがって貨幣の量の増大で表現されるのか？

　　他方では，貨幣逼迫のさい，この逼迫はどの程度まで実物資本（real capital）の欠乏を表現しているのか？　それはどの程度まで貨幣そのものの欠乏，支払手段の欠乏と同時に生じるのか？」（MEGA II/4.2, S. 529-530; MEW 25, S. 493.【大谷，第3巻，411-412ページ。】）

---

14) MEGA II/4.2, S. 525-526; MEW 25, S. 487-488【大谷，第3巻，179-182ページ】を参照。

第22章　マルクス信用論の課題と展開　717

　マルクスは，「信用の件全体のなかでも比類なく困難な問題」として大きく二つの問題を立てている。ひとつは，貨幣資本の蓄積と現実資本の蓄積との区別と関連についてである。とくに「貨幣資本の過多」と「〔現実資本の〕過剰生産」との関連，また，貨幣逼迫期（恐慌期）に需要される貨幣の規定性が論点とされている。いまひとつは，貨幣資本と貨幣量との関連である[15]。本章では，主として前者を検討する。

　ところで，なぜマルクスはこれらの問題を「比類なく困難な問題」と呼んだのだろうか。一言でいえば，その最大の理由は，当時の通貨学派や銀行学派を中心とした従来の経済学ではこの問題を解明することができなかったことにある。

　第1に，両学派ともに貨幣の形態規定性および経済的諸範疇を混同し，あるいは同一視した。マルクスは，I）に入る前の雑録部分（現行版第26章相当）で，通貨学派（オウヴァストンやノーマン等）の貨幣数量説や貨幣ヴェール観が生じる起因でもある，経済的諸範疇——通貨と資本，実物資本と貨幣資本，利潤率と利子率，商品価格と利子率，等々——の同一視を批判している。さらにI）でも，その冒頭で，「トゥック，ウィルスン，等々がしている，Circulationと資本との区別は，そしてこの区別をするさいに，鋳貨としての流通手段と，貨幣と，貨幣資本（Geldkapital）と，利子生み資本（英語の意味でのmoneyed Capital）とのあいだの諸区別が，乱雑に混同されているのである」（MEGA II/4.2, S. 505; MEW 25, S. 458【大谷，第3巻，97-98ページ】）と述べ，銀行学派（トゥックやフラートン）の貨幣の規定性の区別を批判している。以下，本章を進めるなかで指摘するが，経済的諸範疇を的確に区別できなければ，産業循環の諸局面で異なる運動をする貨幣資本の蓄積と現実資本の蓄積との相互の関連は明らかにしえない。

　第2に，両学派は恐慌（現実資本の過剰生産）の可能性を原理的に否定したことがある。マルクスは，貨幣資本の蓄積と現実資本の蓄積との関連を考察するさい，一貫して産業循環の諸局面を想定した[16]。基礎的なことだが，そもそ

---

15) 貨幣資本と貨幣量との関連の分析は，今日的にいえば，（日本でもアメリカでも）急速に増大する金融資産（貨幣資本）と，その一方でそれほど増加しないマネーストックとの区別と関連を究明するさいの重要な論点を含むが，この点について本章では直接扱わない。

718　第2部　マルクスによる恐慌・産業循環の理論的展開を跡づける

も「蓄積」とはけっして静止的なものではない。したがって「蓄積」過程を捉え
ようとすれば，否応なしに，中位の活気→繁栄期→過剰生産期→恐慌期→停滞
期（不況）という産業循環の運動を取り上げざるをえない。同時に，恐慌の理
論的把握が前提として不可欠である。ところが，いわゆる「セー法則」に依拠
した通貨学派はもちろん，銀行学派もまた根本的に恐慌（現実資本の過剰生
産）を否定した。ただし，銀行学派についていえば，かれらは「現実資本の過
剰生産」は否定するが，「資本の過多」にかんしては学説的に位置づけている点
には注意しなければならない。マルクスは『1861-1863年草稿』で，「リカード
ウ後の時期のまともな経済学者で，資本の過多（plethora）を否定している者は
一人もいない。それどころか，かれらはすべての恐慌をこのことから説いてい
る」，「（かれらは）一方の形態での過剰生産（市場における商品の一般的供給過
剰としてのそれ）を否定しながら，資本の過剰生産（surproduction），資本の過多
（plethora），資本の過剰（superabundance）としての，他方の形態でのそれを認め
るというだけでなく，それを自分たちの学説の本質的な点にしている。……し
たがって，残る問題は，ただ，過剰生産のこの二つの形態は相互にどのような
関係にあるのか，過剰生産が否定される形態は過剰生産が確認される形態にた
いしてどのような関係があるのか？　ということだけである」（MEGA II/3.3, S.
1120）と述べ，III）とほぼ同様の問題を提起している。マルクスの問題設定に
は，現実資本の過剰生産を否定したうえで，貨幣市場で運動する「資本の過
多」（過剰貨幣資本）による「投機」から恐慌の原因を説明した銀行学派（とく
にフラートン）[17]への批判が内包されているのである。

　このように，III）の内容を理解するさいは，両学派への批判をつねに念頭に
置く必要があるのである。

---

16）なお，産業循環の運動とは直接に関係なく，貨幣資本が引き起こす純粋な金融投機とその
　崩壊，いわゆる「独立の貨幣恐慌」（MEGA II/8, S. 157; MEW 23, S. 152）は，ここでは基本
　的に度外視されている。
17）MEGA II/3.3, S. 1121 および Fullarton, J., *On the Regulation of Currencies*, 2nd ed., London,
　John Murray, 1984, pp. 162-173（福田長三訳『通貨論』，岩波書店，1941年，202-216ペー
　ジ）を参照。

第22章　マルクス信用論の課題と展開　719

## 3.2　産業循環の各局面における貨幣資本の蓄積と現実資本の蓄積

### 3.2.1　停滞期における貨幣資本の役割の限定性

　では，産業循環の諸局面を通じ，貨幣資本の蓄積と現実資本の蓄積とはどのような関連にあるのだろうか。マルクスは両者の関連を把握するさい，ひとまず貨幣資本の蓄積を，貸付可能な貨幣資本のそれに限定し，「架空資本」を度外視している。というのも，架空資本はあくまで貸付可能な貨幣資本の「投下部面」であり，架空資本の膨張・収縮の運動は根本的にはその動向に基礎づけられているからである。また，恐慌期に需要されるのは架空資本ではなく，「貨幣形態」にある貨幣資本だからである。以上を断ったうえで，まずは停滞期（不況期）についてみたい。

　停滞期の特徴は，利潤率が低く現実資本の蓄積が縮小しているため，貨幣資本への需要は減少し，それが供給過剰である点にある。停滞期には，現実の再生産過程の収縮によって，商品価格や労賃が下落しこれまで充用されていた流通手段が充用されず，また新たな追加投資は行われない。手形割引の減少にともない支払手段の必要も減少する。地金もまた還流してくる。このように現実資本の蓄積の停滞を反映し，貨幣資本が相対的にも絶対的にも供給過剰となる。その結果，利子率は最低限まで低下する。

　ところで，さきに指摘した通貨学派たちのような貨幣ヴェール観にもとづくと——そのかぎりではこんにちの新古典派経済学にも共通するが——，停滞期であっても利子率が下がれば，貨幣は信用制度のもとに一時的に蓄積されたのち，結果的には流通手段として現実の再生産過程へ投下されることになる。蓄蔵貨幣を否定したかれらにとって，貨幣は流通媒介物（購買手段）にすぎないのである。しかしその一方，マルクスによると，いくら貨幣資本の供給量が増加し利子率が低下しようとも，利潤拡大の現実的諸条件に支えられた現実資本からの借入需要がないかぎり，その貨幣は現実の再生産過程へ投下されることはない。逆にそれは信用制度のもとに沈殿する。それゆえ投資が弱く借入需要が小さい停滞期において，貨幣資本が果たすことのできる役割はきわめて限定されている。すなわち信用制度下の貨幣資本の増減によって実体経済の運動に規定的作用を及ぼすことはできないのである。ちなみに，そのかぎりでは不換制下の現代においても同様である。中央銀行が金融量的緩和によって市中銀行

720 第2部 マルクスによる恐慌・産業循環の理論的展開を跡づける

に大量の資金供給を行い利子率を引き下げたとしても，現実資本の蓄積が低迷していれば，貨幣資本は需要されず市中銀行のもとに現金準備として大量にとどまるだけである。

このような現実資本への有利な投下部面がなく，過剰な貨幣資本が信用制度のもとに引き揚げられ蓄積されるという把握は，貨幣の形態諸規定の概念的な区別によってはじめて可能となるマルクス固有の見地である。こうしたかれの分析には，蓄蔵貨幣を否定し，貨幣の諸規定を混同ないし同一視する古典派的貨幣ヴェール観にたいする批判が横たわっているのである。

### 3.2.2 中位の活気・繁栄期・過剰生産期における貨幣資本の運動と役割

では，新たな産業循環が開始された中位の活気，それにつづく繁栄期において貨幣資本の蓄積と現実資本の蓄積とはどのような関連にあるのだろうか。

まず気をつけたいのは，賃金や利子率の低下とともに過剰資本の整理が進めば自律的に新たな産業循環が始まるわけではないということである。実体経済のなかで新使用価値の生産や新市場の開拓，高められた生産力など，新たな産業循環を牽引する現実的諸条件が必要である。マルクスはこうした諸条件を「最初の衝撃 (Stoß)」と表現し，「この〔産業〕循環については，ひとたび最初の衝撃が与えられたのちには，同じ事情が周期的に再生産されざるをえない」（MEGA II/4.2, S. 542; MEW 25, S. 506-507【大谷，第3巻，454ページ】）と述べた[18]。こうして新たな産業循環が開始（「中位の活気」）されるのであり，低位の利子率や低い賃金，生産手段価格などにも支えられ利潤率が押し上げられ，現実資本の蓄積も活性化するのである。

そこで「繁栄期（これは過度緊張の状態に先行する）」（MEGA II/4.2, S. 542; MEW 25, S. 505【大谷，第3巻，452ページ】）をむかえる。繁栄期の特徴は，相対的に豊富な貸付可能な貨幣資本と現実資本の蓄積とが「同時に生じる唯一の時点」（MEGA II/4.2, S. 542; MEW 25, S. 505【大谷，第3巻，452ページ】）だということにある。

---

18) マルクスの叙述に即し，久留間鮫造編『マルクス経済学レキシコン』恐慌IV（産業循環）（大月書店，1976年，2-51ページ）および同「栞」No. 9（3-5ページ，本書，137-140ページ）は「最初の衝撃 (Stoß)」（MEGA II/4.2, S. 542）を産業循環の分析に先駆的に位置づけている。

最低限より高くなるとはいえいまだ低い利子率と，健全な土台（順調な還流，生産の拡大）の上での商業信用，銀行信用[19]を媒介とした現実資本の拡張とが同時に行われるのである。その一方で，徐々にではあるが銀行信用だけにたよる投機や冒険的な新企業なども現われ，貨幣資本への需要増加とともに利子率は低位から中位（平均）の高さへと上昇する。

　こうして繁栄末期から過剰生産期（景気過熱期）へと移行する。ここで注意したいのは，この局面において貨幣資本の運動が現実資本の蓄積に与える独自な影響力である。とりわけこの局面で信用制度のもとに蓄積された貨幣資本が果たす役割はきわめて大きい。

　第1に，相対的に豊富な貨幣資本に支持された信用の拡張は，信用の助力なしでは成し遂げることが不可能であった規模の現実資本の拡大を可能にする。つまり，貨幣資本は現実資本の蓄積の内在的な制限を突破することに寄与し，現実資本の加速的蓄積をもたらすのである。同時にこの過程は，その結果として生じる恐慌の規模を大きくする過程であり，恐慌を「促進」することとなる。また，これによって，恐慌のさいのクリティカルポイントが大きなものとなり，恐慌が「激化」される[20]。こうして信用の拡張によって，「過剰取引の時期には，生産は生産諸力を極度に働かせて，生産過程の資本主義的諸制限をも越えさせるまでに駆り立てられる。」(MEGA II/4.2, S. 543; MEW 25, S. 507【大谷，第3巻，455ページ】)

　第2に，相対的に豊富な貸付可能な貨幣資本は，現実資本の蓄積とは独立した金融投機を促進する。さきに述べたように，株式や国債などの有価証券は「貨幣請求権」であり，それ自体は自己価値をもたない架空な資本だが，貸付可能な貨幣資本がこの部面に流入すれば，それは現実資本の蓄積から乖離・自立化し，現実資本と直接には無関係に運動しうる。貨幣資本が新たな投下部面を求めて架空資本に投下されると，「架空資本はそれ自身の運動をもつ」

---

19) 草稿にある「貨幣信用（monied Credit, monetary credit）」という語は，現行版では「銀行信用（Bankkredit）」に変更されている。ただし本章では，研究史上，「銀行信用」という語が広く使われているため，「貨幣信用」を「銀行信用」という語で統一する。
20) 信用による恐慌の「促進」，「激化」という点をマルクスの記述から読み取ったのは三宅（前掲，1970年，249-260ページ）である。

（MEGA II/4.2, S. 521; MEW 25, S. 483【大谷，第3巻，167ページ】）のであり「それらの価値額はそれらを権原としている現実資本とはまったく無関係に増減する」（MEGA II/4.2, S. 530-531; MEW 25, S. 494【大谷，第3巻，415ページ】）ことになる。それゆえ現実資本の蓄積テンポを上回る貨幣資本の蓄積が，したがってまた投機的な金融資産価格の高騰（いわゆる「金融バブル」）が現われうるのである。

　以上みたように，繁栄末期から過剰生産期に，相対的に豊富な貨幣資本に支持された信用の拡張は，一方で現実資本の過剰生産を促進するとともに，他方では現実資本から乖離した架空資本価格の上昇を助長する。つまり，信用は恐慌を促進するのである。このようにマルクスは，蓄積された貨幣資本が果たす役割として，とりわけ繁栄期から過剰生産期にそれが恐慌を促進，激化することを重視した。

　ただし，だからといって貨幣資本が現実資本の蓄積に与えることのできる力を過大に評価してはならない。さきに述べたように，停滞期においては，その役割はきわめて限定されている。もちろん，停滞期に堆積した過剰な貨幣資本によって利子率が最低限にまで下落し，信用の利用が容易になることは，停滞期を終わらせる一要素ではあるが，しかしそれ自体が直接，新使用価値や新たな生産力，新市場など利潤率の上昇を牽引する現実的諸条件を生み出すわけではない。これは根本的には現実資本にかかっている。このような意味で，マルクスは各局面で貨幣資本が与えることのできる力の範囲を明確に限定している点には注意が必要である。これを看過すると，いわゆる「銀行万能論」に陥りかねない。

### 3.2.3　貨幣資本の過多（過剰貨幣資本）

　さて，繁栄末期から過剰生産期に信用制度下の貨幣資本によって，現実資本の蓄積の制限が突破され恐慌が促進されることをみたが，マルクスはさらに踏み込んで，それを可能にする貨幣資本を「貨幣資本の過多（Plethora）」というタームを通じて解明したところにかれの特徴的な把握がある。これは，III）の冒頭で設定された問題とつながるにもかかわらず，研究史上ほとんど丁寧に検討されていないので立ち入りたい。

　　「新たな蓄積がそれの充用にさいして投下部面の不足から生じる困難にぶ

つかる……とすれば，このような貨幣資本（monied Capital）の過多（Plethora）が証明するものは，資本主義的生産過程の諸制限以外のなにものでもない。そのあとにくる信用詐欺は，この剰余資本の充用にたいする積極的な障害がないということを証明している。とはいえ，資本の価値増殖の諸法則への障害，つまり資本が資本として価値増殖できる諸限界への障害はあるのである。貨幣資本（monied capital）そのものの過多（Plethora）は必ずしも過剰生産を，あるいは資本の充用場面の不足を表現するものではない。／……循環の一定の諸局面ではつねにこの貨幣資本（monied Capital）の過多（Plethora）が生ぜざるをえないのであり，また，信用制度の発展につれて，この過多（Plethora）が発展せざるをえないのであり，したがって同時に，生産過程をそれの資本主義的諸制限を乗り越えて駆り立てることの必然性が——過剰取引，過剰生産，過剰信用が——発展せざるをえないのである。しかもこのことは，つねに，立ち直り（rebound）を呼び起こすような諸形態で起こらざるをえないのである。」（MEGA II/4.2, S. 586; MEW 25, S. 523-524. 【大谷，第3巻，511-514ページ。】）

引用のように，信用制度下の「貨幣資本の過多」によって，「信用詐欺」，「生産過程をそれの資本主義的諸制限を乗り越えて駆り立てることの必然性——過剰取引，過剰生産，過剰信用」が発展し，恐慌が促進される。つまり，繁栄末期から過剰生産期にかけ，現実資本の過剰生産や金融投機を生み出す源泉となるのは，信用制度それ自体ではなく，具体的には「貨幣資本の過多」，すなわち新たな投下先を求めて運動する過剰な貨幣資本なのである。だが気をつけたいのは，マルクスは貨幣資本の過多を本質的に，「資本主義的生産過程の諸制限」，「資本の価値増殖の諸法則への障害」，「資本が資本として価値増殖できる諸限界への障害」を原因として生じるものだと捉えている点である。貨幣資本の過多とは，現実資本の蓄積の「制限」，「障害」にぶつかり，現実資本としての運動部面を失い，信用制度のもとに蓄積された「過剰（過多）」な貨幣資本である。ここでいう「過剰」とは，現実資本として投下されたとしても期待利潤を生まない，現実資本の価値増殖欲求に比して「過剰」だという意味である。したがって，貨幣資本の過多とは現実資本の過剰生産の「表現」，反映といえる。このように貨幣資本の過多とは，根本的には現実資本の蓄積に規定された

724　第2部　マルクスによる恐慌・産業循環の理論的展開を跡づける

概念なのである。

　そのうえで，いまひとつ検討したいのは「貨幣資本そのものの過多は必ずしも過剰生産を，あるいは資本の充用場面の不足を表現するものではない」という記述である。貨幣資本は現実資本の蓄積の反映としてだけでなく，現実資本の蓄積とは直接には関連しない諸契機によっても形成される。信用制度の発達とともに集中する，収入や私的蓄蔵貨幣などの貨幣資本への転化がそれである。また，現実資本の蓄積を反映してはいるが投下部面の不足を原因としない，蓄積基金や減価償却基金[21]がある。それゆえ，「貨幣資本そのものの過多」は「必ずしも過剰生産を，あるいは資本の充用部面の不足を意味するものではない」のである。以上のことから，III) の冒頭の問題設定にはつぎのように答えることができる。マルクスは，貨幣資本の過多 (Plethora) を，現実資本の「過剰生産を表現するためのひとつの特殊的な仕方」であるのと同時に，現実資本の「過剰生産と並ぶひとつの特殊的な現象」でもあると捉えたのである。なお，マルクスは III) で提起した問題に答えきっていないという見解があるが，筆者はその核心的な内容についていえば，いまみたように草稿から把握することができると考えている[22]。

　さて，恐慌を促進する起点となる貨幣資本の過多（過剰貨幣資本）の形成源泉について検討したが，従来みられるように，そのさまざまな源泉を並列的・羅列的に把握してはならない。古典派経済学との対比でもっとも重要となるのは，貨幣資本の過多は根本的には現実資本の蓄積の「制限」によって形成されるという視角である。これこそが現実資本の制限や過剰生産を否定した古典派経済学にはないマルクス固有の見地といえる。そしてマルクスは，貨幣資本の過多を生み出す有利な投下部面の不足，言い換えれば現実資本の蓄積の制限が，そもそもなぜ，いかにして生じるのかという問題をも明らかにした。研究史とのかかわりからみても，この点が正確に理解されていないので立ち入りたい。

---

21）第3部第5篇は第2部第1稿にもとづいているため，蓄積基金と減価償却基金との明確な区別がない。

22）ただし筆者は，第3部第5篇は第2部第1稿が未完成であったがゆえに大きな制約をもち，不正確な叙述を有しているという，大谷（前掲）や伊藤武『マルクス信用論と再生産論』（大月書店，2006年）の指摘に異論はない。

### 3.2.4 現実資本の蓄積における制限

　貨幣資本の過多を生み出した現実資本の蓄積の「制限」とは，具体的には，現実資本の蓄積における「利潤率の低下」のことである。マルクスは，貨幣資本の過多の本質的な発生根拠を，「利潤率の低下」にみた。利潤の最大化を目的とした資本主義的生産にとって，利潤率の低下は決定的な制限，矛盾といえる。かれはそれを第3部第3篇草稿「利潤率の傾向的低下法則」で明らかにした[23]。

　　　「利潤率の低下につれて，……資本の最小限……は増大する。同時に集積
　　　も増大する。……この増大する集積は，ある高さに達すれば，これはこれ
　　　でまた利潤率の新たな低下を引き起こす。その結果，大量に分散した小諸
　　　資本は，冒険的〔となり〕，投機，信用思惑，株式思惑，恐慌〔へと駆り立てら
　　　れる〕。いわゆる資本の過多(Plethora)は，つねに本質的には，利潤率の低
　　　下が利潤量によって埋め合わされない資本（そして新たに形成される資本
　　　の若枝はつねにこれである）の過多(Plethora)のことを言っているのであ
　　　り，言い換えればこの過多(Plethora)は，それ自身で自立する能力のない
　　　資本の処分を大きな事業部門の指導者たちに（信用の形で）委ねるのであ
　　　る。……／個々の商品のではなく資本の過剰生産（＝資本の過多(Pletho-
　　　ra)）[24]……の意味するものは，まさに資本の過剰蓄積以外のなにものでも
　　　ないのである。……〔それ〔資本の過剰生産（＝資本の過多(Plethora)）―筆者〕に
　　　ついてのより詳細な研究は，利子〔生み〕資本や信用などが一層展開される
　　　資本の現象的な運動に属する〕[25]」(MEGA II/4.2, S. 324-325; MEW 25, S. 261)

　上記のように，「資本の過多」とは，生産力の発展・資本構成高度化を伴う資本蓄積の結果，最低資本量の増大とともに生じる「利潤率の低下」によって，加速的蓄積を行い利潤率の低下を利潤量の増大で埋め合わせることができず，現実資本として「自身で自立する能力のない資本」である。すなわち，資本の過多とは，利潤率の低下によって現実資本として運動したとしても期待する利

---

23) 第3部第3篇について詳しくは，本書20章を参照。

24) 網かけ部分の「（＝資本の過多）」は現行版では削除されている。

25) ［ ］内の記述は，現行版では「それのより詳しい研究はもっと後で行われる」(MEW 25, S. 261) と大幅に削除され変更されている。

潤を生まない，現実資本の価値増殖欲求に比して過剰な貨幣形態にある資本である。とはいえ，繁栄末期から過剰生産期における，このような過剰資本は「遊休資本」ではない。むしろ制限を突破しようと新たな運動を引き起こすのである。利潤率の低下によって現実資本としての運動部面を失った過剰な貨幣資本は，新たな投下部面を求め，「冒険的〔となり〕，投機，信用思惑，株式思惑，恐慌」を促進する。「この〔利潤率の〕下落は，過剰生産，投機，恐慌，労働の過剰または過剰人口と並存する資本の過剰を促進する」(MEGA II/4.2, S. 310; MEW 25, S. 252) のであり，「利潤率が下がれば，……詐欺師たちに思惑や便宜が与えられる。……あれこれの新しい一連の生産や資本支出や投機における熱狂的なこころみ」(MEGA II/4.2, S. 332) が行われる。このようにマルクスは，根本的には現実資本の蓄積における制限といえる利潤率の低下が，新たな運動部面を求める貨幣資本の過多（過剰貨幣資本）を生み出し，投機や信用思惑，恐慌を促進する起点になると考えたのである。

　ところで，第3篇草稿では貨幣資本 (monied capital) は度外視されていたため，資本の過多の「より詳細な研究は，利子〔生み〕資本や信用などが一層展開される資本の現象的な運動に属する」とされていた。これを受け，信用制度下の貨幣資本の蓄積が主題となる第5篇草稿では，「いわゆる資本の過多（この表現は，つねに貨幣資本 (monied Capital) について用いられるもの）」として具体化され展開されている。つまり，第5篇草稿の内容は，第3篇草稿とのつながりをつかんではじめて解明できるものだったのである。しかしながら，これまでの研究では，エンゲルスによる記述の削除や変更も相まって，貨幣資本の蓄積の分析にとって，現実資本の蓄積に貫く利潤率の傾向的低下法則が決定的な意味をもつことが把握されてこなかった。これらが，第5篇草稿 III) の分析を阻んでいた大きな一因をなしていたのである。

　なお付言しておくと，マルクスが『資本論』を執筆した当時，恐慌の原因を貨幣資本の過多が生み出す投機によって説明する経済学者は銀行学派のフラートンやトゥックなどを中心に少なからず存在した。しかしかれらは，貨幣資本の過多が形成される根拠である現実資本の制限＝利潤率の低下を，資本主義的生産自身が生み出すということを根本的には否定しており，恐慌の本質的な原因を金融部面での「資本の過多」による「投機」から説いた。マルクスの分析の

第22章　マルクス信用論の課題と展開　727

背景にはかれらにたいする批判があるのである。ちなみに，本章の考察範囲を超えるので詳述はしないが，以上の内容は現代の金融投機や恐慌を分析するうえでもきわめて重要である。たしかに現在は，兌換停止や金ドル交換の停止，金融取引技術の発達などマルクスの時代にはない特有な事情はある。だが，金融投機や過剰生産の起点には，信用制度・貨幣市場に滞留し新たな投下部面を求める貨幣資本の過多があり，さらにその基底には現実資本の蓄積の制限ないし停滞（先進資本主義国の低成長に伴う投下部面の不足）＝利潤率の傾向的低下があることに違いはない[26]。こうした意味で，現実資本の蓄積との関連を切り離し，過剰貨幣資本による金融投機や金融取引技術の発達から恐慌の根拠を説明することは誤りである[27]。マルクスにとって過剰貨幣資本による投機の拡大は，資本主義的生産そのものの制限，矛盾の深化を反映したものなのである。

## 4　銀行信用の限界
——恐慌期の貨幣需要——

さきに，信用制度のもとに蓄積された貨幣資本が現実資本の蓄積にたいして果たす役割について述べた。そのさい，繁栄末期から過剰生産期には，貨幣資本は恐慌を促進し激化するという意味で大きな力を発揮するが，その一方で，停滞期にはその役割はきわめて限定されていることを指摘した。では，マルクスは恐慌期における貨幣資本の役割の範囲をどのように捉えていたのか。言い

---

26) 高田太久吉『マルクス経済学と金融化論——金融資本主義をどう分析するか——』（新日本出版社，2015年）は，マルクスの時期にはなかった過剰貨幣資本のさまざまな形成源泉を羅列的にあげ，現在の過剰貨幣資本は「マルクスが考察した貨幣資本の過多とは別問題である」（118ページ）と結論づけるが，氏はマルクスの「貨幣資本の過多」の概念の中心を把握できていない。たしかに近年，貨幣資本の過多の多様な形成契機があるが，もっとも本質的には，貨幣資本の過多は現実資本の蓄積の制限（＝利潤率の低下）によって形成された，現実資本の価値増殖欲求に比して過剰な資本である。この意味で，マルクスの貨幣資本の過多は，現在の過剰貨幣資本と概念上一致する。ただし現在は，産業循環の諸局面を通じ利潤率の水準自体が低位にあり，貨幣資本の過多（過剰貨幣資本）がいわば常態化していることには注意が必要である。

27) 現実資本の蓄積との関連を切り離し，金融取引の技術や金融商品の多様化からこんにちの「金融化」現象——現実資本の蓄積をはるかに上回る金融資産の蓄積——を説明する論者にたいする批判については，拙稿「マルクス信用論と金融化」（前掲）を参照されたい。

728 第2部 マルクスによる恐慌・産業循環の理論的展開を跡づける

換えれば，マルクスは，恐慌期の銀行信用の限界をどのように規定したのだろ
うか。この問題は，Ⅲ）の冒頭で設定された恐慌期の貨幣需要の論点にもつな
がるので立ち入りたい。

　兌換制下で貨幣資本への需要が最高度に達するのは，利子率高騰——逆に，
現実資本は過剰であり利潤率は急落——が現われる恐慌期である。当時の通貨
論争もその原因をめぐり行われていた。そこで一方の通貨学派はピール銀行法
によって恐慌は回避できると考えた。古典派的貨幣ヴェール観にもとづくと，
貨幣は実物を反映した流通媒介物にすぎないのだから，中央銀行が適切なタイ
ミングで貨幣供給量の増減を行えば——ピール銀行法の場合，地金量の増減に
したがい銀行券発行量を人為的に制限する——，原理的には恐慌は回避可能だ
ということになる。ところが，当時のピール銀行法が恐慌のたびに停止を余儀
なくされたことや，停止をしてもなお恐慌へ突入したことからも明白なように，
恐慌は不可避であった。そこでマルクスは結論的に，「恣意的な銀行立法
（1844-45年のそれのような）がこの貨幣恐慌をさらに重くすることもありうる。
しかし，どんな種類の銀行立法でも恐慌をなくしてしまうことはできない」
（MEGA II/4.2, S. 543; MEW 25, S. 507【大谷，第3巻，455-456ページ】）と述べた。マルク
スによると，いかなる銀行立法（金融政策）によっても，また，銀行が信用を
拡張・収縮させ貨幣供給量を増減させたとしても，恐慌は不可避なのである。
だが，なぜそのようなことが理論的にいえるのだろうか。

　マルクスはこの問題を，恐慌期に需要される貨幣の形態規定性を明確に区別
することによって解明した。たびたび指摘されるように，恐慌期に急増する貨
幣資本にたいする需要は，過去の取引を決済するための「支払手段」にたいす
る需要である。だが一部を除く[28]これまでの研究で必ずしも的確に理解されて
いないのは，「支払手段」需要には区別すべき二つの場合があるという点であ
る。

　第1は，「支払手段にたいする需要は，商人や生産者の有価証券が優良なも

────────────

28）久留間健『貨幣・信用論と現代』（大月書店，1999年，186-193ページ）は，マルクスの記
　述にもとづき恐慌期に需要される貨幣の規定性の区別を明らかにしている。この点につい
　ては，拙稿「恐慌期の貨幣需要と銀行信用」（『政経研究』第95号，2010年）をも参照され
　たい。

第22章　マルクス信用論の課題と展開　729

のであるかぎりでは，貨幣の転換可能性にたいする需要でしかない」（MEGA
II/4.2, S. 593; MEW 25, S. 531【大谷，第3巻，537-538ページ】），「手形の〔貨幣への〕転換
可能性」といわれる場合である。典型的には，一定期間後に入金が確実な手形
割引の増大として現われる貨幣需要である。ここで需要される貨幣は還流が確
実であり，結果的にはW＿G＿Wを媒介する広義の流通手段を意味する貨幣
である。恐慌期といえども広義の流通手段は少なからず必要である。それゆえ
マルクスは，ピール銀行法によって人為的に流通手段の前貸までも制限すると，
無用に利子率を高騰させ，恐慌をかえって激化させると批判しているのである。

　第2は，支払手段が，「支払のための真正の出所をもたない」，「不足してい
る支払等価物」（MEGA II/4.2, S. 593; MEW 25, S. 531【大谷，第3巻，538ページ】），「不足
している資本」（MEGA II/4.2, S. 543; MEW 25, S. 507【大谷，第3巻，457ページ】）（以下，
「不足資本」と呼ぶ），「転換不可能な資本」（MEGA II/4.2, S. 594; MEW 25, S. 532【大谷，
第3巻，538ページ】）を意味する場合である。この場合の手形が表わしているの
は，「失敗に終わった，また他人資本でなされた投機であり，最後に減価して
いる商品資本，あるいはもはやけっしてなされえない還流」（MEGA II/4.2, S. 543;
MEW 25, S. 507【大谷，第3巻，456ページ】）である。このように，貨幣需要には，前
者とは区別される「不足資本」にあたる支払手段需要がある。

　さて，そのうえで着目したいのは，「〔恐慌は〕ある銀行（たとえばイングラン
ド銀行）が紙券ですべての山師にかれらに不足している資本を与え，すべての
商品を以前の名目価値で買い取る，というようなことによって治癒させること
はできない」（MEGA II/4.2, S. 543; MEW 25, S. 507【大谷，第3巻，456-457ページ】）とい
う記述である。マルクスによると，ピール銀行法にもとづき銀行券発行量を人
為的に制限する場合はもちろん，銀行がたんなる紙券を増発し，「不足資本」
を補填したとしても，恐慌は不可避なのである。貨幣ヴェール観によると，恐
慌はたんなる貨幣，流通媒介物の不足を意味するのだから，貨幣供給量の増大
によって回避できるという論理が成り立ちうる。だが，恐慌期に欠乏している
のは「流通手段」ではない。貨幣逼迫の根幹をなすのは，還流を伴わないすで
に失敗した「不足資本」としての支払手段なのである。

　では，なぜ銀行が貨幣供給を行い，すべての「不足資本」の需要に応じるこ
とによって恐慌を回避することはできないのだろうか。「不足資本」の補填と

730 第2部 マルクスによる恐慌・産業循環の理論的展開を跡づける

いっても，銀行がそれを媒介するかぎり信用，すなわち債権債務関係が失われるわけではない。それゆえ，銀行が還流しない「不足資本」のための貸出需要に応じるようなことをすれば，それは不良債権化し銀行収益を圧迫する。また兌換制下では中央銀行信用は金支払約束（金債務）であるため，中央銀行がすべての不足資本への貸出需要に応じれば，大量の不良債権をかかえ込み中央銀行信用までもが揺らぎかねない。中央銀行信用が動揺すれば，金兌換請求の殺到が現われうるし，その動揺が頂点に達すれば，「正貨支払停止」（兌換停止）に追い込まれることになる。したがって銀行は，広義の流通手段としての支払手段需要に応じることはできるが，他方，「不足資本」を意味する支払手段需要のすべてに応じることはできないのであり，恐慌ないし不況への突入も不可避なのである。このような意味で銀行信用は限界づけられている[29]のである。

　なお，紙幅が許す範囲で敷衍すると，不換制下である現代では金からの直接の制約をはなれて貨幣供給が可能となる。そのため，銀行が信用を拡張し貨幣供給量を増加させることで，兌換制下に起きたようなパニック的恐慌を緩和させる力が飛躍的に拡大する。そこで一見，銀行は預金設定を通じ無制限的に貨幣供給を行うことができ，恐慌ないし不況も回避できるようにみえてくる。だが，不換制といえども「不足資本」を補塡することには限度がある。そのようなことを無制限的に行えば大量の不良債権化をまねき，市中銀行であれば倒産に追い込まれうるし，また，中央銀行信用ですべての不良債権を買い取るようなことをすれば，中央銀行信用そのものが動揺しかねないためである。

　不換制下で不良債権の処理を迫られれば，最終的には国民の税金（公的資金）の投入が余儀なくされる。税金とは基本的には現実の再生産過程で労働が生み出した価値物にほかならない。銀行といえども信用「創造」によって「無から有を生む」，つまり社会的富＝価値物をつくりだすことはできないのであ

---

29) 本章の主題ではないので詳述しないが，いわゆる内生的貨幣供給論——建部（前掲）などを参照——は銀行信用の限界を理論上規定できない。なぜなら現実の再生産過程から需要され，銀行が前貸しする貨幣の規定性を理論的に区別しないからである。貨幣の規定性を無区別に同一視すれば，実体経済からの貨幣需要があるかぎり（必要となれば中央銀行がベースマネーを供給することを前提する），銀行はいわゆる「信用創造」によってそれに無制限的に応じることが可能だという論理が成立しうる。それゆえ，内生的貨幣供給論では銀行信用の限界を明確化できない。

る。信用の膨張も最終的には現実の生産に限度をもつのである。こうして不換制下でも形を変えて価値法則が貫徹する。しかしもちろん，税金（価値物）で金融機関の不良債権を補填したとしても恐慌から不況への突入を回避することはできない。なぜなら，すでに過剰な商品が存在するとともに，利潤率は急落し現実の再生産過程が停滞しているからである。また，税金の投入には財政的な限界もあるからである。不況からの脱却もまた，根本的には現実資本の利潤を回復させる現実的諸条件にかかっているのである。

　以上のように，マルクス信用論の独自性のひとつは，恐慌期における貨幣資本の役割，銀行信用の限界を明確に規定している点にある。銀行は同じ支払手段需要といえども，広義の流通手段需要に応じることはできるが，還流を伴わないすべての「不足資本」に応じることはできないのであり，銀行信用は限界づけられているのである。このような意味でも，マルクスによる貨幣の形態規定性の区別こそは，貨幣を実物の流通媒介物として無区別に同一視した古典派的貨幣ヴェール観（≒セー法則）批判へのひとつの支柱をなすのである。

## おわりに

　以上，本章では第3部第5篇草稿にもとづきマルクス信用論の主題と論述の構成を明らかにしたうえで，とくにその主軸といえる産業循環の諸局面を通じた貨幣資本の蓄積と現実資本の蓄積との関連を展開した。これによって，現実資本の蓄積とは異なる貨幣資本の蓄積の独自な運動——貨幣資本の過多の問題も含め——，貨幣資本（ないし銀行信用）の役割と限界についても明らかにした。MEGAでの草稿によって，マルクスが本来意図した主題や理論内容をはっきりとつかむことが可能となったのである。

　さて，あらためて本章の内容を繰り返すことはせず，最後に少し一般的なことを述べて終えたい。マルクスの信用論にかぎらず，かれの経済理論は，『資本論』刊行150年およびマルクス生誕200年を経たいま，「もう古くなった」という見方が，マルクス経済学者のあいだでも広がりをみせている。近年の信用論研究でいえば，新たな金融現象にまっさきに意識が向き，「新しい資本主義」はマルクスの資本主義分析では説明できないという暗黙の前提から考察を出発

させているようにみえる。これにたいして，本章は，一貫してマルクスの信用論とはそもそもどのようなものであったのかという問題から出発し，その把握をこころみた。なぜなら，信用論のみならず『資本論』の主題は，資本主義の経済法則ないし生産諸関係の本質の解明を目的としている点で，まさに「現代」とまったく共通の土台をもつのであり，そうであるとするならば，むしろその理論は，ときどきに移り変わる現象を超えて，資本主義の現実分析に不可欠のツールを提供してくれるからである。もちろん，マルクスの信用論の妥当性については，それぞれ見方が分かれうるであろうし，そのためにもマルクスの信用論とこんにちの金融現象との関連を具体的に分析する必要がある。だが，批判を行うにせよ，まずはその理論内容を正確に読み解くことから出発することが必要ではないだろうか。とくに近年，信用論だけでなく，『資本論』の関連諸草稿（MEGA第II部門）の刊行が完結したことで，マルクスの経済理論の新たな内容を汲み取ることが可能となっている。本章は，そのための一部の基礎作業をこころみたものである。

第23章 『資本論』の恐慌・信用の理論と現代

小西一雄

はじめに

　第二次大戦後，資本主義はいまや恐慌を回避することが可能になったと喧伝
された時期がある。近年では1990年代後半のアメリカにおけるニューエコノ
ミー論が記憶に新しい。この時期はIT技術の普及によって生産性が上昇した
ことが恐慌消滅論の，いいかえれば景気循環消滅論の根拠とされた[1]。遡れば，
1950年代後半から60年代にかけての世界的高成長期には，ケインズ的な財政
金融政策によって経済の安定的な成長が可能となり，インフレを許容すること
によって持続的な成長と雇用が確保できるとする考え方が拡がった[2]。だがい
ずれも，その後の恐慌によって楽観論は消え去ることになった。1974・75年
恐慌は戦後初めて主要国がマイナス成長となった恐慌であり，深さにおいて戦
後最大の不況・恐慌であった。そしてスタグフレーション期を経て1980-82年
の不況は，長さにおいて戦後最大の不況・恐慌であった。そしてこの二つの恐
慌は高成長の終焉，低成長期の到来の画期となった。またニューエコノミー論
は2001年の軽微な不況を経て，2008年のリーマンショックでとどめを刺され
ることになった。

---

1 ） こうした主張の代表例はSteven Weber, *The End of Business Cycle*, Foreign Affairs, July/
　August, 1997である。なお，植竹美乃里「「ニューエコノミー論」と景気循環──ウェーバー
　の景気循環消滅論についての批判的検討──」(『立教経済学論叢』第70号，2007年3
　月）は，景気循環消滅論について丁寧に紹介し批判している。
2 ） 高度成長が始まりつつあった1958年にエコノミスト編集部編『対決する二つの経済学』
　（毎日新聞社）が刊行されているが，そこに収録されている「対決する経済学」の諸論文は，
　時代を反映して，マルクス経済学とケインズ経済学であり，そのテーマのひとつはインフ
　レーションをめぐるものであった。

734　第2部　マルクスによる恐慌・産業循環の理論的展開を跡づける

　恐慌消滅論は景気循環消滅論でもあるが，しかし，景気循環消滅論は時々の主流派経済学の所論にみられただけではない。マルクス経済学においても1980年代後半以降，景気循環についての関心は急速に失われていったようにみえる[3]。そして近年では，資本主義の「金融化」や金融危機の研究が増加し，それらのなかでは「マルクス離れ」とでもいうべき事態が進んでいる。それは大きく分けると二つの傾向である。ひとつはミンスキーへの傾倒に象徴されるような若手研究者を中心に進行しているポスト・ケインズ派への接近である[4]。いまひとつは，代表的なマルクス経済学者と目されている研究者のなかでみられる「マルクス離れ」である。後者についてみれば，それらは，最新の金融技法を駆使した金融取引による金融資産の膨張は『資本論』の世界では解けない[5]，あるいは2000年代に顕著になったシャドーバンキング（影の銀行）による信用膨張システムは従来の信用論の枠では解けず，マルクスの「価値論」は試練に立たされている[6]，というような論調である。

　本章は，このような研究動向を念頭におきつつ，『資本論』における恐慌と信用の理論の真髄はどこにあるのか，またそれは現代資本主義分析においていかなる意義をもつのかを論じてみたい。

---

3）1980年代前半までに景気循環と恐慌を正面から分析対象とした研究としては小松義雄「現代恐慌と恐慌・循環論争」（『経済評論』第25巻第4号，1976年4月），同「戦後日本の産業循環に関する一考察——循環性恐慌（＝周期的恐慌）の検出について——」（『国家独占資本主義の基礎構造』合同出版社，1982年，所収）や長島誠一『現代資本主義分析 6 現代資本主義の循環と恐慌』（岩波書店，1981年）があげられる。長島はその後も『景気循環論』（青木書店，1994年）や『現代の景気循環論』（桜井書店，2006年）で同様のテーマへの関心を維持しているが，そこでは景気循環論の意義よりはその意義の相対化が読み取れる。また戦後日本の景気循環の実証分析を通じて10年周期説を説く研究として岩下有司『景気循環の経済学——10年周期の解明——』（勁草書房，1994年）がある。

4）このような傾向は信用理論研究学会機関誌『信用理論研究』に近年掲載されている学会共通論題の流れを概観すれば明らかである。

5）井村喜代子『世界的な金融危機の構図』（勁草書房，2010年），同『大戦後資本主義の変質と展開』（有斐閣，2016年）の第Ⅳ部第3章。

6）高田太久吉『マルクス経済学と金融化論』（新日本出版社，2015年）は「金融化」の研究状況についての信頼できる重厚な研究書であるが，その第10章に端的に示されているように，慎重な表現ながら，マルクスの「価値論」への確信の揺らぎを表明している。

## 1 『マルクス経済学レキシコン』における恐慌論

　戦後の恐慌論研究の分野では，「商品過剰論か資本過剰論か」という分類が定着してきた[7]。商品過剰論とは『資本論』第2部第3篇の再生産論を重視し，過剰生産による販売不能という事態の出現として恐慌を捉えようとするものであり，実現恐慌論とも呼ばれている[8]。資本過剰論とは，いわゆる宇野派の恐慌論であって，景気の過熱期における　賃金騰貴→利潤率低下→蓄積停止　という連関を重視する恐慌論である。しかしこの両者のいずれにも分類できない恐慌論があった。それは久留間鮫造『増補新版　恐慌論研究』(大月書店，1965年)，および1972年から76年にかけて刊行された久留間鮫造編『マルクス経済学レキシコン』⑥-⑨ (以下『レキシコン』と記す) に示されている恐慌と産業循環の理論である。ここではその詳細を紹介することができないが，『レキシコン』が示した『資本論』における恐慌論の展開の特徴は次のとおりである[9]。

　まず，商品過剰論が重視する再生産論についてみてみよう。『レキシコン』によれば再生産論を含む『資本論』第2部の恐慌論における位置づけは，「恐慌の抽象的形態は資本の流通過程で内容規定を受け取る」というものである。いいかえれば流通過程論は恐慌の可能性をより具体化する諸契機の展開であって，それはどこまでも恐慌の可能性の段階にとどまっている。周知のように『資本論』第1部の第3章において商品流通自体に含まれている恐慌の「抽象的可能性」が論じられている。まず販売と購買の分離である。商品が予定の価格・数量・期限で販売することができなくなる可能性である。あるいは後払いの場合

---

7) 大内力・伊藤誠「マルクス恐慌論展開のこころみ」(『資本論講座7』青木書店，1964年) は，商品過剰論と資本過剰論という分類によりそれまでの恐慌論研究を包括的に概観している。

8) 富塚良三『恐慌論研究』(未来社，1962年) の恐慌論は，「均衡蓄積率」論にみられるように再生産論を重視しており商品過剰論に分類されるが，一方で氏は，筆者の理解とは異なるが，利潤率の傾向的低下も恐慌論に位置づけようとし，さらには「二律背反」論によって過剰生産期における商品過剰と資本過剰とをともに位置づけようとしている。

9) 以下で簡単に紹介する『レキシコン』の見地に立つ恐慌論についての簡潔なまとまった解説として，前畑憲子「恐慌論」(渡辺憲正ほか編『資本主義を超えるマルクス理論入門』，大月書店，2016年) を参照されたい。

は，予定どおりに販売できないので支払手段が入手できず，支払の連鎖が破綻してしまう可能性である。しかし，資本主義は単なる商品流通の世界ではなくて，資本価値が主体の経済である。商品は商品資本であり，貨幣は多くの場合貨幣資本という規定性をもって流通している。この点に注目すると，恐慌の可能性はより具体的な内容をもつことになる。資本の生産過程を分析した『資本論』第1部に続いて，第2部では資本の流通過程が，「資本の諸変態とその循環」，「資本の回転」，「社会的総資本の再生産と流通」として順次分析されているが，その展開は恐慌の可能性の内容が順次肉づけされていく過程の分析でもある[10]。ここでは二つの例をあげておこう。

ひとつは蓄積基金である。個別資本にとっては蓄積基金の積み立て（一方的W—G）と基金の取り崩しによる設備投資（一方的G—W）とは一致せず販売と購買とは必然的に分離する。このことは社会的総資本の再生産の円滑な進行に独自の条件を与えることになる。すなわち，蓄積基金の積み立てである一方的W—Gとその投下である一方的G—Wとは社会的に一致しなければならない，という条件である。しかし，現実にはつねにその不均衡の可能性がある。これはさきにみた恐慌の可能性の内容のさらなる具体化，発展である。

また$I(V+M)=IIC$で表わされる可変資本の貨幣形態での還流の契機には，単なる収入の支出と，価値増殖の可能性によって規定される貨幣資本の生産資本への転化とが絡み合うのであるが，この絡み合いはそれぞれことなる動機によって規定されているのであって，この還流はそれぞれ独立した流通に媒介されている。これも恐慌の可能性の内容のさらなる具体化の一例である。

これらの例に限らず，再生産論で論じられている再生産の諸法則は，それが破られれば不均衡が生じるという意味で，恐慌の可能性の具体的展開ともなっており，恐慌の抽象的可能性の内容規定の拡充である。しかし恐慌の可能性は，その内容がいかに具体化しても，それはどこまでも可能性であって，それが現実化する，しかも周期的に現実化することを説明するものではない。では「恐慌の可能性を現実性に転化する諸条件」[11]はどこで論じられているのだろうか。

---

10)『資本論』第2部において恐慌の抽象的形態が内容規定を受け取るということについては，本書第1章の「マルクス経済学レキシコンの栞」No. 6（大谷禎之介稿）で9項目にわたって詳しく解説されている（本書52-65ページ）。

第23章　『資本論』の恐慌・信用の理論と現代　737

　それはまず『資本論』第3部第3篇「一般的利潤率の傾向的低下の法則」で論じられている。

　とはいえ，第3部第3篇の主題は利潤率の傾向的低下の問題であって恐慌論そのものではない。この篇での恐慌の取り扱いについて久留間は前掲『増補新版 恐慌論研究』で次のように説明している。恐慌の問題が第3部第3篇で取り扱われているのは，「利潤率の傾向的低下の法則がおこなわれる場合，蓄積⇄利潤率の低下→競争戦→労賃の一時的騰貴→利潤率の新たな急激な低下→恐慌，という一連の事象が展開してくるので，「法則の内的矛盾の展開」を論ずる場合，重要な要因として，それ〔恐慌―筆者〕に言及する必要があったからであり，したがってまた，この目的に必要なかぎりにおいて論及するにとどまったのである。」(217-218ページ) たしかに，「現実の恐慌は，資本主義的生産の現実の運動，競争と信用からのみ説明することができる」(MEGA II/3.3, S. 1133)[12]のだから，この段階で恐慌を主題として論じることはできない。実際，マルクスは，本章次節でみるように，第3部第5篇の利子生み資本論において，第3篇で粗描されている恐慌と産業循環の諸局面についてはるかに詳しく論じている。

　だがさきの久留間の要約に示されているように，マルクスは恐慌を一般的利潤率の傾向的低下法則を軸に理解していたのであり，そのことが第3部第3篇に明瞭に現われている。この要約を若干敷衍すれば「蓄積⇄利潤率低下」は，蓄積過程で利潤率が低下するが蓄積は順調に進んでいること，つまり利潤量が増大している過程であり，利潤率の低下と利潤量増大の「二重性格の法則」(MEGA II/4.2, S. 294; MEW 25, S. 230) がそのままの形で貫徹する過程，産業循環の局面でいえば中位の活気から繁栄期までを表現している[13]。しかし，利潤率の

---

11)「恐慌の必然性」ではなく「恐慌の可能性を現実化させる諸条件」の解明という視角に立っていることは『レキシコン』の恐慌論の際立った特徴のひとつであった。この点については本書第2章の「マルクス経済学レキシコンの栞」No. 7で詳しく説明されている (本書100-104ページ)。

12) 訳文は『マルクス資本論草稿集』⑥ (大月書店，1981年) 718ページによる。

13) ただし，中位の活気から繁栄期への過程ですぐに利潤率の低下が始まるわけではない。革新的な技術が導入される，あるいは新市場が開拓される，あるいは新使用価値が創造される，などの契機で始まった中位の活気から繁栄期のある時期まで，超過利潤を享受する資本だけではなく社会的総資本として利潤量の増大が利潤率の上昇をともないながら進展する時期がある。しかし，諸資本が競争に促迫されて新技術が普及し標準化していく過程，

低下と利潤量の増大をもたらす蓄積過程は最低必要資本量の増大を惹き起こす。繁栄期の末期の状態である。最低必要資本量の増大は、利潤率の低下を克服して利潤量を増大させる可能性についての個別資本間の体力差を生じさせることになり、ここに利潤率の低下という制限を突破しようとする諸資本の「競争戦」が始まる。競争戦においては、利潤率の低下のもとで自立した現実資本として機能することができず、貨幣形態での蓄積にとどまらざるをえない小資本が形成するプレトラ（monied capital の過充）が重要な役割を果たす。すなわちこのプレトラにより信用の利用が容易な状態が生み出され、一方では信用を利用した投機や冒険を促進し、他方では信用を利用した大資本のさらなる蓄積を可能とする。競争戦は再生産過程のあらゆる弾力性を極限まで拡張させる。過剰生産期（景気の過熱）の到来である。この過熱状態の代表例が「労賃の一時的騰貴」である。かくして「利潤率の新たな急激な低下」が生じて蓄積は停止する。「恐慌」である。

　ところで、ここに示されている理解はさきに資本過剰論として紹介した所論と大きな違いはないのではないか、と思われるかもしれない。だがいわゆる資本過剰論は利潤率の傾向的低下法則とはまったく切り離されたところで労賃騰貴を論じており、それは「労働力商品の無理論」の延長にあるものであって『レキシコン』の見地とは異なっている。

　関連して「労賃の一時的騰貴→利潤率の新たな急激な低下」、つまり「資本の絶対的過剰」の問題に触れておきたい。商品過剰論に立つ論者はおしなべてマルクスが第3部第3篇で展開している資本の絶対的過剰論について、それは方法論上の制約からくる極端な仮定であって、現実の事態の描写ではないとする

---

　　あるいは新市場や新使用価値に諸資本が参入していく過程、このような過程は超過利潤が消滅していく過程である。いいかえれば、価格が価値から乖離して上昇していく過程が新たな価値関係に価格が収斂していく過程へと転換していくことになる。それは利潤率が上昇基調から低下基調に転換する時期である。そしてしばらくは利潤率の低下と利潤量の増大が同時に進行する過程が進む。だが利潤率の低下が進み繁栄期の末期をむかえると、利潤率の低下を利潤量の増大によってカバーできる資本とできない資本、つまり利潤量拡大のために必要な蓄積額、すなわち最低必要資本量が準備できる資本とできない資本の分裂が起こってくる。ここに次に述べるような「競争戦」が始まるのである。つまり繁栄期から過剰生産期（景気の過熱期）への転換が始まるのである。（この注は本論文を本書に収録するにあたって追記した。）

第23章　『資本論』の恐慌・信用の理論と現代　　739

立場に立っている。しかし，1993年に公刊されたMEGA II/4.2（『資本論』第3部第1草稿）を読むと，マルクスは資本の絶対的過剰に近似的な事態が実際に生じていると認識していたことが明らかである[14]。このことも含めて，マルクスの草稿はエンゲルス版ではみえにくくなっていた諸点が読み取ることができるのであるが[15]，草稿によっても，エンゲルス版を使った『レキシコン』の研究はいまなお色あせていないだけではなく，むしろ草稿はその解釈の正しさを補強するものとなっている。

　さてマルクスはこうも書いている。「すべての現実の恐慌の究極の原因は，どこまでも，一方では大衆の窮乏，他方では生産諸力を，その限界をなすものがあたかも社会の絶対的な消費能力でもあるかのように発展させようとする，資本主義的生産様式の衝動なのである。」(MEGA II/4.2, S. 540.)

　「大衆の窮乏」は資本主義的生産の基礎である。つまり，労働者の消費を労働力の価値に限定してはじめて資本は利潤を獲得することができるのである。そして，大衆の窮乏と消費制限なしには恐慌は生じない。生産が利潤のための生産ではなく，生産者大衆の生活の向上を目的として行われるのであれば，過剰生産として現われる恐慌はありえないからである。しかし，この要因は「究極の原因（Grund：根拠とも訳される）」とされているように，この要因が「直接の原因」で恐慌が起こるというのではない。労働者の消費制限はいつでも存在しているが，恐慌は周期的に起こるのであって，いつでもある恐慌というものはないからである[16]。恐慌を惹き起こすものは，「資本主義的生産様式の衝動」，「生産諸力を，その限界をなすものがあたかも社会の絶対的な消費能力でもあるかのように発展させようとする衝動」である。そして，生産力の発展は，

---

14）たとえば次の記述を参照されたい。これはマルクスが過剰生産期について述べた文章の一部で，エンゲルス版では削除されている部分である。
　　「この相対的過剰人口の減少はそれ自体すでに恐慌の一契機である。なぜなら，それは資本の絶対的過剰生産といういましがた考察された事態を引き寄せるからである。」（MEGA II/4.2, S. 330.）

15）この点詳しくは本書第17章，第18章の前畑論文を参照されたい。

16）「消費制限」の問題が産業循環のなかでアクティブな要因として姿を現わすのは繁栄期の末期に現われる「市場の充溢」である。この点の詳しい説明は本書第17章（602ページ）を参照されたい。

740　第2部　マルクスによる恐慌・産業循環の理論的展開を跡づける

既存資本の増殖を目的として運動する資本がその目的を達成する手段であるが，この手段は増殖率の低下である利潤率の低下を，したがってまた，資本主義的生産の制限を生み出さざるをえないのである。マルクスは，生産力の発展の「資本主義的表現」である利潤率低下の諸契機の運動が恐慌の可能性を現実化させるのだとして，一般的利潤率の傾向的低下法則を重視したのである。

　ところで，利潤率の傾向的低下は論証できない，利潤率の低下は実証されていない，利潤率の低下は長期的傾向としてあるのであって産業循環内部で意味をもつものではなく利潤率の傾向的低下から恐慌を導き出すことはできないなど，一般的利潤率の傾向的低下の法則にたいする批判はこれまでも，また現在も根強いものがある。これらにたいする反批判は別稿にゆずるが[17]，ここでは利潤率の傾向的低下を軸に恐慌と産業循環を分析することの意味をあらためて確認しておこう。

　資本主義は資本家が利潤獲得を唯一の目的および動機として経済活動を行う経済社会である。資本家にとって利潤率と利潤量は最大の関心事である。利潤率の傾向的低下が利潤量の傾向的増大を伴って進行するという「二重性格の法則」を軸に資本主義を分析するということは，利潤率と利潤量を規定する諸要因を分析するということにほかならない。しかもその諸要因は並列的で静止的なものではなく「生きている矛盾」[18]として蓄積を推進し，ついには蓄積の停止に行きつかざるをえない諸要因なのである。だからこのような諸要因を「生きている矛盾」として分析する視角は，現代の資本主義分析においてもきわめて重要である[19]。

　さて，さきにも同様の文章でみたように，「そのほかにも，多くの諸契機——恐慌の諸条件，諸可能性が存在するが，それらは具体的な諸関係，特に資本の競争と信用を考察するところではじめて考察することができる。」[20]そこで

---

17) 一般的利潤率の傾向的低下法則についての広く行きわたっている誤解については，拙著『資本主義の成熟と転換——現代の信用と恐慌』(桜井書店，2014年)補論2を参照されたい。

18) 『レキシコン』が重視している「生きている矛盾」については本書第2章所収の「マルクス経済学レキシコンの栞」No. 7，4ページ(本書81-82ページ)を参照されたい。

19) 日本資本主義を分析した前掲の拙著『資本主義の成熟と転換』第6章はそのような試みのひとつである。

第23章　『資本論』の恐慌・信用の理論と現代　741

次節では信用の問題をみてみよう。

## 2　「マルクスの利子生み資本論」と草稿研究

　研究史を振り返ると，エンゲルス版『資本論』第3部第5篇の研究についてみれば，「信用と架空資本」という表題をもつエンゲルス版第3部第25章を，第25章から第35章までの総論あるいは概論として読む立場からの研究が1960年代までにほぼ「完成」していた[21]。1970年代に入ると，当時「新しい信用論」とよばれた『経済学批判要綱』に依拠して第3部第27章（資本主義的生産における信用の役割）を重視する研究が登場するが[22]，これも第25章を重視する研究と対立するというよりは，補強する研究と言うべきものであった。第25章と第27章を重視する読み方は要するに，第3部第5篇第25章から第35章までを信用制度論，つまり銀行制度論，あるいは銀行信用論として読むというものであった。そして浜野俊一郎・深町郁彌編『資本論体系6 利子・信用』（有斐閣，1985年）はエンゲルス版による信用論研究のひとつの到達点を示していた。

　これらの研究が明らかにした信用制度論や銀行信用論の多くは，不換制下の，そして金ドル交換停止以降の資本主義分析において大きな力を発揮してきたし，今後もそうであろう。だがマルクスの草稿の公刊と研究は，エンゲルス版による既存の研究の限界も明らかにし，さらに『資本論』の理論的含意はより豊かであることを明らかにしつつある。

　マルクスの第3部第1草稿は MEGA II/4.2 として1993年に公刊された。また日本では，1983年以降，大谷禎之介が『経済志林』誌上で第3部第1草稿の第5章の訳，草稿とエンゲルス版との相違，そして解題を精力的に発表してきたが，それは『マルクスの利子生み資本論』全4巻（以下4巻本と記す）として集成

---

20）MEGA II/3.3, S. 1153.『マルクス資本論草稿集』⑥，746ページ。

21）代表的著作としては三宅義夫『マルクス信用論体系』（日本評論社，1971年），川合一郎『資本と信用』（有斐閣，1954年）がある。そのほかに，飯田繁，岡橋保，麓健一などの著作をあげることもできるが，その後の影響力という点では，いわゆる宇野派の研究を別とすれば，前記二著が突出している。

22）「新しい信用論」の代表的著作は深町郁彌『所有と信用』（日本評論社，1971年）と飯田裕康『信用論と擬制資本』（有斐閣，1971年）である。

され[23]，マルクス信用論の研究は新しい段階に入りつつある。以下，大谷4巻本を手がかりとして草稿をみてみよう。

　草稿の第5章には「1)」から「4)」までの番号が付けられた記述があり，それはエンゲルス版の第21章から第24章までの4つの章にほぼ対応している。そして次にエンゲルス版第25章から第35章までに相当する大きな部分がただ「5)　信用。架空資本」というひとつだけの表題のもとに書かれており，つづいて「6)　前ブルジョア的諸関係」（エンゲルス版第36章）がくるという構成になっている。「5)」の内部では「I)」，「II)」，「III)」という番号が付されている部分があり，それはエンゲルス版第28章，第29章，第30章の冒頭に相当する部分に付されている。

　エンゲルス版による研究は，結局，草稿の5)の部分の主題を信用制度論と理解してきたわけであり，エンゲルス版ではこのような理解が生じうるような編集がなされていたともいえるであろう。

　これにたいして，4巻本は草稿の「5)」の部分の主題は信用制度論ではないことを強調する。「5)」の冒頭の段落は草稿ではこうなっている。

　　「信用制度とそれが自分のためにつくりだす，信用貨幣などのような諸用具との分析は，われわれの計画の範囲外にある。ここではただ，資本主義的生産様式一般の特徴づけのために必要なわずかな点をはっきりさせるだけでよい。そのさいわれわれはただ商業信用だけを取り扱う。この信用の発展と公信用の発展との関連は考察しないでおく。」（MEGA II/4.2, S. 469.）

　エンゲルス版第25章と第27章における信用制度についての記述は，ここに書かれているような限定のもとでのそれであり，したがって大谷は第25章から第27章までに相当する部分を収録した4巻本の第2巻の表題を「信用制度概説」としている。では「5)」の主題はなにか。それは信用制度そのものの分析

---

23) 4巻本のフルタイトルは次のとおりである。『マルクスの利子生み資本論1 利子生み資本』，『マルクスの利子生み資本論2 信用制度概説』，『マルクスの利子生み資本論3 信用制度下での利子生み資本（上）』，『マルクスの利子生み資本4 信用制度下での利子生み資本（下）』（桜井書店，2016年）。4巻本の詳しい紹介と論評については拙稿「〈紹介と論評〉大谷禎之介著『マルクスの利子生み資本論』全4巻を読む」（『経済』2016年11月号）を参照されたい。なお，以下で『資本論』第3部主要草稿の5（エンゲルス版『資本論』第3部第5篇）の訳はすべて4巻本によっている。

第23章　『資本論』の恐慌・信用の理論と現代　　743

ではなく，「信用制度下の利子生み資本〔monied capital〕」の研究である，というのが4巻本の理解である。エンゲルス版第3部第27章の終わりの方で，マルクスはこう書いている。

「これまでわれわれは主として信用制度の発展{そしてそれに含まれている資本所有の潜在的な〔latent〕止揚}を，主として生産的資本に関連して考察してきた。いまわれわれは，利子生み資本そのもの{信用制度による利子生み資本への影響，ならびに利子生み資本がとる形態}の考察に移るが，そのさい総じて，なお若干のとくに経済学的な論評を行なわなければならない。」(MEGA II/4.2, S. 504-505.)

実際，マルクスは続く「I)」(エンゲルス版第28章)で「経済学的な論評」として銀行学派の諸概念の混乱を批判し，つづく「II)」(エンゲルス版第29章)で信用制度下での貨幣資本，monied capitalは請求権の堆積として現われることを明らかにすることによって「利子生み資本そのもの{信用制度による利子生み資本への影響，ならびに利子生み資本がとる形態}」を論じている。そして続く「III)」(エンゲルス版第30-35章)で，内容から見ても分量からみても第3部第5章5)の本論中の本論である貨幣資本の蓄積と現実資本の蓄積の問題が次のように提起されている。

「これから取り組もうとしている，この信用の件〔Creditgeschichte〕全体のなかでも比類なく困難な問題は，次のようなものである。——第1に，本来の貨幣資本の蓄積。これはどの程度まで，現実の資本蓄積の，すなわち拡大された規模での再生産の指標なのか，またどの程度までそうでないのか？　いわゆる資本のプレトラ（この表現は，つねにmonied capitalについて用いられるものである），——これは過剰生産と並ぶ一つの特殊的な現象をなすものなのか，それとも過剰生産を表現するための一つの特殊的な仕方にすぎないのか？　monied capitalの過剰供給は，どの程度まで，停滞しているもろもろの貨幣量（鋳貨＼地金または銀行券）と同時に生じ，したがって貨幣の量の増大で表現されるのか？

他方では，貨幣逼迫のさい，この逼迫はどの程度まで実物資本〔real capital〕の欠乏を表現しているのか？　それはどの程度まで貨幣そのものの欠乏，支払手段の欠乏と同時に生じるのか？」(MEGA II/4.2, S. 529-530.)

744 第2部 マルクスによる恐慌・産業循環の理論的展開を跡づける

　ここで提起されている貨幣資本の蓄積と現実資本の蓄積との関係，および monied capital の量と貨幣量との関係は静止的に並列的に観察されているのではない。蓄積が問題とされるかぎり，それは蓄積の過程，つまりは恐慌と産業循環の諸局面を念頭においた分析が展開されている。もちろん，第3部第3篇（草稿では第3章）と同様に，第5章の「5)」も恐慌が，そして恐慌と産業循環が主題となっているわけではない。そもそも「資本の一般的分析」としての『資本論』で恐慌論が完結するわけではない。さらにいえば第3部第5章の利子生み資本論とそのなかでの信用の取り扱いもまた「資本の一般的分析」によって規定されている[24]。だがこうした限定のなかでも，マルクスは1847年恐慌と1857年恐慌の経過を観察・分析することを中心に，いわば眼前の恐慌と産業循環を念頭において貨幣資本と現実資本の関係を分析しているのである。より丁寧にいえば，利子率の変動として現われる請求権の堆積としての monied capital の蓄積・運動と，利潤率の変動として現われる現実資本の蓄積・運動との関係がきわめて具体的に分析されている[25]。

　したがって，第3部第5章の「5)」の「III)」を理解するためには第3章の利潤率の傾向的低下の内容を踏まえておくことが必須の要件となる。そして他方では，第3章では要約的にしか言及されていなかった重要な概念，たとえば「競争戦」とか「プレトラ」などが「III)」ではより具体的に展開されている。われわれは第3章と第5章をこのような視点で読むことによって，利潤率の傾向的低下法則の内容，monied capital 論の内容，そしてさらにはマルクスの恐慌論の基軸を理解することができる[26]。本章の表題にある『資本論』における「恐慌・信用の理論」の含意は，そもそも恐慌の分析と信用の分析は不可分の関係

---

24) 資本の一般的分析としての『資本論』の成立が第3部第5章の利子生み資本論を規定していることの内容については，大谷4巻本の第1巻に収録されている「序章B 『資本論』の叙述プランと利子・信用論」および「補章1 「資本の一般的分析」としての『資本論』の成立」に詳論されている。

25) 第3部第5章 III) の具体的内容については大谷4巻本第3巻の第10章を参照されたい。

26) 第3部第3章と第5章とのこのような関連を明確に踏まえて論じたものとして本書第20章と第22章の宮田論文がある。第20章の論文は第3部第3章を対象として本書第17章，第18章の前畑論文などの先行研究を踏まえて利潤率の傾向的低下と恐慌の関係を，第22章は第3部第5章を対象として大谷4巻本などの先行研究を踏まえて monied capital 論を論じ，そのいずれでも第3章と第5章の関係を強く意識した研究を行っている。

第23章 『資本論』の恐慌・信用の理論と現代　745

にあるということとともに，いま述べた要約にある。

　ところで，第3部第5章5)の主題は信用制度論ではなく「信用制度下での利子生み資本」論，つまりはmonied capital論だという4巻本の立場については，「信用制度論」も「monied capital論」もいずれも銀行信用論であって変わりはないという根強い見解がある。一言でいえば草稿とエンゲルス版には重要な点ではそれほど大きな違いはないという見解である。たしかに，マルクスが草稿で「貨幣資本の蓄積と現実資本の蓄積」の関係を問う場合，「III)」の書き出しの部分で明言しているように，そこでの「貨幣資本の蓄積」とは，方法上の限定から，主に銀行信用の膨張・収縮であった。また「II)」で，貨幣資本の蓄積とは「請求権」の堆積であるという場合も，主に論じられているのは「銀行資本の構成部分」であった。このようにみると，信用制度論もmonied capital論もどちらも銀行信用論なのだという見解は一見すると説得力を持つかのようである。

　だがすでにみたように，第3部第1稿の第5章「5)」のもっとも主要なテーマは，分量においても内容においても，「I)」および「II)」を踏まえた「III)」における貨幣資本の蓄積と現実資本の蓄積との関係を論じた部分であり，そこでは産業循環と恐慌における両者の関係が問題になっているのである。それではこのような分析は銀行信用論であろうか。それは明らかに銀行信用論を超えている。それはまさに恐慌・産業循環と信用の研究というべき領域であり，そこでの信用とはなによりも「I)」以降のmonied capitalの運動なのである。

　実際，エンゲルス版第5篇第25章から第35章までを信用制度論と読む既存の研究は，貨幣資本と現実資本の問題を正面から分析することはほとんどなかった[27]。それらは，「信用の架空性」，「商業信用と銀行信用」，「貨幣の前貸しと資本の前貸し」，「金属準備の役割」など一部のテーマを取り出して信用制度論を補強するにとどまってきたのである。

　さて，これまでの信用論の研究の多くが「貨幣資本と現実資本」を第3部第5篇の本論中の本論として読めなかった理由は，ひとつにはエンゲルス版の編集

————————————

27) そうした研究がまったくなかったわけではない。貨幣資本と現実資本について論じたものとしては川波洋一『貨幣資本と現実資本』(有斐閣，1995年)がある。

746 第2部 マルクスによる恐慌・産業循環の理論的展開を跡づける

による制約であった。だがそれだけではない。マルクスの草稿を利用できなかった『レキシコン』は，それにもかかわらず恐慌の把握において草稿によっても色褪せない理解を示している。それは利潤率の傾向的低下法則と恐慌との関係についての明確な理解があるからである。これにたいして，これまでの多くの信用論研究者はこの法則にほとんど関心を示さなかった。他方，恐慌論研究者は，率直にいって，信用論の理解が不十分で，エンゲルス版第3部第5篇第30-35章の内容をそれぞれの恐慌論に活かすことはできていなかった。さらに加えて，マルクスの理解とは異なるいわゆる「信用創造論」というパラダイムが第3部第5章のⅠ)Ⅱ)Ⅲ)を素直に読むことを妨げてきたのであるが，この点はここでは立ち入らない[28]。

　以上，『資本論』第1部刊行150周年を迎えて恐慌論と信用論の分野の研究を回顧するとき，恐慌論の分野では久留間鮫造の研究が，利子生み資本論（信用論）の分野では大谷禎之介の研究が，大きな業績として銘記されるべきだというのが本章の立場である。

## 3 『資本論』と現代

　マルクスは19世紀，とくに世紀中葉の資本主義を眼前にして『資本論』を書いた。しかし，それは眼前の資本主義の分析，現実分析であるとともに，時々の現実分析を通して，単なる現実分析を越えて，資本主義の本質を把握しようという理論の書であった。だからこそそれは，資本主義であるかぎり時代を超えて現実分析に不可欠の理論を提供してくれるのである。

　もちろん，資本主義は変化している。たとえばマルクスの時代には労働者が100人もいれば巨大企業であったとすれば，現在では世界的規模で数万人におよぶ労働者を抱える企業が多数ある。これは生産諸力の飛躍的発展を示している。だが生産諸力の発展こそは『資本論』が力を込めて分析した最重要なテーマのひとつであり，生産諸力にかかわるその叙述は色褪せていない。また今日

---

28) この点については前掲拙著『資本主義の成熟と転換』第1章，第2章，および本書第21章の拙稿を参照されたい。

ではいわゆるサービス産業がGDPに占める割合も就業者数も増大している。ところが物的商品に対象化されないいわゆるサービス労働は価値を形成しないという理解から、サービス化や、さらにはIT化などは「価値論」の射程を超えているというような主張もある。マルクスが価値を形成しないとした労働の典型例は売買の合意の形成だけに従事する純粋な商業労働や金融取引などにかかわる労働であって、他の圧倒的な対個人サービスや対企業サービスは物的生産と同様に価値形成労働であると筆者は考えている。（本稿の主要テーマからは離れるが、この点は現代資本主義分析で重要なので本章の末尾の補注で簡潔に論じている。）さらに独占資本主義とか国家独占資本主義という規定を重視する研究も多く行われてきた。これは資本の競争条件の変化を示すものであり、それ自体重要な事象であるが、資本主義の本質的関係にかかわる変化ではない。19世紀以降の資本主義の変化のなかでもっとも重要な変化はやはり、1930年代恐慌の過程で生じた兌換停止の常態化（不換制）と1971年の金ドル交換停止であろう。なぜならば、これは商品・貨幣・資本という『資本論』のもっとも基礎的な諸範疇にかかわるところでの変化だからである。

　本章では兌換停止と金ドル交換停止の意義を詳論する紙幅はない[29]。しかし、金ドル交換停止以降、「マルクス離れ」が深く静かに研究者の中で浸透していき、それは近年の資本主義の「金融化」をめぐる研究ではっきりと姿を現わすようになっている。この「マルクス離れ」についての批判は別稿に譲るとして[30]、ここでは「金融化」の解明にとっての『資本論』とその草稿の意義について簡単に言及しておきたい。

　誤解を恐れずに簡単化していうと、『資本論』における「利子生み資本論」の今日的意義は四つある。第1は、利子は利潤の、ひろくいえば所得の一部であるという見地である（第3部第1稿第5章1)-4)）。第2は、貨幣資本（monied capital）の蓄積とは貨幣「請求権」の堆積にほかならないとう見地である（同5)のII)）。第3は、貨幣資本の蓄積を現実資本の蓄積との関連で分析するという

---

29) 兌換停止や金ドル交換停止の意味については前掲拙著『資本主義の成熟と転換』の第1章、第3章を参照されたい。

30) この点については拙稿「資本主義の「金融化」と『資本論』草稿研究」（『Nぷ 03』2016年11月、堀之内出版）を参照されたい。

748　第2部　マルクスによる恐慌・産業循環の理論的展開を跡づける

見地である（同5）のIII））。第4は，これら三つを貫く貨幣現象を分析するさいの諸範疇の区別である（同5）のI））。

　第1の点についてみれば，今日のいかに高度な仕組債（その一例はシンセティックCDOである）といえども，利子に相当する貨幣請求権が証券化商品の基礎にあるのであって，簡単にいえばインカムゲインに相当する部分を基礎としない金融商品は存在しない。そしてインカムゲイン相当部分はどこまでも実体的富（利潤や所得）の再配分である。第2に，それらの仕組債を含む今日の膨大な金融資産の蓄積は請求権の堆積であって，実体的富の堆積ではないということである。そして金融資産の時価総額は，インカムゲイン，市場利子率，投機家の思惑，そして金融資産投資に利用しうる貨幣資本（monied capital）の量によって規定されている。キャピタルゲインの量を規定するのはこれらの諸要因，わけても金融資産に流入する貨幣資本の量である。第3に，ではこの貨幣資本の源泉はなにか。それは現実資本の蓄積の停滞の結果として生み出される貨幣資本の蓄積であって，金融緩和政策とそのもとでの銀行信用の膨張やシャドーバンキングは再生産過程から遊離される貨幣資本の量を増幅させる役割を担っている[31]。そして，貨幣資本の蓄積は現実資本の蓄積に規定されながらも請求権の堆積として独自の運動をし，現実資本の蓄積に反作用を及ぼす。そしてこれらを分析するさいに，第4に諸範疇の区別が重要になる。さきに言及した『資本論』第3部第1草稿の第5章5）のI）（エンゲルス版第28章）に移る箇所でマルクスは，トゥク，ウィルスン，等々は「鋳貨としての流通手段と，貨幣と，貨幣資本（Geldcapital）と，利子生み資本（英語の意味でのmoneyed Capital）とのあいだの諸区別が，乱雑に混同される……」と批判している。つまり「通貨」と「貨幣としての貨幣，あるいは第3の規定性における貨幣（つまり金貨幣そのもの）」と再生産過程の一段階にある「貨幣資本（Geldcapital）」と再生産過程から引き揚げられて運動する「貨幣資本（monied capital）」との混同である。

　この概念規定の混乱について一つ例示すれば，TVニュースの解説でも，新

---

31）シャドーバンキングの信用増幅作用については前掲拙稿「資本主義の「金融化」と『資本論』草稿研究」の第II節，および本章の注33に掲げた二つの論文を参照されたい。

第23章　『資本論』の恐慌・信用の理論と現代　749

聞でも，そして経済関係白書でも，アメリカを中心とする金融緩和政策によっ
てあふれ出たマネー，緩和マネーが新興国に流入し，金融引締め観測によって
それら緩和マネーがアメリカに逆流して新興国の危機を誘発しかねない，など
という記述が多くみられる。しかしこれは通貨（預金通貨）と金融資産の問題
との混同のわかりやすい例である。実際には緩和マネー，預金通貨はアメリカ
でも日本でもそれほど増えず，その一方で金融資産は急速に増加してきたので
ある[32]。

　さてさきの第1と第2の問題に戻れば，インカムゲインは利潤や所得の再配
分であり，金融資産の蓄積は貨幣請求権の堆積であって実体的富の増大ではな
いというような見地は，主流派経済学の見地と真っ向から対立する。かれらは
おしなべて実体的富と金融収益とを区別しない。どちらも儲けは儲けだという
わけである。このような立場からは「金融化」現象は資本主義の新たな発展を
示す現象だということになる。しかし両者の富の本質的な区別を踏まえるマル
クス経済学の立場からは，「金融化」現象は資本主義の「行き詰まり」の表現の
ひとつだということになる。それだけではない。第3の点，貨幣資本の蓄積と
現実資本の蓄積との関係を問うという視角からみれば，「金融化」現象には決
定的な矛盾があることがわかる。あらゆる金融商品の基礎にあるインカムゲイ
ンは現実資本の蓄積の動向と運命をともにする。実体経済が停滞しているのに
インカムゲインだけは増大するなどということはない。しかし，同じ現実資本
の蓄積の停滞，実体経済の停滞を基礎として貸付可能な貨幣資本 (monied capi-
tal) は増大し，これが金融資産に流れ込むかぎりでは金融資産の時価は膨張し，
キャピタルゲインの獲得が可能となる。そして魅力的ではないインカムゲイン
の世界を一見すると魅力あるキャピタルゲインを期待できる金融商品に仕上げ
る技法こそ，高度に発展した証券化の技法なのである。だから実体経済がそれ

---

[32) もっとも，マルクスの草稿では預金の「通貨」としての機能について触れ論じられてはい
るが，預金はなによりも monied capital の問題として論じられている。だから草稿におけ
るマルクスの銀行学派批判における範疇の区別を現代の分析に活かす場合，また貨幣資本
の蓄積と現実資本の蓄積の問題を現代の分析に活かす場合，預金を「預金通貨」としての
側面で扱う場合と，預金をもっとも基礎的な monied capital の問題として取り扱う場合と，
その両者の関連と区別をつねに意識しておくことが重要である。ここでは預金を預金通貨
としたうえで問題を論じている。

なりに拡大している時期にはインカムゲインも確実であり，金融資産に流入する貨幣資本による証券化商品などの金融商品の時価も膨張するが，実体経済が停滞あるいは後退しインカムゲインの確実性が失われれば，遅かれ早かれ貨幣資本の逆流，金融危機が不可避となる。

## おわりに

いまみたように現在の金融危機も，「独立の貨幣恐慌」と呼べるようなものはむしろ例外であって，その多くは実体経済，現実資本の運動を離れて生じているわけではない。リーマンショックも同様である。そもそもマルクスが観察した19世紀中葉の恐慌も，そのクリティカルポイントで生じる貨幣恐慌にだけ目を奪われると，そこで生じているのは貨幣恐慌あるいは信用恐慌だと映ったことであろう。信用は恐慌を「促進」し「激化」するのであって，「現実の恐慌は，資本主義的生産の現実の運動，競争と信用からのみ説明することができる」。だが貨幣恐慌，信用恐慌として現われる事態の根底にある現実資本の蓄積の運動をみないならば，それは表面的な観察に終わるであろう。

現代ではそのことはより強調されなければならない。繰り返しになるが，あらためて整理すれば，現代は現実資本の蓄積の停滞の結果，貨幣資本の蓄積が進展し貨幣資本のプレトラの常態化ともいえる事態が進行し，この貨幣資本の流入が金融資産の膨張を支えている。しかし同じ現実資本の蓄積の停滞を反映してインカムゲインの世界は決して魅力的なものではない。証券化の技法はこの矛盾を隠蔽する役割を果たしている。だから現在は，一方では普段に金融資産に流れ込む貨幣資本が排出されるという意味で金融資産の膨張は多かれ少なかれ恒常的な現象となり，金融活動依存型成長も進展する。請求権の堆積としての貨幣資本の蓄積は現実資本の蓄積に規定されつつも，独自の運動をし，それは現実資本に反作用を，つまり金融活動依存型成長というかたちで現実資本の過剰蓄積を促進する。しかしそれは結局は現実資本の蓄積という基礎を超えることはできない。かくして現実資本の蓄積が停滞し後退するとき，貨幣資本の逆流が起こり，貨幣恐慌，信用恐慌が爆発し，現実資本における恐慌を激化することになる。

本章ではもはや具体的にこの問題を論じる紙幅はない[33]。しかし次の点を強調しておきたい。近年の資本主義の「金融化」をめぐる研究は，主流派経済学も含めて学派を問わず，現実資本の問題と切り離してもっぱら金融現象にだけ焦点を当てる傾向がみられる。そのことは政策論における金融政策論議への集中と表裏をなしている。しかし「現象が本質と一致するならば科学はいらない」。『資本論』とその草稿は，そのいろいろな部分が現実分析に役立つが，本章が取り扱ってきた恐慌と信用の領域についてみれば，第3部第3篇（草稿第3章）と第5篇（草稿第5章）のマルクスの分析にはまだまだ汲みつくされていない豊かな内容が含まれている。21世紀に入って，一方ではマルクス・ルネサンスといわれるブームもあるが，他方では「マルクス離れ」の傾向が進んでいるように思われる。それはおそらく，『資本論』はもうわかっているという立場とつながっている。だがわかっているのは特定のシューレの見解であったり，あるいはマルクスがそこで何を問題として立てたのかを考えないで勝手に自分の問題意識を投影してマルクスに失望する，というようなことがあるように思われる。私たちはいま一度，『資本論』とその草稿に虚心に向き合う必要があるのではないだろうか。

〔補注〕

　マルクスは流通費についてこう書いている。「一般的な法則は，ただ商品の形態転化だけから生ずる流通費はすべて商品に価値をつけ加えない，ということである。」（MEW 24, S. 150; MEGA II/4.3, S. 351）つまり，純粋な商業と金融業における労働は価値を形成しない。

　他方マルクスは『資本論』の中で「生産的労働と不生産的労働」について述べているいくつかの箇所で，また第2部の「流通費」を論じた部分で，さらに『直接的生産過程の諸結果』と『剰余価値学説史』のなかで，かなり詳しく非物質的生産の問題を論じている。わけても重要なのはつぎの記述である。

　　「……運輸業が売るものは，場所を変えること自体である。生み出される有用効

---

33) 筆者は，前掲拙著『資本主義の成熟と転換』の第5章の第5節と第6節でアメリカを対象としてリーマンショック前後の現実の分析を試みている。参照いただければ幸いである。また，拙稿「マルクスの利子生み資本論の射程——『資本論』と現代——」（『信用理論研究』第36号，2018年5月）および「マルクスの利子生み資本論と「金融化」現象」（『経済科学通信』第147号，2019年1月）も併せて参照していただきたい。

果は，運輸過程すなわち運輸業の生産過程と不可分に結びつけられている。人や商品は運輸手段といっしょに旅をする。そして，運輸手段の旅，その場所的運動こそは，運輸手段によって引き起こされる生産過程なのである。その有用効果は，生産過程と同時にしか消費されえない。それは，この過程とは別な使用物として存在するのではない。すなわち，生産されてからはじめて取引商品として機能し商品として流通するような使用物として存在するのではない。しかし，この有用効果の交換価値は，他のどの商品の交換価値とも同じに，その有用効果のために消費された生産要素（労働力と生産手段）の価値・プラス・運輸業に従事する労働者の剰余労働がつくりだした剰余価値によって規定されている。この有用効果は，その消費についても，他の商品とまったく同じである。それが個人的に消費されれば，その価値は消費と同時になくなってしまう。それが生産的に消費されて，それ自身が輸送中の商品の一つの生産段階であるならば，その価値は追加価値としてその商品のもとに移される。だから運輸業についての定式は，

$$G{-}W\!<\!{\genfrac{}{}{0pt}{}{A}{Pm}}\cdots P{-}G'$$

となるであろう。なぜならば，ここでは生産過程から分離されうる生産物がではなく，生産過程そのものが代価を支払われ消費されるのだからである。」（MEGA II/11, S. 589; MEW 24, S. 60-61. 傍点は著者による。以下同様。）

運輸業だけではなく，非物質的生産の物的生産との違いは，その「有用効果が生産過程と同時にしか消費されえない」という点にある。そしてマルクスはこのような場合でも，「この有用効果の交換価値は，他のどの商品の交換価値とも同じに……規定され」ると明言している。

このようなマルクスの資本の範式を含む明快な説明にもかかわらず，また，その他の多くの箇所での教育労働をはじめとする明示的な説明にもかかわらず，運輸労働を流通過程に延長された生産過程の「特殊な事例」として解釈し，物的商品を生産しない労働は価値形成労働ではないという見地が続いてきたのはなぜだろうか。それはなによりも，価値の実体は「対象化された労働」であるという基本命題との関係であったと思われる。私的労働にもとづく自然発生的な社会的分業が支配する市場経済では，私的労働はそれが対象化されている商品の交換を通じてはじめて社会的労働となる。このことは『資本論』体系のもっとも基礎的な命題のひとつである。だがそれは物的生産の領域での定式化であって，マルクスはそのことを明らかに意識している。たとえば生産的労働の本源的な規定と資本主義的規定を論じているところでマルクスは「物質的生産の部面の外から一例をあげることが許されるならば」として教育労働に触れている（MEGA II/6, S. 478; MEW 23, S. 532），など。

第23章　『資本論』の恐慌・信用の理論と現代　　753

　ではなぜマルクスは非物質的生産の領域を含むよりひろい価値概念を「定式化」しなかったのであろうか。それもまたマルクス自身が答えている。マルクスは『直接的生産過程の諸結果』のなかで非物質的生産を二つに分けている。ひとつは書物や絵画のように「生産者から分離して存在し，したがって生産と消費との中間で商品として流通することができるような商品に，結果する」場合であり，「この場合には資本主義的生産は非常に限られた度合いで充用される」のである。いまひとつ「生産物が生産行為から分離されえない場合」であって，「この場合にも資本主義的生産様式はただ局限されて行われるだけであって，事柄の性質上当然わずかばかりの部面で行われるだけである。……このような場合は資本主義的生産の全体については考慮する必要はない。」(MEGA II/4.1, S. 116. 邦訳は国民文庫版，124-125ページを参照した。)

　このことからまた運輸労働についてはマルクスが詳しく述べた意図も明らかである。運輸業，広くは交通業は「生産物が生産行為から分離されえない場合」のひとつであるが，それは資本主義におけるもっとも重要な基幹産業のひとつであって，「資本主義的生産の全体について考慮する」必要のある，当時としては唯一の非物質的生産における産業だったからである。「……その生産過程の生産物が新たな対象的生産物ではなく商品ではないような特殊な独立の産業部門のなかで，経済的に重要なのは交通業〔Communikationsindustrie〕（それは商品や人間のための本来の運輸業であることもあれば，報道や書信や電信の伝達であることもありうる）だけである。」(MEGA II/11, S. 588.)（今日では非物質的な生産の領域がはるかに拡がっている。ただし対企業サービスの多くは工場内分業の社会的分業への転化の産物であり，物質的生産部門の一部をなしている。その点で個人サービスや教育，医療などの「公共サービス」とは区別される。）

　だから運輸業での定式化はその他のいわゆるサービス労働にもそのまま当てはまる。そこでは物的商品の場合の注文生産と同様に，消費者は有用効果の取得を注文し，生産者はその有用効果を生産・提供することによって，生産者の私的労働は社会的労働となる。ここでは物質的生産のような労働が対象化した商品ではなく，「その有用効果は，生産過程と同時にしか消費されえない」商品という違いがあるが，「この有用効果の交換価値は，他のどの商品の交換価値とも同じに規定されている」のである。

　長きにわたる生産的労働論やサービス労働論の論争，あるいは「派生的所得」などをめぐる国民所得論の論争が生まれた一因には，物質的生産の領域における「対象化された労働」の規定を，なんとか非物質的生産の領域にも適用しようとする「無理」にあったように思われる。生産的労働論の論争史については飯盛信男『日本経済の再生とサービス産業』（青木書店，2014年2月），同『サービス経済の拡大と未来社会』（桜井書店，2018年6月）を参照されたい。

754　第2部　マルクスによる恐慌・産業循環の理論的展開を跡づける

　（なお，マルクスは物質的生産と非物質的生産という区別をしており，サービス労働という場合は，多くの場合，物質的であれ非物質的であれ，金持ちに雇われている執事のような消費目当てに支払われる労働を指している。今日のいわゆるサービス労働とは概念に違いがあることは注意されなければならない。）

# あとがきにかえて

前畑憲子

　本書に収録された『資本論』第3部第3篇の利潤率の傾向的低下法則と恐慌に関する拙稿については，かつて大谷禎之介先生とのあいだに或る「約束」があった。40年近く前の大昔のことで，私がまだ，もっぱら『資本論』第2部第3篇の再生産論に関わる仕事に関わっていた時期である。先生は，ある大手出版社の編集者と会う機会を作ってくださった。どのような話をしたのか，詳しいことは覚えてはいない。一つだけ覚えているのは，「では，第3部第3篇に関する論文も含めての恐慌論の出版ということで……」，と先生が言われて，その話し合いは終わったということである。もちろん，このときの話は時効で立ち消えになった。その後もしばらくは再生産論に関わる仕事が続き，私がようやく利潤率の傾向的低下法則と恐慌の問題に本格的にとりかかったのは，90年代半ば，岐阜経済大学から立教大学に移った頃のことであった。今回，先生の「最後っ屁」の企画の一隅に遅ればせながら，まだまだ不十分なものではあるが，とにかく大昔の「約束」を果たす機会を与えてくださったことに心から感謝を申し上げたい。

　本書の構成や企画の経緯は大谷先生の「はじめに」と「あとがき」にあるとおりである。また久留間鮫造先生のお仕事の全体像については大谷禎之介『マルクスに拠ってマルクスを編む』(大月書店, 2003年)に詳しく書かれており，久留間先生の年譜や著作一覧もそこに掲載されている。したがって，ここであらためて「あとがき」を書く必要もないのであるが，かつて私が書いた久留間鮫造先生の追悼文を掲載させていただいて「あとがき」にかえたいと思う。この文章は久留間先生がお亡くなりになった1982年10月の翌年に大原社会問題研究所の「特集　久留間鮫造先生追悼号」(『研究資料月報』No. 294, 1983年3月)に掲載されたものである。ここには拙い文章ながら，晩年の久留間先生と院生や若い研究者との交流や先生のお人柄を示すエピソードなどが書かれている。

　この追悼文の最後をわたしは「先生はすでにこの世にはおられない。」という

言葉で結んでいた。ところが，その後の37年間の自分を振り返ってみると，回答がなかなか見いだせない問題にぶつかったときに，久留間先生はこの問題をどのように考えていらっしゃるのだろうと『レキシコン』を開き，また，『レキシコンの栞』を読みながら，もしこのような質問をしたのなら，先生はどのようにお答えになっただろうと考えるのがいつものことであった。つまり，先生はたしかに「この世にはおられない」のではあるが，先生が残された仕事の中に先生は生きているのである。当たり前のことかもしれない。しかし，改めて研究者にとっての仕事とは，と考える今日この頃である。

## 久留間鮫造先生の思い出

　久留間先生に私がはじめてお目にかかりましたのは，その年に先生の喜寿のお祝いの会が深大寺の『門前』で催された1970年の春でした。その頃先生は法政大学の名誉教授として，大学院のゼミを吉祥寺の自宅で行っておられました。修士課程にその年入学した私は，そこへ出席することが許されたのです。テキストは，この年の2年前から毎年1冊の割合で刊行されはじめた『レキシコン』でした。それ以来昨年までのほぼ12年間，毎週木曜日の1時から4時まで，『資本論』・『剰余価値学説史』・『グルントリッセ』そして幾種類かの辞書をその前に置いた机と，その両側に電動タイプライターとカード箱のある，あの長方形の書斎で塾生の一人として過ごす幸運を得たのです。いま塾生と申しましたのは，大学の正規の授業としてのゼミはその後2年ほどで終了し，12年間の大半を，法政・立教・都立大・一橋などの院生からなる先生を囲む私的で親密な久留間塾としてそのまま続けられた研究会で過ごしたからです。わたくしには，この言い方のほうが先生との関係でピッタリするのです。書斎のドアをノックしてはいると，背もたれに毛足の短い薄茶色の毛皮のかかったリクライニングのイスに先生はいつものように座っておられ，「ヤア，いらっしゃい」と挨拶されます。私たちは，スプリングの飛び出しそうなソファのほぼ決まったそれぞれの位置に座って，木曜日の午後が始まるのでした。

　塾では，その年あるいは前年に刊行された『レキシコン』の各章各節を，レポーターの報告を中心として順序よく討議していくというのが主でした。また，その時々に先生が考えていらっしゃる問題——それは，次巻の『レキシコン』

に関連する問題が多かったのですが——について，先生がお話になることも随分とありました。この塾で私たちは，マルクス経済学についてはもちろんですが，それだけでなくいろいろな事を教えていただきました。

マルクスを正しく理解するという点で非常に厳格でそのためにはあらゆる努力を惜しまれぬ先生の研究態度はすでに多くの方が書いておられ，またわたくしもそれらを読んで塾に入る前から先生に対する予備知識として知ってはいたのですが，塾での研究会でそれをまのあたりにした思いがします。ある概念について私達があれこれと議論しておりますと，先生は，それについてはマルクスはいろいろなところで様々な角度から述べているのでそれらをすべて考慮したうえで考えたほうが良いといわれ，その問題について先生がマルクスの全著作からつくられた引用カードをカードボックスからとり出され，その一つ一つを読まれ，そして説明してくださる。私たちはそのカードが打たれている引用ページを各自ノートに取り，当該の問題を再び議論する。また，一応解決された問題でも，先生にはまだ不十分だと思われた場合や，新たに問題点が出てきたような場合には，次週の塾の初めに，「先週問題になったことですが……」と言って，先生の考えを述べられる。こうした時には，その問題に関連する部分に色刷りの折り込み広告からこしらえた赤や黒の栞がはさんである『資本論』や『学説史』などが，すでに先生の前に準備されており，それをまた我々に紹介してくださる，といった具合でした。塾でのこうした先生から，私たちはマルクスをどう勉強すべきかを教えられるとともに，あの『レキシコン』に結実した気の遠くなるほどの先生の努力の成果を惜しみなく私たちに教えてくださることに驚き，また，研究者としてあるべき態度を教えられたのです。

私たちは時々先生からきつい注意を受けることがありました。「そういうことを考えても無意味だネ」と。こうした場合の私たちの議論は，そこで何が解決されねばならないのか，そこでマルクスは何を明らかにしようとしているのかという点を忘れて，言葉に拘泥しているような場合でした。

また，先生は私たちに事あるごとにマルクス主義において堅持されるべき「根本的態度」を繰り返し語られました。「学問をするのは本当のことを明らかにするためだネ」と。先生は「本当のことを明らかにする」こと以外に，社会的名声や学界的地位に心を奪われることにはほとんど生理的な嫌悪をあらわさ

れ，そうした人たちを語気鋭く批判されるのでした。

　こうした先生の学問に対する厳しさと潔癖さから，私たちはマルクス研究者の姿勢を肌身を通して教えられた思いです。

　先生の北軽井沢の別荘に私達夫婦で夏休み何シーズンかお伴したことがあるのですが，先生の1日の生活は，朝5時半頃起きられ，8時から9時までが朝食，12時から1時までが昼食，5時からお酒，10時に就寝という極めて規則的なものでした。起床されてから朝食までの2時間ほど，午前中の3時間，午後の4時間，合計9時間ほどが原則として先生が机に向かわれる時間でした。もちろんその間にコーヒーを飲んだり，3時にはお茶をたてられたり，散歩に出られたりするということがあるのですが，平均して実質5〜6時間ほどは机の前に座っておられたように見受けられました。私たちが朝起きますと，いつでもその時にはすでに机の前に端然として座っておられました。私たちは先生より前に勉強を始めようと思っていたのですが，いつも先生に先を越され，口惜しい思いをしたものです。

　このような規則正しい生活の中でも，最も厳格に守られねばならなかったのは，お酒が5時から始まる点でした。ある時，先生のこの習慣をご存じない方が訪ねていらっしゃいました。先生はお酒の時間の5時が近づいてくるにつれて，手首に目をやったり，先方に「酒を飲まれるか？」などと，5時からのお酒の方向にもっていこうとされるのですが，その方は遠慮されてか先生のしきりの誘いに乗る様子もなく，結局，お酒をお飲みにならず6時ころ帰られたのです。酒を飲もうとして飲めなかったその1時間の先生のガマンは，その方が帰るや否や爆発して，その夜は酒を飲まない人間の悪口を肴に，朝方まで飲み続けることになってしまったのです。その時はとうとう一升半ほどあけてしまいました。

　私を含め塾生一同は，先生がなくなられてしまったという実感にまだ囚われていない。すでに3ヶ月もたつというのに。いつものような木曜日に吉祥寺へ行けば，あの部屋のあのイスに先生が座っておられるような気がする。でも，先生はすでにこの世にはおられない。

（1983年1月25日）

# あとがき

大谷禎之介

　筆者は，2018年11月に刊行した著書『資本論草稿にマルクスの苦闘を読む』（桜井書店）の「あとがき」で，「本書は筆者の最後っ屁である」と書いた。そのあとに本書が出たのを見て，〈大谷の「食言」を発見！〉と嬉しがってくださる方があるかもしれないが，申し訳ないことに，あそこに書いたのは単著についてだった。筆者が編集に携わったMEGA第IV部門第18巻も本書と前後して出ることになっている【2019年6月に刊行された】が，この巻のために筆者が行った作業はもう何年も前に終わっている。だから本書こそは，筆者が自身で刊行に携わる書物の正真正銘の最後っ屁となるものである。

*

　筆者は2003年に，著書『マルクスに拠ってマルクスを編む──久留間鮫造と『マルクス経済学レキシコン』──』（大月書店）で，『レキシコン』というレンズを通して見た久留間を描いた。それへの「あとがき」で筆者は，久留間のほとんどの著書が品切れ状態のままに放置されていることを大いに嘆いたのだったが，このときにはまだ，久留間の最後の2論稿──富塚氏への「公開回答状」（本書に第8章および第10章として所収）──を書物のかたちにする仕事が我が身の背負うべき課題であることをまだはっきりとは自覚していなかった。

　翌2004年に論稿「「ではけっしてない（nie）」か「でしかない（nur）」か」（本書に第16章として所収）を発表したときには，このあとまもなく，問題の一語をマルクスの草稿のとおりにnurと読むことで学界でのこれまでの常識がどのようにひっくり返るか，ということについての一稿を書き上げるつもりでいた。そしてまたそのころ，この論稿を書き終えたら，久留間の上記2論稿に大谷および前畑の既発表諸論稿を合わせて，恐慌論と再生産論との関連についての一書をまとめることにしていた。この企画については，何年も前に，I書店の故Mさんの同意を得ていた。しかし，書くつもりでいた肝心の上記論稿には手が着か

ないまま十数年の時が流れ，あの企画も霧のなかに消え去った。その間に，長年の課題だったもう一つ別の，マルクスの利子生み資本論についての一書（『マルクスの利子生み資本論』全4巻，桜井書店，2016年）をまとめる仕事に一区切りが着くことになった。そこで，あらためてはっきりと想い至ったのは，自分にはまだ，生きているあいだにやり終えておかなければならない課題として，久留間の上記2論稿を書物のかたちにして残しておく仕事が残っていたのだ，ということだった。

　そこで，久留間・大谷・前畑共著の一書『再生産論と恐慌論』をまとめるという以前の構想を引っぱり出して，桜井さんに相談し，快く刊行を引き受けていただいた。ところが，桜井さんを通じて，久留間の諸論稿について久留間の著作権を引き継がれた石原なおみさんに久留間の論稿を書物にすることの了承を求めたところ，書物にすること自体は直ちに了解してくださったうえで，故人の久留間が共著者になっていると，第1に，事情を知らない若い人たちが久留間は健在だと勘違いしないか，第2に，久留間が故人であることをご存知の方が，生前の久留間が了解していた書物だったのかどうかについて疑念をもたれはしないか，と尋ねられた。じつはこれは，筆者も前畑も，また桜井さんも抱くことのなかった，しかし，あって当然の懸念だったので，たいへんありがたいご指摘として受けとめ，三人の共著という案を白紙に戻したうえで，構想をじっくりと練り直した。その結果，大谷・前畑の共編による『マルクスの恐慌論』とし，「久留間鮫造編『マルクス経済学レキシコン』を軸として」というサブタイトルによって久留間恐慌論を引き継ぐものであることを明記するとともに，さらに，同じ性格を自覚しつつ書かれた小西・宮田の諸論稿をも収録して，アンソロジーとしての充実を図る，という最終案が得られたのだった。

　久留間の上記2論稿に加えて，戦前に書かれた久留間の高田批判2論稿をも収録した本書によって，久留間のマルクス恐慌論理解がどのようなものであり，科学的遺産としてどのように受け継がれる可能性をもっているか，ということが一望できるようになった，と編者たちは確信している。と同時に，本書を通じて読者は，マルクスが恐慌をどのように見ており，『資本論』で恐慌をどのように解明したのか，ということもまた，よく読み取られることであろう。

　編集を終えての筆者の感慨は，四半世紀にわたって久留間に同道できた幸い

あとがき（大谷禎之介）　761

と久留間から受けた学恩とへの尽きぬ思いである。

*

　ものを書くのはこれで終わりだから，このさい共編者の前畑憲子さんと共著者の小西一雄さんおよび宮田惟史君に，一言ずつ，お礼を申し上げておきたい。
　久留間先生のお宅で行われていた大学院ゼミとその後の久留間塾に筆者は参加していなかったので，院生の憲子さんが先生宅に出入りして，先生の身辺にあれこれ気を配ってくれるようになっても，先生宅でたまたま一緒になって雑談するという程度の付き合いだった。その後，筆者が法政に移ってから，憲子さんは筆者の院ゼミに出席するようになり，話をする機会も増えた。そして，本書第11章に収録した論稿を書く頃にはすでに，論稿の内容について意見交換をするような研究者仲間となっていた。一時，憲子さんは，岐阜経済大学に職を得て大垣に居を置いたので，会う機会は激減したが，その後，立教大学に移ってきたので，研究会などで会う機会も増えた。筆者よりもはるかに親密に久留間先生のそばにあることの多かった憲子さんからは，筆者の知らなかった先生の考えを教えられることもしばしばだった。憲子さんは，その後，問題を抱えると時間をかけても執拗に考え続けてついに答を見つけるという姿勢を維持することで，本書に収めたいくつもの好論文を発表していった。筆者が経済理論学会の代表幹事の二期目を務めなければならなくなったとき，小西さんとともに，立教大学で事務局を引き受けて，3年間，支えてくれた。久留間・大谷・前畑三人の共著を出すという夢は消えたが，最後っ屁であるこの編書で片棒を担いでもらえたのは本当にうれしいことだった。
　筆者よりも14年ほど若い小西さんとは，ともに三宅義夫先生の弟子ではあったが，研究会などで会うほかは，一緒になる機会は少なかった。しかし，『レキシコン』をよく読み込み，しかもそれによって，次第に久留間恐慌論をより深く理解しつつあることを感じさせられていた。経済理論学会の事務局長として憲子さんとともに筆者の代表幹事の仕事を支えてくれるようになってからは，会う機会が急速に増えた。そんななかで，波風を立てるのは必至の論稿をモノすると入稿前に意見を求めたりするような頼りになる存在になっていった。2014年刊行の著書『資本主義の成熟と転換――現代の信用と恐慌――』（桜

井書店）は，『レキシコン』での久留間恐慌論を現代に生かそうとする意欲作として大きな刺激を与えてくれた。その後に書かれたいくつかの論稿で，『資本論』第3部第5篇の利子生み資本論についての筆者の見解をよく読んで，最も深く理解してくれていることを示してくださった。そうした小西さんの諸論稿を本書に収録できたことは大きな喜びである。

　宮田和保さんに電話をすると，「あ，大谷先生，こんにちは」と元気に電話口に出てくれる小学生だった宮田惟史君が，法政大学経済学部に入学して，学部の研究室にやってきたのは2003年の4月だった。あれからもう16年。筆者が法政を退職したのち，立教大学で前畑さんと小西さんの薫陶を受け，東京大学の小幡ゼミのお世話になったあと，大学に職を得て，いまは駒澤大学で経済学史の講義を担当している。修士課程のころから，第3部第1稿の第3章（利潤率の傾向的低下の法則）での恐慌の記述や第5章（利子生み資本）のマルクスの論述を丁寧に読み込んで，最初の論文を書き上げたのち，地道な研究を積み重ねて急速に実力を蓄えて，新たな解釈を含む好論文を次々と発表してきた。研究領域を次第に広げながら貪欲に学び続けている姿はなかなか頼もしい。願わくば，お筆先として師の批判者に悪罵を投げつけることにささやかな満足感を味わってなにか学問をしている気でいるちんけなエピゴーネンになることなく，師たちを踏み越えて――すなわち師たちを遠慮会釈なく批判しながら――本当のことを突きとめるために突き進む真の実践的理論家に大きく変態することを期待している。若い惟史君の論稿を本書に収録することで，本書は，去った者と去り行く者たちの繰り言の集積になり終わらず，未来への道に繋がる書となった。感謝したい。

＊

　書物の刊行について，長年にわたって繰り返し，桜井さんにご面倒をお掛けしてきたが，それもこれが最後である。このたびも本当にお世話になった。ここであらためて，拙著や編著についてこれまでに賜ったすべてのお心づかいに，心からお礼を申し上げる。　　　　　　　　　　　　　　　　　（2019年4月4日）

# 「学問的に，だからまた実践的に」
## ── 追悼 大谷禎之介先生 ──

前畑憲子／小西一雄／宮田惟史

　本書の編者，大谷禎之介先生は，本書の刊行を見届けることなく，2019年4月29日午前4時過ぎに肺癌のため逝去されました。84年の生涯でした。しかし，先生は編者として本書のすべての原稿を整え終えて，4月4日に桜井書店に入稿をされていましたので，仕事をやり遂げてのご最期でした。読者のみなさまに，ここに謹んでご報告申し上げます。

　大谷禎之介先生は最後の自著となった2018年11月刊行の『資本論草稿にマルクスの苦闘を読む』(桜井書店) の「あとがき」で，「学問的に，だからまた実践的に意味のある論稿を書くこと」という表現で，ご自身の学問の姿勢を語っています。ここでいう「実践」は，明らかに，マルクスが『資本論』を完成させることを自分の最も重要な「実践」と呼んでいたことを意識して使われています (同書「はしがき」参照)。そして，この言葉は大谷先生の生涯とお仕事の意味を最も端的に表現しています。資本主義社会からアソシエーション社会への途，その途を切り開くことに役立つために自分の学問，研究があるのだという信念，そしてそのためには，いかなる世俗的夾雑物も排して，真理を明らかにすることこそが大切なのだ，というのが大谷先生の生涯を貫く姿勢でした。先生にとってはこのような姿勢に立った研究こそが，自覚的な「実践」そのものでした。本書の「あとがき」でも先生は，「本当のことを突きとめるために突き進む真の実践的理論家」という表現で，その姿勢を述べられています。

　このような姿勢に立つ大谷先生のお仕事は，4つの領域に分けることができます。
　第一は，本書の基軸にもなっている久留間鮫造編『マルクス経済学レキシコン』全15巻 (大月書店，1968年〜1985年) の編集協力者としてのお仕事です。『レキ

シコン』は「マルクスに拠ってマルクスを編む」という姿勢を貫かれた久留間鮫造先生の研究の集大成ですが，大谷先生はその編集・制作の作業に，30〜40歳代の膨大な時間とエネルギーとを注ぎ込まれました。『レキシコン』には計11名（当初8名，後に3名が参加）の編集協力者の氏名が記されていますが，大谷先生の役割は単なる協力者の一人ではありませんでした。『レキシコン』は，久留間先生が大谷先生という極めて有能で献身的な協力者を得てはじめて完成することができた，といっても過言ではありません。その編集作業がどのようなものであったかの一端は，久留間鮫造『貨幣論』(大月書店，1979年) のなかの，久留間先生と大谷先生の事実上の共同執筆と言うことができる前半の部分に読み取ることができます。また，『レキシコン』の意義，久留間鮫造先生の人柄と仕事，そこでの大谷先生の役割（この部分は控えめに書かれていますが）などについては大谷禎之介『マルクスによってマルクスを編む』(大月書店，2003年) にみることができます。

　大谷先生のお仕事の第二の領域は，『資本論』諸草稿の編纂，翻訳，分析にかかわる研究です。この領域はさらに三つに分けることができます。

　1980年4月から1982年3月まで，大谷先生は法政大学在外研究員として西独，オランダ，東独，ソ連に滞在され，この時期以降，『資本論』第2部第21章の草稿の紹介・分析を皮切りに，『資本論』第3部第1草稿を中心として，その紹介・翻訳・分析を主に『経済志林』誌上で続けてこられました。その成果は，『マルクスの利子生み資本論』全4巻 (桜井書店，2016年) として集大成されています。この大著はまぎれもなく先生の主著となりました。また『苦闘を読む』の中心部分をなす「『資本論』第2部第8草稿」の紹介，翻訳，分析も大谷先生の草稿研究の到達点のひとつです。そしてこのような草稿研究の成果を踏まえて，先生は MEGA II/4.2 (『資本論』第3部第1草稿) の翻訳出版に道筋をつけられましたが，それはいずれ後進の研究者によって実現されることでしょう。

　草稿研究にかかわる仕事のいまひとつの領域は，MEGA そのものの編纂の仕事です。先生は1992年に国際マルクス＝エンゲルス財団 (アムステルダム，のちベルリン) の編集委員に就任され，98年から2015年までは同財団の日本MEGA編集委員会代表を務められ，MEGA の編纂・刊行という大事業を直接に担われてきました。その成果のひとつとして，大谷先生を共編者として

「学問的に，だからまた実践的に」——追悼 大谷禎之介先生　765

2008年にはMEGA第II部門第11巻（『資本論』第2部諸草稿）が刊行され，また生前に先生ご自身の編者としての仕事を完了されたMEGA第IV部門第18巻が2019年6月に刊行されました。この巻にはマルクスの抜粋ノートが収めされていますが，編纂の過程での研究成果の一端は共編著『マルクス抜粋ノートからマルクスを読む』（桜井書店，2013年）に収録されています。

　草稿研究にかかわる三つ目の領域は，先生がご自身で翻訳されたもの以外でも，ひろく我が国の草稿翻訳の仕事を牽引されてきたことです。『資本論』第2部の初稿を『資本の流通過程』（大月書店，1982年）として訳出・刊行することにイニシアチブをとられたのち，『資本論草稿集』（大月書店，1984年〜1994年）の第1回配本となった第4巻の翻訳・統一によって，先生は『草稿集』のかたちでのMEGA翻訳のレールを敷かれました。MEGAに復元されているマルクスの草稿をいかに日本語で正確にしかもわかりやすく再現するか，これは翻訳だけではすまないさまざまな技術的問題や叙述形式の選択を含む諸問題があり，その諸問題の解決それ自体が研究といってよいような緻密な，かつ膨大な知識を要する仕事です。先生は『草稿集』第4巻以外にも第2巻と第9巻で翻訳・統一に関わっていますが，『草稿集』全体にわたって，大きな役割を果たされたのでした。そして先生は，『苦闘を読む』にいたるまで，最後までMEGA翻訳・紹介の在り方の改善に取り組まれました。

　大谷先生のお仕事の第三の領域は，ソ連，東欧の崩壊以降の学界・世論の混迷を背景として進められた，マルクスの未来社会論の研究です。編著『ソ連の「社会主義」とは何だったのか』（大月書店，1996年）では，「現存社会主義」の社会システムはマルクスの「社会主義」とはまったく異なる，「国家資本主義」と呼ぶべき資本主義生産のシステムであることを明らかにされ，さらに，豊富な事実材料によって同じ結論を導き出しているチャトパデイアイの『ソ連国家資本主義論——マルクス理論とソ連の経験』（大月書店，1999年）を共訳されています。そしてその後も，アソシエーションをキーワードとして，マルクスの社会主義論を再構成し，俗論に対置する仕事を続けられ，その成果は『マルクスのアソシエーション論』（桜井書店，2011年）に集成されています。この本は現在，その英訳の計画が進められています。

　大谷先生のお仕事の第四の領域は，教育経験から生み出された著作です。長

年にわたる改稿を重ねてきた講義ノートをもとに，2001年に刊行された『図解社会経済学——資本主義とはどのような社会システムか』(桜井書店) がそれです。マルクスの理論の科学的な水準を俗化させることなく，工夫された多くの図を用いながらマルクスの経済学を解説したこの本は，多くの大学で教科書として採用され，また研究者にもさまざまな示唆と刺激を与えるものとなってきました。そして，2018年には英語版 (*A Guide to Marxian Political Economy, What Kind of a Social System Is Capitalism?* Springer International Publishing AG, 2018) も出版されています。

　本書は，以上のような大谷先生のお仕事の4つの領域のうち，第一の『レキシコン』のお仕事，第二の草稿研究のお仕事，この二つの領域にまたがるお仕事であり，先生の最後の著作であり，その「あとがき」は先生の絶筆となりました。


　それまでいたって健康体であった大谷先生に癌が見つかったのは2015年に入ってからでした。その後，手術，放射線治療，最新の分子標的薬「イレッサ」の投与と治療を続けて小康状態を保ちながら，16年の6月には大著『利子生み資本論』全4巻を，18年11月には『苦闘を読む』を上梓されたわけです。しかし昨年末は「イレッサ」の効果が切れる時期であり，残された治療法は抗がん剤の投与だけという段階に入りつつありました。大谷先生は生活の質を維持したまま人生を全うすることを選択し，積極的な治療は今年に入って中止していました。それでも3月末までは，血痰がでるなど体調は変化したのですが，仕事を続けておられました。そのお仕事が本書の完成でした。

　このように書くと，先生は晩年の数年を，なにか悲壮な感じで仕事を続けられたように思われるかもしれません。実際は，先生はご自身の健康状態を冷静に観察しながら，実に淡々と，そして生き生きと仕事を進めておられました。4月5日に余命宣告を受けて以降は仕事を続けることは断念されましたが，最期まで明晰な判断力を維持したまま過ごされました。


　先生の遺されたお仕事をアソシエーションへの途に活かしていくこと，大谷先生が私たちに望んでおられたのはそのことだけでした。私たちもそのように

することが先生の学恩に，生き方をも含む学恩に報いる在り方だと思っています。「自分は唯物論者だから死というものをザッハリッヒに捉えている，君たちもそのように接してくれると嬉しい」というのが最晩年になんどか呟かれた先生の言葉でした。ですから下手な追悼の言葉を書くと叱られるでしょう。ここでは，万感の思いを込めて，大谷禎之介先生，長い間，本当にありがとうございました，と申し上げます。

# 初出一覧

第1章 『マルクス経済学レキシコン』「恐慌 I」をめぐって（大谷禎之介）：「マルクス経済学レキシコンの栞」No. 6，1972年9月

第2章 『マルクス経済学レキシコン』「恐慌 II」の編集にあたって（久留間鮫造）：「マルクス経済学レキシコンの栞」No. 7，1973年9月

第3章 『マルクス経済学レキシコン』「恐慌 III」の編集にあたって（久留間鮫造）：「マルクス経済学レキシコンの栞」No. 8，1975年1月

第4章 『マルクス経済学レキシコン』「恐慌 IV」の編集にあたって（久留間鮫造）：「マルクス経済学レキシコンの栞」No. 9，1976年2月

第5章 高田博士の蓄積理論の一考察（久留間鮫造）：『大原社会問題研究所雑誌』第9巻第2号，1932年10月

第6章 高田博士による蓄積理論の修正（久留間鮫造）：『中央公論』1933年4月号

第7章 「内在的矛盾」の問題を「再生産論」に属せしめる見解の一論拠について（大谷禎之介）：『東洋大学経済経営研究所報告』第6号，1973年3月

第8章 恐慌論体系の展開方法について（1）（久留間鮫造）：『経済志林』第43巻第3号，1975年10月

第9章 資本の流通過程と恐慌（大谷禎之介）：『経済理論学会年報』第13集，『現代資本主義と恐慌』，青木書店，1976年7月

第10章 恐慌論体系の展開方法について（2）（久留間鮫造）：『経済志林』第44巻第3号，1976年10月

第11章 『資本論』第2部第3篇の課題と恐慌論との関連についての一考察（前畑憲子）：『商学論集』第48巻第1号，1979年7月

第12章 「betrachtenすべき」は「再生産過程の攪乱」か「第3部第7章」か（大谷禎之介）：『経済志林』第70巻第3号，2002年12月

第13章 再生産論と恐慌論との関連をめぐる若干の問題について（大谷禎之介）：『マルクス・エンゲルス・マルクス主義研究』第40号，2003年9月

第14章 「単純再生産から拡大再生産への移行」についてのエンゲルスの書き入れをめぐって（前畑憲子）：『マルクス・エンゲルス・マルクス主義研究』第40号，2003年9月

第15章 いわゆる「拡大再生産出発表式の困難」について（前畑憲子）：『岐阜経済大学論集』第28巻第1号，1994年7月

第16章　「ではけっしてない (nie)」か「でしかない (nur)」か (大谷禎之介)：『経済志林』第71巻第4号，2004年3月

第17章　利潤率の傾向的低下法則と恐慌 (前畑憲子)：大谷禎之介編『21世紀とマルクス』，桜井書店，2007年3月

第18章　「利潤率の傾向的低下法則」と「資本の絶対的過剰生産」(前畑憲子)：『立教経済学研究』第55巻第1号，2001年7月

第19章　利潤率の傾向的低下法則と恐慌 (前畑憲子)：『經濟學研究』北海道大学，第56巻第2号，2006年11月

第20章　『資本論』第3部第3篇草稿の課題と意義 (宮田惟史)：『季刊 経済理論』第51巻第2号，2014年7月

第21章　「マルクス信用論」における草稿研究の意義 (小西一雄)：『季刊 経済理論』第51巻第2号，2014年7月

第22章　マルクス信用論の課題と展開 (宮田惟史)：『季刊 経済理論』第52巻第3号，2015年10月

第23章　『資本論』の恐慌・信用の理論と現代 (小西一雄)：『季刊 経済理論』第53巻第4号，2017年1月

久留間鮫造　1893 年生まれ
　　　大原社会問題研究所所長（1949〜1966 年）
　　　法政大学名誉教授（1964〜1982 年）
　　　1982 年 10 月 20 日死去

大谷禎之介　1934 年生まれ
　　　国際マルクス＝エンゲルス財団編集委員（1992〜2019 年）
　　　経済理論学会代表幹事（2001〜2007 年）
　　　法政大学名誉教授（2005〜2019 年）
　　　2019 年 4 月 29 日死去

小西一雄　1948 年生まれ
　　　立教大学名誉教授
　　　東京交通短期大学名誉教授

前畑憲子　1947 年生まれ
　　　立教大学名誉教授

宮田惟史　1983 年生まれ
　　　駒澤大学経済学部准教授


マルクスの恐慌論
久留間鮫造編『マルクス経済学レキシコン』を軸に

2019 年 10 月 25 日　初　版

編　者　　大谷禎之介／前畑憲子
装幀者　　加藤昌子
発行者　　桜井　香
発行所　　株式会社 桜井書店
　　　　　東京都文京区本郷 1 丁目 5-17 三洋ビル 16
　　　　　〒 113-0033
　　　　　電話 （03）5803-7353
　　　　　FAX （03）5803-7356
　　　　　http://www.sakurai-shoten.com/
印刷・製本　　株式会社 三陽社

© 2019 Teinosuke OTANI & Noriko MAEHATA

定価はカバー等に表示してあります。
本書の無断複製（コピー）は著作権上
での例外を除き，禁じられています。
落丁本・乱丁本はお取り替えします。

ISBN978-4-905261-43-8 Printed in Japan

大谷禎之介 ▷著

# 資本論草稿にマルクスの苦闘を読む

『資本論』第2部第8稿全文とその関連資料を収録

A5判上製 定価7000円+税

大谷禎之介 ▷著

# マルクスの利子生み資本論［全4巻］

| 第1巻 | 利子生み資本 |
| --- | --- |
| | A5判上製 定価6000円+税 |
| 第2巻 | 信用制度概説 |
| | A5判上製 定価5600円+税 |
| 第3巻 | 信用制度下の利子生み資本【上】 |
| | A5判上製 定価8200円+税 |
| 第4巻 | 信用制度下の利子生み資本【下】 |
| | A5判上製 定価7500円+税 |

大谷禎之介 ▷著

# マルクスのアソシエーション論

未来社会は資本主義のなかに見えている

A5判上製 定価5200円+税

大谷禎之介 ▷著

# 図解 社会経済学

資本主義とはどのような社会システムか

A5判上製 定価3000円+税

桜井書店
http://www.sakurai-shoten.com/